경영학개론

황 인 태 저

형지사

머리말

오늘날 기업들은 창조적 혁신으로 대변되는 기업환경의 급격한 변화 속에서 다양한 도전과 과제를 안고 있으며, 생존과 성장을 위해 갖가지 노력들을 다하고 있다. 대내적으로는 기업들간의 본격적인 무한경쟁의 돌입으로 경쟁력이 강한 기업만이 수익을 창출할 수 있는 경제환경의 전환이 이루어지고 있으며, 대외적으로는 국경없는 범세계화의 무한경쟁에 직면하여 수익성을 향상시키고 국제경쟁력을 확보하지 않으면 안 된다. 이러한 기업환경의 변화에 대응한 전문경영인의 전문가적 경영활동이 무엇보다도 기업의 성패를 좌우하는 중요한 요인으로 자리 잡아가고 있다. 이러한 대내외적인 시대변화에 발맞추어 우리나라의 기업들도 환경변화에 적극 대처하기 시작하였으며, 이는 우리나라 기업경영의 질적인 측면을 선진국 수준으로 향상시키는데 큰 역할을 하고 있다.

우리 기업이 해결해야 할 과제는 세계적인 경영이론을 도입하고 여기에 우리의 창의력과 도전전략을 합쳐서 독창적인 경영관리기법을 개발하고 실천하는 일이다. 앞으로도 변화의 물결은 계속해서 혁명적인 개혁을 요구할 것이며, 이러한 기업환경변화에 적극적으로 대응할 뿐만 아니라 앞으로의 변화를 예측하고 창조적 혁신으로 행동해야만 존속과 성장을 유지할 수 있게 되었다. 그러므로 기업의 건전성과 경영효율성을 확보하기 위해 선진화되고 국제화된 경영시스템의 확립과 전문경영자의 육성은 아무리 강조해도 결코 지나침이 없는 핵심적인 과제이다.

본서는 경영학을 처음 공부하는 학생이나 기업실무자를 염두에 두고 기존 경영학의 기초를 튼튼히 함은 물론 변화하는 시대적 요구에 부응하여 경영학의 기본지식과 체계를 간단명료하게 설명해 주고, 짧은 시간내에 습득할 수 있도록 하였다. 경영학의 기초적인 개념을 충분히 설명하였고, 경영학의 전체적인 체계와 흐름을 파악할 수 있도록 체계적으로 구성하였으며, 기업실무에 유용하게 활용될 수 있도록 경영학의 개념들을 실무와 연결시키려는 노력에 많은 심혈을 기울였다.

최근 심화되고 있는 기업환경의 복잡성과 불확실성하에서 경영학은 급속한 발전을 보이고 있고, 새로운 경영이론과 학설이 계속해서 도입되고 있다. 기업환경의 변신과 더불어 새로운 경영패러다임을 추구해야 하며, 경영자의 역할과 책임이 더욱 강조되고 있다. 이러한 경영학을 일목요연하고 체계있게 정리 요약하여 경영학을 효율적으로 학습할 수 있도록 한권의 책에 방대한 내용을 빠짐없이 요령있게 담아내기란 무척이나 어려운 작업이다.

본서에서는 경영의 기본원리를 연구하는 데 있어 기존교재의 내용과 체제상의 공통분야를 정리하고, 새로이 요구되는 이론과 과제를 전략적 논점에서 설명하였다. 그러나 본서는 독창성보다는 이미 훌륭하신 선학들의 연구결과와 저서를 기반으로 하여 이루어졌다. 이제까지의 경영학의 연구에 바탕을 두고서, 그의 중심문제를 되도록 체계적으로 서술하고자 노력하였다.

본서는 경영학의 전체적인 체계와 흐름을 파악하는데 도움을 주도록 크게 6부로 구성되어 있다.

제1부에서는 경영학의 기초로서 경영학은 어떤 학문인지 경영학의 학문적 기초에 관한 내용을 살펴보고, 경영학의 학문적 발전과정을 살펴보았다.

제2부에서는 기업론으로서 기업의 창업과 형태, 기업을 둘러싸고 있는 환경의 특성과 유형, 환경분석과 대응 등 주로 기업과 관계된 내용을 다루었다.

제3부에서는 경영자론으로서 경영자가 누구이며, 그 기능과 역할은 무엇인지, 그리고 기업경영의 목적과 경영윤리 및 사회적 책임 등이 무엇인지를 다루었다.

제4부에서는 의사결정과 경영전략론으로서 의사결정의 내용과 기법 및 경영전략의 기초와 실제를 다루었다.

제5부에서는 경영관리론으로서 계획, 조직, 통제의 과정을 거치는 경영관리의 내용과 이론을 중점적으로 다루었다.

제6부에서는 경영학의 주요 각론분야인 생산관리, 마케팅관리, 인사관리, 재무관리와 국제경영론에 대한 핵심 내용을 간략하게 살펴보았다.

앞으로도 경영학은 새로운 시대의 요구에 부응하여 그 내용과 체제를 탈바꿈해 나감으로써 자본주의사회의 생산주체로써 경제발전과 국가경쟁력을 지탱해 주는 견인차 역할에 계속 기여할 것이다. 따라서 앞으로 어떤 분야에 종사하든지 경영에 대한 기본지식의 이해는 매우 중요하다고 할 것인데, 이러한 환경 속에서 본서가 밝은 길잡이가 되었으면 하는 마음 간절하다.

아무쪼록 본서를 통해 기업경영에 대한 전문가로서의 기초적인 자격요건을 갖추는 데 많은 도움이 되었으면 하는 것이 저자의 바람이며, 부족한 내용과 오류는 성심성의껏 보완 및 증보해 나갈 계획이다. 끝으로 본서의 출판을 맡아 수고해 주신 형지사의 유성렬 사장님과 관계자 여러분들께 감사를 드린다.

2008년 2월

봉담골에서

차 례

제3부 경영자론

제 6 부 경영학 각론

제1부

경영학의 기초

제 1 장

경영학은 어떤 학문인가?

제1절 경영학의 학문적 의의

1. 경영학의 학문적 체계

인간은 언어를 가지고 사고할 줄 알고 사회를 이루며 사는 지구상의 고등 동물이다. 유일하게 사람만이 생각을 하고 언어를 사용하며, 도구를 만들어 쓰고 사회를 이루어 살아간다. 그리고 사람은 태어나 기존 사회에 적응하고 보다 더 낳은 사회를 만들어 가기 위해 교육을 받는다.

교육이란 지식과 기술 따위를 가르치어 개인의 능력을 신장시키고 바람직한 인간성을 갖추도록 지도하는 것이며, 그 교육의 장(場)에 따라서 가정교육·학교교육·사회교육 등으로 구분한다. 교육제도는 교육에 관한 조직·작용 따위가 법규에 따라 성립된 제도로서, 학교는 일정한 목적·설비·제도 및 규칙에 의거하여 교사가 계속적으로 피교육자에게 교육을 실시하는 기관이며, 학문이라는 수단을 활용한다.

학문은 어떤 분야를 체계적으로 배워서 익힘이라는 뜻으로 일정한 이론에 따라 체계화된 지식을 말한다. 즉 학문(과학)이란 보편적인 진리나 법칙의 발견을 목적으로 한 체계적인 지식인 것이다. 이처럼 인간이 기존 사회에 적응하고 보다 더 낳은 사회를 만들어 가기 위해 도움이 되는 각종의 이론이나 기법 등을 논리적으로 체계를 잡아 정리해 놓은 지식을 학문이라 할 수 있다.

그리고 학문은 관심의 영역을 세분화함으로써 여러 분과학문으로 나누어질 수 있으며, 이들 분과학문들이 각자 나름대로 독립된 연구영역을 가질 때 하나의 학문분야로 정립되는 것이다.

그런데 그 학문적인 성격이 현실의 대상과 관련이 있는가 없는가에 따라 형식(관념)과학과 현실(경험)과학으로 분류할 수 있다. 형식과학이자 관념과학은 그 명언이나 언명이 인간의 정신세계를 다룸으로써 사람들의 삶을 보다 풍요롭게 해준다. 그러나 그 자체의 학문적인 언명이 현실의 존재여부 또는 경험여부와는 관계없이 인간의 사유와 논리에 의한 학문으로서 현실의 대상과는 직접적으로 관련되어 있지 않으므로, 현실과 견주어 실증(test)할 수는 없다. 그러나 현실과학이자 경험과학의 언명은 논리의 모순 뿐만 아니라, 그것이 현실과 합치하는가 아닌가를 실증해야 한다.

이때 현실과학이 주로 자연현상을 대상으로 할 때 자연과학이라 하며, 인간행동을 둘러싼 사회현상을 대상으로 할 때 사회과학이라 한다. 인간의 사회적 사상에 관한 과학적 연구를 총칭하는 학문인 사회과학 중에서도 경제생활에 관한 학문이 경제과학이며, 그 중에서도 경영학은 경제활동의 주체로서의 인간이 일정한 목적을 달성하고자 하는 합목적적인 행동을 추구하는 학문이라 할 수 있다.

이처럼 경영학은 사람들의 경제활동을 다루는 경제과학이며, 사람들의 사회적 현상을 논한 사회과학이다. 그리고 그 이론과 기법들은 사람들의 삶에 있어 현실의 대상과 직접적으로 관련된 경험과학으로서, 사람들이 살아가는데 도움이 되는 학문인 것이다.

[그림 1-1] 경영학의 학문적 체계

- 학문(과학)
  - 형식(관념)과학 – 수학, 논리학, 철학, 문학, 신학, 기타
  - 현실(경험)과학
    - 자연과학 – 화학, 물리학, 생물학, 기타
    - 사회과학 – 사회학, 정치학, 경제과학, 기타

2. 경제과학으로서의 경영학

경영학이란 경영에 관해 연구하는 학문이다. 경영이란 경제생활을 영위하는 것 또는 그 사람을 일컫는 것으로 경제행위와 그 경제주체를 말한다. 인간이 정상적인 생활을 영위하기 위해서는 물질적 수단이 필요하다. 인간은 육체를 지탱하기 위해 의·식·주의 수단으로 물질이 필요하며, 영혼의 풍요를 위해서도 물질은 필요하다. 이러한 물질을 재화와 서비스(goods and service)라 하며, 이들 물질을 대가를 지불하여 획득(생산)하고, 사용(소비)하는데 관련된 인간의 행위를 경제행위

라고 한다.

경제행위가 규칙적이고도 계속적으로 이루어져 일정한 사회적 질서를 형성할 때 이를 경제라고 한다. 경제행위를 수행하는 개인 또는 개인의 집단을 경제주체라 하며 가계, 기업, 정부, 학교, 병원, 교회 등이 각각 개별경제의 주체들이다. 이들 개별경제주체의 경제행위가 국가적 단위로 이루어질 때 이를 국민경제라고 한다. 국민경제의 핵심적 3주체는 가계 · 기업 · 정부이다.

가계는 주로 소비활동을 영위하는 주체로 노동력을 결합하고 생산요소인 토지 · 노동 · 자본을 기업이나 정부에 제공하여 소득을 획득하고 이 소득을 원천으로 최대의 만족을 얻을 수 있도록 소비활동을 수행한다. 기업은 영리를 목적으로 생산활동을 영위하는 주체로 생산요소를 사용하여 재화와 서비스를 생산 · 판매하고 이익을 얻는다. 정부는 공적인 소비와 생산의 주체이며 동시에 가계와 기업의 경제활동을 조정 · 규제하여 공익을 극대화하는 활동을 수행한다.

경영학은 이러한 인간의 경제행위나 경제생활에 관해 연구하는 경제과학으로서, 경제학이 국민경제 전체적 관점에서 연구하는 학문이라면 경영학은 개별경제 단위의 관점에서 연구하는 학문이다. 즉 경제학이 거시(macro)적 관점의 경제과학이라면 경영학은 미시(micro)적 관점의 경제과학이다. 경제학이 숲을 바라보고 분석하는 것이라면 경영학은 나무를 바라보고 분석하는 것이다. 국민경제는 경제주체의 집단적 단위의 의사에 의해 영위되지만 개별경제는 견고한 조직을 지닌 개인(경영자)의 의사에 의해 영위된다. 따라서 경영학은 개별경제의 경제행위 뿐만 아니라, 그 행위의 주체인 사람에 대해서도 관심을 가진다.

[그림 1-2] 경영학과 경제학의 관계

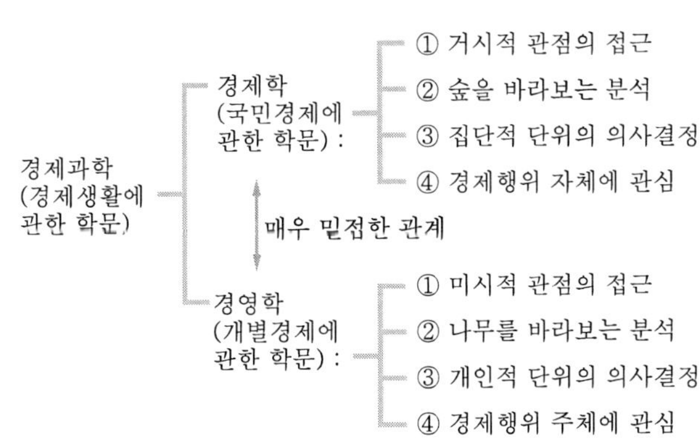

3. 사회과학으로서의 경영학

아리스토텔레스가 인간을 사회적 동물로 표현했듯이 인간은 사회공동체를 통해 생활을 영위하고 있다. 특별히 재화와 서비스를 획득하고 사용하는 것을 중심으로 전개되는 경제생활은 모든 사람들이 항상 영위하는 것으로 매우 쉬워 보이지만 사실은 놀랄만큼 많은 복잡한 문제를 가지고 있다. 국민경제의 가장 근본적인 문제는 어떤 재화를 얼마나 생산하며, 누가 어떠한 수단과 방법으로 생산하며, 생산된 재화와 서비스를 누구에게 어떠한 방법으로 배분할 것인가에 관한 의사결정의 문제이다. 이 문제는 인간과 자연과의 문제일 뿐만 아니라 인간과 인간의 관계에 관한 문제, 즉 사회제도와 체제에 관한 문제를 포괄한다. 인간의 행동을 설명하는 동인은 매우 다양하고 복잡하기 때문에 인간과 자연의 관계도 이해하기 어렵지만 인간과 인간의 관계를 정확히 파악하고 설명하기는 더욱 어렵고 힘이 든다. 이러한 인간의 경제생활을 영위하는 과정에서 인간과 인간의 관계에 의해 경제사회를 만들어낸다.

인간행동을 둘러싼 사회현상을 연구하는 학문이 사회과학으로 사회학 · 정치학 · 문화인류학 · 경제학 · 경영학 등이 있다. 경영학에서는 바로 경제사회 속의 개별경제 주체로서의 사회적 인간을 연구한다. 의사결정자로서의 인간이 일정한 목적을 달성하고자 행동하는 주체적 측면을 다루게 된다. 이와 같이 경영학은 인간행동을 둘러싼 사회현상을 대상으로 하는 사회과학이기에 경제사회의 현상을 설명하고 거기에서 어떤 원리나 법칙을 찾아나가는 하나의 경험과학이다.

제 2 절 경영학의 연구대상과 경영지도의 원리

1. 경영학의 연구대상

경영학이 개별경제의 경영(경제행위 또는 이를 수행하는 사람)을 연구하는 학문이라면 경영학의 연구대상은 국민경제를 구성하는 모든 주체인 가계, 기업, 정부, 학교, 병원, 교회 등이 모두 대상이 된다.

[그림 1-3] 경영학의 연구대상

국민경제
- 가 계 ----- 가정경영 ┐
- 정 부 ----- 국가경영 ┘ 소비경제 단위
- 기 업 ----- 기업경영 —— 생산경제 단위
- 기 타 : 학교 · 병원 · 교회 등 (경영학의 주된 관심대상)

그러나 오늘날 자본주의 시장경제체제에서 경영학의 주된 관심의 대상은 여러 가지 개별경제의 경영가운데 특히 생산활동을 담당하는 기업이고, 이 중에서도 특히 영리를 목적으로 생산경제행위를 수행하는 사기업에 관심의 초점이 있다. 이는 자본주의 시장경제체제하에서 모든 경제활동중 특히 생산경제행위가 시장을 움직이고 소비경제행위보다 더욱 조직적이기 때문이다. 생산경제행위의 대부분의 역할은 바로 사기업에 의해 수행되기에 오늘날 경영학 연구의 주된 관심의 대상은 사기업이 된다. 이 사기업의 경영에 대한 연구를 통해 얻어지는 원리나 법칙은 거의 모든 개별경제단위의 경영에 동일하게 적용할 수 있다. 즉 사기업의 경영을 통해 얻어지는 이론이나 기법들을 가정경영 · 국가경영 · 학교경영 · 병원경영 · 교회경영 등에 직접 또는 간접적으로 적용할 수 있기 때문에 경영학의 연구를 보다 단순화시키고 능률적으로 수행하기 위해서 그 연구대상을 사기업에 초점을 두는 것이다.

2. 경영과 기업의 개념

1) 경영과 기업의 비교

일반적으로 기업은 영리를 목적으로 경영활동을 수행하는 개별경제의 단위이며, 경영은 그 목적 수행을 위해 갖추어야 할 기술상의 조직 또는 수단으로 보고 있다. 이와 같이 기업은 경영이란 조직 내지 수단을 통해 그 목적을 달성하게 됨으로 경영은 기업의 모든 경제적 활동을 의미한다.

이러한 경영과 기업의 개념에 관해서 미국의 경영관리학에서는 그 구분에 별다른 관심을 보이지 않은 반면, 독일의 경영경제학에서는 경영학의 연구대상과 관련해 수차례에 걸쳐 논쟁을 하였다. 그러나 오늘날의 기업은 시장에서의 위험을 부담하면서 시장수요를 충족시키기 위해 자주적으로 의사결정을 하고 영리를 추구하는 경제적 주체이기는 하지만 이윤극대화만을 위한 수단이기보다는 경제적 후생을 달성하기 위한 수단이며, 이해관계자집단의 공동이익을 추구하는 수단으로 인식되어, 경영과 기업을 명확하게 구분하는 것이 어렵게 되었다.

본래 기업(business or enterprise)이라 함은 이윤을 추구할 목적으로 재화와 용역을 사회에 제공하는 조직체를 말한다. 즉 최소의 비용으로 최대의 수익을 올리려고 합리적인 경영을 하고 있는 이윤추구의 조직체라 할 수 있다. 그런데 생산경제 단위의 기업이 점차 대규모화하면서 그 활동반경도 폭이 넓고 커지게 됨에 따라 영리추구의 배후에 있는 실체로서의 생산활동 그 자체가 중요한 문제로서 표면화되기 시작하였다. 여기에서 기업을 영리와 연결된 목적개념으로 생각하고, 그 목적을 달성하는 수단으로서 생산경제의 실체가 경영의 개념으로 나타나게 되었다.

또한 경영(business management or administration)이라 함은 기업의 목적을 달성하기 위해 여러 생산요소를 조달·제조·판매하는 일련의 활동을 계속적·통일적으로 영위하는 조직체를 말한다. 즉 경영은 곧 영리목적이나 생산목적을 달성키 위해 활동하는 조직체로 이해되고 있다.

이처럼 기업과 경영에 대한 관계 및 차이는 뚜렷한 한계를 설정하기가 매우 어렵지만, 기업과 경영의 본질을 비교해 보면 다음과 같이 요약할 수 있다.

첫째, 기업은 경영의 소유단위이나, 경영은 기업의 생산단위이다.

둘째, 기업은 법률적·조직적·재무적 단위이나, 경영은 경제적·기술적 단위이다.

셋째, 기업의 지도원리는 수익성 혹은 영리성에 있으나, 경영의 지도원리는 경제성 혹은 생산성에 있다.

넷째, 기업은 모두가 경영이나, 경영의 전부는 기업이 아니다. 왜냐하면 비영리적인 경영조직체도 있기 때문이다.

이상과 같은 의미에서 볼 때 경영은 기업보다 상위적 그리고 광범위한 개념이라 할 수 있다.

2) 경영의 의미

경영학의 영어표현은 Business Administration 또는 Business Management라고 한다. Administration은 Ad(접근, 방향, 변화, 첨가) + minister(목사, 신부, 제사장, 중재자) + ation(명사형)으로 구성되는 것으로 기업의 경영활동이 방향제시적 활동이고 중재적 활동임을 알 수 있다. 방향제시적 활동이란 기업이 향해야 할 목표를 설정하고 계획을 수립하는 활동이며, 중재적 활동이란 기업과 환경, 조직과 조직, 개인과 조직, 개인과 개인의 목표를 일치시키는 활동이다.

또 하나의 경영학의 영어표현인 Management는 man(사람, 남자) + age(나이, 집합, 행위) + ment(명사형)로 기업의 인간활동인 동시에 그 인간활동을 집합시키는 활동 또는 그 사람을 뜻한다. 즉 경영이란 기업에서 인간의 활동을 조직화하고 이 활동을 수행하도록 하는 행위 또는 사람을 말하는 것이다. 기업을 곧 인간행위의 집합체로 인식하고 그 인간행위에 관심을 갖는 경영의 개념은 경영상위·기업하위 개념이기도 하다. 왜냐하면 인간의 행위는 기업활동 뿐만 아니라 소비활동, 종교활동, 교육활동 등 인간의 모든 삶을 포함하기 때문이다. Management의 의미에 대해 드러커(P.F. Drucker, 1973) 교수는 이 말이 특별히 미국에서 만들어진 미국 말이기 때문에 다른 나라의 언어로 번역하기가 어려워 영국의 영어로조차도 적절히 표현할 길이 없다고 하였다. 이는 기능을 의미하기도 하지만 또 그 기능을 수행하는 사람도 의미한다. 또한 사회적 지위나 계급을 의미하지만 또 한편으로는 학과나 연구분야를 뜻하기도 한다. 그러나 그는 다음과 같은 네 가지 개념으로 Management를 한정하여 사용하는 것이 바람직하다고 하였다.

첫째, Management는 학문의 연구분야(a discipline and field of study)로 잡다한 지식의 나열이 아니라 적어도 하나의 조직화된 지식체계(an organized body of knowledge)가 된다. 즉 "경영의 학"이다.

둘째, Management는 경영의 과업(a task)으로 사회적 계급이나 지위를 지닌 직업이다.

셋째, Management는 이러한 과업을 수행할 책임(responsibility)을 지닌 경영자 계층을 말한다.

넷째, Management는 경영자가 과업을 수행하는 실천(practice)적 기능(function) 또는 과정(process)이다. Management의 본질은 아는데 있는 것이 아니라 실행하는데 있으며, 이의 측정기준은 논리가 아니라 성과이다.

3. 경영학의 학문적 체계

기업경영을 연구대상으로 하는 종합과학적인 학문으로서의 경영학은 학자에 따라 그 연구방법에 차이가 있고, 또한 국가에 따라 그 생성발전상에 있어서의 특징이 있다. 따라서 학문상의 체계도 차이가 있을 수 있다.

연구대상의 분야를 기준으로 하는 경영학의 체계로는 일반경영학(경영총론)과 특수경영학(경영각론)으로 구분할 수 있다. 경영학의 연구대상인 생산조직체로서의 기업에는 농업, 수산업, 광업, 공업, 상업, 건설업, 보험업, 금융업 등 여러 가지 업종들이 있다. 이때 각 개별업종에 공통적으로 내재하고 있는 특성, 즉 동질성 또는 보편성을 인식하여 현재의 모든 업종의 기업에 공통적으로 적용할 수 있는 기초적 지식체계를 경영총론 또는 일반경영학이라 한다. 이에 비해 각 개별업종의 기업경영에 관한 독자적 특성, 즉 이질성 또는 구체성을 고려하여 이들 각 개별업종의 기업에 대해서만 특수하게 적용될 수 있는 기업경영에 관한 지식체계를 경영각론 또는 특수경영학이라 한다.

연구대상의 인식방법을 기준으로 하는 경영학의 체계로는 경영사(기업사), 이론경영학(기업이론), 경영정책(기업정책)으로 구분할 수 있다. 경영사는 기업경영을 과거로부터 현재까지의 역사적 측면에서 기업의 성립, 성장 및 발전과정을 동태적인 관점에서 기술적으로 고찰하는 지식체계이다. 그리고 이론경영학은 실재적 · 경험적 존재로서 현실의 기업을 대상으로 하여 기업에 있어서의 인과적인 관련을 체계적으로 파악하여 서술하는 것으로서 경영학을 법칙과학으로서 수립하려는 것이다. 또한 경영정책은 실천론적 및 가치판단론적인 입장에서 아직 도래하지 않은 미래에 대응하는 정책을 다루게 된다.

연구대상의 인식내용을 기준으로 하는 경영학의 체계로는 경영학방법론, 기업환경론, 기업형태론, 경영주체론, 경영조직론, 관리과정론, 전반 및 부문관리론으로 구분할 수 있다. 경영학방법론은 경영의 본질, 경영학의 체계, 그 보조내지 인접과학 등에 관한 문제와 연구방법에 대한 제문제를 다룬다. 기업환경론은 기업을 둘러싸고 있는 기업주변환경의 상호관계를 파악하는 것이다. 기업형태론은 기업의 실체와 자본의 출자내지 귀속관계를 법률형태와 관련해 연구하는 것이다. 경영주체론은 기업의 경영주체는 누구이며 소유자와 경영자와의 관계는 어떠한가를 규명하는 것이다. 경영조직론은 동태적 요소인 인적 요소를 통해서 생산조직체로서의 역할을 효율적으로 수행하도록 하는 기업의 구조적 측면을 연구하는 것이다. 관리과정론은 기업의 요소적 활동이 합리적으로 수행되도록 계획 · 조직 · 지휘 · 조정 · 통제하는 일련의 관리활동을 규명하는 것이다. 전반 및 부문관리론인 관리영역론은 전반관리와 아울러 저마다 다른 부문관리문제를 다루는 것으로, 생산관리 · 마케팅관리 · 인사관리 · 재무관리 · 회계관리 등을 그 내용으로 한다. 이처럼 인식내용을 기준으로 하는 경영학의 체계를 도식화하면 [그림 1-4]와 같다.

[그림 1-4] 인식내용을 기준으로 하는 경영학의 체계

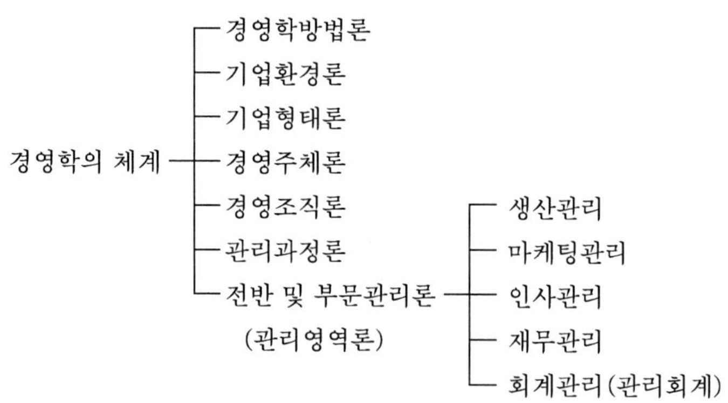

경영학의 연구대상으로서 기업은 자본의 순환과정을 통하여 기초에 투하한 자본보다 기말에 더 큰 자본으로 증식시킴으로써 이윤을 획득하려는 자본운영체이다. 이러한 기업조직의 주어진 목표를 효과적 · 능률적 · 경제적으로 달성하기 위해 기업체가 활용하는 제자원(인적 및 물적자원,

자본, 기술, 경영기법 등)을 계획·조직·지휘·조정·통제하는 일련의 과정을 경영관리라 한다. 이러한 기업의 경영활동을 경영학의 주요 영역으로 분해하여 재구성하면 [그림 1-5]와 같이 나타낼 수 있다.

기업의 경영학적 구조는 일차적으로 조직 및 정보시스템이 확립되고, 여기서 파생되는 자료를 처리하기 위한 회계 및 통제 체제가 그 기초를 구성한다. 이와 같은 조직 및 회계라는 하부 구조 위에 생산, 마케팅, 인사, 재무 부문이 주요 기둥으로써 경영활동의 중심적 역할을 담당한다. 이 위에 경영활동의 세계화로 인한 국제경영 분야가 위치하고 있으며, 경영정책 및 계획이 마치 지붕과 같이 위에 놓여 이러한 모든 경영활동의 분야를 포괄적으로 지배하고 조정하는 역할을 담당한다.

[그림 1-5] 기업의 경영학적 구조

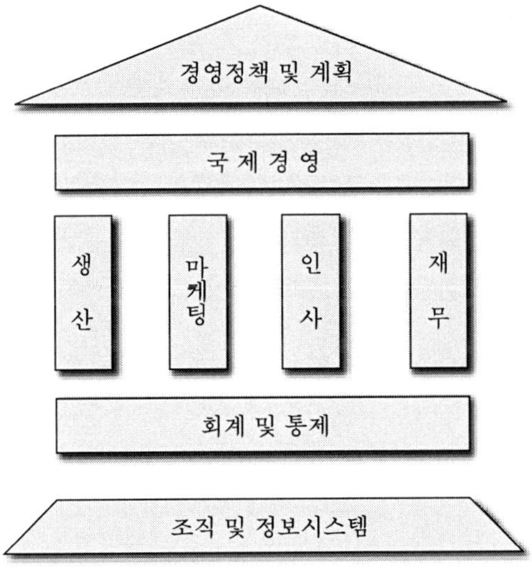

이처럼 경영학 각 부문의 활동인 조직 및 회계, 생산, 마케팅, 인사, 재무, 국제경영, 경영정책 및 계획 분야의 모든 경영활동이 전체적으로 조화를 이루어 수행될 때 오케스트라의 감미로운 음악처럼 기업의 목표를 보다 효율적으로 달성할 수 있다.

4. 경영지도의 원리

1) 경영학의 연구대상으로서 인식대상

경영학의 연구대상을 다루는데 있어서도 그 대상의 어떠한 측면에 중점을 두느냐에 따라 각기 다른 학문의 체계가 성립될 수 있다. 예를 들어 경영의 사회적 · 심리적 · 법적 · 공학적 · 기술적인 측면 등을 연구대상으로 삼아서 산업사회학 · 산업심리학 · 경영법학 · 산업공학 · 경영과학이라는 분야 등을 형성하고 있다. 이렇듯 경영의 어떠한 측면을 어떻게 연구하느냐에 따라 그 내용이 달라진다. 이는 경영학의 연구대상으로서 인식대상의 문제인데, 경영학은 경영의 가장 핵심적인 내용인 경제적인 측면을 주된 인식대상으로 한다.

그러나 경영학이 비록 경영의 경제적 측면을 그 인식대상으로 하지만, 경영을 하나의 복합적 시스템으로 볼 때 거기에는 정치 · 사회 · 기술 및 문화 등의 다양한 온갖 요소들이 있으므로 각 방면에서의 연구도 활발히 전개되고 있다. 이처럼 오늘날 경영학은 독자적인 연구대상과 연구방법을 가진 종합과학적인 학문체계로서 그 주변에 여러 방면의 제과학과 긴밀한 관련성을 가지고 있는 학문이다. 즉 그 자체의 고유의 이론과 기술을 기축으로 하면서 그 인접의 여러 과학의 이론과 기술을 원용하는 학제적 성격을 지닌 종합과학이라 할 수 있다.

2) 경영학의 연구대상으로서 경험대상

현실세계는 희소성의 법칙이 지배하기 때문에 경제행위에 여러 가지 복잡한 문제가 발생한다. 희소하다는 것은 단순히 그 양이 물리적으로 한정되어 있다는 것을 의미하는 것만이 아니라 사회구성원들의 무한한 욕망에 비해 수단(경제적 자원)이 상대적으로 적다는 것을 의미한다. 이 희소성 때문에 인간은 여러 가지 욕망가운데 채워야 할 욕망과 함께 억제해야 할 욕망을 구별하지 않으면 안 된다. 여기에서 선택의 문제가 발생하는데, 그래서 흔히 경영학을 선택의 학문 또는 의사결정론이라고도 한다.

경영학의 연구대상이 개별경제의 경제행위와 그 사람(주체)에 있다면 이를 어떠한 관점으로 파악하는 것이 바람직한가 하는 문제는 어떠한 입장에서, 어떠한 목적하에서, 어떠한 원리로 파악할 것인가 하는 문제이다. 즉 경영의 목적을 위한 기업의 행동원리는 무엇인가 하는 문제이다. 이는 경영목적을 위한 선택원리의 선정에 대한 문제인 경험대상의 문제이다.

경영학의 연구대상으로서 경험대상은 영리원칙(commercial principles)이다. 그런데 이러한 경험대상의 선택원리로서 영리원칙은 오래전부터 여러 가지 학설의 논쟁으로 그 개념이 발전되어 왔다. 그 중에서 대표적인 것은 수익성 원칙과 경제성 원칙 그리고 유효성 원칙이다.

① 수익성 원칙

수익성 원칙(profit principle)이란 투하자본에 대한 이익의 관계를 말하며, 자본에 비해 이익이 크면 클수록 좋다는 원칙이다. 이는 기업활동의 대가로서 최대 · 최고의 수익성을 추구하는 이윤극대화 원칙과 직결된다.

$$수익성 = \frac{이익}{자본}$$

그러나 오늘날 기업환경의 복잡화로 이윤극대화라는 단일목표로는 기업의 생존이 불가능하다. 소비자, 고객, 주주, 종업원, 채권자, 협력기업, 경쟁기업, 정부, 지역사회 등 다양한 집단과 밀접한 관계를 맺고 있고, 이들과의 관계가 단절되면 계속기업의 실체는 단절되고 만다. 따라서 기업목표의 다원화에 의한 다목적적인 기업관이 필요하다. 또한 오늘날 경영학은 비영리조직의 경영까지도 포괄하여 다루고 있다. 이러한 사실들을 고려한다면 그 연구의 관점을 수익성 원칙에 둔다는 것은 오늘날 더 이상 받아들여지기가 어렵다.

② 경제성 원칙

경제성 원칙(economic principle)이란 경영활동을 위해 투입하고 소비된 모든 재화 및 용역과 이로부터의 성과나 급부와의 이성적인 관계를 말한다. 즉 적정수익성을 바탕으로 한 투입(비용)과 산출(성과)의 바람직한 관계가 곧 경제성 원칙이다.

$$경제성 = \frac{산출(성과)}{투입(비용)}$$

경제성 원칙은 경영의 건전한 성장을 측정하는 척도로써 이용되며, 또한 생산요소의 경제적 결합에 있어 비용상으로 유리한 대체가능성을 평가하는데 있어 최적화의 기준이 된다. 그리고 기업의 행동원리로서 뿐만 아니라 모든 형태의 개별경제에 공통적으로 적용되는 선택원리이기도 하다.

경제성을 인간행위의 합리성 원칙이 지향하는 바를 가치적으로 표현한 것이라면, 그것을 가치적이 아니라 물량적으로 표현할 때, 이를 생산성이라고 부른다. 생산성(productivity)은 생산을 위하여 투입(input)된 여러 생산요소의 양에 대한 생산물의 산출량(output)의 비율을 말하며, 생산활동의 합리성을 나타내는 척도이다.

③ 유효성 원칙

기업경영의 지도원리는 생산요소의 선택, 재화와 서비스의 종류와 양의 선택, 시장의 선택에 있어서 경제성을 추구하는 것이다. 이때 경제성을 다른 말로 표현하면 유효성(effectiveness)이라 할 수 있다. 유효성 또는 효과성이란 경영목표가 달성되는 결과를 양, 질, 시간, 비용 등의 관점에서 파악하는 개념이다. 그러므로 유효성은 효율성(efficiency)을 포함하는 상위의 개념으로서 각 개체가 시스템의 목적을 달성하는 정도라고 정의된다. 따라서 경영적 의사결정을 주도하는 원리로 경영적 활동단계의 지침이 되고 있다. 이는 인간의 목표지향적 행동에 대한 행위적 명령의 형식으로 주어진다.

이처럼 조직의 유효성은 조직성과에 이해관계를 가진 조직의 내적 또는 외적 집단인 각 구성원의 태도조사에 의해 평가될 수 있다. 일곱 개의 가장 중요한 기업의 구성원과 그들이 사용하는 효율성의 기준은 [표 1-1]과 같다. 여러 어프로치의 조합을 이용하는 구성원 접근법의 장점은 유효성의 광범위한 관점을 이용하며, 조직내에서 뿐만 아니라 환경에서의 요인을 조사한다는 것이다. 조직의 유효성을 제고시키기 위해서는 어느 조직체든지 인간의 개성, 기업의 목표, 사회의 규범과 가치에 더욱 합목적적으로 접근될 수 있도록 그 조직이 설계되어야 한다.

[표 1-1] 기업의 구성원과 효율성 기준

구성원	효율성 기준
1. 종 업 원	임금, 감독, 일 자체에 대한 만족
2. 소 유 주	투자수익률
3. 고 객	재화와 서비스의 품질
4. 공 급 자	만족한 거래
5. 채 권 자	신용의 훌륭함
6. 지역사회	사회적 책임
7. 정 부	법과 규칙의 준수

결국 현대 경영학의 연구대상으로서 경험대상은 영리원칙 중에서도 수익성 원칙보다는 기업조직 뿐만 아니라 기타 모든 개별경제의 경영에 공통적으로 적용되는 경제성 원칙이 타당할 것이다.

제 3 절 경영학의 학문적 성격

1. 과학론과 기술론

경영학이 고유의 연구대상과 방법론을 지님으로써 하나의 학문이자 과학이면서도 실천적 성격을 가지기 때문에 기술적인 면에서도 상당한 관심을 가진다. 경영학의 역사적인 관점에서 경영학이 과학이냐 기술이냐의 성격에 대해 많은 논쟁이 있어 왔으나 근본적 의미에서 고유의 연구대상을 가지는 한 과학론에 가깝다는 것이 오늘날의 일반적인 견해이다.

경영학이 기술론이라면 극단적으로 경영자 개인의 경험이나 직관에만 의존하게 되어 사회적으로 유용한 학문으로서의 가치가 없어진다. 그렇지만 기술론의 성격을 전적으로 부정할 수도 없다. 경영학이 실천과학인 이상 기술의 채용은 불가피하며 이때의 기술은 이론을 기초로 한 응용의 수단으로 보아야 한다.

경영학이 순수이론을 추구하는 과학이라면 경영자는 일정한 이론적 원리만 습득하면 모든 경영에 그 원리를 적용하여 성공할 수 있을 것이다. 그러나 실제로 성공적인 경영은 대부분 경영자의 이론적 원리의 습득과 함께 자신의 경험과 직관이 전제된다. 이것은 마치 의학의 원리나 지식만 가지고 임상경험 없이 환자를 수술할 수 없고, 경험만 있고 과학적 원리나 지식을 지니지 못한다면 돌팔이 의사가 되는 것과 같다.

이처럼 과학적 원리의 습득만으로 현실의 경영을 성공적으로 이끌어 나갈 수는 없지만 경영의 과학적 원리나 지식이 없는 경영자는 시행착오에 의한 실패의 확률이 높다. 따라서 경영학은 실천적 기술을 제시할 수 있는 과학이어야 한다.

2. 순수과학성과 응용과학성

경영학은 국민경제를 구성하는 개별경제의 경영을 연구대상으로 인식하며, 개별경제주체의 경제성을 그 측정도구로 삼는 고유의 연구대상을 가진 하나의 학문(과학)이다. 개별경제의 경제행위가 홀로 무인도에서 이루어지는 것이 아니라 일정한 질서를 가진 사회 속에서 이루어지기 때문에 경영학은 인간행동을 둘러싼 사회현상을 그 연구대상으로 삼는다. 이러한 의미에서 경영학은 자연현상에서 원리나 법칙을 찾는 화학, 물리학, 생물학, 지구과학 등과 같은 자연과학이 아닌 사회학, 정치학, 문화인류학, 경제학 등과 같은 부류에 속하는 사회과학이다. 사회과학이나 자연과학은 모두 현실세계 속에서 그 원리나 법칙을 찾아낼 수 있고, 또 찾아내야만 증명되는 현실과학이요 경험과학이다. 즉 경영학은 인간의 관념 속에 존재하는 논리에 의해 설명되어지는 수학, 논리학, 철학 등과 같은 형식과학이 아니라 논리의 모순이나 현실의 합치성을 입증해야 하는 실증과학인 것이다.

경영학이 이와 같이 고유의 연구대상과 방법론을 가진 순수과학적인 성격을 가지지만 또한 경영학은 인간의 경제행위와 그 주체에 대한 연구에 있어서 다른 학문과 중복되기도 하며 이들 인접학문을 경영학에 응용하기도 하는 응용과학적 성격을 띤다. 경영학은 현실과학 뿐만 아니라 형식과학의 거의 모든 분야로부터 유용한 이론을 응용하며, 경영실무 및 인간의 실제적 경험으로부터도 필요한 것을 응용한다.

예를 들어 경영학에 공학을 응용하면 산업공학, 정치학을 응용하면 협동사회시스템이론, 경제학을 응용하면 합리적 선택이론, 수학을 응용하면 경영수학, 심리학을 응용하면 산업심리학, 사회학과 문화인류학을 응용하면 행동과학, 철학을 응용하면 경영철학이 되며, 생물학의 원리를 투자의사결정에 응용하는 Portfolio 이론, 법학을 이용하는 노사관계론과 기업형태론, 사회실무경험을 토대로 하여 경영관리론 등을 설명하고 있다. 이와 같이 경영학의 연구영역은 여러 가지 학문에 기초를 둔 종합적인 응용과학으로서 학제적 특성을 가지고 있다.

3. 이론과학과 실천과학

개별경제경영의 경험적 사실을 분석해서 거기서 경영의 새로운 논리나 법칙을 발견하며 구축해 나가는 경영학은 이론과학이다. 반면 개별경제의 경영이 곧 인간의 행동이기도 하다는 점에서 주로 인간행동의 실천적 문제를 초점으로 삼고 이러한 인간행동 실천의 지침을 탐구하는 경영학은 실천과학이다. 즉 경영학은 경영의 목적을 달성하기 위한 행동의 원리나 방법을 모색하는 것을 그 주된 사명으로 하는 실천과학이다.

이론경영학이냐 실천경영학이냐에 따라 경영학의 연구방법론이 달라지게 되며 여러 학파로 나누어진다. 그러나 어느 한가지 면만을 특정지어 연구대상으로 인식할 수는 없고 연구의 목적과 내용에 따라 다양한 방법의 접근이 가능하다. 이는 경영학이 경제학보다는 미시적 학문이며, 다른 사회과학들보다 훨씬 역동적인 학문이기 때문에 그렇다. 즉 경영학의 연구대상이 되는 경영자체가 변화하기 쉽고 환경에 영향을 많이 받아 급격하게 변화할 수밖에 없다.

따라서 현대 경영학은 지식을 위한 지식의 체계라기보다는 실천을 위한 지식의 체계이다. 아무리 논리적으로 정교한 이론일지라도 그것이 현실의 경영문제를 해결하는데 도움이 되지 못한다면 그것은 공허한 소리에 불과하다.

4. 실증과학과 규범과학

경영학이 이론과학성과 실천과학성을 지니게 될 때 실증경영학과 규범경영학의 성격을 동시에 가지게 된다. 현실세계에서 이루어지는 경영의 원리나 법칙을 해명하려는 면에서 경영학은 실증과학이다. 즉 현실의 어떤 경영현상을 객관적 사실 그대로 기술하고 분석한 결과로 얻어진 일련의 체계적 지식으로 존재론(what is)적 특성을 지닌다.

또한 경영학은 어떤 경영상태나 정책의 결과가 좋은가 좋지 않은가, 그리고 바람직한가 그렇지 않은가 하는 가치판단의 문제를 다룬다는 면에서 규범과학이다. 즉 여러 가지 경영상태와 정책을 비교하여 그 중에서 어느 것이 경제적으로 바람직한가를 평가하여 가장 바람직한 것이 무엇인가(what ought to be)를 판단할 기준을 제시하는 당위론적 특성을 동시에 지닌다.

이제까지 설명한 경영학의 학문적 특성을 도식화하면 [그림 1-6]과 같다. 경영학의 학문적 성격은 이론과학이자 응용과학인 동시에 과학과 기술이라는 특성을 종합적으로 지닌 것으로 나타난다.

[그림 1-6] 경영학의 학문적 특성

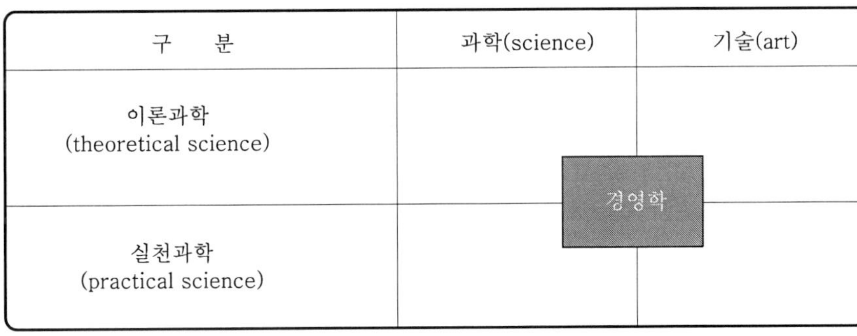

제4절 경영학의 연구방법

경영학의 학문적 특성을 어떻게 정의하느냐에 따라 경영학의 접근방법이 각기 다르다. 경영학이 하나의 학문이요 과학이라 할 때는 일반적인 연구방법이 이용되고, 경영학이 고유의 연구대상을 갖는 고유의 학문이라 할 때는 특수적인 연구방법이 이용된다. 일반적인 연구방법에는 이론적 방법과 기술론적(技術論的) 방법, 역사적 방법이 있고, 특수적인 연구방법에는 기술적(記述的) 방법, 실험적 방법, 사례적 방법, 모형적 방법 등이 있다. 그리고 인접과학접근을 활용한 경영학의 연구방법에는 수학적 접근방법, 공학적 접근방법, 사회적 접근방법, 심리적 접근방법, 종합과학적 접근방법 등이 있다. 이러한 경영학의 연구방법을 도식화 하면 [그림 1-7]과 같이 나타낼 수 있다.

[그림 1-7] 경영학의 연구방법

- 경영학의 연구방법
  - 일반적인 연구방법
    - 이론적 방법
    - 기술론적(技術論的) 방법
    - 역사적 방법
  - 특수적인 연구방법
    - 기술적(記述的) 방법
    - 실험적 방법
    - 사례적 방법
    - 모형적 방법
  - 인접과학접근 연구방법
    - 수학적 접근방법(경영과학)
    - 공학적 접근방법(산업공학)
    - 사회적 접근방법(산업사회학)
    - 심리적 접근방법(산업심리학)
    - 종합과학적 접근방법(행동과학)

1. 일반적인 연구방법

1) 이론적 방법

경영학이 이론과학임을 앞세우는 학파의 연구방법으로 이른바 이론적 경영학에서의 주된 연구방법이다. 이론(theory)이란 실천(practice)에 대응되는 개념으로서 개개의 특수한 관찰, 실험, 사실내지 경험으로부터 하나의 규칙성을 발견하고 이를 기초로 일반적인 원리를 도출하는 연구방법이다. 이 방법은 객관적으로 기업을 있는 그대로 가치판단 없이 연구하는데 본질이 있으며 주로 경영의 경험적 사실을 설명하려고 한다. 이론의 구축방법은 주로 특수한 것으로부터 출발하여 공통되는 보편적 법칙을 찾아내는 귀납적 방법이 이용된다. 귀납적 방법이란 관찰한 개개의 사실을 총괄하고 그러한 특수사실로부터 일반원리를 이끌어내는 방법으로, 특히 이론과학적 경향이 짙은 독일경영학의 주된 연구방법이다. 한편 이론구축의 또 다른 방법으로 귀납법과 반대되는 보편적 원리 또는 일반적 주장에 의거하여 행하는 연구방법인 연역법이 이용되는 경우도 있다. 즉 이미 알려진 보편적 법칙에서 특수한 법칙을 끌어내는 기법이 사용되기도 한다.

2) 기술론적 방법(技術論的 方法)

이는 경영학이 실천과학임을 내세우는 학파에서 쓰여지는 연구방법으로서 이른바 실천적(응용적) 경영학에서의 주된 연구방법의 하나이다. 이러한 방법은 특히 미국경영학에서 흔히 볼 수 있는 것으로 곧 미국경영학의 특징이기도 하다.

기술론적 방법에 있어서는 무엇보다도 특정의 목표를 전제로 해서 그 목표를 수행하기 위한 일정한 수단이나 방법이 연구된다. 즉 기술론적 방법은 경영 그 자체가 곧 인간행동의 장이기도 하다는 관점에서 순수이론보다는 주로 인간행동에 있어서의 실천을 문제삼고 이러한 실천의 지침을 탐구하는 방법으로서 경영목적을 합목적적으로 달성하기 위한 행동의 원리나 방법을 모색하는 것이다.

독일경영학에 있어서 슈말렌바하(E. Schmalenbach) 이후의 기술론적 조류가 회계학적 사고를 토대로 한 것이었고, 미국경영학에 있어서 테일러(F. W. Taylor) 이후의 관리과정적 조류가 곧 공학적 사고를 토대로 한 것이었다. 특히 독일경영학의 경우에 있어서는 공학적 합리성의 문제보다 경제적 합리성의 문제에 근거하여 부기·원가회계·경영통계 등의 계산제도를 써서 목적에 의한 수단의 합리성을 찾아내는 방법론이다. 이에 반해 미국경영학에 있어서의 기술론적 조류는 원래부터 산업공학을 중심으로 한 공학적 사고가 그 기반을 이루고 있다.

3) 역사적 방법

역사란 인간경험의 기록을 연구하는 특정한 방법인 동시에 그러한 결과로 얻어진 정보의 총체로 규정할 수 있다. 즉 역사는 연구방법이며 동시에 그 연구의 결과라고 볼 수 있다. 따라서 역사적 연구방법은 과거의 사건들에 대한 관찰자들의 문헌들을 찾아내고 그것을 비판적으로 평가해서 어떤 일들이 일어났던가를 정확히 기술하는 동시에 그 일들 사이의 관계를 밝히는 연구과정이다.

경영학 역시 오늘날의 경영학으로 발전하는데 투입된 선학들의 노력을 역사적으로 음미하고 평가하는 것은 경영학 연구에 있어 필수불가결한 것이다. 즉 경영학의 기원과 성립, 학설의 발전과 대립, 논쟁 등의 동향을 이해한다는 것은 경영학의 체계적인 연구를 위해서 필수불가결하기 때문이다. 결국 경영학의 역사적 연구방법이라는 것이 학문의 형태로 집약될 때 그것이 곧 경영학사임과 동시에 경영학 그 자체를 연구하는 것으로도 생각할 수 있다.

2. 특수적인 연구방법

1) 기술적 방법(記述的 方法)

일반적인 연구 방법이란 사회과학의 전 분야에 공통으로 적용되는 연구방법이다. 따라서 현대경영학의 연구방법은 이러한 공통적인 연구방법 뿐만 아니라 경영학분야에서만 채용되는 그 나름대로의 또 다른 연구방법도 사용하고 있다.

기술적 방법(記述的 方法)이란 주로 이론적 경영학에 쓰여지며 기업의 현실적 상황을 있는 그대로 기술(記述)하는 연구방법이다. 다시 말해서 기업경영의 경험적 사실을 그대로 기술하고 이를 분석해서 어떤 법칙을 찾아내려는 경험과학적 방법이다. 기술과학에 있어서 기술이란 기업현상에 대한 일반적 개념을 구성해서 이를 올바르게 인식하고 이러한 기업현상이 어째서 생겨났는가를 설명하려는 것이다. 따라서 기업현상(기업행위)의 과학적인 설명이 바로 기술적 방법이다.

이에 반해 기업의 현실적 상황을 있는 그대로 기술함이 없이, 기업이 있어야 할 상황을 개념적으로 설정해서 현실의 기업을 유도하는 것과 같은 연구방법을 규범적 방법이라 한다. 이 연구방법은 주로 1930년과 1940년대 사이의 독일경영학에서 많이 쓰여 왔으나 오늘날에는 흔치 않다. 다만 미국경영학의 경우에는 대체로 기술적 방법(記述的 方法)을 쓰고 있으면서도 기술론적(技術論的) 경향이 짙은 학문성격상 규범적 방법이 앞세워지는 경우도 있다.

2) 실험적 방법

실험적 연구방법이란 변인들 사이의 함수관계를 발견할 목적으로, 통제된 상황에서, 독립변인들을 인위적이고 계획적・체계적으로 조작 또는 변화시켜서, 그것이 종속변인에 미치는 효과를 객관적인 방법으로 관찰 또는 측정하여, 분석하는 실증적 연구방법의 한 형태를 말한다.

이는 실험에 의하는 연구방법으로서 이론적 학문임을 자처하는 독일경영학보다 실천적 경향이 짙은 미국경영학에서 더욱 많이 쓰인다. 미국경영학의 시작이라 할 테일러 시스템 자체가 애당초 실험에서 연구되었다고 해도 과언이 아니다. 그 이후로 인간관계론적 경영학을 발전시킨 메이요(E. Mayo)의 호손실험, 사이몬(H. A. Simon)에 의해 발전되어 온 조직론적 관리론, 더 나아가 오늘날 행동과학론의 이론적 기반은 여러 가지 실험에 의하는 경향이 크다.

3) 사례적 방법

사례적 방법의 기원은 법률에 있어서의 판례나 의학에 있어서의 임상연구에서 비롯되었으며, 이러한 연구방법이 처음으로 경영학에 도입된 시기는 1900년대 초이다. 사례연구(case study)란 개개의 실제적인 사례를 망라해서 거기에서 어떤 일반원칙을 이끌어 내려는 연구방법의 하나로서 여러 가지 사례의 자세한 관찰과 분석이 그 기초가 된다. 일찍이 쿤츠(H. D. Koontz)는 이러한 방법을 앞세우는 학파를 경험학파라 명명할 정도로 1920년대 이후 미국경영학 연구에 사례가 동원되는 일이 흔하다.

이처럼 사례연구는 1912년 하버드대학 법과교수인 랑델(C. C. Langdale)이 처음으로 실시한 이후, 오늘날 미국경영학 연구방법의 대표적인 기법으로 알려져 있다. 특히 하버드대학원에서 사례연구법이 기업경영에 유효한 교육훈련의 한 방법으로 높이 평가되어 경영학 고유의 접근방법으로 받아들여졌다.

4) 모형적 방법

이 연구방법은 수학이나 통계를 이용하여 경영의사결정을 모델화하여 단순화, 객관화시키는 방법이다. 모형(model)이란 일반적으로 어떤 현상을 설명하기 위해 고안된 모델의 총칭으로, 그 현상에 대해서 원인과 결과의 제변수간의 관계를 수학적 또는 비수학적으로 나타낸 것이다.

제2차 세계대전을 전후한 컴퓨터의 출현은 막대한 양의 수치적 자료를 신속·정확하게 처리할 수 있게 되면서 모델을 앞세운 각종의 수리적 기법들이 앞다투어 개발되었다. 이로 인해 이른바 계량경영학(operation research : OR)이라는 새로운 경영학의 연구분야를 탄생시켰다. 이는 오늘날과 같이 급변하는 기업환경하에서 경영을 이론과 실제면에서 파악하기 위해 경영자의 과거경험이나 직관에만 의존하는 주관적 결정이나 평가보다는 모델을 앞세운 계량적 접근이 더욱 과학적이기 때문이다.

3. 인접과학접근 연구방법

어떠한 학문의 접근방법은 반드시 그러한 접근방법에 알맞은 보조과학을 수반하는데, 이러한 보조과학이 경영학의 연구를 위해 동원될 때 이를 경영학의 인접과학이라 하며, 이 인접과학의 여하에 따라 그 연구방법이 상이하게 나타난다.

1) 수학적 접근방법(경영과학)

수학적인 접근방법(mathematical approach)이란 해결하고자 하는 문제 영역마다 여러 가지 수학적 모형을 설정하고, 이를 조작함으로써 문제를 해석하는 경영과학(management science)적 기법을 말한다. 이는 OR(operation research)의 성과가 기업경영에 응용됨으로써 하나의 독특한 학문체계를 이루게 된 것이다. 이 방법의 적용 사례로는 최적재고량의 결정, 자원배합의 문제, 대기시간의 문제 등의 분야이다.

2) 공학적 접근방법(산업공학)

공학적인 접근방법(engineering approach)은 공학적 제기법을 응용한 것으로 산업공학(industrial engineering) 또는 시스템 엔지니어링(system engineering)이라고도 불린다. 미국경영학의 시작이 되는 테일러(F. W. Taylor)의 과학적 관리법은 이러한 산업공학적인 관점에서 연구된 것이다. 제품의 표준화, 각종 규격·규정·측정단위의 기준 등의 공학기술로 산업공학의 중심과제는 작업연구, 동작연구, 시간연구 등이다.

3) 사회적 접근방법(산업사회학)

사회적 접근방법(sociological approach)은 경영을 하나의 인간집단이며, 하나의 사회적 구성체라는 관점에서 사회적 존재로서의 인간의 문제에 초점을 맞춘 일체의 연구방법을 말한다. 즉 경영의 사회적인 측면의 파악을 위한 인접과학으로 산업사회학(industrial sociology)이 있게 된다. 여기에서는 산업의 고도화에 따라 나타나게 된 대규모 경영조직 및 경영에 관여하는 노동조직이나 사회환경을 그 연구대상으로 하며, 그 관찰의 핵심은 집단적 인간에 두어진다.

4) 심리적 접근방법(산업심리학)

심리적인 접근방법(psychological approach)은 경영체내에 있어서의 인간의 심리적 행동을 그 연구과제로 삼는 모든 접근법을 말하며, 그러한 접근방법을 위한 인접과학을 산업심리학이라 한다. 즉 경영에 있어 인간의 심리학적 요소를 다루며, 개개의 노동자행동의 심리학적 법칙과 이에 영향을 주는 여러 가지 조건 등을 그 연구대상으로 삼는다. 오늘날 산업심리학은 적성검사, 적정배치, 인사평가, 종업원 훈련 등에 적용되고 있으며, 기업조직의 사회적·제도적인 환경하에서의 집단의 심리적 행동의 변화과정에까지 그 연구영역을 확장시키고 있다.

5) 종합과학적 접근방법(행동과학)

경영학도 사회과학의 한 분야인 이상 종합과학적 접근방법인 학제적 접근방법(interdisciplinary approach)이 있다. 종합과학이라 하면 여러 가지가 있겠으나, 경영학을 위한 접근방법으로서는 특히 행동과학이 절대적이다. 행동과학(behavioral science)이란 인간의 행동을 연구함에 있어 생태학, 심리학, 사회학, 문화인류학, 경영학, 경제학 등과의 경계선을 없애고 학제적인 접근방법을 시도한 사회과학의 한 방법이다. 그것은 사회과학의 전체를 총합화하려는 것이 아니라 개별적인 사회과학의 존재를 전제로 독자적 학문영역을 가지면서 공통적 연구대상인 인간문제에 대해 모든 과학을 동원한 학제적·종합과학적인 접근을 해가는 연구방법으로서 사회과학 연구의 대종을 이루고 있다. 오늘날 경영학은 종합과학내지 학제적 과학이므로 관련된 지식을 연구하고 체계화하고자 하는 경우 여러 가지 인접과학의 성과를 응용하지 않을 수 없게 되어 있다. 따라서 일련의 제학문의 이론과 기술을 널리 응용하여 종합과학으로서 발전해 가고 있다.

이상과 같은 여러 연구방법들이 있으나, 이론과 실체의 양면적 성격으로서의 현대 경영학의 연구방법은 그 어떤 특정의 연구방법만이 가장 좋다고 말할 수는 없다. 이러한 몇 가지 연구방법들이 때와 경우에 따라 단계적 · 중복적 또는 상호 교차적으로 쓰여지는 것이 보통이다. 따라서 사회과학 가운데 경영학 연구의 성격이란 마치 자연과학 가운데의 공학이나 의학의 입장과도 매우 비슷하다

연 습 문 제

1. 다음 용어를 설명하라.
   · 경영과학 · 경영학 · 경제성 · 경제주체 · 귀납법
   · 모형 · 사기업 · 사례연구 · 산업공학 · 산업사회학
   · 산업심리학 · 수익성 · 연역법 · 유효성 · 행동과학
   · Management
2. 경영학의 학문적 체계를 설명하라.
3. 인식내용을 기준으로 하는 경영학의 체계를 도식화하여 설명하라.
4. 경영학의 연구대상으로서 인식대상을 설명하라.
5. 경영학의 연구내상으로서 경험대상을 설명하라.
6. 경영학의 학문적 특성을 설명하라.
7. 경영학의 연구방법을 도식화하여 설명하라.

제 2 장

경영학의 발전과정(경영학사)

제1절 경영학 발전과정의 개요

1. 경영의 발전과정

괴테(J. W. Goethe)라는 철학자는 "한 학문의 역사는 학문 그 자체이다"라고 언급하였다. 경영학을 하나의 학문으로 연구하기 위해서는 그 역사를 먼저 이해해야 한다는 것이다. 경영이라는 학문이 언제, 어디서, 어떠한 배경하에서 성립되었으며, 어떠한 과정을 거쳐 오늘에 이르렀는가를 살펴봄으로써 경영이라는 학문의 성격이나 과제가 명백해지기 때문이다. 그러므로 경영의 역사를 과거와 현재에 걸쳐 살펴본다는 것은 그 나름대로 경영학 연구의 한 방법이 될 것이며, 경영학이라는 학문 자체를 이해하는 지름길이 될 것이다.

경영이란 인간의 경제행위와 그 주체를 말하는 것으로 인간의 경제성 추구의 행위이다. 즉 경영은 경제적 목적을 달성하기 위해 인간의 노동과 물질적 자원을 효과적으로 획득하고, 배분하며, 활용하기 위한 인간의 행위이다. 이러한 인간의 행위는 인간이 이 땅에 존재하면서부터 시작되었다.

과학적으로 최초의 인류(homoerectus)가 이 땅에 존재하게 된 것은 약 50만년 전쯤으로 추정되며, 이미 이때 인간은 도구와 불을 사용하였고 어느 정도 개념적 사고와 언어능력을 소유하고 계획과 협력을 요하는 행동을 행하였다. 성경적으로 인간은 에덴동산에서 추방되면서부터 대가를 지불하고 필요로 하는 자원을 획득하는 경제행위를 수행하였으며, 창조주는 자신의 예정(계획)과

섭리(관리활동)로 이 땅을 창조하고 경영한다.

인간은 끊임없는 자연과의 투쟁 속에서 진화해 왔고 이 진화와 함께 인간의 조직도 발전되어 왔다. 인간은 타인과 함께 협력함으로써 그들 자신의 능력 이상의 목표를 달성할 수 있고 더 큰 욕망을 충족할 수 있음을 알게 되면서 더 큰 조직을 형성해 왔다. 더 큰 조직은 더 많은 기술과 자원의 투입을 요구하며 직무간의 우열에 의한 차별화와 계층화에 의한 권한과 위계를 갖게 되었다. 이러한 조직에서 각 사람이 해야 할 일을 할당하고 그 일을 하도록 명령하는 일은 그 조직의 가장 강한 자, 연장자 또는 영향력이 가장 큰 지도자에 의해 수행되었는데, 이것이 바로 경영관리(management)이다.

이와 같이 경영은 인류의 역사와 함께 시작되었지만 체계적인 경영이 이루어지게 된 것은 B.C. 3000년경의 바벨론 왕국으로부터 살펴볼 수 있다. 함무라비왕은 282개조의 법을 공포하였는데, 상거래, 개인행동, 인간관계, 임금, 처벌 등에 관한 것을 규정하고 있다. 그리고 바벨론 제국의 북쪽과 서쪽에 자리잡은 신전들이 초기의 경영개념으로 발전되었다. 즉 사제의 기능을 분화하여 한 사제는 예식 및 종교적 행위를 맡고, 또 다른 사제는 토판의 기록과 유지, 계획수립, 노동분화, 작업의 감독 등의 관리분야를 맡아 일하였다.

고대 중국에서도 B.C. 6세기경에 손자병법을 기록했는데, 그 내용을 살펴보면 군대를 몇 개의 하위부대로 나누어 통솔하고 장교를 계급에 따라 계층화하였다. 또한 통신을 위해 징, 깃발, 봉화 등을 사용했으며 손자는 스스로 참모의 입장을 유지함으로써 직계(line)와 참모(staff)의 분화를 시도하였다. 또한 B.C. 551년~479년에 공자는 실력본위의 임용승진제도를 주장하였다.

고대 이집트는 라인강의 관계사업, 피라미드와 운하를 건설할 수 있는 강력한 파라오(왕)에 의한 중앙정부체제를 구축하였다. 이미 이때 한 사람이 감독할 수 있는 사람의 수에 제한을 두어 십부장, 오십부장, 백부장, 천부장 등으로 감독케 하였다. 또한 전문경영인인 총리대신을 임명하여 위탁 경영하였다.

구약성경은 가나안 땅을 찾아나선 히브리민족의 리더십에 관한 이야기를 기록하고 있다. 아브라함, 요셉, 모세, 다윗, 12사사들은 강력한 카리스마를 가지고 민족을 통솔하였으며, 이집트의 노예생활중 익힌 경영방식을 활용한 조직관리 규칙을 가지고 있었다.

15세기 중엽 이후 자본주의 초기단계에 상업자본이 발전하면서 국가간의 무역이 활발하게 이루어져 농경사회로부터 벗어나 새로운 중상주의 시대를 열어갔다. 체계적인 상거래질서가 이루어지고 상업경영이 활발하게 전개되어 부의 창출을 상업에 의존하게 되었다.

18세기 산업혁명 이후에는 상업자본이 쇠퇴하고 신기술과 설비에 의한 공업자본이 발전하면서 공업경영의 시대를 열어갔다. 공업경영은 대규모 조직과 고도의 분업에 의한 대량생산과 대량소비라는 새로운 경영방법론을 요구하였다.

이와 같이 경영은 인류의 시작과 함께 발생하였고 인류의 발전과 함께 변화되어 왔다. 그러나 이러한 경영이 하나의 체계적 학문으로 생성되고 발전되기 시작한 것은 15세기 상업학에서부터라고 할 수 있다. 15세기 상업학에서 생성되어 발전되어 온 경영학은 오늘날 세계경영학의 양대 조류의 하나인 독일경영학의 뿌리가 되었으며, 18세기 공업경영으로부터 발전되어 온 경영학은 오늘날 미국경영학으로 발전되었다.

2. 경영학 발전과정의 접근방법

경영학 발전과정에 관한 연구는 과거에서 현재에 이르기까지 여러 가지 학설이나 학자의 개별적 특징을 밝히는데 그치는 것이 아니라 그러한 역사적 학설이나 학자를 비판적으로 이해하여 경영학의 현상을 밝히며 나아가 미래의 학문적 발전방향을 찾기 위해 필요하다. 그런데 경영학사는 그 조류를 달리하는 여러 가지 흐름으로 인해 그 학문적 기원이나 생성이 나누어진다. 오늘날 경영학은 독일의 경영경제학과 미국의 경영관리학이 양대 조류를 형성하고 있으며, 각각 그 생성배경이 다르기 때문에 이중 어느 것을 중심으로 연구하느냐가 문제가 될 수도 있다. 그러나 오늘날에는 오히려 이러한 양대 조류를 통합한 균형적인 접근방법으로 경영학 연구가 진행되고 있다.

경영학의 발전과정에 대한 연구의 접근방법은 두 가지가 있다. 하나는 주로 과거 학자들의 비중이 큰 문헌(공개된 문서, 논문, 수기, 기록 등)을 중심으로 한 학설사적인 고찰을 하는 문헌사적 경영학사로 경영학설사라고도 한다. 또 다른 하나는 주로 시대별 특징이나 역사적 배경에 따른 시대사적인 고찰을 하는 문제사적인 경영학사로 일반경영학사라고도 한다.

경영학사의 접근방법
- 문헌사적 접근방법(경영학설사)
- 문제사적 접근방법(일반경영학사)

문헌사적 접근방법은 여러 가지 문헌이 연대순으로 배열되는 바탕위에서 우선 여러 가지 문헌고증이 필요하다. 그리고 나서 그러한 문헌고증을 통해 이들 문헌의 내용이 개괄적으로 설명되며 나아가서 문헌적 공통점에 따른 학사적 시대 구분이 결정된다.

문제사적 경영학사는 주로 그 시대의 특징에 비추어서 고찰하는 방법으로 현실에서 빚어졌던 여러 가지 경영학적 문제를 각 시대별로 특징을 정리해서 그러한 시대적 배경 밑에서 이루어져야

했던 여러 학설이나 주장의 흐름을 연관짓는 것이다. 예를 들어 17세기 르네상스시대의 경영학은 문예부흥시기에 즈음하여 경영학의 전신인 상업학이 처음으로 학문적으로서 생성되던 시대이며, 18세기 중상주의시대의 경영학은 세계무역(상업)주의의 와중에서 상업학이 가장 활발하게 발전되어가던 시대이다. 19세기 공업주의 시대의 경영학은 산업혁명의 여파로 판매가 중시된 상업경영학보다는 생산이 중시된 공업경영학이 보다 돋보이던 시대이며, 20세기 근대자본주의시대의 경영학은 시장경제체제하에서 판매와 생산이 모두 중시되는 종합학으로서의 근대경영학이 형성되기에 이른 시대이다.

오늘날 경영학사 접근의 일반적인 추세는 문헌사적 접근방법이 채택되고 있다. 이는 문제사적 접근법이 문헌상의 학설이나 주장보다는 오히려 시대적 특징이나 배경을 크게 의식함으로써 경영학사가 자칫 시대사적 특징만을 드러내기가 쉽기 때문이다. 그러나 경영학사를 보다 전문적으로 심층적 연구를 할 때에는 이 두 가지 접근방법을 서로 교차적 또는 중복적으로 사용하는 것이 바람직하다.

제 2 절 독일 경영경제학의 발전과정

독일의 경영경제학은 그 뿌리를 상업학에 두고 있다. 독일의 상업학이 태동하여 오늘날 경영경제학으로 발전되기까지의 과정을 문헌사적인 관점에서 [표 2-1]과 같이 여섯 단계로 구분할 수 있다.

[표 2-1] 독일의 경영경제학의 발전과정

제 1 기	독일경영학의 전사시대	(　　 ~ 1675)
제 2 기	독일상업학의 확립시대	(1675 ~ 1804)
제 3 기	독일상업학의 퇴보시대	(1804 ~ 1898)
제 4 기	경영경제학의 형성시대	(1898 ~ 1910)
제 5 기	경영경제학의 체계화시대	(1910 ~ 1970)
제 6 기	경영경제학의 다양화시대	(1970 ~ 　　)

1. 독일경영학의 전사시대(~1675년)

독일 경영경제학의 기원은 중세이후 17세기 상업학에서 찾을 수 있다. 경영학을 문헌사적 관점에서 살펴보면 상업학의 최초 문헌인 사봐리(J. Savary)의 「완전한 상인」이 출판된 1675년을 그 기점으로 볼 수 있다.

14~15세기에 있어서 지중해연안 무역이나 16~19세기 초 영국, 네덜란드, 프랑스 등을 중심으로 한 유럽 선진제국의 교역은 상업의 광역화와 상업기술의 고도화를 촉진시켰는데, 상업은 당시 경제의 중심적 표현으로 고도의 상업·무역지식과 환업무, 은행업 등이 개발되었다. 그러나 적어도 문헌사적 입장에서 상업학의 모든 기능이 질서정연하게 논술되어 학술적 문헌으로 취급을 받을만한 업적은 「완전한 상인」이 처음이었다.

그 이전에 비록 상업학의 모든 국면을 논술하지는 못했지만 부분적 기술에 의한 업적들이 중세 르네상스의 중심지인 이탈리아에서 있었다. 페골로티(F. B. Pegolotti)가 1335~1345년 동안의 「상업수기」를 기록하여 세계최초의 상업학의 문헌으로 취급되고 있으며, 파치올리(L. Pacioli)는 1494년에 「산술·기하·비 및 비례총람」에서 최초로 복식부기의 원리에 의한 포괄적 계산을 다룬 책을 출판하였고, 코트룰리(B. Cortrugli)는 1573년에 「거래론」을 출판하는 등 부분적인 상업학에 관한 기록을 남기고 있다.

2. 독일상업학의 확립시대(1675년~1804년)

1) 독일상업학의 태동시대

1675년 프랑스의 상인 사봐리(J. Savary)는 이탈리아의 상업도시 제노바, 피렌체, 베네치아를 중심으로 이루어지는 자유무역을 중심으로 한 상업학에 관한 모든 국면을 체계적으로 정리한 「완전한 상인」이란 책을 출판하였다. 이 책은 [표 2-2]와 같이 상업학에 관한 전반적인 내용을 체계적으로 다루고 있다. 그러나 그 후 금세기 초에 이르기까지 프랑스인에 의한 어떠한 문헌도 다시는 씌어진 바 없으며, 이를 그대로 계승하여 문헌사적으로 독자적인 체계를 발전시켜 나간 국가는 독일이었다.

사봐리의 완전한 상인을 독일어로 번역한 사람은 말페르거(P. J. Marperger)로서 그는 아들과 함께 1718년 「상업교육용사전」을 출간함으로써 상업학을 독일에 소개하고 발전시키는데 크게 기여하였다. 그리고 사봐리의 완전한 상인의 모방에서 벗어나 독자적 이론을 전개함으로써 독일상업학의 선구자적 역할을 한 사람은 루도비치(K. G. Ludovici)였다. 그는 1752~1756년에 전 5권의 「공개상인대학 또는 완전한 상인사전」을 출판하여 실천적 측면을 중심으로 한 사봐리의 모방에서 더 나아가 부록에서 상업학의 이론전개를 최초로 시도하여 독일상업학으로 전환시켰다.

[표 2-2] 완전한 상인의 주요내용

제1권	제1편	서론(상업과 상업학의 필요성, 문제의 제기, 본서의 구성)
	제2편	상업거래와 상업제도론(상업사용인, 도량형, 상품규격 등)
	제3편	수수료 상인론과 어음론(상업사용인 수칙, 어음취급요령 등)
	제4편	독립상인론(소매상인과 소매업경영, 소매상인 수칙 등)
제2권	제1편	도매상인론(도매상인과 도매업경영, 제조업경영 등)
	제2편	외국무역론(외국상업사정, 무역정보 등)
	제3편	중개상인론(중개상・대리상과 그 업무 등)
	제4편	파산법론(재산분할, 파산시의 상법적 사항 등)
	제5편	보충론(제2편의 보충)

2) 독일상업학의 체계화시대

말페르거에 의해 상업학이 독일에 소개된 이래 1800년대 초반까지 대부분의 상업학 연구는 사바리의 상인론에 입각한 상업학이 중심 내용이었다. 그러나 1804년 로이크스(J. M. Leuchs)는 「상업체계」에서 [표 2-3]과 같이 이제까지의 상인이라는 인격체 중심의 연구에서 벗어나 상인 뿐만 아니라 상업기관, 상업기능 등 폭넓은 상업학의 모든 문제를 다룸으로써 기존의 상거래학을 상업학으로 체계화하였다.

[표 2-3] 로이크스 상업체계의 내용

Ⅰ. 상업학

- 사적상업학
  - 1. 교환수단론
    - 상품학
    - 화폐론
  - 2. 가치결정론
  - 3. 사거래론
  - 4. 부기론
  - 5. 확률론 · 투기론 · 예측론
- 국가상업학

Ⅱ. 상업론

- 1. 상업지식 또는 상품기술
- 2. 상업지리
- 3. 상업사

3. 독일상업학의 퇴보시대(1804～1898년)

사봐리의 「완전한 상인」이 말페르거에 의해 독일에 소개된 이후 약 150년 동안에 걸쳐 독일의 상업학은 체계를 확립해 왔다. 그러나 1804년 로이크스의 「상업체계」를 마지막으로 1898년까지 19세기 전반에 걸친 1세기 동안 아무런 문헌적 발자취를 찾을 수 없다. 이 시기를 독일상업학의 퇴보시대 또는 암흑시대라고 한다.

이 시기에 상업학이 퇴보한 이유는 첫째, 영국에서 시작된 산업혁명의 여파가 유럽으로 넘어와 이제까지 무역을 중심으로 하는 상업학에서 생산을 중심으로 하는 공업학쪽으로 실업계의 관심이 이동했기 때문이다. 즉 기술혁신에 의한 신제품의 생산은 만들기만 하면 저절로 팔렸기 때문에 기업가들은 상업기술보다는 대량생산을 위한 공업기술에 더 많은 관심을 가질 수밖에 없었다. 둘째, 학문적으로 관방학(지금의 재정학)의 한 분야로 상업학이 취급되어 왔으나 이 무렵 관방학이 경제학으로 흡수되면서 상업학의 존립근거를 잃게 되어 상업학 자체가 소홀해졌다. 셋째, 상업학교에서는 이론보다는 실제적 기술에만 관심을 가지고 학생들을 교육하며, 개별경제의 관점보다는 국민경제의 관점에 더 큰 비중을 둠으로써 상업학이 쇠퇴하였다.

4. 경영경제학의 형성시대(1898～1910년)

산업혁명의 급속한 진전은 공업의 발달을 가져왔고 공업의 발달은 대량생산을 가능케 하면서 시장에서의 공급과잉을 초래하게 되었다. 이로 인해 그 동안 외면되어 왔던 상업에 관심이 높아지고 1898년 라이프치히(Leipzig)에 세계최초의 상과대학이 설립되면서 독일상업학의 재건시대가 열리게 되었다. 같은 해에 오스트리아의 빈(Wien)에, 1901년에 쾰른(Köln), 프랑크프루트(Frankfurt)에, 그리고 1903년에는 스위스의 쌍갈렌(St. Gallen)에 상과대학이 설립되는 등 새로운 상업경영에 대한 연구와 교육이 이루어지기 시작하였다.

특히 1903년 독일상업교육협회가 상업학의 부흥을 위한 캠페인의 하나로 거액의 상금을 걸고 현상논문을 공모하였는데, 여기서 스위스 사람 곰베르그(L. Gomberg)의 「상업경영학과 개별경제학」이 당선되어 이것이 단행본으로 출판되었다. 이 논문에서 곰베르그는 [그림 2-1]과 같이 경영학의 학명으로 경제학과 대응시킨다는 의미에서 개별경제학이라는 호칭을 사용하여 경영학의 연구대상을 명확히 함으로써 경영학을 하나의 독립된 학문으로 발전시키는 계기가 되었다. 그는 또한 개별경제학을 상업경영학과 공업경영학으로 분류하여 그 연구영역을 명확히 구분하였다.

[그림 2-1] 곰베르그의 경제학 구분

- 경 제 학
  - 국민경제학
    - 미시경제학
    - 거시경제학
  - 개별경제학
    - 상업경영학
    - 공업경영학

5. 경영경제학의 체계화시대(1910년～1970년)

1) 제1차 방법논쟁의 시대

20세기 초 상과대학들의 설립과 1903년 곰베르그(L. Gomberg)의 연구 이후 10년간 경영경제학에 대한 체계적 연구업적들이 계속해서 출간되었다. 특히 1910～1912년 사이에 출간된 연구물들은 이 시대를 대표하는 업적들이다.

이 시기는 통일적 관점에서 전체의 경영문제 인식을 제고시킨 경영경제학의 개화기라고도 한다. 이 시기에 유명한 제1차 방법논쟁이 시작되는데, 이 논쟁은 1912년 바이어만과 셰니츠대 슈말렌바하와의 사이에서 벌어진 논쟁으로 논쟁의 핵심은 ① 경영경제학이 이론과학인가 실천과학인가, 즉 순수과학인가 응용과학인가의 문제와, ② 경영경제학의 연구대상이 기업인가 경영인가, 즉 선택원리가 이윤성인가 경제성인가의 문제였다.

바이어만과 셰니츠는 방법론적 연구에 주력하여 사경제학의 연구대상을 기업으로 인식하고 이윤성을 선택원리로 하는 이론과학으로서의 사경제학을 제창하였다. 그들은 과학적 사경제학의 기초와 체계에서 사경제학을 국민경제학의 일부분으로 보고 논리를 전개하였다. 즉 자기자신(경제인)을 위해 사적경제주체가 이익을 획득하려는 활동을 사경제학의 연구대상으로 하고, 또한 경제인의 구체화를 과제로 하는 몰가치적 순수과학이 경영경제학이라고 설명하였다.

[표 2-4] 1910~1912년 사이에 출간된 대표적 간행물

헬라우어(J. Hellauer), 「세계상업의 체계」 - 1910년
셰어(J. F. Schär), 「일반 상업경영학」 - 1911년
바이어만 & 셰니츠(M. Weyerman & F. Schönitz), 「과학적 사경영학의 기초와 체계」 - 1912년
니클리쉬(H. Nicklisch), 「상업과 공업의 사경제학으로서의 일반상인 경영학」 - 1912년
슈말렌바하(E. Schmalenbach), 「기술론으로서의 사경제학」 - 1912년

이에 반해 슈말렌바하는 「기술론으로서의 사경제학」이란 논문에서 실천적 색채가 강한 기술론으로서의 사경제학을 전개하였다. 그는 이윤추구를 주어진 공리로 인식하고 공동경제적 생산성을 선택원리로 하는 응용과학으로 설정하였다.

이 논쟁에서 기술론을 주창하는 슈말렌바하가 우세승을 거두었다. 또한 그는 『원가계산론』, 『동적 대차대조표』, 『표준계정표』 등을 저술함으로써 회계학에 공헌하여 회계학의 원조로 꼽히게 되었고 훗날 쾰른학파의 선구자가 되었다.

2) 제2차 방법논쟁의 시대

제1차 방법논쟁기에 이론과학으로서의 과학적 사경제학의 관점에서 상사경영론을 제창해 온 니클리쉬는 그 후 전향하여 쉔플루그(F. Schönpflug)와 함께 규범적 경영경제학을 전개하였다. 즉 기업은 "자산의 조직"이 아니라 "인간의 조직"이며 노사공동체라고 주장하였다. 그는 기업의 목적은 노사쌍방의 욕구충족에 있다는 이른바 노사동등한 노사협조설을 전개하였다. 또한 그의 학설이 완성된 저서 「경영경제(1929~1932년)」에서 욕구충족가치를 생산하는 공동체로서의 경영을 대상으로 하는 경제성을 선택원리로 하여 구매 · 생산 · 판매 · 성과배분이라는 가치순환과정을 고찰하였다. 그리고 경영이라는 경제단위의 본질을 이러한 가치순환에서 파악하였고, 이러한 관점에서 가정은 본원적 경영, 기업은 그 파생적 경영이라고 보았다.

니클리쉬의 규범적 경영경제학에 대해 바이어반과 셰니츠의 방법론에 입각한 리이거(W. R. Rieger)의 1928년 저서 『사경제학입문』을 계기로 제2차 방법논쟁이 일어났다. 그는 이윤성을 선택원리를 하는 기업이론, 즉 순수과학 · 이론과학으로서 사경제학을 전개하였다. 자본주의기업을 이윤추구의 관점에서 객관적으로 연구하는 것이 사경제학이어야 한다고 주장하였다.

리이거의 주장에 대해 슈말렌바하의 기술론적 경영경제학을 지지하는 지이버(E. H. Sieber)는 리이거가 이윤성을 선택원리로 하는 것에는 찬동하지만 리이거의 몰가치적인 순수과학설에는 이의를 제기하고 기술론을 지지하였다. 또한 규범론에 입각한 쉔플루그는 마르크스(K. Marx)의 자본주의적 화폐경제의 기본공식에 의한 리이거의 화폐사고적 측면을 지적하고 그 시야가 좁다고

비판하였다.

이 논쟁으로 독일의 경영경제학에서 순수과학론을 주창하는 이론과학파는 쇠퇴하고 기술론을 지향하는 응용과학파가 득세하게 된다. 그러나 1933~1945년 사이의 나치시대에는 나치이즘(Nazism)과 일치하는 공준화된 규범을 가진 니클리쉬의 규범적·가치설정적 경영경제학이 득세를 하게 되었다.

3) 제3차 방법논쟁의 시대

제2차 세계대전으로 중단된 방법논쟁은 전후 구텐베르크(E. Gutenberg)의 등장에 의해 다시 일어나기 시작하였는데, 이것이 곧 제3차 방법논쟁이다. 구텐베르크는 근대경제학의 분석기법을 구사하여 『경영경제학원리(제1권, 생산론, 1951년)』를 저술하여 경영경제학을 이론경제학으로 그리고 국민경제학의 일부분으로 논하는 이른바 바이어만과 셰니츠류의 이론과학적 경영경제학을 전개하였다.

구텐베르크는 경영을 고찰하는데 체제관련적 사실과 체제무관련적 사실로 나누고, 경영형태의 결정요인을 체제관련적으로 분석하였다. 그는 기업이란 체제관련적 사실(생산요소체계, 경제성원칙, 재무적 균형유지원칙)과 체제무관련적 사실(영리경제원칙, 자율원칙, 단독결정원칙)의 결합에 의해 성립하는 자본주의 경영으로서 파악하였다. 그의 방법론의 특징은 ① 가치자유의 연구활동, ② 경험·현실주의적 인식프로그램, ③ 순수이론에 기초를 두고 있고, ④ 법칙성립적 과학, ⑤ 가설·연역적 방법 등이다.

이에 대해 슈말렌바하의 기술론에서 실천적 경영경제학을 계승한 멜레로비츠(K. Mellerowicz)는 도구주의적 과학관을 가지고 귀납법을 토대로 하여 반박하였다. 경영경제학이 현실적 유용성을 목적으로 한다고 하는 멜레로비츠의 인식에 대해 포퍼(K. R. Popper)는 과학은 가설이론의 제시와 그 반증가능성에 따른 시행착오에 의해 진보한다고 하는 비판적 합리주의를 주장하였다.

그리하여 멜레로비츠의 주장에는 슈말렌바하의 전통을 이어가는 학스(K. Hax), 하제나크(W. Hasenack) 등이 동조하였고, 구텐베르크의 주장에는 쉐퍼(E. Schäfer) 등이 각각 동조하여 논쟁에 가담하였는데, 구텐베르크의 경영경제학원리 제1권 생산론이 출간된 후 6년 동안 무려 95개의 견해가 발표되었다. 이러한 진통으로 경영경제학원리 제1권 생산론(1951년)에 이어 제2권 판매론(1955년), 제3권 재무론(1968년)까지 출간하는데 거의 15년이 걸렸다. 구텐베르크 이후 많은 후계자들이 그를 신봉하여 오늘날의 독일경영학은 자연적으로 이론과학의 성격을 강하게 갖는 경영경제학의 조류가 더 우세하다.

6. 경영경제학의 다양화시대(1970년～)

1966～1967년의 대공황을 겪으면서 독일경영학의 패러다임으로 간주되던 쿠텐베르크의 경영경제학은 커다란 영향을 받게 되었다. 사회적 시장경제체제의 한계와 함께 그의 이론도 흔들리기 시작하였다. 1973년 말의 오일쇼크는 공업생산의 정체, 경제성장의 둔화, 실업자의 증가를 가져왔다. 이로 인해 기업집중이나 과점현상이 나타나기 시작했고, 집중화된 대규모기업에서는 복잡한 관리문제와 불확실성하의 의사결정문제를 해결하기 위한 새로운 방법론이 전개되었다.

구텐베르크 이론의 한계가 대두되면서 이에 대한 비판자들이 속출하였다. 논리실증주의자들에 의해 비판적 합리주의라 일컫는 새로운 과학이론이 이론경영학의 보완적 방법론으로 등장하였다. 이들은 소위 뉴른벨크(Nürnberger) 학파로 카틀레(S. Kalterle), 포퍼(K. R. Popper), 쾰러(R. Köhler) 등이 여기에 속한다.

또 다른 비판론자들은 응용과학적(기술론적) 조류의 학자들로 멜레론비츠, 피셔(G. Fischer) 등을 중심으로 하는 신기술론파와 융크스토프(K. Junkerstorff), 엥겔만(K. Engelmann) 등의 경영과학론파 등이다. 이들은 독일의 경영경제학 속에 미국의 근대적 조직론, 시스템론, 행동과학론 등을 도입하였다. 하제나크(W. Hasenack)는 경영경제적 연구와 실천지에 기고한 인류학적 경영경제학의 논문에서 미국의 행동과학론, 수리통계적 기법을 동원하고 있다. 즉 독일에서도 컴퓨터와 매니지먼트가 주요한 과제로 등장하게 되었다.

1976년 신공동결정법의 제정으로 노동자의 경영참가가 확대되었는데 슈미트(R. B. Schmidt)의 학설은 이를 잘 반영하고 있다. 슈미트는 이제까지 기업목표설정의 핵심집단에서 제외되고 있었던 노동자의 권리확대를 자본주의 경제체제의 테두리 안에서 어떠한 형태라도 경영경제학은 받아들여야만 한다고 주장하였다.

1970년대에 들어서 또 다른 경영경제학의 비판적 연구는 노동지향적 연구이다. 그 하나는 마르크스주의적 입장에서 경영경제학을 비판적으로 받아들이는 사람들의 연구이며, 또 하나는 독일노동총동맹 부속의 경제사회연구소의 프로젝트 그룹이 완성한 노동지향적 개별경제학의 동향이다. 이들은 지금까지 경영경제학은 자본지향적 학문이었다고 비판하고 노동자 이해를 중심으로 한 새로운 개별경제학을 전개하려는 시도를 하였다.

독일의 경영경제학은 1970년대 들어 고도성장의 시대가 끝나자 생산의 문제를 떠나 관리나 조직의 문제로, 생산현장보다는 시장으로 관심의 초점이 이동되었다. 이러한 학계의 추세와 시대의 변화에 따른 문제의 다양화는 독일경영경제학의 새로운 방향을 제시하게 되었다.

이처럼 독일의 경영경제학이 체계화되기 시작했던 1910년 이래 오늘에 이르기까지 학문적 조류를 형성했던 방법론쟁의 학파들을 도식화하면 [표 2-5]와 같다.

[표 2-5] 독일 경영경제학의 학문적 조류

- 경영경제학
  - 윤리 · 규범학파
  - 경험 · 실증학파
    - 이론학파
      - 신퀼른학파
      - 뉴른벨크학파
    - 기술론파
      - 신기술론파
      - 경영과학파

제3절 미국 경영관리학의 발전과정

미국의 경영학은 관리론에 그 뿌리를 두고 있다. 미국의 경영관리학이 태동하여 오늘에 이르기까지의 과정을 [표 2-6]과 같이 5단계로 구분할 수 있다.

[표 2-6] 미국의 경영관리학의 발전과정

제 1 기 : 미국경영학의 전사시대(~ 1903)
제 2 기 : 전통적 관리론으로서의 미국경영학(1903~1930)
제 3 기 : 인간관계론으로서의 미국경영학(1930~1950)
제 4 기 : 근대적 조직론으로서의 미국경영학(1950~1970)
제 5 기 : 현대적 다양성 시대의 미국경영학(1970~)

1. 미국경영학의 전사시대(~1903년)

1) 미국의 경영관리학의 배경

미국은 19세기에 들어 대영제국과의 전쟁을 계기로 영국으로부터 경제적 독립을 이루어 섬유공업을 중심으로 한 산업혁명을 거쳐 남북전쟁(1861~1865년) 이후 비약적인 공업화를 전개하는 과정에서 운송분야의 발전이 현저하였다. 운하와 철도는 운송비용의 절감과 신규시장개척을 유발하여 지역적 독점을 붕괴시키고 대량생산의 길을 열었다. 또한 노동력확보를 위한 이민정책은 대다수의 노동자를 미숙련공으로 고용하면서 대량생산을 위한 기계화가 일찍부터 도입되었다.

미국에 있어서 경영에 관한 연구의 시작은 철도기업을 대상으로 전개된 「조직과 통제의 연구」, 공장관리 합리화의 연구를 과제로 하는 「공장관리운동」, 원가계산을 과거의 실적 뿐만 아니라 현재 진행중인 작업을 통제하기 위한 수단으로 이용하는 문제를 중심으로 하는 「원가계산 개혁운동」 등이었다. 미국 최초의 대기업인 철도업에서 철도망의 확대에 따라 지역적 한계를 넘어선 관리기법의 개발이 급선무였고, 이에 대한 요구가 관리자인 기사에게 요청되어 관리의 원칙, 조직의 체제, 조직도의 작성 등에 관해 연구를 한 맥캘룸(D.C. McCallum)의 연구가 펜실베니아 철도에서 적용되었다. 또한 공장관리운동은 생산기술의 발달과 생산집중에 의한 노동과정의 기술적 · 조직적 성격의 강화와 능률증진을 위한 노동강화에 대한 노동자의 조직적 저항이라는 문제에 부닥치게 되었다. 이와 같이 미국에 있어서 경영학연구는 직접적으로 생산과정에 있어서의 관리나 재무적 관리라는 실천적 요구에 부응하여 연구가 전개되었다. 이것은 미국의 실용주의 사조가 뿌리깊게 작용한 결과라고 보여진다.

따라서 개별경제의 경제행위를 똑같은 연구대상으로 하면서도 독일의 경영경제학은 개별경제의 이론적 관점을 추구한다면, 미국의 경영관리학은 개별경제의 실천적 관점 즉 기업경영을 어떻게 관리할 것인가를 추구한다.

2) 과학적 관리법의 준비시대

미국의 경영관리학의 시작은 1903년 테일러(F. W. Taylor)의 공장관리론(shop management)에서 제시된 과학적 관리법으로 본다. 테일러의 과학적 관리법이 나오게 된 중요한 배경은 미국기계기사협회를 중심으로 한 능률증진운동이었다.

19세기 후반(1880년)에 현장관리의 합리화를 위해 미국기계기사협회(American Society of Mechanical Engineers : ASME)가 설립되었고 타운(H.R. Towne), 헬시(F.A. Halsey), 로완(J. Rowan) 등이 이익분배제(gain sharing), 프리미엄 임금제(premium plan) 등의 자극적 임금제도를 중요시하였다. 그러나 이러한 임금제도나 경험률에 의한 제도인 주먹구구식의 표류관리(drifting management)만으로는 그 당시에 만연하고 있었던 조직적 태업을 전면적으로 해소할 수 없었다. 이러한 노동자들의 조직적 태업은 생산수단의 기계화에 의한 노동력의 잉여현상으로 경영자들이 단위당 임금을 삭감하자 이에 저항하여 미국전역에서 광범위하게 이루어졌는데, 이를 해결하기 위해 테일러는 임률을 과학적으로 설정할 필요가 있다고 인식하였으며, 임률의 과학적 설정을 위해 시간연구(time study)와 동작연구(motion study)에 착수하게 되었다.

또한 테일러의 과학적 관리법과 거의 같은 시기에 프랑스의 페이욜(H. Fayol, 916)에 의한 경영관리 연구와 독일의 베버(M. Weber, 1921)에 의한 관료제 연구가 진행되었는데, 이들은 후에 미국경영학에 큰 영향을 주어 고전적 관리론을 형성하게 되었다.

2. 전통적 관리론으로서의 미국경영학(1903～1930년)

1) 과학적 관리법

(1) 테일러의 과업관리

철강회사의 기사였던 테일러(F. W. Taylor, 1856～1915)는 실천적인 경험에서 과학적 관리법을 제창하였다. 그는 노동자의 조직적 태업의 원인이 되는 종래의 인습에 의한 주먹구구식의 표류관리를 대신하여, 미리 설정된 과업(task)을 중심으로 한 과업관리(task management)를 주장하였다. 이 과업관리의 목표인 테일러리즘(Taylorism)은 노동자에게는 고임금을 경영자에게는 저노무비를 실현하여 노사간의 갈등을 해결하는데 있었다.

테일러는 성과급제도(A Piece-Rate System, 1885년)와 공장관리(The Shop Management, 1903년)에서 그의 과학적 관리에 관한 실증적 이론을 발표하였으며, 1911년에는 「과학적 관리의 원리(The Principle of Scientific Management)」에서 완성된 이론을 제시하였다. 그의 과학적 관리법의 핵심은 ① 매일 최대 과업량의 설정, ② 표준화된 작업조건 구비, ③ 성공(과업달성)시 높은 임률지급으로 우대, ④ 실패(과업미달)시 낮은 임률지급으로 손실부담이라는 4대 원칙을 적용해야 한다는 것이다. 과학적 관리법의 체계는 [그림 2-2]와 같이 시간연구와 동작연구에 의해 노동자에게 표준화된 공구 및 작업환경하에서 단위당 표준시간을 측정하게 하였다. 그리고 표준시간에 일일 근로시간을 곱하여 하루의 목표과업량을 설정하여 노동자가 이 과업을 달성하면 높은 임률을 적용하여 임금을 계산하고, 이 과업에 미달하면 낮은 임률을 적용하여 임금을 계산하는 차별성과급제도를 도입하는 것이었다.

[그림 2-2] 과학적 관리법의 체계

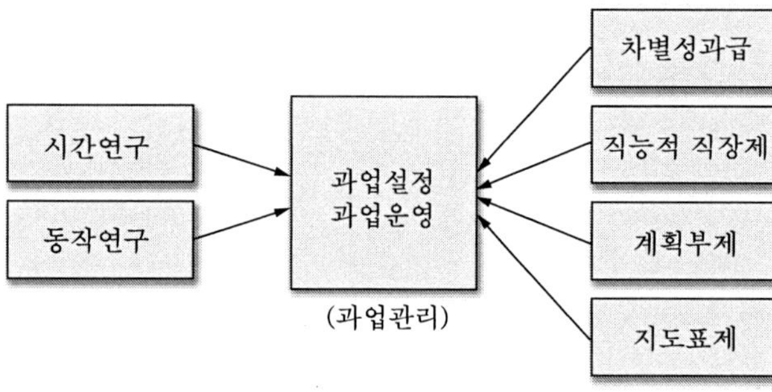

이러한 테일러 시스템(Taylor System)은 테일러의 사후에도 테일러 협회(The Taylor Society, 1911년 발족)를 중심으로, 그리고 공정계획과 통제 시스템인 간트 차트로 유명한 간트(H. L. Gantt), 동작연구의 대가로 유명한 길브레이스(F. B. Gilbreth), 직계참모조직의 유효성을 제안한 에머슨(H. Emerson), 동시관리의 원리를 정립한 포드(H. Ford) 등에 의해 면밀히 발전되어 왔다.

(2) 포드의 동시관리

포드자동차회사의 설립자 포드(H. Ford, 1863~1947)는 기업을 사회봉사기관으로 보는 경영이념에 근본을 두고 「고임금, 저가격」이라는 포디즘(Fordism)의 목표를 달성하고자 하였다. 즉 기업의 사회봉사적 기능이란 국민경제를 구성하는 생산경제의 주체로서 소비자에게 품질 좋은 제품을 저렴한 가격으로 공급하며, 동시에 노동자에게 높은 임금을 보장해 주어 사회가 보다 풍요롭게 되도록 하는 것을 말한다. 포드의 이러한 경영이념을 달성하기 위해서는 노동 한 단위당 생산성을 높여 원가를 절감해야 한다. 이를 위해 포드는 컨베이어벨트 시스템(conveyer belt system)에 의한 전작업공정의 동시관리와 분업을 통한 대량생산방식을 채택하였고, 이를 성공시키기 위해 ① 제품과 부품의 표준화(Standardization), ② 기계나 공구의 전문화(Specialization), ③ 제품과 작업의 단순화(Simplification)라는 3S의 원칙을 도입하였다.

이러한 컨베이어벨트 시스템을 통한 이동조립법과 3S에 의해 포드는 작업능률을 향상시키고, 원가절감과 대량생산을 실현할 수 있었다. 또한 노동자들의 임금이 높아졌고, 자동차의 가격이 낮아져서 대량생산과 대량소비라고 하는 현대 산업사회의 진입을 가능케 하였다. 실제로 1910년 포드자동차 노동자들의 평균임금은 $2.35(9시간)이고 자동차가격은 $780이었으나, 1917년에는 임금이 $5(8시간)이고 자동차가격은 $450로 변화되었다.

그러나 포드는 작업을 유동화하여 인간을 기계에 예속된 하나의 부분품으로 격하시켰고, 하나의 작업공정에 문제가 발생하면 전체 작업흐름에 영향을 주며, 컨베이어 속도에 의해 인간의 노동이 지나치게 혹사되고, 제품의 단순화로 시장변화에 적응력이 약하다는 비판을 받았다.

이처럼 과학적 관리법은 관리론의 고전으로서 현대 관리론의 효시를 구축했다는 점에서 그 중요성이 높이 평가되고 있다. 특히 생산작업 관리면의 합리화에 중대하고도 결정적인 공헌을 하였다. 그러나 노동자에게 노동을 강요하고, 인간노동을 기계시하며, 노조의 존재를 부정하고, 능률저하의 요인을 노동자의 태만에서만 찾으려 하였다는 점, 더 나아가 생산관리에 치중한 나머지 재무, 금융, 마케팅을 소홀히 다루었으며, 인간관계를 무시했다는 비난 등을 받게 되었다. 그리고 그 이후 경영관리의 방식이 인간관계 관리의 치중과 기술혁신 및 시장위주의 관리로 전환하여 발전하게 되는 계기가 되었다.

2) 페이욜의 관리론

테일러와 비슷한 시기에 프랑스의 광산경영자인 페이욜(H. Fayol, 1841~1925)은 1916년 그의 저서『산업 및 일반관리론』에서 관리의 개념을 처음으로 명백히 밝혔으며, 관리원칙에 관한 최초의 주장을 함으로써 관리과정론의 시조가 되었다.

페이욜은 관리란 대소의 산업・상업・정치・종교 및 기타 모든 사업의 경영에 있어 중요한 역할을 수행하는 것이라고 하면서 최고경영자의 관점에서 경영관리의 일반이론을 전개하였다. 테일러가 "과학적 관리의 아버지"로 불리는데 비해 페이욜은 "경영관리론의 아버지"로 불리고 있다. 페이욜은 기업에는 그 규모나 산업의 종류에 관계없이 여섯 가지의 본질적인 기능을 담당하는 기업활동이 있다고 하였다.

① 기술적 활동(technical activities) : 생산・제조・가공
② 영업적 활동(commercial activities) : 구매・판매・교환
③ 재무적 활동(financial activities) : 자본의 조달과 운용
④ 보전적 활동(security activities) : 재화와 종업원의 보호
⑤ 회계적 활동(accounting activities) : 재산목록・대차대조표・원가・통계 등
⑥ 관리적 활동(managerial activities) : 계획・조직・지휘・조정・통제

페이욜은 특히 이 가운데 관리적 활동을 중시하고, 관리란 바로 관리적 활동을 의미하며, 이는 다섯 가지 요소 즉 계획하고, 조직하고, 지휘하고, 조정하고, 통제하는 것으로 이루어지는 과정(process)으로 파악하였다. 이와 같은 페이욜의 기업활동과 관리기능을 살펴보면 [그림 2-3]과 같다.

[그림 2-3] 폐이욜의 일반적 기업활동

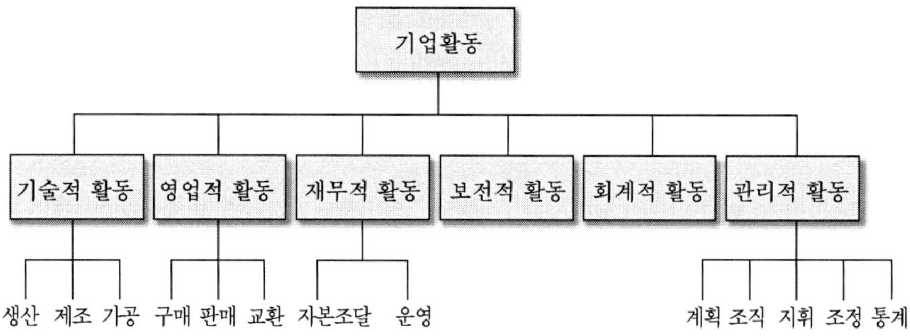

또한 페이욜은 업무를 수행하는 과정에서 관리자가 일반적으로 지켜야 할 14가지의 관리원칙을 [표 2-6]과 같이 제시하였다.

[표 2-6] 관리의 일반원칙

1. 분업의 원칙	6. 전체이익 우선의 원칙	11. 공정의 원칙
2. 권한과 책임의 원칙	7. 종업원 보상의 원칙	12. 고용안정의 원칙
3. 규율의 원칙	8. 집권화의 원칙	13. 창의력개발의 원칙
4. 명령일원화의 원칙	9. 조직계층화의 원칙	14. 협동단결의 원칙
5. 지휘일원화의 원칙	10. 질서의 원칙	

이 원칙들은 페이욜 자신이 경영자로서의 오랜 경험으로부터 얻은 구체적인 관리의 일반원칙을 제시한 것이다. 페이욜은 이들 관리원칙에 대해 결코 절대적·고정적으로 생각할 것이 아니라 실제 적용에 있어서는 탄력성을 인정하고 많은 경우에 관리자의 경험적 요소에 의존한다고 주장하였다.

이러한 페이욜의 관리론은 그 이후 데이비스(R. C. Davis), 쿤츠와 오도넬(H. Koontz & C. O'Donnell), 테리(G. R. Terry) 등에 계승되어 관리과정론으로 발전하였으며, 바나드(C. I. Barnard)와 사이몬(H. A. Simon)에 영향을 주어 근대조직론의 형성에 기여하였다.

3) 베버의 관료제

관료제(bureaucracy)는 규율, 계층, 분업 및 확고한 절차에 의존하는 하나의 시스템을 의미하며 독일의 사회역사가인 막스 베버(M. Weber, 1864~1920)에 의해 주창되었다. 그는 이상적인 조직, 즉 완벽하고 합리적이며 작업능률을 극대화할 수 있는 조직을 구상하여 관료조직이라 부르고, 사회전체의 조직들이 이상적인 관료제에 가까울수록 더 합리적으로 경영되어 사회는 보다 발전할 것으로 믿었다.

그는 관료제 모형이 근대사회의 대규모 조직을 설명하는데 가장 적합한 것이라고 하면서, 관료제의 특징을 분업에 의한 전문화, 권한체계에 의한 위계질서확립, 자세한 규칙제정 등으로 다음과 같이 설명하였다.

① 법에 따른 공식화된 원칙 : 베버는 관료제의 근간을 전통이나 카리스마보다 합법성에 두고 있다. 법에 따라 공식임무가 주어지고 임무에 따른 권한도 함께 주어진다.

② 직위에 따른 계층질서와 권한의 등급 : 상하의 명확한 구분과 감독체계를 이루고 있다. 위계 · 직무 · 권리 · 권한의 한계가 법규에 명백하게 규정되어 있다.

③ 분업 : 각 사람의 직무는 단순하고 일상적이며 명확히 규정된 과업으로 세분화되어 있어 그 직무에 대해 전문지식과 기술이 요청된다. 전문지식이나 기술은 합법성을 인정하는 기초가 된다. 그리고 그 직무에 전념할 것이 요청된다.

④ 비개인성 : 공식적인 임무수행에는 비개인성에 바탕을 둔다. 개인적 특성이나 기호가 게재되지 않도록 제재한다.

⑤ 성과에 근거한 선발 및 승진 : 선발이나 승진결정은 기술적 자질 · 능력 · 성과에 근거해야 한다.

⑥ 자유로운 계약관계 : 자유로운 계약에 의해 임용된다.

⑦ 선거가 아닌 임명제 : 임명하는 것이지 선거로 하는 것이 아니다.

⑧ 고정봉급 : 직위와 직무에 따라 합당한 봉급을 차등적으로 지급한다.

⑨ 경력체제 : 구성원들은 조직내 경력통로(career tracks)를 따라가도록 해야 하며, 경력상의 직무에 전념한 대가로 종신재직권(tenure)을 갖는다.

⑩ 공사의 구분 : 합리적이고 비개인적인 조직업무가 사적인 요구와 관심으로 방해받지 않도록 공과 사는 완전히 분리되어야 한다.

⑪ 문서주의 : 조직의 행위 · 결정 · 규칙 등은 공시화되고 문서에 의해 처리되어야 한다.

이와 같은 특성을 지닌 관료제는 종전의 행정체계가 해결하지 못했던 문제를 해결할 수 있는 이상형(ideal type)이라고 보았던 것이다. 그렇다고 이상형의 의미가 규범적으로 선호된 유형을 의미하는 것은 아니고 단순화된 모형의 구성이며 다른 특성보다도 권한체계에 특히 초점을 맞추었다고 볼 수 있다.

이러한 베버의 주장들은 그 후에 탄생하는 대규모 조직의 기본적인 모델이 되었다. 그러나 관료제는 형식주의, 권한의 축적, 책임회피와 분산, 의사결정의 지연, 관료들의 방해 행위, 파벌주의, 변화에 대한 저항 등의 역기능이 지적되고 있으며, 극단적인 비밀주의, 권력에 대한 욕구, 공공이익의 망각, 무사안일주의 등의 병리 현상이 나타나고 있다. 따라서 관료제의 맹종은 지나친 형식에 얽매어서 고객들로부터 외면당할 뿐만 아니라 외부변화에도 적응치 못하여 능률적인 경영은 고사하고 조직의 존립까지도 위태롭게 할 수 있다. 즉 관료제는 조직의 업무가 변하지 않는다는 가정과 조직내의 구성원들이 합리적으로 행동한다는 가정하에서 정립된 이론이다. 그러므로 조직의 환경이 비교적 안정적인 정부기관이나 조직이 방대하고 구성원의 인격적 요소가 중요하지 않은 군대와 같은 조직의 제도로는 적절하다고 할 수 있으나, 주변 환경이 급변하는 조직의 제도로는 적합하지 못한 상황이다.

3. 인간관계론으로서의 미국경영학(1930~1950년)

1) 인간관계론의 생성 배경

1920년대를 전후해서 미국에서는 산업혁명의 완성으로 국민들의 생활이 풍요로워지고 보다 나은 삶의 질을 추구하려는 경향이 사회 전반에 걸쳐 나타나게 되었다. 테일러의 과학적 관리법이 인간을 기계시하고 오직 능률향상을 위주로 한 접근법이라는 반성이 그의 시스템을 계승한 포드에 의해 나타났다. 포드는 인간이 기업의 목적을 위한 수단이라는 점보다 그 인간성을 중시하여 노동자 복지를 포함하는 사회봉사 이념을 주장하였다.

커먼즈(J. R. Commons)는 1919년 『노사호의(Industrial Goodwill)』라는 저서에서 노사간 대립 갈등의 해소를 위한 상호의존의 협력관계를 강조하였다. 그에 의하면 호의는 노사간에 형성되는 상호호혜주의 정신이며, 집단간의 질서나 통제는 이 호혜정신이 없이는 지켜질 수 없다고 하였다. 쉘돈(O. Sheldon, 1924)은 『경영철학』에서 대량생산체제하의 기업에서 감정의 동물로서 노동자의 인간성을 중시하는 바탕 위에서 경영의 합리성을 주장하였다. 이러한 주장들은 이제까지의 영리동기에 입각한 능률향상위주의 기업목적관에서 탈피하여 노동자를 포함한 기업구성 및 사회전체의 복지를 지향하는 기업목적관으로 대체되어야 한다는 것을 강조한다. 이들 주장들은 당시 전후(戰後)에 불어온 민주화의 바람과 자본시장의 발달에 따른 주식회사의 등장으로 인한 소유와 경영의 분리 현상에 힘입은 바 크다.

또한 경제인으로서의 개인적 인간관에 근거한 애덤 스미스(A. Smith)의 주장에 대한 반론으로 감정적 집단의식을 지닌 인간관으로 접근하려는 시도가 덕하임(E. Durkheim)에 의해 주장되었다. 그는 1893년 그의 논문 「De La Division du Travail Social」에서 사회를 집단의식에 의해 지배되는 기계적 사회와 노동의 전문화·분업화 및 사회제도의 상호의존성을 특색으로 하는 유기적 사회로 나누고, 전자는 우정이나 혈연관계에 의해 강하게 연결되어 있으나, 후자는 이러한 유대감이 없어 아노미(anomie)현상, 즉 혼란과 불안정 및 무규범의 상태에 이른다고 하였다. 따라서 유기적 사회에서 사회적 유대를 찾으려면 구성원들이 서로 사랑하며 친밀감을 느끼도록 노력해야만 한다고 하였다.

또한 쿨리(C. H. Cooley)나 미드(G. H. Mead)와 같은 사회심리학자들의 연구도 경영관리론에 영향을 미쳤다. 쿨리는 거울에 비치는 자아설을 주장하였는데, 그에 의하면 사회적 자아란 다른 사람의 의견에 대한 자신의 여러 가지 반사적 행동의 결정체로서 사회 속의 집단경험을 통해 형성된다고 보았다. 미드는 인간은 상호작용의 상황 속에서 사회의 중요성을 인식하며, 이처럼 여러 사람과의 만남을 통해 자아는 항상 그 모습이 바뀌어지게 된다고 보았다.

이와 같은 사회적 분위기하에서 기업경영에 대한 새로운 패러다임이 요구되었고, 인간관계라고 하는 새로운 패러다임에 의해 접근한 것이 호손실험(Howthorne Experiments)이며, 이 연구를 기초로 1930년대의 인간관계론이 전개되었다.

2) 호손실험과 인간관계론의 확립

호손실험(Howthorne Exoperiments)은 록펠러 재단의 지원하에 하버드대학의 메이요(E. Mayo)교수가 중심이 되어 뢰슬리스버거(F. J. Roethlisberger) 등이 협력하여 시카고의 서부 전기회사(Western Electric Co.)의 호손공장에서 1924년부터 1932년까지 8년 동안에 걸쳐 실시된 일련의 실험이다. 이 실험의 배경은 당시 호손공장에는 약 3만명의 종업원이 있었는데, 이들은 복리후생시설이 완비되고 적정한 임금수준을 유지하는 데에도 불구하고 불만이 높고 작업능률이 향상되지 않았다. 이에 따라 회사에서는 그 원인을 규명하여 노동생산성을 높이기 위해 노동조건과 성과와의 관계에 대한 연구가 필요했다.

이 연구는 4차에 걸쳐서 실험집단(test group)과 통제집단(control group)에 대한 성과의 차이 분석에 의한 실험법으로 수행되었다.

① 제1차 실험(조명실험(1924~1927)) : 이 실험은 조명도의 변화가 작업자의 생산성에 미치는 영향을 알아보기 위한 실험이었으며, 실험결과 조명도는 작업능률에 별다른 영향을 미치지 않는 것으로 나타났다.

② 제2차 실험(계전기 조립실험(1927~1929)) : 이 실험은 작업과 관련된 요인들인 작업시간의 단축, 휴식시간의 증가, 간식의 공급, 작업환경의 개선 등이 생산성에 미치는 영향을 조사하기 위한 실험이었으며, 실험결과 이들 조건과 생산성 향상과는 무관하였다. 이는 조명도 실험과 마찬가지로 물리적인 작업조건 이외에 작업능률에 큰 영향을 주는 다른 요인, 즉 종업원의 감정, 태도 등 심리적인 조건이 생산성 향상에 영향을 미친다는 결론을 얻었다.

③ 제3차 실험(면접실험(1928~1930)) : 이 실험은 1, 2차 실험결과를 통해 나타난 노동자의 심리적 조건이 작업성과에 미친다는 사실에 근거하여 구체적인 심리 조건을 찾기 위한 실험이었다. 종업원들의 불만에 대한 면접조사를 실시한 결과, 작업장의 사회적 조건과 근로자의 심리적 조건이 근로자의 태도와 생산성에 영향을 미친다는 결론을 얻었다.

④ 제4차 실험(배전기 권선 관찰실험(1931~1932)) : 이 실험은 3차 실험에서 확인된 개인의 정감이 구체적으로 어떻게 형성되는가에 대한 원인을 분석하기 위한 실험으로 배전기 권선 작업장의 직공을 실험집단으로 하여 면접과 관찰에 의해 수행되었다. 작업장에서의 다양한 사회적 요인을 분석한 결과, 자연발생적으로 형성된 비공식조직의 존재와 그것이 작업의 성과에 커다란 영향을 미친다는 결론을 얻었다.

이상의 호손실험의 결과를 요약하면 다음과 같다. 첫째, 작업능률을 좌우하는 것은 단지 임금이나 노동시간과 같은 노동조건이나 조명, 환기와 같은 작업환경으로서의 물리적 조건보다는 오히려 종업원의 태도·감정 등 내적·심리적인 요소가 더 중요하다. 그러므로 물리적 조건의 개선에 따른 효과도 무시할 수 없지만 그보다는 오히려 개인들의 심리적 요인이 더 중요하다는 것이다. 둘째, 노동은 개인적 활동이라기보다는 집단적 활동이다. 셋째, 종업원의 태도 및 감정을 좌우하는 것은 개인적·사회적 환경 및 조직내의 세력관계와 그가 속해 있는 비공식 그룹이다. 넷째, 종업원의 사회적 안정과 귀속감 등에 대한 욕구가 생산성에 큰 영향을 미친다는 사실을 밝혀냈다.

이처럼 호손연구는 사람에 대한 관심을 높이는 중요한 계기가 되었다. 즉 사람의 감정, 태도, 배경, 욕구, 사회적 관계 등이 매우 중요하며, 종업원들 상호간의 관계에서 형성되는 사회적 관계가 비공식조직을 만들고 생산성에 지대한 영향을 미친다는 것이다. 그러므로 공식조직도 필요하지만 비공식조직을 잘 이해하고 활용하면 효과적 경영에 큰 도움이 된다는 것이다. 그리하여 인간관계론 분야와 조직행동론 분야로 그 후속연구가 진행되었다.

그러나 인간관계론은 마치 전통적 관리론이 지나치게 기술적이고 구조적인 측면을 강조한 것과 같이 지나치게 인간의 심리적인 측면만 역점을 두고 있다는 비판을 받고 있다. 또한 경제적, 정치적 요인 등 제반 환경세력과는 분리된 하나의 폐쇄 시스템내에서의 인간관계만을 다루고 있으며, 노동조합의 역할에 대한 중요성을 등한시하고 있다는 점 등의 한계점이 있다.

4. 근대적 조직관리론으로서의 미국경영학(1950~1970년)

1) 근대적 조직관리론의 배경

1930년대 대공황을 거치면서 기업집중과 대규모화 추세, 자본시장의 발달로 인한 주식회사 체제 확립에 따른 소유와 경영의 분리는 전문경영자의 출현을 가능케 하였다. 또한 노동자들의 의식개혁에 따른 노동조합운동의 활발한 전개는 경영관리의 새로운 이론체계를 필요로 하였다. 1924년 호손실험 이래로 약 20년간 인간관계론이 지배하면서 조직의 소집단 연구를 통한 기업전체의 인간존중관은 확장되어 갔다. 그러나 이 인간관계론적 접근은 지나친 인간중심적 관리로 인해 조직의 목표달성이 자칫 소홀해질 수 있는 문제를 안고 있었다. 이러한 인간관계론의 보완책으로 근대적 조직관리론이 태동하였다.

근대적 조직관리론은 경영의 초점을 인간에 두되 비공식조직과 함께 공식조직에도 깊은 관심을 가지고 접근했다. 특히 조직의 사회적 고찰과 조직에 있어서의 유기체론을 기초로 공식조직에 깊은 관심을 가지면서 조직전체의 행동메커니즘의 해명과 함께 환경변화에 적응하는 기업의 동태적 측면을 보다 심도있게 분석하려고 하였다.

2) 버나드와 사이몬의 조직론

미국의 벨전기 회사의 사장이자 록펠러 재단의 이사장이었던 버나드(C. I. Barnard)는 1938년 「경영자의 역할」에서 과학적 관리론과 인간관계론적인 전통적 관리론에서 벗어난 새로운 조직론을 전개하였다. 과학적 관리론이 인간을 경시하는 인간 없는 조직(organization without people) 이론이고, 인간관계론은 공식적 조직을 경시하는 조직 없는 인간(people without organization)의 이론이었다면, 버나드는 이 양자를 통합하여 공식조직과 인간을 동시에 생각하는 인간과 함께 하는 조직(organization with people)을 역설하였다. 전통적 관리론이 대내적, 부분적, 정태적인데 비해 그의 조직론은 대외적, 전체적, 동태적 관점의 접근이었다.

그는 조직과 조직을 구성하는 인간에 대해 비교적 균형잡힌 이론을 전개하였으며, 조직 자체를 시스템으로 파악하는 시스템론적인 조직관을 가졌다. 또한 개인이 조직과의 관계에 있어서 자유의사에 기초한 의사결정력을 가지고 있지만 그 힘에는 한계가 있으며, 조직의 목적달성도를 유효성(effectiveness), 개인의 동기만족도를 능률(efficiency)이라는 용어로 표현하면서 조직의 목적과 개인의 동기가 서로 대립할 수도 있고 함께 통합될 수도 있다고 주장하였다. 이처럼 버나드는 종전의 조직이론에서 분명하지 못했던 점들을 명확한 틀로 확립하였다. 그의 학설은 인간관계론과 전통적 관리론을 보완하여 근대적 조직관리론으로까지 발전되어 갔다. 이러한 그의 이론이 현실에 영향을 미치기 시작한 것은 1947년 사이몬(H. A. Simon)이 「관리행동」에서 이를 이용한 조직론으로서의 의사결정론을 주창하면서부터였다.

사이몬은 「관리행동」에서 조직내의 전문화, 커뮤니케이션, 그리고 그것을 통한 의사결정에 역점을 두고 논의를 전개하였다. 즉 버나드의 의사결정론을 더욱 발전시켜 의사결정의 전제적 요소를 분석하면서 관리의 과정은 결국 의사결정의 과정에 지나지 않는다는 인식하에서 조직을 해명하려 하였고, 구성원의 의사결정과 행동이 조직에서 받는 영향을 분석함으로써 조직을 해명할 수 있다고 하였다. 그의 관점에서 합리적 의사결정이란 주어진 목적과 상황하에서 그 목적을 최대한 실현시킬 수 있는 수단을 선택하는 의사결정인 것이다.

3) 안소프의 의사결정론

안소프(H. I. Ansoff)에 의한 기업의 의사결정론이 1960년대 후반에 대두되었다. 그는 1965년 『기업전략론(Corporate Strategy)』에서 기업이 외부환경에 적응하기 위한 경영의사결정의 종류를 ① 전략적 의사결정, ② 관리적 의사결정, ③ 업무적 의사결정으로 분류하고 그 주된 결정사항과 특징을 설명하였다.

4) 제도파 경영학

제도파 경영학(institutional management)이란 베블렌과 커먼즈(T. Veblen & Commons) 등의 제도파 경제학(institutional economics)에서 생성·발전된 이론으로 경영목적이나 의사결정을 객관적으로 규정하는 기업의 제도적 구조를 규명하려는 학파이다. 이 학파의 대표적인 학자들은 벌리(A. A. Berle)와 민즈(G. C. Means), 버남(J. Burnham), 고든(R. A. Gordon), 드럭커(P. F. Drucker) 등을 들 수 있다.

벌리와 민즈는 1933년 「주식회사와 사유재산(The Modern Corporation and Private Property)」이라는 그의 연구에서 미국의 200대 기업을 조사하여 주식의 소유구조에서 오는 회사지배형태를 실증적으로 분석하여 소유와 경영의 분리에 의해 경영자지배가 이들 대기업의 대다수(44%)를 차지한다는 사실을 밝혔다.

버남은 1941년 『경영자 혁명론(The Managerial Revolution)』에서 베블렌의 기업제도에 대한 기본견해와 벌리와 민즈의 소유와 경영의 분리론을 전제로 경영자가 지배계급이 되는 경영자사회의 도래를 예견하였다. 그는 전제군주가 지배하는 봉건사회 → 자본가가 지배하는 자본주의사회 → 전문경영자가 지배하는 경영자사회로의 사회흐름을 예견함으로써 자본주의가 노동자지배에 의한 공산주의 사회로 이행한다는 마르크스의 예견을 반박하였다.

고든은 1945년 「대기업에 있어서의 리더십(Business Leadership in the Large Corporation)」에서 경영의 내부구조 분석에 의한 경영자 리더십의 실체를 파악하여 경영자가 주주, 금융업자, 소비자 등의 기업이해자집단의 영향을 받으면서도 자주적인 결정과정을 통해 리더십을 행사하고 있다는 사실을 명확히 하였다.

드럭커는 1954년 『경영관리의 실천(The Practice of Management)』을 비롯한 수많은 저서를 통해 독자적인 경영철학을 제시하였다. 그는 이제까지의 부분적이며 주관적 관점에서의 관리론의 견해와는 달리 전체적이며 객관적인 관점에서 기업경영이 선택해야 할 미래상과 그러한 기업경영의 주체인 경영자의 철학을 쉽게 풀이하였는데, 경영자의 새로운 사회적 사명, 그 직무와 책임 등이 항상 다각적으로 포괄되고 있다.

5) 행동과학

행동과학(behavioral science)은 전통적 인간관계론을 계승하여 발전시킨 것으로 인간을 자연적 인간이 아닌 조직내에서의 인간으로 인식하고 인간행동에 영향을 미치거나 이를 결정하는 요인에 관한 지식을 체계화하려는 학문이다. 인간관계론의 연구를 통해 조직에서 성과달성에 중요한 변수가 인간의 심리적 요인이라는 사실을 밝혔고, 사이몬(H. A. Simon)은 조직균형이론을 통해 조직의 목표달성을 위해 구성원의 공헌을 확보하는 것이 중요함을 밝혔다. 행동과학은 바로 인간행동의 인간관계를 과학적으로 해명하여 조직의 목표를 달성하기 위해 바람직한 행동으로 이끌어내기 위한 동기유발(motivation) 이론이다.

인간의 행동을 설명하는 원인은 매우 복잡하고 다양하기 때문에 정치학, 법학, 사회학, 심리학, 문화인류학 등 여러 가지 사회과학을 이용한 공동연구가 불가피하다. 행동과학의 특징을 요약하면 다음과 같다.

첫째, 행동과학은 인간행동에 관한 연구이다. 즉 조직내의 인간관계와 조직과 개인의 갈등, 그리고 조직의 의사결정자로서 인간들과 관련이 있는 인간행동을 연구한다.

둘째, 행동과학은 종합과학적이고 학제적 연구이다. 인간의 행동은 다면적이기 때문에 사회과학의 어느 한 면에만 의존해서는 그 실체를 모두 설명하는 것이 불가능하다. 따라서 각 학문분야의 연구성과를 이용하고 상호 협력함으로써 보다 높은 차원의 문제까지도 해결할 수 있다.

셋째, 행동과학은 기술적(descriptive)이고 규범적인 연구방법을 사용한다. 기술적 연구방법이란 현상을 사실대로 관찰하고 분석하여 이를 바탕으로 하나의 가설을 세우고 그 가설을 실험 및 시뮬레이션에 의해 검증함으로써 이론을 정립하는 자연과학적 실증방법이다. 반면 규범적 연구방법은 이상이나 목적을 달성하기 위해 마땅히 있어야 할 규범과 원칙을 추구하는 방법이다.

이상에서 살펴본 행동과학의 특성을 근간으로 하여 행동과학 연구의 영역과 차원을 요약하면 [그림 2-4]와 같다.

[그림 2-4] 행동과학의 연구과제와 행동차원

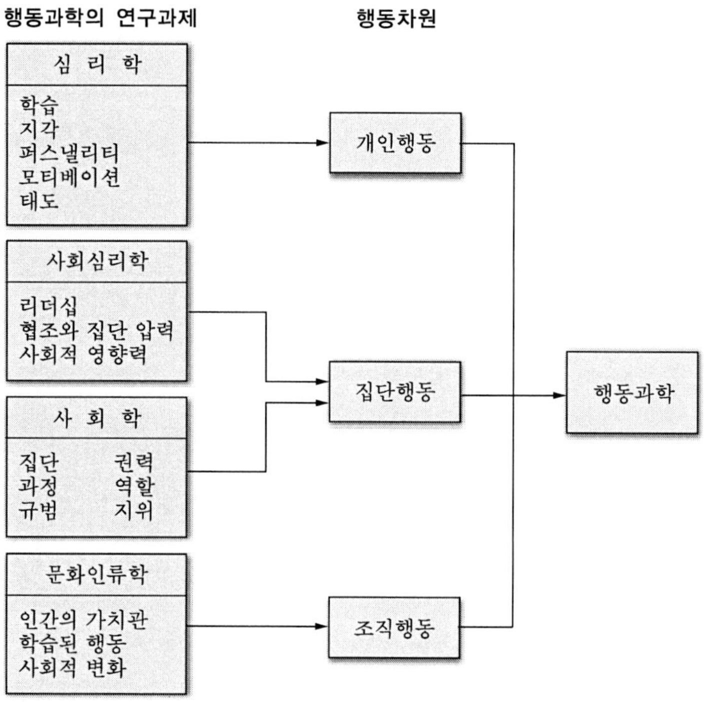

① 매슬로우의 욕구단계이론

매슬로우(A. H. Maslow)는 인간의 행동을 과학적으로 설명하기 위해 심리학적 방법을 경영학에 최초로 적용하였다. 그는 1943년 『동기부여의 이론(A Theory of Human Motivation)』에서 ① 인간은 결여된 존재로 그 부족함을 채우기 위해 행동하며, ② 충족된 욕구는 더 이상 행동을 일으키는 동인(motive)이 되지 못하며, ③ 인간의 욕구는 일련의 긴요도에 따른 계층을 이룬다는 전제하에 인간의 욕구를 저차원의 욕구로부터 고차원의 욕구에 이르기까지 5단계로 설명하였다. 즉 그의 욕구단계이론에서 인간의 욕구는 생리적 욕구(physiological needs) ⇒ 안전의 욕구(safety needs) ⇒ 소속 · 애정의 욕구(social needs) ⇒ 존경의 욕구(esteem needs) ⇒ 자아실현의 욕구(self-actualization needs)로 단계적이라는 것이다. 그러므로 이에 대응해서 관리의 성격 및 관리시스템도 저차원의 욕구에서는 전제적 · 일방적 관리인 자극임금관리 방식으로, 고차원의 욕구에서는 주체적 · 쌍방적 관리인 목표관리 방식으로 전환시켜야 한다고 하였다.

② 아지리스의 미성숙 · 성숙이론

아지리스(C. Argyris)는 1957년 「개인과 조직」, 1964년 「개인과 조직의 통합」에서 개인과 조직

사이에 존재하는 갈등에 주목하고 이의 원인과 해결방법을 제시하였다. 그의 미성숙·성숙이론은 인간이 미성숙한 존재에서 성숙한 존재로 성장하며 경영조직에의 인간은 성숙한 존재의 인간이라는 가정으로부터 출발하였다. 개인은 여러 해를 걸쳐서 성숙해 가는데 대개 수동적으로부터 능동적으로, 의존성으로부터 독립성으로, 한두 가지의 단순한 행동방식으로부터 여러 가지의 다양한 행동방식으로, 변덕스럽고 천박한 흥미로부터 보다 깊고 강한 흥미로, 현재적인 짧은 시간의 전망으로부터 과거와 현재 및 미래를 연결하는 긴 시간적 전망으로, 종속적 지위로부터 동등하거나 우월한 지위로, 자아의식의 결여로부터 자아의식 및 자기통제의 인격체로 변화된다고 주장하였다. 조직도 마찬가지로 미성숙한 조직단계에서 성숙한 조직단계로 성장하게 되는데, 관료적 피라미드 조직에서 민주적 인간중심의 조직으로 성장해야 한다고 하였다. 즉 조직내의 인간이 성숙된 인간이기 때문에 조직도 성숙된 민주적 조직의 특성으로 변화될 때 개인과 조직의 갈등이 해결된다. 이 이론은 전통적 관료제에 의한 조직의 형태를 벗어나 민주적이고 동태적 조직으로의 이행을 강조하였다. 이러한 그의 이론은 본질적으로 맥그리거의 X·Y이론과 일맥상통한다. 그는 동기부여 과정에 있어서 가장 큰 장애는 관리자의 그릇된 인간관임을 밝히고, 조직구성원에게 그들의 성숙한 욕구를 충족시킬 수 있도록 관리할 때 공식적 조직과 조직구성원의 욕구간의 괴리는 해소될 수 있다고 설명하였다.

③ 맥그리거의 X·Y이론과 통합이론

맥그리거(D. McGregor)는 1960년 「기업의 인간적 측면」에서 인간의 본성에 바탕을 둔 행동이론을 X·Y이론으로 설명하였다. 그는 관리자가 지니고 있는 인간관이 관리의 형태를 결정짓는다고 보고 인간의 본성을 전통적 인간관인 X이론적(부정적) 본성과 새로운 인간관인 Y이론적(긍정적) 본성으로 구분하였다. 그는 관리자들이 가지고 있던 부정적 인간관인 X이론을 버리고 긍정적 인간관인 Y이론으로의 이행을 주장하여 기존의 통제에 의한 관리(management by control)를 목표에 의한 관리(management by objective)로 대체시킴으로써 관리의 인간중심지향성을 추구하였다. 결국 그는 사람들이 조직목적을 위해서 노력하게 되면 그것이 동시에 개인의 욕구를 충족시킬 수 있는 것과 같은 상황, 즉 조직목적과 개인적 이익이 통합되는 상황을 만드는 데에 있다는 통합이론을 주장하였다.

④ 허츠버그의 욕구충족요인 이원론

허츠버그(F. Herzberg)는 1966년 「일과 인간성」에서 조직구성원들의 만족과 불만족의 원인을 조사하기 위해, 피츠버그 지방에 있는 11개의 기업에 관련된 기사와 회계사 200명을 대상으로 면접을 통해 직무경험과 직무태도를 조사하여 욕구충족요인 이원론을 제시하였다. 이 조사를 통해 조직구성원들의 만족과 불만은 독립된 별개의 요소에 의해 영향을 받는다는 사실을 발견하였다.

즉 인간은 이원적인 욕구구조를 가지고 있고, 불만과 만족은 별개의 차원에 있으며 불만을 야기하는 요인과 만족을 주는 요인은 서로 다르다고 하였다. 또한 불만요인의 제거는 소극적이며 단기적인 효과를 가지는데 비해서 만족요인을 크게 하는 것은 적극적이며 장기적인 효과를 가진다고 하였다. 따라서 그에 의하면 종업원들에게 동기를 부여하기 위해서는 두 단계가 필요한데, 첫 번째 단계로 우선 경영자는 위생요인이 적절한가를 확인해야만 한다. 즉 임금과 작업환경이 적절하며 작업조건이 안전하고 기술적 감독이 받아들여질 수 있는가 등을 먼저 검토하는 일이 중요하다. 이들 요인을 적절한 수준으로 제공함으로써 경영자는 동기를 자극하지는 못하지만 적어도 종업원들이 불만을 갖지 않도록 할 수는 있다는 것이다. 그 다음 단계로 경영자는 종업원들이 성취나 안정과 같은 동기요인을 경험할 기회를 주는 제2단계로 진행해 가야만 한다. 이렇게 함으로써 종업원들이 높은 수준의 동기와 만족을 지닐 수 있게 된다는 것이다. 즉 불만족을 극소화시키고 만족감을 극대화시키는 양면작전을 펴나가야 한다는 것이다.

5. 현대적 다양성 시대의 미국경영학(1970년～)

1) 근대적 관리론의 새로운 방향 배경

1910년대 이후의 전통적 관리론은 인간보다는 일을 중시하는 바탕위에서 지나치게 인간으로 하여금 일하게 하는 기술에만 집착하였고, 이의 단점을 보완하기 위한 1930년대 이후의 인간관계론은 반대로 일보다는 인간을 중시하는 바탕 위에서 일하게 하는 기술보다는 인간과 그 행동에 중점을 두었다. 이들 전통적 관리론은 모두 생산관리만을 중시한 능률지향적 성격이었다.

1950년대 이후의 근대적 관리론은 단순히 일 또는 인간의 한쪽으로만 그 관심이 치우친 것이 아니라 이 두 가지를 동시에 바라보는 양면성을 지닌다. 이것은 1950년대 후반 자본주의가 고도로 발달하고 생산과 자본의 대규모적 집적현상과 연구개발의 급속한 진전과 함께 관리이론이나 활동이 정치, 군사, 교육, 문화 영역으로 확산되고 각종 사회운동이 활발해지면서 미국경영학은 관리론 뿐만 아니라 이를 초월한 새로운 영역의 접근방법으로의 확대가 불가피하였기 때문이었다. 그래서 1960년대는 인식대상으로서 경영의 관리적 측면 뿐만 아니라 기술적, 사회적, 심리적 측면의 연구가 확대되었다. 이에 따라 경영학에 경제학, 사회학, 심리학, 정치학, 인류학, 수학, 공학 등의 최신기법이나 개념을 적극적으로 이용하게 되었다.

1970년 이후 미국사회는 ① 탈공업화 사회로 급변하면서 서비스지향 조직이 경제사회의 중심위치에 서게 되고, ② 공공부문이 확대되면서 이익지향적 기업중심에서 공공 비영리조직이 증대하는 한편, ③ 경영관리분야에 여성의 역할이 증대되는 경향을 보인다.

이러한 사회적 변동은 근대적 관리론의 방향을 ① 영리조직 지향에서 비영리조직 지향으로, ② 제품생산조직 지향에서 서비스판매조직 지향으로 연구내용을 확대하며, ③ 기업조직내 지향에서 기업조직외 지향(기업환경중시)으로, ④ 국내경영관리 지향에서 국제경영관리 지향(국제환경중시)으로 연구영역의 확대를 요구하며 미국경영학을 더욱 다양하게 만들었다.

이처럼 1960년대 후반 이후로 미국경영학은 기존의 전통적 관리론으로서의 과학적 관리론이나 인간관계론의 계승과 이를 통합하는 근대적 관리론 이외에 경영학에 수학적 방법을 채용한 경영과학론, 사회학을 채용한 시스템이론, 전통적 관리과정론의 부활, 변화하는 환경에 적응하기 위한 새로운 이론으로서 상황적합이론의 탄생 등 다양화의 극치를 이루며 발전하였다. 여기에서는 경영과학, 시스템이론, 상황적합이론과 오늘날 미국경영학의 다양한 접근방법을 분류한 쿤츠의 경영이론의 밀림에 대한 개요만을 언급하기로 한다.

2) 경영과학

제2차 세계대전 이후 경영학은 수학적 모델에 기초를 둔 과학적인 접근법이 이용되어 조직내의 생산문제와 인간의 문제를 해결하려고 하였다. 이들은 계량적 방법을 이용하여 경영상태를 분석하고 의사결정을 수행함으로써 관리의 객관적 합리성을 높이려는 학자들로서 자칭 경영과학자라 하였다.

계량적 의사결정은 제2차 세계대전중 군사전략의 수립이나 군수물자의 수송 등의 문제해결을 위한 운용연구(operation research : OR) 팀이 구성되면서부터이다. 이 팀에는 군사전문가 뿐만 아니라 수학자, 물리학자 등 전문과학자들이 참여해 서로 다른 지식을 체계적으로 활용하여 많은 성과를 보였다. 그리고 전후에 이러한 기법들이 산업분야에 적용되면서 각광을 받게 되었다. 특히 생산관리 분야와 유통시설 분야의 관리시스템에 효율적으로 적용되었으며, 컴퓨터의 발달로 인해 의사결정의 계량화노력이 활발해지면서 더욱 발전하게 되었다.

경영의사결정에 있어 계량적 접근의 구체적인 방법들은 선형계획(linear programming), 정보이론(information theory), 동적계획(dynamic programming), 게임이론(game theory), 시뮬레이션(simulation) 등이며, 대표적인 학자는 처치맨(C. W. Churchman), 모리스(W. T. Morris), 킴볼(G. E. Kimball) 등이다. 이러한 계량적 접근방법들은 기업의 예산관리, 자금관리, 공정관리, 재고관리, 수요예측, 판매예측, 이익계획 등 생산, 재무, 판매관리 등의 분야에서 많이 이용되고 있지만 인간의 행동이나 심리적 상황을 계량화하는 데는 한계가 있다.

3) 시스템이론

프렌치(W. French)는 1974년 그의 저서 『*The Personnel Management Process*』에서 시스템(system)이란 "어떤 하나의 목적을 가지고 이를 성취하기 위해 여러 구성인자가 유기적으로 연결되어 상호작용하는 결합체"라고 정의하였다. 즉 시스템이란 기능적 단위로 이루어진 여러 개의 독립된 구성인자 또는 개체가 전체적 목표를 효과적으로 달성하기 위해 유기적으로 연결되어 상호작용하는 통합체라 할 수 있다. 시스템이론에서는 경영조직을 하나의 전체시스템(total system)으로 보고, 이것이 어떻게 분석가능한 여러 개의 하위시스템(sub system)으로 구성되며 작용하는지를 강조한다. 시스템의 일반적 속성은 실체로서의 시스템 속성과 과정으로서의 시스템 속성으로 구성되는데, 전자는 시스템의 정태적 속성이고 후자는 시스템의 동태적 속성이다.

리커트(R. Likert)는 1961년 『관리의 새로운 패턴』에서 의사결정을 하는데 있어서 리더가 부하들과 상호작용을 하는 방법에 대해 설명하였고, 1967년 두 번째 저서 『*The Human Organization : It's Management and Value*』에서 경영조직의 시스템적 접근법에 의한 특성을 설명하였다. 그는 경영조직을 리더와 부하들로 구성되는 하나의 유기적 시스템으로 인식하고 조직내의 관리상황을 외부환경적 자극으로 할 때 조직의 유효성을 반응으로 하는 「자극→시스템→반응모형」을 토대로 관리시스템을 설명하였다.

[그림 2-5] 관리모형의 시스템적 접근

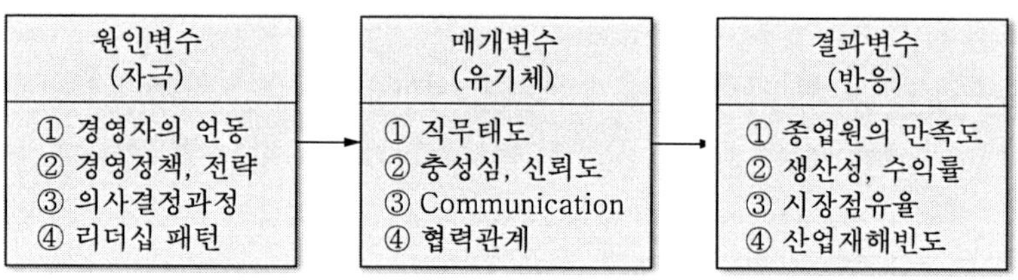

이처럼 시스템적 접근방법이란 조직이나 경영현상에 관한 문제해결을 위해 시스템이론에 관한 개념을 적용하여 접근해 가는 것을 말한다. 즉 기업을 제반환경과 상호작용하는 개방시스템으로 보고, 문제가 되는 경영현상이 관련되는 다른 요소들과 갖는 상호작용을 파악하고 분석, 평가, 수정함으로써 전체적인 관점에서 시스템의 최적화를 모색해 나가는 접근방법이라고 할 수 있다.

4) 상황적합이론

전통적인 조직론들은 조직에 있어서의 환경이나 조건에 관계없이 모든 조직에 공통으로 유효하다고 인정되는 조직원칙의 확립에 주력해 왔다. 그러나 이러한 보편주의를 부정하고, 모든 환경에 대해 유일 최선의 조직은 없고 환경이나 조건이 변화하면 유효한 조직도 달라진다는 입장의 이론을 총칭하여 컨틴젠시이론, 조건적합이론 또는 상황적합이론(contingency theory)이라 한다. 상황적합이론의 기본모형은 상황변수를 독립변수로 하고, 조직유효성 변수를 종속변수로 하며, 조직의 특성변수를 조절변수로 할 때 어떠한 상황에 대해서도 조직의 유효성을 높일 수 있는 조직의 특성을 탐구하는 것이다. 이러한 상황적합이론의 기본 모형은 [그림 2-6]과 같이 나타낼 수 있다.

[그림 2-6] 상황적합이론의 기본 모형

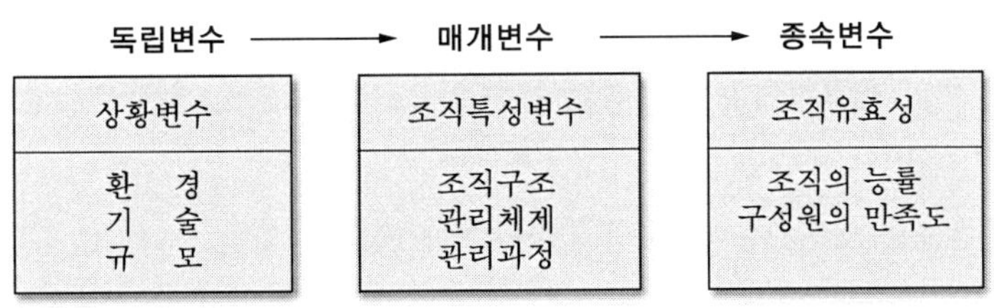

로렌스와 로슈(P. R. Lawrence & J. W. Lorsch, 1967)는 조직을 시스템으로 파악하고 조직의 분화·통합의 유형과 환경특성과의 관계에 관한 실증적 연구를 통해 안정적 환경에 적응하고 있는 조직은 분화와 통합을 위해 관료적 조직의 유형을 취하며 불안정한 환경에 적응한다고 하였다. 즉 조직은 유기적 형태로 분화와 통합의 동시 극대화를 꾀하고 있다는 것을 발견하였다. 이들의 연구는 영국의 사회과학자들에 의해 행해진 기업의 조직구조에 관한 실사연구에서 보편적 유일 절대의 조직구조가 현실로는 성립하지 않는다는 것이 미국에서도 증명되어 기업이 채용하게 될 최적의 조직구조는 환경상황에 따라 결정된다는 새로운 명제를 제시하였다.

피들러(F. Fiedler, 1987)는 리더십 유효성 모델 개발을 위한 광범위한 조사에서 리더십의 상황적 충격을 인정하고 특정상황 변수와 리더십 유형의 기능 등의 관계를 규명하였다. 그에 의하면 상황이 리더에게 매우 호의적(조직구성원들이 리더를 신뢰하며, 직무가 잘 정의되고, 리더의 권한이 강력함)이거나 반대로 극히 비호의적인 경우에는 과업지향의 지시적 리더십이 유효하지만, 상황이 중간정도의 호의성을 가질 때는 인간지향의 비지시적 리더십이 유효하다고 하였다.

이와 같이 상황적합이론은 처음에 조직구조 중심의 정태적 분석에서 시작하여 점차로 환경과 조직행위의 사이에 존재하는 복합적인 관계의 규명을 목표로 그 영역이 확대되었다. 이 상황적합이론은 모든 이론에 적합할 수 있는 최선의 방법이 존재한다는 보편주의적 입장을 부정함으로써 일반이론으로서의 조직론이나 경영관리이론이 특정한 상황에서는 설명할 수 없는 제한성을 극복한 점에 그 의의가 있다.

5) 쿤츠의 경영이론의 밀림

쿤츠(H. D. Koontz)는 1961년 「경영이론의 밀림」이라는 논문에서 미국경영관리론의 다양성의 극치를 지적하며 관리과정론으로의 통일을 주장했다. 그에 의하면 여러 가지 접근법이 내세워지는 것은 미국경영학의 발전을 위해 바람직한 일이긴 하지만 서로가 남의 것을 받아들이는 일 없이 그저 자기 것만을 앞세우기에 혈안이 되고 있는 것과 같은 밀림전은 이제 끝장내야 할 때라고 주장하였다. 그러기 위해서 ① 통일적인 접근방법의 검토, ② 통일적인 관리론의 모색, ③ 통일용어의 사용, ④ 학자 상호간의 이해증진, ⑤ 경영교육의 통일적 의의 탐색 등 미국경영학의 참된 발전을 위한 해결노력이 필요하다고 강조하였다.

1962년 11월 「경영관리와 관리연구, 관리개선에 있어서의 그 역할」이란 주제로 캘리포니아대학 경영대학원에서 종합학술 심포지움이 개최되었다. 이때 61명의 학자, 교육자, 경영자들이 참석하였으며 11편의 논문과 토론이 있었는데, 그 보고서를 「통일적인 경영이론을 찾아서(1964년)」란 제목으로 출간하였다. 이것은 오늘날 미국경영학의 조류를 한눈에 볼 수 있는 문헌으로서 의미가 있다. 이를 계기로 미국판 방법논쟁이 시작되었다.

쿤츠의 다양성에 대해 사이몬은 이를 극렬하게 비판하였다. 사이몬(H. A. Simon)에 의하면 경영관리론에는 학파(school)라고 간주할 아무 것도 존재하지 않으며, 쿤츠가 학파라고 보는 곳에는 다만 접근방법(approach)의 차이만 있을 뿐이다. 경영관리의 연구에는 여러 가지 접근방법이 있게 마련이고, 이것은 경영관리론 연구의 분업에 불과하다. 이것은 하나의 연구분담이지 결코 대립이 아니다. 문제 여하에 따라서는 동일한 연구자라도 여러 가지 접근방법을 하게 된다. 따라서 경영관리론의 밀림이란 존재하지 않으며 그러한 표현을 앞세우는 것 자체가 착각이다. 우리의 경영학계에는 그 어떠한 혼란도 없으며 생생한 발전만 있을 뿐이라고 반박하였다.

이 논쟁에서 미국의 실용주의·개인주의 사조는 사이몬을 선택하여 경영학의 다양성은 더욱 극대화되어 새로운 접근방법들이 또 다시 가세하게 되었는데, 오늘날 미국경영학의 연구접근방법을 쿤츠에 따라 분류하면 [표 2-7]과 같다.

[표 2-7] 미국경영학의 다양한 접근방법

① 경험사례적 접근(the empirical or case approach)
② 인간상호행동적 접근(the interpersonal behavior approach)
③ 집단행동적 접근(the group behavior approach)
④ 협동사회시스템적 접근(the cooperative social systems approach)
⑤ 사회기술시스템적 접근(the sociotechnical systems approach)
⑥ 의사결정론적 접근(the decision theory approach)
⑦ 시스템적 접근(the systems approach)
⑧ 수리적 또는 경영과학적 접근(the mathematical or management science approach)
⑨ 조건적합적 또는 상황적 접근(the contingency or situational approach)
⑩ 관리자 역할적 접근(the managerial roles approach)
⑪ 관리활동적 접근(the operational approach)

자료 : H. Koontz, C. O'Donnell & H. Weihrich, *Management*, McGraw-Hill, 1984, pp. 53-61.

제4절 일본 경영학의 발전과정

일본의 경영학은 제2차 세계대전을 기점으로 해서 그 이전은 독일경영경제학의 직수입시대였으며, 그 이후는 미국경영관리학의 직접적인 영향을 받았던 시대였다. 그러나 1960년대에 이르러 양대 조류에 대한 거센 비판과 함께 독자적인 경영학을 모색하기 시작하였다. 즉 제2차 세계대전을 경계로 해서 그 이전에는 학문적·이론적 요구에서 주로 상업학에서 발전해 온 독일경영학의 깊은 영향 밑에 있었으나, 전후에는 패전과 함께 일본의 급속한 경제성장을 위한 실제적·실천적 요구에서 주로 미국경영학을 전면적으로 수용하게 되었다.

일본이 미국의 점령하에 있다는 특수한 사정 때문에 미국의 법제도가 많이 도입되었으며, 전후 일본기업의 재건과 대폭적인 발전이 미국의 경영관리학을 전면적으로 일본에 들어오게 한 큰 계기가 되었다. 이러한 미국의 영향을 받은 일본은 자본주의의 고도발달에 필요한 기업의 경영관리와 합리화 문제의 해결에 크게 공헌하였다.

그러나 1960년대에 들어서면서 일본의 경영학자들은 독일과 미국 양대 조류의 경영학을 객관적 관점에서 비교학적·비판적으로 연구하여 일본의 경영풍토에 적합한 일본식 경영학을 탄생시키고자 여러 가지 노력을 하였다. 특별히 전후의 일본경제가 한국의 6·25 사변을 계기로 해서 크게 성장하였으며, 70년대 중반기부터 미국을 앞질러 나갈 정도로 급성장하게 되자, 그러한 경제발전의 기초가 되는 일본식 경영방식에 세계의 이목이 집중되기에 이르렀다.

이러한 맥락에서 캘리포니아 대학의 오우치(William G. Ouchi) 교수는 1981년 Z이론(Theory Z : How American Business can meet the Japanese Challenge)이라는 저서를 출간하였다.

[그림 2-7] 미국식 경영방식과 일본식 경영방식의 절충이론(Z이론)

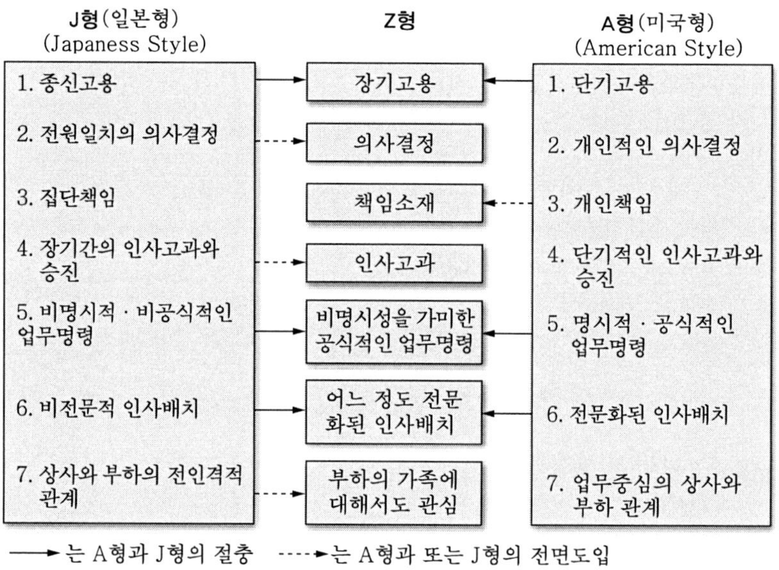

Z이론에서는 미국식의 경영을 A형으로, 그리고 일본식의 경영을 J형으로 이름 붙이고, 미국이라는 사회적 틀 속에 일본식을 경영방식을 끼워넣고, 그 절충된 것을 Z형이라 부른다. 한마디로 미국식 경영방식의 장점과 일본식 경영방식의 장점만을 선택해서, 그 절충식 경영방식으로서 개발된 것이 Z이론이다.

제 5 절 우리나라 경영학의 발전과정

우리나라 경영학은 독일의 학문체계가 일본에 이식된 후, 일제시대에 다시 우리나라에 재이식됨으로써 발전하여 왔다. 이는 해방 전까지는 신식학문의 거의 대부분이 일본을 거쳐 간접 수입되었으며, 일제치하 36년간 일본에 병합되어 우리 것을 찾고 연구하고 발전시킬 수 없었기 때문이다. 따라서 경영학에 관한 학문적 발전은 없었고, 다만 일본의 단편적인 상업학이 우리나라에서 연구되었을 뿐이다.

우리나라는 1945년에 해방을 맞이하였으나, 일본이 물러감에 따라 생긴 공백기를 메워야 할 교육제도의 미비와 전공자의 부족 등으로 일제시대의 상업학을 그대로 계승할 수밖에 없었다. 또한 정치・경제・사회의 불안과 6・25 동란으로 학문적 발전에 공백기를 가져왔다. 그러다가 1960년대에 이르러서야 비로소 경영학 연구를 위한 계기가 차츰 마련되기 시작하였다. 특히 6・25 동란 이후 미국과의 우호적인 관계와 경제개발의 시대사적인 배경 속에서 미국의 경영관리학이 학계와 실무계에 급속히 전파되기 시작하였다.

1955년 고려대 상대에 경영학과가 처음 창설된 것을 시작으로, 1959년 연세대, 성균관대, 숙명여대, 서울대학교에 종래의 상학과 이외에 독자적인 경영학과가 신설되기 시작하였으며, 미국의 하버드경영대학원을 본딴 경영대학원이 우후죽순격으로 생겨나게 되었다. 또한 주로 미국에서 유학하던 경영학자들이 속속 귀국하여 각 대학에서 경영학 강좌를 맡기 시작하면서 미국경영관리학의 붐이 일어나게 되었다.

또한 1957년 12월에 한국경영학회가 발족한 이래 수많은 경영학 관련 학회가 창설되어 학리와 조사・연구 및 그 보급을 담당하여 우리나라 기업경영 및 경제성장에 필요한 연구를 하고 지식을 보급하여 왔다. 최근에 와서 경영학 연구는 학계와 실무계가 혼연일체가 되어 학문적 연구는 물론이고 사회가 요구하는 경영자 양성의 역할을 담당하여 경영상의 문제해결의 중추적 기능을 다하고 있다.

이와 같이 우리나라의 경영학은 그 발전과정을 살펴볼 때 독일의 이론적인 경영경제학의 영향을 받은 일본경영학의 영향을 받았으며, 특히 미국의 경영관리학의 직접적인 영향을 받아 과거 30년간에 걸쳐 장족의 발전을 가져온 것이다. 이러한 우리나라 경영학의 뿌리를 살펴보면 [그림 2-8]과 같다.

[그림 2-8] 우리나라 경영학의 뿌리

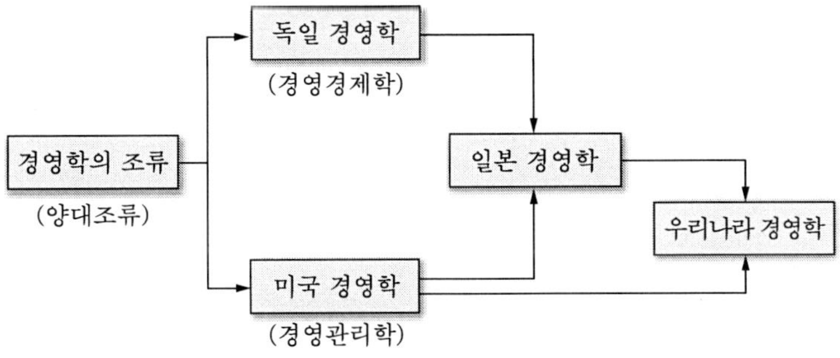

그러나 아직 한국적 경영학의 연구에는 미약한 것이 사실이다. 아직도 우리 나름대로의 독자적인 학문적 체계를 지닌 경영학의 사례들은 학계나 실무계에서 미흡하며, 주로 미국식 경영학을 그대로 직수입하여 그 이론과 실제를 거의 무비판적으로 소화하는 데에만 안간힘을 다하고 있는 실정이다.

1980년대 후반부터 한국적 경영학에 대한 이론적 실무적 틀의 정립이 조금이나마 활성화되고 있지만 그 확고한 확립은 시간을 요하는 문제이며 앞으로의 과제라 간주된다. 어디까지나 우리나라의 경영학은 한국이라는 특수성을 고려하여 이에 알맞은 이론과 실무의 체계화가 이루어져야 한다. 그러기 위해서는 현장조사를 통한 실험적 실천연구와 더불어 외국과의 비교연구가 동시에 이루어져야만 할 것이다. 우리나라의 경영학을 한국적 경영학으로 발전 및 개발시켜 나가는 것은 21세기를 살아가는 경영학자와 실무경영진들의 과제라 할 수 있을 것이다.

연 습 문 제

1. 다음 용어를 설명하라.

· Z이론	· 경영과학	· 경영이론의 밀림
· 과학적 관리법	· 관료제	· 관리과정
· 동시관리	· 문제사적 경영학사	· 문헌사적 경영학사
· 상황적합이론	· 시스템 이론	· 합리적 의사결정
· 행동과학	· 호손실험	

2. 독일경영학 연구의 방법논쟁을 설명하라.

3. 미국의 경영학사의 흐름을 설명하라.

4. 매슬로우의 인간욕구 5단계를 설명하라.

5. 맥그리거의 X · Y이론과 통합이론을 설명하라.

6. 아지리스의 미성숙 · 성숙이론을 설명하라.

7. 허츠버그의 욕구충족요인 이원론을 설명하라.

8. 일본 경영학의 발전과정을 설명하라.

9. 우리나라 경영학의 발전과정을 설명하라.

제2부

기 업 론

제 3 장

기업의 창업과 형태

제 1 절 기업의 창업

1. 창업의 의의와 절차

기업의 창업이란 재화와 서비스를 생산·판매하는 하나의 경영시스템을 구축하는 일로서 일반적으로 사업을 새롭게 시작함을 말한다. 창업에는 창업자, 사업아이디어 및 자본의 세 가지 요소가 필수적이다. 자본을 동원하여 기업을 설립하는 사람을 창업자 또는 설립자라 하며, 기업이 어떠한 제품과 서비스를 생산·판매할 것인가를 구상하는 것을 사업아이디어 또는 창업아이템이라 한다. 그리고 자본은 창업자가 의도하는 기업을 창업하고 운영하는데 필요한 자본, 기술, 인력, 시설, 원자재, 노하우(know-how) 등을 동원하는데 필요한 원천적 요소이다.

창업절차는 창업자가 아이디어를 구체화하여 자본을 투자하는 행위로 [그림 3-1]과 같다(한국개발연구원, 1987년). 창업자가 자신의 사업아이디어를 구체화하기 이전에 이 아이디어를 지속적으로 탐색하고 개발하여 실행가능한 것으로 만들어야 한다. 다음으로 이 아이디어를 구체화하기 위해 우선적으로 사업성 분석을 한다. 사업성 분석은 시장분석, 재무분석, 공익성 분석으로 구분하여 실시하는데, 이를 사업타당성 분석이라고도 한다. 즉 창업자는 이 타당성 분석을 통해 사업아이디어와 관련된 시장, 기술, 노동력, 원재료 등을 조사하여 사업의 성공 가능성을 예측할 수 있다.

[그림 3-1] 창업과정 흐름도

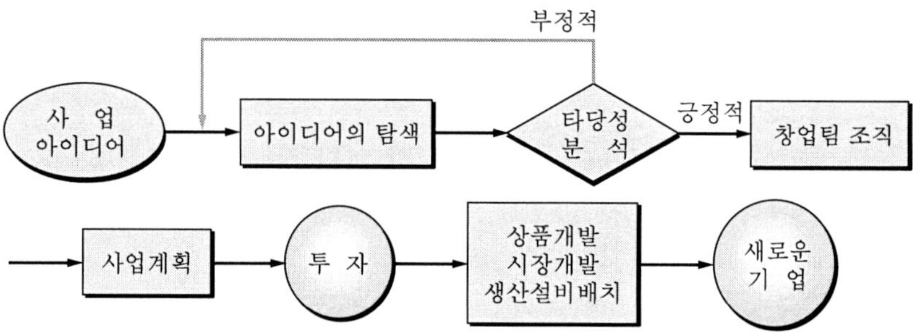

사업의 타당성 분석에서 성공 가능성이 높으면 창업팀을 조직하여 구체적인 사업계획을 수립하고, 성공 가능성이 낮으면 다시 새로운 아이디어를 탐색한다. 성공 가능성이 높아 사업계획이 수립되면 창업자는 자본을 투자하여 상품개발, 시장개발, 생산설비배치 등 사업을 개시함으로써 하나의 새로운 기업이 탄생하게 된다.

2. 기업의 창업방법

기업의 창업은 완전히 새로운 기업을 설립하는 창설창업과 기존의 기업을 인수하는 인수창업이 있다. 창업자는 자기자신의 사업아이디어의 성격과 자본의 규모 등을 고려해 창업방법을 결정한다.

1) 창설창업

아이디어 탐색과정에서 창설과 인수여부가 결정되는데, 이 과정에서 창설창업으로 결정이 되면 이에 따른 타당성 분석을 수행하게 된다. 창설창업의 경우 기존의 기업을 인수하는 것보다 훨씬 더 자유롭게 시장, 제품, 기술의 선택에 대한 의사결정을 할 수 있지만 뜻하지 않은 변수들이 많이 존재하기 때문에 시장분석, 기술분석, 재무분석(수익성 분석) 등 [표 3-1]과 같이 세부적 항목에 대해 검토해야 한다.

[표 3-1] 창설창업의 세부적 검토사항

항 목	내 용
창업계획 시간표	진행일정표, 종합추진계획, 단기계획, 중기계획, 장기계획
기 업 목 표	기업의 규모, 생산형태, 종업원 수, 예상판매량, 예상이익
조 직 구 조	기업의 형태, 자본구조, 관리구조
충 원 계 획	직무분석, 정원산정, 모집의 원천, 수급예측
설 비 계 획	공장입지, 운송, 노동력 공급, 시장거리
시 장 계 획	기업이미지, 유통경로, 가격정책
자 금 계 획	자금조달형태, 운영형태, 금융기관 이용가능성과 형태

창설창업의 구체적 계획항목과 절차는 ① 창업계획 시간표 확정→ ② 기업목표 설정→ ③ 조직구조 확정→ ④ 충원계획→ ⑤ 설비계획→ ⑥ 시장계획→ ⑦ 자금계획→ ⑧ 계획의 실행 순서이다.

창업계획 시간표에는 진행일정표, 종합추진계획, 단기·중기·장기계획이 포함되고, 기업목표 설정에는 기업의 규모, 생산형태, 종업원 수, 예상판매량, 예상이익 등이 포함된다. 조직구조는 기업의 형태, 자본구조, 관리구조 등이고, 인력충원계획은 직무분석을 기반으로 한다. 설비계획에 있어서는 공장의 입지, 운송, 노동력의 공급, 시장의 거리 등을 고려하고, 시장계획에서는 기업의 이미지, 유통경로, 가격정책 등 마케팅 계획을 고려한다. 자금계획에 있어서는 자금의 조달형태, 운영형태 및 금융기관의 이용가능성과 형태를 결정한다. 이러한 사업계획이 완료되면 실제로 자금을 투자하여 필요한 자산을 취득하고 법률적 인허가 사항을 완료한 후 필요인력을 충원함으로써 사업을 개시한다. 창설창업의 장·단점은 [표 3-2]와 같다.

[표 3-2] 창설창업의 장·단점

장 점	단 점
① 기업의 본질을 임의로 규정할 수 있다. ② 적합한 설비와 기업형태를 창조할 수 있다. ③ 최신의 기술, 장비, 원재료 등의 진입이 용이하다. ④ 최신 상품전략을 선택할 수 있다. ⑤ 창업자 임의로 구성원을 선택, 교육할 수 있다. ⑥ 경쟁력 있는 시장의 선택이 가능하다. ⑦ 창업자 개성에 맞는 관리형태를 창안할 수 있다.	① 판매나 이익실현의 불확실성이 높다. ② 입지선정, 가존 인허가, 충원 등에서 비용과 시간이 과다하거나 불가능한 경우도 있다. ③ 생산설비의 설치에 시간이 많이 소요되어 사업개시 후 수익의 발생시간이 길다. ④ 기존의 기업에 비해 유통경로와 시장의 개척애로가 발생할 수 있다. ⑤ 적절한 회계시스템과 관리방법을 찾는데 시행착오가 발생할 가능성이 높다. ⑥ 창업자가 과도한 노력을 감수해야 한다.

2) 인수창업

기존의 기업을 인수하여 창업하는 경우 창설창업에 비해 단기간에 수익을 얻을 수 있고 위험부담이 적다. 인수창업시의 타당성 분석에서는 ① 기업의 시장가치분석, ② 현 소유자의 태도분석, ③ 시장분석, ④ 소비자분석, ⑤ 설비분석, ⑥ 기업경영분석, ⑦ 재무상태분석, ⑧ 추가적인 투자규모, ⑨ 예상수익분석, ⑩ 의사결정의 형태분석 등을 해야 한다. 또한 기존 기업소유자가 요구하는 인수가격이 합당한지를 검토하기 위해 공인회계사 등 전문가에게 의뢰하여 자산·부채 가치를 분석할 수도 있다.

타당성 분석의 결과가 긍정적으로 나타나면 구체적인 인수계획을 수립하게 되는데, 이때 재무구조개선계획, 기업경영합리화계획, 장단기발전계획 등을 포함한다. 인수창업의 장·단점은 [표 3-3]과 같다.

[표 3-3] 인수창업의 장·단점

장 점	단 점
① 준비기간이 짧아 수익발생, 대기발생 기간이 짧다.	① 새로운 사업아이디어를 구현하는 것이 어렵다.
② 기존의 노동력과 공급자가 확보되어 있다.	② 생산설비와 기술의 노후화로 수익성이 둔화될 수 있다.
③ 기존의 시장과 유통경로가 확보되어 있다.	③ 기존 기업의 이미지가 지속되어 새로운 기업이미지 구축에 시간과 비용이 많이 소요된다.
④ 판매나 이익실현의 예측을 비교적 정확히 할 수 있다.	④ 기존의 조직과 설비로 변화나 혁신에 대응하는 것이 어렵다.
⑤ 금융거래의 기득권을 유지할 수 있다.	⑤ 재고의 적체로 자금이 고정화될 우려가 있다.
⑥ 입지선정, 각종 인허가, 충원 등이 이미 되어 있어 추가적 비용과 시간이 절감된다.	

제 2 절 기업형태의 의의와 분류

1. 기업형태의 의의와 결정요소

1) 기업형태의 의의

기업(enterprise)이란 사유재산제도를 전제로 하고 자본주의 시장경제체제의 대표적 경제단위로서 영리추구를 목적으로 하는 생산경제의 주체이다. 기업에는 여러 가지 형태가 있고, 이러한 기업형태는 여러 가지 관점에서 분류할 수 있다. 기업형태는 ① 출자, ② 경영, ③ 지배의 관계를 표현하기 때문에 이 세 가지가 기업형태를 결정하는 본질적 요소가 되고, 이들의 합일 또는 분리를 기준으로 하여 여러 가지 형태의 기업으로 분류할 수 있다.

출자자는 기업에 자본을 투자하는 자이고, 경영이란 기업을 운영하는 기능을 말하며, 지배란 경영을 담당하는 경영자를 임명하는 권한을 뜻한다.

2) 기업형태의 결정요소

기업의 형태를 결정할 때 본질적 요소는 출자, 경영, 지배의 요소로 이들을 어떻게 체계화하느냐에 따라 기업형태가 달라진다. 이들 요소를 구체적으로 정리하면 [표 3-4]와 같다.

[표 3-4] 기업형태의 결정요소

본질적 요소	구체적 요소
출 자	① 창업시 자본금의 한도와 미래에 조달할 자본금의 범위 ② 기업 채무부담의 한계 ③ 소유권의 양도성
경 영	① 기업의 업종(제조, 판매, 금융 및 서비스업) ② 기업조직의 편리성과 비용의 한계 ③ 경영활동의 규모와 시장의 크기 ④ 정부의 정책과 세금문제 ⑤ 기업의 전망과 미래의 경영의지
지 배	① 소유권에 대한 지배 정도 ② 이윤분배를 원하는 정도 ③ 경영참가 의지

2. 기업형태의 분류

기업의 형태는 출자, 경영, 지배에 대한 성격에 따라 여러 가지로 나눌 수 있고, 또한 학자에 따라서는 다른 견해를 제시하기도 하는데, 일반적으로 기업형태는 자본규모, 업종, 출자자의 성격, 법률상의 규제, 출자자의 수 등에 따라 다음과 같이 여러 형태로 분류된다.

① 자본규모에 의한 분류 : 기업에 투자된 자본규모에 따라 대기업, 중기업, 소기업으로 분류한다. 또한 자본규모 뿐만 아니라 종업원 수 등을 기준으로 규모를 분류하기도 한다.

② 업종에 의한 분류 : 기업설립시에 어떤 업종에 종사하느냐에 따라 제조업, 상업, 광업, 농업, 금융업, 통신업 등으로 분류한다.

③ 출자자의 성격에 의한 분류 : 기업의 출자가 민간에 의해 이루어지느냐 국가나 지방자치단

체와 같은 공공기관에 의해 이루어지느냐에 따라 사기업, 공기업, 공사합동기업으로 분류한다.

④ 상법상에 의한 분류 : 기업을 상법상에서는 회사로 규정하며 이를 법률적 성격에 따라 합명회사, 합자회사, 유한회사, 주식회사, 특수법인으로 분류한다.

⑤ 출자자의 수에 의한 분류 : 기업을 출자자의 수에 따라 개인기업, 소수공동기업, 다수공동기업으로 분류한다.

이상과 같이 기업의 형태를 분류하는 기준은 여러 가지가 있으나 기업자본의 출자관계에서 본 기업의 법률적 형태와, 경영활동의 입장에서 실질적인 경영의사결정의 주체에서 본 기업의 경제적 형태에 의한 분류가 일반적이다. 이에 따라 기업형태를 분류하면 [그림 3-2]와 같다.

[그림 3-2] 기업형태의 분류

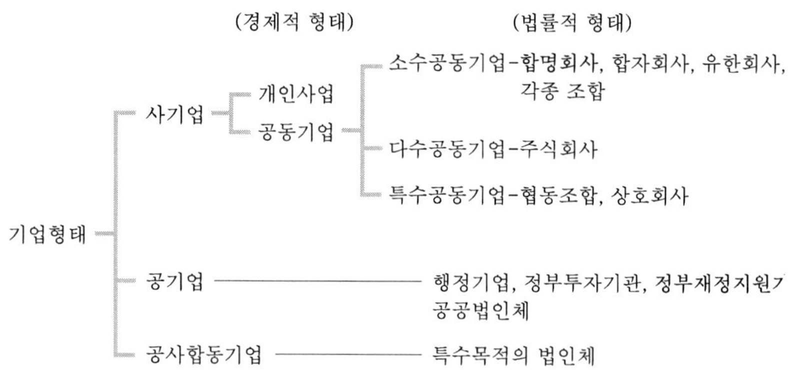

제 3 절 사기업의 형태

사기업이란 민간인이 출자하고 경영하는 기업으로 자기기업의 영리를 목적으로 생산활동을 수행하는 경제단위를 총칭한다. 생산활동이라 함은 인간의 효용을 증가시키는 모든 활동으로 기존의 재화를 교환하는 행위, 기존의 재화를 운반하는 행위, 기존의 재화를 저장하는 행위, 기존의 재화를 변형·개선 또는 가공하여 새로운 재화를 제조하는 행위, 유형의 재화는 아니지만 효용을 증대시키는 서비스 행위 등을 말한다. 자본주의 시장경제체제하에서 이러한 행위는 대부분 사기업에 의해 이루어지며 생산의 종류와 수량, 방법과 수단, 소비자의 선택 등의 의사결정은 사기업의 경영원리인 영리원칙에 의해 이루어진다.

1. 개인기업(단독기업)

개인기업(sole or single proprietorship)이란 1인의 개인이 출자하여 소유·운영되는 기업을 말한다. 즉 한 사람이 단독적으로 출자하고 지배하며 경영상의 모든 위험과 손실을 부담하고, 이윤도 단독으로 향유할 수 있으므로 단독기업이라고도 부른다.

소유자는 경우에 따라서 타인에게 기업체의 경영을 맡길 수 있으나 소유권, 경영권, 이익권이 모두 소유자에게 있는 것이 원칙이다. 개인기업을 운영할 경우 발생되는 장·단점을 정리하면 [표 3-5]와 같다.

[표 3-5] 개인기업의 장·단점

장 점	단 점
① 기업체의 설립과 폐업이 자유롭고 용이하다. ② 모든 이익은 소유자에게 귀속된다. 물론 손실위험도 소유자가 단독으로 부담해야 한다. 따라서 경영에 대한 관심이 크다. ③ 소유자는 자유로이 경영을 할 수 있고, 기업환경 변화에 신속한 의사결정을 통해 대처할 수 있다. ④ 기업경영에 대한 법률상의 제약과 규제가 가장 적다. ⑤ 법인세가 없고 기업의 이윤을 개인의 소득으로 보아서 개인소득세만 납부함으로 납세액이 상대적으로 적다.	① 소유자는 부채에 대해 무한책임을 진다. ② 자본조달이 어렵다. 한정된 개인자본에만 의존해야 하기 때문에 대규모의 기업경영에 부적당하다. ③ 기업체의 규모가 커지게 되면 소유자의 전반관리 부담이 늘어나고 관리능률이 저하될 수 있다. 개인능력에는 한계가 있기 때문이다. ④ 기업체가 영구성이 없으며, 종업원의 승진 및 발전기회는 제한되어 있다. ⑤ 기업체의 존속에 불확실성이 많다. 소유자의 질병, 사고, 사망, 정신이상 등으로 기업체의 영속성이 보장되지 않는다.

2. 소수공동기업(소수집단기업)

1) 합명회사

합명회사(unlimited partnership)는 중세유럽의 내륙상업도시를 중심으로 이루어진 "소시에테(societes)"라는 공동기업을 그 기원으로 한다. 소시에테는 출자자 상호간의 신뢰관계를 중심으로 인적 통합관계가 강한 것이 특징이었다.

합명회사는 2인 이상의 사원이 공동으로 출자하여 각 사원이 회사의 채무에 대해 연대무한책임을 지는 회사인데, 이는 인적 기업의 대표적인 기업형태로서 각 사원이 정관을 작성하고 법원에 등기함으로써 설립되는 것이다. 합명회사의 각 구성원은 위험부담에 있어서 무한책임을 진다는 점에서 단독기업과 그 성질이 같다. 뿐만 아니라 각 구성원은 연대책임을 지는 관계로 회사관계에 있어서 다른 사원이 부담할 부분의 채무까지도 책임을 져야 한다. 그러므로 합명회사는 보통 부자 · 형제 · 친척 · 기타 우인간에 이루어지는 기업형태이다.

합명회사는 인적 요소에 치중하기 때문에 각 사원은 법률상 여러 가지 구속을 받는다. 즉 대표사원 혹은 업무집행사원을 선정하는 경우일지라도 그 연대무한책임에 있어서는 전사원이 동일할 뿐만 아니라 정관의 변경, 사원의 제명, 소유지분의 양도 등에도 전사원의 동의 또는 수락이 필요하며, 사원이 회사의 영업에 속하는 거래를 별도로 하거나 또는 동종의 영업을 목적으로 하는 다른 회사의 연대무한책임사원 또는 임원이 되려면 전사원의 승인을 얻어야 한다.

2) 합자회사

합자회사(limited partnership)는 각각 1인 이상의 무한책임사원과 유한책임사원의 두 종류의 사원에 의해 구성된다. 합자회사의 기원은 중세유럽의 해안상업도시에서 위험성이 많은 해상무역으로부터 발달한 "코멘다(commenda)"에서 찾을 수 있다. 코멘다는 중세이탈리아 및 북부의 해안상업도시에서 모험적 성격이 짙은 해상수송, 해상무역을 배경으로 성립된 것이다. 코멘다란 본래 일종의 위탁계약관계(모험대체관계), 즉 위탁자는 해상기업자(수탁자)에게 상품 또는 자본을 위탁하고 여기에서 얻어지는 이익의 분배 및 손실의 부담에 관해 계약을 체결한다. 이 경우 위탁자는 그 출자액을 한도로 하는 유한책임을 지는데 대해, 수탁자는 그 영업에 대해 무한책임을 진다. 이러한 방식의 발달에 따라 점차로 수탁자도 스스로 자금의 일부를 출자하게 되어 경영자본가와 무경영자본가의 결합형태가 성립되었으며, 이러한 형태가 사회적으로 일반화되어 제도화된 것이 합자회사로 탄생한 것이다.

합자회사도 역시 개인적 신용이 기초가 됨으로 무한책임사원의 소유지분은 전사원의 동의없이 양도할 수 없다. 유한책임사원의 소유지분은 무한책임사원 전원의 동의로 양도할 수 있으나 주식과 같은 유통성이 없으므로 서로 신용할 수 있는 사람끼리 모여서 제한된 규모의 경영을 하는데는 적합하나 대기업 경영에는 부적당한 형태이다.

3) 유한회사

유한회사(limited responsibility company or private company)는 2인 이상 50인 이하의 유한책임사원만으로 구성되는 간단한 소규모 주식회사형의 기업이다. 사원전원이 그들의 출자액을 한도로 하여 기업채무를 변제하는 유한책임을 진다는 점에서 주식회사의 경우와 같다. 그러나 유한회사는 비교적 소수의 사원과 소수의 자본으로 운영됨으로 중소기업경영에 주로 이용된다.

유한회사의 특징으로는 ① 소유지분에 대해 주권을 발행하지 않으며, ② 소유지분의 양도에는 사원총회의 결의를 필요로 하기 때문에 자유처분이 불가능하고, ③ 설립·개업·회사공시 등이 주식회사와 같이 번잡하지 않은 점 등을 들 수 있다. 요컨대 유한회사는 번잡한 법적 절차를 피하기 위한 주식회사의 축소형으로 자본회사의 형식을 취하면서 인적회사의 성격을 가미하고 있는 형태이다.

유한회사의 기관에는 결의기관으로서 사원총회와 집행기관으로서 이사가 있으며, 총회는 이사가 이를 소집한다. 유한회사의 자본금은 1천만원 이상, 1좌의 금액은 5천원 이상 균일하고, 의결권은 출자구좌수에 따르며, 결의에는 일반결의와 특별결의가 있고, 이사의 수는 1명으로도 가능하다.

3. 다수공동기업(주식회사)

1) 주식회사의 의의

기업이 발전해 나가려면 많은 자본이 필요하다. 합명회사나 합자회사, 유한회사는 개인기업보다는 많은 자본을 모을 수 있지만 한계가 있다. 어떤 기업이 다른 기업과 경쟁을 하면서 이익을 올리기 위해서는 공장을 확장하거나 새로운 기계를 구입하여 제품원가를 절감하지 않으면 안 된다. 이렇게 자본주의 시장경제체제에 맞는 사업을 영위하기 위해서는 더욱 많은 자본을 필요로 하게 되는데, 주식회사(stock corporation, limited company(Co. Ltd.), incorporated company(Co. Inc.))는 여러 사람으로부터 자본을 모으는데 가장 편리한 기업형태이다. 오늘날 주식회사의 형태가 나타남으로써 기업규모가 비약적으로 확대되어 대표적인 기업형태가 된 것이다.

주식회사는 자본금을 균등한 주식으로 분할한 것으로서 출자자, 즉 주주는 주식의 인수가액을 한계로 출자의무를 진다. 주식은 유가증권의 형태를 취하는데 양도가 자유롭고 증권제도(시장)의 발전으로 자본의 증권화를 가능케 하여 자본조달의 용이성을 제공한다. 주식회사에서 주주와 회사와의 관계는 자본출자에 의해서만 연결됨으로 자본회사, 혹은 물적회사라 부른다.

주식회사는 개인기업과 합명·합자·유한회사보다는 훨씬 공식적인 조직구조를 갖추고 있고, 상법에 의거하여 설립되는 법인체이며, 주식회사의 소유권자는 주주(stockholders, shareholders)이다.

2) 주식회사의 특징

대규모의 사업을 경영하는 데는 거액의 자본이 필요하다. 이러한 자본의 조달을 가능하게 하는 기업형태가 바로 주식회사이며, 자본주의의 번영은 주식회사제도로 인해 가능하였다고 해도 과언이 아닐 것이다. 주식회사는 ① 출자자 전원의 유한책임제도, ② 자본의 증권화 제도, ③ 출자와 경영의 분리제도라는 세 가지 특징을 가진다.

(1) 주주의 유한책임제도

주주는 주식회사의 손실·채무 등 자본위험에 대해 출자액 한도내에서만 책임을 진다. 이러한 제도 때문에 대중으로부터 대규모의 자본조달이 가능하며, 또한 주주의 개인재산과 주식회사의 재산은 뚜렷이 구별된다. 주식회사를 그 소유권자인 주주로부터 분리된 법적 존재(a legal entity)라고 하는 것은 이 때문이다. 주식회사는 수익성이 높을수록 얼마든지 기업신용을 창출하고 추가로 자본을 조달할 수가 있다.

(2) 자본의 증권화 제도

주식회사의 자본은 소액단위의 주식으로 균등분할되어 모집된다. 이와 같이 주식회사에 대한 출자는 액면가가 균일한 주식으로 이루어지므로 출자자인 주주는 주식을 통해 회사에 대하여 출자의무를 지고 의결권과 배당청구권 등의 권리를 행사할 수 있다. 이처럼 자본의 증권화 제도에 따라 주식은 증권형태로 주식시장(stock market)을 통해 자유롭게 매매양도할 수 있다. 즉 출자자는 언제든지 주식을 매입할 수 있고, 이의 매각을 통해 출자지분을 언제든지 회수할 수 있다. 또한 일반대중으로부터 소액의 자본을 쉽게 집적하여 대자본을 조성할 수 있으며, 주식의 고도분산이 이루어져 출자와 경영의 분리가 촉진된다. 즉 주주 수가 수천 명·수만 명으로 확대되면 그들이 소유권자로서 경영에 실제로 참여한다는 것은 불가능해 경영권을 전문경영자들에게 위임할 수밖에 없게 된다. 리프만(R. Liefmann)은 이와 같은 증권이 출현한 이후의 자본주의를 특히 증권자본주의라고 불렀다.

(3) 출자와 경영의 분리제도

주식의 소유가 대중화되어 수많은 주주가 탄생되면 그들이 모두 경영에 실제로 참여한다는 것은 불가능하다. 따라서 주주들은 주주총회를 통해 전문경영인을 임명하고 이들이 책임지고 회사경영을 담당하도록 하는 것이 보편적이다. 비록 대주주나 경영권을 장악할 수 있는 소주주주들이 있다고 하더라도 그들이 전문경영자로서의 자질과 능력을 갖추고 있을 확률은 적다. 그러므로 소유권자인 모든 주주들의 이익을 도모하기 위해 전문경영자들에게 경영권을 맡기는 것이 일반적인 경향이다. 이 제도를 중역제도라고 부른다. 이처럼 중역제도는 회사의 최고경영기관인 이사회를 구성하는 경영진을 반드시 주주에 한정시키지 않고 주주 이외에 널리 유능한 인재들을 등용하여 회사경영의 실권을 위임하는 제도를 말한다. 이렇게 함으로써 주주는 출자를 하여 자본위험을 부담하는 직능을 담당하며, 전문경영인은 경영의 직능을 담당하게 함으로써 출자(소유)와 경영의 인적 분리가 행해지고, 자본의 증권화와 더불어 주식회사의 자본집중 규모를 확대하는 역할을 하고 있다. 이와 같이 출자와 경영이 분리되어 출자자를 대신하여 사실상 회사의 지배는 전문경영자에 의해 담당하게 된다. 이것을 경영자지배라 한다.

3) 주식회사의 기관

주식회사의 기관은 필수상설기관으로 주주총회, 이사 및 이사회, 감사를 두어야 하며, 검사인, 외부감사인, 고문과 사외이사 등 임시기관을 둘 수 있다. 필수상설기관은 상호견제와 감시를 통해 기업경영의 효율성을 기하고 주주의 권리를 확보하기 위한 분권화된 기능을 담당한다.

(1) 주주총회

주주총회(general meeting of shareholders)는 회사의 기본조직과 경영에 관한 중요사항을 심의·의결하는 최고의사결정기관으로 그 회사의 주주들로 구성된다. 주주총회는 소집시기에 따라 매결산기에 소집되는 정기총회와 필요에 따라 수시로 소집되는 임시총회가 있으며, 1주 1의결권이 부여된다. 상법 또는 정관에 규정된 주주총회의 권한으로는 ① 정관변경 및 자본증감에 관한 사항, ② 영업의 양수나 양도, 합병에 관한 사항, ③ 이사 및 감사, 청산인 등의 선임과 해임에 관한 사항, ④ 이익배당이나 신주인수권 등 주주의 권익에 관한 사항 등이다.

(2) 이사 및 이사회

이사(director)는 주주총회에서 선임한다. 그리고 이사는 3인 이상이어야 하며, 그 임기는 3년 이내이다. 오늘날 이사 및 대표이사는 대주주나 발기인 중에서 선임하는 경우가 통례이지만, 대기업의 경우에는 전문경영자가 임명되는 경우도 많으며, 1999년부터 이사회의 투명성 제고를 위해 사외이사제도를 도입하고 있다. 이사회(board of directors)는 회사의 업무집행에 관한 의사를 결정하기 위해 이사전원으로 구성되는 주식회사의 필수상설기관이다. 그리고 이사회의 활동은 정기 또는 임시의 회의형식으로 하게 되며, 법령 또는 정관에 의해 주주총회의 권한으로 되어 있는 것을 제외하고는 회사의 업무집행에 관한 모든 의사결정을 할 권한이 있다. 이사회의 결의사항은 ① 회사의 업무집행, 지배인의 선임 또는 해임 ② 지점의 설치·이전 또는 폐지, ③ 주주총회의 소집, ④ 대표이사의 선임과 공동대표의 결정, ⑤ 업무집행의 감독, ⑥ 이사와 회사간의 거래에 대한 승인, ⑦ 주식발행의 결정, ⑧ 사채발행의 결정 등과 같은 법정권한이 있다.

또한 대표이사(representative director)는 대외적으로 회사를 대표하며 대내적으로는 총괄적 업무집행을 한다. 이사회는 법정회의체로서 회의에 의해서만 그 기능이 가능함으로 업무집행에 대한 결정은 할 수 있지만 회의체인 이사회가 직접 업무집행을 담당하거나 회사를 대표한다는 것은 사실상 곤란하고 경영능률을 기대할 수 없게 된다. 따라서 상법은 이사회가 그 구성원 중에서 1인 또는 수인의 대표이사를 선임하여 이들로 하여금 회사의 업무집행과 회사를 대표하게 하고 있다.

(3) 감사

감사(auditor)는 회사의 회계감사 및 업무감사를 주임무로 하는 주식회사의 필수상설기관이며 그 선임은 주주총회에서 이루어진다. 감사는 이사의 업무집행이 법령이나 정관에 위반되는 때에는 사전에 이를 유지시키거나 감사보고서에 기재하여 주주총회에 보고하는 등 적절한 조치를 취해야 한다. 감사의 임기는 3년이며 인원수의 제한은 없다. 또한 감사의 선임방법에 있어서 대주주의 횡포를 막기 위해 발행주식 총수의 100분의 3을 초과하는 수의 주식을 가진 대주주는 그 초과하는 주식에 관해 그 의결권을 제한하는 제도적 장치가 마련되어 있다. 또한 기업경영의 투명성을 높이기 위해 공인회계사에 의한 외부감사제도를 병행하고 있다.

(4) 고문, 검사인, 사외이사

상술한 주식회사의 기관들은 모두 법률로서 정해진 상설기관이다. 그러나 법률로 정해진 제도는 아니지만 조언기관으로서 법률고문, 기술고문, 경제고문 등의 고문(adviser consultant)제도와 회사의 설립절차와 발기인이나 이사 행위의 적법성 여부 등을 조사하는 역할을 수행하는 임시 감독기관인 검사인이 있다. 또한 사외이사(external director)라는 제도가 자발적으로 설치되는 수가 있다. 특히 오늘날 기업경영의 전문성과 투명성을 높이기 위해 일정비율의 사외이사를 의무화하는 방향으로 변화되고 있다.

4) 주식회사의 장·단점

주식회사가 가지는 장점과 단점을 요약·정리하면 다음 [표 3-6]과 같다. 장점으로는 ① 소유와 경영의 분리로 독립된 법인체를 구성함으로써 전문경영이 가능하고, ② 주주의 유한책임과, ③ 자본의 증권화로 소유권 이전이 자유로우며, ④ 대자본의 형성이 가능하고, ⑤ 이에 따라 계속기업이 가능하다는 것이다.

단점으로는 ① 단독기업에 비해 세금부담이 많고, ② 설립절차가 복잡하고 비용이 많이 들며, ③ 대규모에 따른 시장지배로 정부의 규제와 보고의무를 지며, ④ 많은 사람이 경영에 참여함으로 사업상의 비밀유지가 곤란하다는 것이다.

[표 3-6] 주식회사의 장·단점

장 점	단 점
① 소유와 경영의 분리와 법인체 ② 소유권자의 유한책임 ③ 장기수명 ④ 소유권 이전의 용이성 ⑤ 자본조달능력의 증대	① 과중한 세금 ② 설립의 복잡성과 비용성 ③ 정부규제와 보고의무 ④ 업무활동에 있어 비밀의 결여

자료 : J. A. Reinecke, & W. F. Schoell, Introduction to Business, 4th ed., Boston : Allyn and Bacon. Inc., 1983.

5) 주식회사의 설립

(1) 설립시 필요사항

주식회사가 하나의 법인으로 인정받기 위해서는 반드시 ① 3인 이상의 발기인 구성, ② 정관의 작성, ③ 출자, ④ 설립등기의 필요사항을 충족해야 한다.

발기인은 반드시 자연인이어야 하고 실제로 회사설립에 동의하는 자라야 하며, 정관은 주식회사의 헌법과 같은 것으로서 그 기재사항은 [표 3-7]과 같이 ① 반드시 기재해야 하는 절대적 기재사항, ② 기재를 함으로써 효력을 발휘하는 상대적 기재사항, ③ 기재를 해도 되고 하지 않아도 법적 효력에 문제가 없는 임의적 기재사항이 있다.

[표 3-7] 주식회사 정관의 기재사항

구 분	내 용
절대적 기재사항	① 사업의 목적 ② 상호 ③ 회사가 발행할 주식의 총수 ④ 주식의 액면가 ⑤ 설립시 발행할 주식의 수 ⑥ 본·지점 소재지 ⑦ 회사가 공고를 하는 방법 ⑧ 발기인의 주소·성명 ⑨ 정관의 작성년월일
상대적 기재사항	① 발기인이 받을 특별이익과 받을 자의 성명 ② 현물 출자자의 성명, 재산의 종류, 수량, 가격과 이에 따른 주식의 종류와 수 ③ 회사가 부담할 설립비용과 발기인이 받을 보수 ④ 회사설립 후에 양수할 것을 약정한 재산의 종류, 수량, 가격, 양도인의 성명
임의적 기재사항	① 회사의 영업년도, 이익처분에 관한 규정 ② 회사가 발행할 주권의 종류 ③ 회사의 거래 금융기관과 예금불입 방법

주식회사에서 출자는 반드시 현금 또는 현물 등 실체적인 것으로 이루어져야 하며, 설립시에 총자본금의 4분의 1 이상이 납입되어야 한다. 모든 설립요건이 갖추어지면 회사본점이 소재하는 지방법원에 설립등기를 함으로써 주식회사가 하나의 법인체로 설립된다.

(2) 설립절차

주식회사의 설립절차는 발기설립과 모집설립으로 구분된다. 발기설립이란 회사가 설립시 발행하는 주식의 전부를 발기인들이 인수하여 설립하는 방법으로 절차가 간편하고 짧은 기간에 설립할 수 있기 때문에 동시설립이라고도 한다. 대부분의 주식회사 설립방법은 이 방법에 의해 이루어진다.

이 방법에 의한 설립과정은 ① 3인 이상의 발기인을 구성하고, ② 정관을 작성하고, ③ 발기인들이 주식을 인수하여 출자를 함으로써 발기인들은 주주가 되며, ④ 발기인들이 이사와 감사를 선임하게 되는데 그 자격은 주주가 아니어도 가능하다. ⑤ 선임된 이사는 본점소재 지방법원에 검사인선임을 의뢰하여 회사설립경과를 조사받는다. ⑥ 검사인에 의한 조사에서 설립시 필요사항이 충족되었다고 판정되면 법원에서는 설립등기를 접수하여 등기를 마침으로써 하나의 법인이 탄생하게 된다.

[그림 3-3] 주식회사의 설립절차

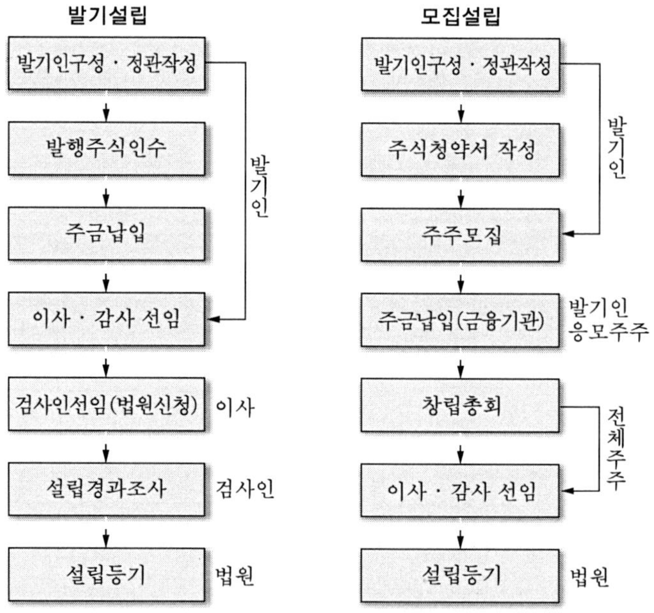

모집설립이란 회사가 설립시 발행하는 주식의 일부를 발기인들이 인수하고 나머지 주식을 공개적으로 모집하여 설립하는 방법으로 절차가 복잡하고 시간이 오래 걸리기 때문에 점차설립이라고도 한다. 이 방법에 의한 회사설립은 매우 어렵기 때문에 특별한 경우를 제외하고는 별로 이용

되지 않는다.

모집설립의 과정은 ① 3인 이상의 발기인을 구성하고, ② 정관을 작성하고, ③ 주식청약을 통해 주주를 모집하여 출자를 하고, ④ 이들 출자자들로 구성된 창립주주총회를 개최한다. ⑤ 창립주주총회에서 이사와 감사를 선임하며 필요한 경우 검사인도 선임한다. 검사인에 관한 사항은 이 경우 법원의 강제규정이 아닌 주주총회의 임의적 결정사항이다. ⑥ 주주총회에서 설립경과에 대한 이의가 없으면 법원에 설립등기를 함으로서 주식회사가 설립된다.

제4절 조합기업의 형태

1. 민법상의 조합

민법상의 조합은 2명 이상이 상호 출자하여 공동명의로 공동사업을 경영할 것을 약정하는 계약(민법 제703조)으로 조합원 전원이 무한책임을 진다. 조합의 업무집행권은 조합원 모두에게 있고 과반수로서 의사결정을 한다. 민법상의 조합은 합명회사와 비슷하나 법인이 아니고, 사업의 법률상 주체는 조합원 각자이며, 조합원은 출자 및 재산을 공유한다는 점이 다르다.

민법상의 조합이 설립되는 경우는 일시적 목적의 공동사업을 경영하기 위한 것으로 주택조합이나 증권공동인수를 위한 신디케이트(syndicate)를 결성할 때 설립된다. 따라서 민법상 조합은 사업창설기의 과도적 형태 또는 단기적 사업의 기업형태로 이용되는 경우가 많다.

2. 상법상의 조합

상법상의 조합은 익명조합원이 영업자인 현명조합원을 위해 출자하고 그 영업에서 얻는 이익을 분배할 것을 약속하는 계약(상법 제78조)으로 익명조합이라고도 한다. 익명조합은 합자회사와 마찬가지로 중세의 "코멘다(commenda)"에서 유래된 것으로 직접 업무를 담당하고 무한책임을 지는 상인인 현명조합원과 유한책임의 익명출자자인 익명조합원으로 구성된다. 익명조합원은 채권자 입장에 있고 영업에는 참가하지 않으며 외견상 영업자에게 대출하여 준 것과 같아 마치 단독기업(개인기업)과 같이 보인다.

현명조합원은 영업자로서 자기의 경영지배권을 유지하면서 필요한 자본을 조달할 수 있고, 익명조합원은 자기명의를 공표하지 않고 비밀리에 기업투자를 할 수 있는 장점이 있다. 그러나 익명조합은 출자자의 존재가 공표되지 않고 또한 자본금도 공개되지 않기 때문에 사회적 신용을 얻기에는 한계가 있다.

3. 협동조합

1) 협동조합의 의의와 기원

협동조합이란 다수의 공동출자에 의한 인적결합의 기업형태로 조합원의 복리후생과 경제적 지위향상을 목적으로 설립된 비영리 조직이다. 협동조합은 영국이나 미국에서는 cooperation, cooperative society라 하고 독일에서는 genossenschaft, 프랑스에서는 cooperation, cooperative, 중국에서는 합작사 등으로 불리어진다.

협동조합의 기원은 1844년 영국에서 로버트 오웬(R. Owen)의 협동조합 이념에 의해 설립된 로치데일(Rochdale) 소비조합이다. 당시 영국은 산업혁명의 진행에 따라 비약적으로 발전한 대기업이 약소기업들과 소비자들을 압박하고 있었다. 그 결과 중소기업자들과 소비자들은 비참한 경지에 빠지게 되었는데, 이를 타개하기 위해 협동조합이 발생하게 되었다. 최초의 조합은 영국의 신흥공업도시인 랭카샤(Lancachire)의 로치데일에서 28명의 방직공들에 의해 상호협조와 협동정신으로 설립된 공정개척자조합(Society of Equitable Pioneers)이다.

이러한 협동조합의 특징은 오웬의 협동조합 이념에서 찾을 수 있는데, 상호부조주의, 민주주의, 이용주의 등이다.

① 상호부조주의 : 협동조합은 소비자, 소규모생산자 등 경제적 약자들의 협동조직이며, 조합 자체의 영리보다는 조합원의 상호부조를 목적으로 한다.

② 민주주의 : 조합원은 가입과 탈퇴가 자유롭고, 각 조합원은 출자액에 관계없이 평등한 의결권이 부여된다.

③ 이용주의 : 협동조합은 경제적 사업을 영위하나 이는 영리를 위한 것이 아니고 조합원에게 편익의 제공과 이용을 목적으로 한다. 그리고 조합에 잉여금이 발생하면 그 배분은 원칙적으로 조합원의 이용도에 비례하여 배분된다.

2) 협동조합의 종류와 기능

(1) 협동조합의 종류

협동조합의 종류는 기능별로 생산조합, 판매조합, 이용조합, 신용조합, 구매조합, 소비조합 등으로 나눌 수 있고, 산업별로는 농업조합, 중소기업조합, 수산업조합, 축산업조합 등으로 나눌 수 있다.

현재 우리나라에서는 특별법인 협동조합법에 의해 협동조합이 설립 운영되고 있는데, 농민을 위한 농업협동조합법, 중소상공인을 위한 중소기업협동조합법, 어민 및 수산가공자를 위한 수산업협동조합법, 서민자금의 조성 및 이용을 위한 신용협동조합법 등이 제정되어 각종 협동조합이 설립 운영되고 있다. 우리나라에서 최초의 협동조합은 1961년 농업협동조합이 그 효시이다.

(2) 협동조합의 기능

협동조합은 그 목적을 달성하기 위해 공동구매, 공동생산, 공동판매, 공동소비, 공동이용, 상호신용 등의 기능을 수행한다. 그런데 소비자인 경우 각 개별소비자의 욕구가 다양하고 계층이 복잡하여 이를 효율적으로 조직화하기가 어렵기 때문에 대부분의 소비조합은 소규모로 분할되어 지역적 조합의 형태를 띤다.

반면에 영세한 중소생산자(농어민 포함)들은 대기업과의 경쟁에서 우위를 확보하는 것이 생존과 직결되기 때문에 대규모로 조직화하는 것이 효율적이다. 따라서 대부분 대규모로 조직화된 협동조합은 생산자조합이다.

생산자조합은 소규모 영세사업자의 경제요소를 결합함으로써 개별적으로 이룩하기 어려운 경영과제를 공동으로 달성하고자 한다. 이를 위해 가공·생산 및 조립 등을 공동화하는 공동생산, 상품이나 원재료 등의 공동구매, 제품판매·수주·전시 등을 공동화하는 공동판매, 제품검사·시험연구·조합원에 대한 경영지도 및 정보제공과 교육훈련을 위한 공동교육정보사업, 그리고 정부 및 지역사회에 대한 공동의사전달 등의 기능을 수행한다.

제5절 공기업 및 공사합동기업

1. 공기업의 의의와 존재이유

공기업(public corporation)이란 국가나 지방자치단체가 법률에 의거하여 출자하고 직·간접으로 경영하는 기업으로서 공공내지는 행정목적을 달성하기 위한 조직체이다. 따라서 이는 공공의 이익증진을 본질적인 목적으로 한다는 점에서 영리원칙에 입각하는 사기업과 구분되는 기업형태이다.

그러나 공기업이 자유주의와 영리주의를 원칙으로 하는 자본주의 국가에서 어떠한 이유로 설립되었으며 그 존재이유가 어디에 있는지는 나라에 따라서 일정치 않다. 대체로 공기업이 설립되는 이유는 ① 공공정책상의 목적, ② 경제정책상의 목적, ③ 사회정책상의 목적, ④ 재정정책상의 목적을 들 수 있다.

공공정책상의 목적은 공익사업(public utilities)을 수행하기 위한 것을 말하며, 이는 전신·전화·우편·철도·전기·수도·도로·항만 등 공공생활에 필수적 기반이 되는 사업이다.

경제정책상의 목적은 산업육성·국토 및 지역개발 등 국민경제전체에 영향을 미치는 사업을 말하며, 미국의 테네시 계곡 개발공사(Tennessee Valley Authority : T. V. A., 1935)가 대표적이다. 우리나라에서도 국토개발 및 산업육성을 목적으로 한 각종 공사·공단 등이 있다.

사회정책상의 목적은 사회복지 등 국민복지 향상의 과제를 수행하기 위한 사업을 말하며, 사회정책상의 실행기관으로서의 주택공사, 의료원, 의료보험조합, 연금공단 등을 들 수 있다.

또한 재정정책상의 이유는 조세 이외에 국가수입의 증대를 도모하기 위한 목적으로 실시되는 사업으로서 사업내용으로는 연초, 홍삼 등 공영전매사업이 있다. 그러나 이러한 공영사업은 점차 사기업화되어 가는 경향이 있다.

2. 공기업의 형태

공기업의 형태는 행정기업과 법인체기업의 두 가지 기본 형태가 있다.

[그림 3-4] 공기업의 형태

- 공기업
  - 행정기업 (관청기업)
    - 정부장관의 직접지휘
    - 지방자치단체장의 직접지휘
  - 법인체기업
    - 공공법인기업(공사, 공단 등)
    - 회사형태
      - 주식회사
      - 혼합출자회사

행정기업이란 국가 또는 지방자치단체가 필요한 자본을 전액 출자하며, 그 운영도 스스로 행정기관에 의해 직접 이루어지고 있는 기업을 말한다. 이에 속하는 것은 체신사업, 수도사업, 철도사업 등이 있다.

법인체기업은 국가 또는 지방자치단체와 별개의 독립된 법인격(법인체로 설립)을 부여함으로써 그 관리, 조직, 재무, 인사 및 노무관계 등에 대해 경영의 자주성이 부여되어 있는 기업체를 말한다. 그런데 법인체기업에는 사기업이 채용하는 회사형태, 특히 주식회사의 형태에 의한 것과 공사, 공단, 금고, 사업단 등 특수한 형태를 갖는 것이 있다.

우리나라의 대표적인 법인체기업으로는 은행형태로 한국은행, 한국수출입은행, 한국산업은행 등이 있고, 공사형태로 한국조폐공사, 대한석탄공사, 대한광업진흥공사, 대한무역진흥공사, 농업진흥공사, 대한주택공사, 한국토지개발공사, 한국수자원공사, 한국관광공사 한국방송공사, 한국도로공사 등이 있고, 회사형태로 포항제철(주), 국정교과서(주), 한국증권거래소 등이 있다.

3. 공기업의 장 · 단점

공기업의 일반적인 장점으로는 첫째, 국가 또는 지방자치단체가 주관함으로 금융능력상 자금조달이 용이하고, 둘째, 조세 및 기타의 공과금을 부담하지 않으며, 셋째, 판매상 공공단체에 우선권이 주어진다는 점이다.

한편 공기업의 경영상의 단점은 첫째, 공기업은 국민부담으로 운영되기 때문에 활동의 자유에 제한을 받으며, 둘째, 관료주의는 경영관리상의 창의력을 저해함으로 기동적인 관리능력을 발휘하기 어렵고, 셋째, 사무가 필요 이상으로 번잡해진다는 점 등이다.

공기업의 장 · 단점에 대한 자세한 내용은 [표 3-8]과 같다.

[표 3-8] 공기업의 장 · 단점

장 점	단 점
① 국가 또는 지방자치단체가 출자함으로써 예산형태 또는 공채발행으로 무이자 또는 저리의 자본조달이 가능하고, 자금조달능력이 크며 용이하다. ② 시설재도입, 원자재배정, 생산제품과 서비스의 판매에 있어서 우대를 받는 경우가 많다. ③ 세금과 공과금 등이 면제되거나 낮은 경우가 많다. ④ 자본비용, 운영비용 등이 상대적으로 낮아서 제품과 서비스를 저렴한 가격으로 제공할 수 있다. ⑤ 적자발생시 국가와 지방자치단체로부터 재정지원을 받을 수 있다. ⑥ 사기업으로 운영이 곤란할 경우 공기업은 이의 대체수단이 된다.	① 정치적 인사 때문에 최고경영층은 물론 중간경영층까지 능력과는 상관없이 정치적 배려나 집권정당에 대한 충성심에 따라 임명될 가능성이 많다. 이것은 비합리적 경영의 한 요인이다. ② 정치적 인사, 관료주의, 기술혁신을 등한시하는 무사안일주의, 이익동기의 부족, 경쟁의 결여 등으로 경영능률의 저하 가능성이 많다. ③ 국가 또는 지방자치단체의 법령이나 예산에 의해 구속받음으로써 경영은 경직성을 띠고 시장조건변화 등에 대처할 수 있는 융통성이 결여된다. ④ 필요 없는 또는 필요 이상의 시설장비를 확장하고 원자재를 구입하고 인력을 채용함으로써 낭비적인 경영을 할 가능성이 많다. ⑤ 위와 같은 여러 요소 때문에 적자운영이 보편적으로 발생하는데, 그 부담은 납세자인 일반국민에게 돌아온다.

4. 공사합동기업의 형태

공사합동기업(mixed undertaking, mixed ownership enterprise)은 공사공동기업, 혼합기업, 혼성기업, 혼합경제기업이라고도 부르는 것으로 국가기관과 개인이 공동으로 출자하여 경영관리 및 경영상의 책임을 부담하는 기업의 형태이다. 공사합동기업의 설립취지는 사기업이 지나친 영리추구로 공익을 희생시키는 일이 많고, 공기업이 경영자들의 열의가 부족하여 경영능률을 올리지 못하는 양자의 단점을 피하고 그 장점을 취하려는데 있다. 그리하여 주식회사의 법률 형태를 채택하고, 주주에 일반 주주와 정부 주주를 두어 서로 견제하여 경영능률을 합리적으로 향상시키는데 그 목적이 있다.

그러나 이와 같은 혼합은 공사합동기업을 처음 설립할 때의 취지와는 달리 오히려 공기업의 단점과 사기업의 단점만을 드러내는 일이 많아 세계적으로 크게 발전하지는 못하고 있는 실정이다.

5. 공기업 경영책임을 위한 독립채산제

1) 독립채산제의 의의

독립채산제(business accountability, business calculation)는 분권관리의 한 제도로서 독자적 수지계산제도와 이익책임제를 가진 자주적 경영단위에 대해 분권화를 행하고, 이익획득을 경영관리의 기준내지 자원배분의 기준으로 하는 경영관리제도를 말한다. 즉 독립채산제라 함은 자주성, 수익성, 물적 자극성, 책임성, 가치적 합리성을 본질적 내용으로 하는 공기업의 기본적 경영방식이다.

공기업의 재무활동이 행정적·정치적 간섭을 탈피하고 국가예산상의 구속을 벗어나 자주독립적인 경영활동을 영위하는 것을 의미한다. 따라서 재정과 경영의 분리를 지향하는 제도를 말한다. 이는 원래 제1차대전 후에 독일을 비롯한 유럽제국의 공기업이 법인 자주화 운동과정에서 채택된 것이며, 오늘날 공기업경영이나 또한 사기업경영의 사업부제관리에 있어서 가장 기본적인 제도로 되어 있다.

2) 독립채산제의 목적

(1) 경영의 능률화

공기업경영에 독립채산제를 도입함으로써 정부의 간섭을 배제하고 공기업을 정부의 행정으로부터 독립시켜 경영의 능률화를 도모한다.

(2) 재정의 건전화

정부재정으로부터 공기업재정을 독립시킴으로써 공기업은 행정으로부터 자주화를 유지하게 되고 동시에 합리적 경영을 위한 책임을 스스로 지게 된다.

(3) 재무적 합리화

독립채산제는 재정적 독립화에 따르는 재무적 합리화를 기할 수 있다. 이는 정치행정으로부터 상대적 자주화에 따르는 책임을 지는 방식으로 경영할 수 있다.

(4) 분권화 관리의 효과

독립채산제는 공기업의 자주성·책임성 및 물적 자극성을 중심으로 하는 분권적 방식과, 다른 한편으로는 가치적 합리성·수지균형성·수익성을 중심으로 하는 분권적 재무관리방식이라 할 수 있다. 이와 같은 분권적 관리로 인해 공기업의 생산성을 보다 효과적으로 증진시킬 수 있다. 따라서 독립채산제는 공기업경영의 주요 지도원리로 채택되고 있다.

또 사기업의 경우에도 이를 도입하여 공장이나 각 사업부문, 지점 및 영업소 등을 분권화하고 경영의 자주권을 부여하여 하나의 독립된 단위로 손익계산과 경영이 이루어지도록 관리하는 시스템을 독립채산제라 하는데, 사업부제가 독립채산제를 취할 때 가장 고도의 분권화가 이루어졌다고 할 수 있을 것이다.

3) 독립채산제의 원칙

공기업이 독립채산제를 실시하기 위해서는 다음과 같은 원칙이 준수되어야 한다.

① 수지적합의 원칙

공기업경영의 모든 지출은 그 자체에서 거둬들인 수입의 한계내에서 충당하여 기업의 채산성이 맞도록 해야 한다는 원칙이다.

② 자본의 자주적 조달의 원칙

자본조달의 방법이나 조달시기 등의 결정에 자주성이 보장되어야 한다는 원칙이다.

③ 수익금 자주적 처분의 원칙

이익금의 처분에 구속을 받지 않고 특히 자기금융(self-finance)을 허용하여 적립금이나 기금 등의 독립적 적립을 허용해야 한다는 원칙이다. 이 원칙은 자기충실의 원칙이라고도 한다.

④ 기업회계제도 확립의 원칙

복식부기의 채용, 관청식 현금주의 회계에서 기업회계인 발생주의 회계로 전환해야 하며 예산

통제와 표준원가 계산제도를 도입하고, 근대적 재무관리방식의 하나인 내부통제제도(internal control system)를 채용해야 한다는 원칙이다.

⑤ 기피선언권 보장의 원칙

기업의 경영활동이 행정적 · 정치적 간섭을 탈피하고 구속을 벗어나 자주독립적인 경영활동을 영위하도록 보장해야 한다는 원칙이다.

제6절 중소기업

1. 중소기업의 의의와 특징

1) 중소기업의 의의

중소기업이란 대기업에 대칭되는 개념으로 중소규모의 생산경제 단위를 말한다. 중소규모의 의미를 어떻게 해석할 것인가에 대한 견해는 관련법규 또는 학자에 따라 다를 수 있지만 우리나라는 일반적으로 중소기업기본법에 따라 정의한다. 중소기업 기본법 제2조에 의하면 중소기업을 중기업과 소기업으로 구분하고 그 범위를 상시종업원을 기준으로 정의하고 있다.

우리나라 중소기업기본법에 의한 중소기업의 정의는 [표 3-9]와 같이 제조업, 광업, 운송업, 건설업의 경우 20인 이하를 소기업, 21인 이상 300인(건설업은 200인) 이하를 중기업으로 정의하고, 상업 및 기타 서비스업의 경우에는 5인 이하를 소기업, 6인 이상 20인 이하를 중기업으로 정의하고 있다.

[표 3-9] 중소기업기본법상 중소기업의 정의

<table>
<tr><th rowspan="2">업 종</th><th colspan="2">상 시 종 업 원 수</th></tr>
<tr><th>중 기 업</th><th>소 기 업</th></tr>
<tr><td>제 조 업
광 업
운 송 업</td><td>21~300인 이하</td><td rowspan="2">20인 이하</td></tr>
<tr><td>건 설 업</td><td>21~200인 이하</td></tr>
<tr><td>상 업
기타 서비스업</td><td>6~20인 이하</td><td>5인 이하</td></tr>
</table>

그러나 이상과 같은 상시종업원 기준에 의한 중소기업의 정의에도 불구하고 예외적으로 자산규모가 기준 이상인 기업은 중소기업에서 제외한다. 즉 ① 섬유·의복·피혁산업, 목재·목제품제조업의 경우 자산총액 80억원 이상, ② 음식료품제조업, 비금속광물제품제조업의 경우 자산 총액 100억원 이상, ③ 종이류 및 종이제품제조업, 인쇄 및 출판업, 화합물·화학·석유·석탄·고무·플라스틱제품제조업, 조립금속·기계·장비제조업, 제1차금속공업의 경우 자산총액 120억원 이상인 기업은 종업원수에 불구하고 중소기업에서 제외된다.

2) 중소기업의 특징

영국의 "볼튼위원회 보고서(1971년)"는 기업의 행동원리와 문제점에 있어서 대기업의 경우와 크게 다른 중소기업의 특징을 다음과 같이 정의하고 있다.

첫째, 중소기업은 시장점유율이 대기업에 비해 상대적으로 낮다. 따라서 중소기업은 시장에서 가격이나 공급량에 영향을 미칠만한 힘을 지니고 있지 못하다.

둘째, 중소기업에서는 기업의 소유자가 개인의 판단으로 기업을 경영하고 조직화된 집단적 의사결정에 의해 기업을 경영하지 않는다.

셋째, 중소기업은 대기업의 일부를 구성하는 자회사가 아니고 독립기업이다. 따라서 중소기업 경영자는 의사결정에 있어서 외부의 간섭을 받지 않는다.

2. 중소기업의 역할과 중요성

국가 경제에서 중소기업은 그 수로 보나 생산량으로 보나 매우 중요한 위치를 차지한다. 특히 노동의 고용량에 있어서 중소기업은 매우 중요한 역할을 수행한다. 이러한 중소기업의 중요한 역할을 살펴보면 다음과 같다.

첫째, 중소기업은 제조업 뿐만 아니라 농업, 임업, 수산업, 광공업, 건설업, 운수업과 상업 및 서비스업 등 전 산업의 영역에서 소자본으로 누구나 쉽게 창업할 수 있다. 따라서 중소기업은 국민산업의 기반이 될 뿐만 아니라 건전한 기업가를 발굴·양성하는 산실의 역할을 수행한다.

둘째, 중소기업은 국가경제 전체적 차원에서 경쟁우위를 확보할 수 있는 영역을 마련해 준다. 즉 수공예나 특수기술과 같이 대량생산 시스템에 의해 규모의 경제를 이룰 수 없는 영역에서 우위를 나타낼 수 있다. 또한 중소기업은 미숙련노동이나 저임금노동의 중요한 흡수장치이기도 하고 대기업과의 계열화로 부품 및 원재료의 중요한 공급원이 되기도 한다.

셋째, 중소기업은 지방산업의 균형적 발전에 공헌한다. 중소기업은 그 특성상 지방에 적합한 규모와 업종으로 중앙보다는 지방에서의 창업과 유지가 용이한 경우가 많다.

넷째, 중소기업은 자본주의 사회에서 가진 자와 못가진 자의 중간에서 양자의 극한적 대립을 중화시키는 중간층 형성의 기반을 제공한다. 중소기업은 종업원규모나 자본 면에서 소규모창업이 가능함으로 중산층의 폭을 넓힐 수 있다.

다섯째, 중소기업은 근본적으로 자금보다는 기술에 의존해서 경쟁력을 가질 수 있기 때문에 대기업보다는 기술혁신의 선구적 역할을 수행한다. 중소기업은 대기업들이 관심을 갖지 않는 소외된 부분이나 소규모 시장에서의 벤처기업의 형태로 창업되는 경우도 많다.

3. 중소기업의 장 · 단점

중소기업은 그 규모의 한계 및 소유와 경영의 일치로 인해 대부분 개인기업의 형태를 띠며 변화하는 환경에 유연하게 대처할 수 있다. 그러나 그 규모의 영세성과 개인능력의 한계로 몇 가지 단점을 내포하고 있다. 중소기업의 장점과 단점은 [표 3-10]과 같다

[표 3-10] 중소기업의 장 · 단점

장 점	단 점
① 고정설비가 비교적 소규모이기 때문에 시장의 수요변동에 쉽게 대응할 수 있다.	① 소자본에 의한 개인 기업으로 대자본의 조달이 곤란하다.
② 소규모 창업이 가능하고 신기술의 실험과 상품화가 용이하다.	② 개인적 관리능력에 의지하기 때문에 경영의 전문화에 한계가 있다.
③ 기계화나 표준화가 어려운 산업분야는 노동집약적인 중소기업이 유리하다.	③ 창업자 개인에 대한 의존도가 높아 기업의 계속적인 유지발전이 어렵다.
④ 원재료나 시장이 분산되어 있는 경우 소규모의 지역적 중소기업이 유리하다.	④ 개인친분에 의한 인사관리로 능력위주의 효율적 관리가 어렵다.
⑤ 경영계층이 단순하여 경영자와 종업원과의 의사소통이 용이하다.	⑤ 연구개발에 필요한 자금과 기술이 부족하여 장기적으로 성장이 곤란하다.
⑥ 기업의 성패가 경영자 자신의 운명에 직결되기 때문에 더욱 열심히 경영하고 창의성을 발휘한다.	

4. 중소기업의 육성방안

중소기업은 대기업에 비해 많은 취약점과 경쟁상 상대적으로 불리한 입장에 놓여 있다. 그러나 우리나라의 경우 중소기업이 차지하는 비중은 전체 사업체 수에서 약 90%, 종업원 수에서 약

70%, 부가가치창출에서 약 50%, 수출에서 약 40%를 차지하고 있다. 따라서 중소기업의 육성 없이 경제발전이나 경제성장을 이룩할 수 없다. 그러므로 중소기업은 정부의 적극적인 정책적 지원이 필요하며, 스스로도 생존·유지발전을 위해 경영능력을 배양하고 기술수준을 향상시키는 한편, 제품과 서비스의 국제경쟁력을 제고하기 위해 다양한 방안을 강구하지 않으면 안 된다. 이러한 방안들을 살펴보면 다음과 같다.

1) 중소기업의 계열화

중소기업의 계열화는 대기업이 중소기업에 대한 법률적·경제적인 독립성을 유지시키면서, 자본적·업무적·기술적 결합을 시도할 경우에 생기는 개념이다. 이것은 대기업이 여러 관련 기업을 하청공장으로 둠으로써 대기업은 기간공장(key plant)으로서의 역할을 수행할 경우에 생긴다.

이와 같은 계열화를 통해서 대기업과 중소기업은 생산공정의 합리화와 판매공정의 합리화를 도모할 수 있고 판매시장의 확보도 용이하게 된다. 대기업이 중소기업에 계열화를 통한 일거리를 줌으로써 중소기업도 그 생존이 가능하게 되고, 또 대기업은 제조공정이나 부품중 어려운 부분을 중소기업에 하청을 줌으로써 제조공정상의 애로부문을 효율화할 수 있다.

2) 중소기업의 협업화

동일한 업종의 중소기업들이 법률적으로나 경제적으로나 독립성을 유시하년서 생산 및 판매에 대한 협업체제를 통해 규모의 경제에 따른 상호 이익을 도모하고자 하는 것이다.

중소기업의 협업화의 방법으로는 품종별로 전문화된 생산을 하도록 생산에 대한 분업화를 기함으로써 개개의 중소기업은 생산의 원가를 최대로 절감할 수 있으며, 시설의 공동구매와 공동이용을 함으로써 시설투자의 낭비를 줄일 수 있다. 또한 고가의 고성능 기계를 공동으로 구입함으로써 생산의 효율화를 기할 수 있으며, 원재료의 협동구매는 재료비의 절약을 기할 수 있고, 또 판매상에도 협동적 판매노력을 기울임으로써 최소의 판매비로써 최대의 판매효과도 거둘 수 있다.

3) 생산의 전문화

중소기업은 그 특수기술성을 바탕으로 생산의 전문화를 꾀해야 한다. 즉 대기업이 침투할 수 없는 부분의 특수기술이나 수공예적 품목을 선택하여 생산을 전문화할 필요가 있다. 생산의 전문화는 종업원·기계설비·제품종목 등을 전문화한다는 것을 의미하며, 그렇게 할 때 고도의 기술발전과 숙련이 가능하고, 품질의 향상과 생산능력의 증대를 가져올 수 있다.

이와 같은 경우에 중소기업은 중소기업만으로써 가장 유효하게 운영될 수 있는 특수한 사업분야를 찾아 이에 전념하여 생산함으로써 그 유지와 성장이 가능하게 된다.

4) 경영관리의 합리화

중소기업의 취약성 중에 가장 큰 문제는 경영관리의 비합리성에 있다. 따라서 중소기업은 경영 합리화를 위해 모든 관리체제를 정비하고 더 과학적이고 계량적인 집행을 확보하도록 해야 한다. 이를 위해 목표에 의한 경영으로 유도하고, 이를 달성하기 위한 계획을 수립하여 이를 바탕으로 계획적 관리가 이루어지도록 해야 한다. 또한 분업과 전문화의 원리가 적용될 수 있도록 경영활동의 분담을 명확히 하고 각 담당자가 능률적으로 활동할 수 있도록 그 조직을 확립할 필요가 있다.

5) 정부의 정책적 지원

정부는 중소기업이 차지하는 국민경제상의 비중과 역할을 감안하여 이의 육성을 위한 다양한 정책적 방안을 강구해야 한다. 즉 금융지원, 경영 및 기술지도, 세제상의 해택 등의 여건을 조성해야 한다.

구체적으로는 기술수준의 향상을 위해서 전문교육기관의 설치와 그 기관을 통한 재교육을 실시하며, 기술지도와 자문활동을 강화해야 한다. 또한 중소기업의 공동화내지 단지화를 국가 산업합리화의 차원에서 조성하고 촉진해야 한다. 그리고 현재의 이원적인 중소기업 금융체제와 중소기업 경영관리 및 기술 체제의 일원화를 통해 두 활동의 유기적인 결합이 이루어지도록 해야 한다.

제7절 벤처기업

1. 벤처기업의 의의와 특성

벤처기업(venture business)이란 혁신적인 신기술을 바탕으로 왕성한 기업가 정신을 발휘하여 사업을 창조·확대해 나가는 독립적인 중소기업으로서 그 성장발전에 많은 위험요소를 내포하고 있다. 기술혁신의 급속한 진전과 정보화사회의 출현으로 기술지식 집약적 산업이 성장함에 따라 고도의 첨단기술을 가지고 시장을 개척하는 소규모 기업군들이 발전하여 왔고 이들이 오늘날 세계의 중요한 기술지식의 개발을 담당하고 있다.

이러한 벤처기업의 특성은 독창적 신기술에 의한 신시장개척의 기업이기 때문에 성공할 때에는 높은 수익성이 보장되지만 실패할 때에는 완전 파산이라는 높은 위험을 수반한다. 또한 벤처기업은 대체로 신기술의 창조능력을 가진 전문가 집단들로 구성되며 끊임없이 새로운 것으로의 변화를 추구하는 동태적 기업의 특성을 가지고 있다.

벤처기업은 미국과 일본에서 신기술과 서비스를 기업화하기 위해 생겨난 이래 오늘날에는 세계적으로 활성화되고 있으며, 우리나라에서도 정부의 적극적인 육성정책에 힘입어 여러 분야에서 벤처기업이 생겨나고 괄목할만한 성장을 보이고 있다.

2. 벤처기업의 성공요인

벤처기업이 창업되어 성숙되기까지는 일정한 발전단계를 거치게 되는데, 일반적으로 연구개발단계, 창업단계, 성장단계, 확장단계, 성숙단계로 구분할 수 있다. 그리고 이러한 각 단계에서 해결해야 할 경영상의 과제가 다르므로 단계별로 자금의 용도나 조달방법도 달라져야 한다.

벤처기업들 중에는 기술력이 부족해서 실패한 기업도 있지만, 기술적인 우위에도 불구하고 경영환경의 악화와 경영자의 경영마인드 부족으로 실패를 거듭하고 있는 기업도 있다. 경영환경의 변화는 예측할 수 없는 통제불가능한 변수임을 고려한다면, 결국 경영자의 경영마인드를 확립하는 것이 성공의 중요한 요인임을 알 수 있다. 현재 급속도로 성장하고 있는 벤처업계 선두기업의 경영자를 대상으로 한 역할 모델(role model)에서 나타난 공통적인 경영마인드를 살펴보면 다음과 같다(이규영, 1997). 즉 ① 창업자의 강력한 기업가 정신, ② 인재중시의 경영, ③ 구체적인 비전 제시, ④ 틈새시장 전략, ⑤ 공동운명체 경영, ⑥ 장기적인 투자 안목, ⑦ 전략적 제휴 등이다.

또한 벤처기업의 성공요인에 대한 연구는 1980년대부터 체계적으로 수행되어 왔는데, 이러한 연구들을 종합해 보면 다음과 같이 정리할 수 있다(홍성도, 1997).

첫째, 벤처기업의 창업자는 과감한 도전의식과 예리한 판단력을 바탕으로 한 모험정신이 있어야 한다.

둘째, 기초과학이 발달하고 전반적인 기술 수준이 높아 사업화내지 기업화할 수 있는 대상기술이 많아야 된다. 미국에서 벤처기업이 발전할 수 있었던 중요한 요인중 하나이다.

셋째, 벤처기업의 창업이 촉진되도록 과감한 투자가 이루어질 수 있는 양질의 벤처캐피탈이 많아야 된다. 양질의 벤처캐피탈이 조성되지 못하고 제한적일 때 벤처기업의 창업은 한계가 있다.

넷째, 무엇보다 내수시장의 기반이 있어야 된다. 아무리 유용한 기술이라도 구매력이 없거나 잠재수요가 없을 때는 벤처기업이 창업되기 어렵다.

다섯째, 벤처기업이 활성화될 수 있는 정책적인 지원이 수반되어야 한다. 특히 벤처기업이 필요한 운전자금을 적기에 조달할 수 있는 제도가 마련되어야 한다.

3. 벤처캐피탈

벤처캐피탈(venture capital)이란 첨단기술사업 등에서 고도의 기술력을 가지고 장래성이 있는 신제품이나 신기술의 개발 또는 기업화에 대해 높은 위험부담을 감수하고 미래에 높은 자본이득을 목적으로 투자하는 자금으로 모험자본이라고도 한다. 벤처캐피탈은 벤처기업에 자금을 투자하는 동시에 경영이나 재무에 대해서도 전문적인 조언이나 자문을 제공하며, 투자한 벤처기업이 성장·발전하여 주식을 공개할 단계에 이르러 소유하고 있는 주식을 처분하여 높은 자본이득을 기대한다.

이와 같이 벤처캐피탈은 기업이 일정수준 성장할 때까지 필요한 시설자금과 운영자금의 공급뿐만 아니라 경영에 협력하기 때문에 벤처기업에 대한 후견자의 역할을 담당한다. 따라서 벤처캐피탈은 기업을 개발하는 기업 또는 엔젤캐피탈(angel capital)이라고도 한다. 즉 벤처캐피탈이 창업에 어려움을 겪는 벤처기업을 도와 창업에서 성장까지 도와주므로 천사라는 이름이 붙었다.

우리나라에는 한국기술진흥금융(KTAC), 한국종합기술금융(KTFC) 등과 같이 창업투자와 융자를 병행하는 신기술사업금융회사가 있다. 이 외에 투자만을 전문으로 하는 창업투자회사가 있는데, 현재 50개 이상의 창업투자회사가 활동하고 있다. 이런 창업투자회사를 통하면 창업과 기술에 관한 풍부한 정보를 얻을 수 있다. 벤처캐피탈은 투자한 벤처기업이 성공하면 단기간에 고수익을 올릴 수 있지만 실패하면 단기간에 투자원금을 잃어버리는 고수익·고위험의 투자자금이다.

연 습 문 제

1. 다음 용어를 설명하라.

· 개인기업	· 공기업	· 독립채산제
· 벤처기업	· 벤처캐피탈	· 사기업
· 상법상의 조합	· 유한회사	· 인수창업
· 주식회사	· 중소기업	· 창설창업
· 합명회사	· 합자회사	· 협동조합

2. 창설창업의 절차와 장 · 단점을 설명하라.

3. 기업의 형태를 결정하는 본질적인 요소를 설명하라.

4. 주식회사의 의의와 특징을 설명하라.

5. 주식회사의 필수상설기관에 대해 설명하라.

6. 주식회사의 발기설립과 모집설립의 차이점을 설명하라.

7. 공기업의 존재이유에 대해 설명하라.

8. 독립채산제의 목적과 원칙에 대해 설명하라.

9. 협동조합의 특징을 설명하라.

10. 중소기업의 중요성과 역할에 대해 설명하라.

11. 중소기업의 육성방안에 대해 설명하라.

12. 벤처기업의 성공요인에 대해 설명하라.

제 4 장

기업환경

제1절 기업환경의 중요성과 특성

1. 기업환경의 개념과 중요성

기업이란 유기적 조직체로서 경제적 · 사회적 · 문화적 · 기술적 · 정치적 및 법률적 제조건하에서 유지 · 발전하는 사회적인 제도이므로 외부로부터의 기업내부에 대한 압력이나 영향 또는 강제 등에 대한 이해가 없다면 기업의 합리적인 경영을 기대할 수 없다. 기업환경(business environment)이란 기업의 내부 및 외부에 있어서 어떠한 형태로건 기업이나 기업활동과 관련을 가져 서로 영향을 미치거나 영향을 받는 모든 요인을 말한다. 기업환경을 구성하는 요소는 그 범위도 넓고 그 수도 아주 많은데, 이와 같은 기업환경은 기업에 대한 성장의 기회(opportunity)를 제공하기도 하지만 경우에 따라서는 기업활동에 위협(threat) 요인으로 작용하기도 한다.

종래의 경영학은 기업의 환경문제를 기업내부 문제로만 다루어 고정된 환경하에서 경영합리화를 추구하고자 했다. 비록 기업외부의 환경적 요인이 존재한다 하더라도 이는 일정불변인 것으로 간주하고 조직의 내적 요인의 인과관계를 설명하는데 그 초점을 맞추어 왔다. 즉 과학적 관리론은 과업(task)과 기술(technology)에, 인간관계론은 인간자체에, 조직론은 조직의 목적달성에 유용한 조직구조에 관리의 초점을 맞추어 왔다. 이들 초기의 경영이론들은 조직의 효과성과 생존에 있어 외적 요인들보다도 내적 요인들을 중요한 것으로 인식했기 때문이다.

그러나 오늘날 기업경영에 있어서 이러한 내적인 요인들보다는 외적인 요인들이 기업경영에 더욱 중요한 요인들로 간주되고 있다. 즉 오늘날 경쟁의 격화로 기업의 내적 효율성보다는 기업의 생존과 관련된 외적 유효성이 더욱 중요하게 고려되고 있다. 오늘날 기업경영에 있어 외부환경 요인들을 중요하게 인식하는 구체적 원인들은 다음과 같다.

첫째, 기업의 사회성, 공공성의 증대로 사회적 역할과 범위가 확장되었으며, 이에 따라 기업에 대한 정치적, 법률적 규제가 강화되었다.

둘째, 오늘날 기업은 다양한 이해관계자 집단을 가지게 됨에 따라 이들 이해관계자 집단의 이해를 조정해야만 한다.

셋째, 정보화의 급속한 진전으로 정치, 경제, 사회, 교육, 국방 등 전 분야에 걸친 정보화로 인한 구조적 변혁이 진행되면서 새로운 사고방식, 새로운 산업, 새로운 사회문화가 형성되고 있다. 전 세계적으로 주도산업의 흐름이 정보통신, 지식 · 문화산업으로 이행되고 기업은 정보전쟁이라 할 정도로 누가 유용한 정보를 보다 빨리 획득하여 그 대응책을 마련하느냐가 기업생존의 관건이 되고 있다.

넷째, 기술혁신의 가속화와 융합으로 컴퓨터, 신소재 등으로 제품과 공정혁신이 이루어지고 이에 따른 신규수요가 창출되며, 경쟁조건 변화에 따라 재료, 정보, 제조공정, 복합기술 등의 혁신이 빠르게 이루어지고 있다. 첨단기술로 인한 산업구조의 고도화는 저임금 매력을 감소시키고 거대한 연구개발(R&D, research and development), 설비투자를 요구함으로써 기업간 · 국가간 격차가 심화되고 있다.

다섯째, 세계질서가 다극화 양상을 보이고 경제질서는 보호무역주의의 강화와 기업간 · 국가간 분업과 협업이 추진되고 있으며, 지역별 경제블록이 형성되고 있다. 따라서 경제적 측면에서 국가간 이해득실에 따라 경쟁과 협력의 시대가 펼쳐지고 있다.

여섯째, 일방적 · 타율적 · 집중적인 관주도 경제사회에서 다원적 · 자율적인 공정한 자유시장에 입각한 경제사회로 변모되고 있다. 사회의 주요 관점들이 성장에서 배분으로, 능률에서 창의성과 혁신으로, 의식주 중심에서 생활의 질(quality of life) 향상으로, 자국산업 보호에서 전면적 개방의 세계적 경쟁으로, 기능중심에서 감성중심으로 변화가 촉진되고 있다.

일곱째, 기업은 생산과정에서 각종 폐기물이나 유해가스를 대량 배출하여 자연을 훼손시켜왔고, 기업공해에 대한 인식이 날로 증대됨에 따라 각종 규제가 강화되고 있다.

이처럼 기업환경은 기업의 존속 · 성장과 관련되어 기업의 내외부에 있어서 기업이나 기업의 경영활동에 영향을 미치는 모든 요인으로, 기업환경의 문제는 오늘날 다방면에서 제기되고 있다. 따라서 기업이 하나의 유기체로서 존속 · 성장하려면 환경에 적응해 나가지 않으면 안 된다는 사실에 근거하여 경제활동을 영위하고 있다. 즉 기업조직이 영속체(going concern)로서 그 생명을 존속시키고 나아가 성장 · 발전하기 위해서는 외부환경 및 내부환경에 대한 고찰을 게을리 할 수 없는 것이다.

2. 기업환경의 특성

오늘날 기업을 둘러싼 환경의 특성은 ① 환경요인들간의 상호관련성, ② 환경의 복잡성, ③ 환경의 불안정성, ④ 환경의 불확실성을 들 수 있다.

1) 환경의 상호관련성(interrelatedness)

환경의 상호관련성이란 한 요인의 변화가 다른 요인들에게 영향을 미치는 정도(degree)를 의미한다. 즉 내적인 변수들 하나의 변화가 다른 요인들에게 영향을 미치는 것과 같이 하나의 외적인 요인들이 다른 요인들의 변화를 야기시킬 수 있다. 다양한 환경적 요인들의 상호관련성으로 인한 효과는 기업조직에 있어서 더 이상 환경적 요인들을 독립적으로 간주할 수 없게 하며, 요인들 상호간에 관련되어지고 변화하고 있음을 경영자들이 인식하도록 요구하고 있다.

2) 환경의 복잡성(complexity)

환경의 복잡성은 두 가지 의미를 지닌다. 하나는 조직이 대응해야 하는 외적 요인의 수이고, 다른 하나는 각각의 요인 안에 존재하는 다양성의 정도이다. 외적 요인의 수는 다양한 정부규제, 잦은 노사협상, 다양한 이해관계자 집단, 많은 경쟁자 및 빠른 기술개발 등 기업의 경영활동에 영향을 미치는 요인들이다. 또한 다양성의 정도는 다양한 원재료를 사용하고, 국내기업 및 해외기업들과 거래하고, 다양한 전문가들을 고용하고 있는 기업이 직면하고 있는 문제들이다. 급속하게 기술개발이 이루어지고, 서로 다른 다양한 기술을 사용하는 기업은 그렇지 않은 기업보다 복잡한 환경을 지니게 된다.

3) 환경의 불안정성(volatility)

환경의 불안정성은 기업환경의 변화율을 의미한다. 오늘날 기업환경의 가장 큰 특징중의 하나가 변화의 증가 추세이다. 그런데 이러한 변화의 추이도 기업간에 차이가 있는데, 의약품산업, 화학산업, 전자산업 등은 기계부품산업, 자동차 부품산업, 제과산업들보다 기술과 경쟁 면에서 변화율이 더 크다. 그리고 최근 가장 급속한 변화율을 보이는 업종은 항공우주산업, 컴퓨터산업, 통신

산업과 생명공학 등의 분야이다. 또한 여러 나라에 생산설비들을 보유한 기업이나 해외 여러 나라에서 원재료를 획득하는 기업들은 생산과정상 불안정성이 높다. 환경의 복잡성과 관련하여 볼 때 고도로 불안정한 환경에 처해있는 기업이나 부문들은 보다 효과적인 의사결정을 위해서 다양한 정보를 획득해야 한다.

4) 환경의 불확실성(uncertainty)

환경의 불확실성은 주어진 요인에 대한 정보의 양과 그 정보에 대한 신뢰성을 의미하는데, 유용한 정보가 거의 없거나 그 정보에 대한 신뢰성을 가질 수 없다면, 이때의 환경은 불확실한 것이다. 기업이 세계화될수록 정보에 대한 신뢰성은 감소된다. 오늘날 환경의 불확실성은 더욱 커지고 있으며, 그만큼 효과적인 의사결정은 더욱 어려워지고 있다.

제 2 절 기업환경의 유형

기업환경의 유형을 조직경계, 그 영향범위 및 성격 등에 따라 분류할 수 있다. 먼저 카알리슬레(H. M. Carlisle, 1973)와 먼디(R. W. Mondy, 1990)는 조직경계를 중심으로 ① 내적인 환경과 ② 외적인 환경으로 나누었다. 내적인 환경은 조직의 목표 · 자원 · 구조와 같이 조직 내적인 요인들을 말하고, 외적인 환경은 조직 외부에 존재하면서 그 조직에 기회 · 위험 · 제약을 가하는 각종의 인적 · 비인적 요인들이다. 일반적으로 조직환경이라 하면 내적인 것은 제외하고 외적인 요인들만을 지칭하게 된다.

환경영향의 범위에 따라서는 ① 내부환경(internal environment), ② 업무환경(operational environment), ③ 일반환경(general environment) 등으로 분류된다(R. W. Griffin, 1984). 내부환경이란 종업원 · 주주 · 생산기술 · 조직구조 · 기업문화와 같이 조직경계의 내부에 존재하는 각종의 세력들을 일컫는다. 업무환경은 고객 · 경쟁사 · 공급업자 · 노동시장과 같이 조직과 일상적인 거래관계를 유지하면서 그 활동과 성과에 직접 영향을 주는 요인들이다. 그리고 일반환경은 경제, 정치 · 법률, 기술, 사회 · 문화, 윤리 등 보다 그 영향력이 포괄적이면서도 장기적인 영향을 미치는데, 이들 환경세력들의 영향관계는 [표 4-1]과 같다.

[표 4-1] 기업환경의 유형과 주체

<table>
<tr><th></th><th colspan="3">환경의 구분</th><th>환경의 주체</th><th></th></tr>
<tr><td rowspan="4">기업환경</td><td>내부환경</td><td>조직구조환경</td><td>기업문화적 환경</td><td>경영자
종업원</td><td rowspan="3">이해자집단</td></tr>
<tr><td rowspan="3">외부환경</td><td rowspan="2">업무환경</td><td>과업환경</td><td>주주
채권자
고객(소비자)
노동조합
유통업자</td></tr>
<tr><td>제약환경</td><td>정부
지역사회
경쟁기업
대중매체</td></tr>
<tr><td>일반환경</td><td>경제적 환경
사회·문화적 환경
정치·법률적 환경
기술적 환경
자연적 환경
국제적 환경
윤리적 환경</td><td>불특정 다수의
일반대중</td><td></td></tr>
</table>

1. 일반환경

일반환경(general environment)이란 사회전체의 모든 조직에 공통적인 내용과 정도로 영향을 미치는 외부환경으로서 거시환경이라고도 한다. 기업의 입장에서 보면 특정 대상이 파악되지 않기 때문에 환경요인에 대해 어떤 영향력을 행사하기가 어렵다. 이러한 일반환경은 사회적 관점에 따라 다르게 파악할 수 있다. 즉 재화의 생산·소비와 관련된 경제적 환경, 사람과 관련된 사회·문화적 환경, 권력과 질서에 관련된 정치적·법률적 환경, 생산수단과 관련된 기술적 환경, 자연자원과 관련된 자연적 환경, 개방경제와 관련된 국제적 환경 등이다.

1) 경제적 환경

경제적 환경(economical environment)이란 기업활동과 직접적인 관련을 가지는 경제시스템 전체를 말한다. 주로 기업활동을 둘러싸고 있는 국민경제적 환경으로 재화 및 서비스의 생산과 분배에 관련된다. 기업은 국민경제를 구성하는 개별경제단위중 생산실체이므로 가장 직접적으로 경제적 환경의 영향내지는 규제하에 있게 된다. 중요한 경제적 환경요인은 경제상황, 각종의 경제정책, 시장의 성격 등이다.

일반적으로 인플레이션(inflation)은 소비자의 기대심리를 부풀려 가수요를 발생시킴으로써 기업의 판매량 증가와 이익 증가를 가져오며 동시에 채무부담이 감소되는 긍정적인 측면과 소비자 구매력을 감소시키고 여러 집단간의 소득을 재분배하게 하는 부정적인 측면이 있다. 화폐가치의 하락은 기업의 재무제표상의 수치를 부정확하게 만들고 자산의 실질가치를 왜곡시킨다. 또한 가공이익의 발생가능성이 높아지게 되어 재무상의 위험이 증가한다. 따라서 기업의 이익이 인플레이션을 상쇄할 만큼 증가하지 않는 한 기업은 실질이익의 감소로 손해를 입게 될 것이다.

그리고 국가의 재정정책과 금융정책의 방향에 따라 기업활동은 큰 영향을 받는다. 세율의 인하나 인상, 지급준비율의 조정, 통화공급량의 조절, 이자율의 변동 등과 같은 양적 경제정책과 무역정책, 산업정책, 농어촌정책, 중소기업정책, 공정거래정책 등과 같은 질적 경제정책은 기업활동에 긍정적 혹은 부정적 효과를 가져오게 된다.

또한 시장의 형태가 독점시장 또는 독과점시장, 혹은 경쟁시장인가에 따라 기업활동의 방향과 그 대응전략은 달라지게 된다. 시장이 완전경쟁일수록 기업은 전략적 의사결정이 어렵게 되며 독점적 시장일수록 기업은 전략적 의사결정이 수월하다.

2) 사회 · 문화적 한경

사회 · 문화적 환경(social and cultural environment)이란 사회를 구성하고 있는 개인의 행동에 영향을 미치는 집단이나 문화, 가치관, 전통내지 관습 등과 같은 사회적 제도나 사회적 태도 등을 말한다. 이들 요인중에서 중요한 것은 인구통계학적 경향, 개인적 욕구 및 문화적 차이 등이 포함된다. 이들은 기업의 경영자나 종업원의 행동은 물론 소비패턴에도 영향을 미치게 된다. 즉 사회의 가치관이나 습관 등은 기업경영의 기준이 되기도 한다. 따라서 경영자는 이들의 변화에 맞추어 기업의 상품이나 서비스 뿐만 아니라 조직자체 또는 경영철학까지도 변화시켜 나가야 한다.

그런데 이러한 사회 · 문화적 가치는 다수의 개인에 의해 공유되어 사회의 모든 구성원들에게 수용되는 것으로 어느 한 특정 집단에 의해서만 신봉되어지는 것이 아니며, 또 항상 고정되어 있는 것도 아니다. 사회 · 문화적 생활의 내용이 상이한 집단 · 국가간에는 서로 다른 가치관이 존재하고, 세대간 또는 같은 세대에서도 집단에 따라 많은 차이를 보이고 있으며, 또 급격히 변화하고 있다.

3) 정치 · 법률적 환경

정치 · 법률적 환경(political and legal environment)이란 사회에서 발생하는 사회적 지배의 구조와 과정을 포함하는 것으로서 주로 법률과 공공정책이 포함되며, 법률과 공공정책이 사회 이해관계자 집단에 의해 영향을 받아 형성되어지는 과정을 말한다. 정치적 환경에는 사회의 일반적인 정치풍토나 권력집중의 정도, 정치조직의 성격, 정당체계 등이 포함된다.

중요한 정치적 지위에 있는 정치적 지도자와 정부관료들은 기업에 대해 강력한 지원자가 될 수도 있고 결정적인 반대자가 될 수도 있다. 기업은 원하건 원하지 않건, 또한 의식적이건 무의식적이건 간에 정부의 정책이나 기타 정치적 활동을 통해 여러 면에 걸쳐 지원자와 규제자로서의 영향을 받고 있다.

한 나라의 정치적 안정성의 정도는 기업활동에 예기치 못한 영향을 주기도 한다. 정치적으로 얼마나 안정되어 있는가 하는 것은 안정적 기업활동을 하는데 매우 중요한 요인이다. 특히 기업이 국제적 경영활동을 수행하는 경우에는 현지의 정치적 안정성을 특히 중요하게 고려해야 한다.

법률적 환경이란 기업이 경영활동을 수행할 때 이에 관련되는 규칙이나 질서와 같은 요인이다. 어떤 법률이 제정되느냐에 따라 사회변화가 발생되며 기업은 다양하게 직 · 간접적으로 규제나 혹은 지원을 받게 된다.

기업활동과 관련된 중요한 법률로서 상법은 기업활동의 전반에 관해 규율하는 법으로 기업의 유지발전과 거래의 원활함과 안전을 도모하고 기업주체간 이익을 조정하기 위한 것이다. 노동관련법은 근무시간과 작업조건, 직업안정, 임금, 보건위생, 근무계약, 복지후생, 재해보상 등 기업내부에서 이루어지는 고용관계의 측면을 전반적으로 규제한다. 공정거래법은 각 경제주체가 공정거래의 준수사항을 지키도록 함으로써 기업활동의 공정성과 합리적인 생산 · 소비관행이 정착되도록 규제한다. 세법은 기업의 정책수립 방향, 자금조달의 유형, 수익의 배분, 기업이 조직되고 통제되는 방식 등 산업전체의 능률과 경영의 효율성에 전반적으로 영향을 미친다.

이러한 법률을 바탕으로 행정을 펴나가는 정부는 때로는 기업활동을 촉진하기도 하며 때로는 기업활동에 여러 가지 제약을 가하거나 영향을 미치는 규제기관으로서의 역할도 수행한다. 따라서 경영자는 기업활동의 모든 측면이 법률과 관련되고 관련법령과 규제가 점차 증대되고 있음을 알고 있어야 하며, 이를 위해 의사결정시 법률전문가의 자문을 받는 것이 현명할 것이다.

4) 기술적 환경

기술적 환경(technological environment)은 기업에 영향을 미치는 산업기술의 수준 또는 상태를 말한다. 토지, 노동 및 자본의 세 가지 생산요소가 아무리 풍부하다 하더라도 기업이 이들 요소들을 제대로 활용할 수 없으면 결코 인간의 욕망이 충족될 수 없다. 왜냐하면 이들 자원이 기업의 생산과정을 통해 조직 · 결합되고 이용되지 않으면 안 되기 때문이다.

경영의 관점에서 볼 때 기술적 환경의 변화는 매우 급속하기 때문에 기업조직에 중대한 영향을 미친다. 따라서 경영자들은 기술혁신의 과정과 기술이전의 과정에 특히 관심을 기울여야 한다. 기술혁신의 과정은 연구개발(R&D) 부문이 주로 담당하는 새로운 기술, 새로운 제조과정, 방법 및 제품을 개발하기 위한 연구노력을 의미하며, 기술이전의 과정은 새로운 기술이 시장으로 이동하는, 즉 유용한 제품생산에 적용되는 것을 의미한다.

이러한 기술적 환경은 일반적인 여러 환경중에서 가장 동태적인 성격을 지니면서 급속히 변화하고 있으며, 기업과 사회와의 관계에 직 · 간접으로 영향을 미치고 그 범위도 실로 광범위하다. 경영환경으로서의 기술은 다음과 같은 성격을 갖는다.

첫째, 기술은 사회의 변화를 주도하는 변수로서 기술혁신은 산업혁명 이후 사회변화를 주도해 온 가장 핵심적인 요소가 되어 왔다.

둘째, 기술변화로 인한 충격은 그 효과가 즉각적으로 나타나며 특수한 해당분야에만 영향을 미치는 것이 아니라 관련분야 전체에 걸쳐 광범위하게 영향을 미친다.

셋째, 기술은 자기강화성(self-reinforcing)을 갖는다. 기술은 그 자신을 딛고 성장하며, 하나의 기술은 또 다른 새로운 기술의 발전을 가능케 한다. 이러한 자기강화적 특성은 곧 기술의 발전이 가속적으로 이루어진다는 설명을 가능케 해준다.

이러한 기술은 연구 · 개발(R&D) 활동에 의해 더욱더 발전되며 기술적 진보가 이루어진다. 또한 종래의 기술적인 한계를 넘어서서 새로운 기술적 진보가 급격하게 단시일내에 이루어지는 것을 가리켜 기술혁신(technological innovation)이라 한다. 이와 같은 기술혁신의 영향으로 인한 변화추세는 [표 4-2]와 같다.

5) 자연적 환경

자연적 환경(natural environment)이란 기업을 둘러싸고 있는 자연자원은 물론 대기나 일기 및 기후 등과 같은 자연조건을 말한다. 사실상 자연에 보존되어 있는 토지나 자연자원의 상태는 한 나라의 경제나 기업의 발전과 성장에 영향을 미치는 것으로서, 자연적 환경을 구성하고 있는 요소인 토지나 자연자원 등은 경제발전에 필요한 생산요소의 하나가 된다.

[표 4-2] 기술변화에 따른 영향력

구 분	후기산업(탈공업) → 정보화(기술·지식)	
사 회	후기산업사회	정보화사회
범 주	자연과학	인간공학·가치공학
체 제	국제경제	세계화 경제
	중앙집권	분 권 화
	단 위	네트워크
정 책	단 기	장 기
선 택	양 자	다 원
기 술	인 위 적	하이테크, 하이터치
기술혁신	에너지절약	일렉트로닉스 혁명, 신소재, 에너지, 첨단기술혁신
가 치	기 능	감 성
생 산	공장자동화(소품종다량생산)	네트워킹(다품종소량생산)

이러한 자연적 환경이 기업활동에 있어서 중요하게 부각된 것은 환경의 오염과 파괴로 인한 폐해, 즉 공해문제, 자원고갈문제, 새로운 에너지의 개발문제, 그리고 식량문제 등이 광범위하게 사회문제로 제기되면서부터이다. 이제 모든 사람들은 공해나 환경오염과 같은 문제에 보다 많은 관심을 기울이게 되었고, 기업은 자연환경보호를 위한 정책을 채택하지 않을 수 없게 되었다.

공해 또는 환경오염(environment pollution)이란 인간을 둘러싸고 있는 자연적 제조건에 대한 파괴내지는 오염으로 인간이 환경을 이용하는데 지장이 생기는 일체의 경우를 지칭한다. 그러나 오늘날 기업공해내지 산업공해라고 할 때는 단순히 환경파괴내지 환경오염 뿐만 아니라 기업활동과 관련해서 발생하는 인간생활상의 모든 피해, 즉 환경파괴내지는 환경오염의 공해들과 인체상의 피해를 주는 공해들 및 재산상의 피해를 주는 공해들을 모두 포괄적으로 지칭하는 보다 폭넓은 개념으로 이해되고 있다.

6) 국제적 환경

국제적 환경(international business environment)이란 한 기업이 국경을 넘어 다른 나라의 기업 혹은 다른 국가와의 경영활동을 수행할 때 발생하는 영향요인을 의미한다. 국제화가 진전될수록 개방화와 세계화의 물결 속에서 해외로 진출하는 기업이 날로 증가하고 있다. 그런데 이러한 국제기업의 경영활동은 국내기업의 경영활동과는 달리 경영활동 대상국의 정치적·사회적·문화적·법률적 환경의 영향에 따라 그 기업의 성장성과 수익성에 커다란 편차를 나타내게 된다. 또한 각국의 무역 및 외환정책도 국제기업의 경영활동에 긍정적내지 부정적인 영향을 미치게 된다. 그러므로 오늘날과 같이 기업의 국제적 활동이 보편화된 글로벌시대에는 진출대상국이나 투자대상국에 대한 면밀한 조사와 분석이 선행되어야 한다.

이제 새로운 교역질서로서 관세 및 무역에 관한 일반협정(GATT) 체제가 막을 내리고, 우르과이라운드(UR)의 타결과 더불어 세계무역기구(WTO) 체제가 출범하여 세계는 자유경쟁에 의한 세계무역질서의 재편이 이루어져 공산품을 비롯해 농산물과 서비스 분야에 이르기까지 관세 등 무역장벽이 대폭적으로 낮아지게 됨으로써 세계경제는 바야흐로 국경없는 무한경쟁시대를 맞이하게 되었다.

또한 세계경제는 강력한 경제통합체인 유럽연합(EU)을 비롯하여 북미자유무역협정(NAFTA), 아세안자유무역지대(AFTA), 아·태경제협력체(APEC) 등 경제블록별로 지역주의화 경향이 심화되고 있다. 이러한 경제블록화 현상은 역내 국가간에는 교역증대와 고용확대, 소득증가 등의 혜택을 누릴 수 있지만, 역외 국가들에게는 또 다른 무역장벽이 되고 있다.

국제적 환경의 이러한 변화양상은 경제의 해외의존도가 높은 우리나라에 직접적인 영향을 미치게 된다. 우리나라의 기업들은 이러한 국제화, 세계화 시대를 맞이하여 환경변화에 적극적으로 대응하여 새로운 도약을 위한 발판을 마련해 나가야 할 것이다.

지금까지 기업의 일반환경에 대하여 살펴보았다. 기업환경은 끊임없이 변화하고 있으며, 이 변화는 사회의 새로운 가치체계와 요구를 반영하는 것이므로 환경변화에 대한 기업의 적응과정에서 경영자는 새로운 가치체계와 새로운 목표를 받아들이거나 또는 이에 접근하는 경영혁신의 의사결정을 행해야 할 것이다. 이상에서 논의된 기업의 일반환경 요인들을 도표화하여 살펴보면 [그림 4-1]과 같다.

[그림 4-1] 기업의 일반환경 요인

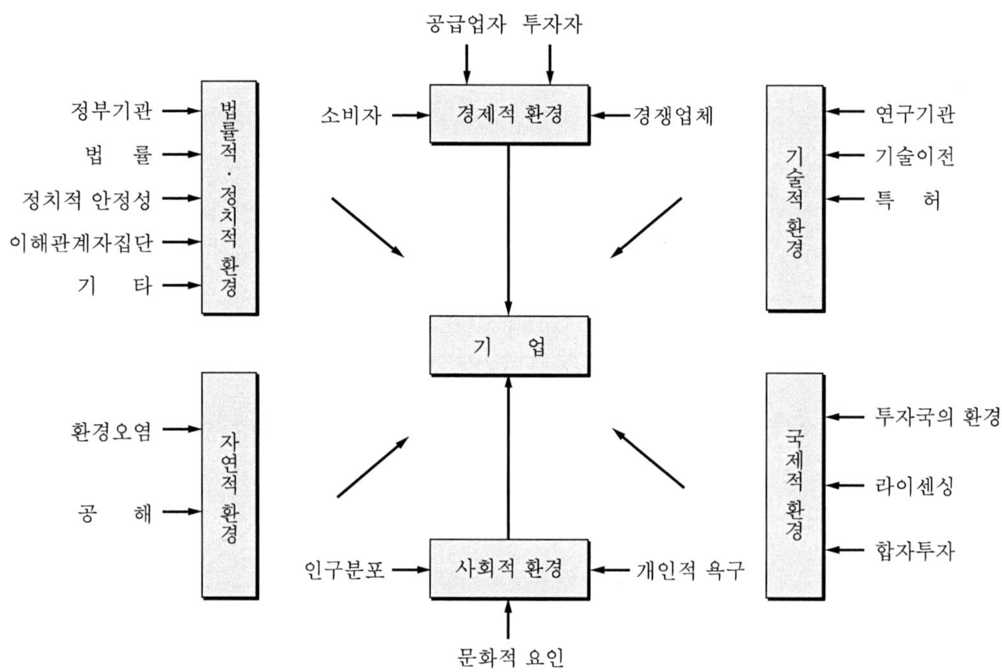

2. 업무환경

업무환경(operational environment)은 기업활동에 직접적으로 영향을 미치는 이해자집단으로 구성되는 근접환경이며, 기업의 입장에서도 그 대상이 확인됨으로 기업활동에 유리하도록 어떤 영향력을 행사하려 한다. 일반환경이 거의 모든 사회 하부조직에 광범위하게 영향을 미치는 것이라면, 업무환경은 특정사회 하부조직이 활동과정에서 직접적으로 상호작용하는 환경이라 할 수 있다. 업무환경은 기업의 주주, 채권자, 소비자, 노동조합, 유통업자 등 기업의 목적달성과 관련해 직접 교환관계를 가지고 상호작용하는 과업환경(task environment)과 정부, 지역사회, 경쟁기업, 대중매체 등 기업활동에 제약적인 영향을 미치는 제약환경(constraint environment)으로 나눌 수 있다. 기업의 업무환경과 관련된 주요 이해관계자들간의 상호관계는 [그림 4-2]와 같다.

[그림 4-2] 기업의 이해자집단과 상호관계

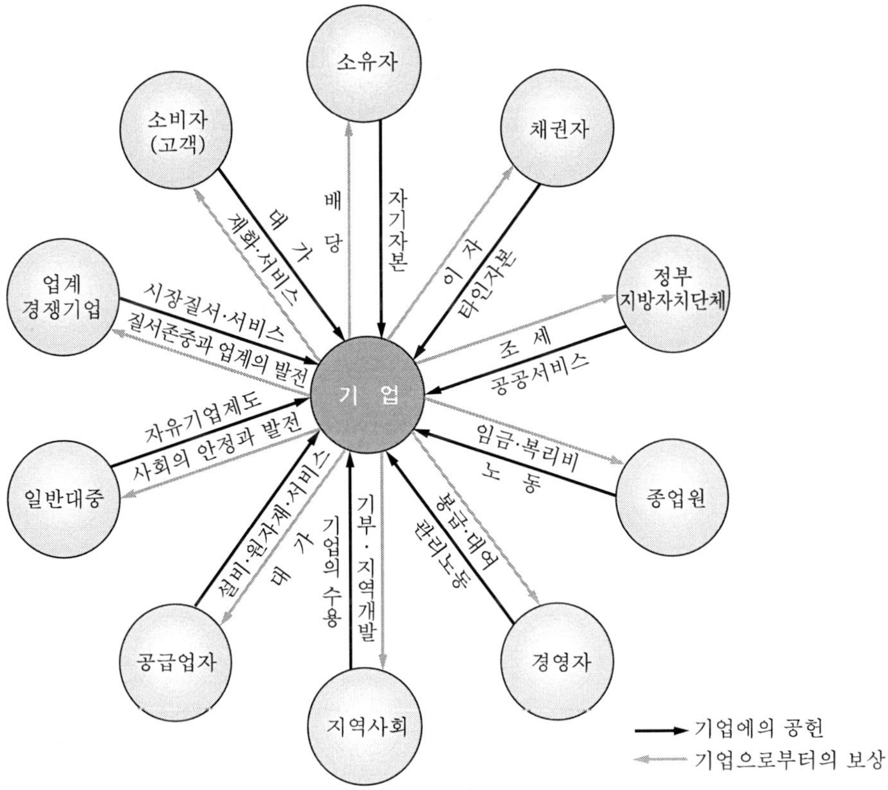

1) 주주

주주는 기업의 소유자로서 핵심적 이해자집단이다. 그러나 오늘날의 자본주의 경제체제하에서 기업규모의 확장과 경영기능의 복잡화는 정책의 주체나 핵심이 전문경영자로 위양되고 있다. 그리고 주식의 고도분산화로 주주는 경영성과에 대한 이익배당이나 잔여재산분배 등에 참여할 권리를 갖는 수준에서 이해관계를 맺고 있는 실정이다.

그러나 비록 전문경영자가 핵심집단이 되어 있다고 하더라도 그것은 주주의 위임된 범위내에서 의사결정의 주체가 되고 있을 뿐이며, 주주는 주주의결권에 바탕을 두고 기업의 기본적인 정책과 전략결정, 이익분배, 잔여재산분배 등에 참여하는 권리를 보유하고 있다.

이처럼 주주는 주식의 구입을 통해 투자자본을 공급하고, 경영자는 전문지식을 활용하여 이익을 극대화하고 주가를 높여 주주의 재산을 증가시킴으로써 상호 의존적인 관계를 형성한다. 반면에 배당정책과 관련해 주주는 가능한 많은 배당을 원하는데 비해, 경영자는 재투자를 위한 유보이익을 많이 남기려고 함으로써 이해관계가 상충한다. 또한 성장과 관련해 주주는 혁신적인 정책을 선호하나 경영자는 위험을 회피하고 안정성장을 추구한다. 그리고 주주들은 이사 및 임원들의 높은 봉급이나 퇴직연금수당, 기타 다른 특별보수를 꺼리는 반면, 경영자는 능력있고 자질있는 경영자를 유치하기 위해서 불가피한 전제조건임을 강조한다. 이처럼 주주와 경영자 사이에 상호갈등과 불협화음도 나타난다.

2) 채권자

채권자는 기업에 타인자본을 제공하는 개인이나 집단으로 주로 은행과 같은 금융기관이 여기에 속한다. 기업의 경영활동에 있어서 자기자본만으로 자금을 조달하는 것보다 타인자본을 조달할 때 자기자본이익률이 높아져 레버리지효과(leverage effect)가 크게 나타난다. 또한 기업의 영업활동상에서도 대금의 입금과 지출 등을 금융기관에 의존하는 것이 효율적이기 때문에 어떠한 형태로든 금융기관과 관계를 맺지 않을 수 없다.

금융기관은 기업의 자금조달에 직·간접으로 참여하여 기업금융의 알선, 모집, 인수의 기능을 감당할 뿐만 아니라 기업경영에 필요한 전문적 조언이나 서비스를 제공한다. 기업은 금융기관으로부터 자금의 공급과 편익을 제공받는 대가로 이자 및 수수료를 지급할 뿐만 아니라 기업경영이 악화될 경우에는 경영상의 간섭을 받을 수도 있다. 이처럼 기업은 금융기관 등의 채권자와의 이해관계에서 자금지원에 대한 이자로 상호간의 이해조정을 통해 쌍방의 지속적인 성장기회를 모색해야 한다.

3) 소비자

기업환경의 이해자집단으로서 가장 큰 영향력을 미치는 요인은 소비자이다. 소비자란 제품소비시장을 형성하면서 구매력과 구매의욕을 가지고 기업이 생산한 상품이나 서비스를 반복하여 구매하는 사람 또는 경제적 기관과 같은 소비주체이다. 대량생산체제가 본격화되고 경쟁이 격화되면서 판매자위주의 시장(seller's market)으로부터 구매자위주의 시장(buyer's market)으로 변하게 되었고, 그만큼 소비자의 위상도 높아지게 되었다.

특히 거래관계에서 야기되는 소비자불만에 대한 개인과 조직의 대응적 행동인 소비자주의(consumerism)와 라이프 스타일(life style)의 변화는 소비자 환경의 중요성을 더욱 부각시키고 있다. 오늘날 기업의 경영전략은 고객지향적(customer oriented)이어야 함으로, 고객창조, 시장창조 또는 수요창조라는 기업의 전략적 측면에서 소비자 행동에 대한 과학적인 연구·분석이 활발하게 이루어지고 있다.

4) 노동조합

오늘날 노동조합의 영향력은 증가하는 추세에 있다. 노동조합 또는 근로자집단은 산업화가 진전되면서 필연적으로 발생하는 집단으로서 경영자 집단에 대립하는 기업조직이다. 노동조합은 자본주의 경제의 발전과 더불어 스스로 그 존재의의를 확보하면서 기업내에서 노사간 힘의 균형을 유지해 나가는 중요한 사회적 기구로 발전하여 왔다. 따라서 노동조합은 단체교섭과 노사협조라는 두 가지 측면에서 기업의 경영활동에 매우 중요한 영향력을 행사하는 과업환경으로 인식되고 있다.

오늘날 노동조합은 채용 또는 고용의 문제에 조합원의 이익을 보호하기 위해 기업에 압력을 행사하기도 하며, 제안제도와 노사협의회 등을 통해 경영활동의 의사결정에 영향을 미치기도 하고 경영활동과 그 결과에 다양한 방식으로 참여하기도 한다. 그리고 단체교섭활동을 통해 기업의 임금수준결정에 영향을 미치기도 하고, 파업 등 실력행사를 하기도 하며, 회사가 위기에 처했을 경우 회사의 정상화를 위해 협력하기도 한다.

5) 정부

정부는 일반환경은 물론 여타 업무환경까지의 여러 가지 사회적 기능을 수렴하여 기업에 간접적인 영향력을 행사할 뿐만 아니라 기업활동에 대해서 지원정책 또는 규제정책을 통해 직접적으로 개입하기도 한다. 즉 정부는 정부정책을 통해 기업에 전략적 제약과 기회를 제공한다. 정부에 의한 규제는 기업활동에 대해 대개 통제 위주의 기능을 수행하고, 지원은 정부가 바라고 있는 기업활동이 나타나도록 촉진하는 기능을 한다.

정부의 개입이 근래에 이르러 증가하는 이유는 시장기구의 효율적 기능을 회복시키기 위해서라는 시장기구와 관련된 측면과 사회속의 각 집단의 이익을 유지·증진시키기 위한 대변자와 통제자로서의 역할을 수행해야 한다는 사회구조와 관련된 측면이 있다.

이처럼 정부는 국민경제의 전체적인 관점에서 물가안정을 도모하기 위해 가격결정에 직접적으로 개입하는 규제, 덤핑과 과당경쟁에 대한 규제, 시장지배적 지위의 남용방지, 경제력 집중의 방지, 부당한 공동행위의 제한, 불공정거래행위의 제한, 임금인상률에 대한 규제, 국가유공자의 고용, 특별소비세의 신설 등 경제적·합리적 논리보다 사회적으로 바람직한 가치와 같은 사회적 논리에 의해 기업경영활동에 직·간접적으로 영향을 미치고 있다(R. A. Gordon, 1945년).

6) 지역사회

지역사회(community)는 협의로 보면 기업을 둘러싼 인근지역 및 주민들을 지칭하지만, 최근

대기업의 영향력으로 국가 전체에까지 확산되는 개념이기도 하다. 과업환경으로서 지역사회는 비교적 조직화되지 못한 형태로 특정 문제가 발생할 때에만 기업에 대해 영향력을 행사한다. 그러나 이러한 일시적인 영향력의 행사가 기업의 전략적 의사결정에 커다란 영향을 미칠 뿐만 아니라 최근에는 환경문제, 자원문제 등과 같은 기업의 사회적 책임문제와 관련해 그 중요성이 더욱 증가하고 있는 실정이다.

기업과 지역사회간에는 이중적 이해관계를 가지고 있다. 즉 기업이 지역사회에 진출함으로써 지역사회의 소득증가와 고용의 확대라는 긍정적 효과를 낳기도 하지만 그에 못지않게 많은 부정적 효과를 가져오기도 한다. 공해의 심각한 폐해, 자연파괴, 경기침체시의 해고, 지역사회의 전통문화 파괴 및 위화감 야기 등 부정적 영향을 미치기도 한다. 그로 인해 지역사회는 그들의 이익을 보호하고 증진시키기 위해 조직화된 노력을 결집하게 되어 중요한 다원적 조직의 하나로 등장하게 되었다.

오늘날 지역사회는 기업에 대해서 공해문제의 해결 뿐만 아니라 자원의 보존·유지, 자연환경의 보호, 더 나아가 지역사회의 개발, 지역문화 발전에의 기여, 산학협동 등 실로 다양한 측면에서 기업의 역할을 요구하고 있다. 최근 우리나라에서도 지역사회운동이 매우 빈번하게 가시적으로 나타나고 있는데, 그 계기 역시 지역사회에 공해업체의 입주문제가 대부분의 경우였다. 지역사회의 환경문제에 대한 관심이 크게 고조되었을 뿐만 아니라 지역사회가 공동의 이해관계를 갖고 있는 공동체로서 실체화되고 있음을 알 수 있다.

7) 경쟁기업

이해집단으로서의 경쟁기업(competitor enterprises)이 의사결정에 미치는 영향도 크다. 특히 경쟁이 심한 제품 또는 서비스를 생산·판매하는 업종일수록 경쟁기업은 비중이 높은 기업환경으로 등장하기 마련이다. 이는 어떠한 의사결정으로 경쟁기업에 대응해야 할 것인가를 정하지 않고서는 경쟁에서 패배할 수밖에 없기 때문이다. 그래서 광범위한 마케팅전략이 요구되며, 특히 통합마케팅(total marketing)의 관점에서 경영환경의 핵심집단인 고객의 올바른 파악과 분석이 그 전제요건이 되고 있다.

오늘날 세계는 자유경쟁에 의한 무역질서의 재편이 이루어져 무한경쟁의 시대가 열림으로써 기업간, 국가간의 경쟁은 말할 것도 없고, 세계경제는 지역별로 블록화됨으로써 예상치 못한 경쟁이 치열해지고, 더욱이 과학기술의 진보와 마케팅전략 등에 의해 경쟁이 가열되고 있는 현상이다. 특히 경쟁기업이 어떠한 경쟁전략으로 나오느냐 하는 것은 엄청난 충격을 줄 수 있는 것이므로 대응전략이 중요하지 않을 수 없다.

3. 내부환경

경영자는 환경분석으로부터 파악된 사업의 기회, 위협요인, 제약요인 등을 결합하여 미래의 경영활동을 위한 기반을 설정해야 한다. 이를 위해서는 외부환경에 대한 분석과 더불어 내부환경에 대한 분석 역시 매우 중요한 의미를 가진다.

제품이나 서비스를 생산·판매할 수 있는 외부환경적 기회는 조직의 활동영역과 존속의 기반을 제공해 준다. 그러나 조직이 환경에서의 기회를 이용하여 구체적인 경영활동으로 들어가기 위해서는 기업조직이 그러한 활동을 수행하여 일정한 목적을 달성할 수 있는 능력과 역량을 가지고 있어야 하며, 이와 같은 능력과 역량은 기업조직의 자원과 관련된다. 이러한 조직의 자원을 조직의 내부환경이라고 부르며, 이것은 기업조직이 무엇을 할 수 있는가를 결정해 준다.

이러한 조직의 자원으로는 재무적 자원, 물적 자원, 인적 자원, 시스템 및 기술적 자원 등이 있다. 재무적 자원은 자금조달능력, 재무적 자원의 배분능력, 재무적 자원의 통제능력 등을 말하며, 물적 자원은 우수한 공장설비, 공장의 입지, 원자재의 확보 등이다. 그리고 인적 자원은 우수한 전문인력과 관리인력의 확보 등이다. 그러므로 경영자는 기업조직의 내부환경, 즉 조직의 자원을 평가하여 기업조직의 강점과 약점을 파악한 후 경영자의 가치시스템에 따라 기업조직이 무엇을 할 수 있는가를 결정하게 된다.

이처럼 내부환경은 기업의 경영조직 자체를 말하는 것으로 크게 조직구조와 기업문화를 일컫는다. 이러한 내부환경을 구성하는 주체는 경영자와 종업원 등이며, 이들 구성원들 사이에는 조직의 기본적 구성요소로서 공통의 목적, 협동의지, 의사소통이 존재한다.

1) 경영자

기업경영자는 경영의 주체로 출자자인 주주의 위임을 받은 기업의 주요 의사결정자이다. 경영자는 원재료, 기계설비 등 물적요소와 노동력인 인적요소를 결합하여 기업의 목적을 합리적으로 달성하기 위해 계획, 조직, 지휘, 조정, 통제의 기능을 수행한다. 경영관리의 수준은 자재의 흐름과 작업감독 등 재화와 서비스를 생산하는 작업기능의 작업수준, 판매사원과 고객의 의견조정이나 생산일정계획 등 작업수준간의 조정을 하는 관리수준, 기업의 장기목표나 방침 등을 결정하는 기업과 환경과의 문제에 관련된 전략수준의 경영관리가 있다.

이러한 경영관리의 기능을 수행하는 경영자의 특성에 따라 기업의 주요 의사결정과 경영활동의 성패가 좌우됨으로 경영자는 바로 기업환경의 중심에 위치한다. 경영자는 기업환경의 중심에 위치하면서 모든 환경을 통제 또는 적응하도록 기업의 경영의사결정 기능을 수행한다. 의사결정에 영향을 미치는 경영자의 특성은 경영자의 욕구와 동기, 과거의 경력, 자아개념, 퍼스낼리티, 교육수준 등이 있다.

2) 종업원

기업의 종업원은 직접적으로 생산활동을 수행하는 주체로 경영의사결정에 가장 강력한 영향을 미치는 중요한 환경요인이다. 종업원은 자신의 노동력을 기업에 제공하고 경제적 또는 비경제적 급부를 수령한다. 이들이 제공하는 노동의 양과 질은 기업의 효율성을 좌우하는 주요 변수가 되며, 이들에게 제공되는 반대급부들은 기업의 비용을 구성하는 주요 변수가 된다.

기업환경으로서 종업원은 적극적인 압력집단인 동시에 그들의 신체적 특성(몸짓, 자세, 표정, 피부색), 사회적 특성(말투, 외양), 역사적 특성(성별, 나이, 직업, 종교, 인종) 등이 기업경영에 중요한 영향을 미친다.

제3절 기업환경의 분석과 대응

1. 환경변화 분석의 전제조건과 의의

1) 환경변화 분석의 전제조건

기업환경이란 특정 기업을 둘러싸고 있는 제반 환경요인과 상황 또는 조건으로서, 기업의 존속과 성장에 관련되어 기업의 내·외부에 있어서 기업이나 기업의 경영활동에 영향을 미치는 모든 요인이라 하였다. 그런데 이러한 기업환경은 끊임없이 변화하게 되는데, 이러한 환경변화의 분석을 위한 전제조건으로서 다음의 단계들에 대한 검토가 필요하다.

① 변화의 과정(processes of change)

변화의 과정은 보는 시각에 따라 다르게 파악할 수 있겠지만 거시적 사회의 변화는 대략 태도적 변동, 문화적 혁신, 차별화, 그리고 재구조화의 과정을 거치는 것으로 볼 수 있다. 태도적 변동(attitudinal variation)이란 사람들이 특정 대상에 대해 느끼거나, 인지하는 방식이나 또는 행동경향이 변경됨을 의미한다. 문화적 혁신(cultural innovation)이란 새로운 가치나 사상, 규범이나 표준 등으로 표현되는 사고방식의 변경을 의미한다. 이에 반해 차별화(differentiation)란 특정 여건에서 새로운 사회적 구조가 출현함을 의미하며, 구조조정(restructuring)이란 집단이나 조직의 사회적 지위나 위치가 변경되는 것을 의미한다. 태도적 변동→문화적 혁신→차별화→재구조화라는 일련의 과정을 거친 변화를 사회전반적 변동(social change)이라 지칭하지만, 모든 변화가 이러한 네 가지 과정을 반드시 거치는 것은 아니다. 또한 변화를 인식하는 시점에 따라서는 이들 각 과정이 각기 개별적인 변화의 단계 또는 국면으로 이해되기도 한다.

② 변화의 정도(degree of change)

변화를 연구함에 있어 특정 변화의 범위나 중요성은 변화의 정도라는 개념을 통해 이해할 수 있다. 통상 우리들은 어떤 변화가 일어났을 때 그것을 대략 삼분법에 의해 상대적으로 중대한(major) 변화, 중간적인(moderate) 변화, 미미한(minor) 변화로 구분하여 파악하는데, 이는 변화의 정도를 반영하는 것이다.

③ 변화의 원천(sources of change)

어떤 변화가 일어났을 때 그것이 어디에서 시작되었는가 하는 변화의 원천을 이해하는 것은 변화의 대응방안을 모색함에 있어 매우 중요하다. 일반적으로 변화의 원천은 조직의 경계를 기준으로 내부와 외부로 구분하는데, 특히 경영환경을 고려하는 경우 변화의 외부원천을 확인할 필요가 있다. 예를 들어 어떤 변화가 소비자운동에 의해 촉발되었는지 아니면 정부정책에 의해 촉발되었는지를 파악할 수 있다면 기업은 그 원천에 따라 효과적인 대응방안을 모색할 수 있을 것이다.

④ 변화의 방향(direction of change)

경영환경의 변화를 거론하는 경우 일반적으로 그러한 변화가 어떤 방향을 갖고 있는 것처럼 표현한다. 예를 들어 경영환경의 변화양상으로 흔히 지적하는 현대화, 민주화, 도시화, 자본주의화 등은 하나의 출발점으로부터 어떤 지향점을 향하는 변화의 방향을 표현하고 있는 것이다. 모든 경영환경의 변화가 어떤 방향을 갖는 것으로 이해하기는 어렵겠지만, 어떤 경영환경의 변화의 방향을 찾을 수 있다면 미래에 대해 비교적 정확한 예측을 할 수 있을 것이나. 그러나 변화의 방향과 관련하여 그러한 변화방향이 일정한 목표를 지향하는 선형성(linearity)을 지니고 있는가 아니면 추세의 반복으로 나타나는 순환적(cyclical)인가에 유의해야 한다.

2) 기업환경분석의 의의

기업환경의 내용이나 그 핵심적인 요소들이 어떻게 구성되든지간에 경영전략의 전개에 있어 가장 중요한 것은 제반환경의 각 구성요소를 올바르게 분석하고, 이를 또 올바르게 평가해서 실제로 기업의 경영전략 자체를 이에 적응시키는 것이다. 이는 성공적인 기업성장전략의 핵심이라 할 수 있다. 어떠한 종류의 경영전략이라 할지라도 그것이 올바르게 구사되기 위해서는 그 기업에게 둘러싸여진 기업환경 역시 올바르게 분석되며 평가되어야 하는 것이다.

기업의 제반환경은 끊임없이 변화한다. 그러므로 이러한 기업환경으로부터의 여러 신호를 포착해 그들의 중요성을 분석하고 가능한 미래를 예측하는 모든 활동을 환경분석이라 한다. 이러한 환경분석의 기본적인 기능은 기업이 직면한 전략적인 문제인 기회와 위협을 명확히 파악하는데 있다. 장래에 닥쳐올 문제에 대해 사전에 이를 경고하고, 이에 대한 전략적 대응책을 개발하여 그의 충격을 최소화시키는 데에 환경분석의 목적이 있다고 할 수 있다.

그런데 전략형성과정에서 분석하고 예측되어야 할 환경요소는 각 기업체마다 모두 다르다. 따라서 체계적인 환경분석과 예측을 위해 각 기업체가 처한 환경의 중요 분석측면을 명확히 할 필요가 있다. 즉 환경변화를 정확히 분석하고 예측하려면 환경분석의 중요 측면을 구체화하고, 이들 분석측면에 관한 정확하고 전문적인 정보자료를 수집해야 한다.

2. 환경변화의 분석기법

기업의 경영전략 전개에 있어서 가장 중요한 것은 기업환경의 각 구성요소를 어떻게 올바르게 분석하고 평가해서 실제로 기업의 경영전략 자체에 적용시킬 것인가이다. 여기서 문제가 되는 것은 그 분석과 평가에 앞서 기업환경의 어느 측면이 고려되어야 하며, 어느 측면이 무시되어야 하는가 하는 것이다. 물론 모든 기업환경 요인들은 그 어느 하나라도 무시되거나 전혀 관계가 없을 수는 없다. 그러나 실제의 경우 어느 환경이 다른 환경보다도 더 관계가 깊으며, 또 특정 환경요인의 관련성이 기업에 따라 서로 다를 때가 대부분이다. 따라서 어떠한 측면을 보다 중시해야 하는가가 기업환경의 분석과 평가에 있어서 큰 문제가 된다고 할 수 있다.

기업환경 요인을 분석하고 평가하는 방법에는 컴퓨터를 이용한 시뮬레이션기법과 같은 고도로 세련된 방법에서부터 경영자의 경험이나 판단과 같은 전통적인 방법에 이르기까지 여러 가지의 방법이 이용되고 있다. 여기서는 일반적인 기법을 설명하고자 한다.

1) 지수가중평균법(weighted average index method)

일명 체크리스트법이라고도 일컫는 이 방법은 미리 정해진 공통항목(check list)마다 기업활동 영역에 지역별로 분할된 점수를 부과하고, 이에 의해 환경요인을 평가하는 방법이다. 즉 각 항목에 가중치를 두어 종합점수를 산출한 다음 그 점수에 따라 각 지역을 비교하게 된다.

이 방법은 각 지역간의 환경비교를 위한 기준을 계량화할 수 있는 장점이 있으나, 비교기준을 계량화하는데 있어서 항목선정면에서나 가중치부여 면에서 어느 정도 주관성의 개입이 불가피하고 또 각 지역의 특징이 간과되기 쉽다는 단점을 가지고 있다.

2) 리스크매트릭스법(risk matrix method)

이 방법은 주로 기업의 활동영역에 있어서 수익성에 중점을 두어 분석·평가하고자 하는 방법이다. 예를 들면 국제기업의 경우 어느 한 나라의 환경요인 가운데서도 특히 위험과 수익성과의 상관관계를 매트릭스로 나타내어 분석·평가하고자 하는 방법으로 미국의 다국적 기업들에 의해 많이 활용되는 방법의 하나이다.

3) 핵심요소평가법(key factors method)

이 방법은 기업환경요인 가운데 무엇이 핵심요소인가를 파악하고 그 중요도에 따라 핵심요소들을 분석·평가하는 방법이다. 그러나 이 방법은 어떤 환경요인을 보다 중시해야 할 것인가에 대한 분명한 해답이 없다는 약점을 갖고 있다.

한편 레블(Lebll)과 크라스너(Krasner)는 일반적인 환경분석기법으로 다음과 같은 것을 들고 있다.

① 단일변수 추세법 : 선형추세법, 제품수명주기법 등
② 논리적 한계설정법 : 최악의 경우에 대한 분석 등
③ 동적모델(dynamic model) : 시차법(time lag), 역사적 유추 등
④ Mapping : relevance tree 등
⑤ 다변수 상호관련분석 : 투입-산출모델, 확률이론, 추세분석, 요인분석 등
⑥ 임의적 전문가 의견분석 : 면담, 회의 등
⑦ 계획적 전문가 의견분석 : 델파이(delphi) 법 등
⑧ 계획적 비전문가 의견분석 : 면담, 질문서, 실제조사 등
⑨ 임의적 비전문가 의견분석 : 브레인 스토밍(brian storming), 거리에서의 면담 등

3. 환경변화에 대한 대응

기업환경의 여러 가지 구성요소가 어떻게 구분되며, 또한 어떻게 분석·평가되든지 간에 최종적으로 기업은 어떤 형태로든 기업전체로서 기업환경에 대응하지 않을 수 없다. 그러나 기업환경의 어떠한 측면을 보다 신중히 하면서 기업전체가 대응해야 할 것인가에 관해서는 아직까지 그

어떤 일률적인 해결책은 없다. 그러므로 실제에 있어서 대부분의 기업은 극히 경험적인 바탕 위에서 그 나름대로의 대응방안을 강구해 가고 있는 실정이다.

이러한 기업환경 변화의 대응에 관한 이론이나 모델은 그동안 몇 가지가 이미 개발되거나 구축된바 있으며, 또 아직도 꾸준히 개발되는 와중에 있다. 현실적인 기업경영에 있어서 환경변화에 대한 기업의 대응패턴은 크게 다음과 같은 4가지 형태로 구분할 수 있다.

① 무반응적 대응(inactive response)

이는 환경이나 사회로부터의 강력한 압력을 받더라도 자신들의 정책기조를 고집하고 끝까지 자신들의 정책변경을 거부하는 경우이다.

② 반응적 대응(reactive response)

이 방법은 외부로부터 강한 변화의 압력에 부딪치면 뒤늦게나마 환경변화에 대처하려고 노력하고 정책변경을 시도하는 경우이다.

③ 사전반응적 대응(proactive response)

기업의 경영활동에 영향을 미칠 수 있는 환경변화를 미리 예측하고 한발 앞서 이러한 환경변화가 기업경영에 유리한 방향으로 이루어질 수 있도록 영향력을 행사하는 경우이다. 예를 들면 자신의 기업활동과 관련된 정부정책의 변화가 예상될 때, 사전에 로비와 같은 대정부관계 활동을 통해 정책결정에 영향력을 행사하는 경우이다.

④ 상호작용적 대응(interactive response)

환경변화가 예측될 수 있을 때 기업은 이러한 환경변화에 조화할 수 있도록 자신의 목표나 정책기조를 미리 조정해 나가는 경우이다. 이 방법은 결국 기업에 대한 사회적 기대와 자신의 행동간의 격차를 줄여 나감으로 기업과 사회와의 우호적 관계를 형성할 수 있도록 촉진하는 형태로서 기업의 대응패턴중 가장 바람직한 것이다.

연 습 문 제

1. 다음 용어를 설명하라.
   - 기업환경
   - 내부환경
   - 외부환경
   - 업무환경
   - 이해자집단
   - 지수가중평균법
   - 리스크매트릭스법
   - 핵심요소평가법
2. 오늘날 기업을 둘러싼 환경의 특성을 설명하라.
3. 기업의 일반환경에 대해 설명하라.
4. 기업의 업무환경과 관련된 이해자집단의 상호관계에 대해 설명하라.
5. 기업의 내부환경에 대해 설명하라.
6. 환경변화 분석의 전제조건을 설명하라.
7. 환경변화에 대한 기업의 대응형태를 설명하라.

제3부

경 영 자 론

제 5 장

기업의 경영자는 누구인가?

제1절 경영주체의 본질과 기업지배

1. 경영주체의 의의

기업의 가장 핵심적인 본질은 재화와 서비스의 생산에 있다. 기업은 인적요소와 물적요소라는 생산요소를 투입하여 변환과정을 거쳐 재화와 서비스를 산출하는 하나의 시스템이다. 인적요소는 기업의 가장 핵심적이고 능동적인 요소로 기업은 인간노동의 협동체이고 인격적 조직체인 것이다. 이러한 인적요소는 구체적인 생산활동을 수행하여 직접노동을 제공하는 노동자 집단과 계획, 조직, 지휘, 조정, 통제 등 직접노동을 관리하여 관리적 노동을 제공하는 경영자 집단으로 나눌 수 있다. 그리고 물적요소는 기계, 설비, 원재료, 자금 등으로 인적요소의 활동에 수반하여 사용되어지는 수단적·종속적 요소라 할 수 있다.

기업을 구성하는 요소중 핵심적·주체적 요소가 인적요소라면 노동자 집단과 경영자 집단중 누가 기업경영의 주체가 되는가 하는 판단기준은 기업의 목적달성을 위한 의식적 기획 또는 아이디어를 누가 수행하는가에 달려 있다. 이러한 업무를 수행하는 사람이 기업경영의 주체로 기업의 지배자라 한다. 이러한 의미에서 기업경영의 주체를 노동자 집단으로 볼 수는 없고, 경영자 집단으로 보는 것이 타당하다. 경영자 집단중에서 가장 본질적인 기업경영의 지배기능을 수행하는 자, 즉 기업의 설립, 구성요소의 조직, 결과의 통제 등 기업의 존속과 성장에 결정적인 의사결정을 수행하는 자 또는 그 집단을 기업경영의 주체라고 한다.

기업지배(business control)란 특정 기업의 최고의사를 결정하고 그 결정에 중요한 영향을 미치는 특정의 개인, 집단 또는 기관의 행위를 말한다. 기업지배와 관련해 소유자지배론과 경영자지배론 사이에서 주식회사의 지배자를 둘러싼 논쟁이 거듭되어 왔다. 또한 주식회사의 소유구조상 종래의 개인주주 대신에 법인주주나 기관주주의 주식점유율이 급격히 증대되어 이들에 의한 지배라는 새로운 견해도 대두되었다. 이처럼 기업지배의 유형은 소유자지배, 경영자지배, 은행지배 등으로 구분하여 볼 수 있다.

2. 기업의 발전에 따른 소유 · 경영의 분리과정

경영자지배가 이루어질 수 있는 바탕이 된 소유와 경영의 분리는 기업의 발전과 함께 소유와 노동의 분리→소유와 관리의 분리→소유와 경영의 분리 단계로 발전하여 왔다. 즉 초기산업사회 단계에서 소유와 노동이 분리되었고, 산업혁명이 진행되어 근대적 기업의 형태가 되면서 소유경영자에 의한 소유와 관리의 분리가 이루어졌으며, 자본시장 발달에 따른 현대 자본주의의 기업형태가 형성되면서 소유와 경영이 분리되는 현상을 보이고 있다(C. R. Anderson, 1984년).

1) 소유와 노동의 분리

초기의 소유경영자인 개인기업가는 스스로 ① 출자, ② 경영(혁신), ③ 노동의 세 가지 기능을 동시에 수행하였다. 따라서 초기산업사회에서는 출자와 노동의 분리조차 이루어지지 않았었다.

그러나 이러한 개인기업가가 사업이 번창하여 사업규모가 확대되면 혼자서는 이러한 활동을 모두 전담할 수 없으므로, 그는 노동자를 고용하여 작업을 시킴으로써 노동기능을 분리하게 된다. 이와 같이 다른 사람의 노동내지 작업을 통한 협동을 받아들임으로써 개인사업가를 중심으로 비로소 실질적인 협동적 생산조직체로서의 기업이 형성된다. 왜냐하면 이때에 이르러서야 비로소 기업가와 사용인 또는 고용된 노동자가 함께 일을 하는 장으로서의 협동적 조직체인 기업이 성립될 수 있기 때문이다. 이 단계에 이르면 기업가는 노동자를 지휘 · 감독하는 또 다른 기능인 관리라는 기능을 추가하여 수행하게 된다. 이와 같이 기업가가 경영(혁신), 출자, 노동 및 관리의 기능을 아울러 수행하는 기업유형은 오늘날의 소규모 기업이나 중세시대의 수공업적 제도에서 그 예를 찾아볼 수 있다.

그러나 점차 경제가 발전함에 따라 상인이 자본을 미리 생산자에게 빌려주고 생산물을 받아 판매하게 되는 가내수공업의 단계에 이르면 자본을 출자한 상인과 도구만 가지고 생산활동에 종사하는 생산자는 완전히 분화하게 됨으로 출자와 작업기능이 분리된다. 나아가서 분산적인 수공업자를 하나의 공장에 모이게 하여, 원재료와 도구나 공구 등을 기업가가 제공하는 공장제 수공업(manufacture)의 단계에 이르면 출자와 노동기능의 분화는 더욱 뚜렷해진다.

그런데 자본과 노동이 완전히 분리되는 것은 산업혁명이 이루어진 이후 기계생산에 의한 공장제공업이 확립된 때부터이다. 이 단계에서는 숙련노동자가 가지고 있던 숙련이 기계로 옮겨져서 노동자는 비숙련공화되는데 비해, 기업가는 공장을 세우고 기계를 설치하고 원재료를 구매하고 노동자를 고용하여 생산을 하게 된다. 그 결과 이러한 여러 설비를 제공하는 기업가와 실제로 생산활동에 종사하는 노동자는 완전히 분리된다. 그러나 오늘날의 소규모의 기업에 있어서는 아직도 자본과 노동이 분화되지 않고 있는 경우도 많다.

2) 소유와 관리의 분리

기계가 발달하여 노동자의 작업이 더욱더 세분화되고 전문화되면 상대적으로 고도로 분업화되어 수행되는 노동을 통합하고 조정하는 관리기능의 비중이 높아지게 된다. 그러면 이에 따라 소유경영자인 기업가는 작업은 수행하지 않게 되고, 경영(혁신), 출자 및 종업원을 지휘·감독하여 생산요소를 결합하고 생산물을 판매하도록 하는 관리기능을 담당하여 수행하게 된다.

그러나 기업이 성장·발전함에 따라 기업의 규모가 더욱 커지고, 나아가서 기업활동의 내용이 복잡하게 되면 기업가 혼자서는 원만한 관리활동을 모두 수행할 수가 없게 된다. 따라서 기업에서는 관리활동에만 종사하는 사람을 별도로 고용하게 되는데, 이들은 기업가가 전적으로 담당하여 왔던 관리기능의 일부를 위임받아 분담하게 되는 관리자이다. 이러한 기업에는 기업가도 아니며, 그렇다고 하여 작업을 수행하는 노동자도 아닌 관리자로 불려지는 별도 계층의 고용경영자 또는 유급경영자가 생겨나서 이들이 관리활동에 참가하게 된다. 따라서 소규모 기업일 때에는 기업가 한 사람에 의해 관리되던 것이 기업의 규모가 커짐에 따라 여러 사람에 의해 관리된다. 이들 고용경영자는 일반적으로 지배인으로 불리는데, 이들은 원칙적으로 기업가가 맡아서 해야 할 일을 위임받아 분담하는 상법상의 상업사용인과 같은 성격을 가짐으로 소유와 경영의 분리를 바탕으로 하여 자주적으로 기업경영상의 실권을 가지고 기업을 경영하게 되는 전문경영자와는 그 성격이 다르다.

3) 소유와 경영의 분리

기업의 규모가 더욱 커지고 거대한 생산설비와 수많은 노동자를 고용하여 생산활동을 수행하고 있는 오늘날 대기업의 경우, 합리적 경영을 위해서는 전문적인 경영능력과 지식을 갖춘 전문경영자가 필요하게 된다. 이들 경영자는 기업의 실권을 가지고 혁신 및 경영관리활동만을 전담하게 된다. 이에 따라 소유경영자인 기업가는 기업경영에는 직접 참가하지 않게 되고, 다만 기업이 필요로 하는 자본만을 투자하는 투자기능만을 담당하게 되는데, 이런 현상을 가리켜 자본과 경영의 분리, 소유와 경영의 분리 또는 출자와 경영의 분리라고 한다. 이는 본래 기능자본가로서의 기업가가 담당하던 기업가기능이 둘로 분화되어 기업가는 출자기능 및 이에 따르는 위험부담기능만 수행하여 기업을 소유하는 투자자가 되고, 경영자는 경영(혁신) 및 관리기능을 전담하게 되는 것이다.

이상에서 살펴보았듯이 초기의 기업은 소유경영자인 기업가 한 사람에 의해 모든 기능이 수행되던 것이 기업이 발전함에 따라 먼저 자본과 노동이 분리되고, 다음에 기업가가 전담 수행하던 경영관리기능의 일부가 고용관리자에 의해 분담되고, 나아가 소유와 관리가 분리된 다음, 마침내는 소유와 경영, 즉 혁신기능이 분리됨으로써 오늘날 기업의 실질적 리더(leader)인 전문경영자가 생겨나게 되었던 것이다. 이러한 분리과정을 보면 [그림 5-1]과 같다.

[그림 5-1] 소유와 노동, 관리 및 경영의 분리과정

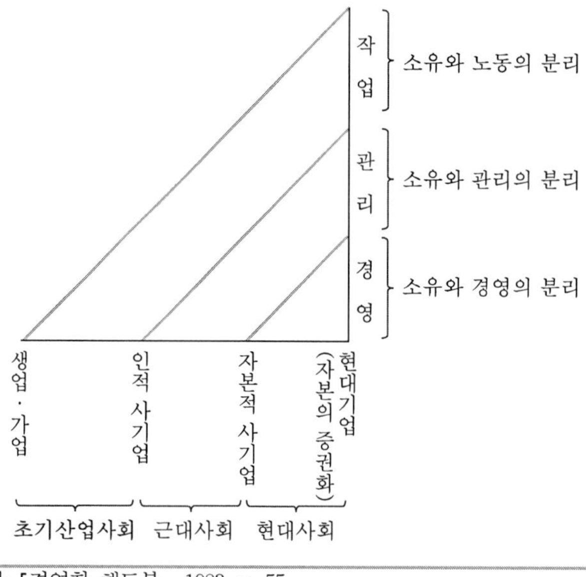

자료 : 서울대 경영대학, 『경영학 핸드북』, 1983, p. 55.

3. 경영자의 사회지배

1) 버어남의 경영자 혁명론

버어남(J. Burnham)은 「경영자 혁명론(The Managerial Revolution), 1941」에서 현대는 자본가 사회(capitalist society)에서 경영자사회(managerial society)로 변천하고 있다고 주장하였다. 자본가사회에서는 생산수단을 소유하는 자본가계급이 사회를 지배하는데 비하여, 새로운 경영자사회에서는 경영자계급이 사회를 지배하게 된다. 그는 자본가계급에 의해 지배되는 자본주의사회 다음으로 이행하게 될 사회체제는 노동자에 의해 지배되는 사회주의사회가 될 것이라는 마르크스의 유물론적 역사관을 부정하면서 노동자사회 대신 경영자사회가 실현된다고 하였다. 그에 의하면 소련과 같은 사회주의사회에서도 사실상 생산수단을 지배하는 계급은 노동자가 아니고 경영자라고 하였다. 사회는 생산수단의 지배권을 쟁취하기 위한 권력투쟁의 마당으로서 생산수단에 대한 지배권을 획득하는 계급이 그 사회에 대한 지배계급이 된다.

그에 의하면 경영의 직능이란 생산과정의 기술적인 지휘와 조정에 대한 일이며, 주어진 과업을 달성하기 위해 각종의 재료·공구·기계설비·노동력을 적당한 때와 장소와 양을 조직화하며 조정하는 것이다. 따라서 경영자란 이러한 생산과정의 지휘관리에 대한 직능을 수행하는 사람이다. 즉 경영자란 사실상 생산과정을 관리하는 사람들이다. 여기에는 생산담당중역, 생산부장, 공장장, 직장, 관리기술자 등이 포함된다. 이러한 경영자는 숙련노동자와도 다르며 기술자와도 구별되는데, 숙련노동자나 기술자들은 지휘하고, 관리하며, 조직화하는 등의 직능을 가지지 않기 때문이다.

현대 기업의 특징으로 소유와 경영이 분리된다고 하여 곧 경영자가 생산수단의 지배자가 된다고 생각할 수만은 없다. 그러면 경영자는 생산수단에 대한 소유 및 지배와 관련하여 어떠한 관계를 가지는가? 이 점을 해명하기 위해 버어남은 생산수단의 관점에서 기능에 따라 다음과 같이 네 집단으로 분류하였다.

(1) 제1집단(생산경영자)

회사의 주주가 아닌 사람으로서 생산의 실제적인 기술적 과정을 관리하는 사람이다. 이것이 그가 말하는 경영자이다.

(2) 제2집단(재무경영자)

이들의 직능은 이윤획득을 위해 회사를 경영하는데 있다. 보통 회사의 최고위층에 위치하여 이 윤목적을 위해 제품의 가격 및 생산량을 결정하고 은행과의 관계에서 회사의 금융조건에 대한 교섭을 한다. 그에 의하면 이들 재무경영자의 직능은 자본주의적 소유관계하에서만 필요로 하는 직능이다.

(3) 제3집단(금융자본가)

일부 기업의 임원, 은행가, 금융업자가 포함된다. 이 금융자본가는 생산경영자 및 재무경영자와는 다른 특수한 직능을 가지고 있다. 이들은 보통 대주주로서 지주회사, 임원파견, 은행 등을 통해 항상 특정한 회사 뿐만 아니라 많은 산하회사의 금융에 대해 관심을 가진다. 투자이윤을 획득하기 위해 행해지는 합병 및 경쟁회사에 대한 배제와 같은 것은 이들 금융자본가의 손에 의해 행해진다.

(4) 제4집단(일반주주)

이들은 명목상·법률적으로는 회사의 소유자이다. 그러나 이사회에서 정한 배당만을 받을 뿐, 회사에 투하된 생산수단에 대해서는 실질적인 지배권을 행사하지 못한다.

위의 일반주주, 금융자본가의 모든 기능과 재무경영자에 대한 대부분의 기능은 자본주의 체제의 소유관계가 수정되거나 또는 배제된다면 불필요하게 되지만 생산경영자의 기능만은 여전히 필요하게 됨으로, 경영자는 생산수단에 대한 유일한 지배자가 된다.

2) 갈브레이스의 테크노스트럭처

미국의 갈브레이스(J. K. Galbraith)는 그의 저서 「신산업국가(The New Industrial State), 1967」에서 현재 자본주의 경제를 지배하는 세력은 개인기업도, 개인자본가도, 경영자도 아닌 테크노스트럭처(technostructure)라고 하였다. 이는 기업에 있어서의 권력의 소유가 자본가로부터 경영자에로 이전되었다고 주장한 버어남의 「경영자 혁명론」을 한 걸음 더 발전시킨 이론이다.

테크노스트럭처란 기업 경영관리에 있어서 ① 의사결정과정에 참가하는 집단(모든 사람), ② 이들 참가자가 형성하는 기업내의 조직, 혹은 기업에 있어서의 집단에 의한 의사결정조직을 말한다. 현대의 산업은 과학기술도 관리기술도 점차 복잡내지 고도화하여 이것을 담당할 전문가집단을 떠나서는 그 운영이 곤란하게 되었다. 이와 같이 유기적으로 조직화된 전문가 집단을 갈브레이스는 테크노스트럭처라 정의하고, 이 집단이 현대 자본주의를 지배한다고 하였다.

그가 말한 이 테크노스트럭처의 범위는 현대 기업의 최고경영층(top management) 뿐만 아니라 전문적 지식이나 능력 또는 경험을 제공할 수 있는 모든 참모(staff)를 포함하며, 일반노동자에 이르기 직전의 하급지위까지 확대하여 규정하고 있는데, 광범위한 다수의 사람과 다양한 재능내지 기능의 소유자들을 포함하고 있다. 따라서 버어남이 경영자 혁명론에서 말한 경영자보다는 훨씬 넓은 개념임을 알 수 있다.

갈브레이스는 경제의 발전에 따라 그 사회의 지배세력은 생산수단의 소유자였는데, 이는 지주(토지) → 자본가(자본 · 노동) → 경영자(경영수완) → 테크노스트럭처(technostructure : 의사결정조직을 좌우하는 전문가집단)의 순으로 발전하고 있다고 주장하였다. 기술의 진보와 계획화에 기업이 대응하기 위해서는 이들 테크노스트럭처에 의존하게 되는데, 그 이유는 대규모화된 기업에 있어서 유효한 의사결정이 이루어져 효과적인 경영정책이 시행되기 위해서는 마땅히 이에 의존하지 않을 수 없기 때문이다. 이 테크노스트럭처가 현대 자본주의의 지배세력이며 사회변혁의 원동력의 역할을 담당하고 있다고 주장하였다.

제 2 절 기업가와 경영자

1. 기업가의 의의와 특성

기업가(enterpriser)란 출자와 경영관리의 직능을 맡아 수행하는 사람이다. 즉 기업가란 자본가 또는 출자자로서 기업위험의 부담자이며, 동시에 기업의 경영관리를 직접 맡아서 수행하는 경영자로서의 책임을 지는 책임자이다. 기업가는 원칙적으로 반환의 기한이 정해져 있지 않은 자본을 기업에 출자하고 스스로 그 자본을 운용하고자 기업을 창설하여 직접 이를 운영하고, 만약 실패할 경우에는 이로 인해 생긴 손실과 위험을 부담하며, 또한 기업의 경영성과로서 획득한 이익을 얻는 사람이다. 따라서 이러한 의미에서의 기업가의 특성은 경영자와 출자자인 자본가로서의 두 가지 특성을 아울러 가진 존재이다.

기업가와 자본가는 원래 다른 개념이다. 다만 기업규모가 작은 경우 기업가와 자본가가 동일한 사람이라면 기업가를 바로 자본가로 보아 양자를 구분하지 않아도 되었으나 이는 개인기업과 같은 소기업 단계에서 주로 볼 수 있는 현상이다. 즉 기업가라는 개념은 개인이 기업가정신을 발휘하여 기업을 창설 · 운영하는 것을 전제로 하는 기능적 측면에서 파악한 개념이기 때문이다. 슘페터(J. A. Schumpter)는 기업가란 혁신을 수행하는 경우에만 존재하며, 따라서 일단 그가 창설한 기업을 단순히 순환적으로 경영해 간다면 그는 기업가로서의 성격을 잃게 된다고 하였다. 따라서 기업가란 혁신기능을 수행할 때에만 기업가이며, 일단 그 기능이 배제된다면 생산관리자로서 그를 기업가로 부를 수는 없다고 하였다.

사실상 오늘날 신기술이나 노하우(know-how) 등을 개발하여 기업화한 벤처기업(venture

business)에 대해 이들 기업의 앞으로의 성장가능성을 고려해 은행이나 보험회사 등이 투자하는 자본인 벤처캐피탈(venture capital)이 존재한다고 하는 것은 바로 기업가와 자본가가 반드시 같지 않음을 나타내는 것이다.

이처럼 기업가는 반드시 자본가 또는 소유자와 일치하지는 않으나 종래의 인적 사기업에서는 양자가 일치하는 경우가 많았으므로 기업가를 바로 소유자, 즉 자본가임과 동시에 경영자로 보는 소유경영자적인 개념이 일반화되었던 것이다. 이러한 기업의 기업가는 출자자로서 수행하는 기능과 경영자로서 수행하는 전문적인 기능을 아울러 수행하게 되는 것이며, 이러한 두 가지 기능을 전제로 하여 기업에 대한 실질적인 지배권을 가지게 되는 것이다.

소유경영자로서의 기업가의 기능은 ① 혁신(innovation), ② 출자(investment), ③ 노동(labor)의 3가지이다. 사실상 소유경영자는 스스로 혁신적인 아이디어를 가지고 이를 실현함으로써 사업화하려는 의도를 가졌으며, 이에 소요되는 자본을 스스로 출자하고, 또한 구매, 생산 및 마케팅 등과 같은 노동내지 작업활동을 직접 수행한다.

이렇게 볼 때 기업가가 수행하는 가장 기본적인 기능은 혁신(innovation)일 수밖에 없다. 혁신이란 생산요소의 신결합을 도모하는 것으로서 이는 일상적이며 관행적인 경영활동에서 벗어나 새로운 가치를 창출하기 위한 기능내지 활동을 말한다. 그러므로 슘페터는 이러한 관행적 방법에 따라 기업을 운영하는 사람을 기업가와 특별히 구별하여 생산관리자라 하였던 것이다. 그런데 이러한 혁신은 다른 활동과 결합되어 실행됨으로 자칫하면 이를 일상적인 관리와 혼동하기 쉽다. 또한 혁신을 기술혁신과 같은 뜻으로 보기도 하나 엄격한 의미에서 기술혁신은 혁신의 일부분이라 할 수 있다.

기업가기능으로서의 혁신이란 과거의 정태적 균형을 창조적으로 파괴하여 새로운 동태적 균형을 이루게 함으로써 결과적으로는 생산성을 높여 비용을 줄이거나 수익을 증대시키는 모든 아이디어나 방법을 채택하는 것으로서 이는 불연속적으로 신결합을 시도하는 특성이 있다. 슘페터는 기업가에 의해 이루어지는 기업자원, 즉 생산요소의 신결합의 수행과정인 혁신을 다음과 같은 5가지 종류로 분류하고 있다(P. F. Drucker, 1985).

① 신제품의 생산 : 플라스틱의 개발과 같은 신물질로 된 제품의 개발

② 신방법의 도입 : 트랜스퍼 머신(transfer machine), 즉 전자동 반송가공기계에 의해 실린더 블록(cylinder block)을 생산하는 경우처럼 기술의 개량에 의한 기존제품에 대한 생산기술이나 방법의 변화

③ 신시장의 개척 : 새로운 고객층의 확보와 같은 신시장 또는 새로운 판로의 개척

④ 신재료의 발견 : 합성화학의 중간원료가 되는 원료나 반제품 등의 새로운 공급원의 개척

⑤ 신조직의 형성 : 태스크포스(task force) 조직이나 카르텔(cartel) 등과 같은 새로운 조직의 형성

2. 경영자의 의의와 특성

경영자(manager)란 기업의 주요 의사결정자로 기업의 목표를 제시하고, 이를 달성할 수단을 강구하며, 이를 관리하여 기업을 유지·발전시키는 주체를 말하는 것으로 경영관리계층이라는 전문가집단을 의미한다. 기업의 경영관리계층에는 전략관리층과 업무관리층의 두 가지가 있는데, 전자를 경영자라 하고, 후자를 관리자라 하며, 이 둘을 합쳐서 경영관리자라 부른다.

경영자는 기업의 목표를 달성하기 위해 기업자원이 최적으로 이용되도록 통합적인 의사결정을 수행한다. 그러나 관리자는 상위계층에 있는 경영자가 계획하고 결정한 영역 범위내에서 이를 보다 구체화하기 위한 결정을 하고 이를 실행한다. 따라서 관리자는 부문경영책임자로서의 성격을 가지며, 경영자는 기업통솔자로서의 성격을 가진다.

드럭커(P. F. Drucker, 1985)는 세 사람의 석공의 예를 들어 경영자를 비유적으로 다음과 같이 설명하였다. 즉 세 사람의 석공에게 무엇을 하느냐고 물었더니 각각 다음과 같은 대답을 하였다. 첫째는 "나는 생계를 위해 일을 하고 있소"라고 대답을 하였고, 둘째는 곁눈질도 않고 돌을 깨면서 "나는 우리나라에서 최고의 석공일을 하고 있소"라고 하였다. 이에 대해 셋째는 비전(vision)이 번뜩이는 듯한 눈으로 하늘을 쳐다보며, "나는 사원을 짓고 있소"라고 하였다. 이 셋째 사람이 바로 경영자이다. 첫째 사람은 일을 통해 무엇을 얻을 것인지를 알고 있고, 그러기 위해 관리를 한다. 따라서 그는 "공정한 1일의 보수를 위한 공정한 1일의 일"만 하게 될 것이다. 둘째 사람은 기량(솜씨)을 중시하는 사람이다. 만약 기업이 기업구성원들의 최고의 기량을 발휘하게 하지 못한다면 이들의 근로의욕은 낮아질 수밖에 없다. 그러나 이와 같은 기량은 전문적인 일로서만 그치는 것이 아니라 기업전체와의 관련하에서 발휘되어야만 한다. 대다수의 경영자는 둘째 유형의 석공과 같이 자기가 맡은 전문적인 일에만 관심을 쏟는다. 그런데 이처럼 최고의 일만 잘하려는 경영자도 위험하다. 왜냐하면 그는 기업의 목표와는 어긋나는 비전을 가지고 노력을 하기 쉽기 때문이다. 사실상 기능적이고 전문적인 일은 그 자체가 목적이 되기 쉽다. 그들은 그들의 성과를 기업전체에 대한 공헌에 의해 측정하지 않고 오직 전문적인 기량(craftsmanship)이라는 기준에 따라 측정하기 쉽다. 즉 부하들을 그들이 가진 장인으로서의 기량에 의해 평가하고 보수를 주고 승진시키려는 경향을 가지게 된다. 따라서 경영자는 기량에 대한 관심과 아울러 기업의 공통목표에 대한 관심을 가지는 사람이어야만 한다. 경영자와 관리자의 역할의 차이를 보면 [표 5-1]과 같다.

[표 5-1] 경영자와 관리자 역할의 차이

직 위	개 인 능 력	
	의사결정능력	대인능력
경 영 자	목표, 전략, 방침	다른 사람으로 하여금 의사결정을 하도록 하고 또한 그것을 효율적으로 실행하도록 한다.
관 리 자	실행업무에 관한 결정	명령, 동기유발 등

여기서 말하는 경영자는 최고경영층으로 경영집행자(executive)라고도 한다. 이들은 최고경영층에 해당하는데 회장, 사장, 부사장, 전무 및 상무가 이에 속한다. 이와 비슷한 용어로서 최고경영책임자(CEO : chief executive officer)라는 용어도 사용된다. 관리자는 중간 및 하위, 현장 또는 감독관리층에 해당하는 것으로 감독자(supervisor)라고 한다.

제3절 경영자의 유형

1. 조직의 발전과정에 따른 유형

1) 소유경영자(owner manager)

생산과정이 단순하여 복잡한 기술이 필요 없는 경우에는 기업가 자신이 경영관리를 담당할 수 있다. 자본주의 초기의 단순한 생산방식은 기업가가 경영자의 역할까지 담당하는 것이 가능했으며, 당연히 출자와 경영의 분리는 필요하지 않은 것이었다. 이와 같이 출자자 자신이 직접 기업의 경영도 함께 담당하는 경영자를 소유경영자(owner manager)라고 한다. 이 소유경영자는 오늘날에도 주로 중소기업에서 볼 수 있을 뿐만 아니라 규모가 큰 회사에서도 출자자인 동시에 임원으로서 경영관리를 담당하고 있는 경우를 볼 수 있다.

2) 고용경영자(employed manager)

기업의 규모가 확대되면 경영활동은 질적 양적인 면에서 팽창되고, 기업가 혼자서 모든 경영관리를 담당하기 어렵게 된다. 이러한 경우에 기업가를 도울 사람을 고용하여 그 사람에게 경영상의 지휘 감독권의 일부를 위양하여 분담시키게 된다. 이때 경영자는 기업가의 대리인으로서 경영자기능의 일부분만을 담당하며, 이를 고용경영자 또는 유급경영자(employed manager or salaried manager)라고 한다. 이 고용경영자는 기업가와는 다른 신분으로 경영활동의 지휘 · 감독만을 그 임무로 하며, 그 성격은 자본가의 이익을 수호하고 대변하는 고용임원에 불과하다.

3) 전문경영자(professional manager)

기계문명의 발전은 기업의 대규모화를 촉진시킴으로써 기업활동은 그 이전보다 더 큰 자본을 필요로 하게 되었다. 따라서 거대한 자본의 필요성은 주식회사 형태를 확산시키고 결국 출자와 경영기능의 분리를 가져왔다. 즉 출자기능을 담당하는 주체와 경영기능을 담당하는 주체로 역할분담이 이루어지게 된 것이다.

이와 같이 현대 기업의 특징 중 하나인 소유와 경영의 분리과정에 따른 경영자의 유형을 살펴보면 [그림 5-2]와 같다.

[그림 5-2] 소유와 경영의 분리과정에 따른 경영자 유형

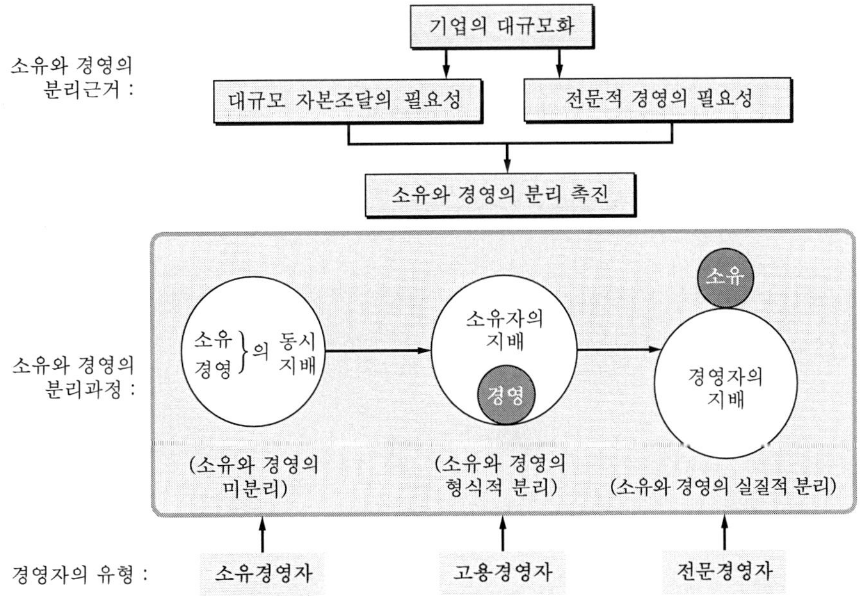

한편 현대 기업에서 전문경영자를 필요로 하는 동기는 다음과 같은 두 가지 측면에서 찾아볼 수 있다.

첫째, 기업이 대규모화됨에 따라 더 많은 자본의 조달을 위해 주식회사 형태를 요구하게 되었

다. 즉 주식회사는 자본의 증권화, 유한책임 및 양도의 자유성을 특징으로 하는 기업형태로 이는 광범위하게 분산된 주주를 통해 거대한 자본을 조달하는데 매우 유리하다. 이들 분산된 다수의 주주는 대부분 기업경영 그 자체에는 무관심하여 주주총회에서 의결권의 권한행사를 포기하기 때문에 부재자소유 현상을 발생시킨다. 그 결과 경영자는 이러한 주주의 권리를 위임받아 행사함으로써 기업의 실질적 지배가 가능해진다. 뿐만 아니라 기업규모가 커지고 경영활동이 복잡해짐에 따라 자본가는 기업경영을 직접 담당할 때 발생할 수 있는 경영부실의 책임을 지기보다 오히려 안전하게 투자이익만을 얻으려는 경향으로 일반화된다. 즉 대다수의 주주는 이익배당과 주가상승 등의 투자이익에만 관심을 기울일 뿐이며 경영참여에는 별다른 관심을 두지 않게 되었다.

둘째, 기업의 대규모화 · 전문화 · 복잡화에 따라 경영활동도 전문적 능력을 통해서만 조직의 존속 · 성장이 가능해지게 되었다. 즉 제품에 대한 전문적 지식, 수많은 구성원을 지휘 · 통솔하는 능력, 그리고 여러 이해관계자집단의 상충되는 이해를 조정할 수 있는 능력 및 급격한 환경변화에 대응할 수 있는 합리적 의사결정능력 등이 현대 경영자에게 요구되고 있기 때문이다. 이와 같은 의미에서 소유와 경영이 분리된 진정한 근거를 자본의 측면보다 경영의 측면, 즉 전문경영자를 필요로 하는 기업경영의 전문성에서 찾을 수 있다.

2. 조직계층에 따른 유형

전문경영자는 출자나 소유와 관계없이 오직 경영자로서의 지식 · 경험 · 능력 등이 중시된다. 그러므로 경영자는 독자적이고 전문적인 경영관리의 직능(기능)을 수행하는 계층(집단)으로 [그림 5-3]과 같이 최고경영층(top management zone), 중간관리층(middle management zone), 하위관리층(lower management zone) 등으로 구분된다.

[그림 5-3] 경영계층의 유형

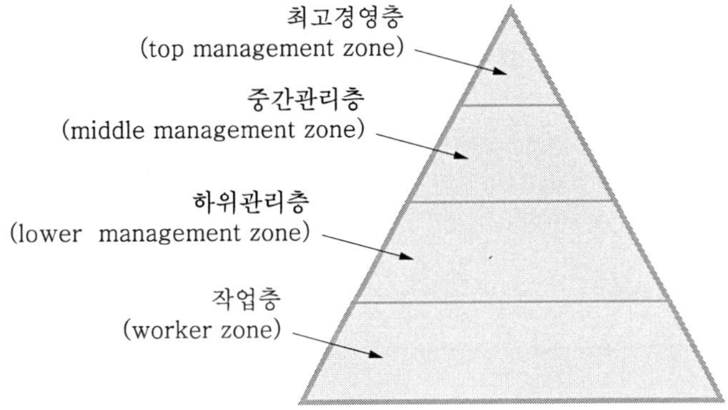

1) 최고경영층(top management zone)

소유와 경영이 분리된 주식회사 형태의 현대적인 기업에서 가장 중요한 것은 경영정책이며, 또 그 정책결정의 중심은 그 분야의 전문적인 지식과 경험이 풍부한 전문경영자로 구성된 일련의 경영층에 있다. 이러한 최고경영층의 기능은 다음과 같다.

(1) 수탁관리기능(the trusteeship function)

주주의 이익을 대표·보호·촉진하고, 기업의 기본정책과 일반적인 방향을 결정하며, 전체적인 성과를 평가(appraise)하고, 또한 기업재산을 관리하며, 보다 효과적인 활용을 도모하는 기능을 수행한다. 이들 기능은 주로 이사회(board of directors)가 담당한다.

(2) 전반관리기능(the general management function)

기업전체(business as a whole)에 관련되는 기능으로 대표이사인 사장이 담당한다. 전반관리기능은 이사회가 정한 기본정책의 테두리 안에서 기업전체를 적극적으로 계획(plan)·실행(do)·평가(see)하게 되는 기능을 의미한다.

(3) 부문관리기능(the divisional or department management function)

기업의 주요 부문(major division or department)의 경영에 관한 기능으로 그 담당층은 기업전체가 아니라 기업의 특정부문(particular division)과 관련이 있는 계층이며, 주로 경영정책의 수행과 전반관리기능이 성공적으로 발휘될 수 있도록 각각의 담당 부서에서 전담하게 되는 기능이다.

[표 5-2] 경영계층의 구조

<table>
<tr><td rowspan="4">최고경영층</td><td colspan="2">수 탁 경 영 기 능</td><td>이 사 회</td></tr>
<tr><td colspan="2">전 반 관 리 기 능</td><td>사 장</td></tr>
<tr><td rowspan="2">전 반 관 리
보 좌 관 리</td><td>상 무 회 의</td><td>전무 · 상무</td></tr>
<tr><td>부 장 회 의</td><td rowspan="2">부 장
과 장</td></tr>
<tr><td>중간관리층</td><td colspan="2">부 문 관 리 기 능</td></tr>
<tr><td>하위관리층</td><td colspan="2">현 장 감 독 기 능</td><td>계장 · 직장 · 반장</td></tr>
</table>

2) 중간관리층(middle management zone)

중간관리층은 최고경영층과 하층관리층의 중간에 위치해서 각 경영조직의 부문관리의 책임을 맡은 경영자계층이다. 이러한 중간관리층이 기업경영조직에서 수행하게 되는 기능과 역할은 다음과 같다.

(1) 의사전달과 보고기능

중간관리층은 기업에서 상하간 및 부문 상호간 원활한 의사소통이 이루어지도록 하는데 있어서 대단히 중요한 위치에 있다. 즉 중간관리층은 최고경영층이 결정한 방침이나 계획을 구체화하며, 또 해석 · 적용해서 하위관리층에 전달함과 동시에 위로부터의 지휘 · 명령이 제대로 집행되며, 어떠한 업적을 나타내고 있는가를 최고경영층, 특히 전반관리자에게 보고한다. 따라서 중간관리층이 위로부터의 정책인 계획을 잘못 전달하면 기업의 목적자체가 실현될 수 없으며, 또 밑으로부터의 보고가 신속 · 정확하지 않으면 최고경영층으로 하여금 다음 단계의 계획을 잘못 택하게 하는 결과를 가져온다. 즉 중간관리층은 상하간의 연결핀(linking pin)의 역할을 수행하는 중요한 계층이라 할 수 있다.

(2) 부문간의 상호조정 기능

중간관리층은 부문간의 상호조정, 즉 부문간의 협력과 협조에 의해 조직전체의 통합력을 쉽게 발휘하게 하는 역할을 한다. 그러기 위해서는 소관사항에 대한 일상적인 협력 뿐만 아니라 여러 회의나 위원회의 구성원으로서 전반적인 정책이나 계획의 실현을 위해 적극적으로 협력 · 협조하는 기능을 발휘해야 함이 원칙이다.

(3) 부문내의 종합책임자 기능

중간관리층은 또한 자신이 속한 부문의 종합조정자이기도 하다. 부문에 주어진 직능을 달성하기 위해서는 부문내의 구성원에게 업무를 적정하게 배정하고, 직위에 따른 직무권한을 명백히 함과 아울러 부문업무수행의 목표 · 방침 · 계획을 설정하며, 업무허가 · 능력개발 · 동기부여 등을 통해 부문전체의 조직력을 제고시키는 기능도 발휘해야 한다.

(4) 전문가 기능

중간관리층도 중간관리자로서의 전문적인 지식과 능력을 갖추는 것이 필요하다. 특히 경영의 고도화에 따라 점차 전문직이나 기능직이 증가하기 때문에 이들의 리더(leader)로서의 역할과 기능은 더욱 중요해진다고 할 수 있다.

3) 하위관리층(lower management zone)

현장에서 작업을 수행하는 작업자나 일반사무원 등이 수행하는 작업활동을 직접 그들과 대면적인 접촉을 통해 감독하는 계층으로서 감독층(supervisors) 또는 현장관리층(supervisory management)이라고도 불린다. 이러한 하위관리층(lower management)은 재료 · 기계 · 설비 · 공구 · 생산공정 등에 대해서 직접 감독책임을 지고 있는 현장관리자군을 지칭하는 것이 일반적이다. 이를테면 우리나라에서는 직장(직공장) · 계장 · 조장 · 반장 등의 이른바 현장간부가 이에 해당된다고 볼 수 있다.

따라서 하위관리층은 생산현장에서 작업원의 생산능률과 관계가 깊은 감독자의 계층을 지칭하는 것으로 봄이 타당하다. 이처럼 하위관리층은 현장감독층이라는 별칭이 의미하는 대로 생산업무에 직접 참여하는 작업원을 지도하며, 생산현장에 대한 감독을 책임지는 제일선에서의 감독자 계층이라 할 수 있다.

제 4 절 경영자의 기능과 역할

기업의 경영자는 관리적 역할을 수행하는 관리자이고, 의사결정 기능을 수행하는 의사결정자이며, 기업을 대표하는 동시에 전문적 기능을 담당하는 전문가이기도 하다. 이러한 경영자의 기능과 역할은 경영관리자로서의 관리기능적 접근, 전문가로서의 경영기술적 접근, 경영관리자가 담당해야 할 직무역할적 접근으로 나누어 설명할 수 있다.

1. 관리기능적 접근

경영자에게 가장 기본적이고 핵심적인 관리기능은 [그림 5-4]와 같이 계획, 조직, 지휘, 조정, 통제와 같은 관리기능이다. 이는 기업의 목표와 방향을 설정하고 이 목표를 달성하기 위한 수단을 강구하여 이를 구체화하는 과정이다.

[그림 5-4] 관리과정

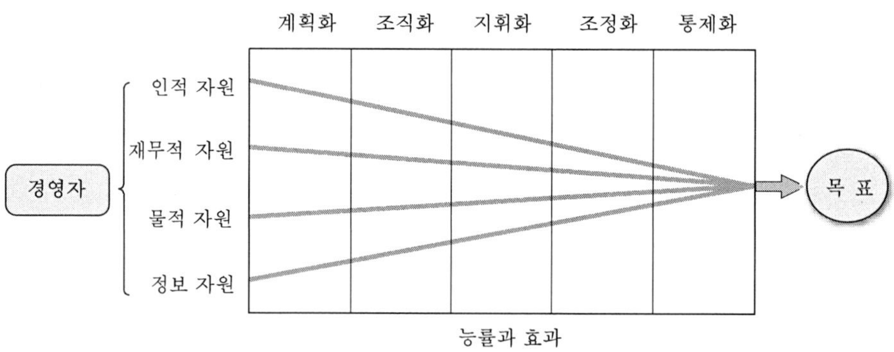

자료 : R. W. Griffin, *Management*, Houghton-Mifflin, 1990, p. 7

1) 계획화(planning)

계획화는 장래 수행될 행동들에 대한 현재의 의사결정 과정을 의미한다. 경영자들은 조직의 목표를 명확히 하고, 목표에 도달하기 위한 절차들을 설정하기 위해 계획을 수립해야 한다. 이 계획과 관련된 경영자의 역할은 전략계획자로서의 역할과 운영계획자로서의 역할로 구분할 수 있다.

전략계획자로서의 역할은 장기계획의 개발, 기업정책의 개발 등이며, 운영계획자로서의 역할은 운영계획을 공식화, 관리부문의 일정계획 개발 등이다.

2) 조직화(organizing)

경영자들은 목표를 설정하고 계획을 수립하면 이러한 추상적인 개념들이 달성될 수 있도록 구체화해야 한다. 조직화는 인적자원들간의 관계설정을 위한 조직구조를 형성하는데, 이는 인적자원들이 경영계획을 수행하고 그 목표와 일치하도록 해준다. 효과적인 조직화에 의해 경영자들은 인적 · 물적 자원의 보다 나은 결합을 촉진할 수 있으며, 충원화는 계획화와 조직화에 의해 진행된다. 조직화와 관련된 경영자의 역할은 순수한 조직자, 연락자, 충원자, 자원할당자, 과업위양자로의 역할이 있다.

순수한 조직자로서의 역할은 직무설계, 과업설계자 할당(일 + 사람), 조직의 정착 · 규칙 · 절차 등을 설명, 조직의 정보흐름의 설정 등이다. 연락자로서의 역할은 소비자 또는 고객관계 개선, 이해관계자와의 관계유지, 외부기관과의 접촉 또는 지원 등이다. 충원자로서의 역할은 인적자원의 모집과 선발, 직무성과의 평가, 보상관리, 교육훈련, 승진이동관리 등이다. 자원할당자로서의 역할은 물적 자원의 할당, 재무적 자원의 할당, 설비 및 서비스 할당 등이다. 과업위양자로서의 역할은 하위자에게 개별계획과 과업을 할당, 효과적 과업수행을 위한 권한의 위양, 과업성과 확정의 기준 설정 등이다.

3) 지휘화(directing)

경영자들이 계획을 수립하여 구조적 틀을 형성하고 적절한 인력을 고용한 후에는 누군가가 조직을 이끌어야 하며, 이 과정을 지휘화과정이라 부른다. 이처럼 지휘화는 구성원들이 조직의 목표들을 달성하는데 필요한 과업을 수행하도록 동기부여 하는 것과 리더십 및 의사소통 등을 포함한다. 지휘와 관련된 경영자의 역할은 대표자, 협상자, 리더, 전문기술자로서의 역할이다.

대표자로서의 역할은 공식적 대표자로 외부인과 접촉, 공식적 대표자로 외부조직을 지원, 공식적 대표자로 내부인과 접촉, 공식적 대표자로 내부조직을 지원하는 것 등이다. 협상자로서의 역할은 조직내의 타부분과 인력 · 설비 · 원재료 등에 관한 협상, 조직외부의 공급업자와 판매업자와 협상 등을 하는 것이다. 리더로서의 역할은 부하들의 과업을 인식시킴, 부하들의 성과에 대한 피드백을 제공, 부하들의 사기를 높임, 부하들의 동기유발을 높임, 부하들의 조직몰입도, 충성도를 높이는 것 등이다. 전문기술자로서의 역할은 기술적 문제의 조언, 일상적 업무의 개선 등이다.

4) 조정화(coordinating)

조정화는 조직구성원과 조직, 개인과 개인, 조직과 조직간에 발생하는 갈등을 해소하는 과정이다. 이 과정에서 조직의 업무수행중 발생하는 긴장과 불협화음을 완화 또는 해소하는 역할을 수행한다. 조정과 관련된 경영자의 역할은 갈등 해결자의 역할과 스트레스 해결자의 역할이 있다.

갈등 해결자로서의 역할은 고객 · 부하 · 상사의 불만을 해결, 집단간 · 개인간의 갈등을 조정, 정보흐름의 왜곡을 방지 · 해소 등이다. 스트레스 해결자로서의 역할은 직무재설계 및 배치전환, 조직분위기의 개선, 개인스트레스 관리, 비공식조직의 지원 등이다.

5) 통제화(controlling)

통제화는 사람이나, 집단 그리고 조직의 성과를 측정하고 올바른 행동을 취하도록 하는 과정이다. 정보를 수집하고 결과들을 분석함으로써 경영자들은 성과기준을 설정할 수 있고, 이러한 기준에 대비하여 현재의 성과들을 측정하여 경영자들에게 행동의 오류를 시정하도록 신호를 보내는 역할을 한다. 통제와 관련된 경영자의 역할은 평가자로서의 역할과 통제자로서의 역할이 있다.

평가자로서의 역할은 조직의 성과 측정 및 통제시스템 개발, 조직의 성과 측정 및 평가, 평가결과에 대한 피드백 등이다. 통제자로서의 역할은 단위부문에 할당된 설비의 유지, 경영정보시스템의 유지, 시장과 제품의 조사·분석 등이다.

6) 경영계층별 관리기능의 분화

계획, 조직, 지휘, 조정, 통제의 기능을 [표 5-3]과 같이 관리계층에 따라 각각 다른 비중으로 수행하여 기업의 목표를 더욱 효율적으로 달성할 수 있다. 최고경영층은 계획과 조직의 비중이 높고, 중간관리층이나 하위관리층은 지휘와 통제의 비중이 높은 관리기능을 수행한다. 조정기능은 전 관리계층에 동일한 비중으로 중요한 기능이다.

[표 5-3] 경영계층별 관리기능의 비중(조정기능 제외)

최고경영층	계획(28%)	조직(36%)	지휘(22%)	통제(14%)
중간관리층	계획(18%)	조직(33%)	지휘(36%)	통제(13%)
하위관리층	계획(15%)	조직(24%)	지휘(51%)	통제(10%)

자료 : 자료 : T. A. Mahony et als, "The Jobs of Management," *Industrial Relations*, 1965, No. 2.

2. 경영기술적 접근

일반적으로 전문가 또는 기술자라고 하면 특정분야의 일에 정통하여 다른 사람보다 훨씬 그 일을 잘 할 수 있는 능력의 소유자를 의미한다. 예를 들어 공인회계사, 변호사, 의사, 인간문화재 등의 사람을 전문가라고 지칭한다. 오늘날의 기업은 기업경영에 정통한 전문경영자를 요구하고 있는 현실에 직면해 있다. 즉 경영자가 경영관리활동과 경영자의 역할을 성공적으로 수행하기 위해서는 이에 필요한 전문적 능력을 갖추어야 한다.

경영기술(managerial skill)이란 바로 경영자가 자신의 직무와 역할을 훌륭하게 수행하는데 요청되는 구체적인 능력을 의미한다. 이러한 경영기술은 경험과 실무, 그리고 교육훈련을 통해 학습되고 개발·향상될 수 있다. 이에 많은 학자들은 성공적인 경영자를 대상으로 그들이 지닌 경영기술은 어떤 것인지를 밝히려고 노력하여 왔다.

이러한 경영기술에 대해 크넛슨(H. R. Knudson)은 개념적 기능을 수행하기 위한 개념적(관리적) 기술(conceptual, administration skill), 대인관계 기능을 수행하기 위한 인간적 기술(human skill), 전문적 기능을 수행하기 위한 전문적 기술(technical skill), 그리고 부가적으로 진단적 기술(diagnosis skill)과 정치적 기술(political skill)을 들고 있다. 이들 기술중 경영관리자에게 필요한 핵심적 기술은 개념적 기술, 인간적 기술, 전문적 기술이다.

1) 개념적(관리적) 기술

개념적 기술(conceptual skill) 또는 관리적 기술이란 조직의 상황을 전반적으로 파악하고, 기업의 모든 이해관계자와 각 부서간의 활동을 조정·통합할 수 있는 정신적 능력이다. 즉 기업조직을 전체로 보고 각 부문이 어떻게 상호 의존관계를 유지하고 있는가를 통찰할 수 있는 능력으로서 기업의 목적이나 전략을 설정하는 일체의 관리적 재능을 총괄하여 말하기도 한다.

2) 인간적 기술

인간적 기술(human skill)은 조직체내에서 다른 사람들과 같이 일하고, 그들을 이해하며, 그들에게 동기를 부여할 수 있는 능력을 말한다. 이 기술은 인간관계를 원만히 유지하여 조직의 모든 구성원으로 하여금 조직의 공동목표 지향에 협동하도록 지휘하고, 동기를 부여하며, 갈등을 관리하는 기술로써 특히 경영자에게 빼놓을 수 없는 기술이다.

3) 전문적 기술

전문적 기술(technical skill)이란 주어진 직무를 효율적으로 수행하는 능력을 의미한다. 특정한 직무를 효율적으로 수행하려면 업무절차, 업무처리기술, 장비를 전문적으로 활용할 수 있어야 하고, 또 그 직무와 관련한 전문지식, 문제분석능력, 문제해결능력을 갖추고 있어야 한다.

4) 진단적 기술

경영자들은 문제점을 조사하고 의사결정을 하며 그 해결방안을 요구받는다. 진단적 기술(diagnosis skill)은 경영자들이 진단한 문제를 해결하고자 전문적, 인간적, 개념적 또는 정치적 기술들을 사용하기 때문에 다른 기술과 중복된다. 경영자가 수행해야 할 중요한 임무중의 하나는 문제의 근원을 찾아 그 해결책을 강구하는데 있다.

5) 정치적 기술

거대한 기업조직을 움직이는데 중요한 것은 보다 큰 힘(power)을 획득하는 것이며, 다른 사람에게 그 힘을 빼앗기지 않도록 하는 것이다. 정치적 기술(political skill)은 근본적으로 자기의 목적을 달성하는데 필요한 힘을 획득할 수 있는 능력이다. 그밖에 정치적 기술들은 올바른 관계와 올바른 사람을 모으는 것이다. 중간경영자는 일반적으로 정치적 기술을 가장 필요로 한다. 왜냐하면 최고경영자 직위에 오르고자 하는 의지를 갖고 있기 때문이다. 정치적 기술은 조직에 유용하게 그리고 개인적 이익을 위해 사용될 수 있다. 또한 각각의 경영자에게 주어진 권한의 범위는 종종 불확실하기 때문에 이런 불확실성과 애매모호함을 명확하게 해주고 직무수행에 도움을 주는 정치적 기술을 필요로 한다.

6) 경영계층에 따른 경영기술의 분화

경영자에게 요구되는 기술을 편의상 다섯 가지로 나누었지만 이들 기술은 서로 깊이 관련되어 있고 상호의존적이다. 따라서 경영계층에 따라 기술의 상대적 혼합이 요구되며 성공을 위해서 [표 5-4]와 같이 적절한 조합이 중요하다.

이들 기술은 경영계층에 따라 일선 하위감독자에게는 전문적 기술이 가장 중요하고, 최고경영층에게는 개념적 기술이 가장 중요하며, 인간적 기술은 모든 계층에 중요하다. 최고경영층은 조직 전체적인 관점에서 조직의 발전에 중대한 영향을 미치는 사항을 넓게 보고 장기적인 의사결정을 해야 하기 때문에 개념적 기술이 특히 요구되고, 하위감독자는 작업현장에서 일상적인 활동과 문제점을 지휘·감독해야 하기 때문에 전문적 기술이 더 요구되는 것이다.

[표 5-4] 경영계층별 기술의 비중

경영계층			
최고경영층	개념적(관리적) 기술	인간적 기술	전문적 기술
중간관리층	개념적 기술	인간적 기술	전문적 기술
하위관리층	개념적 기술	인간적 기술	전문적 기술

자료 : W. R. Plunkett & R. F. Ather, *Introduction to Management*, PWS-KEWT Publ., 1989, p. 15.

3. 직무역할적 접근

민츠버그(H. Mintzberg, 1989)는 직무를 수행하고 있는 책임있는 조직단위 경영자들의 다양한 행동을 관찰한 후 경영자들의 공통적인 역할로 10개를 찾아내고, 이를 다시 [그림 5-5]와 같이 세 가지로 구분하고 있다. 대표자 역할·리더의 역할·연락자 역할은 대인적 직무로 분류하였고,

정보수집자 역할·정보보급자 역할·대변자 역할은 정보처리의 직무로 분류하였으며, 기업가 역할·문제처리자 역할·자원배분자 역할·중재자 역할은 의사결정의 직무로 분류하여 이들 상호 관계를 설명하였다.

1) 대인적 직무역할

경영자가 대인관계의 직무를 수행하기 위해 필요한 역할은 대표자 역할, 리더의 역할, 연락자 역할이 있다. 대표자 역할은 조직의 대표자로서 기업내·외의 행사에 참여하고 사회적 의무를 수행하는 일이며, 리더의 역할은 조직의 리더로 부하들을 동기부여시키고 사기를 높이는 일이고, 연락자 역할은 흔히 대외적인 접촉을 유지하는 일이다.

[그림 5-5] 경영자 역할의 분류

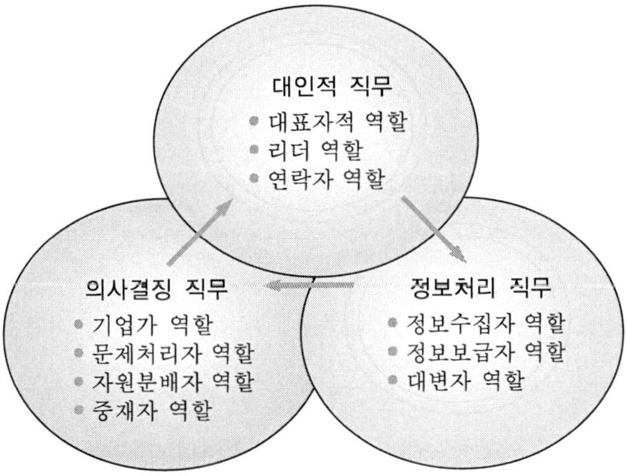

자료 : H. Mintzberg, "The Manager's Job:Folklord and Fact," *HBR*, 1989, pp. 15-21.

2) 정보처리의 직무역할

기업은 하나의 시스템인 동시에 사회전체시스템의 하위시스템으로 외부로부터 자원을 공급받고 외부로 다시 재화와 서비스를 공급한다. 오늘날 기업의 가장 핵심적인 자원은 정보이며, 외부로의 적절한 정보제공을 통해 기업이 존속할 수 있다. 정보처리자로서 경영자의 역할은 정보수집자인 모니터의 역할, 정보보급자로서의 역할, 대변자로서의 역할이 있다.

정보수집자 역할은 기업운영에 필요한 정보를 밖으로부터 받아들이는 일이며, 정보보급자 역할은 조직내부의 조직구성원들에게 정보를 제공하는 일이고, 대변자 역할은 조직의 정보를 밖으로 전달하는 일이다.

3) 의사결정의 직무역할

경영관리는 곧 의사결정의 연속으로 각 경영계층에 따른 의사결정의 수준이 다르다. 의사결정자로서 경영자의 역할은 기업가로서의 역할, 문제처리자로서의 역할, 자원배분자로서의 역할, 중재자로서의 역할이 있다.

기업가로서의 역할은 기업의 존속과 발전을 위해 조직과 환경을 탐색하고 발전과 성장을 위한 의사결정을 하는 일이며, 문제처리자로서의 역할은 조직이 직면한 문제해결을 위한 바람직한 수단을 선택하는 일이고, 자원배분자로서의 역할은 조직의 유효성을 위해 자원을 적절히 배분하는 일이다. 또한 중재자로서의 역할은 조직내의 부문과 부문 그리고 조직과 환경의 관계에서 조정하는 일이다.

4) 경영계층별 직무역할의 분화

이러한 10가지 역할들은 서로 분리된 것이 아니라 통합된 전체로 상호작용한다. 즉 경영자의 직무는 이러한 역할들이 동시적으로 수행되며 상호의존성을 가지고 있다. 그러나 경영계층에 따라 역할의 중요도가 다를 수 있다. 정보보급자적 역할, 대표자적 역할, 중재자적 역할, 연락자적 역할 및 대변자적 역할은 하위계층보다는 상위계층에서 더 중요하고, 반대로 리더의 역할은 상위계층에서보다는 하위계층에서 더 중요하다.

또한 경영자의 역할은 기능별 분야나 기업의 규모에 따라서도 그 중요도에 차이가 있다. 기능별 분야에서 생산부장에게는 의사결정의 직무역할이, 판매부장에게는 기업가로서의 직무역할이, 자금부장에게는 정보관계 직무역할이 상대적으로 더 중요하다. 기업규모에 있어서 역할의 중요도는 소규모기업 경영자의 역할 중요도가 대변자 역할〉기업가 역할〉대표자 역할〉리더의 역할〉정보보급자 역할의 순인데 비해, 대규모기업 경영자의 역할 중요도는 자원배분자 역할〉연락자 역할〉정보수집자 역할〉문제처리자 역할〉중재자 역할〉기업가 역할의 순으로 제시할 수 있다.

4. 바람직한 경영자의 자질과 경영자상

1) 바람직한 경영자의 자질

유능한 경영자가 되기 위해서는 개인적 자질과 더불어 기업전반에 관한 문제를 다룰 수 있을 정도로 이를 충분히 이해를 하고 있어야 함은 물론 이에 대한 비전(vision)을 가지고 있어야 한다. 특히 최고경영자의 경우에는 이러한 능력이 더욱 절실히 요청된다. 바람직한 경영자의 능력이란 경영환경변화에 적응하면서 효율적으로 그 기능을 발휘할 수 있는 힘을 의미한다. 여러 학자들이 제시하고 있는 공통분모로서 모든 경영자들에게 중요하다고 생각되는 요소들을 열거해 보면 다음과 같다(박재린, 2001).

① 신념

기업에는 경영자의 숭고한 경영이념이 필요하고, 그것이 현재의 사회적 가치관과 일치할 때 많은 사람들에게 호의적인 반응을 얻게 된다. 경영자의 신념(信念)은 인간이 갖는 신앙심에 가까운 자기의 순수한 마음이다. 그리고 경영자의 신념은 자신이 갖고 있는 경영이념을 깊이 확신함으로써 생기는 것이라고 보아야 한다.

② 야심

야심(野心)은 경영자가 항상 갖고 있는 야망(野望)으로서 성공의 욕망, 창의성, 경쟁심, 강한 인내력의 전제가 된다. 야심은 인간활력의 원천으로써, 야심이 큰 경영자는 항상 높은 경영목표에 도전하고 큰 성과를 도출해 낼 수 있다.

③ 결단력

결단력(決斷力)이란 기업경영과정에서 부족한 경영정보와 불확실한 경영상황에서도 자신감과 대담성을 가지고 결정하는 능력을 말한다. 이러한 결단력은 경영현장에서의 풍부한 경험에 의해 강화된다. 경영자의 가장 중요한 자질을 거론할 때, 인품으로서는 포용력과 관용을 들고 있으며, 능력으로는 통찰력과 결단력을 제시하는 경영자가 많다.

④ 통찰력

통찰력(通察力)은 사물의 본질을 꿰뚫어 볼 수 있는 힘으로서, 경영자의 능력은 통찰력에 의해서 크게 향상되고 강화될 수 있다. 경영자가 통찰력을 강화하기 위해서는 현장에서의 경험을 쌓으면서 평소에 원점에서 경영현상을 생각하는 생활태도를 가지는 것이 중요하다.

⑤ 포용력

포용력(包容力)은 조직생활에서 상대방을 허용하고 이해할 수 있는 힘으로서 상대의 입장에서 사물을 생각하는 능력을 의미한다. 자기를 무(無)로 돌리는 마음자세 그리고 상대방의 성공을 기뻐하는 성숙된 마음이라고도 할 수 있다. 경영자는 아무리 상대와 불편한 관계라 할지라도 상대방의 이야기를 충분히 경청하고, 수용하며, 이해하는 마음자세로서 임해야 한다. 소위 인간적 스케일이 큰 것을 말한다.

⑥ 직관력

직관력(直觀力)은 일반적으로 추리나 판단 등의 사유(思惟)작용을 가하지 않고 대상을 직접 파악할 수 있는 능력으로서 논리적 추리나 분석력보다 항상 앞서는 개인적 능력이다. 경영자는 경영활동과 관련된 여러 가지 중대한 의사결정문제에 직면하게 된다. 이때 경영자는 일반적으로 스탭의 조언이나 각종 정보, 사례, 그리고 자신의 경험과 판단력을 종합해 결론을 내린다. 그러나 만족스런 결론을 내지 못할 때 결국 경영자는 직관력에 의존하여 영감(靈感)적으로 결론을 도출할 수밖에 없다.

⑦ 통솔력

통솔력(統率力)은 경영자의 리더십과 관련 있는 능력으로서 많은 구성원들을 이끌어갈 수 있는 힘을 의미한다. 많은 구성원들을 통솔해 가기 위해서는 우선, 많은 구성원들이 납득할 수 있는 목표를 설정하고, 이 목표를 향해 구성원들을 동기부여하고 조정해 나가지 않으면 안 된다. 이와 같은 통솔력은 경영자의 장기적 구상력, 큰 포용력, 강한 자신감, 상대의 입장에서 사물을 생각할 수 있는 능력, 인내력 등이 통합된 것이다.

⑧ 책임감

책임감(責任感)은 업무를 수행하는 과정에서 업무에 대해 마음에 부담을 느끼고, 그 업무수행 결과에 대해 실패하면 불이익이나 제재를 받는 것을 느끼는 감정을 말한다. 경영자에게는 기업을 장기적으로 유지 발전시키기 위해서 적정수준 이상의 경영성과를 내야 하고, 이를 이해관계자에게 공정하게 재분배해야 하는 막중한 책임이 부여되어 있다.

⑨ 지식

지식(知識)은 경영자가 가져야 할 경영현상에 대한 논리적이고 체계적인 지적능력을 말한다. 기업외부환경과 관련해서는 정치, 경제, 사회, 시장, 기술, 국제관계, 경쟁기업의 동향 등에 관한 지식이다. 그리고 기업내부환경에 대해서는 기술수준, 판매문제, 재무문제, 노농문제 등에 관련된 지식을 일컫는다.

⑩ 건강

경영자의 건강은 정신적 능력을 발휘할 수 있는 핵심적인 요소이다. 경영자가 기력과 체력에 한계를 느끼지 않고 건강한 생활을 계속하게 되면 경영자는 신제품개발이나 신시장개척, 신기술개발에 적극성을 보이면서 기업의 위기관리에 적극성을 보이게 된다. 그러나 건강에 자신이 없는 경영자는 모든 일에 소극적이게 되어 결단력과 추진력이 떨어지게 된다. 또한 장기적 시각과 넓은 시야에서 사물을 판단할 수 없게 되고, 심약한 상태에서 의사결정을 하게 되어 위험도가 증대될 수 있다.

⑪ 도덕성

도덕성(道德性) 또는 윤리란 개인에게 내재되어 있는 일반적・안정적인 성향으로서, 이 성향과 일치하지 않는 개인의 욕망, 충동, 관심에 대해서는 이것을 금지하거나 통제 혹은 수정하는 기능을 말한다. 도덕은 인간의 감정과 내적 통제의 문제이기 때문에 도덕성과 윤리의식이 부족한 경영자는 장기적으로 보아 기업을 잘못된 방향으로 이끌어 갈 가능성이 높다.

⑫ 리더십

리더십은 조직의 목표를 효과적으로 달성하기 위해서 리더가 부하에 대해 행사하는 대인적(對人的) 영향력을 말한다. 경영자가 리더십능력을 발휘하기 위해서는 조직구성원들이 기업의 경영목표를 향해 동기부여, 도전, 창조성 등을 발휘할 수 있도록 기업의 경영이념과 경영목표를 명확히 해야 하며, 구성원들을 신뢰하고 사기를 진작시키면서 경영목표에 대한 도전의식을 가져야 한다.

⑬ 시스템적 사고

시스템적 사고는 하나의 경영사상으로 볼 때 그것을 보다 큰 시스템의 서브시스템으로 보는 사고방식이다. 경영자는 시스템적 사고에 의해 보다 과학적이고 합리적인 판단이 가능해 진다. 경영자가 시스템적 사고를 갖게 되면 복수의 서브시스템의 목표간에 대립이 생길 때, 토탈시스템이라는 보다 넓은 시야, 즉 보다 높은 목표를 향해 대립되는 목표에 우선순위를 부여할 수 있다.

⑭ 가치관

경영자들이 가지고 있는 가치관은 그들의 경영행위와 밀접한 관련을 가지고 있다. 경영자의 가치관은 개인 또는 집단을 바라보는 관점에 영향을 미치며 개인 상호간의 관계에도 영향을 미친다. 그리고 특정문제에 대한 경영자의 의사결정과 해결방식에 영향을 주며, 조직의 압력과 목표를 수용하고 거부하는 정도에 영향을 미친다. 또한 그가 직면하고 있는 상황과 문제에 대한 경영자의 지각반응에 영향을 주기도 하고 윤리적 또는 비윤리적인 행위결정에 대한 한계를 설정해 준다.

2) 바람직한 경영자상

경영자는 마치 오케스트라의 지휘자가 시시각각 다양한 소리를 하나의 통일된 조화로 이끌어 내는 것처럼 기업을 경영해야 한다. 즉 다른 기업과의 경쟁에서 이기는 동시에 각종 사회적 책임의 과제도 동시에 완수해야 하는 것이 성공적인 경영자의 역할이다. 이를 위한 바람직한 경영자상은 창의적 경영자세, 과학적 · 합리적 및 민주적 · 인간적 경영방식, 현대적 경영이념 · 목표의 소유 등으로 설명할 수 있다.

① 창의적 경영자세

오늘날의 경영자는 기업의 성장 · 발전에 대해 스스로 책임을 지고, 이를 위한 혁신적 경영을 하려는 강한 의욕을 가진 창의적 경영자이어야만 한다. 따라서 경영자들은 타성화된 경영방식을 수동적으로 따르기만 하는 관료적(官僚的) 경영자나 자신의 지위안정과 이익만을 위주로 하는 이기적 경영자가 되어서는 안 된다.

② 과학적 · 합리적 경영방식

오늘날의 경영자는 기업경영 전반과 관련되는 과학적이고 전문적인 지식을 배양하여 이를 바탕으로 기업을 경영할 수 있어야 한다. 이는 곧 오늘날 시시각각으로 개발되고 있는 최신의 경영기법내지 도구를 활용할 수 있는 능력을 갖추고 있어야만 함을 뜻한다. 따라서 경영자들은 일반적 관행(rule of thumb)이나 직관 등에 의해 경영을 하는 경험주의적 경영자와는 달라야만 한다.

③ 민주적 · 인간적 경영방식

오늘날의 경영자는 조직구성원의 자발적 · 자주적 협조를 얻어낼 수 있도록 민주적 리더십을 바탕으로 한 권위를 형성해야 한다. 기업의 구성원에게 생활공동체 · 운명공동체로서 배를 같이 타고 항해하고 있다는 연대의식을 심어줄 때, 그들의 협조를 확보할 수 있고, 더불어 생산성도 향상시킬 수 있다

[그림 5-6] 바람직한 경영자상

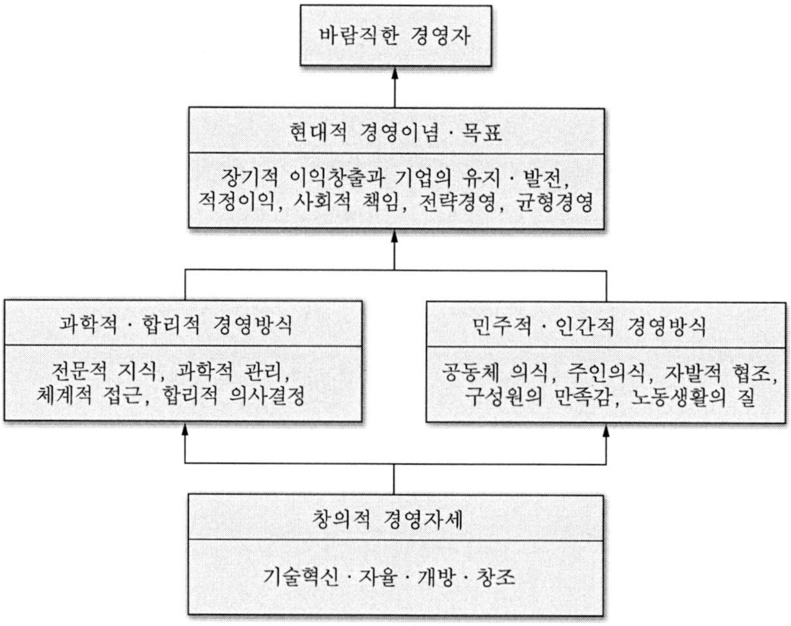

④ 현대적 경영이념 · 목표

오늘날의 경영자는 기업의 제1차적 목적인 이익의 창출을 위해 매진하는 동시에 기업의 여타 사회적 역할에 대한 책임도 완수하는 방향으로 노력해야 한다. 따라서 특정 집단만의 이익을 위해 단기적인 안목에서 경영할 것이 아니라 좀더 장기적이고 거시적인 안목하에서 균형있는 경영을 할 것이 요청된다.

연 습 문 제

1. 다음 용어를 설명하라.
   · 경영자 혁명론 · 경영주체 · 고용경영자
   · 소유경영자 · 수탁경영층 · 전문경영자
   · 전반관리기능 · 테크노스트럭처

2. 기업의 발전에 따른 소유·경영의 분리과정을 설명하라.

3. 경영자의 의의와 특성을 설명하라.

4. 조직의 발전과정에 따른 경영자의 유형을 설명하라.

5. 경영계층의 유형을 설명하라.

6. 관리기능적 접근에 따른 경영자의 역할을 설명하라.

7. 경영기술적 접근에 따른 기술을 설명하라.

8. 직무역할적 접근에 따른 경영자의 역할을 설명하라.

9. 오늘날 모든 경영자들에게 요구되는 경영자의 자질에 대해 설명하라.

10. 오늘날 요구되는 바람직한 경영자상에 대해 설명하라.

제 6 장

기업경영의 목적과 경영자의 책임

제1절 기업경영의 목적

1. 경영목적의 의의

기업의 경영목적(management goal)이란 경영활동을 통해 실현하려는 최종 도달상태를 의미한다. 환경변화에 적응하여 기업을 유지·발전시키기 위해서는 환경변화에 적합한 경영목적을 설정하거나 이에 대응하여 경영목적을 변경할 필요가 있다. 경영목적은 도달 가능한 수준이어야 하며, 이를 위한 수단의 다양성이 존재해야 한다. 경영목적은 경영이념과 경영목표를 설정하는 전제인 동시에 이들의 통합적 집합체이기도 하다(森本三男, 1982). 경영목적은 다음과 같은 특성을 지닌다.

첫째, 경영목적은 기업내의 모든 의사결정을 하는데 필요한 가치의 전제 또는 지도원리가 되며 경영행동의 방향이다.

둘째, 경영목적은 의사결정과정에 있어 가능한 대체안을 모색하는 기준이 된다. 목적이 분명할 때 이를 위한 수단의 탐색이 용이해진다.

셋째, 대체안의 합리성 또는 만족도는 경영목적의 예상달성도에 의해 평가되며, 이를 근거로 특정한 대체안이 선택되어진다.

넷째, 경영목적은 경영활동의 결과를 평가하는 기준이 된다.

경영목적을 바람직한 최종 도달상태로 표현할 때 바람직하다라는 가치진단의 측면과 도달상태라는 사실의 측면이 있다. 여기에서 가치판단적 측면을 나타내는 것이 경영이념(management philosophy)이며, 사실적 측면을 나타내는 것이 경영목표(management objectives)이다. 즉 경영이념은 경영목적의 기능중 가치전제 및 지도원리를 제시하는 것이다. 이에 비해 경영목표는 대체안 수립의 원천, 대체안 평가의 기준 및 경영성과의 평가기준이라는 경영목적의 세 가지 기능을 충족시키는 조건이다(K. D. Koontz, et als, 1984).

2. 단일목적론

전통적인 기업론에서는 경영목적을 이윤의 극대화라고 하는 기준에 의해 기업의 행동원리를 추구하려고 했는데, 이는 기업이 경제적 기구(economic institution)이고 이윤을 목적으로 하는 조직이라는 점에서 보면 당연하다. 기업의 규모가 작고, 그래서 기업가의 의지가 기업행동에 직접적으로 반영되는 경우에는 이러한 목적론이 타당하다. 단일목적론이 지배적이었던 전통이론에서의 전형적인 이윤극대화설은 다음과 같은 몇 가지의 전제에 입각하였다.

첫째, 기업을 지배하는 사람은 소유경영자로서의 기업가였음으로 기업가의 목적, 즉 이윤추구 그 자체가 기업의 목적이 된다.

둘째, 기업가를 포함한 인간은 경제인 가설로 다루어진다. 즉 인간은 경제적 인간이며 완전한 정보를 갖고 합리성을 추구한다.

셋째, 이상의 두 가지 전제에서 기업은 이윤극대화를 목적으로 행동한다.

자본주의사회하에서 자본의 목적은 이윤을 얻는 것이고, 이를 위한 조직이 기업이라고 볼 때 자본은 기업을 통해 여러 가지 형태로 이윤을 얻기 위해 노력한다. 그런데 이때 이윤의 개념은 기업이 처해있는 사회적 환경의 변화에 따라 달라지게 되었다. 즉 이윤의 획득이 주로 상인에 의해 이루어진 르네상스시대에는 이윤은 단순히 상품을 싸게 사서 비싸게 판매함으로써 그 차이를 얻는 것이었다. 그러나 자본주의적 공장생산방식이 보편화됨으로써 이윤의 개념에 관해 다음과 같은 여러 학설이 등장하게 되었다.

1) 딘의 제한이윤설(적정이윤설)

딘(J. Dean, 1954)은 경영자지배하의 성숙된 기업은 ① 잠재적 경쟁자의 시장진입 저지, ② 대중의 지지획득과 반트러스트주의자의 행동억제, ③ 노동조합에 의한 임금인상 요구의 억제, ④ 고객의 호의 유지, ⑤ 경영자의 지배력 유지, ⑥ 쾌적한 노동조건의 유지 등의 전략적 이유로 이윤극대화 보다는 적정이윤을 목표로 해야 한다고 주장하였다.

딘이 말하는 적정이윤의 수준은 첫째, 외부자본을 유입할 수 있는 정도의 이윤율, 둘째, 기업 또는 동일업계가 올리고 있는 수준의 평균이윤, 셋째, 대중이 적정이윤이라고 생각하는 수준의 이윤율이다. 딘의 제한이윤설은 각종 환경주체의 이익조정이라는 제도적 조건과 관련되어 있다. 그러나 그의 주장은 장기적으로는 이윤극대화에 입각하고 있으며, 다만 단기적 전략으로서 제한이윤을 제시하고 있다.

2) 보몰의 매출액극대화설

보몰(W. J. Baumol, 1959)은 과점기업의 필요 최소이윤의 확보라는 관점에서 매출액극대화를 기업경영의 목표로 해야 한다고 주장했다. 매출액극대화가 기업경영의 목표가 되는 이유를 다음과 같이 설명하였다.

첫째, 정보가 불완전한 자본시장에서는 매출액규모가 큰 기업으로 자금이 흘러가는 경향이 있다.

둘째, 고객은 매출액이 큰 기업의 제품이 인기가 있다고 믿는 경향이 있다.

셋째, 매출액 증대는 이에 비례하는 마케팅비용의 지출을 가능케 하고 판매촉진이나 유통경로 유지 면에서 유리하다.

넷째, 경영자의 보수는 이윤보다는 매출액에 관계되는 경향이 있다.

다섯째, 매출액규모의 증대는 경영구성원의 인간관계에 활력을 준다.

여섯째, 다품종을 생산하는 기업에서는 극대이윤의 설정이 곤란하며, 오히려 매출액이 성과척도로 적합하다.

보몰의 매출액극대화설은 딘의 제한이윤설보다 설명이 명쾌하며, 보통 매출액은 시장점유율과 기업의 신용도를 평가하는 기준으로 사용되기도 한다. 그러나 보몰의 매출액극대화설은 외부환경주체에 의한 기업의 평가, 내부환경의 사회적 · 심리적 상황, 경영자의 보수 등을 고려한다는 점에서 독특하기는 하나 이와 같은 이질적인 요인들을 단일목표로 묶는 것은 문제가 있다.

3) 매리스의 성장률극대화설

매리스(R. Marris, 1964)는 기업의 성장률극대화를 경영목표의 기준으로 제시했다. 기업은 인적자원과 물적자원의 결합에 의해서 이루어진 조직체로 이러한 결합은 기업경영자의 의사결정의 결과이다. 경영자의 의사결정은 효용함수로 이루어지는데, 경영자의 효용함수란 경영자의 효용을 충족시키는 경제적 요소의 결합을 함수로 표현한 것이다. 경영자의 효용을 충족시키는 변수중 중요한 것은 보수, 권한, 명성 등이다. 따라서 기업이 어떠한 경영목표를 추구하는가 하는 것은 경영자의 효용함수에 의해 규정된다고 본다.

대체로 중소규모의 기업을 경영하는 것보다는 대규모기업을 경영하는 것이 더 많은 효용을 얻을 수 있으나, 효용을 증가시키는 가장 효과적인 방법은 기업의 성장에 있다. 왜냐하면 기업의 등급을 정할 때 거의 대부분 자산의 규모를 고려하며, 이는 경영자의 보수와 밀접한 관계가 있다. 그러나 경영자의 능력은 자신이 재직하는 동안 기업의 성장실적에 의해 평가되며, 내부환경에 있어서의 권위는 이에 의해 결정된다. 따라서 경영자의 효용극대화의 주요 변수는 기업의 규모보다는 기업규모의 변화율인 성장률이며, 성장률의 극대화가 바로 경영목표가 된다는 것이다.

3. 복수목적론

현대적 기업의 경영목적을 다원성이라는 측면에서 볼 때 단일목적론은 다음과 같은 몇 가지 비판을 받고 있다.

첫째, 기업의 현대화에 따라 소유와 경영이 분리되고 경영자가 실질적으로 기업지배자로 등장하면서 다양한 기업환경의 요청에 응답하지 않을 수 없게 되었다. 특히 기업의 사회적 책임의 문제로 인해 이윤추구본위의 경영행동은 강력한 규제를 받게 되었다.

둘째, 경제인 가설은 비현실적인 것이다. 인간은 부분적 무지에 의해 제한된 합리성, 즉 정보의 불완전성이나 예측의 곤란성 및 한정된 행동가능성 등에 근거하여 행동하게 됨으로 이윤극대화는 불가능하다.

셋째, 특히 기업은 계층적인(hierarchical) 경영목표시스템을 지니고 있고, 그 내용을 수정 · 변경해 가면서 조직환경에 적응하며 목표시스템을 균형있게 추구한다.

그러나 여기서 유의해야 하는 것은 기업이 이윤추구, 그 자체를 부정하거나 죄악시해서는 안된다는 것이다. 적어도 기업없는 자본주의의 유지는 불가능하며, 기업이 자본주의의 가장 핵심적인 조직이라고 한다면 기업은 효율적인 경영활동을 위해 이윤의 추구를 전제로 할 수밖에 없기 때문이다. 특히 최근에 여러 공산주의 국가들에서 기업의 설립을 인정하고 있는 일련의 현상은 바로 이와 같은 맥락에서 설명될 수 있다.

이에 관해 렌(D. A. Wren, 1987)은 이윤은 더 이상 죄(sin)가 아니며, 자본주의의 발생을 함께하는 프로테스탄트 윤리에 의해 도덕적으로 인정되었고, 연구 · 개발과 투자 그리고 전체적 경제의 장기적 번영과 성장의 원동력이 되는 것임을 역설하고 있다.

오늘날 대기업의 행동을 살펴보면 [표 6-1]과 같이 전적으로 대내적인 이윤의 극대화나 경제적 목적만을 추구하려는 것이 아니라 여타의 비경제적인 목적을 함께 추구하고 있음을 알게 된다. 현실적으로 기업은 규모가 커질수록 내외의 여러 이해관계자 집단(interest group)과의 관계에서 그들의 압력을 반영한 행동을 하게 된다. 따라서 경영목적은 이해관계자 집단의 요구가 반영된 다원적인 것이라는 견해가 등장한다.

[표 6-1] 조직목적의 사례(대기업을 대상으로 한 조사)

(복수응답비율임)

목 적	내 용	비율
이윤성	이윤의 절대액 또는 투자수익률의 비율	89%
성장률	총수입, 종업원의 수 등의 증대	82%
시장점유율	기업이 전 산업의 매출액에서 차지하는 점유율	66%
사회적 책임	기업의 사회에 대한 책임의 인정	65%
종업원의 복지후생	종업원의 만족 및 그들의 직장생활의 질에 대한 관심	62%
제품의 품질과 서비스	기업이 생산하는 최종제품 또는 서비스의 우수성	60%
연구・개발	새롭고 창의적인 제품개발 성공	54%
시장개척	새로운 시장을 확인하고 침투하는 능력	51%
효율성	가장 낮은 비용으로 생산물을 산출하는 능력	49%
재무적 안정성	불규칙적인 이동이 없는 재무기준의 안정	49%

자료 : Y. K. Shetty, "New Look st Corporate Goals," *California Management Review*, 1979, No. 2.

대표적으로 기업은 제도적 존재라는 관점에서 드럭커는 이윤의 극대화라는 기업의 단일목적론을 비현실적이라고 부정하면서 존속과 성장이라는 기업에 부여된 제도적인 목적을 중심으로 하는 복수목적론을 전개하고 있다.

4. 경영목적론의 변천

기업의 목적을 자본가치적 측면을 말해 주는 기업과 조직・인간적 측면을 말해 주는 경영으로 구분한다면 기업목적과 경영목적은 반드시 일치하지 않는 별개의 개념일 수 있다. 즉 자본주의의 초기에는 기업의 목적이 중시되어 논의되었으나, 소유와 경영이 고도로 분산된 현대 산업사회에서는 기업보다는 경영이 우위를 차지함으로써 경영목적이 중시되어 논의되기에 이른다.

이와 같은 목적에 관한 논의는 전통적인 경영학 더 나아가 기업론에서는 개인기업의 이윤극대화라는 단일기준을 중심으로 하였으나, 기업의 생성・발전의 과정에서 알 수 있듯이 작은 규모에서 큰 규모로 그리고 단순한 것에서부터 복잡한 것으로 변화하여 제도적 성격을 강하게 지님으로써 기업의 행동도 환경으로부터 시작하여 여러 가지 요인을 고려하지 않을 수 없게 되었다. 이 때문에 오늘날의 기업은 전통적인 모형으로서는 예상할 수 없는 행동을 하게 되고, 기업의 목적달성행동이 단일기준이 아닌 다원적 기준에 기반을 두게 되었다.

종래에는 기업가의 경제적 이윤추구를 유일한 목적으로 하는 단일목적론에서 소유와 경영의 분리에 의한 전문경영자가 등장하여 경영의 우위를 강조케 하는 오늘날에는 경영자의 비경제적 목적까지를 포함하는 다원적 목적론으로 변화하였다. 단일목적론이 경제인의 인간관을 전제로 한 극대화원리를 주장하는데 비해, 복수목적론은 인간이 부분적인 무지 또는 제한된 합리성(bounded rationality)에 의해 행동한다는 관점에서 만족화의 원리를 강조한다. 따라서 오늘날의 경영자는 이윤극대화라는 하나의 목적을 추구할 것이 아니라 복수의 목적을 함께 만족시켜야 한다.

이와 관련하여 조직의 생존과 성장이 가장 근본적인 목적이 되고, 이의 목적 시스템을 다시 구체화하면 [그림 6-2]와 같이 경제적 목적과 비경제적 목적으로 구분된다.

[그림 6-1] 경영목적의 변천과정

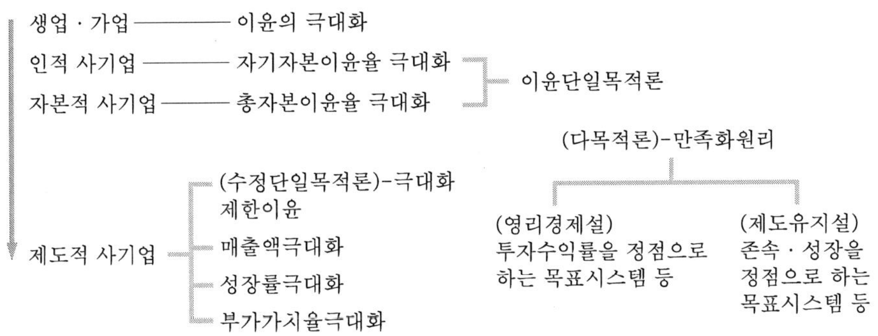

자료 : 森本三男, 『經營學入門』, 同文舘, 1982, p. 132.

[그림 6-2] 기업의 다원 목적 시스템

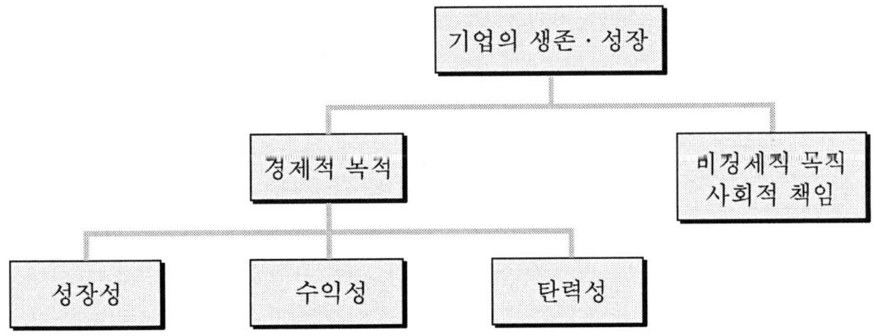

자료 : 占部都美 編, 『經營學のすすめ』, 筑摩書房, 1982, p. 91.

기업의 규모가 커질수록 비경제적 목적, 즉 사회적 책임 및 사회에 공헌 등의 구현이 중시된다. [그림 6-3]을 통해서 알 수 있는 바와 같이 환경의 제약을 적게 받고 조직자체의 활력도 적은 기업, 규모가 작은 기업일수록 존재 목적에만 충실하게 되나 대기업일수록 사회적 목적까지 충실하지 않을 수 없게 된다.

역사적으로 거슬러 올라갈수록 그리고 소기업일수록 경제적인 이윤의 극대화를 내용으로 하는 단일목적을 지니게 되나, 현대화되고 대기업일수록 전문경영자 지배에 의해 경제적인 목적과 비경제적인 목적을 함께 중시하는 복수의 경영목적을 지니게 된다.

[그림 6-3] 조직·목적·환경의 관계

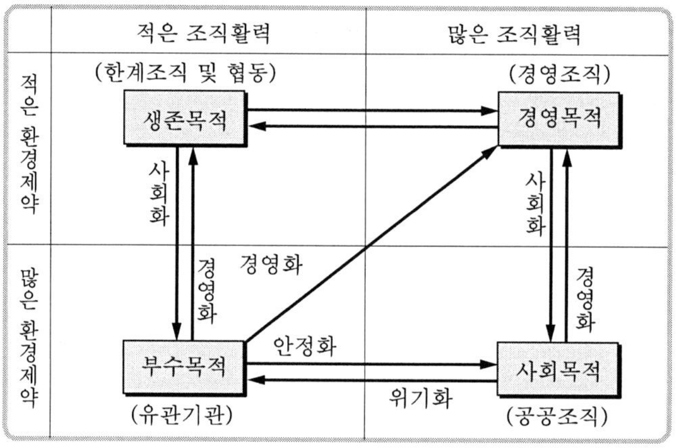

자료 : 一寸木俊昭 編,『現代の經營組織』, 有斐閣, 1983, p. 59.

제 2 절 경영이념

1. 경영이념의 의의

경영자는 그들이 가진 가치지향성에 따라 의사결정을 하게 된다. 따라서 경영자의식의 바탕에 있는 가치관이 어떠하냐에 따라 경영자의 의사결정이나 행동양식은 크게 달라진다. 이와 같이 경영자가 기업경영과 관련하여 갖는 기본적인 가치, 태도, 신념이나 행동기준을 경영이념(management philosophy)이라 한다. 이처럼 경영이념은 회사의 기본방침이나 경영신조(management creed)와 같이 명문화되는 경우도 있고, 이것이 더욱 발전하면 기업심(corporate mind)이라든지 사풍이라 할 수 있는 것이 된다.

버나드(C. I. Barnard)는 의사결정에는 기회주의적·합리주의적 요소와 아울러 도덕적 요소가 포함되는데, 경영이념은 도덕적 요소와 관련된다고 하였다. 사이몬도 의사결정을 이끄는 결정전제를 사실전제와 가치전제로 나누었는데, 경영이념은 가치전제와 관련을 가진다고 하였다(H. A. Simon, 1957).

따라서 경영이념이란 경영자의 행동을 이끄는 기본적 사고와 관련되는 것으로서 경영자의 심적 태도를 나타내는 행동지향성(behavioral orientation)이다. 그러므로 경영자가 어떠한 경영이념을 가지고 있느냐에 따라 특정의 중요한 선택을 해야만 할 때 선택하게 되는 목표나 행동과정이 달라지게 된다. 예컨대 경영자가 자신을 기업소유자의 대리인으로 생각하느냐, 혹은 기업의 존속유지에 주된 관심이 있느냐, 아니면 종업원의 복지에 주된 관심이 있느냐 등에 따라 경영자가 취하게 되는 결정이나 행동은 달라지게 된다. 그러므로 경영이념이란 어떤 의미에서 경영자가 가치판단을 하게 될 때 따르게 되는 최종적인 기준이며, 이는 경영활동의 기본적인 지침이 됨과 아울러 그것을 설명해 주고, 나아가서 그러한 행동의 정당성을 뒷받침해 주는 근거가 되는 것이다.

2. 경영이념의 발전과정

1) 과학적 관리법 이전의 경영이념

미국의 경우 테일러(F. W. Taylor)가 과학적 관리법을 창안하여 도입하기 이전, 즉 1880년대에 있어서의 일반적인 경영이념은 소유자이익을 일방적으로 증대시키는 것만이 그 중심이 되어 왔었다. 이러한 가치관은 큰 비판없이 당시의 사회에 받아들여져 왔었음으로, 노동시간은 아주 길었고 노동조건도 나빴는데, 이윤이 보장될 수 없는 경우에는 노동조건이 더욱 악화되기 마련이었다.

당시의 이러한 가치관은 사유권의 신성불가침성을 시인하는 것이었기 때문에 사회적 복지와 같은 것이 이념적으로 성립될 수 없었다. 그러므로 기업가의 윤리관이나 동기 또는 행동이 설령 부정적일지라도 이를 옳지 못한 것으로 받아들이지 않았다. 또한 당시의 경영이념은 경험위주의 태도에 바탕을 두고 있었다. 즉 당시의 경영자들은 그들의 경영기술을 장기간의 숙련을 통해 쌓아 왔었기 때문에 직접 경험을 하지 않고서는 결코 경영기술을 익힐 수 없다고 믿었던 것이다.

2) 테일러의 경영이념

그런데 1880년경에 도입된 과학적 관리법 이후로는 이러한 소유자이익 및 경험 위주의 경영이념에 대해 반대되는 이념을 가진 경영자가 나타나기 시작하였고, 1920년경에는 새로이 변혁된 경영이념이 미국의 기업계를 지배하게 되었다. 즉 이들 새로운 경영이념을 가진 경영자는 기업을 경영관리한다는 것이 어떤 개인의 경험이나 숙련을 통해서만 얻어지는 기술(art)로 그치는 것이 아니라, 그 자체가 독자적인 원칙과 논리적 관계를 가지는 연구영역일 수 있으며, 연구나 실험을 통해 경영관리에 관한 기초적인 원칙이나 관계를 결정하고 공식화할 수 있다고 믿었다. 따라서 이들 경영자중 대다수는 소유자의 이익 뿐만 아니라 노동자, 고객 및 사회의 이익을 위해서도 아울러 봉사해야만 한다는 경영이념을 가졌던 것이다. 이러한 경영이념을 보급시킨 테일러는 수년동안 실제로 공장에서 체계적으로 수집한 자료를 논리적으로 분석함으로써, 특히 노동작업을 합리화하는데 유용한 원칙을 개발하고자 실험도 하고 응용도 하였으며, 이러한 경험과 연구의 결과로서 저노무비 · 고임금이라는 새로운 경영이념의 형성에 크게 이바지하였는데, 이러한 경영이념을 테일러리즘(Taylorism)이라 한다.

그러나 이러한 테일러의 경영이념은 노동자측으로부터 생산만 증대시키려는 것이어서 결국 노동만 강화시키는 것이므로 결과적으로는 노동자의 희생으로 소유자의 지위를 향상시키려는 것이라 하여 처음에는 일반적으로 받아들여지지 않았었고, 심지어 정부에서도 이에 대해 회의적인 태도를 가지게 되었다. 따라서 이들은 소위 능률전문가(efficiency experts)로 전락하게 되었으며, 이러한 경영이념도 널리 보급되지는 못하였다.

3) 포드의 경영이념

그러나 제1차 세계대전 이후 과학적 관리법을 새로이 연구하기 시작한 연구자나 경영자들은 경영관리활동이 사회에 혜택을 주는 측면이 종래에는 거의 강조되지 않았었음을 알게 되었고, 과학적 관리원칙을 실제로 기업에서 활용하게 된 이후부터는 점차로 전체사회에 대한 경영관리의 사회적 책임을 인식하여 이를 중시하는 경영이념이 형성하게 되었다.

이에 대해 포드(H. Ford)는 소위 포디즘(Fordism)으로 불리어지는 경영이념을 내세웠다. 그는 기업을 공중, 특히 노동자의 생활수준의 향상을 위한 봉사동기를 가지는 사회적 기관으로 보았고, 이를 위해서 노동자가 구매하는 상품의 가격을 인하하는 반면, 이들 노동자의 임금을 인상해야만 한다고 보아 소위 "저가격 · 고임금의 원칙(principles of low price and high wage)"을 주장하였다.

그가 내세웠던 이러한 경영이념은 실제로 포드자동차회사에 적용되어 1908~1927년에 이르기까지 크게 성공을 거두었다. 그러나 1929년의 대공황이후 소비자의 욕구가 변화된데 적응하지 못하여 실패하게 되었다. 그 까닭은 곧 소비자이익은 저가격에 의해서만 실현되는 것이 아님을 인식하지 못한데 있었다.

4) 현대의 경영이념

서튼(F. X. Sutton)은 미국에 있어서 경영이념을 고전적 기업관과 경영자적 기업관의 두 가지 유형으로 나누고 있는데, 전자는 고전적 경영이념 또는 소유경영자적 이념이라 할 수 있고, 후자는 현대적 경영이념 또는 전문경영자적 이념이라 할 수 있다. 고전적 경영이념이란 자유경쟁을 바탕으로 기업목적을 소유자이익의 극대화로 보는 것으로서 재화의 생산과 분배는 시장의 가격기구에 의해 자동적으로 조정된다고 본 애덤 스미스 이래의 소위 고전적 시장경제를 그 신조로 하는 것이다. 이에 비해 현대적 경영이념이란 기업목적을 기업자체의 유지발전과 동시에 사회경제의 목적, 즉 자원의 효율적 배분으로 보는 것이다. 그런데 그는 이러한 두 가지 경영이념은 상호간 대체되는 것이 아니라 상호 보완적으로 작용한다고 보았다. 이에 대해 페티트(T. A. Petit)는 경영이념을 이익 개념에서 사회적 책임 개념으로 단계적 변화를 나타내는 상태로 파악하고 있다.

3. 현대적 경영이념의 전제와 내용

1) 경영이념의 전제

경영이념이 변천되어 온 과정을 미루어 볼 때 현대적인 경영이념은 단순히 경제적인 측면에서만 다루어질 것이 아니라 보다 포괄적인 내용을 갖춘 것이어야만 한다. 즉 오늘날의 경영자가 가져야 할 경영이념은 다음과 같이 보다 다양한 내용을 포괄하는 것이어야 한다.

(1) 독립성

현대적 경영이념의 가장 기본적인 전제는 먼저 경영관리가 구체적으로 독립된 활동으로서 영위될 수 있는 영역을 가져야 한다. 즉 경영자는 다른 사람들이 수행하는 업무내지 활동이 보다 합리적으로 수행되도록 이를 경영관리하는 것이므로 경영활동은 집행활동으로서 독립적인 전문영역임을 인식할 필요가 있다.

(2) 경제성

기업에 있어서 경영관리활동은 경제적 환경속에서 영위되는 것이므로 경영이념은 경제적 원칙에 부합되는 것이어야만 한다. 따라서 경영자는 인간생활의 경제적 측면에 대한 이해를 충분히 하고 있지 않으면 안 된다. 예를 들면 경영자는 집단의 구성원들의 개인목적이 어떻게 달성되기를 바라고 있는지 그 기초적인 이유를 이해하고 있어야만 하며, 이는 경제원칙 즉 최소의 노력으로 최대의 성과를 거두는 법칙의 범위 안에서 이루어져야만 한다.

(3) 사회성

오늘날의 인간은 경제적인 면에서의 욕구충족만으로 살아갈 수는 없으며, 사회적인 관점에서 볼 때 기업에서의 지위 등과 같은 일종의 사회적 가치도 그들의 근로의욕과 관련해 볼 때 중요한 요인이 된다. 따라서 경영자는 의사결정의 과정에서 이러한 사회적 요인이나 가치가 상호작용하는 것임을 인식하고, 이를 적절히 고려해야 한다.

(4) 정치성

기업은 기업환경중에서 점진적으로 그 비중이 높아져 가는 정치적 측면도 고려해야 한다. 경영자는 경영자단체 등을 통해 행정부에 압력을 가하거나 여론을 환기시킴으로써 기업에 불리하게 작용하는 법규나 행정적 규제를 피하거나 완화시키려 한다. 이처럼 오늘날의 기업은 정치적 측면 또한 무시할 수 없으므로 경영이념은 마땅히 정치적 측면에서의 영향도 고려해야 한다.

(5) 윤리성

경영이념이 비록 정치적 · 경제적 · 사회적 측면에서 볼 때에는 타당한 것이라 하더라도 어떤 행위의 선악에 관한 판단은 윤리적 내지 종교적 측면과의 관련 아래 이루어지는 것이므로 경영이념은 마땅히 윤리적 내지 종교적 행위기준과도 부합되는 것이어야만 한다.

(6) 경험성

현대적인 경영이념은 경영능력이나 기술 등이 실제로 경험을 통해서만 얻어지는 것이 아니라 하나의 과학으로서 성립되어 있기 때문에 경영교육이나 훈련을 통해서도 습득할 수 있다는 신념을 전제로 해야만 한다.

2) 경영이념의 내용

현대적인 경영이념은 기업과 관계를 맺고 이해관계를 가지고 있는 모든 집단의 자주적인 이해를 대등하고 공정한 입장에서 고려한다는 면에서 산업민주주의(industrial democracy)에 입각해야 하며, 또한 기업이라는 협동조직체에 참가하고 있는 모든 협동참가자가 인간으로서의 가치를 인정받고 또한 그들이 삶의 보람을 느끼게 한다는 의미에서 산업인본주의(industrial humanism)에 입각하지 않으면 안 된다.

이와 같은 입장에서 볼 때 오늘날 기업의 경영이념은 구체적으로 다음과 같은 내용을 최대한 갖추어야만 한다.

(1) 시장지향성(market orientation)

이는 경쟁우위성(competitive advantage)의 확보 위에서 소비자, 즉 고객만족의 충족을 지향하려는 것이다. 따라서 소비자지향성(consumer orientation)과 경쟁업자지향성(competitor orientation)이 포함된다.

(2) 기업목표지향성(business objective orientation)

기업과 이해관계를 가지고 있는 모든 이해관계집단의 이해를 조정 · 충족해 주어야만 한다. 흔히 이를 직접적인 이해관계집단인 소비자, 주주 및 종업원의 3자의 이익을 실현시켜 주는 것으로 보기도 한다. 이는 이해관계집단에의 분배의 원천인 부가가치의 증대를 지향하는 것이므로 고부가가치지향성이라고도 한다.

(3) 사회적 책임지향성(social responsibility orientation)

이는 크게 나누어 소비자에게는 생활자원, 종업원에게는 생활자금인 임금, 주주에게는 배당금을 지급해야만 하는 경제적 책임, 생활인으로서의 인간이 가지는 문화적 가치를 저속화시키지 않고 생활문화가치를 창조 · 증대시켜야만 한다는 의미에서의 문화적 책임, 공해 등에 의해 자연환경을 오염내지 파괴시켜서는 안 된다는 의미에서의 생태적(환경) 책임 및 사회문제의 해결과 관련되는 사회봉사 책임과 윤리적 책임 및 법률적 책임 등에 대한 지향성을 가져야 한다.

(4) 전사적 경영관리시스템지향성(total management system orientation)

개방시스템으로서 기업의 모든 활동을 기업환경에 창조적으로 적응시키기 위해서는 전사적 · 통합적인 관점에서 기업의 모든 활동을 체계적으로 조정 · 통합하여 수행해야 한다.

제3절 기업의 경영윤리

1. 기업경영윤리의 의의와 중요성

1) 기업경영윤리의 개념

윤리는 일반적으로 행동이나 사고의 옳고 그름(right or wrong)과 선과 악(good and bad)을 구분하는 원칙들에 관한 체계적인 연구를 말한다. 이것은 인간적 관계나 인간생활에서의 규범이나 도리를 의미하며 이것을 이론화, 체계화시켰을 때 윤리라고 부른다. 이렇게 윤리란 사회 및 공동생활의 질서와 규범을 밝히는 척도라고 볼 수 있으며, 인간생활 전반에 걸친 문제가 될 것이다. 인간의 모든 행동이 사회와의 관계를 전제로 한다고 할 때 윤리란 인간이 지켜야 할 행동의 규범(norm)이며, 또한 행동의 옳고 그름이나 선악에 대한 판단기준의 체계로 정의된다. 여기서 판단기준이란 어떤 행동이 윤리적인가 아닌가를 결정해 주는 기준을 말한다.

특히 기업경영윤리(business ethics)는 기업경영이라는 상황에서 나타나는 행동이나 태도의 옳고 그름, 선과 악을 구분해 주는 판단기준과 도덕적 가치와 관련된 기업경영의 의사결정과정이다. 윤리적인 기업행동은 법적으로 정당한 행동을 말하며 넓게는 사회의 일반적인 도덕적 원칙과 부합되는 행동인 것이다. 그러므로 경영자들은 윤리적인 사회적 책임을 항상 염두에 두고 조직의 목적을 달성할 때 사회적인 선의 실현에 기여할 수 있게 된다.

2) 기업경영윤리의 중요성

기업의 본질적 기능면에서 재화의 공급과 이윤을 추구하는 경제적 기능만을 인정할 경우 기업윤리의 개입 여지는 크게 줄어든다. 그러나 상품과 서비스의 생산 및 제공이라는 기업의 경제적 활동이 경제적 결과만을 가져오지 않고 부의 편재문제, 정경유착문제, 소비자 안전문제, 공해문제 등의 부정적인 사회적 결과가 발생함에 따라 경제적 기능으로 한정되는 기업의 역할에 대해 반성을 하게 되었다. 이러한 반성으로부터 현대 기업은 경제적 역할은 물론 기업의 사회적 역할, 즉 기업의 사회적 책임과 기업윤리의 실천을 동시에 조화롭게 추구하도록 요청받게 된 것이다

기업경영이라는 상황에서 기업경영윤리가 갖는 중요성은 다음과 같다.

첫째, 기업윤리의 준수는 사회적 정당성 획득의 기반이 된다. 기업은 다른 모든 사회기관과 마찬가지로 전체사회의 일부분이며 기업의 생존과 성장을 위해 사회시스템에 의존해야 한다. 즉 기업의 역할이나 활동이 사회로부터 수용되어야 기업이 생존·성장할 수 있는 기반이 마련된다. 이러한 면에서 기업윤리의 준수는 기업의 역할이나 활동이 사회로부터 수용받을 수 있는 사회적 정당성을 획득할 수 있는 기반이 된다.

둘째, 기업윤리의 준수를 통해 장기적인 면에서의 질적인 경영성과 혹은 조직유효성의 증대를 기대할 수 있다. 기업이 단기적 이익, 즉 수익률, 매출액, 시장점유율, 생산성 등만을 추구하면 장기적인 면에서 더욱 중요한 경쟁력의 원천을 상실할 수 있다. 기업으로 하여금 정상적인 기업활동을 통해 사업의 기회를 포착하고 그 속에서 기업의 독특한 경쟁력의 원천을 갖게 하는 조직분위기를 만들어 가면서, 사회적 규범을 지켜 나가는 윤리적·도덕적 경영은 많은 이해관계자의 우

호적 관계형성과 종업원들의 애사심을 높여 장기적인 성과의 증대를 기대할 수 있다.

셋째, 기업윤리는 조직구성원의 행동규범을 제시해 주며 또한 건전한 시민으로서 구성원의 윤리적 성취감을 충족시켜 준다. 기업이라는 조직이 사회속에서 해야 할 일과 하지 말아야 할 일을 구분시켜 주고 전체사회의 이득이 되는 행위의 기준을 제시함으로써 구성원간에 생길 수 있는 마찰이나 갈등을 해소한다. 또한 조직속에서 개인이 맡은 직무를 윤리적으로 결정하고 스스로 행동함에 따라 단순한 기업의 구성원으로서만이 아니라 전체사회 속의 구성원, 즉 시민으로서의 자아성을 갖고 또한 윤리적인 면에서 일종의 성취감을 맛보게 해준다.

[표 6-5] 기업의 치명적인 과오 일곱 가지의 예

과 오	결 과
1. 중대한 사회적 문제를 묵살한다.	포드(Ford) 자동차는 핀토(Pinto) 차의 불량휘발유 탱크를 교체하지 않고 대당 11달러를 절약했으나 결과적으로 많은 사고사망자를 내고 수백만 달러의 보상금을 지불하게 되었다.
2. 비난을 남에게 전가한다.	기관총 등 폭력무기를 어린이를 대상으로 광고하는 TV 방송국이 어린이들에게 그 TV 프로를 보도록 허락하는 부모들에게 책임을 전가했다. 그 결과 어린이를 대상으로 하는 광고규제를 받게 되었다.
3. 외부의 비판자를 비난한다.	시민단체, 소비자보호단체들의 비판을 반박하거나 비난하면 오히려 영웅을 만들어 주게 되고 결과적으로는 기업에게 불리하게 된다.
4. 문제를 일으킨 종업원을 해고한다.	회사내에서 자주 윤리문제를 제기하는 종업원을 문제아로 취급해 해고하면 회사내에서 해결할 수 있었던 일을 더 크게 확대시키게 된다.
5. 윤리에 관한 정보를 덮어둔다.	부정 영수증을 발행해 많은 자금이 유용되고 있다는 정보에 접하고도 사회적으로 공개될 것을 염려하여 덮어두면 더 큰 화를 초래하게 된다.
6. 홍보전을 이용하여 반박한다.	공해물질을 유출시킨 기업이 그 화학물질의 해독이 크지 않다는 것을 대대적으로 홍보했다가 조사결과 그 유해성이 판명되어 더 큰 타격을 입는다.
7. 비난을 부인한다.	화이어스톤(Firestone) 타이어회사는 신제품 500의 결함을 부인하고 반값으로 대량 판매하였는데, 사고가 빈발하여 많은 소송을 당하게 되고 큰 손실을 보았다.

기업이 윤리적인 문제를 소홀히 취급했거나 또는 단기적인 손익계산에 의해서 결정했다가 막대한 손해를 당한 예는 무수히 많다. 기업이 중요한 문제에 당면했을 때에 가장 흔히 쓰는 방법은 [표 6-5]와 같은 일곱 가지인데, 이런 전술을 썼을 경우 대부분은 오히려 더 큰 손해를 보게 된다.

2. 기업경영윤리의 유형

기업윤리의 유형은 행위의 주체적 측면에서 개인에 초점을 맞추는 대내적 윤리와 조직에 초점을 맞추는 대외적 윤리로, 또 행위의 성격면에서 해서는 안 될(should not) 문제를 다루는 소극적 윤리와 할수록 좋은(had better) 문제를 다루는 적극적 윤리로 구분해 볼 수 있다. 이와 같이 두 가지 차원의 축을 사용해 유형화하면 [표 6-6]과 같이 대내적 · 소극적 기업윤리, 대외적 · 소극적 기업윤리, 대내적 · 적극적 기업윤리, 대외적 · 적극적 기업윤리로 나눌 수 있다.

[표 6-6] 기업윤리의 유형화

영역 \ 성격	소 극 적	적 극 적
대 내 적	Ⅰ. 대내적 · 소극적 기업윤리	Ⅲ. 대내적 · 적극적 기업윤리
대 외 적	Ⅱ. 대외적 · 소극적 기업윤리	Ⅳ. 대외적 · 적극적 기업윤리

1) 유형 Ⅰ : 대내적 · 소극적 기업윤리

대내적 · 소극적 윤리란 소유경영자를 포함한 경영자와 일반구성원이 지켜야 할 조직내부에 대한 윤리로서 비윤리적이고 비도덕적인 행위를 금지하는 내용을 포함한다. 경영자나 일반구성원의 입장에서는 재산관리, 경영관리, 규칙준수와 관련된 문제들이 포함되며 소유경영자의 입장에서는 기업지배와 관련된 문제들이 강조된다. 구체적으로 살펴본다면 회사의 공금을 무분별한 접대비 지출이나 부당한 정치적 로비자금 혹은 재산의 해외도피에 사용해서는 안 된다는 것이 포함된다. 이와 아울러 공적이든 사적이든 경영자라는 직위를 이용한 뇌물의 수수도 있어서는 안 되며, 인척과 같은 특수 연고관계를 기반으로 한 인사정책이나 개인관계에 따른 거래처 선정이나 남녀 성차별을 하면 안 되고, 그리고 노조에 대한 권위적 태도, 위장폐업 등 노동운동에 대한 불법적 탄압을 저질러서는 안 되며, 종업원에게 최저생계비에 미달하는 급여를 지급해서도 안 된다는 것 등이 포함된다.

2) 유형Ⅱ : 대외적 · 소극적 기업윤리

대외적 · 소극적 윤리란 기업외부의 이해관계자, 정부, 생태계, 그리고 보다 포괄적인 일반공중 또는 전체사회와 관련된 문제로 사회적으로 지탄을 받을 만한 비윤리적이고 비도덕적 행위를 금지하는 내용이 포함된다. 소유경영체제가 구축된 한국에 있어서 소유경영자의 개인적 윤리적 문제가 기업자체의 윤리적 문제 뿐만 아니라 사회로까지 비화되는 경향이 나타난다.

이를 기업의 현실과 관련해 살펴보면 부동산투기와 같은 부당한 재테크에 의해 기업이 이윤을 추구해서는 안 되고, 법의 테두리 안에서 경쟁기업과 공정한 경쟁을 해야지 탈세 · 탈법 등의 부당한 행위를 해서는 안 된다. 그리고 사치성 물품과 같은 소비재 상품을 무분별하게 수입해서 사회이익에 위배되는 활동을 해서는 안 되고, 소비조장·퇴폐풍조 조장 등의 광고를 해서는 안 되며, 중소기업의 고유한 영역을 침범해서는 안 된다는 것 등이다.

3) 유형 Ⅲ : 대내적 · 적극적 기업윤리

대내적·적극적 윤리란 경영자를 포함한 조직구성원이 이런 행동이면 좋겠다고 권장하는 바람직한 행동을 포함한다. 이러한 대내적·적극적 기업윤리로는 종업원들의 개개인의 인격을 최대한 존중하고 개인의 창의력을 발휘할 수 있도록 능력개발의 기회를 부여하며, 독단적이고 전횡적인 명령에 의한 기업경영이 아닌 종업원들도 기업의 주인으로서 경영에 참가하도록 기회를 넓혀 주어야 하고, 공유된 기업문화의 정립과 후계자 양성에 적극 앞장서야 하며, 사생활에 있어서도 항상 근검 절약하는 솔선수범의 자세가 필요하다는 것 등이 포함된다.

4) 유형 Ⅳ : 대외적 · 적극적 기업윤리

대외적·적극적 윤리란 외부의 이해관계자, 정부, 생태계, 일반공중과의 관계에 있어 요구되는 바람직한 기업의 행동을 포함한다. 모든 기업에 해당되는 대외적·적극적 의미에서의 기업윤리로는 문화·장학·의료사업·산학협동 등을 통해 기업이익을 사회에 환원해야 하며, 낙후지역, 특정지역에 공장시설·산업시설을 유치하여 유휴노동력을 흡수하고, 그 지역사회의 세수를 증대시켜 지역사회 개발에 앞장서야 한다. 그리고 양질의 상품을 소비자에게 제공하고, 철저한 사후 서비스 체제로 소비자 보호에 만전을 기해야 하며, 자유기업주의의 창달을 통한 자유민주주의 체제의 수호에도 앞장서야 한다는 것 등이 포함된다.

3. 기업경영윤리의 실천프로그램

1) 기업윤리헌장의 제정

조직에서 구성원들의 기업윤리를 제고시키기 위한 방안으로서 가장 많이 거론되는 것이 윤리헌장(ethical codes of conduct)의 제정이다. 윤리헌장이란 조직에서 구성원들이 지켜야 할 윤리규범을 공식적으로 문서화한 것을 의미한다.

일반적으로 윤리헌장에 포함되는 항목들은 헌장준수를 위한 적용 및 관리절차, 기업윤리 및 철학에 대한 일반적 서술, 효력발생의 시효, 선물의 수령 여부, 공급자와의 관계, 경쟁정도, 고객과의 관계 등과 같은 이해의 갈등, 사회의 도덕, 윤리기준의 준수, 주주에 대한 관계 등이다. [표 6-7]은 우리나라 기업들이 채택한 기업윤리헌장으로 다양한 이해관계자집단에 대한 기업의 윤리적·도덕적 측면을 포함하고 있다.

[표 6-7] 우리나라 기업의 윤리헌장

- 우리는 고객에게 봉사하는 경영을 한다. - 우리는 종업원이 보람찬 삶을 영위토록 한다. - 우리는 인재양성의 경영문화를 창달한다. - 우리는 연구개발에 부단한 노력을 경주한다. - 우리는 공정경쟁 원리를 존중한다. - 우리는 사회의 소리를 귀 기울여 듣는다. - 우리는 사회와 투자자들의 기대에 부응한다.

윤리헌장의 내용은 실천의 문제가 중요한데, 이는 네 단계로 이루어진다. 첫번째 단계는 기업의 윤리적 가치를 명확하게 정의하고 그 구체적 행위지침을 초안하는 것이다. 두번째 단계는 윤리적 행위에 대한 의무(accountability)와 책임(responsibility)을 결정하는 것이다. 세번째 단계는 구체적 관행을 감독하기 위한 내부통제시스템을 구성하는 것이다. 마지막 단계는 올바른 윤리적 행동에 대한 강화와 비윤리적 행동에 대한 처벌을 위한 절차를 마련하는 것과 윤리지침으로부터의 이탈에 대응하기 위한 경영정책을 수립하는 단계이다.

2) 기업윤리교육의 강화

이는 조직구성원을 대상으로 한 교육과정에 기업윤리에 관한 내용을 포함시켜서 윤리의식을 확립 또는 고취시키려는 방안이다. 윤리교육의 목적은 구성원들이 행하는 각종 의사결정에는 윤리적 차원이 있다는 점을 이해시키고, 윤리문제의 성격과 해결방안을 습득하게 하며, 이로써 윤리문제 해결의 역량을 키워주는 것이다.

3) 윤리위원회의 설치

기업윤리를 제고시키기 위한 실천프로그램의 하나가 이사회 수준에서의 윤리위원회를 설치하는 것이다. 윤리위원회는 보통 기업경영의 입장을 대표하는 내부이사와 사회일반의 입장을 대표하는 외부이사로 구성된다. 이들은 위원회의 활동을 통해 지난 1년 동안의 회사정책에 대한 평가와 함께 주요 이슈의 확인과 실제 정책을 검토한다.

4) 내부제도의 정비 및 개선

윤리헌장의 제정이나 구성원에 대한 교육 등이 실효를 거두기 위해서는 현실적인 제도적 뒷받침이 있어야 한다. 개인으로서의 윤리와 조직구성원으로서의 윤리가 갈등을 빚지 않도록 하는 조직내부의 관행이 형성되어야 하며, 자신의 지위에 위험을 수반하지 않으면서도 비윤리적인 행위를 거부할 수 있도록 하는 제도적 장치가 마련되어야 한다.

5) 평가제도의 확립

구성원들에게 윤리적인 행위를 요구하면서도 현실적으로 그들의 능력이나 경영성과를 평가할 때, 그 평가항목에 윤리성이 들어 있는 경우는 매우 드물며, 있다고 해도 매우 작은 비중을 차지하는 경우가 대부분이다. 경영자가 의사결정시 윤리적인 고려를 하고 싶어 하더라도 이것이 평가제도와 관련이 없다면 윤리적인 고려가 중시되리라고는 기대할 수가 없다. 따라서 기업이나 경영자를 비롯한 구성원들의 평가에 있어서 윤리적 행위에 대한 항목이 높은 비중으로 포함되어야 한다.

제 4 절 경영자의 사회적 책임

1. 사회적 책임의 의의

사회적 책임이란 용어의 개념이 모호하기 때문에 기업의 사회적 책임에 관한 많은 연구가 이루어져 왔음에도 불구하고 아직도 어떤 통합적인 견해가 제시되지 못하고 있다. 기업의 사회적 책임이란 개념은 이미 1930년대에 복지국가 자본주의의 개념이 성립됨에 따라 출현하였으나, 사회환경 및 사회가치의 현저한 변화가 일어난 1960년대에 이르러서야 본격적인 유의성을 지니게 되었다. 그 이후 수많은 연구들이 사회적 책임의 개념을 발전시키는데 공헌을 하였다. 사회적 책임에 관한 몇 가지 정의들을 살펴보면 다음과 같다.

첫째, 사회적 책임은 우리 사회의 목표나 가치적 관점에서 바람직한 정책을 추구하고, 의사결정을 하거나 행동들을 추구해야 하는 기업인의 의무이다.

둘째, 기업의 사회적 책임은 기업의 활동으로 인해 발생하는 문제의 관점 및 기업과 사회의 관계를 지배하게 되는 윤리원칙의 관점에서 생각할 수 있으며, 이러한 문제의 해결과 윤리의 준수가 곧 기업의 사회적 책임이다.

셋째, 사회적 책임은 기업의 사회에 대한 경제적 및 법적 의무 뿐만 아니라, 전체사회에 대한 책임까지를 의미한다.

넷째, 사회적 책임은 개인·조직·사회제도들간의 상호의존성의 인식과 이러한 인식을 도덕적·윤리적·경제적 가치의 틀 안에서 행동으로 옮기는 것이다. 이것은 시스템론적 관점에서 본 사회적 책임의 정의라고 할 수 있다.

이 밖에도 사회적 책임에 관한 많은 정의들이 있지만 일반적으로 이러한 정의들은 모두가 이윤동기를 넘어서서 보다 넓은 활동영역을 사회에 대한 기업의 책임영역으로 간주하고 있다. 따라서 기업은 주주만이 아니라 더 많은 이해관계자에게 기여해야 하며, 전통적인 경제적 가치를 넘어서서 더 크고 넓은 보편적인 인간적 가치의 실현에 공헌해야 한다는 것이 기업의 사회적 책임을 정의하는 출발점이 된다고 볼 수 있다.

2. 사회적 책임의 내용

경영자의 사회적 책임의 내용은 구체적으로 ① 기업의 유지·발전에 대한 책임, ② 종업원의 복지향상에 대한 책임, ③ 후계자 양성에 대한 책임, ④ 이해자집단의 이해조정에 대한 책임, ⑤ 환경보호에 대한 책임 등으로 요약된다. 이를 다시 [표 6-2]와 같이 대내적 책임과 대외적 책임으로 정리할 수 있다. 대내적 책임은 경영자의 가장 기본적인 책임으로서 본원적 책임이라 하며 ①②③이 해당된다. 대외적 책임은 사회구성원으로서 기업이 부담하는 책임으로 파생적 책임이라 하며 ④⑤가 해당된다.

[표 6-2] 경영자의 사회적 책임

구분	내용
대내적 책임 (본원적 책임)	① 기업의 유지·발전에 대한 책임 ② 종업원의 복지향상에 대한 책임 ③ 후계자 양성에 대한 책임
대외적 책임 (파생적 책임)	④ 이해자집단의 이해조정에 대한 책임 ⑤ 환경보호에 대한 책임

1) 기업의 유지·발전에 대한 책임

오늘날 기업에는 수많은 주주가 출자를 하고, 그 기업에서 생활의 원천을 구하는 많은 종업원이 있으며, 무수한 고객에 의해 지탱되고 있다. 이와 같이 기업을 둘러싸고 있는 많은 이해관계자집단에 의해 기업이 존립하고 있기 때문에, 상품의 능률적 생산과 수익의 합리적 배분이 연속적으로 행해지지 않으면 안 된다. 또한 기업의 존속을 위해서도 경제성의 확보가 무엇보다 선결되어야 한다.

경영자는 기업을 유지·발전시켜 국민경제의 발전에 있어 경제성장의 핵으로서의 기능을 수행할 수 있어야 한다. 그러기 위해서 이익은 단기적 최대이윤을 목표로 하는 것이 아니라, 장기적으로 기업의 사회성내지 공익성을 고려하면서 기업유지와 발전에 필요충분한 이윤이 아니면 안 된다. 이러한 이윤이 곧 기업존속을 위한 적정이윤(adequate profitability) 또는 최저필수이익(necessary minimum profit)인데, 이를 획득하고 적절히 재분배하는 것이 경영자의 사회적 책임이다.

2) 종업원의 복지향상에 대한 책임

경영은 인간관계를 최적으로 유지하고 종업원의 협력태세를 확보하지 못하면 경영성과의 달성을 기대할 수 없다. 따라서 경영자는 종업원을 노동력 제공이라는 기능면에서 원가요소로서의 원재료와 마찬가지로 생각하는 잘못을 시정하고, 기업의 핵심 구성요소인 것을 인식해야 한다. 그들에게 인간적・사회적 만족을 주고, 사기를 높여 주며, 자주적인 협력을 추진하여 경영에 있어서 사회적・인간적 관계를 유지하지 않으면 안 된다.

노동자의 경영참가나 복리후생 등의 인간관계적 관리방식을 통해 노동자의 인간적・사회적 행복을 보장한다는 것은 사회의 안정화를 가져다주는데 극히 중요하며, 이는 경영자의 사회적 책임으로 되어 있다. 인간관계개선 뿐만 아니라 기업경영에 종업원을 참가시키고 참여적 민주화를 통해 노동생활의 질을 향상시켜야 한다. 이렇게 함으로써 근로자의 인간적・사회적 복지가 이룩되고 양질의 노동과 높은 능률내지 생산성을 기대할 수 있으며, 거대한 조직에서 생기는 관료적 경직성을 배제할 수 있을 뿐만 아니라 나아가서는 노사의 대립관계도 크게 완화할 수 있는 것이다.

3) 후계자 양성에 대한 책임

대내적으로 경영에 참여하고 있는 모든 사람들로부터 협동을 확보하고 그들의 개성을 발휘할 기회를 부여하여 하나의 주체적 인간으로서의 참여인을 양성하는 책임 이외에, 현대 경영자의 중대한 또 하나의 사회적 책임으로 후계자의 양성을 들 수 있다. 미래 지향적으로 기업을 계속 유지・발전시키기 위해서는 미래의 유능한 경영인을 육성하는 것이 기업의 중요한 과제이면서 책임이다. 왜냐하면 내일을 위한 유능한 경영자의 양성없이 기업성장은 기대할 수 없고, 또한 경제사회의 발전도 기대할 수 없기 때문이다. 이를 위해서는 경영자교육이 철저해야 하며, 이 경영자교육 없이는 경영의 탄력성을 키울 수 없다. 따라서 기업의 성장과 더불어 탁월한 후계자를 양성하는 문제는 경영자의 책임일 뿐만 아니라 국가 차원에서도 대단히 중요한 문제라고 할 수 있다.

4) 이해자집단의 이해조정에 대한 책임

일종의 이해대립성을 가진 관계자에 의해 형성되고 있는 이해자집단은 경영에 대해 어느 정도 지배권을 가지고 있다. 경영자가 주주의 이해를 무시하면 주주들은 주주총회에서 그들을 경질할 수도 있고, 주식의 대량 매수로 본원적 지배를 행할 수도 있다. 노동조합은 임금·노동조건의 개선을 목표로 하는 단체교섭을 통해 혹은 경영협의회를 통해 경영에 어느 정도의 지배권을 행사할 수 있다. 소비자는 불매동맹 등의 수단에 의해 각각 자기의 이해조건에서 경영에 압력을 가할 수 있다. 따라서 경영자에게는 이들 이해자집단 사이의 이해관계를 조정하는 것이 기업존립을 위해서도 필요한 임무가 된다.

일반적으로 주주에게는 일정한 이익배당을 보장하며, 노동자에게는 정상적인 생활을 유지하기 위한 적정임금을 지급하고 고용의 안정과 노동조건의 합리성을 보장하며, 소비자에게는 저가격으로 풍부한 양질의 상품을 공급하며, 계속적으로 PR 혹은 광고서비스를 제공하지 않으면 안 된다.

이들의 이해관계는 [표 6-3]과 같으며, 이는 단순히 정태적으로 그 하나를 극대화하면 다른 것을 희생해야 한다는 모순(삼각관계)을 가지고 있으나, 그 사이의 조정을 도모하여 동태적으로 확대균형을 유지하는 것이 현대 경영자의 중요한 사회적 책임이다.

[표 6-3] 이해관련자별 요구(기대)의 일반적 성격

이해관련자	요구의 일반적 성격
주 주	이익배당, 신주인수, 재산처분시의 참여, 주주의결권 행사, 열람권, 주식의 양도, 이사선임, 기타 상법이나 정관에 규정된 권한들
채 권 자	이자 수금과 만기도래 원금회수, 재산처분시의 우선변제, 지급불능시 경영과 채권단에의 참가
종 업 원	고용을 통해 경제적·사회적·심리적 만족 추구, 복지후생혜택 향유, 노조가입과 집단계약에의 참가자유, 적절한 작업조건
고 객	제품을 통해 제공되는 서비스, 제품사용에 필요한 기술자료, 적절한 품질보장, 사용기간 동안 제품개량을 위한 R&D, 고객신용 실시
공 급 자	기업에 자원공급 계속, 거래상 의무, 적기이행, 제품과 서비스의 구매와 수령
정 부	세금, 공정한 경쟁, 공정·자유경쟁의 요구에 대한 공공정책의 취지와 조항의 준수, 기업가의 법적 의무와 반독점법의 준수
노동조합	종업원을 위한 중재자로서의 인식, 기업조직에의 참가자로서 노조를 지속할 기회
경 쟁 자	경쟁행위에 대한 사회규범과 산업윤리, 동업자에 대한 기업가윤리
지역사회	생산적이며 건전한 취업장소, 지역사업에 회사간부 참여, 지역민의 정식 고용, 정당한 활동, 지역사회 제품에 대한 적당한 구입, 지방자치단체에 대한 관심과 지원, 문화자선사업 지원
일반대중	사회전반의 제과정에의 참가와 기여, 상호 이해증진을 위한 정부와 기업 상호간의 창조적 의사소통, 정부와 사회부담분의 감수, 제품의 적정가격과 제품 생산기술의 진보

자료 : W. R. King & D. I. Cleland, Strategic Management and Policy, Educational Publ., 1978, p. 15.

5) 환경보호에 대한 책임

공해는 환경오염이라고도 하는데, 대기를 오염시키는 매연・먼지・악취 및 가스와 화학적・물리적・생물학적 원인에 의해 하천을 오염하는 공업폐유・사업장폐수 및 일반하수와 소음 또는 진동으로 발생하는 보건위생상에 미치는 일체의 유해를 말한다. 이는 일부의 예외를 제외하고는 그 발생원이 기업활동에서 발생하는 산업공해이며 피해자는 언제나 지역사회의 주민이다. 그러므로 경영자는 피해가 생길 경우 이에 대한 충분한 보상과 더불어, 공해를 예방하고 지역사회인이 명랑하고 건강하게 안주하고 활동할 수 있도록 각별한 유의와 세심한 배려로 최대한 공해를 예방내지 배제해야 한다. 따라서 충분한 사회비용의 투입과 공해발생원인 노후시설의 대체에 항상 노력하지 않으면 안 된다.

3. 사회적 책임에 대한 논쟁

기업의 사회적 책임에 관한 본질이나 범위의 문제는 오랫동안 논쟁의 대상이 되어 왔다. 그 중에서도 특히 기업이 사회적 책임을 수행해야만 하는 것인가, 그렇지 않다면 그것은 어떤 논거에서인가, 또 수행해야 할 당위성이 있다면 그것은 어떤 관점에서 지지되고 있는가 하는 문제들에 대해서 데이비스와 프리드릭(K. Davis & W. C. Frederick, 1984)은 [표 6-4]와 같이 정리하고 있다.

1) 사회적 책임에 대한 찬성론

이 견해는 기업이 마땅히 사회적 책임을 져야한다는 책임수행에 대한 적극론을 편다. 그 이론적 근거는 다음과 같다.

첫째, 현대 대기업의 권력은 방대하며, 그 권력은 사회공익을 위해 활용해야 한다는 것이다.

둘째, 현대 대기업의 권력은 거대함으로 그 거대한 권력에 상응하는 책임도 져야한다는 책임철칙의 원리에 따라야 한다는 것이다.

셋째, 현대 대기업은 충분한 능력이 있으므로 적극적으로 사회적 책임을 수행하는 능력도 있고, 소극적으로 기업권력을 남용하지 않는 자제능력도 보유하고 있다는 것이다.

[표 6-4] 사회적 책임에 대한 논쟁의 요지

찬 성 론	반 대 론
① 기업에 대한 사회의 기대가 60년대부터 급격히 변했다. 경제적 및 사회적 목적을 추구하는 기업을 지원하려는 대중의 생각이 굳어졌다. 보다 나은 사회적 환경의 창조는 사회와 기업에 공히 유익하다. 양자의 깊은 연관성 때문이다. 기업의 장기적인 이익에 공헌한다. ② 윤리적인 의무이다. 기업은 도덕관념을 가질 수 있고 가져야 한다. 책임있는 행동이 기업자체를 위해서도 옳기 때문에 사회적인 책임을 져야한다. ③ 기업은 더 많은 고객, 더 좋은 종업원을 확보하는 등의 목적을 위해 대중으로부터의 좋은 이미지를 얻으려고 하는데, 대중이 사회적 책임이 중요하다고 생각한다면 기업은 사회적 목적을 추구함으로써 대중으로부터의 좋은 이미지를 얻을 수 있다. ④ 기업의 사회참여는 더 나은 생활의 질과 보다 바람직한 공동체를 만들어 사회의 문제를 해결할 수 있다. ⑤ 정부의 법률은 경제적 비용을 추가하고 경영자의 융통적인 의사결정을 제한하는데, 사회적으로 책임있는 행동을 하면 정부의 규제를 줄일 수 있음이 기대된다. ⑥ 기업은 사회로부터 큰 힘을 가지고 있으므로 그만한 책임도 요구된다. 힘이 책임보다 현저하게 크면 불균형이 대중의 기대에 역행하는 무책임한 행동을 야기한다. ⑦ 사회적 책임은 장기적으로 주주의 이익에 공헌한다. ⑧ 기업은 제자원을 지니고 있다. 특히 기업은 도움을 요하는 사회문제의 지원을 위해 그의 능력있는 경영관리자와 전문가를 활용해야 하고 마찬가지로 자본자원을 활용해야 한다. ⑨ 기업의 참여를 통해 사회적인 문제를 예방함이 치료하기보다 좋다.	① 기업의 주된 과제는 경제적 활동을 통한 이윤의 극대화이므로 사회적 참여는 경제적 능률을 감소할 수 있다. ② 재무분석에서 보면 높은 원가 때문에 사회적 참여는 기업에도 좋지 않고 사회도 참여의 대가를 지불하게 된다. ③ 사회적 참여는 국제적인 지불균형상황을 미약하게 한다. 사회적 프로그램의 비용은 제품원가를 보다 비싸게 하기 때문이다. ④ 이미 기업은 사회에서 가장 강력한 기구가 되어 있는데, 다시 사회적 목적(참여)을 추구하면 그 힘은 더욱 증대된다. ⑤ 기업을 이끄는 리더는 경제지향성을 지니고 있어 사회적인 문제를 처리할 재능과 기능을 갖고 있지 못하다. ⑥ 정치적인 대표자들은 사회적 목적을 추구하고 그들의 행동에 책임감이 있으나, 기업가는 그렇지 못하다. 책임감이 없는 한 기업은 참여해서는 안 된다. ⑦ 기업이 사회적인 문제에 참여함에는 사회의 충분한 지원이 없다. 결과적으로 서로 다른 관점을 지닌 집단간의 불일치는 불화를 일으킨다.

자료 : K. Davis & W. C. Frederick, Business and Society, McGraw-Hill, 1984, 5th, chapt 2.

넷째, 현대 대기업이 보유하고 있는 권력을 사회공익에 맞게 행사하지 않으면 장기적으로 권력을 잃어버리게 된다는 것이다. 또 권력을 남용하게 되면 정부가 개입하고 따라서 사기업의 자율성이 제한받게 된다는 것이다.

이와 같이 사회적 책임긍정론은 사기업의 자율성을 보장하는 자본주의의 제도적인 바탕을 보존하기 위해 기업은 그 사회적 책임을 자발적으로 수행하지 않으면 안될 당위적이면서도 필연적인 요구로 생각하는 것이다.

2) 사회적 책임에 대한 반대론

이 견해에 따르면 기업은 사회적 책임을 져서는 안 된다는 책임수행에 대한 소극론을 편다. 그 이론적 근거는 다음과 같다.

첫째, 사회적 책임을 경영자가 부담하면 여러 가지 폐해를 입게 된다는 것이다. 그 이유는 사회적 책임을 지게 되면 사회적 비용으로 인해 코스트의 증가, 이윤의 감소를 가져오며, 나아가서는 기업의 존속을 위태롭게 한다는 것이다.

둘째, 경영자가 사회적 책임을 지면 주주에 대한 봉사자라는 경영자 고유의 책임을 벗어난 탈선행위라는 것이다.

셋째, 사회적 책임을 수행하면 그에 상응한 기업권력이 보다 강력하게 되고, 강력한 권력은 법률적 규제와 행정적 억압을 취할 수 있는 국가(정부)가 종국적으로 그 권력에 관여해 사기업의 제활동에 개입할 위험이 있다는 것이다. 국가 또는 정부가 개입하게 되면 소중한 자본주의 기업체제가 붕괴된다는 것이다.

넷째, 현대 기업들은 이윤극대화에만 전념해야 한다는 것이다. 왜냐하면 이윤극대화 추구는 그 결과 국민의 경제적 복지를 최고도로 실현할 수 있는 원동력이기 때문이라는 것이다. 다만 현대 기업도 공익실현에 대해서는 반대하지 않으며 그 필요성을 인정하고 있다. 따라서 사익추구는 공익실현을 유도한다는 공사익조화론을 신봉하는 것이다.

이와 같이 사회적 책임부정론은 사회적 책임을 공익실현과 동의어로 이해하며, 공익의 판단을 기업이나 경영자에게 일임하면 여러 가지 위험이 일어나므로 기업내지 경영자는 이윤극대화에만 전념해야 한다는 것이다.

이와 같은 논쟁내지는 주장의 차이에도 불구하고 기업을 경영하는 경영자는 사회적 책임을 져야 한다는 전체적인 흐름에 있어서는 더 이상 논란의 여지가 없다. 대기업의 경우에 있어서는 더욱 그러하다. 앞에서 살펴본 바와 같이 데이비스와 프리드릭(K. Davis & W.C. Frederick)은 권력과 책임의 균형화의 원칙(the principle of power responsibility equilibrium)에서 제시한 사회적 책임의 철칙(the iron law of responsibility)은 권력과 책임에 관련된 일반적인 법칙의 적용이다. 오늘날 공기로서 기업에 권력의 크기와 책임의 크기는 같아야 한다는 원칙론에서 그들이 제시한 권력과 책임의 균형화의 원칙이 요구된다.

연 습 문 제

1. 다음 용어를 설명하라.

· 경영목적	· 경영이념	· 기업경영윤리
· 기업윤리헌장	· 매출액극대화설	· 본원적 책임
· 사회적 책임	· 성장률극대화설	· 제한이윤설
· 파생적 책임		

2. 기업의 단일목적론을 비판하고 복수목적론의 타당성을 설명하라.

3. 경영목적론의 변천과정을 설명하라.

4. 경영이념의 발전과정을 설명하라.

5. 경영이념이 갖추어야 할 내용을 설명하라.

6. 기업경영윤리의 중요성을 설명하라.

7. 기업경영윤리의 유형을 설명하라.

8. 기업경영윤리의 실천프로그램을 설명하라.

9. 경영자의 사회적 책임의 내용을 설명하라.

10. 기업의 사회적 책임에 대한 찬성론과 반대론의 입장을 설명하라.

제4부

의사결정과 경영전략론

제 7 장

의사결정론

제 1 절 의사결정의 의의와 전제조건

1. 의사결정의 의의

의사결정(decision making)이란 일정한 목표를 설정하고, 그 목표를 달성하기 위한 몇 가지 대체안을 설정하여 이를 일정한 방법에 의해 상호 비교·평가함으로써 가장 유리하고도 실행 가능한 대체안을 선택하는 인간행동으로 정의된다.

기업경영에 있어서 경영자는 어떤 사업을 할 것인가, 어떤 조직구조를 가질 것인가, 필요한 자금은 어디서 얼마만큼 조달할 것인가, 종업원은 누구를 어떻게 선발할 것인가, 선발된 인력을 어디에 배치할 것인가, 제품개발은 어떻게 할 것인가, 생산량은 얼마나 할 것인가, 가격은 얼미로 정할 것인가, 어떤 유통경로를 통해 판매할 것인가, 배당은 얼마나 할 것인가 등의 의사결정을 하게 된다. 이에 사이몬(H. A. Simon)은 경영자란 의사결정자이고, 경영이란 곧 의사결정과 동의어라고 하였다.

의사결정은 인간의 행동이나 조직행동의 모든 측면에 관련되며, 특히 [그림 7-1]과 같이 계획화·조직화·지휘화·통제화와 같은 관리기능이 의사결정에 의해 수행된다(A. J. DuBrin, 1989). 즉 의사결정은 경영관리자가 수행해야 할 직무이고, 실제 조직행동에서 최고경영자, 중간관리자, 하위관리자 뿐만 아니라 조직의 모든 구성원들에 의해 수행되는 활동이다.

[그림 7-1] 의사결정행동의 관리기능

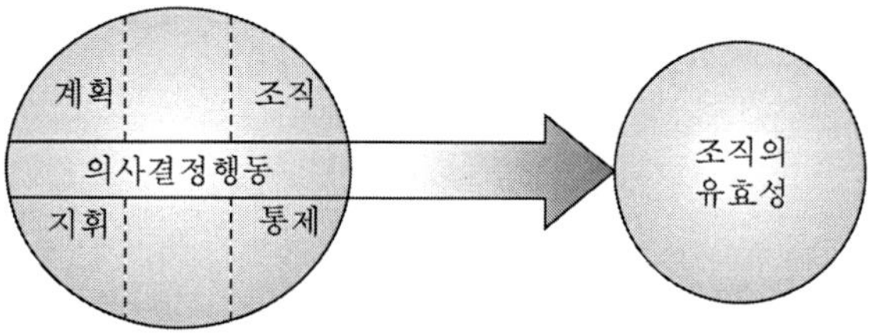

자료 : A. J. DuBrin et als, *Management and Organization*, South-Western Public, 1989, p. 15.

2. 의사결정의 전제조건

의사결정이 이루어지기 위해서는 사전적으로 다음과 같은 조건을 충족해야 한다.

첫째, 현실과 바람직한 목표 사이에 객관적 격차가 존재해야 한다.

둘째, 의사결정자가 이 격차를 인식해야 한다.

셋째, 의사결정자가 이 격차를 줄이려는 동기유발이 이루어져야 한다.

넷째, 의사결정자가 이 격차를 줄일 수 있는 자원(능력, 금전 등)을 가지고 있어야 한다.

이러한 네 가지 조건중 어느 한가지 조건만 결여되어도 이를 진정한 의미의 의사결정이라 할 수 없다. 즉 현실과 바람직한 목표 사이의 격차가 존재하지 않는다면 의사결정의 필요성이 없게 되며, 비록 이 격차가 존재해도 의사결정자가 이를 인식하지 못한다면 동기유발의 근거가 없게 된다. 또한 의사결정자가 이 격차를 인식하더라도 이에 대한 해결동기가 없다면 현실상황을 수용하게 되어 목표도달을 위한 의사결정은 일어나지 않으며, 비록 동기부여가 되어도 의사결정을 행하고 이를 실행할 능력이나 자원이 없다면 의사결정은 하나의 꿈으로 끝나고 말 것이다. 따라서 의사결정이 이루어지기 위해서는 위의 네 가지 조건이 모두 충족되어야만 가능하다(D. Hellriegel & J. W. Slocom, 1982).

[그림 7-2] 의사결정의 전제조건

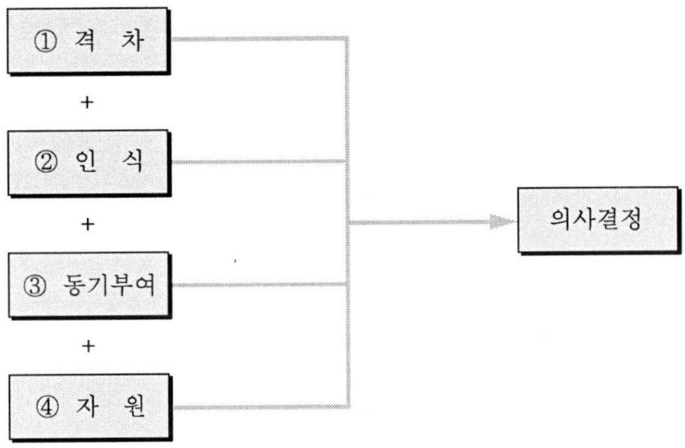

자료 : D. Hellriegel & J. W. Slocom, Jr., *Management*, Addison-Wesley, 1987, p. 334.

제2절 의사결정의 합리성 개념

합리성(rationality)이란 말은 원래 비합리와 우연적인 것은 배척하고 도리, 이성, 논리가 지배하는 것을 말한다. 이는 경험론 특히 감각론에 대립하는 것으로 사유만을 진리의 기준으로 삼고, 인식의 감각적인 단계를 기만적이며 혼란스러운 것이라 하여 배척한다. 즉 인간의 감각이나 경험은 상황이나 시간에 따라 변화하는 것으로 이를 토대로 한 의사결정은 언제나 바뀔 수밖에 없으며 이에 따른 기업경영활동은 방향성이 없게 되는 것이다. 따라서 경영의사결정은 합리성에 바탕을 둘 때 합목적적이고 일관성 있는 경영활동이 이루어지게 된다.

그러나 경영의사결정은 정보의 부족과 의사결정자의 불완전성으로 인해 한정적 개념의 합리성을 가질 수밖에 없다. 한정적 개념의 합리성이란 ① 의사결정 결과의 합리성, ② 의사결정 과정의 합리성, ③ 의사결정자의 합리성, ④ 제한된 합리성을 말한다.

1. 의사결정 결과의 합리성

의사결정결과의 합리성이란 주어진 조건하에서 목표달성의 극대화를 이루는 의사결정이어야 함을 말한다. 즉 더 좋은 대체안이 있는데도 불구하고 더 열등한 대체안을 선택한다면 이는 비합리적이라 할 수 있다. 예를 들어 이윤극대화를 위한 의사결정이라면 가능한 대체안들중 이윤이 가장 큰 것을 선택해야 하며, 이해관계자의 이해조정에 관한 의사결정이라면 가능한 대체안들중 갈등을 최소화시키는 대체안을 선택해야 합리적인 의사결정이라 할 수 있다.

2. 의사결정 과정의 합리성

합리성의 개념에서 합리성은 인간의 감각과 경험을 배제한다. 이를 배제하고 합리성을 높이기 위해서는 의사결정의 결과 뿐만 아니라 그 과정이 합리적이어야만 객관적인 합리성을 확보할 수 있다.

합리적 의사결정의 과정은 ① 문제의 명확화→② 대체안의 탐색→③ 대체안의 평가와 선택→④ 선택된 대체안의 실행→⑤ 실행결과의 통제와 평가 순이다(G. Huber, 1980).

[그림 7-3] 합리적 의사결정의 과정

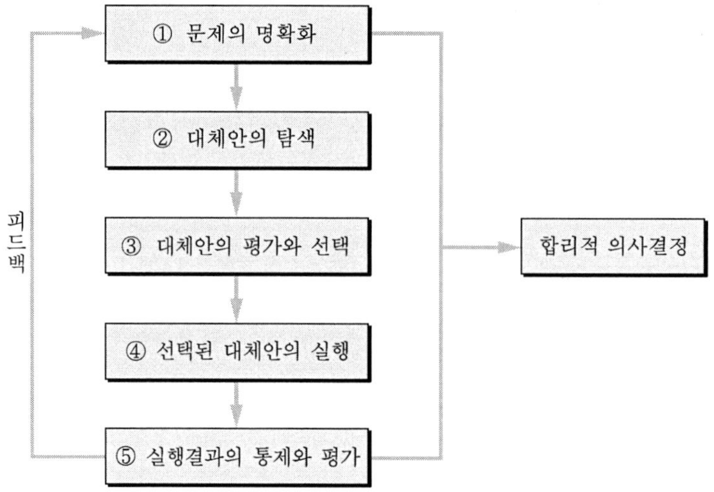

1) 문제의 명확화

의사결정 과정에서 가장 먼저 해야 할 일은 문제의 본질을 파악하고 이를 명확히 정의하는 것이다. 이는 현실을 명확히 파악하고 목표를 설정함으로써 문제의 본질이 정의되기 때문이다. 문제의 본질을 명확히 하기 위해 경영자는 조사·관찰 등을 통해 정보를 수집하고 분석하여 표면적으로 노출된 현상 이상의 실제적인 문제를 합리적으로 파악해야 한다.

2) 대체안의 탐색

문제가 명확히 정의되면 도달해야 할 바람직한 목표가 설정된다. 다음 단계는 이 목표를 달성하기 위한 수단과 방법을 강구해야 하는데, 이를 대체안의 탐색이라고 한다. 목표를 달성하기 위한 수단과 방법은 다양하며, 각 수단과 방법들은 각기 장점과 단점을 가지고 있다. 따라서 이러한 것들을 평가해 가장 경제적으로 목표를 달성하기 위한 수단 선택의 기초로 삼는다.

3) 대체안의 평가와 선택

탐색된 대체안들을 비교하고 평가해 최선의 대체안을 선택하는 과정이야말로 의사결정의 핵심적인 과정이다. 좁은 의미의 의사결정은 바로 이 단계를 말한다. 경영자가 대체안들을 비교하고 평가할 때 고려해야 할 점은 다음과 같다.

① 대체안의 효과 : 대체안의 잠재적 효과와 예측의 긍정적 효과 및 부정적 효과를 고려한다. 즉 대체안의 문제해결 정도를 평가한다.

② 대체안의 수행 가능성 : 대체안의 선택은 곧 실행단계로의 이행을 의미하기 때문에 실행할 수 없는 대체안은 평가단계에서 제거되어야 한다.

③ 대체안의 조직에 대한 결과 : 대체안의 실행시 조직에 미치는 결과를 평가해야 한다. 이는 대체안에 대한 조직구성원들의 수용 여부로 중요한 평가기준이 된다.

이러한 요소들을 고려해 대체안을 평가한 결과, 즉 기회비용(opportunity cost)이 최소화되는 최선의 선택안이 즉시 나타날 수도 있다. 그러나 의사결정의 문제가 복잡하고 상황의 불확실성이 높을 때는 최선의 선택안이 즉시 나타나지 않을 수도 있다. 이러한 경우의 대안은 다음과 같다.

① 두 개 또는 그 이상의 대체안이 우열을 가릴 수 없도록 다같이 매력적인 경우에는 바람직한 대체안의 추가평가 또는 의사결정자의 주관적 판단에 의해 선택한다.

② 바람직한 목표에 도달할 유일한 대체안이 없는 경우에는 탐색된 대체안중 둘 또는 그 이상을 선택하여 수행한다.

③ 너무 많은 대체안들이 우열을 가질 수 없을 정도로 혼란한 경우에는 유사한 대체안들을 묶어서 비교 · 평가한다.

④ 바람직한 목표에 도달할 대체안을 전혀 찾을 수 없는 경우에는 대체안을 추가로 탐색하거나 목표를 수정한다.

4) 선택된 대체안의 실행

문제해결을 위한 대체안이 최종적으로 선택되면 이를 실행할 구체적인 행동계획이 수립되고 이를 실행하게 된다. 선택된 대체안의 성공여부는 실현에 달려 있다. 따라서 경영자는 선택된 대체안이 실행될 수 있도록 구성원들을 지원해야 하며, 구성원들은 선택된 대체안을 적극적으로 실행하는 노력이 필요하다.

그러나 선택된 대체안이 반드시 성공하는 것은 아니다. 때로는 뛰어난 대체안을 실행하는데 있어서 구성원의 능력이나 기술이 미치지 못할 수도 있다.

5) 실행결과의 통제와 평가

실행된 대체안이 바람직한 목표에 도달할 수 있도록 실행경로를 통제하고 그 결과를 평가한다. 왜냐하면 의사결정의 과정을 둘러싼 환경적 요인들은 끈임없이 변화하고 있기 때문에 사후검토나 통제를 통해 목표를 수정하는 것이 필요하다.

실행결과의 평가는 실행방법 및 목표달성에 있어서 선택된 대체안과 그 실행이 효율적으로 이루어졌는가에 대한 정보를 수집·분석함으로써 이루어진다. 이러한 평가는 피드백(feed back)을 통해 의사결정이 연속적이고 반복되는 경우 향상된 선택을 가능케 한다.

3. 의사결정자의 합리성

의사결정이 합리적이라고 할 때 합리성은 개인의 가치관과 목표의 의미 해석에 따라 달라진다. 즉 동일한 의사결정의 결과를 놓고 개인에 따라 합리적 또는 불합리적이라는 판단을 할 수 있다. 따라서 이러한 개인차 때문에 의사결정을 합리성 또는 불합리성이라는 연속선으로 고찰하는 것이 곤란하다.

4. 제한된 합리성

합리적이라고 판단되는 의사결정일지라도 이는 어디까지나 주어진 조건하에서 의사결정자의 입장에서의 합리성에 불과하다. 인간능력의 한계와 상황의 불확실성으로 인해 완전한 합리성이란 존재할 수 없다. 제한된 합리성의 구체적인 요소는 ① 만족화, ② 제약된 탐색, ③ 불충분한 정보와 통제를 들 수 있다(H. Simon, 1976).

1) 만족화

만족화(satisfying)란 의사결정에 있어서 적정목표를 두지 않고 대신 받아들여질 수 있는 목표의 제약된 범위를 설정하는 것을 말한다. 예를 들면 기업의 목표를 이윤극대화라 할 때, 이의 구체적 목표를 자본회전율 15% 증가, 또는 매출액 성장률 10% 증가 등으로 나타낸다. 그런데 이 목표가 기업의 행동을 최대화하는 것은 아니다.

만족화와 제한된 합리성의 개념을 처음으로 도입한 사람은 사이몬(H. Simon)이다. 그는 만족화란 기업의 의사결정 또는 일상생활에 있어서 최선의 대체안(극대화)을 선택한다는 고전경제학자의 관념과는 다르게 이용하였다. 즉 만족화는 처음부터 대체안을 갖는 것이 아니고 이를 탐색하는 것이며, 또 대체안을 발견하였을 때 평가의 방법이 애매함으로, 따라서 경험과 기대이익의 관점에서 만족할 때까지 대체안을 탐색함으로써 타당한 결과를 가져온다고 하였다(J. M. Roach, 1979).

만족화는 경영자의 마음속에 또는 컴퓨터의 화면에 처음 떠오른 대체안으로 만족해야 된다는 의미가 아니다. 만족화의 수준은 표준의 설정, 계량적 의사결정기법의 개발, 컴퓨터의 활용 등 문제해결기법의 발달로 높아질 수 있다. 또 시간이 경과함에 따라 실행가능하고 유용한 더 많은 정보를 얻을 수 있기 때문에 만족화의 수준은 향상될 수 있다.

2) 제약된 대체안의 탐색

제약된 대체안의 탐색이란 의사결정자가 바람직한 목표를 달성하기 위한 적당한 방법이 나타날 때 대체안의 탐색을 중단함으로써 더 이상의 방법이 고려되지 않는 것을 말한다. 이것은 대체안의 탐색 및 평가에 시간과 비용이 소요되기 때문에 발생한다. 예를 들어 대학졸업생이 직업을 선택할 때 어떤 직업이 가장 좋은가에 관해 모든 정보를 수집하고 평가하기 전에 이미 늙어 죽을 수도 있다. 기업경영자는 이러한 시간과 비용의 제약성으로 인해 목표달성을 위해 받아들여질 수 있는 대체안이 발견되면 대체안의 탐색을 중단하게 된다.

3) 부적당한 통제와 정보

경영자는 통제 불가능한 요소가 의사결정에 영향을 미치기 때문에 합리성이 제한될 수밖에 없다. 통제 불가능한 요소는 주로 기업외부 환경요인이라 할 수 있다. 또한 의사결정자의 불완전한 정보나 잘못된 정보로 인해 합리성이 제한될 수도 있다.

제3절 의사결정의 유형과 수준

1. 의사결정의 상황조건에 따른 분류

의사결정은 상황조건에 따라 확실성하의 의사결정, 위험하의 의사결정, 불확실성하의 의사결정으로 분류된다(R. W. Griffin, 1990, A. G. Bedeion & R. F. Zammnto, 1991).

1) 확실성하의 의사결정

확실성(certainty)이란 문제의 본질, 가능한 대체안, 대체안의 결과에 대해 완전한 정보를 가지고 있는 상황조건을 말한다. 확실성하의 의사결정은 그 결정이 곧 성공을 의미하며, 성공을 완전히 예측할 수 있는 경우의 의사결정으로 오직 하나의 결과만이 가능하다.

확실성하의 의사결정은 정보가 완전하고 모형의 설정이 가능함으로 주로 계량적 방법에 의한 정형적 의사결정결정 기법을 사용하는 것이 용이하다. 확실성하의 의사결정은 주로 하위관리자들의 일상적이고 반복적인 업무에 대한 의사결정에서 흔히 찾아 볼 수 있다.

2) 위험하의 의사결정

위험(risk)이란 문제의 본질, 가능한 대체안, 대체안의 결과에 대해 확률을 부여할 수 있는 상황조건을 말한다. 이때의 확률이란 객관적 확률 뿐만 아니라 의사결정자의 주관적 확률까지를 포함한다.

객관적 확률이란 통계적 확률이라고도 하며 과거의 기록을 근거로 작성된 상대적 확률이다. 주관적 확률은 개인의 판단과 신념을 기초로 부여되는 확률로 의사결정자의 과거 경험, 직관, 전문가의 의견, 위험에 대한 개인의 태도 등에 의해 결정된다. 거의 대부분의 경영의사결정은 바로 위험하의 상황조건에서 이루어진다.

3) 불확실성하의 의사결정

불확실성(uncertainty)이란 문제의 본질, 목표, 대체안의 규정조차도 불가능한 상황조건을 말한다. 이러한 상황하에서는 객관적 확률조차 없어 주관적 판단조차도 할 수 없기 때문에 의사결정이 사실상 우연에 맡겨진다.

그런데 이 세상에는 우리가 완전히 알고 있는 것도 없지만 전혀 모르는 것도 없다. 보통 불확실성이라고 말하는 상황은 객관적 확률은 부여할 수 없지만 적어도 의사결정자의 주관적 확률은 부여할 수 있는 상황을 말한다. 즉 경영의사결정에 있어서 불확실성이란 위험과 동일한 개념으로 사용된다.

결국 의사결정의 상황조건은 정보의 양과 질에 의해 결정되어 지고 확률로 표시할 수 있다. 확실성하의 의사결정은 대체안의 결과에 대한 확률을 100% 부여함이고, 불확실성하의 의사결정을 대체안의 결과에 대한 확률이 존재하지 않음을 말하며, 위험하의 의사결정은 대체안의 결과에 대해 0 보다 크고 1 보다 작은 확률을 부여할 수 있는 상황을 말한다.

[그림 7-4] 의사결정의 세 가지 조건

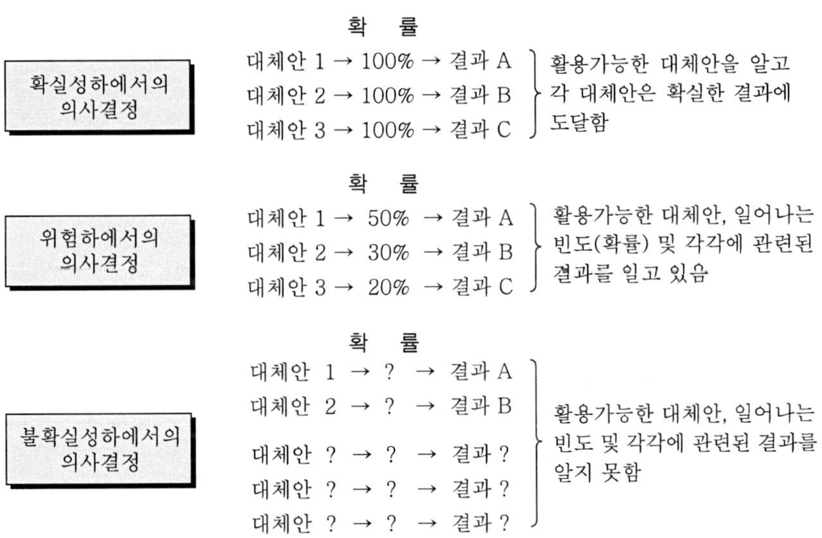

자료 : A. G. Bedeian & R. F. Zammuto, *Organizations*, 1991, Dryden Press, p. 520.

2. 의사결정의 주체에 의한 분류

버나드(C. I. Barnard, 1938)는 의사결정의 주체가 개인(individual)이냐, 집단(group)이냐, 조직(organization)이냐에 따라 의사결정의 유형을 개인차원의 의사결정, 집단차원의 의사결정, 조직차원의 의사결정으로 분류하고 있다.

1) 개인차원의 의사결정

오직 자신의 이해관계만을 중심으로 하는 개인의 인격에 근거한 개인적 의사결정이다. 이 개인차원의 의사결정은 집단적·조직적 차원의 의사결정보다 질서 정연하지 않고 시스템적인 과정을 밟지 않는다. 따라서 전형적으로 완전히 합리적이지도 못하고 풍부한 정보에 기반한 의사결정을 할 수 없다.

이와 같은 의사결정을 할 수밖에 없는 이유는 ① 가치관(values), ② 퍼스낼리티(personality), ③ 위험에 대한 성향(properisity for risk), ④ 불일치의 잠재성(potential for dissonance) 등 개인의 행동적 요인 때문으로 본다(J. R. Gibson, 1991).

2) 집단차원의 의사결정

점차 많은 조직에서 중요한 의사결정은 경영자 개인에 의해 이루어지기보다는 위원회, 연구팀, 태스크 포스 및 심사·검토회(review panel) 등의 집단에 의해 이루어지고 있다. 경영자가 80%의 시간을 회의에 바치고 있다는 주장이 이를 잘 뒷받침해 주고 있다. 실제로 몇몇 연구결과는 집단적인 의사결정이 가장 효과적인 결정에 이르고, 참가(participation)는 역할갈등(role conflict)과 역할모호성을 줄여줌으로 바람직한 것이라는 사실을 입증하고 있다(R. A. Baron & J. Greeberg, 1990).

[그림 7-5] 집단적 의사결정의 질과 활용되는 방법간의 관계

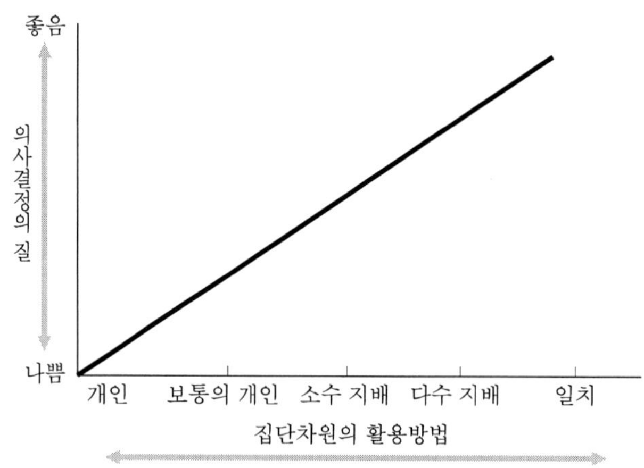

자료 : J. L. Gibson et als., *Organizations*, 1988, Business Publ., p. 587.

[그림 7-5]는 개인적 의사결정에서부터 일치된 의사결정으로 옮길수록 의사결정의 질이 더욱

좋아짐을 말해 주고 있다. 그러나 이러한 주장과 가설에 근거한 집단적 의사결정도 장점만 있는 것이 아니라 [표 7-1]과 같이 단점도 지니고 있다.

그렇다면 의사결정을 할 때 주체를 어느 것으로 함이 바람직한가 하는 의문이 제기될 수밖에 없다. 복잡한 문제에 직면할 때는 집단구성원들의 이질성 등과 같은 조건들이 지배적일수록 집단적 의사결정이 개인적 의사결정보다 월등히 좋다. 그러나 단순한 문제에 직면할 때는 집단적 의사결정이 더 나을 수도 있고 때로는 개인적인 의사결정이 오히려 바람직 할 수도 있다.

[표 7-1] 집단적 의사결정의 장·단점

장 점	단 점
① 더 많은 정보와 지식이 이용가능함 ② 더 많은 대체안이 생성됨 ③ 최종적인 의사결정의 수락이 용이함 ④ 의사소통이 더욱 활발해짐 ⑤ 문제를 규명하고 분석함에 폭넓은 관점이 동원됨 ⑥ 토의를 통해 애매한 문제를 분명히 하고 대체안에 관한 불확실성을 줄임 ⑦ 참여를 통해 구성원의 의사결정에 관한 만족과 지원을 얻을 수 있음	① 과정이 길어서 비용이 많아짐 ② 절충적인 의사결정이 나타남 ③ 한 사람이 집단을 지배할 수 있음 ④ 절충적인 의사결정으로 누구도 만족시킬 수 없음 ⑤ 집단규범이 반대와 의견의 다양성을 줄이는 집단사고를 일으킴 ⑥ 정형적인 의사결정에 동원하면 지식이 과잉파괴를 일으키고 자원이 낭비됨 ⑦ 의사결정 결과의 책임에 관한 분명한 초점이 없음

3) 조직차원의 의사결정

조직에 참여하는 사람은 두 가지의 인격을 지닌다. 조직에 어떤 활동을 제공한다는 기능적 측면에서 조직인격(organization personality)을 지님과 동시에 독립적인 개인인격(private personality)을 지닌다. 버나드는 이와 같은 조직인의 두 가지 측면을 ① 개인의 비인격화내지 사회화(socialization)와 ② 개인의 개인화(individualization)로 설명하였다(C. I. Barnard, 1938).

의사결정을 조직인격의 관점에서 본 것이 조직적 의사결정이고, 개인인격의 관점에서 본 것이 개인적 의사결정이다. 즉 후자가 개인적인 목적이나 동기를 달성하기 위한 합리적 의사결정을 의미하는데 비해, 전자는 이익을 위한 의사결정을 의미한다. 조직인격에 근거한 조직적 의사결정은 의사결정을 하는 사람이 부하에게 자주 권한을 위양한다는 의미에서 정형화된다. 개인적 의사결정이 종업원 개인의 노여움, 원한 및 사적인 이익과 같은 인간적 요인을 대상으로 하는데 비해 조직적 의사결정은 작업장에서의 조화, 경쟁에 의한 생산성 등과 같은 조직의 목적과 요구를 대상으로 한다(C. R. Anderson, 1984).

개인수준의 의사결정에서는 경영자가 주로 규범적 의사결정과정에 관심을 갖는데 비해 조직수준의 의사결정에서는 경영자가 최선의 의사결정이 가능할 수 있는 환경을 창조함에 관심을 갖는 등 양자의 관심사는 서로 다르다.

[그림 7-6] 의사결정의 두 수준

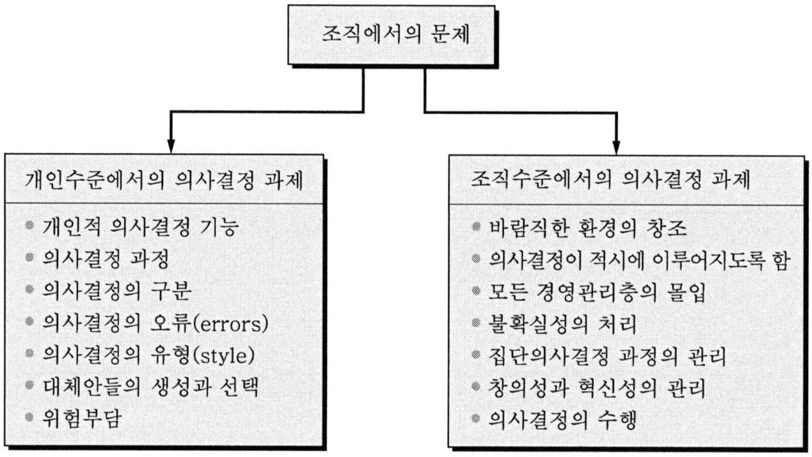

자료 : C. R. Anderson, *Management*, 1984, Brown, p. 122.

3. 의사결정의 구조화 정도에 의한 분류

사이몬(H. A. Simon, 1960)은 의사결정을 프로그램화된 정도에 따라 정형적 의사결정(programmed decision making)과 비정형적 의사결정(non programmed decision making)으로 구분하였다.

1) 정형적 의사결정

정형적 의사결정은 계속적으로 반복해서 일어나는 일상적 의사결정으로 주어진 조건을 어떻게 처리하여 결정에 이를 것인가에 관한 표면적인 절차가 존재한다. 즉 의사결정의 대상이 되는 문제가 일상적・반복적으로 발생하기 때문에 문제 전체의 윤곽이나 구조가 명확하고, 의사결정은 이를 해결하기 위한 절차, 규정, 방침에 의해 이루어진다. 정형적 의사결정은 이미 설정된 룰과 방침에 의해 기계적으로 이루어지기 때문에 조직의 하위관리층에서 흔히 발견되는 의사결정의 유형이다.

2) 비정형적 의사결정

비정형적 의사결정은 극단적인 경우 오직 일회에 한하여 이루어지고, 비반복적이며 비일상적인 의사결정으로 이러한 결정을 위한 절차가 존재하지 않는다. 의사결정의 대상이 되는 문제는 예외적이고 새로운 것이어서 윤곽이나 구조가 분명치 않으며 의사결정과정도 복잡하고 비체계적이다. 비정형적 의사결정은 아직 경험하지 못한 혁신의 문제들로 의사결정을 위한 아무런 절차나 규정을 가지고 있지 않은 특수하고 비구조화된 의사결정으로 조직의 상위관리층에서 흔히 발견되는 유형이다.

[표 7-2] 정형적 의사결정과 비정형적 의사결정

구 분 / 변 수	의 사 결 정 의 유 형	
	정형적 의사결정	비정형적 의사결정
과업의 유형	단순·일상적	복잡·창조적
조직방침에의 의존도	과거의 결정으로부터 상당한 지침을 얻음	과거의 결정으로부터 지침을 얻지 못함
전형적인 의사결정자	하위층의 종업원(통상 개인으로)	상위층의 경영관리층(통상 집단으로)

자료 : R. A. Baron & J. Greenberg, *Behavior in Organizations*, 1990, Allyn & Bacon, p. 487.

3) 관리계층에 의한 의사결정기능의 분화

이와 같이 정형적 의사결정과 비정형적 의사결정의 차이가 존재하지만 이 양자는 상호배타적인 것이 아니며, 상호보완적이고 계층적이다. 이들 두 유형의 의사결정은 조직의 계층에 따라 밀접한 관련을 맺고 있다. 즉 일상적이고 구조화된 정형적 의사결정은 조직의 하위층에서 많이 이루어지고, 비일상적이고 덜 구조화된 비정형적 의사결정은 조직의 상위층에서 많이 이루어진다.

[그림 7-7] 조직에서의 문제와 의사결정의 본성

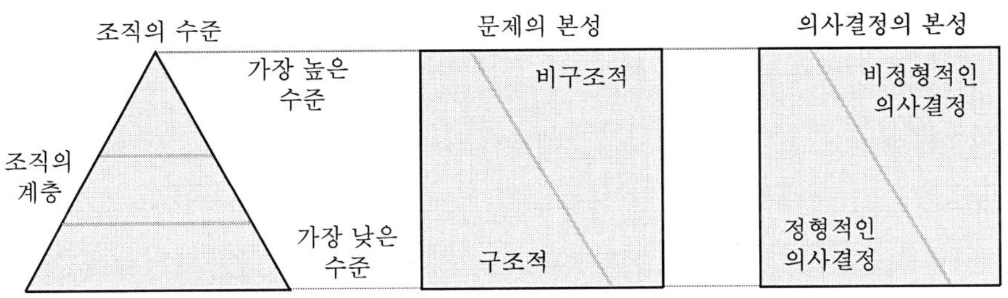

자료 : H. Koontz & H. Weihrich, *Management*, McGraw-Hill, 1984, p. 142.

4. 의사결정의 수준에 의한 분류

안소프(H. I. Ansoff)는 의사결정을 조직의 관리수준에 따라 전략적(strategic) 의사결정, 관리적(administrative) 의사결정, 업무적(operational) 의사결정으로 분류하였다.

1) 전략적 의사결정

전략적 의사결정은 주로 기업의 내부문제보다 오히려 외부환경과 관련되는 것으로 그 기업이 생산하려는 제품믹스와 판매하려는 시장의 선택 등 기업의 구조에 관한 것이다. 다시 말하면 그 기업이 어떤 업종에 종사하며 장래 어떤 업종으로 진출할 것인가를 결정하는 문제이다. 따라서 전략적인 문제에 포함되는 몇 개의 사항을 열거하면 그 기업의 제목표, 다각화의 지향정도, 현재의 제품/시장 지위정도 등에 관련된다. 전략적 의사결정은 각종 대체안에 관한 자원분배의 선택을 다룬다. 예컨대 현행 사업활동에 중점을 두면 다각화가 저지되고 다각화에 중점을 두면 현재의 제품이 등한시된다. 결국 이 목적은 기업의 목표를 달성함에 있어 최선의 능력을 발휘할 수 있는 자원의 할당모형을 만드는데 있다고 하겠다.

주로 최고경영자에 의해 이루어지는 전략적 의사결정은 새롭고 복잡한 문제에 반응하여 이루어지고, 경제적 상태, 경쟁자와의 관계 또는 노조와의 협상 등과 같은 광범위한 변수들을 다룬다. 그리고 기업의 전체적인 방향과 최종적인 생존능력을 결정함으로써 여러 의사결정 유형중 가장 중시되는 의사결정이다.

2) 관리적 의사결정

관리적 의사결정은 업무수행의 능률을 증진하고 기업의 업적을 최대한 증진시키도록 자원을 조직화하는 문제와 관련된 의사결정이다. 따라서 때로는 협조적(coordinative) 또는 통합적 의사결정이라 불리운다.

듀브린 등은 오늘날의 기업성공에 결정적인 중요한 의사결정이라 주장하는데, 주로 기업의 중간관리층에서 행해지는 의사결정이다. 이의 대상영역의 하나는 조직구조에 관한 것으로 권한과 책임의 관계, 작업의 흐름, 정보의 흐름, 유통경로 및 여러 시설의 입지 등을 조직화하는 일이요, 또 다른 대상영역은 자원의 조달 및 개발에 관한 것으로 원재료의 개발, 종업원의 훈련과 개발, 자금조달, 제시설과 설비의 조달에 관한 것이다.

3) 업무적 의사결정

업무적 의사결정은 통상 그 기업의 활동력과 관련된 부분에 영향을 미치는 것으로 이의 목적은 기업의 자원전환과정에 있어서의 능률을 극대화하는데 있다. 즉 현행 업무의 생산성을 극대화하는데 있다. 주요 의사결정 영역은 각 기능부문 및 제품라인에의 자원배분(예산화), 업무의 일정계획화, 업무의 감독 및 통제행위 등이 된다. 따라서 이의 주요 결정사항은 가격결정, 마케팅 전략의 설정, 생산의 일정계획과 평균재고량의 설정, 연구개발과 마케팅 업무활동 등에 필요한 비용의 결정 등이 된다. 이러한 의사결정은 기업의 하위관리층과 일반종업원들의 업무에서 많이 찾아볼 수 있다.

4) 관리계층에 따른 의사결정 수준의 분화

이와 같은 세 가지 수준의 의사결정은 조직의 관리계층에 의해 분화되는데, 전략적 의사결정은 최고경영층이, 관리적 의사결정은 중간관리층이, 업무적 의사결정은 하위관리층과 작업층이 주로 담당한다. 그러나 이는 그 관계계층에서 전적으로 특정수준의 의사결정만을 의미하는 것이 아니다. 다만 관리계층에 따른 의사결정의 수준별 비중이 다를 뿐이다.

최고경영층은 전략적 의사결정 〉관리적 의사결정 〉업무적 의사결정의 비중으로 기능이 할당되고, 중간관리층은 관리적 의사결정 〉전략적 의사결정 = 업무적 의사결정의 비중으로 기능이 할당되며, 하위관리층 및 작업층은 업무적 의사결정 〉관리적 의사결정 〉전략적 의사결정의 비중으로 기능이 할당된다. 전략적 의사결정일수록 덜 구조화된 문제를 다루기 때문에 비정형적 의사결정이 많고, 업무적 의사결정일수록 훨씬 더 구조화된 문제를 다루기 때문에 정형적 의사결정이 많다.

[그림 7-8] 경영계층별 의사결정의 수준

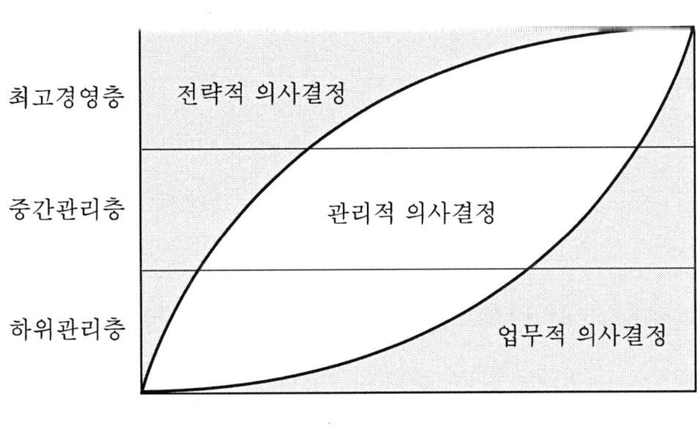

제4절 의사결정의 기법

1. 전통적 의사결정기법

경영의사결정은 경영의 역사와 함께 오랫동안 이루어져 왔고 현재도 빈번하게 이루어지고 있다. 초기의 원시적 의사결정은 경영자의 단순한 직관이나 판단 등에 의해 이루어지다가 점차적으로 경험법칙이나 창조성을 활용한 의사결정기법이 활용되었다. 비정형적 의사결정들이 반복되면서 이러한 의사결정을 정형화하여 시간과 비용을 줄일 수 있게 된 것이다. 정형적 의사결정의 원형은 관습이나 표준업무 절차에 의한 결정이었으나 회계제도의 발달로 회계보고서를 활용하는 단순 계산결과의 비교와 같은 구조적 의사결정기법을 개발하게 되었다.

[표 7-3] 전통적 의사결정기법

비정형적 의사결정기법	① 경영자의 직관, 판단 ② 경험법칙, 창조성
정형적 의사결정기법	① 경영자의 관습 ② 표준업무 절차 ③ 회계보고서를 이용한 재무비율분석 ④ 전통적 자본예산기법

2. 근대적 의사결정기법

근대적 의사결정기법의 특성은 의사결정을 객관화, 계량화하여 시행착오를 줄이고 미래의 예측을 보다 정확히 하는데 있다. 특히 컴퓨터의 발달은 경영의사결정에 필요한 정보를 계량화하는데 더욱 용이하게 되었다.

이러한 의사결정의 방법론을 사용하는 사람들은 자칭 경영과학자라 하며, 경영의사결정에 수학적 공식 또는 모델을 활용하고 있다. 근대적 의사결정기법에서의 정보의 계량화와 모델화는 정형적 의사결정 뿐만 아니라 비정형적 의사결정에서도 활용하여 객관적 합리성을 높이려 하였다.

[표 7-4] 근대적 의사결정기법

구분	기법
비정형적 의사결정기법	① 시뮬레이션(simulation) ② 휴리스틱(heuristic)
정형적 의사결정기법	① 선형계획법(linear programming;LP) ② 대기행렬이론(quening theory) ③ PERT/CPM ④ 의사결정나무법(decision tree) ⑤ 게임이론(game theory) ⑥ 손익분기점 분석(BEP analysis) ⑦ 투자안의 현재가치분석(IRR, NPV)

이러한 여러 가지 의사결정기법들은 의사결정 문제의 본질에 따라 하나 또는 둘 이상의 방법들이 활용된다. 즉 선형계획법, 대기행렬이론, PERT/CPM 등은 생산계획에 이용되고, 의사결정나무법, 손익분기점 분석, 투자안의 현재가치분석 등은 자본의 조달과 운용 등 투자의사결정에 이용되고, 시뮬레이션이나 휴리스틱기법은 경영전략적 의사결정에 주로 이용된다.

1) 시뮬레이션

원래 시뮬레이션(simulation)은 현실을 모의하는 모델(model)로서 가상현실의 세계속에서 행하는 행동훈련에 사용된 방법으로 자동차운전, 비행파이롯, 우주선의 우주인 등의 훈련에 사용된 방법이다. 이를 기업의 현실에서는 곤란한 기술조작이나 행동훈련에 응용하게 되었다.

시뮬레이션은 현실에서 발생 가능한 모든 변수와 그 인과관계를 가상현실세계 또는 하나의 의사결정 모델에 투입하여 최적의 해를 얻는 방법이다. 따라서 시뮬레이션에 의한 의사결정의 성공여부는 가상현실 또는 모델을 얼마나 현실화하는가에 달려 있다.

2) 휴리스틱

휴리스틱(heuristic) 방법은 시뮬레이션기법에 인간의 지혜와 판단을 가미하는 방법이다. 즉 분석되어야 할 대체안의 수를 의사결정자의 판단에 의해 제한하여 비교를 용이하게 하는 것으로 정밀한 수학적 모형이 적절치 못한 비구조적 문제를 다루는데 유용한 기법이다. 때로는 휴리스틱 기법에 컴퓨터가 이용될 수도 있다.

사이몬은 경영자가 모든 대체안에 대해 완전한 지식을 가지고 있지 않기 때문에 대체안의 수를 줄이기 위해 주먹구구식 방법이 응용된다고 주장한다. 따라서 휴리스틱 문제해결은 최적의 해를 구하는 것이 아니라 만족스러운 해결을 추구하는 것이다.

3) 선형계획법

선형계획법(linear programming)이란 문제해결에 있어서 변수들의 관계를 일차방정식으로 정의하고, 이 일차방정식을 연립방정식으로 풀어 해를 구하는 방법으로 주로 자원할당문제에 대한 의사결정에 이용된다. 선형계획법을 활용하는 분야는 ① 물류관리에 있어서의 상품분배, ② 직무에 대한 종업원의 배치, ③ 최적 제품믹스의 개발, ④ 기계이용을 최적화하는 생산량의 결정 등이다.

4) 대기행렬이론

대기행렬이론(quening theory)은 최초에 수동식 전화의 전화교환원의 인원산정 문제해결에서 행해진 이론으로, 서비스를 받기 위해 기다리는 사람과 자원의 단위와 서비스 창구의 단위를 최적화하는 수량관계를 찾아내는 것이었다. 일상생활에서 행렬을 지어 대기하는 현상은 흔히 볼 수 있는 일로 기차역, 버스정류장, 생산공정에서의 가공대기, 창고의 상품출하대기 등 모두 대기행렬 현상으로 파악할 수 있다.

5) PERT/CPM

PERT(program evaluation and review technique)와 CPM(critical path method)은 대규모 건설공사, 연구개발 사업 등을 계획하고, 일정계획을 수립하고 통제하는데 널리 이용되는 네트워크 분석기법이다.

PERT는 1958년 미국 해군에서 폴라리스 미사일(polaris missile) 사업의 계획 및 통제를 위해 개발된 것으로, 프로젝트 개발 완료시간의 불확실성을 타개하기 위해 개발되었다. PERT는 완료시간의 확률분포에 의해 평균완료시간을 계산하는 확률적 도구이다.

CPM은 1957년 미국의 듀폰(Dupon)회사에 의해 활동시간이 확정된 공장의 건설을 위해 개발되었다. CPM에 있어서는 활동의 완료시간이 하나의 추정치로 부여되며 또한 활동의 완료에 필요한 비용의 추정치가 부여됨으로써 자원의 추가투입에 대한 비용의 증가에 의해 완료시간의 단축을 꾀할 수 있게 해준다.

이와 같이 PERT는 시간의 계획과 통제를 위한 기법인 반면 CPM은 시간과 비용을 통제하기 위한 기법이다. 그러나 오늘날 프로젝트의 계획 및 통제를 위한 절차는 PERT나 CPM의 특성을 결합하고 있어 이 두 기법이 동시에 PERT/CPM으로 사용된다.

6) 의사결정나무법

의사결정나무(decision tree)는 어떤 대체안이 최적안인가를 결정하기 위해 각 대체안의 결과와 확률분포를 나무가지 모양으로 도시한 것이다. 이것은 연속적인 의사결정을 필요로 하는 복잡한 문제의 관련정보를 표시하는데 적절하다. 의사결정나무를 구성할 때는 ① 결정나무의 골격이 되는 대체안과 불확실한 사건현상, ② 결과의 이익 또는 손실, ③ 불확실한 사건현상과 결과가 발생하는 확률 등의 요소를 결합하여 각 대체안의 기대치를 계산한다. 이 기법은 위험하의 의사결정의 한 기법이다.

7) 게임이론

게임이론(game theory)은 경쟁적인 상황 또는 상충하는 상황에서의 의사결정에 대한 분석의 도구로 경영학, 사회학, 행동과학 등에 응용된다. 게임이론에서 의사결정 문제의 특성은 둘 이상의 의사결정자가 관련되어 있으며, 각 결정의 결과 또는 성과는 모든 의사결정자의 행동에 달려 있다. 또한 의사결정자들의 목적은 일치하지 않으며 때로는 적대적이다. 대부분의 경우 각자는 상대방을 희생해서 자신의 이익을 극대화하려 한다. 이러한 현상은 바둑이나 테니스 같은 게임과 유사하기 때문에 게임이론이라는 명칭이 사용된다. 게임이론은 시장전략, 국제적 무력 충돌, 노사협상 등에 적용할 수 있다.

8) 손익분기점 분석

손익분기점 분석(BEP Analysis)은 특정의 매출액(판매량)이 이익을 가져올 것인가 또는 손실을 가져올 것인가를 결정하는 분석도구이다. 수익과 비용이 동일한 매출액을 손익분기점 매출액으로 보고 그 이상의 매출고를 올리면 이익이 발생하고 그 이하의 매출고를 기록하면 손실이 발생한다. 이 기법은 고정비에 대한 부담이 매출량이 증가할수록 단위당 고정비가 감소하기 때문에 이익이 증가하는 규모의 경제가 단기적으로 존재하며 이익극대화가 기업의 목표가 된다는 점을 전제로 하고 있다. 손익분기점 분석법은 최적생산량의 결정, 적정재고수준의 결정, 투자의 자본비용 계산 등 생산·재무 의사결정에 활용될 수 있다.

9) 투자안의 현재가치 분석

투자안 선택의 의사결정에 있어서 고려되는 투자수익 또는 수익률을 계산할 때 화폐의 시간가치를 고려하여 대체안을 평가하는 방법이다. 이는 오늘의 100원의 가치가 내일의 100원의 가치와 같지 않으며 가치가 더 크다는 사실에 기인한다. 이 방법은 어떤 투자안의 수익률을 계산할 때 최저필수수익률을 기준으로 하여 의사결정 기준으로 삼는 내부수익률법(IRR)과 수익의 절대가치를 평가하는 순현재가치법(NPV)이 있다. 두 방법 모두 미래에 얻게될 투자안의 수익과 비용을 일정한 할인율로 할인한 값으로 계산한다.

3. 현대적 의사결정기법

현대적 의사결정기법들은 근대적 의사결정기법에 의사결정자의 주관적 판단과 견해를 가미한 혼합기법들이고 미래의 불확실성을 더 많이 고려한 기법들이다. 이 기법들은 델파이(delphi)법, 브레인 스토밍(brain storming), 포트폴리오 이론(portfolio theory), 상황적합(contingency) 의사결정모형, 대등교환법 등이 있다.

1) 델파이법(delphi method)

희랍신화에서 자신의 운명을 델파이 신전(Delphic Oracle)의 도움으로 알아보았듯이, 오늘날 경영의사결정자가 최선의 의사결정을 위해 전문가의 도움을 받는 것이다. 델파이법은 미국의 랜드(Rand) 회사에 의해 개발된 의사결정기법으로 인간의 직관을 이용하여 전문가들의 의견을 모아 조직화하여 하나의 해를 찾아나가는 일종의 시행착오법이다.

이 기법은 ① 먼저 어떤 주어진 문제에 대한 전문가의 의견을 수집하고, ② 수집된 의견을 종합하고 다시 전문가에게 회람시키고, ③ 전문가들은 타인의 견해를 참고하여 자신의 의견을 다시 제시하고, ④ 이러한 과정을 반복하여 일치된 견해를 구하는 방법이다. 이 기법은 주로 최고경영층에서 전략적 의사결정을 할 때 활용할 수 있는 방법이다.

2) 브레인 스토밍(brain storming)

광고회사에서 창의적 사고를 촉진하기 위한 방법으로 오스본(A. F. Osborn)에 의해 개발되어 오늘날 문제해결을 위한 아이디어를 얻기 위해 사용하는 기법이다. 이 기법은 집단의 창조적 생각(group creative thinking)을 창출하는 일반적인 접근방법이다. 창조적 대체안의 개발을 방해하는 일체의 압력을 제거하고 구성원의 창조성을 강조하는 이 기법은 문제해결을 위한 자주적 아이디어를 대면적으로 하는 집단토의 방법이다.

3) 포트폴리오 선택(portfolio selection)

포트폴리오란 두 개 이상의 자산으로 결합된 조합이란 뜻으로 투자자들이 투자결정시 여러 개의 투자안에 분산투자하여 위험을 줄일 수 있다는 전제하의 의사결정기법이다. 대부분의 투자자들은 위험기피형 투자자이고 소액투자자이기 때문에 주어진 조건하에서 위험이 적고 수익성이 높은 투자안을 선호한다. 그런데 여러 개의 투자안에 분산투자 할수록 기대수익률은 동일하나 위험의 크기인 표준편차는 감소시킬 수 있다. 이러한 포트폴리오 이론을 이용하여 샤프(W. F. Sharpe)는 개별자산의 투자의사결정을 해결하기 위한 자본자산가격결정모형(CAPM) 이론을 발전시켰다.

4) 상황적합적 의사결정 모형(contingency decision making)

상황적합적 의사결정 모형은 동태적 의사결정과정을 제시한 모형으로 조직구성원들의 의견 일치정도에 따른 조직구조결정에 관한 이론이다. 이 모형은 인과관계에 대한 신념과 가능한 목표에 대한 우선 순위의 상호작용에 바탕을 두고 있다. 인과관계에 대한 신념은 목표를 달성하는데 이용되는 수단에 대한 경영자들 사이의 의견일치 또는 불일치의 정도를 말한다. 가능한 목표에 대한 우선 순위는 조직이 추구하는 목표에 대한 경영자들 사이의 의견일치 또는 불일치의 정도를 말한다. 상황적합적 의사결정 모형은 이 두 변수를 종합함으로써 창출되어 [그림 7-9]와 같이 네 가지 상황에 따른 네 가지 의사결정전략이 나타난다.

[그림 7-9] 상황적합적 의사결정 모형

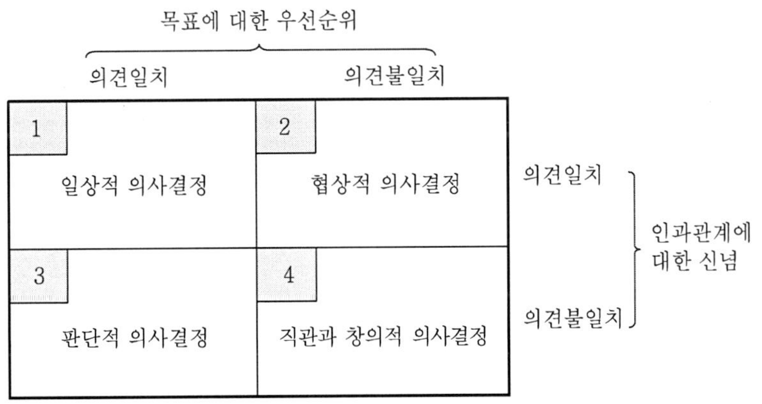

자료 : J. Thompson, "Decision Making, Firm, and the Market," in W. Cooper et al.(eds), *New Perspectives in Organizational Research*, Wiley, 1964.

주요한 의사결정 상황과 전략은 다음과 같다.

1은 인과관계와 목표에 대한 의견일치의 상황으로 일상적 의사결정 전략이 적합하다.

2는 인과관계에 대한 의견일치 그러나 목표에 대한 의견불일치 상황으로 협상적 의사결정(교섭) 전략이 적합하다.

3은 목표에 대한 의견일치 그러나 인과관계에 대한 의견불일치 상황으로 판단적 의사결정 전략이 적합하다.

4는 인과관계와 목표의 양자에 대한 의견불일치 상황으로 인스피레이션(직관과 창의성) 전략이 적합하다.

5) 대등교환법(trade-off method)

대등교환법이란 상충관계하의 대체안을 선택할 때 서로 다른 목적과 각각의 독특한 비교기준이 존재함으로 발생하는 의사결정의 어려움을 해결하기 위해 하버드대학에서 개발한 일종의 물물교환법의 의사결정기법이다. 대등교환법은 복잡한 결정을 쉽게 만들어 주지는 않지만 신빙성 있고 일관된 방식으로 하나를 포기하고 다른 것을 선택할 수 있는 방법론으로서 상충관계의 기계적인 요소를 단순 명료화함으로써 의사결정을 위한 가치판단에 노력을 집중하게 해준다.

대등교환법의 단계는 다음과 같다(J. Hammond, R. Keeney & H. Raiffa, 1998).

첫째, 선택가능한 대안들이 고려대상이 되는 여러 목표들을 얼마나 잘 달성해 줄 수 있는가를 요약해 주는 결과표를 작성한다. 이렇게 함으로써 의사결정자는 자신이 고려하는 목표가 어떤 것인지, 가능한 대체안은 무엇인지, 각각의 대체안이 얼마나 효과적으로 각각의 목표를 달성할 것인지에 대해 심사숙고할 수 있다.

예를 들면 어떤 경영컨설턴터가 사무실을 임대하여 빌리려고 할 때 고려해야 할 요소는 짧은 통근시간, 고객의 접근용이성, 사무서비스(비서, 복사기, 팩스, 우편 등), 충분한 공간, 저렴한 비용 등 다섯 가지라고 하자. 이 사람이 10군데 이상의 장소를 둘러본 후 명확히 열등한 곳을 제외하고 인천, 일산, 강남, 강북, 분당의 다섯 곳을 고려한다면, 이에 대한 결과표를 [표 7-5]와 같이 작성할 수 있다.

[표 7-5] 대체안의 결과표

목표 \ 대체안	인 천	일 산	강 남	강 북	분 당
통근시간(분)	45	25	20	25	30
접근용이성(%)	50	80	70	85	75
사무서비스	A	B	C	A	C
사무실크기(평)	800	700	500	950	700
평당월세(원)	2,300,000	2,000,000	3,000,000	2,400,000	2,500,000

둘째, 결과표를 더 단순화한 순위표를 작성한다. 결과표는 최선의 선택을 가능하게 해 주는 자료를 일목요연하게 제공하긴 하나 목표와 대안의 수가 많을 때 어떤 대체안이 우월한가를 판단하기가 쉽지 않다. [표 7-6]의 순위표는 이 단점을 극복해 준다. 위에 예에서의 결과표를 순위표로 작성하면 [표 7-6]과 같다.

셋째, 순위표로부터 열등한 대체안을 찾아내서 탈락시킨다. 이것은 마치 탐정이 수사할 때 가능성이 적은 용의자부터 제외시켜 수사범위를 좁히는 것과 유사하다.

[표 7-6] 대체안의 순위표

목표 \ 대체안	인 천	일 산	강 남	강 북	분 당
통근시간(분)	5	2	1	2	4
접근용이성(%)	5	2	4	1	3
사무서비스	1	3	4	1	4
사무실크기(평)	2	3	5	1	3
평당월세(원)	2	3	5	1	4

위의 예에서 일차로 인천, 분당이 탈락된다.

넷째, 상충관계에 있는 선택을 해야 하는 경우 대등교환법을 이용하여 유일한 대체안이 남을 때까지 체계적으로 각각의 장·단점을 잘 균형시킨다. 대등교환법의 핵심은 하나의 목표를 더 많이 달성하기 위해 다른 목표를 얼마나 많이 포기할 용의가 있는지를 의사결정자가 발견하는 것이다. 위의 예에서 접근의 용이성을 8% 올리기 위해서 통근시간 5분을 포기할 용의가 있다면 일산, 강남, 강북의 통근시간이 모두 25분으로 같아져서 비교요소에서 탈락시킬 수 있다.

[표 7-7] 대등교환에 의한 대체안의 선택

〈대등교환 1〉

목표 \ 대체안	일 산	강 남	강 북
통근시간(분)	25	25	25
접근용이성(%)	80	78	85
사무서비스	B	C	A
사무실크기(평)	700	500	950
평당월세(원)	2,000,000	3,000,000	2,400,000

⇒ 〈대등교환 2〉

일 산	강 북
25	25
80	85
B	B
700	950
2,000,000	2,100,000

⇒ 〈대등교환 3〉

강 북
25
85
B
950
2,100,000

이제 남아 있는 대체안 일산과 강북의 교환요소를 사무실의 서비스와 월세로 한다면 강북의 경우 서비스를 한단계 포기하면 평당 임대료가 300,000 저렴한 동일한 사무실을 얻을 수 있는 대

등교환이 가능하다.

남아있는 비교 요소는 고객접근의 용이성과 사무실 임대료이다. 이 두 요소의 교환에서 만일 접근용이성에 대한 5%의 가치가 사무실 평당 임대료 100,000의 가치보다 크다면 일산을 탈락시키고 최종적으로 강북이 선택된다.

연 습 문 제

1. 다음 용어를 설명하라.
   - PERT/CPM
   - 게임이론
   - 대기행렬이론
   - 대등교환법
   - 델파이법
   - 만족화
   - 불확실성
   - 브레인 스토밍
   - 비정형적 의사결정
   - 선형계획법
   - 손익분기점 분석
   - 시뮬레이션
   - 위험
   - 의사결정
   - 의사결정나무법
   - 정형적 의사결정
   - 포트폴리오 선택
   - 확실성
   - 휴리스틱

2. 의사결정의 전제조건을 설명하라.

3. 의사결정의 합리성의 개념을 설명하라.

4. 합리적 의사결정의 과정을 설명하라.

5. 의사결정의 상황조건에 따른 분류를 설명하라.

6. 의사결정의 주체에 의한 분류를 설명하라.

7. 의사결정의 구조화 정도에 의한 분류를 설명하라.

8. 의사결정의 수준에 의한 분류를 설명하라.

제 8 장

경영전략의 기초

제1절 경영전략의 의의와 기능

1. 경영전략의 의의

1) 경영전략의 정의

군사용어인 전략(strategy)의 개념이 경영학에 도입된 것은 1960년대 미국에서이다. 미국에서 경영전략이 생성된 이유는 첫째, 당시 미국의 기업들은 활발한 다각화로 인해 제품시장 선택의 지침이 필요했고, 둘째, 중장기계획을 도입하기 시작하면서 장기계획의 지침이 필요했기 때문이었다.

경영전략이란 주로 기업외부의 문제와 관련이 있는 결정으로서 기업의 외부환경 변화에 기업 전체를 대응 또는 적응시키기 위한 의사결정을 가리킨다. 이러한 전략적 결정을 통해서 기업목표나 시스템이 결정되며, 또한 목표를 달성하기 위한 경영전략이 결정된다. 이에 비해 관리적 결정은 대내적 경영계획의 결정을 의미한다. 이는 전략적 결정에 의해 결정된 기업의 목표와 전략을 실행하기 위해 조직을 형성하고, 전략의 실행에 필요한 인원 · 설비 · 기술 · 자본 등 제자원을 조달 · 개발하는 의사결정으로서 주로 대내적 경영정책의 결정, 즉 경영계획적 결정에 해당한다고 할 수 있다.

군사적 전략이나 경영전략에 있어 전략의 기본개념에는 변화하는 환경의 불확실성에 주목하여 기업목적의 설정, 대체수단의 선택(의사결정), 경쟁환경에의 적응이라는 세 가지 요소가 포함되어 있어야 한다.

(1) 기업목적의 설정

경영전략은 전략 그 자체가 목적이 아니라 기업의 목적을 달성하기 위해 필요한 행동을 일으키게 하는 수단이다. 이를 위해서는 우선 기업목적이 설정되어야 하며, 바로 경영전략은 기업전체에 대해 하나의 방향을 가리키는 지침이다.

(2) 대체수단의 선택(의사결정)

경영전략은 그러한 목적에 도달하기 위한 대체적인 수단을 선택하는 의사결정(decision making)과 그 과정(process)이다.

(3) 경쟁환경에의 적응

경영전략은 급변하는 경쟁적 환경속에서 현재 및 미래 경쟁기업의 행동과 환경변화에 대해 적응하는 것이다. 이렇게 볼 때 경영전략은 변동하는 기업환경속에서 기업의 유지와 성장을 위해서 외부환경의 변화에 대해 기업전체로서 적응 또는 대응하기 위한 목적의 설정과 그 수단의 선택에 관한 의사결정으로 인식된다. 이와 같은 경영전략은 다음과 같은 특성을 지닌다.

첫째, 경영전략은 기업과 관련된 가장 본질적인 문제를 다룬다. 즉 기업이 속한 사업분야가 무엇인지, 또 어떤 층의 고객이 주요 대상인지, 그리고 주요 판매시장은 어디인지 등에 관한 의사결정이다.

둘째, 경영전략은 일상적인 의사결정과 관련된 세부계획의 기본골격이 된다. 경영전략은 기업이 갖고 있는 제자원의 배분과정에서부터 일상적인 경영활동에 이르기까지 다양한 부분을 포괄하고 있다. 그러므로 하부경영계층의 각종 전술계획이나 작업계획들은 실천에 있어 전사적인 경영전략에 일치시켜 추진되어야 한다.

셋째, 경영전략의 수립은 다른 계획들과 비교하여 시간이 많이 소요된다. 일반적으로 경영전략은 몇 개월이나 1년과 같은 단시간내에 추진하고 성사될 수 있는 것이 아니므로, 장기적이고 지속적으로 추진되어야 하며 추진결과까지도 함께 평가되어야 하는 계획이다.

넷째, 경영전략은 기업의 모든 에너지와 자원이 소요되는 최우선적 과제이다. 경영전략은 기업이 미래에 있어 보다 높은 성장과 유리한 우위를 확보하기 위해 추진하는 주요한 계획이기 때문에 기업이 소유한 인적·물적자원은 최우선적으로 경영전략을 위해 조달되어야 하며 적시에 배분되어야 한다.

다섯째, 경영전략은 최고경영자의 적극적 관심과 참여가 요구되는 최고경영층의 경영활동이다.

왜냐하면 최고경영자는 적극적으로 기업의 모든 측면을 관찰하여 경영전략을 수립해야 하며, 또한 하위의 경영계층이 경영전략을 효율적으로 실천하는 데는 최고경영층의 적극적 참여와 지원이 있어야 하기 때문이다.

2) 경영정책과 경영전략의 관련성

경영정책(policy)이란 원래 경제학에서의 실천경제학의 개념으로 사용되었다. 경영학에서는 경영자가 기업의 경영활동에 영향을 미칠 것을 목적으로 하는 행동, 또는 주어진 목적을 추구하기 위해 취하는 행동이나 그 원리를 말한다. 이러한 경영정책의 개념은 경영전략과 혼동해서 사용하거나 병용해서 사용하기도 한다. 그러나 이 두 개념의 관련성은 다음과 같다.

첫째, 경영전략을 상위개념, 경영정책을 하위개념으로 보는 관점이다. 히긴스(J. M. Higgins)가 이러한 입장을 견지해 온 대표적 학자로 그는 경영정책을 경영전략의 성공적인 수립과 수행을 보장하기 위한 광범위한 지침으로 보고 있다. 곧 경영정책을 경영전략의 구성요소로 보고 있다.

둘째, 경영전략과 경영정책을 대등하게 보는 입장이다. 호퍼와 쉔델(C. W. Hofer & D. Schendel, 1979)은 경영전략은 넓은 의미에서 경영정책이란 용어의 일반적인 형태로 보고 있으며, 스타이너(G. A. Steiner, 1968)는 경영전략을 종래 경영정책이라 불리던 것에 대체되는 오늘날의 일반적인 용어로 다루면서 이례적으로 그의 저서에서 경영정책과 경영전략(policy/strategy)을 묶어서 전개하고 있다.

셋째, 경영정책을 상위개념, 경영전략을 하위개념으로 보는 입장이다. 창(Y. N. Chang, 1980) 등은 경영정책이란 기업의 기본적인 제문제, 그 목적, 사명 및 광범위한 목적을 규정하는 기본적인 틀(framework)이고, 기업전체의 관점에서 기업행동을 지배하는 일련의 지침인 반면, 경영전략이란 기업목적달성을 위한 중요한 행동과정을 묘사해 주는 주요 계획이며, 현재 및 미래의 기회를 포착하고 위협을 제거하기 위해 제자원을 배분하는 수단을 규제하는 청사진(blue print)이라 하였다

3) 경영전략과 경영전술의 관련성

경영전략과 유사한 용어로서 경영전술(tactics)이 있는데, 전략은 구체적인 전술을 찾아내기 위한 방향이고, 전술은 전략을 달성하기 위한 구체적인 수단이다. 기업이 어떤 목적을 달성하기 위한 구체적인 수단 또는 대안(alternatives)은 수없이 많다. 이때 전략이란 전술을 찾기 전에 먼저 전술을 탐색할 방향을 결정하는 것이며, 그 결정된 영역안에서 전술을 탐색하게 되는 것이다. 바꾸어 말하면 전술탐색방향 또는 전술영역의 결정이 바로 전략이다. 일반적으로 경영전략과 경영

전술은 [표 8-1]과 같이 구분할 수 있다.

[표 8-1] 전략과 전술의 비교

구 분	시 간	공 간	고려단계	관 점	특 징
전 략 (strategy)	장 기 적 (long-range)	대국적 (global)	전략의 설정	전 사 적 경제-기술적 변수	합 리 적·개 념 적 불규칙성·불확실성
전 술 (tactics)	단 기 적 (short-range)	국지적 (local)	전략의 실천	기 능 적 사회-정치적 변수	행 동 적 불규칙성·확실성

4) 경영정책, 경영전략 및 경영전술의 상호관계

경영정책, 경영전략 및 경영전술의 상호관계와 기능을 파악하거나 정의를 내림에 있어 일반적으로 사용하는 보편적인 접근방법이 있다. 이는 기업이 어떤 일을 수행해 가는 과정 또는 부분, 즉 직무수행 절차를 중심으로 이들의 개념을 구분하는 것이다. 이에 따르면 [그림 8-1]과 같이 정책은 전략의 상위개념으로서 전략을 유도하는 포괄적 개념이고, 전략은 단기적 전술의 방향을 제시하며, 전술은 정책과 전략의 실천적 개념으로 사용된다.

[그림 8-1] 경영정책, 경영전략, 전술의 관계

경영정책
1. 이념(idea)
2. 목표의 설정(object)
3. 보다 구체적인 목표의 설정(objectives in detail)
사업성격의 설정(characteries of object)
4. 계획의 설정(planning)
5. 목표의 설정(goal)
6. 방침(policy)

전 술
7. 개별적 · 구체적 계획의 작성(programming)
8. 일정계획(schedule)
9. 계획의 실시(impementation)
10. 결과의 검토 · 평가 · 반성(review)

경영전략 (3.~7.)

2. 경영전략의 기능

경영전략은 근본적으로 우선 기업을 급변하는 환경에 적응시켜야 하고, 동시에 의사결정을 할 수 있는 결정기준(decision rule)으로서의 기능을 발휘해야 한다. 따라서 경영전략의 기능을 다음과 같이 요약할 수 있다.

1) 환경적응 기능

경영전략은 전체기업의 내외적 환경변화에 혁신적으로 적응할 수 있는 기능을 발휘해야 한다. 경영자가 전술적 경영(tactical decision)에만 치중하고 전략적 결정(strategical decision)을 경시하게 되면 전체기업에서의 성장성과 경쟁력을 상실하게 된다. 특히 급변하는 대외적 정책운영에서는 전략적 결정에 치중하는 환경적응 기능을 수행해야 한다.

2) 기회 및 문제 발견의 기능

경영전략은 기업의 내외환경의 변화속에서 기업의 성장을 가능케 하는 잠재적 성장 개념을 발견하여 이들 기회를 확정하고, 이를 최대한으로 이용하는 기능을 수행해야 한다.

3) 시스템적 기능

경영전략은 기업전체를 하나의 시스템으로 보고 환경의 변화에 적응시키는 기능을 수행해야 한다. 오늘날 기업규모가 커지고 업무가 복잡해짐에 따라 부문세분화가 이루어지고 있는데, 이에 따라 각 부문 상호간에는 높은 장벽이 생기게 되고 각자 고유의 목적을 추구하게 된다. 그 결과 기업전체의 이익을 희생하면서 각 부문의 이익을 추구하게 되어 기업을 둘러싼 내외의 환경변화에 대해 기업전체로서 통일적인 행동을 할 수 없게 된다. 경영전략은 바로 이러한 부문행동을 통합하는 기능을 수행해야 한다.

4) 의사결정 기준의 기능

경영전략의 기능은 목표 지향적인 활동을 결정하고 방향을 제시하는 성격을 지닌다. 바꾸어 말하면 경영전략은 기업의 목표를 달성하기 위해 필요한 활동에 대해서 방향지시적 행위의 결정인 의사결정 기준의 기능을 수행해야 한다. 의사결정 기준의 기능은 다음과 같이 두 가지로 분류된다.

① 탐구적 기준 : 의사결정 행위 이전에 의사결정과 관계되는 자료와 정보의 수집을 통해서 이를 분석 · 검토하여 일정한 방향을 제시하는 의사결정의 분석적 역할을 의미한다.

② 선택적 기준 : 탐구적 기준을 기초로 전략적 결정 이전에 다양한 실행안의 평가기준을 설정하여 그 기준에 따라 선별하게 되는 선택기준의 역할을 의미한다.

제 2 절 경영전략의 구성요소와 과정

1. 경영전략의 구성요소

1) 경영전략의 기본적 구성요소

경영전략은 기본적으로 ① 영역의 결정, ② 경영자원 배분의 결정, ③ 경쟁전략의 결정이라는 세 가지 요소로 구성된다.

(1) 영역(domain)의 결정

경영전략을 책정할 때는 먼저 어떤 사업을 할 것인가, 사업은 어떻게 되어야만 하는가에 대해 명확하게 제시해 두어야 한다. 영역의 결정이란 바로 그 기업의 사업활동영역 · 생산영역을 선택 · 결정하는 것이다. 이때 경영목적에 모순이 없어야 하며, 어느 정도 보편성이 있고, 발전가능성이 있는 사업활동영역을 선택해야 한다.

(2) 경영자원 배분의 결정

영역이 결정되면 기업은 그 영역중에서 자사의 지위를 확립하고 유지하는 노력을 해야 한다. 그러기 위해서는 경쟁에 필요한 경영자원을 어떻게 획득 · 축적하며, 또 이들 유한한 경영자원을 어떻게 각 사업분야에 유효하게 배분할 것인가에 대해 합리적인 결정을 해야 한다. 이때 특히 경영자원 상호간의 시너지효과(상승효과)를 고려하여 축적과 배분을 하게 된다. 경영자원 중에서도 사람 · 물자 · 돈 등의 인적 · 물적 경영자원은 축적보다도 배분의 문제를, 또한 기술, 노하우, 상표이미지(brand image), 고객신용 등의 정보적 경영자원은 배분보다는 축적의 문제를 각각 중시해야 한다.

(3) 경쟁전략의 결정

각 사업분야에 경영자원이 축적 · 배분되면 이들은 적절하게 결합하여 경쟁회사와 시장에서 격심한 경쟁을 하게 된다. 이때 경쟁에 이겨 살아남기 위해서는 경쟁회사에 대해 차별적인 우위성을 확보할 필요가 있다. 포터(M. E. Porter, 1985)는 시장에서 경쟁의 우위성을 획득하기 위한 전략을 경쟁전략이라 하고, 각 기업은 자사의 장 · 단점, 환경에서의 기회와 위협 등을 충분히 고려하여 가장 적합한 전략을 결정해야 한다고 하였다.

2) 안소프의 전략 구성요소

안소프(H.I. Ansoff, 1984)는 경영전략의 구성요소로서 ① 특정의 제품시장분야(product market scope), ② 성장벡터(growth vector), ③ 경쟁상의 우위(competitive advantage), ④ 시너지(synergy)효과의 네 가지를 제시하고, 이들 네 가지 요소에 의해 전략적 의사결정을 현실적으로 전개해야 한다고 주장하였다.

(1) 특정의 제품시장분야

기업은 종사하고 있는 또는 종사하고자 하는 특정의 제품시장분야를 결정함으로써 상호간에 공통관련성(common thread)을 가진 사업활동의 개념이 분명해 진다. 화학공업·전기산업·전자공업이나 식품공업 등의 어느 제품시장분야를 선택하는가는 경영전략의 주요한 내용이 된다. 그리고 제품시장분야의 결정은 공통관련성의 기본원리를 보다 구체화한 전략기준이 된다. 이는 기업이 종사하는 특정의 제품시장분야를 결정함으로써 생산, 기술, 판매 등의 관점에서 공통관련성을 가진 분야의 성장기회를 탐구하는 행동을 일으키게 하기 때문이다.

(2) 성장벡터

성장벡터(growth vector)란 특정의 제품시장분야와 관련해 기업이 성장을 위해 선택하는 방향을 말한다. 이러한 의미에서 성장벡터는 기업의 성장기회를 탐구하고, 또한 성장계획을 규정하는 하나의 중요한 전략기준이 된다. 특정의 제품시장분야의 전략기준은 기업이 종사하는 특정의 산업분야를 결정하게 되는데, 그 산업분야에서 어떤 방향으로 성장행동을 취할 것인가 하는 것이 이 성장벡터의 전략기준에 의해 결정되는 것이다.

(3) 경쟁상의 우위

경쟁상의 우위란 특정의 제품시장분야에 있어서 기업에 강력한 경쟁상의 지위를 부여하는 제품시장의 특성을 말한다. 예를 들면 유력한 특허의 취득이나 혁신적인 제품 개발의 가능성을 가진 제품시장에 참가하는 것 등이 경쟁상의 우위전략이다. 기업은 이와 같은 경쟁상의 우위를 이용할 수 있는 전략적 계획을 탐구함으로써 보다 확실하고 희망있는 성장기회를 탐구할 수 있다.

(4) 시너지(synergy)효과

시너지란 용어는 생물학에서 유래되었는데, 이는 두 개 이상의 근육이나 신경 등의 결합으로 발생하는 결합관련작용을 뜻한다. 안소프는 시너지효과라는 표현을 경영다각화의 이론에 적용하여 경영자원의 결합효과, 공동이용효과를 나타내는 용어로서 사용하였다. 시너지효과란 두 가지가 유기적으로 결합함으로써 단순한 총화 이상의 효과를 발휘하는 것을 말한다. 즉 2 + 2 = 5가 되는 것과 같은 상승효과를 시너지효과라고 한다.

그런데 기업의 전략적 문제에 있어서 시너지란 기업이 새로운 제품시장분야에 진출할 경우 신제품시장분야와 구제품시장분야 사이의 결합효과의 척도를 말한다. 신제품시장과 구제품시장이 잘 적합하게 되면 기업은 신제품시장에의 진출에 의해 2 + 2 = 5가 되는 결합효과를 얻을 수 있을 것이다. 그러나 양자가 적합되어 있지 않으면 2 + 2 = 3과 같은 효과밖에 얻지 못하게 될 것이다. 즉 전자는 플러스의 시너지(plus synergy)가 발생하는 경우이고, 후자는 마이너스의 시너지(minus synergy)가 발생하는 경우라 할 수 있다.

3) 호퍼와 쉔델의 전략 구성요소

호퍼와 쉔델(C. W. Hofer and D. Schendel, 1979)은 경영전략의 구성요소로서 영역, 자원배분, 경쟁우위성, 시너지라는 네 가지 요소를 들고 있다.

① 영역 : 기업의 현재와 예정된 환경과의 상호작용 정도, 활동범위(domain)를 말한다.

② 자원배분 : 기업의 목적(최종도달점)과 목표(중간표적)의 달성을 돕는 과거와 현재의 자원과 기능의 배분 수준과 패턴을 말한다.

③ 경쟁우위성 : 기업이 자원배분패턴과 영역결정을 통해 경쟁자에 대해 전개하는 독자의 우월적 지위를 말한다.

④ 시너지 : 자원배분과 영역결정에서 얻어지는 상승효과를 말한다.

안소프는 제품시장전략이라는 한정된 경영전략을 중심으로 하고 있기 때문에 자원배분을 중심으로 하는 더욱 광범위한 경영전략을 구성하는 호퍼와 쉔델보다도 내용이 좁다. 그 때문에 안소프의 것은 시너지를 제외하면 호퍼와 쉔델의 것에 흡수·포섭된다는 견해도 있다.

2. 경영전략의 과정

1) 안소프의 전략계획시스템의 모델

안소프(H. I. Ansoff, 1984)의 전략계획시스템의 모델은 기업의 목표시스템에서 출발하여 내부평가와 외부평가라는 형태의 환경분석을 하면서 제품시장분야, 즉 사업분야로 좁혀간다. 물론 그 과정은 휴리스틱(heuristic) 방법이다. 그리고 최종적으로는 기업의 목표시스템과 전반전략을 중심으로 하여 관리전략과 재무전략 및 전략예산을 포함하는 전략계획을 세우게 된다.

2) 스타이너의 전략계획행동의 모델

스타이너(G. A. Steiner, 1977)의 전략계획행동의 모델은 먼저 계획을 위한 계획(계획의 연구)을 세우고, 기업내외의 이해자의 기대와 아울러 데이터베이스와 환경정보를 감안하여 기업의 기본전략이 작성된다. 스타이너가 말하는 기본전략의 실체는 목표시스템과 경영방침이나 정책이다.

3) 슈말렌바하협회의 장기기업계획 모델

슈말렌바하협회의 장기기업계획 모델은 전략계획행동이 전반목표계획행동과 업무계획행동의 중간단계에 있으며, 성과·재무계획행동이 이들 세 가지를 측면에서 포괄하고 있다. 이러한 전략계획시스템에는 ① 전반목표를 출발점으로 한 문제와 그 조건의 명확화, ② 전략대체안의 탐구, ③ 이들 대체안의 평가, ④ 최적대체안의 선택이라는 순서가 포함되어 있다. 내용에서 보면 이는 사업분야계획을 핵심으로 하고 있으며 제품실시계획, 자본구조계획을 수반하는 출자계획, 조직·관리시스템계획 등이 포함된다.

4) 경영전략의 과정

경영전략의 공식적인 절차가 어떻게 이루어지는가를 위의 모델들을 종합하여 고찰하면 [그림 8-2]와 같다. 즉 경영전략의 과정은 ① 신규 경영목표 설정, ② 현존 경영목표와 전략의 확인, ③ 경영환경 분석, ④ 기업의 강·약점과 자원분석, ⑤ 신규 전략의 기회와 위협 확인, ⑥ 현존 전략의 변경정도 확인, ⑦ 신규 전략대안의 개발, 평가 및 최적대안의 선택, ⑧ 최적대안의 실행, ⑨ 실행 결과의 평가와 통제라는 아홉 단계로 구성된다.

[그림 8-2] 경영전략의 수립과정

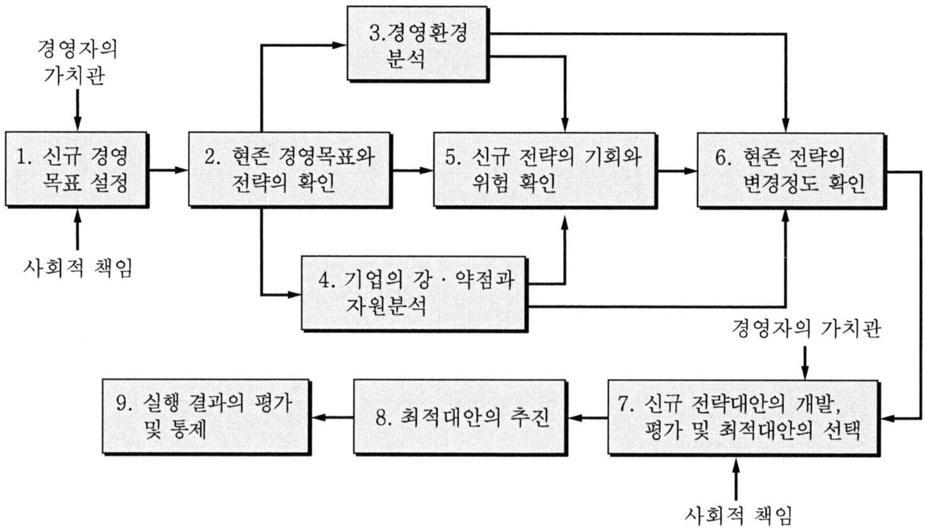

(1) 신규 경영목표 설정 단계

새로운 경영목표를 설정하는 것은 기업이나 사업단위의 경영전략 수립과정에서 가장 중요하다. 왜냐하면 새롭게 책정된 경영목표는 기업의 모든 자원을 필요로 할 뿐 아니라 각종의 경영활동을 규제하며 최고경영층의 주된 의무이기 때문이다.

신규 경영목표의 설정은 기업의 존립이유와 사명을 검토하고 이해하여 이를 실행하기 위한 구체적인 경영목표를 수립하는 것이다. 기업의 사명을 재정의하고 확인하는 작업은 경영자들이 경영목표를 선정하기에 앞서 면밀한 검토와 신중을 요구한다. 기업의 사명을 재확인하는 것은 어떤 사업을 피해야 하며, 또 어떤 사업을 추진해야 하는지 이해하는 것을 포함한다. 경영자가 가진 가치관은 경영목표의 설정과 관련되며, 이러한 가치관은 사회관, 윤리관은 물론 기업의 규모, 생산품의 종류나 생산방법 등과 같은 실질적인 사항을 모두 포함하게 된다.

(2) 경영목표와 전략의 확인 단계

새로운 경영목표가 설정되면 경영자는 다음 단계로 이행해야 하는데, 2단계에서 6단계까지는 신규 경영목표를 달성하기 위해 무엇이 행해져야 하는지 결정하는 근거가 된다.

현존의 경영목표와 전략은 이미 기업전체에서 잘 이해되고 있으며, 부서간에 의사소통이 명료하게 이루어지고 있는 경우가 대부분이다. 또한 현존의 경영목표나 전략은 기업내에서 이미 공식적으로 확정되어 있거나 비공식적이지만 강력한 리더십을 가진 경영자에 의해 추진되고 있는 경우가 많다. 현존의 경영목표나 전략을 확인한다는 것은 전략을 명백하게 확인하는 것이라기보다 최고경영자가 달성하려는 일상적인 작업을 참고하는 과정이라고 할 수 있다. 소규모 기업이나 비영리조직은 공식적인 전략계획을 수립하지 않기 때문에 현존의 경영전략에 대한 확인은 일상적 작업을 검토하는 것 자체가 되는 것이다.

(3) 경영환경 분석 단계

환경분석의 목적은 경쟁자·고객·공급자·정부·금융기관·지역사회 등의 업무환경과 기술적·경제적·사회문화적·정치적·법적 요인 등의 일반환경이 기업에 미치는 변화의 내용을 확인하는 것이다. 특히 경영환경 중에서 가장 중요하다고 생각되는 요소들을 확인하는 것이 필수적이다.

경영환경의 분석에는 예측기법을 비롯하여 경영과학기법이 사용되기도 하는데, 중요한 것은 환경변화를 미리 감지하는 것이다. 물론 경영환경의 예측은 완벽한 정확성을 기대할 수는 없으나 기업으로 하여금 외부경영환경의 변화에 적응할 수 있게 하며, 내부경영환경의 활동을 조정하고 예측하게 하는 효과가 있다.

(4) 기업의 강·약점과 자원분석 단계

기업의 강·약점과 자원을 분석하는 것은 기업의 경쟁적 우위와 열위를 확인하기 위해 필요하다. 경쟁적 우위와 열위라는 것은 현재나 미래의 경쟁자들과 비교하여 기업이 지니고 있는 강점과 약점을 일컫는다.

문제는 잘하고 못하는 것이 아니라 다른 업체와 비교하여 상대적으로 잘하고 있거나 못하고 있는 것이 무엇인가이다. 기업의 상대적 강점은 기업이 무엇을 추구하고 있는가에 좌우되기도 한다. 예컨대 직접우편(direct mail) 판매방법으로의 전환을 모색하고 있는 소매업에서는 강력한 판매집단이 별 도움이 되지 못하는 경우이다.

자원분석에는 다음과 같은 네 가지 절차가 있다. 첫째, 재무적·조직적·기술적 차원에서 기업의 주요 자원과 기술의 명세서를 작성할 것, 둘째, 당사의 제품이 직면하고 있는 경쟁시장에서의 주요 성공요인을 결정할 것, 셋째, 당사의 자원과 기술의 명세서와 경쟁시장에서의 주요 성공요인을 비교하여 유효한 전략추진을 위한 강점과 약점을 확인할 것, 넷째, 당사의 강점과 약점을 경쟁업체들과 비교하여 비교우위를 확보하기 위한 주요 자원과 기술을 확인할 것 등이다.

(5) 신규 전략의 기회와 위협 확인 단계

새로운 전략의 기회와 위협은 많은 요인들에서 발생한다. 예컨대 대규모 상업성 농작물을 경작하기 위해 확보한 땅의 지가가 급등하여 주택이나 아파트를 짓기 위한 사업부를 설치할 것을 고려하고 있는 경우에는 시장상황의 변화가 유리하게 작용하고 있는 경우이다. 그러나 기계식 현금출납기를 제조하고 있는 회사에서 전자기술의 발전에 의해 전자감응식 현금출납기가 출현할 경우 그들 고유의 기술이나 설비가 진부화되는데, 이러한 변화는 오히려 위협이 되는 경우이다. 그러나 똑같은 환경의 변화가 어떤 기업에게는 위협이 되기도 하지만 다른 기업에게는 기회가 되기도 한다.

(6) 현존 전략의 변경정도 확인 단계

자원과 환경에 대한 분석이 끝난 후에는 현존 전략의 결과가 예측될 수 있다. 전략을 추진한지가 오래되고 경영환경이 안정적일수록 현존 전략의 추진결과에 대한 예측이 쉽다. 그리고 나서 경영자는 전략자체를 수정할 것인지 추진방법을 변경할 것인지를 결정해야 한다.

현존 전략의 변경정도를 확인하는 것은 목표설정 과정에서 의도된 목표와 예상된 결과를 비교함으로써 가능하다. 현존 목표와 예상된 결과의 차이가 발생하는 것은 너무 무리한 계획을 추진하거나 과거의 실패경험을 새로운 상황에 반영하지 못했기 때문이다. 이러한 차이가 크면 클수록 전략 변경의 정도는 크게 된다.

(7) 신규 전략대안의 개발, 평가 및 최적대안의 선택 단계

현존 전략의 변경이 필요하다고 확인되면 다음으로 해야 할 작업은 신규 전략대안의 개발, 평가 및 최적대안의 선택이다. 이러한 절차를 일컬어 전략적 의사결정이라고 한다.

전략적 대안의 개발이란 주어진 상황에서 경영목표와 예상결과의 업적 차이를 줄일 수 있는 다양한 대안들을 확인하는 작업이다. 새로운 시장에의 진출이나, 제품의 질을 높이고 원가를 절감하기 위한 제품디자인의 변경, 신규 투자를 행하는 것 등이 이에 해당한다. 현존 전략이 부분적으로 수정되어야 한다면 논리적인 대안의 수는 적다. 신규 제품의 개발이 지연되어 발생되는 문제라면 개발비를 늘리는 것으로 간단히 해결될 수 있으나, 전략의 전면적 수정이 불가피한 경우에는 더욱 다양한 대안과 신중한 고려가 있어야 한다.

(8) 최적대안의 실행 단계

최적대안이 일단 결정되면 그 대안들은 기업의 경영활동으로 실행되어야 한다. 아무리 정교하며 독창적인 전략일지라도 그것이 실제로 추진되지 못하면 기업에게 이익을 주지 못한다. 따라서 전략은 적절한 전술적 계획 · 프로그램 그리고 예산으로 기술되어야만 한다.

만약 새로운 전략대안이 향후 5년 이내에 신제품군을 소개하는 것으로 가정한다면 인사부는 단기충원계획을 마련해야 하며, 마케팅부서는 신제품 개념을 검증하기 위한 예비시장조사를 시행하기 위해 초년도의 예산을 확보해야 할 것이다. 또한 개발부는 전계획기간중의 제품개발에 관한 예비계획을 세워야 하며, 생산부서는 전략의 초기단계에서 기초적인 원가계산을 할 필요가 있다.

(9) 실행 결과의 평가 및 통제 단계

전략이 실행됨에 따라 경영자는 기업이 전략목표를 향해 움직이고 있는지 평가하기 위해 수시로 또는 중요한 단계마다 대안의 진척상황을 전략계획과 비교·평가해야 한다. 기업의 감사는 전략적 통제체계를 고안하는데 중요한 역할을 하게 된다. 전략적 통제에 있어서 두 가지 중점사항은 전략이 예정된 바와 같이 추진되고 있는가의 여부와 전략추진이 예상된 결과를 달성하고 있는가의 여부이다.

제3절 경영전략의 유형

1. 호퍼와 쉔델의 전략유형 분류

기업을 둘러싼 환경의 변화가 가속화하여 사업활동의 범위가 확대됨에 따라 경영전략의 모든 것을 최고경영층이나 전략시스템만으로 결정한다는 것은 어려운 일이다. 따라서 경영전략을 계층화하여 하위전략의 책정은 분권화할 필요가 있게 된다.

호퍼와 쉔델(G. W. Hofer & D. Schendel, 1979)은 경영전략을 [그림 8-3]과 같이 기업전략(corporate strategy), 사업전략(business strategy) 및 직능별 전략(functional strategy)의 세 계층으로 나누고 있다. 그리고 각 계층에서 중요시되는 경영전략의 구성요소는 각기 다르다고 설명하였다. 이와 같이 여러 가지 수준에서 책정되는 기업전략과 사업전략, 직능별 전략의 상호관계는 [그림 8-4]와 같은 매트릭스(matrix)로 표시할 수 있다. 이 그림에서 전체에 관계된 것이 기업전략이고, A 사업전략 또는 B 사업전략과 같이 사업별로 수직적 관계가 되어 있는 것이 사업전략이며, 생산전략과 마케팅전략과 같이 각 직능별로 각 사업을 통해 수평적 관계가 되어 있는 것이 직능별 전략이다.

[그림 8-3] 목표와 경영전략과의 관계

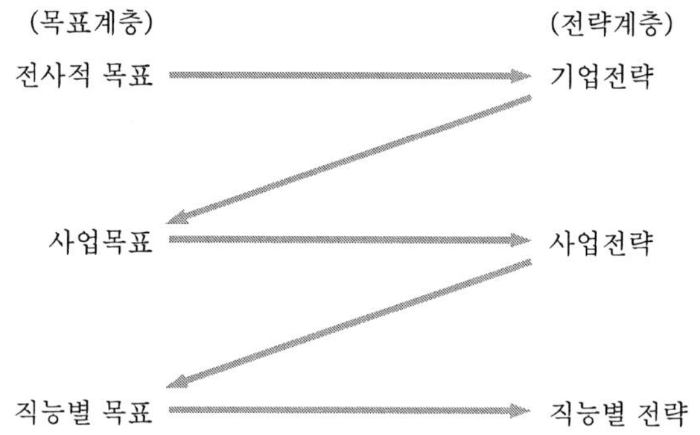

[그림 8-4] 경영전략의 매트릭스구조

그런데 기업전략에 관계되는 사업전략이나 직능별 전략은 전체로서 어떻게 조화되어 있는가가 중요하다. 만일 이들 전략이 전체로서 통합되어 있지 않으면 각 전략은 효과적인 것이 되지 못한다. 그 때문에 먼저 기업전략이 명확해야만 한다. 기업전략 그 자체가 확실하지 않으면 다른 전략도 애매하게 되기 때문이다.

1) 기업전략(corporate strategy)

전사적 차원의 전략인 기업전략에 있어서는 기업전체가 직면하는 기회와 위협의 식별, 경영목표의 설정, 사업활동 범위의 결정, 경영자원의 축적과 배분 등과 관련된다. 즉 기업전략은 기업자체가 택하고 있거나 또 선택할 필요가 있는 여러 가지 행동방침을 규정하는 계획이며, 기업내의 상이한 사업부서들이 기업의 총체적 경영목표를 저해함이 없이 상호협조를 위한 역할을 규정하는 작업이다.

기업수준의 경영전략의 핵심은 사업종류와 다양한 사업간에 기업의 제한된 자원을 어떻게 배분할 것이냐 하는 점이다. 이러한 문제를 해결하기 위해 어떤 사업에 참여할 것이며, 또 어떤 사업으로부터 철수해야 하는가, 또 기업은 어떤 고객을 목표로 삼아야 하는가, 어떤 새로운 기술을 사용해야 할 것인가, 경영활동의 범위를 어떻게 규제할 것이며, 경영목표를 달성하기 위한 제경영활동에 소요되는 인적 · 물적 · 재무적 자원을 어떻게 조달하고 또 배분할 것인가 등의 세부적 의문사항에 관해 해결책을 찾는 것이 기업수준의 경영전략이다.

2) 사업전략

사업전략은 경쟁상 우위를 확보하기 위한 전략이다. 사업전략은 기업전략에 의해 배분된 경영자원의 양이나 종류에 의해 제약된다. 기업전략의 결정은 각 사업분야에 경영자원을 배분하고 신규사업 진출과 기존사업 부문에서의 탈퇴와 같은 결정을 의미한다. 반면에 사업전략은 기업이 각각의 시장에서 경쟁할 수 있는 구체적인 방법으로 경쟁적 우위를 확보하는 경쟁전략이다. 기업전략과 사업전략의 관계를 [그림 8-5]와 같이 요약할 수 있다.

[그림 8-5] 기업전략과 사업전략의 차이

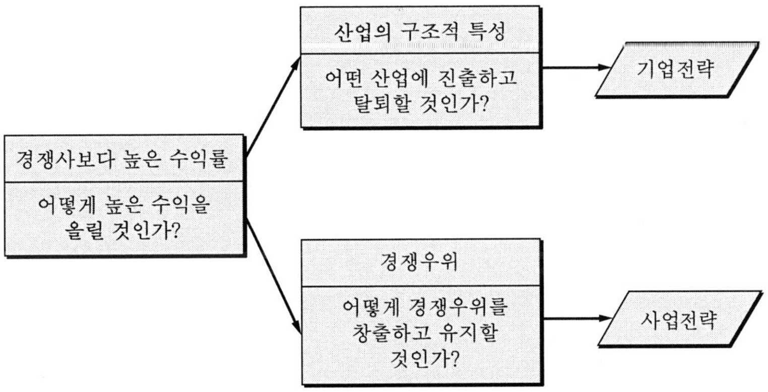

3) 직능별 전략

직능별 전략(functional strategy)은 기업전략과 사업전략에 종속된 하위전략으로서 생산 · 마케팅 · 인사 · 재무 · 회계 · 연구개발 등 경영관리의 제기능을 결정하는 전략이다. 따라서 직능별 전략은 기업전략과 사업전략을 전개하는 과정에서 자금과 인력 등 내부자원의 배분과 기능분야의 활동을 조정함으로써 기업의 전략적 목표달성에 중요한 역할을 한다.

일단 최고경영자들에 의해 기업전략이 수립되고 나면 기업의 관심은 사업전략으로 향하게 된다. 사업전략은 단일사업이 경쟁에서 이기기 위해 어떻게 해야 하는가를 결정하는 것으로 단일사업기업이나 전략사업단위(SBU : Strategic Business Unit)는 특정라인의 제품이나 서비스를 특정산업이나 세분시장(market segment)에 제공한다. 그 회사나 사업단위의 최고경영자들은 ① 기업이 경쟁우위를 어떻게 유지할 수 있으며, ② 핵심 기능부서(생산, 마케팅, 인사, 재무 등) 각각이 어떻게 그 기업의 전반적인 효과에 기여할 수 있는가, 그리고 ③ 그 기능들 사이에 자원이 어떻게 할당되어야만 하는가에 대한 계획을 하게 된다.

직능별 전략의 주요 초점은 자원생산성(resource productivity)의 극대화에 있다. 직능별 수준의 전략에는 신기술의 이행, 신제품의 개발, 새로운 시장의 개척, 새로운 시설의 확장, 그리고 새로운 인적자원 프로그램의 구축방법 등이 포함된다.

2. 마일즈와 스노우의 전략유형 분류

마일즈와 스노우(Miles & Snow, 1978)는 조직구조가 전략에 의해 결정된다는 드럭커, 찬들러, 펠로우 등의 입장과 조직구조가 전략을 제한한다는 스탠포드, 마치, 사이몬 등의 입장을 모두 고려하여 경영전략과 조직구조의 상호관계를 받아들였다. 그리고 기업의 환경변화에 어떻게 대응하는가에 따라 전략의 유형을 방어형 전략(defender), 진취형 전략(prospector), 분석형 전략(analyzer) 및 반응형 전략(reactor)으로 분류하였다(Miles & Snow, 1978).

이들의 전략유형론의 핵심적인 이론적 틀은 기업의 제품과 시장영역(product-market domain)을 정의하는데 초점을 두는 기업가적 문제(entrepreneurial problem)와 해결, 기술의 선택과 생산 및 유통에 사용될 과정에 초점을 두는 기술적인 문제(engineering problem)와 해결, 조직구조와 정책의 수립과정을 선택하고 합리화하며 개발하는 관리적인 문제(administrative problem)와 해결이다. 그런데 기업의 최고경영자가 이러한 문제와 관련해 어떠한 전략을 선택하는가에 따라 방어적 전략을 추구하는 방어형, 공격적 전략을 추구하는 진취형, 분석적 전략을 추구하는 분석형, 반응적 전략을 추구하는 반응형으로 분류된다. 이러한 마일즈와 스노우의 환경변화에 대응한 전략 유형별 특성을 요약하면 [표 8-2]와 같다.

[표 8-2] 적용 사이클의 차원과 전략유형별 특성

적용 사이클 구성요소	차 원	전략유형			
		방 어 형	진 취 형	분 석 형	반 응 형
기업가적 문제와 해결	제품-시장 영역	협 소 조심스럽게 집중	광범위 계속확장	세 분 조심스럽게 수정	불규칙 일시적
	성공자세	자기들의 제품 시장에서 탁월	적극적인 변화시도	변화추종 기업들의 분석	기회적 공격과 경쟁
	감 독	지배적이고 신중하고 강한 감독	시장・환경 중심의 적극적 조사	경쟁중심 철저한 감독	산발적 및 문제중심적 감독
	성 장	신중한 침투 생산성향상	제품시장개발과 다각화	독단적 침투 신중한 제품-시장개발	신속한 변화
기술적인 문제와 해결	기술목표	원가-효율성	유연성과 혁신	기술시너지 효과	프로젝트 개발과 완성
	기술의 폭	핵실기술 기초적 전문성	다양한 기술 강한 기술지원	강점 있는 관련기술	변화하는 기술응용
	기술적 지향성	표준화유지 프로그램	기술적 인적 기능다양성	증가주의와 시너지	실험능력과 술책해결
관리적인 문제와 해결	지배적인 연합	재무와 생산	마케팅과 연구개발	계획수립스탭	문제해결자
	계획수립	내/외적 통제중심	문제와 기회발견 캠페인 중심	종합적인 변화중심	위기중심 및 분할계획
	구 조	기능별 라인권한	제품 및 시장중심	스탭중심 매트릭스중심	엄격한 공식적 권한과 느슨한 운영설계
	통 제	집중화되고 공식적이며 재무중심	시장성과 및 매출액 중심	다양한 방법 신중한 위험 분석 및 매출액 중심통제	문제회피 및 문제조정중심

자료 : Conant, Mokwa and Varadarajan, 1990.

1) 방어형 전략(defender)

이 전략을 추구하는 기업은 총체적인 잠재 시장에서 세분된 시장의 협소하고 안정된 사업영역을 운영하는 기업이다. 또 방어형 전략을 추구하는 기업의 경영자들은 전형적으로 그들의 조직환경내에서 상당한 정도의 안정성을 지각한다. 제품 및 시장영역의 선택은 세분화되고 한정된 시장을 목표로 하여 한정된 제품과 서비스를 제공함으로써 안정을 추구하는 기업이다. 이 유형에 속하는 기업의 경영자들은 안정적인 제품과 시장으로 품질을 개선 또는 유지하면서 제조 및 유통비용을 줄이는 노력을 경주할 수 있어, 품질과 가격면에서 경쟁력을 확보할 수 있다. 따라서 이 유형에 속하는 기업의 성공은 선택한 세분화된 시장내에서 탁월한 능력의 적극적인 유지여부에 따라 결정된다.

이 유형에 속하는 기업들은 그 기업의 제한된 영역에서 고도의 전문가이지만 새로운 사업기회를 현재의 사업범위 밖에서 구하려 하지 않는다. 이러한 세분시장전략의 결과로 자기기업의 기술, 구조, 운영방법상에서 주요 환경에 대한 조정을 거의 하지 않는다. 또한 자기들의 사업영역 밖에서 이루어지는 외부의 자극이나 발전에 대해서도 관심을 갖지 않으며, 외적 환경의 변화를 탐색하려는 노력도 최고의 중역진이나 스탭 외에는 이루어지지 않는다.

이 유형에 속하는 기업의 성장전략은 전형적으로 현 시장에 깊숙이 침투하여 고객과 친숙하려는 전략이다. 주요 관심을 기존의 경영활동의 효율성에 두며, 경쟁적인 저렴한 가격이나 고품질 제품의 생산과 같은 모범적인 경제적 활동을 통해 경쟁기업들이 자기들이 영역에 들어오지 못하도록 방어적인 노력을 경주한다. 그러나 이들 기업들은 자기들의 활동영역 밖에서 이루어지는 발전이나 추세 등 변화를 소홀히 하는 경향이 있고, 새로운 사업기회를 찾아 환경을 분석하는 일이 거의 없으며, 비용의 절감이나 능률의 향상을 위한 집약적인 계획을 세운다. 따라서 고도의 수평적 분화, 집권화된 통제, 의사소통을 위한 공식적인 권한계층 등으로 구성된 조직구조를 운영한다. 이 전략은 기업이 비교적 안정적이나 불확실성 또는 위험이 적은 환경하에서 운영되는 경우에 적합한 전략이다.

2) 진취형 전략(prospector)

시장기회를 탐색하는 기업으로 규칙적으로 환경추세에 대해 잠재적인 대응방향을 탐색하며 이런 과정을 통해 그들의 경쟁업체에 대응하고 이를 위해 변화와 불확실성에 대해 적극적으로 환경을 탐색한다. 그러나 이 유형의 기업들은 제품과 시장혁신에 강한 관심을 가지고 있으며 기술혁신을 수익성보다 중요시하는 등의 이유로 인해서 발생하는 원가부담으로 언제나 완전히 효율적이지는 못하다. 이들 기업들의 성공은 광범위한 시장상황, 시장추세 및 사건 등을 조사・분석할 수 있는 능력의 개발 및 유지에 달려 있다. 또한 이 전략을 추구하는 기업들은 잠재적인 사업기회를 위해 환경을 면밀히 분석할 수 있는 인력에 과중한 투자를 하게 되고 조직구조는 유연성을 띠게 된다. 기술은 기계화의 정도가 낮은 복합기술에 의존하게 되며, 조직구조는 공식화의 정도가 낮고, 분권화된 통제, 수직적인 의사소통은 물론 횡적 의사소통이 가능한 조직구조를 운영한다. 이 진취형 기업들은 미래 환경변화를 가장 잘 예측하고 대처해 나갈 수 있는 효과적인 기업들이나 비능률성으로 인해 수익성을 극대화할 수는 없는 조직이다.

3) 분석형 전략(analyzers)

이 전략을 추구하는 기업들은 상대적으로 안정적이고 변화하는 사업을 운영하는 기업과, 안정된 사업영역을 운영하는 기업들로서 공식적인 구조와 관리과정을 통해서 일상적이고 효율적으로 기업을 운영한다. 보다 환경이 격동하는 사업을 운영하는 최고경영자들은 새로운 아이디어를 찾기 위해 자신의 경쟁자들을 면밀히 분석하고 가장 전망이 있어 보이는 환경에 재빨리 적응해 가는 기업들이다. 분석형 전략 추구기업들은 방어형 기업과 진취형 기업의 장점을 이용하려 하며, 새로운 시장이나 제품을 개발할 경우에는 반드시 진취형 전략 추구기업에 의해 확인된 후에나 신제품개발이나 신시장개척에 착수한다. 따라서 진취형 기업의 성공적인 아이디어를 취해 모방하면서 경영활동을 수행해 나간다. 이들 기업들은 자신들의 활동영역인 안정된 제품 및 시장에서 경쟁능률을 계속 유지해 가야 한다. 이 기업들은 진취형 전략 추구기업에 비해 작은 폭의 이윤을 얻고 있으나 보다 더 능률적인 경영을 한다. 이 전략을 추구하는 기업들은 유연성과 안정성을 모두 추구하기 때문에 이중구조로 구성된 조직구조를 운영한다. 따라서 일부는 능률을 위해 고도의 표준화, 일상화, 기계화가 이루어져 있고, 다른 일부는 유연성을 높이기 위해 적응적인 조직구조를 취한다.

4) 반응형 전략(reactors)

최고 경영자들이 흔히 그 기업환경에서 일어나는 변화와 불확실성을 인식하지만 효과적으로 환경에 대응할 수 없는 기업으로 이런 유형의 기업들은 일관성 있는 전략-구조의 연관성을 유지할 수 있는 능력이 부족하기 때문에 환경의 압력에 의해 마지못해 변화하고 경영여건에 대처하기까지는 임의적으로 어떤 유형의 조정도 거의 하지 않는 기업들이다. 이 유형의 전략을 추구하는 기업들은 환경에 대처할 일련의 대응 메커니즘이 결여되어 있다.

연 습 문 제

1. 다음 용어를 설명하라.

· 경영전략	· 경영전술	· 경영정책
· 기업전략	· 사업전략	· 성장벡터
· 시너지효과	· 자원배분	· 직능별 전략

2. 경영전략의 기본개념에 포함되어야 할 요소들을 설명하라.
3. 경영전략의 특성을 설명하라.
4. 직무수행 절차를 중심으로 경영정책, 경영전략 및 경영전술의 개념을 정의하라.
5. 경영전략의 기능을 설명하라.
6. 경영전략의 기본적 구성요소를 설명하라.
7. 경영전략의 수립과정을 설명하라.
8. 호퍼와 쉔델에 의한 경영전략의 구분과 그 내용을 설명하라.

제 9 장

경영전략의 실제

제1절 기업수준의 경영전략

1. 기업성장 전략

1) 기업성장의 의의와 단계

일반적으로 기업의 성장(business growth)이란 일정기간내에 ① 생산액, ② 판매액, ③ 영업이익, ④ 순이익, ⑤ 총사용자본액, ⑥ 부가가치액, ⑦ 자산총액, ⑧ 고정자산액, ⑨ 종업원수, ⑩ 시장점유율 등과 같은 성장지표(growth indicator)가 증가함을 뜻한다.

오늘날 대규모기업으로 성장한 기업의 조직체는 [그림 9-1]에서 제시된 것처럼 5단계의 성장단계를 거쳐 발전하여 왔으며, 각 단계는 각각 진화와 혁명의 단계가 있다. 진화(evolution)란 기업활동상 큰 변화가 일어나지 않는 장기간에 걸친 성장기로서 경영관리는 약간의 조정만 하면 되는 기간을 뜻한다. 그러나 혁명(revolution)이란 조직체라는 생명의 본질적인 변혁기로서 경영관리활동상 중대한 변화가 이루어지는 기간이다. 이러한 기업의 동태적인 성장에 영향을 미치는 요인으로는 다음과 같은 것들이 있다.

(1) 조직연령

시간의 흐름에 따라 경영자의 태도나 경영관리의 제도화가 이루어지며, 이는 동시에 종업원의 행동이나 조직풍토를 정착시켜 환경변화에 적응하거나 경영혁신을 이루는 능력에 차이를 생기게 한다. 왜냐하면 시간의 흐름에 따라 어떤 시기의 경영관리활동이 유효했다고 해서 다른 시기에도 그대로 타당하지는 않기 때문이다.

(2) 조직규모

종업원이나 판매액의 증대, 즉 규모의 확대는 기업의 문제점이나 해결방법에 차이를 생기게 한다.

(3) 산업성장률

산업의 수명주기상 성장산업에 속하는 기업과 그렇지 않은 기업의 경우에는 진화기의 장단에 차이가 생기듯이 기업성과에도 차이를 생기게 한다. 기업성장은 [그림 9-1]에서 보듯이 시간과 규모의 두 가지 차원에서 파악되나 그 형태는 진화 및 혁명의 단계에 따라 달라진다. 따라서 산업의 성장률이 영향을 미치게 된다.

[그림 9-1] 기업성장의 5단계

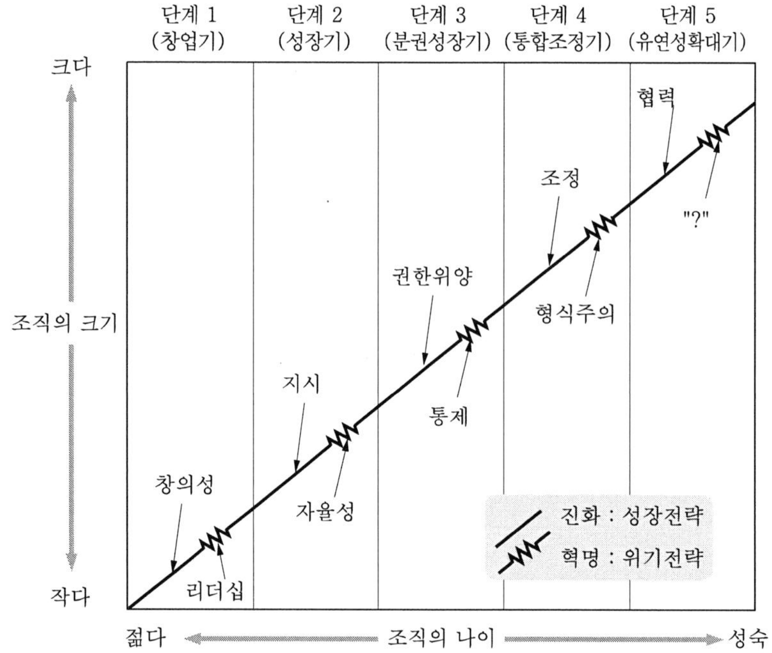

자료 : L. Greiner, "Evolution and Revolution as Organizations Grow," *HBR*, May-June, 1998.

그러나 진화는 필연적으로 이루어지는 것이 아니며, 혁명은 다음의 진화적 성장기의 경영기초를 마련하는 것이다. 그러므로 기업성장의 역사는 혁명을 성장의 전환점으로 하면서 진화의 단계를 탈피하는 과정이라 할 수 있다.

각 성장단계에는 단계에 알맞은 각 진화의 특징적인 경영관리 스타일이 있으며, 또한 혁명에는 이에 대응하는 특징적인 경영관리 문제가 발생한다. 그러므로 전형적인 성장의 단계와 과정은 다음과 같은 5단계의 진화와 혁명의 기간으로 구성되어 있다.

① 제1단계 : 창의성에 의한 성장 다음에 리더십의 위기가 온다.

② 제2단계 : 지시에 의한 성장 다음에 자율성의 위기가 온다.

③ 제3단계 : 권한위양에 의한 성장 다음에 통제의 위기가 온다.

④ 제4단계 : 조정에 의한 성장 다음에 형식주의(red tape)의 위기를 맞는다.

⑤ 제5단계 : 협력(collaboration)에 의한 성장 다음에 미지의 어떤 위기가 다가온다.

이상의 단계에서 각 단계는 전 단계의 진화의 결과이고, 이는 다음 단계의 원인이며, 각 단계에 따른 기업의 특징적 변화는 [표 9-1]과 같다.

[표 9-1] 기업성장에 따른 조직의 변화

성장단계 / 구 분	제 1 단계	제 2 단계	제 3 단계	제 4 단계	제 5 단계
	창 업 기	성 장 기	분권성장기	통합조정기	유연성확대기
규 모	영세기업	소 기 업	중 기 업	대 기 업	거대·국제기업
경영의 초점	생산, 판매	운영효율성	시장확대	조직의 통합	문제해결, 혁신
조직구조	비공식 구조	권한집중, 기능별 조직	권한분산, 지리적 분산	라인과 스탭, 제품별 팀	매트릭스형
최고경영자의 스타일	개인주의, 기업가 정신	지 시 형	권한의 위양	감시감독	참 여 형
경영관리상의 특색	악전고투기	적극적 투자	내부유보 증가	계열화, 다각화 전략	집단적 경영
통제기구	시장에서의 업적	표준화, 원가중심적	보고, 이익중심적	계획, 투자중심적	참여를 통한 목표설정
보상제도	소 유 권	기본급, 성과급	개인별·능력별 보상	스톡옵션제, 이익분배제	집단적 보상
성장전략	창 의 성	지 시	권한위양	조 정	협 력
위기전략	리 더 십	자 율 성	통 제	형식주의	?

자료 : L. Greiner, "Evolution and Revolution as Organizations Grow," *HBR*, 1998, May-June.

오늘날 격화되고 있는 경쟁과 수익성에 대한 보다 큰 압력으로 인해 많은 기업들은 그 생존과 성장을 위한 노력을 다각적으로 추구하게 되었다. 기업은 여러 가지 방법, 예컨대 현재의 경영활동을 확대시키거나 새로운 제품과 시장의 추가로서, 그리고 합병과 매수를 중심으로 한 기업의 결합을 통해서 성장을 이룩할 수 있다. 안소프(Ansoff)는 기업이 이미 수행하고 있던 업무를 수행함으로써도 성장을 할 수 있지만, 더 많은 업무를 수행하고, 이를 더 잘 수행하며, 신시장, 신제품, 기타 전혀 새로운 영역으로 다각화함으로써 성장이 촉진될 수 있다고 설명하였다.

성장전략의 방법에는 크게 두 가지가 있다. 하나는 자본의 집적(capital accumulation)인데, 이는 기업이 획득한 이익을 스스로 내부에 유보하여 축적하고 이를 자본화하거나 혹은 증자를 통해서 기업의 규모가 커지는 것으로 기업의 자기확장이다. 다른 하나는 자본의 집중(capital concentration)인데, 이는 여러 가지 방식으로 이미 설립·운영되고 있는 기업들이 서로 결합함으로써 기업규모나 자본의 규모가 실질적으로 커지는 것을 뜻한다. 이는 기존의 기업들이 서로 독립성을 가지거나, 이를 어느 정도 제한함으로써, 혹은 완전히 상실함으로써, 기업규모가 커지고 보다 큰 기업을 형성하게 되는 것이므로 결합되는 기업전체로 볼 때 실질적으로 자본이 증가하는 것은 아니다. 이러한 현상을 가리켜 기업결합 또는 기업집중이라 한다.

2) 기업집중화 전략

(1) 기업집중의 의의와 목적

기업집중(business concentration)이란 기업결합(business combination)이라고도 하는데, 기업이 여러 가지 방식을 통해 결합함으로써 특정한 생산부문이나 유통부문에서 결합된 기업이 독과점적인 지위를 차지하게 되는 것을 말한다. 기업이 집중·결합하는 주된 목적으로는 다음과 같은 세 가지를 들 수 있다.

① 기업상호간 경쟁의 제한 또는 배제의 목적 - 수평적 결합

기업의 규모가 확대되어 대량생산을 하게 되면 수요를 초과하는 과잉생산으로 인한 경쟁이 심화되고, 마침내 경영의 유지가 어렵게 된다. 따라서 각 기업들은 서로 협정하여 불필요한 경쟁을 제한하거나 배제하고자 결합하게 된다. 이러한 목적을 위한 기업집중은 동종 또는 유사부문의 기업상호간에 행해짐으로 횡단적 또는 수평적 결합(horizontal combination)이라고 한다. 예컨대 시멘트회사들이 제품의 판매 또는 생산의 협정을 하고, 상호간의 경쟁을 제한하거나, 각각의 공장을 합병하여 경쟁을 배제하는 경우를 들 수 있다. 카르텔이나 트러스트 등은 대체로 이 목적을 위해 결합하며 그 결과는 시장의 독점적 지배에까지 이르는 경우가 많다.

② 생산공정의 합리화 - 수직적 결합

생산공정을 합리화하려고 원료를 생산하는 기업과 원료를 가공하거나 제품을 생산하는 기업이 서로 결합하거나, 혹은 구매비 및 판매비를 절약하기 위해 원료생산기업이나 제품판매기업들이 결합함으로써 기업이 집중되는 경우도 있다. 예를 들면 펄프회사와 제지회사가 합병하거나 혹은 판매회사까지도 흡수하는 경우다. 이때에는 생산기술면에서 합리화가 이루어질 뿐만 아니라 나아가서는 원료의 확보나 제품판매면에서도 유리한 입장에 놓이게 되는 경우가 많다. 산업형 콘체른

이나 콤비나트는 이러한 목적 때문에 생기는 것이다.

③ 출자관계를 통한 타기업 지배력의 강화 - 자본적 결합

재벌 또는 금융업자가 출자관계를 통해 기업에 대한 지배력을 강화하고자 하는 경우가 있다. 예를 들면 은행이 여러 제조기업에 장기융자를 해주거나 혹은 그 기업의 주식을 소유함으로써 이들 기업상호간에 어떤 결합관계가 생기게 하여 기업을 지배하려는 것이다. 이러한 형태의 기업집중은 일반적으로 동종부문에 속하는 기업 상호간에 이루어지는 경우가 많으나, 아무런 관련도 없는 여러 부문의 기업 사이에 이루어지는 경우도 있다. 금융형 콘체른은 바로 이러한 예인데, 이는 횡단적내지 종속적 결합에 따르는 이익을 얻으려 할 뿐만 아니라 기업지배를 위한 자본을 절약하고 투자수익의 증대를 목적으로 하는 것이다.

(2) 기업집중의 제형태

① 카르텔(cartel)

카르텔은 기업체 상호간의 협정에 의한 집중형태이다. 즉 여러 기업체들의 지나친 경쟁에서 발생하는 불이익을 막고 시장을 공동지배하기 위해 일정한 조건을 이행하도록 협정하는 것으로, 그 특징은 각 기업체가 독립성을 가지면서 일정한 협약조건에 대해서만 행동의 제한을 받는다는 점이다.

카르텔은 기업 상호간에 맺은 협정의 내용에 따라 판매카르텔, 생산카르텔, 구매카르텔 등으로 구분된다. 카르텔은 원칙적으로 각 기업에 대해 강제성을 지니고 있는 것은 아니므로 동종기업간에도 가맹하지 않는 기업이 있으며, 이런 기업을 아웃사이더(outsider)라고 한다.

㉠ 판매카르텔 : 판매상의 경쟁을 제한하기 위해 동업종 또는 유사업종의 기업 상호간에 이루어지는 카르텔을 말하며, 협정의 내용에 따라 다음과 같은 것이 있다.

첫째, 가격카르텔로서 가맹기업간에 판매가격을 협정하고, 가격인하 경쟁으로 말미암아 발생하는 기업 상호간의 불이익을 피하고자 하는 것이다. 가격카르텔의 일종으로 계산카르텔이 있는데, 이는 가맹기업의 원가계산방식을 통일하고, 산정된 원가 이하의 판매를 금지하려는데 있다.

둘째, 조건카르텔로서 판매조건, 예컨대 지불조건, 대금의 할인, 대금지불방법, 운임이나 포장비 부담방법 등의 조건에 대해 협정한 형태이다.

셋째, 수량카르텔로서 가맹기업의 판매수량에 대해서 협정하는 것이다. 특히 각 가맹기업에 대해 판매수량을 할당하는 경우를 할당카르텔이라고 한다. 그런데 할당카르텔에는 카르텔내에 공동기관을 마련하여 가맹기업의 이해조정업무를 수행하는 풀(pool) 형태가 있다. 이 형태는 이윤분배·주문분배 등으로 공동기관에서 공동계산(pool)을 한다는데서 유래되었다.

넷째, 지역카르텔로서 가맹기업의 판매지역 분할에 대해서 협정하는 것이다. 할당지역의 분할은 국내적으로나 또는 국제적으로 행해지는데, 이러한 지역분할이 국제적으로 행해지는 경우에는 국제카르텔이라고 한다.

다섯째, 공판카르텔로서 공동판매카르텔 또는 신디케이트(syndicate)라고도 하며, 공동판매기관을 별도로 설치하고, 가맹기업의 모든 판매는 이 기관을 통해 이루어지도록 협정하는 경우를 말한다. 이 공동판매기관은 법률적으로는 한 개의 독립된 조합 또는 회사로서 설립·운영된다.

㉡ 구매카르텔 : 구매활동상의 경쟁을 제한하기 위해 이루어지는 카르텔을 구매카르텔이라고 한다. 원료 또는 제품이 매우 부족하여 재화의 구입에 어려움을 겪는 경우에 구매카르텔이 성립되는 수가 많다. 판매카르텔이나 구매카르텔은 가맹기업의 수가 많고 판매액이나 구매액이 시장의 60% 이상을 차지하고 있어야만 효력을 발휘할 수 있다.

㉢ 생산카르텔 : 같은 업종 또는 유사부문의 각 기업이 생산에 관해 상호 협정하는 경우를 생산카르텔이라 한다. 생산카르텔은 협정내용에 따라 다음과 같이 나누어진다.

첫째, 생산제한카르텔로서 각 가맹기업이 생산수량을 제한하여 시장의 공급량을 일정범위로 축소시킴으로써 제품가격을 유지할 것을 목적으로 이루어지는 카르텔을 말한다.

둘째, 특수화카르텔로서 전문화카르텔 또는 합리화카르텔이라고도 하며, 생산의 합리화내지 시장독점의 목적을 가지고, 가맹기업 상호간에 전문으로 할 제품의 담당분야를 결정하여 각 기업의 제품 전문화를 도모하기 위해 협정을 하는 경우이다.

셋째, 특허이용카르텔로서 제조상의 특허기술, 또는 비밀기술을 소유한 몇 개의 기업이 이를 상호 이용함으로써 생산성의 이익을 얻으려는 협정이다.

② 트러스트(trust)

가장 강력한 기업집중의 형태로서 각 기업체는 개별적인 독립성을 완전히 상실하고 합병되어 시장을 독점하는 것이다. 트러스트는 1881년 미국의 록펠러(J. D. Rockefeller)가 전미국의 정유설비 능력의 90%를 차지하는 46개 석유회사로 조직한 스탠더드 석유트러스트(Standard Oil Trust)가 그 시초이다. 이는 경쟁자를 극단적으로 압박하고 소비자를 독점가격으로 위협하였으므로 일반공중의 반발을 샀다. 그리하여 1890년에 의회는 셔먼(Sherman)의 반트러스트법(Anti-Trust Act)을 통과시켜 트러스트는 영업의 억제(restrain of trade)를 행하는 것이라 하여 불법으로 선언되어 1892년에 해산되었다. 이후 스탠더드(Standard) 석유회사는 트러스트의 형식에 의하지 않고 시장독점의 효과를 도모하는 방법을 창안하였는데, 이것이 지주회사이다.

트러스트에는 두 개 이상의 기업체에게 흡수되어 합병되는 합병형 트러스트(merger trust)와 한 중심기업체가 여러 기업체의 주식을 보유함으로써 소유권과 경영권을 행사하는 지주형 트러스트(holding trust)의 두 가지가 있다. 합병형 트러스트는 퓨전(fusion)이라고도 한다. 특수형 트러스트의 중심기업체는 지주회사(holding company)라고 부른다. 트러스트와 카르텔의 차이점은 다음과 같다.

[그림 9-2] 카르텔과 트러스트의 개념 비교

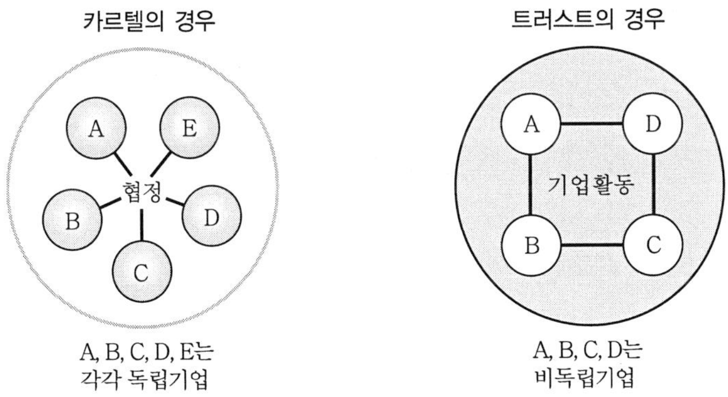

㉠ 카르텔은 계약 또는 협정에 의한 것이나 트러스트는 소유관계에 기초를 둔다.

㉡ 따라서 카르텔은 계약기간의 만료와 동시에 자연히 소멸하는 것이지만 트러스트는 기업이 유지되는 한 영속적이다.

㉢ 카르텔은 가맹자의 경영내부 간섭을 할 수 없으며 주로 그 외부관계에서 접촉하는 것이지만, 트러스트는 경영의 내부에 변화를 가하여 그 구성분자인 각각의 기업은 자기의 소지분에 대한 이익배당이 있을 뿐이다.

트러스트의 종류는 형성방법의 차이에 따라 주식의 신탁에 의한 트러스트, 지주에 의한 트러스트 및 합동에 의한 트러스트의 세 가지 형태로 나눌 수 있다.

㉠ 주식의 신탁에 의한 트러스트 : 가입기업이 주식을 특정의 수탁자(trustee)에게 신탁하고 신탁증서(trust certificate)를 받는 것으로, 수탁자는 신탁된 주식의 실권을 행사하는 것이다. 최초의 트러스트는 1897년에 미국에서 형성된 스탠더드 석유트러스트(Standard Oil Trust)였다. 이는 주식의 신탁에 의한 트러스트였는데, 록펠러(J. D. Rockfeller)를 비롯한 아홉 명의 기업주가 수탁자가 되어 약 40명의 석유관계회사의 주주들로부터 주식의 신탁을 받았으며, 미국 전체점유능력의 90% 이상을 지배하였다.

㉡ 지주에 의한 트러스트 : 가입기업의 주식을 소유하는 것이다. 즉 콘체른의 형태를 말한다. 신탁의 경우에 주식의 소유권은 종래의 주주에게 있는 것이나, 지주의 경우에는 소유권이 완전히

소유자, 즉 트러스트의 주체에게 넘겨지는 것이다. 이 형태의 트러스트 예로서는 1901년에 미국에서 형성된 철강트러스트(U. S. Steel Corporation)가 있다.

㉢ 합동에 의한 트러스트 : 가입기업이 완전히 합체하여 새로운 한 개의 기업이 되는 것이다. 이것은 셔먼트러스트 금지법에 의해 신탁에 의한 트러스트가 금지됨에 따라 합법적인 방법으로 하는 트러스트의 형태로서 많이 이용되었다. 지주회사보다는 더 강력한 결합방법이며, 동일산업부문간의 기업집중의 형태로서는 최종의 단계라고 할 수 있다. 즉 구성기업의 주식은 매수되어 없어지고 모회사만이 남게 되는 것이다.

③ 콘체른(conzern)

법률적으로는 독립을 유지하나, 경제적으로는 통일적 지휘에 따르는 경영단체를 구성하여 기업을 지배하는 것이다. 카르텔과 비교하면 카르텔은 어디까지나 가맹기업이 경제적으로 독립을 유지하나, 콘체른은 경제적으로 독립을 유지하지 아니한다. 또한 트러스트와 비교하면 콘체른은 법률적으로는 독립을 유지하는데 비해, 트러스트는 경제적으로는 물론이거니와 법률적으로도 독립할 수 없는 것에서 양자가 구별된다. 콘체른의 유형은 그 주체에 따라 생산콘체른, 판매콘체른, 금융콘체른으로 나눌 수 있다.

㉠ 생산콘체른 : 산업콘체른이라고도 하며 생산합리화를 목적으로 주종의 관계기업이 수직적으로 결합하여 생산비의 절약을 기하려는 경우이다. 예컨대 원료부문과 제조부문이 수직적으로 결합함으로써 원료생산에서 제품완성에 이르기까지의 제비용을 절약할 수 있다.

㉡ 판매콘체른 : 거래망의 확보, 영업비의 절약 등과 같은 판매활동의 합리화를 목적으로 하여 주로 동종기업이 횡단적으로 결합을 하는 경우이다.

㉢ 금융콘체른 : 금융업자가 타기업에 장기대부를 하거나 또는 타기업의 주식을 보유함으로써 주종의 기업에 대해 지배관계를 맺는 경우를 말한다. 그런데 금융콘체른은 생산·판매 등의 합리화를 목적으로 하는 것이 아니라, 전적으로 금융상내지 출자상의 목적에서 행해지는 경우가 많다. 우리나라에서 재벌이라고 하는 것은 주로 금융콘체른을 지칭하고 있다. 콘체른의 주된 방법으로서는 다음과 같은 것을 들 수 있다.

㉠ 자본교환에 의한 방법 : 몇 개의 독립기업이 상호출자를 하거나 또는 주식교환을 하고, 이에 의해 상호간의 연락을 긴밀히 하여 통일적 행동을 취하는 경우이다. 이 경우에는 특히 콘체른의 중심이 되어 참가기업을 지배할 중심적인 기업은 존재하지 않는다.

㉡ 단순한 자본적 지배에 의한 방법 : 자본적으로 강력한 기업이 다른 몇 기업에 대해 다액의 출자를 하여 다수의 주식을 소유함으로써 이들 제기업을 지배하려는 경우이다. 이 방법에 의할 경우에는 지배받는 각 기업의 세력하에 있는 각 관계기업도 역시 간접적으로 지배를 받게 된다.

이러한 자본적 지배의 경우에는 출자와 동시에 중역을 파견하여 그 지배력을 강화할 수도 있다.

㉢ 지주회사에 의한 방법 : 단지 다른 주식회사의 경영지배권을 장악하기 위해 회사의 주식을 다수 보유할 것을 목적으로 하는 지주회사(holding company)를 통해 행하는 방법이다. 지주회사는 생산활동을 전혀 하지 않고 다만 다른 회사의 주식을 소유함으로써 수 개의 다른 기업을 지배하는 형태를 갖춘 회사이다. 일명 재벌회사라고도 하며 지주회사의 재산은 타기업들의 주식이 대부분이고, 그 수입은 소유주식의 배당수입 외에는 없으며, 이 배당금 수입으로 자체기업의 주주에게 다시 배당하게 된다.

지주회사를 이용함으로써 사업가가 소액의 자본으로 대기업을 지배할 수가 있다. 예를 들면 어떤 사업가가 A라는 지주회사를 설립하고 그 회사의 주식의 40%를 소유하였다고 하고, A회사가 그 자본의 전체, 즉 100%를 보유하고 B라는 사업회사(operation company)의 주식 40%를 매수한다고 하면 이 사업가는 자신의 주식지분 관계로 볼 때 결국 B회사 자본금의 20%에 해당하는 자금으로서 B회사를 지배할 수 있는 것이 된다. 즉 이 사업가는 40%의 출자에 의해 지주회사를 지배하고, 이 지주회사를 통해 다른 사업회사의 지배권을 장악할 수 있게 되는 것이다.

지주회사는 일반적으로 순수지주회사와 사업지주회사로 대별된다. 순수지주회사(pure holding company)는 주식내지 사채를 발행하여 자본을 조달하고, 이를 타기업의 주식에 투자함으로써 타기업을 지배하려는 것을 주업무로 하고, 그 이외의 사업을 일체 행하지 않는 회사를 말한다. 따라서 순수지주회사에서는 그 소유자산의 대부분은 자회사 또는 종속회사의 투자주식으로 이루어지고 있다. 그런데 지주회사는 증권대위를 활용함으로써 비교적 소액의 자본을 가지고 거대한 자본집단을 지배할 수 있다. 증권대위(證券代位)란 다른 기업의 증권을 획득하여 자본참가를 함으로써 다른 기업을 지배할 목적으로 하여 주식 또는 사채를 발행하게 되는 것을 말한다.

사업지주회사(operation holding company)는 주식보유에 의한 타사지배를 하면서 동시에 자기회사도 사업을 영위하는 회사이다. 사업지주회사에는 자기가 조달한 자본금의 일부는 스스로 사업을 영위하기 위한 사업자금으로서 기계·기구 기타 원재료 등의 구입에 직접 사용되며, 나머지 일부는 타회사 지배를 위한 주식투자로서 운영된다. 이상과 같은 카르텔, 트러스트, 콘체른 등 기업집중 형태를 비교하면 [표 9-2]와 같다.

[표 9-2] 기업집중 형태의 비교

원어(原語)	역어(譯語)	구 성	독립성 여부	목 적	발생지	결합형성
Kartell	기업연합	동종기업	독립성 유지	경쟁감소, 이익	독 일	수평적
Trust	기업합동	동종 또는 생산과정에서 연속된 기업	독립성 상실	시장독점	미 국	수평적 및 수직적
Konzern	재벌 (기업그룹)	동종 또는 이종기업	독립성 유지 (형식상)	시장점유, 업계지배	독 일	수평적 및 수직적

3) 기업계열화 전략

(1) 기업계열화의 의의

기업의 계열화(business integrantion)란 생산, 판매, 자본, 기술상의 여러 이유 때문에 직접적인 이해관계를 가지는 기업체들이 상호간 어떤 관계를 형성, 유지하는 것을 뜻한다. 이러한 계열화는 크게 둘로 나누어진다. 하나는 대기업이 부품수급상의 안정성을 확보할 목적으로 중소기업과 하청관계를 맺고 대기업의 지배하에 두는 경우이고, 다른 하나는 2개 이상의 대기업이 생산 기술적인 보완관계 때문에 어떤 유대관계를 형성하는 경우이다. 그러나 계열화는 기업들이 생산 기술적인 측면에서 상호보완관계를 맺어 공동이익을 증진시키는데 본질적인 목적이 있다.

생산성의 이유로 예를 들어 보면 비행기, 자동차, 산업플랜트(industrial plants)와 같은 고도의 복잡성을 가진 제품은 그 부품이 수천, 수만, 수십만 개에 이르므로 한 기업체가 생산하는 것보다 여러 기업체가 분담하는 것이 더욱 편리하고 경제적이다. 이것은 마치 단일공장내의 기술적 분업이 가져오는 이익효과와 같은 결과를 초래하는데, 이를 기업체간의 분업 또는 기업의 계열화라고 한다. 이러한 계열화에서는 재무관리방식의 통일화나 부품품질의 규격화 등에 대해서 모회사가 지도하고 경우에 따라서는 자금의 대출, 임원의 파견 등을 하게 된다.

(2) 기업계열화의 형태

기업계열화의 기술적 조직관련 형태에는 다음과 같은 것들이 있다.

① 수직적 계열화(vertical integration) : 이종생산단계에 종사하는 각 기업을 계열화하는 것을 말하며, 예컨대 방적회사가 직물・나염・봉제회사를 계열화하는 경우이다.

② 수평적 계열화(horizontal integration) : 동일공정단계에 종사하는 각 기업을 계열화하는 것으로, 예를 들면 같은 기계제조회사가 수평적으로 계열화함으로써 생산품종의 전문화와 시장분야의 전문화를 이루는 경우를 들 수 있다.

③ 분기적 계열화(divergent integration) : 동일공정 또는 동일원료에서 이종제품이 생산되는 경우의 계열화로, 특히 석유화학공업분야에서 성립되는 경우가 많다.

④ 복합적 계열화(convergent integration) : 이종원료, 부품, 이종공정으로부터 동일한 제품계열 또는 동일시장계열에 집약화하는 경우의 계열화를 말한다. 예컨대 전기제조업체가 다수의 부품업체를 산하에 계열화하는 경우, 또는 전기냉장차, 전기청소기를 각각 생산하고 있는 기업을 계열화하여 가전제품이라는 동일한 시장분야에 진출하는 경우와 같다.

⑤ 부수적 계열화(diagonal integration) : 부산물을 가공하는 기업을 계열화하는 경우, 또는 보조적 서비스를 수행하는 기업을 계열화하는 경우 등을 말한다.

(3) 기업계열화의 효과

기업계열화의 효과를 대기업측과 그 산하의 중소기업측으로 구분하여 살펴보면 다음과 같다.

① 대기업측의 이점

첫째, 중소기업의 저임금을 이용하여 생산원가를 절감시킬 수 있고, 둘째, 부품 기타 중간재(intermediate goods)를 중소기업에 하청시킴으로써 고정자본을 절약할 수 있으며, 이에 따라 운전자본의 절약도 꾀할 수 있다. 셋째, 호경기에는 하청기관의 범위를 확장하고, 불경기에는 반대로 축소시킴으로써 경기변동에서 오는 경영상의 제손실을 중소기업에 전가시킬 수 있다. 넷째, 원자재 및 판로를 확보함으로써 경영상의 안정을 도모할 수 있다.

② 중소기업측의 이점

첫째, 원자재나 중간재 및 판로가 대기업에 독점되어 있는 경우 계열화함으로써 중소기업은 원료의 조달 및 제품의 판매 등 시장관계의 안정을 기할 수 있다. 둘째, 대기업으로부터 자금의 융자알선 및 보증, 시설의 대여, 기술지도 등을 받을 수 있으며, 하청기업 제품의 질을 높이고 제조원가를 인하시킴으로써 시장경제력을 높이고 나아가서는 시설의 근대화와 경영의 합리화를 도모할 수 있다.

4) 기업집단화 전략

(1) 기업집단의 의의

기업집단(business group)이라 함은 광의로는 주식의 소유, 중역의 파견, 업무제휴, 기술원조 등의 제수단에 의해 계속적인 공동이익관계를 설정하는 기업집중 형태를 말한다. 다시 말하면 상호간에 보완적 역할을 하는 생산제부문이 생산기술적내지 경영기술적 관점에서 결합하여 하나의 "생산적 집합체"를 구성하는 기업결합 형태이다. 이와 같은 현상을 기업집단화(business grouping)라고 하며, 이것이 가장 발달한 대표적 형태가 콤비나트(kombinat)이다. 따라서 기업집단을 협의로 해석하면 콤비나트를 가리킨다.

(2) 기업집단의 유형

① 콤비나트

콤비나트란 공장집단으로 불리어지는데, 동일지역 또는 인접지역에 있고 서로 관련성이 있는 여러 업종의 기업이 생산기술적 입장에서 유기적으로 결합된 2개 이상의 기업결합체를 말한다. 예를 들어 석유화학 콤비나트의 경우 [그림 9-3]과 같이 그 관련성을 도시해 볼 수 있다.

[그림 9-3] 석유화학 콤비나트

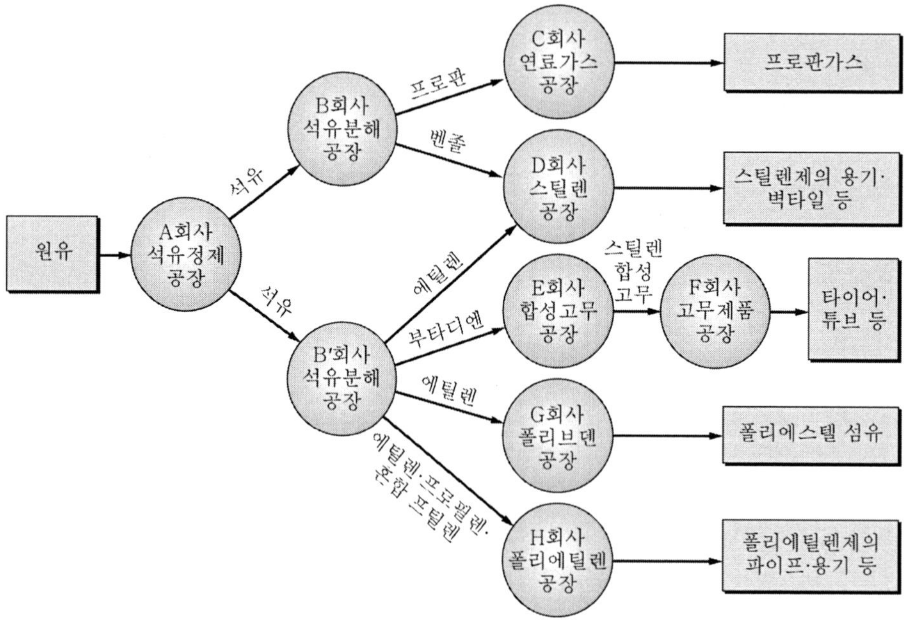

이와 같은 협의의 기업집단, 즉 콤비나트는 1930년대 소련에서 공업화 전략으로 내세운 것으로서, 둘 이상 지역의 자원을 개발하여 원재료 및 반제품의 효율적내지 합리적 이용을 꾀함으로써 생산의 공간적 · 지역적 결합을 하려고 계획한 것이다. 콤비나트의 성격은 대체로 다음과 같이 요약된다.

첫째로, 자주독립성을 유지하면서 대등원칙하에서 형성된다. 즉 콤비나트는 종래의 기업결합이나 기업집중과 같은 자본을 중심으로 하는 결합이나 지배와 같이 각 참가구성원의 중심적 지배회사는 갖지 않고 법률적 · 경제적 자주독립성을 유지하면서 대등성의 원칙하에 형성된다.

둘째로, 지속적 경영결합 형태이며 경영협력체제이다. 즉 콤비나트는 인접한 입지조건을 갖고 있는 경영결합 형태이며, 또한 경영협력체제인 점에서 그 특색이 있다.

셋째로, 지배와 종속을 전제로 하지 않는다. 즉 콤비나트는 참가기업의 상호간 결합관계에 있어서 지배와 종속을 전제로 하지 않는다. 따라서 다른 자본계열에 속하는 기업들도 지역적내지 공간적으로 모여 집단을 형성할 수도 있다.

넷째로, 생산기술적인 보완관계에 바탕을 둔 생산기술적 결합으로서 비자본적 결합인 것에 특색이 있다.

콤비나트의 목적 또는 동기는 여러 가지 각도에서 볼 수 있으나, 이는 경영상 또는 금융상의 이익공동관계에 의해 결합된 기업집중 형태로서 이를 경영의 각 직능별로 그 목적을 분류하면 [표 9-3]과 같다.

[표 9-3] 콤비나트의 목적(생성동기)

동기 / 구분	내 용
재 무	기업집단은 자본적 이유(자본부족), 자금의 공동융자, 자금비용의 절감 등의 재무정책상의 이유로 인해 집단화된다.
인 사	인사상의 동기만으로 결합하는 경우는 드문 일이나 집단을 인사정책상의 전략으로 이용하는 경우이다.
생 산	이는 제조상 기술과정의 필요성에서 형성되는 경우인데, 오늘날 기업집단의 형성동기중 대표적인 경우이다.
판 매	오늘날은 대량생산에 의한 대량판매시대로, 격렬한 시장경쟁에 이겨나가기 위해 유통혁명이 진행되는 과정에서 판매상의 이유로 업무제휴, 계열화, 기업결합을 행하는 경우이다.
자재조달	이는 제조기술영역의 결합동기와도 관련성이 있는데, 원료와 자재의 수급관계 또는 해외자원의 공동개발 등을 목적으로 기업결합을 행하는 경우이다.
기 타	① 개발·연구의 공동화, ② 조사기관의 공동설치, ③ 컴퓨터 이용을 위한 전산센터의 공유·공용, ④ 공익사업의 공동설치운영, ⑤ 경영합리화의 실현, ⑥ 노동력 확보, ⑦ 공해방지, ⑧ 도시계획, ⑨ 산업정책 등을 위한 것 등이다.

② 콩글로머릿(conglomerate)

콩글로머릿은 복합합병(conglomerate mergers)의 하나이며, 1950년대 미국내 클레이튼법으로 인한 기업의 수평적·수직적 합병의 금지를 우회하여 다각화를 실현하고자 생성된 기업집중의 새로운 형태이다. 즉 콩글로머릿은 시장이나 생산기술상 관련이 없는 분야의 기업을 결합한 형태로서 합병내지 매수를 통해 급속한 다각화를 도모한다. 이때 기업결합을 위한 방법으로는 주로 주식교환과 주식공개매입(TOB : take-over-bid)이 사용된다.

이처럼 콩글로머릿은 상호관련성이 없는 다종다양한 기존의 이종 기업들을 매수 또는 합병한 하나의 거대한 기업집단 형태로서 이종복합기업이라고도 하며, 우리나라의 재벌기업 집단이 대표적인 유형이다. 이는 제품계열의 확대와 업종의 확대를 통해 경기변동에서 파생되는 위험을 분산시키는데 그 주된 목적이 있다. 콩글로머릿은 합병된 기업과의 관련성에 따라 다음과 같은 세 가지로 나누어 볼 수 있다.

㉠ 시장확장형 콩글로머릿 : 판매시장을 공통으로 하는 기업 상호간의 합병에 의해 형성되는 것으로서, 예컨대 의약품과 화장품기업과 같이 동일시장을 대상으로 하는 기업끼리 합병하는 것이다.

㉡ 제품확장형 콩글로머릿 : 기술적인 공통성을 가지고 있는 업종기업간의 합병에 의해 형성되는 것을 말하며, 예컨대 천연섬유와 합성섬유, 항공기와 로켓생산기업간의 합병을 들 수 있다.

㉢ 순수형 콩글로머릿 : 합병기업간에 기술이나 제품, 또는 시장에 상호관련성이 전혀 없는 이종기업간의 합병에 의해 형성되는 것이다. 보통 지주회사를 중심으로 하게 되며, 가장 전형적이고 순수한 콩글로머릿이다. 예컨대 은행업과 여가산업, 철강업과 제지업의 합병 등을 들 수 있다.

③ 조인트벤처(joint venture)

조인트벤처는 합작기업, 공동사업, 합작투자라고도 불리며, 관련회사의 공동출자로 설립되고, 공동출자시 출자나 이사의 비율을 대등하게 하는 것을 원칙으로 한다. 외국인의 참여에 의해 형성되는 경우에는 국제합작기업(joint international business venture)이라고도 하는데, 오늘날 조인트벤처라고 할 경우에는 국제합작기업을 가리키는 경우가 많다. 즉 둘 이상의 국적을 가진 둘 이상의 사람들이 협력관계에 의해 그들 당사자들이 가진 특정한 목적을 달성하고자 공동으로 투자하여 운영하는 사업체를 말한다. 국제합작기업은 해외에 진출하는 국제투자의 한 방식이며, 이를 수용하는 입장에서 본다면 외자도입이라고 할 수 있다.

기업이 해외에 진출할 경우 현지에 완전지배의 자회사를 설립하는 것이 이상적이지만 현지국의 자국산업의 외국자본에 의한 지배에 대한 반발, 정부의 외자에 대한 법적 규제, 또는 진출기업측의 재무능력 및 경영능력의 부족 등의 이유로 말미암아 현지 사정에 정통한 기업과의 제휴에 의해서 조인트벤처를 설립하게 된다. 이와 같은 조인트벤처의 특징을 요약해 보면 다음과 같다.

㉠ 영리목적성(business purpose) : 영리사업이라야 한다. 따라서 단순한 이자수입, 배당 등을 목적으로 하는 사업은 제외된다.

㉡ 공동목적성(common purpose) : 영리사업인만큼 이익의 획득이라는 공동목적이 있어야 한다.

㉢ 공동계산성(joint purpose) : 공동목적을 달성하기 위해 참가기업이 합작사업에 관해 손익분담의 공동계산을 한다. 따라서 기술도입이나 제공에 의한 로열티(royalty)의 수수는 조인트벤처가 아니다.

㉣ 단일목적성(single purposed nature) : 언제나 정해진 사업 이외에는 그 협정의 효력이 미치지 못한다.

㉤ 일시성(temporary nature) : 단일목적을 가지기 때문에 언제나 기업의 존속기간이 한정되어 있으며, 당해 사업의 완료와 동시에 해산하는 것이 원칙이다.

기업의 발전에 따라 중세적 단기시장은 근대적 계속기업시장으로 옮아가고, 이에 따라 기업 역시 일시적 성격을 벗어나서 일정한 장소에 영업의 본점을 둔 이른바 계속기업(going concern)의 형태를 갖게 되어 투자는 영속적으로 되었다. 이에 따라 근대적인 기업형태로서 특히 주식회사제도의 확립과 더불어 조인트벤처의 존재인식도 상실하였다. 그런데 1930년대에 미국의 건설업계에 이 제도가 재출현하게 되었고, 이후 국제기업간에 기업제휴로 진전되어 국제적 합작투자회사로 발전하게 되었다.

2. 기업의 합병 및 인수 전략

1) M&A의 의의

최근 기업성장의 방법으로 외적 성장방식이 많이 이용되고 있으며, 특히 외적 성장의 전형적인 기업합병 및 인수가 급속히 증가하고 있는 추세이다. 기업합병(merger)이란 두 개 이상의 회사가 청산절차를 거치지 않고 한 개 이상의 회사가 소멸함과 동시에 소멸되는 회사의 권리·의무가 존속회사에 포괄적으로 이전·승계되는 회사간의 계약을 말한다.

법률상으로 볼 때 기업합병은 흡수합병(merger)과 신설합병(consolidation)의 두 가지로 나눌 수 있다. 흡수합병은 몇 개의 기업이 결합할 때 그중 한 기업이 법률적으로 존속하여 다른 기업을 인수하고, 인수되는 기업은 소멸하는 형태의 합병을 말한다. 한편 신설합병은 결합하려고 하는 기업이 모두 해산되고 새로운 하나의 기업이 설립되어, 이 신설기업이 합병에 참여한 모든 기업의 권리·의무를 이전 받는 형태의 합병이다.

경제적으로 볼 때 기업합병은 수평적 합병(horizontal merger), 수직적 합병(vertical merger), 그리고 다각적 합병(conglomerate merger)으로 구분할 수 있다. 수평적 합병은 같은 업종간에 이루어지는 합병을 말하고, 수직적 합병은 한 기업의 생산과정이나 판매경로상의 이전 또는 이후 단계에 있는 기업을 합병하는 것이며, 다각적 합병은 생산이나 판매면에서 상호관련성이 전혀 없거나 업종이 상이한 기업간에 이루어지는 합병형태이다.

기업인수(acquisition)는 협상 또는 강압적 수단에 의해 타기업의 일부 혹은 전부를 매수한 후

피인수회사를 존속시키면서 주주권 또는 경영권만을 행사하는 형태를 말한다. 인수는 자산취득(asset acquisition)과 주식취득(stock acquisition)으로 나누어진다. 자산취득은 매수기업이 매수대상기업의 일부 자산 또는 사업부문을 취득하는 것이며, 주식취득은 주주들로부터 주식의 일부 또는 전부를 취득하는 것으로서 경영권의 인수가 수반된다.

한편 협상을 통한 기업합병 및 인수가 불가능하다고 판단될 경우 강압적 수단에 의해 추진되기도 하는데, 이러한 경우를 적대적 기업합병 및 인수(hostile M&A)라 하며, 이때에는 위임장대결(proxy fight)과 공개매수(tender offer)의 수단이 이용되기도 한다. 위임장대결은 인수를 시도하는 측이 대상기업(피합병, 피인수기업) 주식의 일부만을 확보한 후 기존의 주주들로부터 의결권을 위임받아 주주총회에서의 투표를 통해 인수측이 지명하는 인물을 이사로 선임하거나 인수관련 안건을 상정하여 통과시키는 방법이다. 공개매수는 매수대상기업의 주주에게 해당기업의 주식을 일정가격으로 일정기간내에 매입하겠다는 의사를 신문 등에 공고하고 이와 같은 조건에 응하는 주주들로부터 주식을 매입하는 방법으로서 시가에 상당한 수준의 프리미엄을 붙인 매입가격을 제시하는 것이 일반적이다.

최근에는 부실기업이 강제 퇴출되고, 그 기업의 부채와 우량자산만을 인수하는 자산부채이전(Purchase of assets & Assumption of liabilities : P&A) 방식의 기업결합도 이루어지고 있다. P&A 방식이란 인수기업이 부실기업의 불량채권을 제외한 우량채권과 부채를 인수하는 것을 말한다. 즉 M&A와 달리 자산과 부채를 일괄 인수하지 않고, 선별해서 자산을 매입하고 부채를 승계받는 방식이다. 우량채권만 선별적으로 인수받기 때문에 인수기업이 함께 부실화되는 부작용을 막을 수 있고, 특히 인원과 조직의 재정비가 가능하다.

이러한 P&A 방식은 처음에는 청산이나 M&A 등과 함께 부실기업을 정리하는 방법으로 사용되었지만, 요즘은 부실금융기관을 정리하는 방법으로 활용되고 있다. 즉 부실금융기관의 우량예금과 일부 부채를 우량은행에 넘기고 남은 부실자산과 부채를 예금보험공사나 정부 주도로 청산 절차를 밟는다. 내용이나 절차면에서 보면 M&A와 비슷하나 우량자산과 부채의 선별 인수가 가능하고 직원을 계속해서 고용해야 할 의무가 없는 것이 특징이다. 부실금융기관의 정리에 따른 사회적 충격을 최소화할 수 있는 방법으로 각국에서 선호하고 있으며, 이때 팔리지 않는 부실자산과 부채만을 인수하는 기관을 배드뱅크(bad bank)라고 한다.

2) M&A의 효과

M&A는 자본주의가 급성장하던 19세기 말엽부터 미국에서 성행되기 시작하였고 수년 전까지도 미국·영국·일본 등의 한정된 국가에서만 일어났으나 이제 점차 그 확산의 기미가 전세계적

으로 나타나고 있다. 이러한 조류는 시대에 따라 경제적 흐름에 맞추어서 그 모습을 달리해 왔다. 세계시장이 하나로 통합되고 국경을 초월한 무한경쟁이 치열해지면서 세계기업들이 덩치 키우기 경쟁에 돌입하고 있다. 크면 클수록 더욱 좋다(the bigger, the better)는 말이 오늘날 세계산업계를 이끄는 명제가 되고 있다.

그러나 M&A는 두 기업이 통합을 통해 더 많은 역량과 더 높은 수준의 경쟁력을 발휘할 때 의미가 있다. M&A가 성공하기 위해서는 분명한 전략적 적합성과 M&A 이후의 성공적인 통합 과정이 필요하다. 미국과 유럽에서 BCG 고객을 대상으로 조사한 결과 성공적인 M&A를 위해 중요한 것은 가격이나 협상력보다는 전략적 적합성이나 M&A 이후 통합과정인 것으로 나타났다. 이러한 M&A의 효과는 다음과 같다.

(1) 규모의 경제를 통한 비용절감

영국의 로이즈 TSB나 미국의 체이스-케미컬 등은 합병을 통해 경비를 절감, 결과적으로 많은 이익을 얻을 수 있었다. 비슷한 규모끼리의 합병은 업무원가 대비 약 15%의 비용절감 효과를 가져온다. 합병후 가장 큰 비용절감의 기회는 같은 지역의 같은 사업라인에서 지점 네트워크와 본점을 통합할 때 생긴다. 합병을 하면 정보시스템에 있어서도 약 50% 이상의 비용을 줄일 수 있다. 비슷한 지역에서 경쟁하던 은행이 합병후 서로 겹치는 지점을 통폐합하고 두 개의 본점을 하나로 통합하면서 최대 35%까지의 비용을 절약할 수 있다.

(2) 지역확장

내이션즈뱅크와 뱅크아메리카의 합병은 미국 서부해안 지역의 강자와 미국 남동부 지역의 강자끼리의 결합이다. 이 경우 비슷한 시장에서 경쟁하던 두 조직이 합병한 것보다는 비용절감 효과가 낮을 수밖에 없다. 서로 다른 지역에 초점을 두고 사업을 벌여온만큼 서로 통폐합할 수 있는 지점망의 범위가 좁기 때문이다. 그러나 이 경우에도 정보시스템 통합을 통해 약 40%의 비용을 줄일 수 있으며, 본점의 운영 경비 역시 줄어든다.

그러나 경비절감보다 더욱 중요한 것은 합병한 두 은행끼리 역량을 서로 공유하고 새로운 시장에 진출할 수 있는 기회를 얻었다는 것이다. 위스콘신 뱅크는 뱅크원과 합병하기 전까지 자동차 대부금융을 취급하지 않았다. 합병후 뱅크원 위스콘신은 밀워키 자동차 대부금융 시장의 50%를 차지할 수 있었다. 다른 예로 HSBC는 영국 시장에서 점유율을 높이기 위해 영국의 미드랜드 뱅크와 합병했다.

다른 나라간이나 대륙간 거대합병의 경우에 이런 목적이 부가적으로 붙는 경우가 많다. 어떤 지역에서 시장점유율을 확대하기 위해 그 지역에서 시장을 확보하고 있는 기업과 아예 합병을 시도하는 것이 그렇다. 세계자동차업계를 긴장시켰던 독일의 다임러 벤츠와 미국 크라이슬러의 합병추진 예에서도 해외진출의 효과를 간과할 수 없다. 두 회사의 합병으로 벤츠는 세계최대 자동차 시장인 북미에 든든한 거점을 확보하게 되었다. 크라이슬러 입장에서는 당시 1%에 불과한 유럽시장의 점유율을 단번에 12%까지 끌어올릴 수 있었다. 특히 크라이슬러의 경우 미국시장에서의 만년 3위 자리를 탈출하기 위해서는 유럽지역 판매확대가 필수적이었는데 벤츠와의 합병을 통해 길을 찾은 셈이다.

또 벤츠가 일본의 닛산자동차와 전략적 제휴를 추진하고 닛산디젤을 인수한 것도 마찬가지다. 벤츠는 떠오르는 아시아 시장에서 생산거점을 확보하기 위해 닛산에 접근했다. 마침 경영난 타개의 돌파구를 찾고 있던 닛산과 이해가 맞아 떨어져 두 회사간 합병과 제휴 논의는 급피치를 올린 것이다. 한편 이런 차원에서 보면 벤츠 입장에서는 아시아 생산거점을 닛산으로 정했기 때문에 2.2%의 지분참여를 하고 있는 한국의 쌍용자동차는 상대적으로 그 효용가치가 떨어졌다고 볼 수도 있다.

(3) 신규 사업진출과 새상품 개발

도이치뱅크는 투자업무를 늘리기 위해 영국의 투자은행인 모건 그렌펠을 합병했다. 시티코프는 보험과 증권투자, 신용카드, 소매금융 등 넓은 범위의 금융서비스를 통합하고 있다. 합병은 새로운 가치를 창출하고, 두 은행이 분리되어 있었을 때는 가능하지 않았던 새로운 이익을 가져다 준다.

이런 가치창출은 새로운 금융상품을 기존 고객들에게 끼워 파는 능력(교차판매 능력)을 의미한다. 보험상품을 은행 고객에게 판매하는 방카슈랑스는 로이즈 TSB와 크레딧 아그리콜 등 많은 유럽 은행들에게 새로운 이익을 창출해 줬다. 네덜란드의 ING-포스트뱅크-내셔널 네덜란드는 ING의 보험상품을 은행지점망을 통해 판매한다는데 합병의 목적을 두었다.

(4) 경영합리화로 경쟁력 회복

경영합리화 차원에서 경쟁회사끼리 합병해 성과를 거둘 수도 있다. 일본의 5위 자동차 업체였던 마쓰다는 엔고에 따른 수출부진과 내수판매 전략 실패로 95년 누적적자가 750억엔에 달하는 등 심각한 경영난에 봉착했다. 종업원을 4천여명이나 감원하는 등 자구노력을 기했지만 역부족이었다. 이때 마쓰다는 세계 2위의 자동차 기업인 포드에 지분을 팔고 경영권을 넘기기로 결정했다. 포드는 아시아 시장에서 기반을 구축해야 했고 소형차 개발을 위한 파트너를 찾고 있던 때여서 마쓰다의 합병제의를 긍정적으로 받아들였다.

이에 따라 마쓰다는 포드에 인수된 뒤 비용절감과 생산성 향상을 통해 97년부터는 60억엔의 순이익을 기록하는 등 경영정상화를 달성했다. M&A를 통해 적자기업이 흑자기업으로 변신한 대표적인 예이다. 선진기업들이 구조조정의 수단으로 해외 M&A를 적극 활용한 사례이기도 하다.

3) M&A의 성공조건

기업의 합병 및 인수는 분명히 기업의 생존을 위해 필요한 것이기는 하지만 합병이 곧 성공이라는 것만은 아니다. 합병에 성공하기 위해서는 적어도 다음 10가지 조건을 실행해야 한다.

① 합병의 목표를 분명히 한다.

② 신중한 과정을 거쳐 합병후 통합과정을 관리한다. 완벽한 통합은 복잡하고 시간이 걸린다. 두 조직의 통합은 일상적인 업무와 분리돼 이뤄져야 한다.

③ 위로부터의 계단식 정보전달 과정을 변화시킨다. 변화는 위로부터 이끌어져야 한다. 그러나 톱 매니지먼트가 모든 결정을 다 내릴 수는 없다.

④ 정보시스템에 대한 투자와 기업이미지(Corporate Identity : CI) 통합, 지점 통폐합 등을 책임질 특별조직을 구성한다.

⑤ 조직구조를 명확하게 재구축한다. 직원들은 가능한한 빨리 자신의 역할에 대해 확신을 가져야 한다. 통합된 조직에서 두 상사를 모시고는 효과적으로 일할 수 없다. 조직구조를 발표함으로써 불확실성을 조기에 차단한다.

⑥ 새조직에 알맞은 새로운 규율을 만든다.

⑦ 눈에 보이는 목표를 제시한다.

⑧ 직원선택 및 관리 프로세스를 구축한다.

⑨ 임직원과 투자자, 고객들을 대상으로 한 분명한 의사소통 프로그램을 구축한다.

⑩ 새로운 기업이미지(CI)를 선택한다.

4) LBO

LBO(leveraged buy-out)란 피매수기업의 자산을 담보로 하여 외부에서 자금을 조달해 그 자금으로 기업매수를 행하는 방법을 말한다. 대체로 매수자의 자기자금 부분은 10~20% 정도의 적은 액수이며, 매수자금의 대부분은 은행차입이나 채권발행, 사모주식발행 등에 의존한다.

즉 자기자금이 근소하더라도 자본이익률이 부채이자율을 상회하는 한 차입금을 부풀려서 성장할 수 있다는 부채의 레버리지(지렛대) 효과에 의해 매입한다는데서 'leveraged buyout'이라 일컫는다. 따라서 잉어가 고래를 삼킨다고 형용되는 것처럼 돈이 없는 소기업에 의한 대기업 매수도 실현할 수 있는 것이다. 차입금 레버리지효과를 이용함으로 금리가 낮을수록 유효한 전략이다. 스태그플레이션(stagflation)에 고민한 1980년의 미국에서는 겨우 10억달러의 LBO가 이루어졌으나 금리인하·안정성장의 1985년에는 167억달러의 규모가 되었다. 그런데 LBO를 실행함으로써 매수기업의 재무내용은 단숨에 악화되는데, 은행차입이 급증하고, 자기자본비율이 저하되는 위험이 있다.

3. 기업축소화 전략

미래의 영업성과를 개선하고 경쟁력을 향상시키기 위해 비효율적인 조직의 일부 또는 영업자산의 일부를 타인이나 다른 조직에게 양도하는 경영전략을 기업축소화 전략인 디베스티처(divestiture)라고 한다. 즉 디베스티처는 회사전체를 매각하는 것이 아니라, 회사의 일부를 매각하는 부분적 매각인 것이다.

디베스티처(divestiture)는 크게 분리신설(spin-off)과 일부매각(sell-off)의 형태로 분류할 수 있다. 기업의 분리신설은 기업을 분할하여 각기 독립된 기업으로 신설하고, 기존 주주에게는 소유주식의 비율에 따라 신설된 각 기업의 주식을 발행하는 것을 말한다. 이 분리신설은 기업의 한 부분이었던 하부조직이 내부적 성장에 의해 자회사로 독립하거나, 콩글로머릿 등을 통해 기업규모가 비대화되면서 발생한 비경제성을 제거하기 위한 방법으로 기업을 재조직하는 것이다. 분리신설은 기업조직내에 분리된 각 부문에 대해 시장기회를 제공함으로써 시장경쟁력을 강화시킬 수 있고, 또한 신설된 기업의 경영자에게는 이제 부문관리자가 아닌 한 기업의 최고책임자로서의 직무를 수행케 하여 분리 신설된 각 기업의 능률을 높일 수 있다.

특히 EBO(employee buy-out)는 우리사주조합이 중심이 되어 대기업에서 분리되는 회사를 인수하는 것을 말한다. 기업인수에는 우리사주조합을 중심으로 투자은행과 벤처캐피탈이 참여한다. 이를 통해 대기업은 구조조정을 원활히 할 수 있고 종업원은 새로 독립되는 회사의 주인이 된다는 이점이 있다. 삼성전자의 경우 물류팀 직원이 전원퇴직, 「토로스」란 물류 전문회사를 차린 것이 대표적이다.

기업의 일부매각은 수익성이 낮은 기업의 일부를 분할하여 염가로 매각 처분하는 것을 의미한다. 파산상태가 점차로 심화되고 있는 기업에서는 일부 매각한 현금으로 부채를 상환할 수 있으므로 기업의 수지를 개선시킴과 동시에 시장경쟁력을 강화시켜 적정규모의 투자성과를 높일 수 있다.

4. 기업수준의 전략기법들

1) 제품-시장 전략

성장기업의 전략기법으로서 제품-시장 전략(product market strategy)은 기업이 종사하는 제품분야와 시장분야와의 결합을 결정하며, 기업이 외부환경의 변화에 대응하여 성장목표를 달성하도록 기업의 제품-시장 구조를 결정하는 것이다. 이 제품-시장 전략은 신구의 제품분야를 종합함으로써 성장기회의 돌파구와 창조를 방향 짓는 것으로 [표 9-4]와 같이 네 가지 전략으로 분류된다(H.I. Ansoff, 1965).

[표 9-4] 제품-시장 전략 매트릭스

제품 / 시장	현 제 품	신 제 품
현 시 장	1. 시장침투전략	3. 제품개발전략
신 시 장	2. 시장개척전략	4. 다각화전략

자료 : H.I. Ansoff, *Corporate Strategy*, McGraw-Hill, 1965, p. 98.

이 경우 제품분야는 제품의 분리적 성질이나 성능의 차이에 의해 구분된다. 한편 시장분야는 제품의 시장사명(mission)의 차이에 따라 분류된다. 시장사명이란 제품에 대한 소비자 요구의 집합을 의미하고 있다. 따라서 시장분야는 고객그룹의 분류와는 반드시 일치되지 않는다. 예를 들면 식품과 TV, 약품의 소비자층은 같더라도 각각 제품의 시장사명은 전혀 다른 것이다. 이와 같이 시장분야와 제품분야의 결합으로 형성되는 제품-시장 전략은 다음과 같이 분류된다.

(1) 시장침투전략(market penetration strategy)

이는 현재의 제품분야와 현재의 시장분야와의 결합에 의한 성장전략이다. 현재의 제품에 의해 현재의 시장분야에 대해 광고선전비나 판매촉진비를 투하하거나 혁신적인 유통경로를 개발하여 매출액이나 시장점유율의 확대를 꾀하는 것이다. 이 경우 기업의 이익률이 저하될 수 있기 때문에 대량판매가 아니면 위험한 전략이다.

(2) 시장개척전략(market development strategy)

이는 현재의 제품분야와 새로운 시장분야의 결합에 의한 성장전략이다. 현재의 제품분야에 있어 새로운 고객층이나 새로운 시장지역과 대외시장을 개발해 가는 것이다. 예를 들면 기존제품에 대한 고객계층을 다양화하여 사무실용을 가정용으로 판매하거나, 아프리카나 중국 등의 신시장을 개척하여 매출액을 늘리는 것이다.

(3) 제품개발전략(product development strategy)

이는 현재의 제품을 대체하는 새로운 제품을 개발하는 성장전략이다. 현재의 제품이 기술적·유행적으로 진부화하여 그 판매가 곤란하게 되어 비로소 새로운 제품을 개발한다면 그것은 이미 늦다. 이러한 사태를 예상하여 제품의 성장기에 개발을 위한 준비가 필요하다. 현재의 고객들에게 기존제품 외에 신제품을 개발함으로써 매출액과 시장점유율의 확대를 꾀할 수 있다.

(4) 다각화전략(diversification strategy)

이는 새로운 제품분야와 새로운 시장분야를 결합함으로써 발생하는 성장전략이다. 다각화의 이유는 기존시설의 노후화나 시장의 포화상태 등으로부터 벗어나 수익률을 증대시키거나, 기업의 경기적 위험을 분산시키거나, 현금의 과다보유나 부산물의 이용 등 다각화가 확대화보다 이윤을 증대시킬 수 있기 때문이다.

다각화의 형태는 기술적으로나 마케팅적으로 동일한 범주에 속하는 다각화로 주로 판매시너지를 추구하는 수평적(horizontal) 다각화, 생산적 시너지를 추구할 목적으로 원재료 및 부산물을 중심으로 종적으로 관련된 수직적(vertical) 다각화, 마케팅이나 기술 등 부문관리별로 상호관련성이 강한 부문을 결합하는 집중적(concentric) 다각화, 마케팅과 기술 등 어느 부문도 전혀 관련이 없는 분야의 업종간의 다각화인 집성적(conglomerate) 다각화가 있다.

2) 갭 분석(gap analysis)

급변하는 경영환경과 치열해지는 경쟁속에서 기업의 상대적 경영능력을 평가하는데 갭 분석(차이분석)을 이용한다. 이는 설정된 목표가 모든 잠재력을 효과적으로 활용하였을 경우 미래의 이상적인 제품 및 시장에서의 기대상태와 현재의 상황이 특별한 변화없이 지속될 경우에 도달될 수 있는 미래의 제품 및 시장상태에서의 일정한 차이를 인식하고 분석하려는 기법으로 [그림 9-4]와 같다.

기업의 기대상태(목표이익)와 현재상태에는 일정한 갭을 발견할 수 있는데, 이러한 갭이 아주 크면 다각적 성장전략(diversification growth), 갭의 크기가 중간정도면 통합적 성장전략(integrative growth), 갭의 크기가 작으면 집약적 성장전략(intensive growth) 등을 구사하여 차이를 극복한다.

[그림 9-4] 갭 분석과 전략

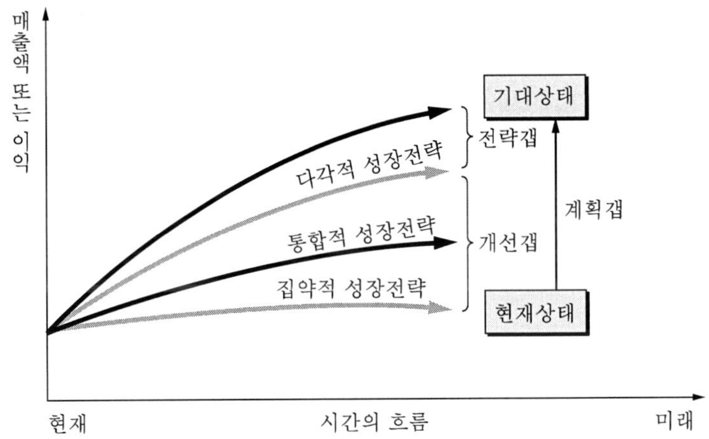

3) SWOT 분석

SWOT 분석은 조직내부의 강점(strength)과 약점(weakness)에 외부환경의 기회(opportunity)와 위협(threats)을 조화시켜 장래의 발전방향을 모색하는 분석방법이다. SWOT 분석에서는 기업내의 강점을 S, 약점을 W로 표시하고, 기업외부의 기회를 O, 위협요소를 T로 표시한다. 많은 조직이 대개의 경우 문제점 및 위협을 의식하는데서 전략적 계획을 세우기 때문에 이 모델은 위협으로부터 시작한다. [표 9-5]와 같이 외부환경의 위협과 기회, 그리고 내부환경의 강점과 약점에 대한 분석을 토대로 4개의 전략방안을 모색할 수 있다.

① WT전략(내부약점 · 외부위협) - 축소 · 철수전략

위협과 약점을 최소화하기 위한 전략이다. 예를 들면 합작투자나 회사를 축소하거나 경우에 따라서는 청산까지 하는 전략을 선택할 수 있다.

② WO전략(내부약점 · 외부기회) - 우회 · 보완전략

약점을 최소화하는 대신에 기회를 극대화하려는 전략을 말한다. 그러므로 약점분야를 보완하여 강점으로 전환하기 위해서는 외부로부터 유리한 기술이나 인적자원을 도입하는 우회전략을 활용한다.

③ ST전략(내부강점 · 외부위협) - 경쟁우위전략

조직내부의 강점으로 외부환경속에 있는 위협에 대응하는 전략이다. 이 전략의 목적은 내부의 강점을 극대화하고, 반면 외부의 위협을 최소화하는 전략이다. 경쟁회사가 신제품을 출시하는 위

협적 상황이 발생했다면 내부에 보유된 기술, 재무, 관리, 마케팅 등의 강점을 극대화하여 이에 대처할 수 있다.

④ SO전략(내부강점 · 외부기회) - 성장전략

외부의 기회를 이용하기 위해 내부강점을 사용할 수 있을 때 가장 바람직한 전략이다. 실제 매트릭스상의 모든 위치에서 이러한 위치로 옮기는 것이 모든 기업의 목표이다.

[표 9-5] 전략형성을 위한 SWOT 매트릭스

내부요인 / 외부요인		내 부 강 점 (S)	내 부 약 점 (W)
		관리 · 운영 · 재정 · 마케팅 · R&D · 엔지니어링 등 분야에서의 강점	관리 · 운영 · 재정 · 마케팅 · R&D · 엔지니어링 등 분야에서의 약점
외부기회 (O)	현재 및 미래의 경제적 여건, 정치 및 사회적 변화, 신제품 및 서비스 기술에 대해 기회	SO전략 (Maxi-Maxi)	WO전략 (Mini-Maxi)
		조직내의 강점과 외부의 기회를 이용하여 가장 성공할 수 있는 전략, 확대전략	외부기회의 강점을 살리고 내부의 약점을 극복하기 위한 개발전략, 우회전략
외부위협 (T)	에너지 부족, 경쟁 등의 외부환경 분야에서의 위협	ST전략 (Maxi-Mini)	WT전략 (Mini-Mini)
		위협을 피하고 대처하기 위해 내부적인 강점을 사용하는 전략, 안정적 성장전략	삭감전략 · 청산 · 합작투자전략

이와 같은 SWOT 매트릭스는 현재의 경영환경을 분석하고 미래의 환경변화 추세를 예측하여 사업의 성공 여부를 판단할 수 있고, 또한 자사가 보유하고 있는 조직상의 강 · 약점과 연계하여 분석함으로써 향후의 경영전략을 수립하는데 이용된다.

제2절 사업수준의 경영전략

1. 제품포트폴리오 관리전략

제품포트폴리오 관리(product portfolio management : PPM)란 다수의 시장에서 다수의 제품을 가진 기업이 시장성장 능력과 상대적 시장점유율에 의한 자금조달 능력에 의해 최적의 상품조합을 선택하기 위한 기법으로 보스턴 컨설팅그룹(Boston Consulting Group : BCG)이 GE(General Electric) 및 하버드 경영대학(Harvard Business School)과 협력하여 개발한 원리이다. 이 기법은 제품별 시장성장률과, 상대적 시장점유율에 따라 어느 제품이 ① 투자기회를 제공해 주며, ② 투자자금을 공급하며, ③ 포트폴리오에서 제외되어야 하는가를 결정하는 것이다. 그러므로 포트폴리오의 목적은 균형적 자금운용을 유지하고 포트폴리오를 통한 최적의 경영성과를 달성하는 것이다.

제품포트폴리오 관리는 제품수명주기(product life cycle), 경험곡선(experience curve) 등의 이론에 기초하고 있다. 먼저 제품수명주기는 기업의 외부환경을 분석하는데 사용된다. 이는 제품이 신제품으로서 개발 출시되어 성장상품이 되었다가 사양품목이 되어 시장에서 사라지기까지의 시간적인 경과과정을 의미한다. 두 번째로 경험곡선이란 기업의 시장점유율이 높을수록 누적생산량이 많고 누적생산량이 많을수록 제품생산의 한계비용이 줄어든다는 것으로, 시장점유율은 기업의 능력을 나타내는 가장 중요한 내적변수로 간주된다. 경험곡선이 전략적 측면에 적용되는 것은 시장점유율과의 관계 때문이다. 즉 시장점유율이 높으면 그만큼 경험축적이 많아지고 이에 따라 원가 면에서 유리해지며 결국 가격인하를 유발시켜 더 높은 시장점유율을 얻게 된다는 논리에 기초하고 있다.

1) 성장-점유 매트릭스

성장-점유 매트릭스(growth-share matrix)는 기업의 전제품에 대한 포트폴리오를 가장 명백히 나타내 주는 제품포트폴리오 관리기법의 핵심을 이룬다. 이는 [그림 9-5]와 같이 제품 혹은 전략사업단위를 시장성장률이라는 외적변수와 시장점유율이라는 내적변수를 전략요인으로 선정하여 현금의 사용과 창출을 중심으로 평가 · 검토한다. 그렇게 해서 제품 혹은 전략사업단위간의 균형화를 도모하고자 개발한 기법이다.

[그림 9-5]에 있는 각 분면별 특성을 살펴보면 다음과 같다.

① 1/4분면(문제아, question mark) : 고성장 · 저점유

현재 시장에서의 제품점유율이 낮기 때문에 수익성과 현금흐름이 나쁘지만 시장자체의 성장성이 높기 때문에 성공만 하면 좋은 수익성을 올릴 수 있는 가능성을 갖고 있다. 따라서 이 사업을 유지 · 성장시키기 위해서는 많은 자금이 필요하며 시장점유율이 낮기 때문에 빠른 시간내에 자금회수는 어렵다.

② 2/4분면(별, star) : 고성장 · 고점유

현재 시장의 지배자로서 높은 시장점유율을 유지하고 있지만, 제품의 시장성장 속도가 빠른 성장기에 있기 때문에 현상유지를 위해 막대한 자금의 투입이 필요하나 장기적인 측면에서 많은 수

익을 가져올 수 있는 사업이다.

[그림 9-5] 성장-점유 매트릭스

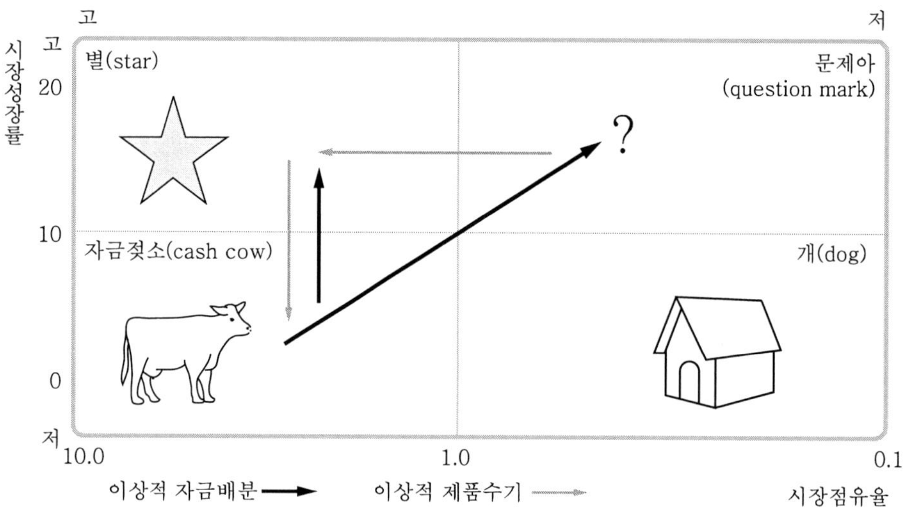

③ 3/4분면(자금젖소, cash cow) : 저성장 · 고점유

제품수명주기의 성장기를 지나 성숙기에 이르러 더 이상 시장의 성장은 없지만, 시장점유율이 높고 추가자금 투자가 필요없기 때문에 많은 자금을 창출할 수 있는 능력을 지닌 제품이다. 이는 기업의 부채 · 배당금 · 비용 등을 지급해 주고, R&D 재원 및 타부문의 성장을 지원하는 자금의 젖줄이다.

④ 4/4분면(개, dog) : 저성장 · 저점유

제품수명주기가 성숙기를 지나 쇠퇴기에 이르렀고, 시장점유율도 낮아서 수익성이나 전망이 없기 때문에 처분하여 기타 성장가능부문을 지원하는데 자금이 사용된다.

이상에서 살펴본 포트폴리오의 각 분면에 속하는 재무적 특성을 보면 [표 9-6]과 같다.

[표 9-6] 성장-점유 매트릭스의 재무적 특성

• '별' 제품 - 평균적 이익률 - 다소 자금부족 : 평균적 부채비율	• '문제아' 제품 - 낮은 이익률 - 자금부족 : 높은 부채비율
• '자금젖소' 제품 - 높은 이익률 자금의 여력 : 낮은 부채비율	• '개' 제품 - 낮은 이익률 적은 자금여력 : 높은 부채비율

이와 같은 재무적 특성에 따라 성장-점유매트릭스의 자금흐름은 [그림 9-6]과 같이 이루어진다. 즉 '자금젖소'에서 나오는 자금은 주로 연구 및 개발(R&D)에 사용되어져 '문제아' 제품이 '별' 제품이 되게 하고, 이는 다시 '자금젖소' 제품이 되게 하며, 또 다른 '문제아'를 지원하여 성공적인 제품주기로 가져오게 한다.

[그림 9-6] 성장 · 점유 매트릭스상의 자금흐름 및 제품주기

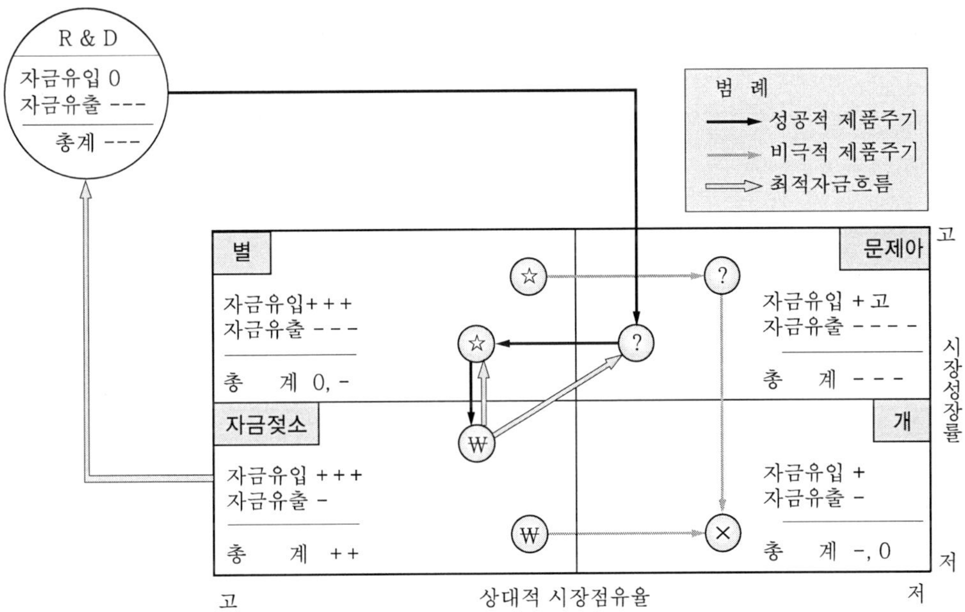

2) 제품포트폴리오 분석에 따른 전략방안

기존제품시장, 비용, 제품수명주기상의 시장성장률, 경쟁기업에 비해 상대적 우위에 있는 자원, 기타 제품 및 경쟁기업의 반응 등의 관련성을 분석한 후 구체적으로 각 제품 및 제품그룹에 대한 전략을 수립해야 한다. 이에 대해서는 일반적으로 다음과 같은 전략방안이 제시될 수 있다.

① '문제아' 제품은 장래의 성장가능성이 높은 사업에 뒤늦게 참여하는 경우로서 시장자체의 규모가 계속 신장되고 있기 때문에 투자의 충분한 매력은 있으나 시장선도자로 부상하기 위해서는 막대한 투자가 소요되는 경우이다. 따라서 '문제아' 제품은 가능한한 빨리 '별' 제품으로 육성해야 한다. 물론 모든 '문제아' 제품 전체를 육성할 자금능력이 없으므로 가장 유망한 제품을 선택하고 그 나머지는 그대로 두거나 처분하는 전략을 사용하게 된다.

② '별' 제품에 대해서는 시장점유율을 계속 늘리기 위해 집중적인 투자를 해야 한다. 여기서는

수익성보다는 시장점유율이 더욱 중요한 목표이다. '별' 제품과 관련한 기업의 전략은 보통 시장 점유율을 확대 유지하는 전략을 사용하게 된다.

③ '자금젖소' 제품에 대해서는 순현금흐름을 극대화하기 위해 시설의 유지와 생산원가절감에 도움이 되는 투자만을 행하고, 선전광고, 신규시설투자 등에는 자금의 사용이 일체 금지되어야 한다. 나머지 자금은 연구개발에 투자한다. 동시에 감가상각을 빨리하면 경쟁기업에 대해 원가면에서 유리한 위치를 차지할 수 있다. '자금젖소' 제품과 관련한 기업의 전략은 보통 수확전략을 사용하게 된다.

④ '개' 제품에 대해서는 가능하면 빨리 처분을 하는 것이 유리하다. 신규시설투자는 물론 시설 유지비에 대한 투자도 억제해야 한다. 만일 다른 기업에 이 부분을 팔 수 없다면 결손처분을 하는 것이 더 현명할 수도 있다. '개' 제품과 관련한 기업의 전략은 보통 청산전략을 사용하게 된다.

2. 경쟁우위 전략

사업수준의 경영전략 차원에서 개발할 수 있는 또 하나의 전략대체안은 포터(M. Porter, 1985) 교수가 개발한 포괄적 경쟁전략 모형(generic competitive strategies model)이다. 이 모형은 제조업, 서비스업, 또는 비영리사업에 관계없이 적용될 수 있기 때문에 포괄적 모형이라 부른다.

[그림 9-7] 포괄적 경쟁전략 모형

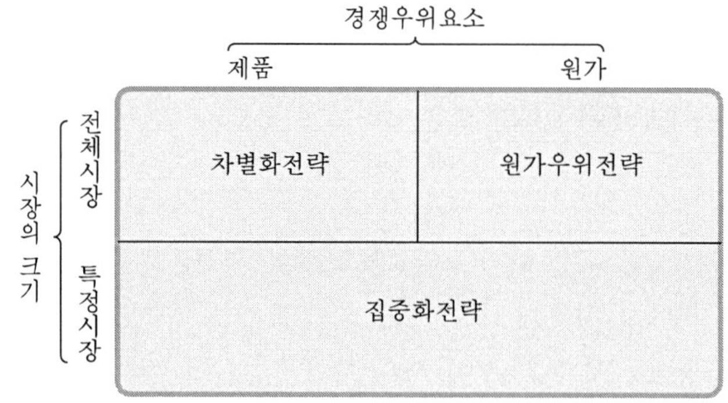

[그림 9-7]과 같이 이 모형의 수직축은 기업이 목표로 하는 시장의 크기를 나타내고 있다. 여기서 특정시장이란 많은 경쟁자들이 간과하기 쉬운 지역 또는 고객그룹을 의미하는 것으로 틈새시장을 말한다. 그리고 수평축은 제품이나 서비스의 특성 또는 원가의 저렴성 등 경쟁우위요소를 나타내고 있다. 이 두 가지 변수를 조합하여 차별화전략, 원가우위전략, 집중화전략 등을 적용할

수 있다.

(1) 차별화전략(differentiation strategy)

차별화전략은 소비자에게 전체시장에서 다른 제품이나 서비스와 구별되게 독특한 이미지를 인식시키는 전략을 의미한다. 차별화전략을 수행하는 방법은 브랜드 이미지(코카콜라, BMW 자동차), 기술선도(마이크로소프트사의 컴퓨터 운영체계, IBM 컴퓨터), 고객서비스(소니의 워커맨, 싱가포르 항공의 기내서비스), 최고의 품질(하얏트호텔, 벤츠자동차) 등이 있다.

차별화전략에서는 원가를 우선적인 목표로 삼지는 않지만 일단 이 전략이 성공하면 기업은 그 산업내에서 평균 이상의 수익률을 올릴 수 있는 성장기업이 된다. 그러나 차별화전략은 시장(고객)의 배타성을 의미하는 것이므로 높은 시장점유율과는 거리가 멀 수 있다. 또 이 전략의 단점은 다른 경쟁자가 쉽게 모방할 수 있기 때문에 계속적인 노력이 필요하다.

(2) 원가우위전략(cost leadership strategy)

원가우위전략 혹은 저원가선도전략은 원가절감을 통해 경쟁기업보다 낮은 가격으로 제품이나 서비스를 제공하는 것을 의미한다. 일반적으로 이 전략을 달성하기 위해서는 규모의 경제성을 가진 대량생산 설비와 경험축적에 근거한 원가절감이 전제된다. 저원가전략은 기업전체 경영자의 관심이 요구되며, 비용면에서 최우위를 가진다는 기본목표에 따라 일련의 직능별 전략에 의해 원가를 최소화시키는 노력이 필요하다.

(3) 집중화전략(focus strategy)

집중화전략은 특정한 지역이나 구매자 집단과 같은 한정된 특수시장(틈새시장)을 집중적인 목표로 하는데, 이 전략이 성공하면 독특한 이미지나 저원가의 두 가지 특성을 모두 갖춘 제품이 된다. 이 전략은 원가우위전략과 차별화전략이 산업전체 시장을 목표로 하는데 비해 특정한 부문시장을 목표로 한다. 제한된 자원을 가지고 있는 소규모 기업은 독특한 이미지나 저원가 중에서 하나를 선택하여 집중적인 노력을 기울이는 것이 유리하다.

3. 경험경제재 도입전략

1) 경험경제재의 의의

경제구조의 변천사는 농경사회(1차산업) → 공업사회(2차산업) → 서비스사회(3차산업) → 경험재사회(4차산업)로 발전되어 왔다(J. Pine II & J. H. Gilmore, 1998). 오늘날 소비자는 자신이 참여하는 경험재를 갈망하고 있으며, 이러한 욕구에 부응해 점차 많은 기업이 경험의 디자인과 판매전략에 적극적으로 대처하고 있으므로 이제 4차의 재화인 경험재의 실체가 가시화되고 있다고 보아야 할 것이다. 이전 단계의 상품이 그랬듯이 3차 상품인 서비스 역시 점차 균질화되고 있지만 경험재는 이른바 경제적 가치의 진보 과정에서 다음 단계로 향하는 위치를 확보하고 있다.

경험은 추상적인 것이 아니며 이전 단계의 서비스, 재화 및 상품과 마찬가지로 구체적인 재화다. 서비스 중심의 경제구조하에서 많은 기업들이 기존제품의 판촉을 위해 경험재를 보조적으로 사용하였으나, 경험경제시대의 본격적인 도래로 기업의 이익을 실현하기 위한 직접적인 상품이 되고 있다.

1차상품이나 2차상품인 재화는 대체가능하며, 손으로 만져볼 수 있는데 비해 3차상품인 서비스는 만져 볼 수 없다. 여기에 비해 경험재는 기억에 남는 것이라고 할 수 있다. 경험재의 구매자는 (경험재의 효시라 할 수 있는 월트 디즈니의 경우) 한정된 시간내에 펼쳐지는 사건에 대해 가격을 지불한다. 소비자의 관점에서 볼 때 과거의 생산물, 재화 및 서비스 등은 외재적인 반면에 경험재는 구매자의 감성적·육체적·지적·영적 차원의 교감을 본인의 마음속에 간직한다는 면에서 본질적으로 내재적이라 할 수 있다. 개인의 경험은 연출된 사건과 경험자 개인의 심리상태 사이의 상호작용에 의해 결정되기 때문에 어떤 사람도 동일한 경험을 할 수 없다.

경험재는 지금까지 오락산업의 중추에 위치하고 있었으며, 최근의 오락형태는 영화관이나 놀이동산과 근본적으로 다르다. 첨단기술의 발달로 인한 인터액티브 오락게임, 인터넷의 대화방, 다수가 참여할 수 있는 오락게임, 현장감을 살린 시뮬레이터 및 가상적 실체공간 등은 새로운 차원의 경험재다. 컴퓨터의 급속한 발달로 과거에는 상상도 할 수 없었던 새로운 차원의 경험재를 생산하고 있으며, 컴퓨터 관련제품이 수요창출을 주도하고 있다.

2) 경험재의 분류

경험재 연출을 위한 뛰어난 디자인, 마케팅, 효율적 의사전달과정 등은 상품과 서비스판매에서 차지하는 비중만큼이나 중요하다. 창의성과 기술개혁은 판촉을 위해 우선되어야 한다. 이와 동시에 상품이나 서비스와 마찬가지로 경험재는 고유의 품질과 특성을 갖춰야 하며, 미래의 고유한 디자인까지도 나름대로 제시할 수 있어야 한다.

이러한 특성의 수준을 결정하는 요인은 첫째, 고객의 참여(customer participation) 수준이다. 고객의 참여 정도를 스펙트럼에 비유해 볼 때 가장 낮은 단계는 수동적 참여로서 고객은 행사에 능동적인 영향을 줄 수 없는 단계로 고전음악 공연의 관객은 단순히 음악을 경청할 뿐이다. 가장 높은 단계는 경험재를 창출하는 이벤트에 고객이 직접 참여해 핵심적 역할을 하는 것인데, 스키를 즐기는 사람이 이러한 범주에 속한다.

두 번째는 연계성(connection)이나 분위기조성(environmental relationship)으로 어떤 이벤트에서 합일체가 되도록 하는 요소이다. 이러한 요소의 가장 낮은 단계는 동화(absorption)이며, 가장 높은 단계는 몰입(immersion)이다. 예를 들어 경마장의 관람석에 있는 사람의 경우에는 자신들 앞에서 벌어지고 있는 경주에 일방적으로 동화되어 있다고 볼 수 있다. 반면 경마경기장 내부에 위치한 사람의 경우에는 그들을 에워싸고 있는 장면, 소리 및 냄새에 몰입할 수 있다. 물리학 강의를 들으며 받아 적은 강의 노트는 교과서를 읽는 것보다 훨씬 동화된 것이라 할 수 있다. 다수의 관람객과 대형 음악장치가 설치된 극장에서의 영화관람은 동일한 영화를 집에서 보는 것보다 훨씬 몰입적이다.

경험재를 이러한 두 가지 결정요인의 분류기준에 따라 오락적 경험재, 교육적 경험재, 적극적 경험재, 심미적 경험재의 영역으로 분류할 수 있다.

오락적 경험재(entertainment experiences)의 대표적 예로는 TV 시청과 음악회 참석 등인데, 여기에서 참가자는 능동적이라기보다는 수동적으로 참여하는 것이며, 또한 몰입한다기보다는 동화된다고 할 수 있다.

교육적 경험재(educational events)로는 수업참여나 스키 강습과 같은 교육적 이벤트가 있으며, 앞에서 언급했던 예보다는 좀더 적극적인 참여를 유도하지만 배우는 사람은 직접 행위에 몰입한다기보다는 제3자로서 참여하고 있다고 볼 수 있다.

적극적 경험재(escapist experiences)는 교육적 효과와 동시에 오락적 즐거움을 주면서, 또한 참여자의 몰입을 유도한다. 경기에 직접 참여하거나 교향악단에서 연주를 하거나 그랜드캐니언 아래까지 직접 내려가는 행위 등은 적극적인 참여와 경험재의 몰입을 포괄하는 대표적인 예라 하겠다.

심미적 경험재(aesthetic experiences)는 고객의 적극적인 참여를 최소화하려는 경우 참여적 경험재의 범주를 벗어나는 것으로 이런 경우 고객이 어떤 행위나 환경에 몰입하게 된다. 그 예로서는 화랑에서 미술품을 감상하는 행위 등이며 이런 경우 참여자가 경험재에 직접적인 영향을 미치지는 못한다.

디즈니 놀이동산에 가거나 라스베거스 도박장에서 도박을 하는 행위는 최고의 경험재로서 앞에서 분류한 4개 영역을 모두 포괄하는 일종의 스위트 스폿(sweet spot)이다. 결국 경험재를 사업으로 구상하는 경우 가장 중요한 문제는 독특한 경험재를 어떻게 창출한 것인가이며, 이에 따라 사업영역을 결정하게 된다.

3) 경험재 도입전략의 원칙

경험재의 디자인은 오늘날 상품디자인과 공정과정의 디자인만큼이나 기업성공의 핵심요인으로 자리잡고 있다. 디자인이 지켜야 할 기본적인 원리는 다음의 다섯 가지로 대별해 볼 수 있다.

(1) 경험재 주제의 선정

기업이 의도하는 주제는 디자인 장식과 경험재 연출을 통해 일관성 있는 이야기가 되도록 꾸며 소비자를 사로잡을 수 있어야 한다. 특정한 취향의 사람이 찾는 카페의 경우 상호명을 통해 이미 그 특성을 예상할 수 있다. 이러한 곳의 경영주는 자신이 창출하려는 경험재를 참여자가 미리 예상할 수 있게 함으로써 경험재 연출의 가장 기본적이고 중요한 원칙을 갖추었다고 할 수 있다. 반면에 적절하지 못한 상호명은 경험재가 가져오는 감동을 불러일으킬 수 없으며, 또한 참여자의 기억속에 남지도 않는다.

고대 로마의 전통시장을 흉내낸 라스베거스의 한 쇼핑매장은 로마의 갑옷 등을 이용한 디스플레이로 로마의 고전적 감각을 재생하려는 자신의 의도를 충분히 달성하고 있다. 갑옷 이외에도 대리석으로 장식된 바닥, 야외카페의 설치, 생나무, 철철 물이 넘치는 샘으로 꾸며 놓았을 뿐만 아니라, 파란 하늘에 뭉게구름의 채색을 한 천장까지 갖춰 천둥과 번개를 동반한 모의폭풍을 재현하고 있다. 쇼핑매장과 각 상점의 입구는 로마거리의 재현이다. 홀의 중앙현관에는 시저와 로마 영웅의 동상이 설치되어 매 시간마다 "시저를 위하여(Hail, Caesar)"라고 외쳐댄다. 또한 100인의 로마 대장 모습으로 분장한 사람이 근처에 위치한 카지노까지 행군을 하기도 한다. 일부 상점의 경우 내부장식까지 이러한 고전적 감각재현을 지향하고 있다.

(2) 긍정적인 표현방법과 소비자 감동의 조화

의도했던 주제는 경험재 창출을 위한 근간이 되는 반면에 경험재 그 자체는 감동을 불러일으켜야 한다. 감동은 경험재를 내적으로 간직하는 행위라 할 수 있다. 감동을 불러일으키기 위해 각 기업은 고객이 경험의 특성을 일목요연하게 알 수 있도록 하는 표현방법을 개발해야 한다. 각각의 표현방법은 경험재가 추구하는 주제를 보조하는 동시에 상호간 일관성을 유지해야 한다.

경험재를 내적으로 간직하는 행위인 감동은 표현방법에 따라 달라질 수 있다. 일부 내부구조가 미흡하다거나 잘못 배치되었다는 단순한 이유만으로 고객은 불쾌해질 수 있다. 또한 돌발적이거나 일관성 없는 시각 및 언어적 표현방법은 손님을 혼돈시킬 수 있다. 호텔 프런트 직원이 나름대로 자세하게 객실위치를 설명했음에도 불구하고 투숙객이 객실을 찾는데 어려움을 당한 부정적 경험은 종업원이 좀더 명확한 표현방법으로 투숙객의 기분을 좋게 할 수 있다.

(3) 부정적 표현방법의 제거

경험재를 연출하는 경우 주제를 약화시킬 수 있거나 모순을 야기시키는 모든 것은 없애야 한다. 대부분의 기존 건축공간(쇼핑매장, 사무실, 빌딩 및 비행기내 등)은 무의미하고 필요 없는 안내문으로 부정적 결과를 초래하고 있다. 경우에 따라 안내문이 소비자에게 유용할 수도 있으나, 너무 빈번한 과잉 서비스(over servicing)는 불필요하다. 예를 들어 패스트푸드 레스토랑(fast food restaurant) 쓰레기통에 붙어 있는 "고맙습니다"라는 부착물이 주는 의미는 쓰레기를 직접 버려달라는 우회적 표현방법인 동시에 "레스토랑이 쓰레기를 치우는 일은 하지 않습니다"라는 부정적인 의미도 내포하고 있다. 이런 경우 쓰레기통의 모양을 재미있게 캐릭터화해서 그 입구가 열릴 때마다 고맙다는 말을 하도록 개선한다면 손님은 부정적 표현방법에 직면하지 않고도 동일한 메시지를 전달받게 되며, 쓰레기를 버리는 행위 그 자체도 재미있는 식사경험의 일부가 될 수 있다.

또 비행기조종사의 불필요한 기내방송은 편안히 쉬는 고객을 방해하며, 호텔 프런트에서 고객과의 이야기 도중에 걸려 온 전화를 받고는 안내방송을 한다든지 모닝콜을 위해 지나치게 소음을 내는 행위 등도 부정적 경험을 제공한다. 이러한 경우 좀더 즐거운 경험재를 만들기 위해서 스피커 대신 헤드폰을 통해 기내방송을 한다든지, 프런트데스크 옆에 책상을 마련해 전화만 전문적으로 받는 종업원을 고용하거나, TV채널을 만들어 손님에게 필요한 정보를 인터액티브하게 전달하는 등으로 부정적인 표현방법을 제거해야 한다.

(4) 경험재의 기념품적 요소 추가

어떠한 상품은 속성상 그 자체가 내포하는 추억 때문에 팔린다. 여행객은 남기고 싶은 광경을 간직코자 엽서를 구입하며, 골퍼는 골프장이나 경기내용을 간직하기 위해 로고(logo)가 새겨진 셔츠나 모자 등을 구입하며, 10대는 록 공연의 기억을 간직하기 위해 티셔츠를 구입한다. 그들이 이러한 기념품을 구입하는 이유는 결국 경험재를 구체화해 기념품으로 남기고 싶어하기 때문이다.

만약 서비스산업에 속하는 기업(항공사, 은행, 식료품점 및 보험회사 등)이 부정적인 요소가 없는 긍정적인 표현방법으로 일관성 있는 주제를 가진 경험재를 마련한다면 기념품 시장을 통해 상당한 수익을 올릴 수 있을 것이다. 은행이 경험재를 연출할 수 있다면 주택융자를 받는 사람이 기념품을 구입할 수도 있으며, 보험회사의 경우 고객에게 계약서를 액자로 만들어 기념으로 집에 걸어 놓게 함으로써 경험재의 연출을 할 수도 있다.

(5) 오감을 동원한 소비자의 매료

경험재 연출에서 오감을 자극하는 보조적인 방법을 동원할 수 있다면 상당히 효과적이다. 감각을 더 많이 자극하면 할수록 소비자의 마음을 효과적으로 사로잡을 수 있으며, 또한 기억에 오래 남게 할 수 있다. 만약 수완 좋은 구두닦이라면 구두헝겊을 탁탁 소리나게 하면서 구두약 냄새를 손님이 맡게 할 것이다. 이러한 행위가 결코 구두를 더 깨끗이 닦게 하는 직접적인 요인은 아니지만 헝겊소리와 구두약 냄새는 손님의 감각을 자극함으로써 더 오래 기억될 수 있다. 제과점의 경우 내부구조를 개선해 고객이 빵굽는 냄새를 맡도록 할 수도 있다. 채소상점의 경우 자동으로 야채에 물을 뿌리는 장치를 개선해 번개와 천둥소리를 곁들여 연출한다면 자연의 맛을 불러일으키는데 일조할 것이다.

그러나 때로는 오감을 자극하는 것이 부정적일 수도 있다. 서점의 책냄새와 커피냄새는 조화를 이루지만 복합 빨래방(세탁과 동시에 음료수 및 맥주를 마실 수 있는 장소를 겸비한 빨래방)의 경우 빨래비누 냄새와 음료수는 조화를 이루지 못하는 것이다.

(6) 지속적인 혁신

앞에서 언급한 다섯 가지의 디자인 규칙을 지켰다고 해서 성공이 보장되는 것은 아니며, 시장의 수요여건도 고려해야 한다. 과거의 산업발달사에서 보듯이 경험재를 생산하는 기존 기업 모두가 영원히 지속한다는 것은 불가능하며 이 가운데 일부 기업은 도태될 것이다. 제조업과 서비스 산업의 발전은 과거에는 상상치 못했던 재화와 서비스재의 도래·발전과 그 맥을 같이 한다. 경험재 역시 슘페터(J. Schumpeter)가 주장한 창조적 파괴(creative destruction)의 과정을 밟게 된다. 즉 기술혁신을 통한 경쟁력 제고로 구형태의 기업을 도태시킨 기업 역시 다른 새로운 형태의 기업에 의해 도태당할 수 있다.

제3절 직능수준의 경영전략

1. 타임페이싱 전략

1) 타임페이싱의 의의

타임페이싱(time pacing)이란 변화시간 속도의 조절을 의미하는 것으로, 시장상황의 변화를 정기적인 시간간격으로 조절함으로써 시장변화에 주도적으로 대응하는 경쟁전략을 지칭한다. 즉 기업이 시장에서의 새로운 변화를 예측하고 기다리는 것이 아니라 오히려 변화를 언제쯤 발생시킬 것인가를 계획하고 이러한 목표에 경영의 초점을 두는 전략이 타임페이싱이다.

타임페이싱을 추구하는 기업에게 시장변화란 더 이상 예측이 불가능하고 통제가 불가능한 돌발적 요소가 아니라 경영자의 의도와 관리하에 통제되는 경쟁수단으로 전환되는 것이다. 변화에 수동적 적응이 아니라 능동적 대응이 바로 타임페이싱 전략의 요체라고 할 수 있다. 지난 30여년 동안 기술혁신이 급속하게 진행되어 왔고 경쟁강도가 가열되어 온 컴퓨터산업에서 경쟁사의 추종을 불허할 정도로 확고한 시장지위를 구축하고 있으며 괄목할 만한 성과를 거두고 있는 미국의 컴퓨터 칩 생산업체 인텔의 성공비결도 18개월이라는 일정한 기간마다 2배로 강화된 성능의 신제품을 연속적으로 출시한 타임페이싱 전략에 있다. 타임페이싱 전략의 효과는 크게 두 가지로 요약된다.

첫째, 시장변화를 선도함으로써 경쟁우위를 강화할 수 있다. 타임페이싱에 따라 시장의 상황을 주기적으로 변화시키게 되면, 기존의 경쟁사에게 상당한 전략적 혼란을 야기시킬 수 있는 것이다. 그 밖에 잠재적 경쟁사가 시장에 진입하는 타이밍을 포착하지 못하게 만드는 효과도 가져온다.

둘째, 기업내부적으로 타임페이싱은 조직과 구성원이 변화에 대한 민감성과 추진력을 지속적으로 유지할 수 있게 만드는 촉매제의 역할을 한다. 타임페이싱은 항상 새로운 변화와 목표를 주기적으로 제시한다. 따라서 이와 같이 계획된 새로운 변화를 달성하는 것에 초점을 맞춰 자원과 노력을 경주하게 되면 과거의 성취나 업적에 자족해 경각심이 해이해지고 나태해지는 문제가 해소될 수 있다.

2) 타임페이싱과 이벤트페이싱

대부분의 관리자들에게 이벤트페이싱(event pacing)은 친숙하고 자연스러운 사건순서를 구성한다. 회사는 경쟁자의 움직임, 기술변화, 빈약한 재무적 성과, 또는 새로운 고객수요 등과 같은 사건에 반응함으로써 변한다. 이벤트페이싱은 ① 전망이 좋은 기술이 연구소에서 나오거나, ② 경쟁자의 움직임에 대한 반응으로서 신시장에 진입하거나, ③ 기업을 인수할 때 매력적인 표적이 선택 가능하기 때문에 신제품을 창출하는 것이다. 이벤트페이싱 관리자들은 계획에 의해서만 행동하고 성과가 나빠졌을 경우에만 계획을 수정한다. 이 전략은 안정적으로 대처할 수 있는 방법이긴 하지만 종종 궤도가 없는 전략이 되기 쉽다.

이와 대조적으로 타임페이싱은 달력에 따라 새로운 제품·서비스를 창출하거나, 새로운 사업에 착수하거나 새로운 시장에 진입하는 것을 나타낸다. 타임페이싱을 관리하는 기업이 엄청나게 빠를 수 있다고 하더라도, 중요한 것은 타임페이싱과 속도를 혼동하지 않아야 한다. 타임페이싱 관리는 정기적·주기적·능동적이다. 타임페이싱 관리는 관리자가 속도와 노력의 강도를 일치시키기 위해 정기적인 최종기한(데드라인)을 통해 사업을 운영한다(예를 들면 네스케이프는 6개월마다 신제품 출시).

타임페이싱 관리는 변화하는 시장에서 성공하는데 필수적인 두개의 결정적이면서도 종종 무시되었던 과정을 집중적으로 관리한다. 첫째, 한 활동으로부터 다른 활동으로의 변화 또는 전환을 관리하는 것이고, 둘째, 기업이 변하는 리듬이나 페이스를 관리하는 것이다. 타임페이싱의 리듬으로 전진하는 회사는 목표를 세우며, 변화를 효과적으로 관리하여 중요한 박자를 놓치지 않고 속도를 유지할 수 있다.

3) 변화관리

변화를 주도하지 못하는 사업은 위치를 상실하고 비틀거리며 뒤쳐진다. 타임페이싱을 관리하는 회사는 중요한 변화를 체크하는 것을 알며, 이를 실행하는데 걸리는 시간이 짧다.

예컨대 질레트(Gillette)는 매년 20여개의 신제품 변화를 완만하게 실행했다. 질레트는 제약회사처럼 제품의 개발 · 출시 · 판매를 모두 동시에 하는 안정된 제품흐름 관리로 유명하다. 질레트는 균형있는 제품 파이프라인을 규율화된 변화과정을 통해 관리하고 있다. 질레트는 변화를 주도하는 것 외에 변화를 실행하는 시간을 대폭 줄이도록 경영을 해왔다. 질레트는 내수시장에 센서라인(sensor line)을 출시한 후 질레트가 모든 시장에 진입하는데 4년이 걸렸다. 또한 그 후계라인인 엑셀에 대한 시장진입시간을 3년으로 줄일 수 있었다. 이는 회사의 매출증대를 가져왔을 뿐만 아니라 경쟁자가 질레트의 제품을 모방하여 제품을 시장에 출시하는 것을 막았다.

4) 리듬관리

회사에서 시장변화가 신제품개발과 마케팅 등 조직의 타임페이스를 유지하게 한다면, 관리자가 설정하는 리듬은 속도를 창출한다. 리듬은 사람들에게 계획을 수립하고 진행하는데 큰 활력을 준다. 예컨대 수익의 30%가 신제품으로부터 나와야 한다는 3M의 선언은 직원들에게 그들이 그렇게 하기 위해 필요한 것과 그것이 언제 필요한가를 평가하게 했다. 관리자들은 리듬이 없다면 변화를 반갑지 않은 놀라움으로 간주하기 쉽다. 타임페이싱은 변화에 대해 올바른 리듬을 설정하고 시장과 조직의 내부역량 모두에 리듬을 일치시키는 것이다.

① 시장과 맞는 리듬 : 타임페이싱을 효과적으로 사용했던 기업들은 계절, 공급자의 제품개발 사이클, 고객의 소비가 변화하는 것과 같은 시장에서의 중요한 리듬과 회사의 리듬이 일치했다.

② 일반관리의 리듬 : 타임페이싱은 회사의 일반관리에서도 민감하고 간과되었던 역할을 수행한다. 다각화된 주요 기업들에서 관리자들은 그들의 계획과 검토과정을 전통적인 연간 사이클에서

특정시장의 변화속도에 맞도록 계획을 바꾼다. 경영자들은 제품개발시간과 제품수명주기가 짧은 전자콤포넌트와 같은 사업에서 6개월의 검토 사이클을 갖는다. 그들은 제품수명주기가 1~3년인 가정용 기기와 같은 사업에서 년 단위의 검토를 고수한다. 중장비(heavy industrial equipment)와 같이 보다 사이클이 긴 사업에서 전략적 검토는 18개월로 설정되어 있다. 이 새로운 검토기간은 보다 전략적 의미를 갖게 한다.

③ 관리가능한 페이스의 선택 : 회사는 그들의 내부역량이 그들을 이동하도록 허락하는 것만큼 빠른 정도까지 타임페이싱을 할 수 있다. 결국 타임페이싱은 리듬설정을 요구할 뿐만 아니라 실행을 요구한다. 타임페이스를 효과적으로 하는 기업들은 회사의 리듬을 내부역량의 범위내에서 이루어지도록 주의를 기울인다. 그 페이스가 관리자의 기대에 이르지 못할 경우에 회사는 그들의 역량을 키우려 할 것이다.

2. 물류관리 전략

1) 물류관리 전략의 의의

원자재나 제품을 한 장소에서 다른 장소로 운반하는 과정인 물류는 기업의 성공을 좌우하는 중요한 요소중의 하나이다. 그러나 대부분의 기업에 있어 물류는 수익을 가져다수는 복표사업 그 자체는 아니다. 단지 최종상품을 만드는 과정에서 필요한 지원부서일 뿐이다. 잘해야 하는 것은 사실이지만 기업의 핵심인력과 자본을 집중적으로 투자할 수 있는 분야는 아니라고 보는 것이다. 그러나 최근에 기업전체의 총비용의 절감이 절실한 상황에서 기업 물류관리에 큰 관심을 기울이고 있다. 이런 관점에서 최근 물류효율을 높이기 위한 방법으로 공동물류와 물류아웃소싱이 관심을 모으고 있다.

공동물류란 여러 업체들이 물류시설을 공유하고 제품을 함께 배송함으로써 비용을 절약하고 규모의 경제를 통한 업무효율을 높이는 것을 말한다. 단순히 말하자면 한 슈퍼마켓에 A, B, C란 회사가 각자의 트럭으로 각각 제품을 갖다 줄 것이 아니라 한 트럭에 함께 싣고 한번에 운송하면 더 합리적이고 효율적이지 않느냐는 것이다. 물류부분에서의 전략적 제휴를 통한 윈-윈(win-win : 양쪽에 모두 이익이 되는) 전략을 추구하는 것이다.

물류아웃소싱(outsourcing : 외부위탁)이란 물류업무를 사내에서 분리, 전문 물류회사에 위탁하는 것을 말한다. 지원업무라고 할 수도 있는 물류를 전문가에게 위임함으로써 시간과 비용, 그리고 품질 등에서 고효율을 노리는 것이다. 기업은 물류아웃소싱을 통해 자사의 핵심역량에 더욱 집중할 수 있어 전체적인 생산성이 함께 상승하는 효과를 누릴 수 있다. 물류아웃소싱은 특수관계가 없는 제3의 전문기업에 물류를 맡긴다는 의미에서 제3자 물류(third party logistics)라고도 불린다.

2) 기업물류 관리의 형태

물류에는 크게 3가지 형태가 있다. 기업이 물류관리팀을 두고 스스로 물류를 담당하는 자사물류(first party logistics)와 사내 물류관리팀을 별도 회사로 분리하는 자회사물류(second party logistics), 전문회사에 물류를 아웃소싱하는 제3자 물류(third party logistics) 등이다.

기업의 물류업무도 대개 위의 3가지 경로를 거쳐 발전한다. 기업이 물류업무를 사내에서 스스로 처리하다가 사내 물류팀이 경쟁력이 있다고 판단되면 자회사로 분리, 물류를 하나의 사업으로 시도한다. 이 자회사가 물류업계에서 경쟁력을 인정받아 다수의 고객을 확보할 경우 본격적인 제3자 물류회사로 성장하는 것이다. 제일제당이 98년 3월에 설립한 물류 전문회사인 CJ GLS는 이 경로를 차례로 밟아온 대표적인 사례로 꼽힌다.

기업이 물류를 아웃소싱하는 과정도 결국은 위의 3가지 경로를 비슷하게 거친다. 사내에서 물류업무를 처리하다 효율을 높이기 위해 다른 기업들과 공동으로 물류 자회사를 세우거나 아니면 외부 전문기업에 아웃소싱하는 것이다.

3) 물류아웃소싱의 효과

물류전문가들에 따르면 국내기업의 물류업무는 대부분 사내물류 혹은 자회사물류에 머물러 있다. 최근 몇 년간 국내물류에서 가장 두드러진 특징은 물류부서를 별도 회사로 독립시키거나 다른 업체와 공동물류회사를 설립하는 일종의 자회사물류였다. 여기서 더 나아가 최근 들어서는 구조조정 차원에서 제3자 물류를 시도하거나 또는 고려하는 기업이 늘고 있는 추세다.

미국과 유럽에서 제3자 물류가 인기를 얻고 있는 이유는 ① 기업의 핵심역량인 연구개발(R&D)과 마케팅, 영업 등에 자원과 인력을 집중시킬 수 있고, ② 물류시설 투자에 대한 리스크를 줄일 수 있으며, ③ 물류생산성을 높임으로써 물류비 절감과 물류서비스 개선의 효과를 얻을 수 있기 때문이다. 미국에서 제3자 물류서비스를 이용하는 75개 기업을 대상으로 물류아웃소싱의 효과를 조사한 결과 [그림 9-8]과 같이 물류비 절감, 서비스 향상, 인력 감축, 핵심부문에 대한 집중력 강화 등이 꼽혔다. 제3자 물류와 차이가 있기는 하지만 공동물류가 가져다주는 효과도 비슷하다.

[그림 9-8] 물류아웃소싱의 효과와 문제점

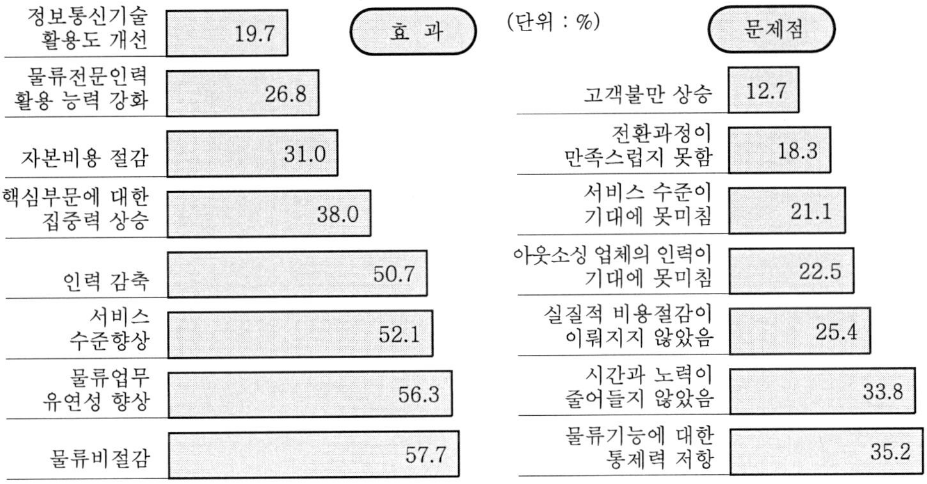

그러나 공동물류와 물류아웃소싱이 이런 다양한 장점을 가지고 있다고 해서 무조건 이 전략들을 시도해도 되는 것은 아니다. 제3자 물류에 여러 가지 이점이 있는 것은 사실이지만 제3자 물류 서비스를 이용하는 미국의 75개 기업을 대상으로 설문 조사한 결과 물류아웃소싱의 문제점도 적지 않은 것으로 나타났다. ① 물류기능에 대한 통제력이 지하되고, ② 실질적인 비용절감 효과가 없으며, ③ 시간 및 노력이 감소되지 않았고, ④ 고객불만이 높아졌다는 것 등이 대표적인 문제점으로 지적된다.

4) 물류전략의 수립

그렇다면 물류업무에서 최소한의 비용으로 최대한의 효과를 누릴 수 있는 최선의 방법은 물류가 기업의 역량과 업무영역에서 어떤 위치를 점하고 있는지를 먼저 파악, 그 기업에 가장 적합한 물류방법을 찾는 것이 중요하다. 이를 위해서는 [그림 9-9]의 가장 기본적인 두 가지 질문에 대해 먼저 대답할 수 있어야 한다.

첫째는 물류가 그 기업이 성공하기 위한 핵심적인 요소인가에 관한 문제다. 만약 자체물류망 확보가 기업의 성패를 좌우하는 핵심요소라면 그 기업은 물류업무를 사내에 보유하고 있든지 아니면 아웃소싱하더라도 운송이나 하역 등 단순업무만 외부에 맡기고 프로세스 통제권은 확보하고 있어야 한다.

둘째는 과연 물류가 그 기업의 핵심역량인가 하는 문제다. 만약 경쟁력 있는 물류 인프라를 갖추고 있고 오랜 경험을 통해 물류 노하우를 보유하고 있다면 물류를 하나의 사업분야로 인식, 물류 자회사를 설립하는 방법을 고려해 볼 수 있을 것이다.

[그림 9-9] 물류전략의 수립과정

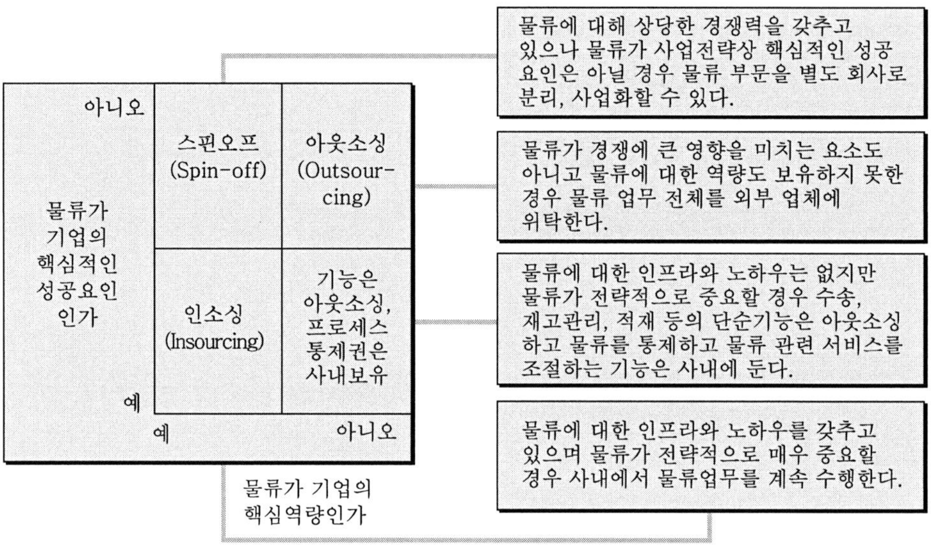

물류 전문기업을 지향하지 않는 한 물류가 기업의 핵심적인 사업영역이 될 수는 없다. 그럼에도 물류가 기업의 경쟁력을 좌우하는 중요한 요소로 점점 더 크게 부각되고 있다는 사실은 부인할 수 없다.

우선 원자재 구매와 완제품 판매의 영역이 전세계로 확대되면서 물류의 범위 역시 더욱 넓어지고 물류흐름은 더욱 복잡해지고 있다. 둘째, 소비자들이 고품질의 상품을 저렴한 가격으로 요구하게 되면서 물류부문에서의 비용절감 중요성이 더욱 높아지고 있다. 셋째, 소비자들의 기호가 빠르게 변함에 따라 제품주기가 단축되고 있다. 넷째, 주문한 제품을 적시에 배달하는 것이 기업의 주요한 경쟁력의 하나로 지적되고 있다.

3. 전략적 제휴

1) 전략적 제휴의 의의와 형태

세계화시대의 승자는 경쟁과 협력전략을 적절히 구사하여 코피티션할 수 있는 기업이다. 코피티션(co-opetition)이란 협력(cooperation)과 경쟁(competition)의 합성어로 기업의 이익을 극대화하기 위해 경쟁할 것인가 또는 협조할 것인가를 결정하여 실행하는 전략을 말한다. 즉 누구와 언제, 어떤 방법으로, 어떤 부문에서, 왜 경쟁하거나 협조해야 하는가를 판단하고 과연 무엇이 기업에 가장 큰 이익을 가져다 줄 수 있는지를 찾아내는 것이다. 여기에서 중요한 것은 네트워크 소프트웨어 회사인 노벨사의 최고경영자 래이누다가 지적했듯이 경쟁과 협력을 동시에 해야 한다는 것이다. 경쟁과 협력의 경계선은 명확히 구분돼 있지 않다. 제휴를 맺은 기업과 협력하는 동시에 경쟁해야 하는 경우가 적지 않다.

전략적 제휴란 두 개 이상의 기업이 특정한 부문에서 상호의존관계를 맺고 공동의 목표를 위해 협조하는 것이다. 전략적 제휴는 ① 기술이나 생산, 마케팅 등의 다양한 업무중 한두 가지 분야에서 서로 협력하는 업무제휴와, ② 서로의 지분을 상호보유하는 지분제휴, ③ 둘 이상의 기업이 각각 자본을 투자, 별개의 사업체를 설립하는 합작투자, ④ 비용과 위험을 분담하기 위해 일시적으로 서로 연합하는 컨소시엄 등 크게 4가지로 나누어진다.

2) 전략적 제휴의 장·단점

형태가 다양하긴 하지만 전략적 제휴의 가장 두드러진 특징은 제휴에 참여하는 각 기업이 서로 독립적으로 각자의 영역에서 감독권을 보유하며 제휴로 인한 성과를 공유하는 것이다. 다시 말해 서로 동등한 입장에서 제휴를 통해 얻어낼 수 있는 각자의 최선을 성취하기 위해 노력하는 것이다. 한 기업이 통제권을 완전히 장악하고 있다면 제휴라고 보기 어렵다. 권력의 균형과 성과의 공유야말로 전략적 제휴의 가장 큰 특징이자 장점이며 또 가장 어려운 점이라고 할 수 있다.

전략적 제휴의 중요성이 날로 더해 가는 이유는 빠르게 변하는 경영환경 속에서 끊임없이 기업의 입지를 새롭게 하고 강화할 수 있는 능력을 발휘하기 위해서이다. 그러나 문제는 어떤 기업도 혼자서는 모든 부문에서 완벽하게 혁신의 과정을 성공적으로 수행할 수 없다는 점이다. 시간과 자원의 한계 때문이다. 제휴는 이런 시간과 자원의 한계를 극복하고 글로벌 경쟁에 대응할 수 있도록 기업의 역량을 구축하는데 도움을 주는 수단이 된다.

제휴관계를 형성하면 파트너와 투자위험을 공유할 수 있으며 협력을 통해 규모의 경제를 이뤄 효율성을 높일 수 있게 된다. 또 파트너의 도움으로 경험이 없는 시장이나 산업에 쉽게 접근할 수 있으며 파트너의 유통망을 활용할 수도 있다. 또 기술과 경영노하우를 배울 수 있으며 제품개발 속도도 빨라진다. 첨단분야일 경우에는 경쟁사와 협력을 통해 기술표준을 주도함으로써 시장을 선점할 수 있게 된다. 우리의 강점과 상대방의 강점을 서로 활용함으로써 저비용으로 고효율을 누릴 수 있게 되는 것이다.

그러나 전략적 제휴가 핵심적인 경영역량중의 하나로 부상하고 있는 것은 사실이지만 제휴관계를 성공적으로 수립하고 유지하기란 보통 어려운 일이 아니다. 한 다국적기업의 최고경영자는 50 : 50으로 합작투자된 사업을 관리하는 것이 단독으로 투자된 기업을 관리하는 것보다 2배 정도 시간과 노력이 더 소요된다고 말한다. 서로 다른 의견을 조율하면서 각자에게 이익이 되는 최선의 방향을 찾아나가야 하기 때문이다.

3) 전략적 제휴의 단계

전략적 제휴에 성공적으로 접근하기 위해서는 다음의 6가지 단계를 철저히 준비하고 관리할 필요가 있다. 전략적 제휴의 6단계란 [표 9-7]과 같이 ① 기업의 현재 위치와 역량분석, ② 기업의 장기 전략 및 목적 수립, ③ 제휴 논리 확립, ④ 제휴관계 조직, ⑤ 제휴 구조 구축, ⑥ 제휴 주기 관리 등이다.

전략적 제휴를 고려할 때는 우선, 기업이 시장에서 어떤 위치를 점하고 있고 어떤 역량을 확보하고 있는지 현실적으로 이해해야 한다. 기업의 강약을 파악하고 있어야 어떤 부문에서 왜 제휴가 필요하며 어떤 파트너가 적당한지 판단할 수 있다.

둘째, 기업의 장기적인 비전과 전략수립이다. 기업이 나아가고자 하는 방향이 무엇이고 전략적 제휴가 기업의 자기비전에 어떻게 기여할 수 있는지를 명확히 파악하고 있어야 제휴의 논리를 확립할 수 있게 된다. 전략적 제휴는 기업의 현재 위상과 역량을 미래의 비전 및 전략에 연결해 주는 고리가 돼야 한다. 제휴의 목적을 현재의 단기적 이익에 한정짓지 말아야 한다.

셋째, 제휴가 필요한 논리적인 근거를 확립하고 잠재적인 제휴사를 탐색, 제휴결정을 내리는 과정이다. 이 단계에서 기업의 경영진은 다음과 같은 질문을 스스로에게 물어봐야 한다. ① 제휴를 통해 어떤 가치를 창출할 수 있으며 가치창출 방안은 무엇인가, ② 어떤 기업과 제휴를 맺어야 논쟁과 손실을 최소화하면서 전략적인 목표를 달성할 수 있는가, ③ 제휴로 인해 창출되는 가치가 제휴에 들어가는 비용보다 많은가, ④ 제휴의 어떤 부문이 기업의 전략적 목표에 도움을 주는가 등이다.

[표 9-7] 전략적 제휴의 단계

단 계	내 용
1단계 : 기업의 현재 위치와 역량분석	· 우리가 세계적 기업과 경쟁할 수 있는 역량을 보유하고 있는가? · 다른 기업과 공유할 수 있는 제품이나 시장, 역량, 사업모델이 있는가?
2단계 : 기업의 장기 전략 및 목적 수립	· 앞으로 경영환경이 어떻게 변화할 것인가? · 우리의 장기 전략과 제휴의 전략이 서로 일치하는가?
3단계 : 제휴 논리 확립	· 제휴목적 – 우리의 전반전략 중 제휴를 통해 달성할 수 있는 부문은 무엇인가? – 추진하고 있는 제휴관계가 기존에 이루어진 제휴관계 포트폴리오에 부합하는가? – 제휴관계를 통해 얻어지는 가치는 무엇인가? · 제휴사탐색 – 어떤 기업이 우리의 전략적 목표달성에 도움을 줄 수 있는가? – 어떤 기업과 제휴를 맺었을 때 전략적인 논쟁 및 손실을 최소화할 수 있는가? – 파트너선정을 위해 대기업과 중소기업을 망라해 포괄적으로 조사했는가? · 제휴결정 – 제휴의 어떤 요인이 우리의 목표 실현을 가능하게 해주는가? – 제휴로 인해 창출되는 가치가 제휴로 인해 발생되는 비용보다 많은가?
4단계 : 제휴관계 조직	· 비전 – 제휴를 통해 어떤 사업활동을 수행할 것인가? – 제휴가 각 당사자에게 어떤 가치를 어떻게 제공해 줄 수 있는가? – 제휴관계를 얼마나 오래 지속할 것인가? · 공헌도 – 제휴관계에 어떻게 기여할 것인가? – 어떤 역량을 제휴파트너로부터 보호할 것인가? – 제휴파트너와 어떤 부문에서 협력하고 어떤 부문에서 경쟁할 것인가? · 권력변화–제휴관계내에서 지배구조는 어떻게 가져갈 것인가?

<table>
<tr><td rowspan="1">5단계 : 제휴 구조 구축</td><td>· 전략적 가치 — 지식습득, 시장내에서 경쟁력 위치확보, 사업포트폴리오와 시스템 최적화
· 재무적 가치 — 시너지효과, 주가상승, 관련사업과 연계효과
· 협상구조 ┌ 협상과정을 어떻게 구성할 것인가?
├ 제휴로 인한 성과를 측정할 수 있는 공동의 평가방법이 있는가?
└ 제휴관계에서 발생할 수 있는 분쟁에 대해 해결방안을 가지고 있는가?</td></tr>
<tr><td>6단계 : 제휴 주기 관리</td><td>· 제휴를 지속적으로 관리할 조직과 역량을 구축하고 있는가?
· 제휴관계를 책임지고 있는 최고담당자는 누구인가?
· 산업의 변화가 제휴관계에 미칠 영향을 검토 · 대비하고 있는가?
· 제휴관계를 지속할 것인가? 그만둘 것인가?</td></tr>
</table>

넷째, 제휴를 통해 얻고자 하는 비전을 파트너와 공유하고 각자가 제휴관계를 어느 정도 지속할 것인지에 대해 합의하는 단계이다. 제휴관계를 구체화하며 조직해 나가는 단계로 이 과정에서 제휴파트너가 바뀔 수도 있다. 이때 특히 중요한 것은 제휴관계에 기여하지 않고 보호해야 하는 부분을 명확히 구분하는 작업이다. 제휴파트너와 어떤 부분을 어느 시기에 어떻게 공유할 것인지 판단하고 파트너에 대해 계속 비밀로 보호해야 하는 역량은 무엇인지 결정해야 한다. 즉 전략적 제휴가 결렬돼 파트너와 전면적인 경쟁상황에 돌입할 때 어떤 역량으로 경쟁할 것인가 자문해 보고 끝까지 핵심역량으로 보유해야 할 부분은 보호해야 한다.

다섯째, 제휴를 통해 어떤 전략적 가치와 재무적 가치를 얻을 수 있는지 평가하고 가치창출을 위한 협상구조를 구축하는 단계이다. 이 단계에서는 제휴를 통해 어떤 성과가 어느 정도 시간이 흐른 뒤에 창출될 수 있는지 예측하고 기대효과를 체계적으로 검토해야 한다. 또 누가 제휴의 다양한 측면을 통제하고 관리할 것인지, 창출된 가치는 파트너와 어떻게 공유할 것인지도 명확히 정의해야 한다.

마지막으로, 제휴의 수명주기를 관리하는 일이 남아 있다. 제휴는 기업의 비전과 외부환경의 변화로 인해 더욱 발전될 수도 아예 결렬될 수도 있다. 이에 대비하여 기업은 제휴로 인해 발생한 성과를 계속적으로 평가하고 제휴관계를 어떤 식으로 유지해 갈 것인지 순간순간 결정해야 한다. 제휴를 통해 다른 기업보다 우월한 가치를 창출하고 싶다면 사업내용과 전략을 잘 이해하고 있으며 창조적이고 불확실한 상황을 잘 극복해 나갈 수 있는 인재들을 주축으로 제휴관리팀을 조직하는 방안도 고려해 볼 수 있다. 이 제휴관리팀은 현업 관리자와 협력하면서 다방면에서 전략적 제휴를 기획, 총괄적으로 관리하는 조직이다. 특히 제휴파트너와의 권력균형을 관찰하고 제휴의 역학관계에 주목하면서 변화를 예측, 제휴를 능동적으로 이끌어 가는 역할을 담당해야 한다.

4) 전략적 제휴의 고려사항

전략적 제휴를 고려할 때는 첫째, 현실적(realistic)이어야 하고, 둘째, 사전준비(proactive)가 철저해야 한다. 현실적이 되라는 말은 기업이 처한 상황에서 실현 가능한 제휴관계를 기대해야 한다는 뜻이다. 사전준비가 철저해야 한다는 말은 처음부터 다짜고짜 제휴파트너나 제휴 조건부터 따질게 아니라 먼저 기업이 가진 역량과 미래의 비전을 검토하는 일에서부터 차근차근 접근해가야 한다는 의미이다.

특히 장기 비전을 달성하기 위해 제휴가 정말 필요한지, 필요하다면 어떤 형태의 제휴가 요구되고 누가 좋은 제휴파트너인지 등에 대해 현실적이고 객관적으로 파악, 사전에 대처 방안을 준비해 두는 것이 중요하다. 파트너와 협상에 들어가서는 그때그때 사안에 따라 사후적으로 반응(reactive)할게 아니라 사전에 파악한 정보와 미리 마련해 둔 대응책을 바탕으로 대처(proactive)해 나가야 한다.

[그림 9-10] 삼성 SDS의 전략적 제휴사례

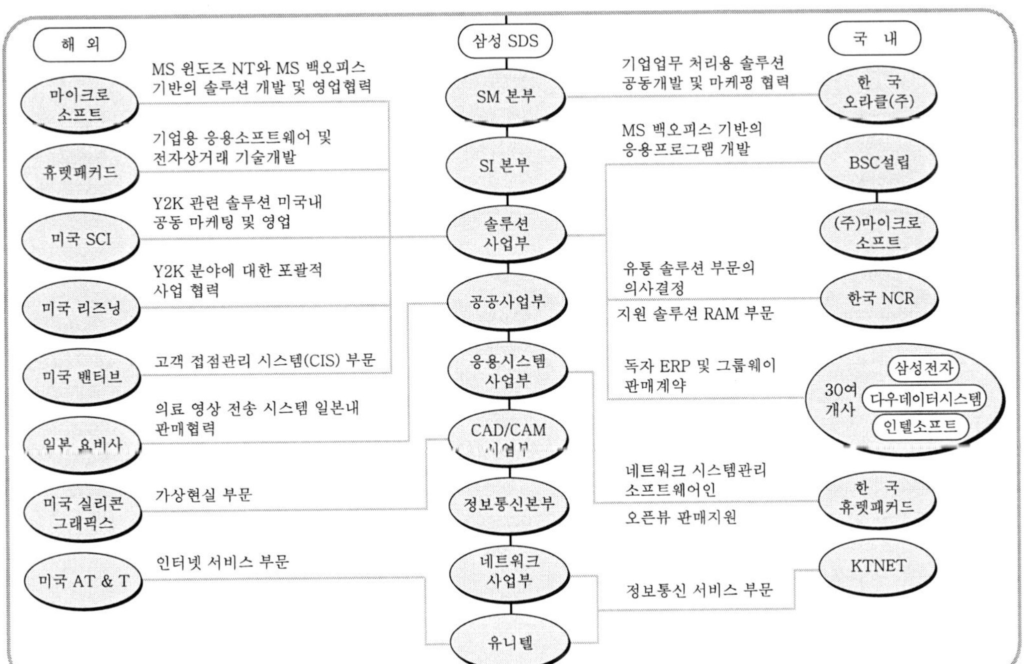

제휴는 전략에 따라 다양한 기업과 다양한 방법으로 맺을 수 있다. 예를 들면 연구, 생산, 마케팅, 물류영업, 판매 등 업무에 따라, 또는 기업의 여러 가지 제품에 따라 각각 최선의 파트너를 찾

아 협조체제를 갖출 수 있다. 제품별, 업무별로 다양한 제휴관계를 수립하기 위해서는 제품에 따른 기업의 업무흐름도를 연결해서 쭉 나열한 뒤 제휴 가능성을 분석해 보는 것이 효과적이다. [그림 9-10]은 삼성 SDS의 전략적 제휴사례를 나타내고 있다.

4. 경영자 보상전략

1) 경영자 보상전략의 의의

대부분의 성공적인 기업조직은 그 기업이 나아가야 할 명확한 방향과 경영전략을 가지고 있다. 이런 경영전략은 조직의 성공을 수정하고 평가하는 기준을 제공한다는 점에서 경영자 보상체계를 이해하기 위한 중요한 기초가 된다. 대부분의 일류 기업들은 보상제도에 대한 철학과 보상전략의 틀을 가지고 있으며 보상전략은 경영목표를 달성하기 위한 전략적 지원기능을 담당한다. 이러한 보상철학과 전략은 다음의 3가지 특징을 가지고 있다. 첫째, 경영전략과 조직문화, 조직경영 등과 연계된다. 둘째, 급여의 구성요소에 영향을 미치는 급여체계 설계작업의 토대가 된다. 셋째, 회사의 보상정책과 방향을 명확하게 직원들에게 전달한다.

따라서 기업의 목표, 즉 이익증대와 주주가치의 향상 등을 달성하기 위한 경영전략은 보상전략의 기초로서 활용된다. 이렇게 구축된 기업의 보상전략은 다음과 같은 급여설계의 중요 요소들에 직접적인 영향을 미치게 된다.

2) 경영자 보상전략의 요소

급여설계의 주요 요소에는 ① 경영목표와 직결된 성과지표 및 기준, ② 고정급과 변동급의 비율, 금전적 보상과 비금전적 보상의 비율, 장기와 단기의 인센티브 등과 같은 급여구조, ③ 시장에서 급여의 경쟁력, ④ 급여와 성과와의 관계 등이 있다.

GE와 IBM, 얼라이드 시그널(Allied Signal)의 사내규정들을 분석하면 일류기업이 어떻게 경영자 보상전략, 그리고 급여설계의 주요 요소들의 관계를 개발해왔는지 알 수 있다.

① GE : 이사회의 보상위원회는 회사 및 주주의 최대이익을 위해 우수한 능력을 가진 경영자를 확보하고 유지하며 그들에게 동기를 부여할 수 있도록 동종업계 또는 경쟁업체의 평균적인 수준보다 높은 기본급과 보너스 그리고 기타 인센티브를 제공한다. 경영자개개인의 급여는 보상위원회의 공헌에 대한 평가를 통해 결정된다. 또 회사의 성과를 지속적으로 높이고 우수한 경영자를 계속적으로 확보하기 위해 성과에 대한 보상이 적절하게 이루어지고 있는지 분석한다.

② 얼라이드 시그널 : 회사의 경영자 보상프로그램은 탁월한 능력을 가진 경영자를 확보하고

유지하며 그들에 대한 동기부여를 통해 더 높은 수준의 경영목표를 달성하도록 함으로써 주주이익을 극대화하도록 설계되어 있다. 이에 따라 경영자의 급여는 성과와 직결되어 결정되며 주식의 평가시세, 재무상에서의 목표달성 여부 등도 급여결정에 반영된다.

③ IBM : IBM의 이사회는 경영자의 리더십과 동기부여가 회사의 경쟁우위를 창출하고 주주의 이익을 극대화하기 위한 가장 중요한 요소라고 믿고 있다. IBM은 이런 믿음을 현실화하기 위해 다음과 같은 보상프로그램을 시행하고 있다. 우선 IBM이 필요로 하는 우수한 능력을 가진 인재를 확보하고 이들을 통해 최대한의 성과를 낼 수 있도록 동기를 부여하는데 최선의 노력을 기울인다. 이를 위해 탁월한 성과에 대해 적절히 보상하여 경쟁력 있는 통합보상프로그램(total compensation package)을 통해 리더십을 가진 우수한 인력을 확보, 장기적인 주주 이익극대화를 꾀한다. 또 경영자의 급여중에서 고정급보다는 변동급의 비율을 높여 회사의 연간, 또는 장기성과에 따라 급여수준이 탄력적으로 움직일 수 있게 설계한다. 경영자가 올린 성과만큼 급여를 보장하는 것이다. 이와 함께 경영자에게 회사의 지분을 보유하게 함으로써 주인의식을 가지고 경영에 임할 수 있도록 격려하고 지원한다.

위에서 살펴본 GE와 얼라이드 시그널, IBM 등을 분석해 보면 경영자 보상제도는 기본급과 연간 인센티브, 장기적 인센티브 및 복리후생 등 크게 4가지로 이루어져 있다는 사실을 알 수 있다. 각 구성요소가 전체급여에서 차지하는 비율이나 급여수준 등은 회사의 규모와 산업의 종류, 경영성과 또는 회사의 보상철학 등에 따라 달라지게 된다. 연간 매출액이 2억 달러를 초과하는 미국기업의 최고경영자를 대상으로 임금조사를 실시한 결과 급여항목은 기본급과 연간 인센티브, 장기 인센티브, 복리후생 등 기본적인 4가지로 이루어져 있었다.

[표 9-8]에서 급여항목과 급여규모를 비교해 보면 알 수 있듯이 경영자 보상은 성과와 밀접한 관계가 있는 인센티브에 의해 좌우된다. 단기 또는 장기적인 인센티브가 기본급의 약 3배 수준을 웃도는 것을 볼 때, 비록 기본급이 매년 소폭의 조정을 거친다고는 하지만 경영자에 대한 보상수준은 장단기 경영성과에 따라 결정된다고 결론지을 수 있다. 따라서 동기부여의 가치측면에서 기본급은 변동급에 비해 경영자에 대한 보상에서 그 중요성이 덜하다고 할 수 있다.

[표 9-8] 경영자 급여의 구성요소

급여요소(Pay Element)	급여범위(Range of Value to Executive)
기본급(Base Salary)	60~100
연간 인센티브(Annual Incentives)	40~100
장기 인센티브(Long-term Incentives)	60~200
복리후생(Benefits & Perquisites)	10~30

3) 경영성과의 측정

(1) 변동급 결정을 위한 실적 측정

단기 또는 장기적인 변동급여 프로그램에서 가장 중요한 요소는 무엇보다도 실적을 측정할 수 있는 성과지표의 선택이다. 이 성과지표는 변동급여를 결정하는 기초가 된다. 대부분의 변동급여 프로그램은 주당이익(earnings per share), 영업이익, 순이익, 자기자본이익률(return on equity), 매출액 신장률, 이익률, 세전이익 등 주로 회계적인 지표(accounting measures)를 활용하고 있다.

그러나 이런 회계 지표들이 회사가 달성한 성과에 대해 충분히 설명해주지 못한다는 비판이 잇따름에 따라 최근에는 많은 회사들이 조정지표, 즉 경제적 지표(economic measures)를 활용하고 있다. 경제적 지표는 주당이익 등과 같은 회계지표를 현금흐름(cash flow)으로 전환하거나 일반적으로 받아들여지는 회계원칙(generally accepted accounting principles)과 비교해 좀더 비용화, 또는 자본화하기 쉬운 손익계산서 또는 대차대조표상의 항목에 대해 조정과정을 거친다. 경제적 지표는 기본적으로 자본도 원가를 가지고 있는 것으로 간주해 자본에 대해 원가를 계산하는 방식이나 현금흐름과 자본을 연계해 측정하는데 사용된다.

(2) 연간실적 측정방법

① GE : GE가 성과를 측정하기 위한 지표로 활용하는 요소들은 다음과 같다. 수익증가와 생산성 및 품질향상을 위한 개발 및 실행, 생산과 서비스에서 요구되는 리더십, 미국 밖에서 창출되는 수익의 증가분, 법과 기업윤리를 실행하는 리더십, 생산성의 연속성, 자산활용의 효율화, 직원들의 참여 등이다. 보상위원회는 이런 지표를 바탕으로 경영자에게 어떻게 보상할 것인가를 결정하며, 이때 주요 경쟁업체의 경영자 보상제도 및 성과관리도 고려하여 참조한다.

② 얼라이드 시그널 : 인센티브 금액을 결정할 때 두 가지 요소를 기본적으로 고려한다. 하나는 회사의 재무적 성과이고 다른 하나는 경영목표와 연계된 임원 개인의 성과이다. 재무적 성과는 순이익, 현금흐름, 생산성향상, 수익증가 등의 지표를 활용해 사전에 설정된 목표를 어느 정도 달성했는지에 따라 측정한다. 경영자의 개별성과는 고객만족도와 조직의 역량 개발 등과 같은 특정목표의 달성 정도에 대한 측정을 통해 결정된다. 인센티브 금액을 결정할 때 재무적 성과는 다른 경영상의 목표보다 더 많은 가중치를 부여받는다.

③ IBM : 정량적 요소로는 순이익과 현금흐름, 주당 수익률 등과 같은 재무적 성과지표를 활용하고 있으며, 다른 일류 기업들과 비교한 회사의 성과 및 장단기 경영목표의 계속적인 달성 정도, 세계 각국에서의 사업수준, 경제적 환경요소 등은 정성적 요소로 활용된다.

4) 경영자 보상의 수단

앞에서 제시한 3개의 회사사례에서 흥미롭게 살펴봐야 할 점은 이들 회사가 경영자에게 지급하는 보상의 액수가 중요한 게 아니라 실제로 어떻게 보상을 하고 있는가 하는 부분이다. 이들 3개 회사가 위에서 언급한 성과지표를 통해 최고경영자에게 지급한 지난 3년간의 연간 보너스를 기본급에 대비해 환산해 보면 보너스 비율이 점점 더 높아지고 있으며, 연간 보너스가 기본급에 비해 적게는 1.5배에서 크게는 3배까지 많았음을 알 수 있다. 즉 경영자 보상제도에서 연간 인센티브가 기본급보다 더 주요한 보상수단이라는 사실을 보여준다. 이런 보상전략은 회사의 성공에 필수적인 것으로 인정되는 측정 가능한 성과지표에 의해 효율적으로 운영될 수 있다.

경영자 보상제도를 구성하는 또 다른 요소로 장기 인센티브가 있다. 회사의 장기적 성공은 주식시장에서 주식의 가치, 즉 주식가격의 상승 정도와 주당배당금을 합한 가치에 의해 측정된다. 장기 인센티브 프로그램은 다양하지만 주식을 활용하는 방법이 가장 선호되고 있다. 그 중에서도 매입권리를 활용하는 제도가 가장 일반적이다. 장기 인센티브 제도로 주식이 선호되는 이유는 스톡옵션(Stock Option : 주식매입선택권)의 경우 주식의 가치가 높아질 때 부의 상승효과가 나타나기 때문에 경영과 소유를 강력하고 효율적으로 연계할 수 있기 때문이다. 이런 스톡옵션은 취득한 후에 주가가 오를 경우에만 행사자에게 이익을 가져다주게 된다.

연 습 문 제

1. 다음 용어를 설명하라.

· 갭 분석	· 경영자 보상수단	· 공동물류
· 기업집중	· 리듬관리	· 물류 아웃소싱
· 변화관리	· 신디케이트	· 아웃사이더
· 이벤트페이싱	· 자사 물류	· 자회사 물류
· 전략적 제휴	· 제3자 물류	· 제품포트폴리오 관리
· 조인트벤처	· 지주회사	· 카르텔
· 콘체른	· 콤비나트	· 콩글로머릿
· 타임페이싱	· 트러스트	· 퓨전
· Divestiture	· LBO	· M&A
· P&A		

2. 기업성장의 5단계를 설명하라.

3. 기업집중의 목적과 형태를 설명하라.

4. 기업계열화의 의의, 형태, 효과를 설명하라.

5. M&A의 효과를 설명하라.

6. 성장기업의 전략기법으로서 제품-시장 전략을 설명하라.

7. SWOT 분석을 설명하라.

8. BCG의 제품포트폴리오 관리전략을 설명하라.

9. 포터의 포괄적 경쟁전략을 설명하라.

10. 경험재의 의의와 도입전략의 원칙을 설명하라.

11. 타임페이싱 전략을 설명하라.

12. 기업의 물류관리 전략을 설명하라.

13. 전략적 제휴의 의의와 단계를 설명하라.

14. 경영자 보상전략을 설명하라.

제5부

경 영 관 리 론

제10장

경영관리론의 체계

제1절 경영관리의 학문적 의미

1. 경영관리의 학문적 의의

오늘날 경영학은 제1부에서 살펴본 바와 같이 그 생성과 발전과정 및 학문적 구조에 있어 다른 특징을 보이고 있는 독일경영학과 미국경영학의 양대 조류의 영향하에 각국이 나름대로의 경영이론을 발전시키려고 노력하는 양상을 보여 왔다. 독일경영학은 경영경제학으로이라는 명칭에서 시사하는 바와 같이 중세기 이후 상업학에서 출발하여, 경제학으로부터 독립하면서 오늘날과 같은 독자적인 이론체계를 갖춘 경영학으로 구축되어 왔다. 그러나 미국경영학은 처음부터 그러한 이론체계의 확립을 목적으로 하기보다는 실제 경영에서 발생하는 문제의 해결을 위한 합리적인 방안을 모색하는 과정을 통해 발전하여 왔다. 따라서 극히 실천적이고 기술적인 문제를 일관해서 추구해 온 것이 그 특징이라 할 수 있다. 그러므로 오늘날 경영학이 비록 이론적 경영학과 실천적 경영학의 양면성을 지닌 학문이라 할지라도 독일경영학은 보다 이론적인 면이 강한 반면에 미국경영학은 보다 실천적인 성격이 강한 양상을 보이고 있는 것이다.

그런데 현대 경영학이 추구해야 할 방향을 실천적·응용적 관점에서 설정할 경우 우리는 독일경영학보다 미국경영학의 핵심으로서의 경영관리론에 주목하지 않을 수 없다. 왜냐하면 우리는 실제의 경영자가 수행하는 여러 가지 기능에 보다 많은 관심을 가지고 있으며, 이러한 현실의 경영관리를 위한 실천적이고 실제적인 여러 가지 경영관리기법이 주로 미국에서 개발되고 발전되어 왔기 때문이다. 그래서 우리는 미국경영학을 경영관리학이라고 부른다. 이러한 관점에서 우리는 미국경영학에서 주된 연구의 대상으로 삼고 있는 경영관리(management)에 대한 정의를 정리할 필요가 있다.

2. 경영관리의 정의 및 본질

경영학의 연구대상으로서 기업은 자본의 순환과정을 통해 기초에 투하한 자본보다 기말에 더 큰 자본으로 증식시킴으로써 이윤을 획득하려는 자본운영체이며, 이러한 기업조직의 주어진 목표를 효과적·능률적·경제적으로 달성하기 위해 기업체가 활용하는 제자원(인적 및 물적자원, 자본, 기술, 경영기법 등)을 계획·조직·지휘·조정·통제하는 일련의 과정을 경영관리(business administration 또는 management)라고 제1부에서 정의하였다.

효과적이고 합리적인 경영관리(management)를 통해 영리조직이든 비영리조직이든 모든 조직은 그 조직이 추구하는 목표를 달성할 수 있다. 이처럼 매니지먼트는 특정 조직의 목표를 달성하기 위해 사람을 통해서 일을 이루어 나가는 과정을 말한다. 즉 매니지먼트는 특정 종류의 인간행위 또는 사회적 현상을 말하는 것으로서, 이는 조직화된 집단내에서 활동하는 사람들을 통해, 또한 그들과 더불어 일을 이룩하게끔 하는 과정으로 보는 것이다.

그런데 경영관리(management)라는 용어의 의미는 보는 관점에 따라 그 개념이 상이하다. 매니지먼트를 경제학자들은 토지, 노동 및 자본 등과 같은 생산요소의 하나로 간주할 것이며, 경영 및 조직전문가들은 권한의 시스템으로 볼 것이고, 사회학자들은 계급 및 지위시스템으로 파악할 것이다. 뿐만 아니라 공장관리자들은 기술이라는 관점에서 매니지먼트가 가장 중요하다고 할 것이고, 심리학자들은 인간의 욕구와 조직의 압력에 대한 적응을 강조할 것이다. 그리고 정치인들은 현실적 가능성과 수용성에 관심을 기울일 것이며, 신학자들은 영적인 의미에 초점을 맞출 것이다.

이처럼 매니지먼트는 관심과 경험의 영역에 따라 상이한 시각이 존재하기 때문에 경영자의 입장에서는 실제 경영에서의 의사결정시 이러한 상이한 시각들을 포용하고 고려해야 한다. 그러나 개별경제주체를 주된 연구 대상으로 하는 경영학에서는 주로 경영 및 조직전문가들의 시각에서 경영관리(management)를 파악하게 된다.

역사적으로 이러한 경영관리(management)의 개념은 일찍이 테일러(W. F. Taylor)에 의해 제창되고, 페이욜(H. Fayol)에 의해 보다 구체화되었다. 테일러는 매니지먼트는 관리하는데 있다고 주장하였고, 페이욜은 관리란 계획하고, 조직하고, 지휘하고, 조정하고, 통제하는 것이라고 하였다.

또한 테리(G. R. Terry)는 매니지먼트는 관리이며 타인의 노력을 통해서 일정한 목적을 달성하는 기능이라 정의하였고, 데이비스(R. C. Davis)는 매니지먼트는 기능이며 조직의 목적을 달성하기 위해 타인의 활동을 계획하고 조직하며 통제하는 일을 의미한다고 보았다. 이러한 여러 가지 정의 중에서 가장 포괄적으로 다른 견해들을 종합하면서 간단명료하게 정의한 학자는 쿤츠와 오도넬(H. Koontz & C. O. O'Donnel)로서, 그들은 매니지먼트란 타인으로 하여금 목표를 달성하게 하는 기능이라고 정의하였다.

미국경영학의 발전과정을 살펴보면 과거나 현재나 매니지먼트의 본질을 관리과정이나 관리기능에서 찾고 있는 학자들이 많이 있음을 알 수 있다. 이들은 매니지먼트를 관리로 불리어지는 활동내지 행동개념으로 파악하고 있으며, 소위 관리과정학파(management process school) 또는 활동적 접근파(operational approach)로 분류된다. 매니지먼트의 핵심을 기능이나 과정에서 찾고자 하는 관리론의 입장을 취하는 학자들중에서도 그 본질이 무엇인가에 대해서는 학자들마다 다소 견해가 다르지만, 관리과정학파 또는 활동접근파의 대표적인 학자로 쿤츠와 오도넬(H. Koontz & C. O. O'Donnel), 그리고 힉스(H. G. Hicks)의 견해에 따르면 매니지먼트의 본질을 다음과 같이 정리할 수 있다.

첫째, 경영관리론으로서 매니지먼트의 참뜻은 사람들의 노력을 통해 목표(일)를 달성하고자 하는 관리과정(management process)에 있다.

둘째, 그러한 경영관리의 과정은 관리기능(management function)을 분석함으로써 보나 명확해진다.

셋째, 따라서 경영관리란 가장 기본적으로는 계획・조직・통제라는 3대 기능으로 구성되며, 학문으로서의 경영관리(management)는 바로 그러한 기능을 그 이론적인 기초로 삼고 있다.

넷째, 이때 경영관리론에서는 과거의 실천적인 경험에서 얻어진 관리원칙을 중시하는데, 그러한 관리원칙의 식별과 분석이 경영관리론 연구의 출발점이 되기도 한다.

다섯째, 결국 경영관리론으로서 매니지먼트는 관리원칙을 적용하는데 있어서 하나의 기법이라고 간주될 수 있다.

여섯째, 다만 관리원칙은 기업경영에 있어서의 관리분야 뿐만 아니라, 그 밖의 모든 조직체에도 널리 적용가능한 보편성을 지닌다.

제 2 절 경영관리의 원칙

1. 일반적인 관리의 원칙

경영관리(management)의 본질적인 특징이 결국 관리과정내지 관리기능에 있다고 인식할 때, 그러한 관리과정내지 관리기능의 수행을 위한 전제조건으로서 반드시 그 어떤 관리의 원칙 또는 관리의 원리(management principles, principles of management)가 있기 마련이다. 이는 경영관리상의 문제해결을 위한 근본적인 지침이라 할 수 있다.

미국경영학사적으로 관리원칙을 최초로 제시한 사람은 테일러(F. W. Taylor)로서, 그는 「공장관리(the shop management, 1903)」와 「과학적 관리의 원리(the principle of scientific management, 1911)」에서 이러한 과학적 관리의 원칙은 모든 종류의 인간활동에 적용된다고 주장하였고, 또 이러한 관리원칙을 적용하면 곧 놀라운 성과가 빚어진다고 강조하였다. 이는 때와 장소를 초월한 관리원칙의 보편타당성을 피력한 것이다. 그런데 테일러는 그러한 관리원칙을 순서있게 나열하지 않고 수시로 각처에서 저술·설명해 나갔는데, 빌러즈(R. Villers)에 의하면 테일러의 과학적 관리법은 크게 다음과 같은 6개 원칙으로 요약된다.

① 시간연구의 원리(time study principle) : 모든 생산작업에 시간연구를 적용해서 모든 작업에 표준시간을 설정한다.

② 성과통제의 원리(price-rates principle) : 임금은 생산량에 비례하는 것으로 임률은 시간연구에서 얻어진 표준에 따라 정한다.

③ 계획과 작업의 분리의 원리(separation of planning from performance principle) : 경영자가 계획의 직능을 담당하고, 노동자가 담당하는 작업을 도와준다. 계획은 시간연구나 동작연구, 또는 기타 과학적으로 얻어진 정확한 자료에 따라 설정한다.

④ 작업의 과학적 방법의 원리(scientific methods of work principle) : 경영자는 노동자의 작업방법을 연구하며, 최선의 방법을 과학적으로 정해 노동자를 훈련한다.

⑤ 경영통제의 원리(managerial control principle) : 예외의 원칙 또는 과학적 표준과의 비교를 통해 경영통제를 행한다.

⑥ 직능적 관리의 원칙(functional management principle) : 직능별 조직에 따라 관리의 전문화

를 행한다.

한편 페이욜(H. Fayol)은 테일러와 같은 시대에 생존한 프랑스의 탄광경영자로서 그는 1916년에 「산업 및 일반의 관리(Administration Industrielle et Generale)」를 발표하였다. 그는 이 문헌에서 공장의 현장관리에 대한 합리화를 대상으로 하였던 테일러와는 달리 기업경영 전반에 걸친 종합적인 관리를 취급하였다. 이러한 페이욜의 사고를 경영관리과정론 또는 관리원칙론이라고도 부른다. 페이욜은 관리교육에 대한 필요성과 그 중심이 되는 관리의 원리 확립을 위한 관리원칙의 검토에 착수하였으며, 그 결과 관리의 원칙으로서 체계화된 사항은 다음과 같다.

① 분업의 원칙 : 분업은 자연적 질서이며, 이는 동일의 노력에 의해 보다 많고 좋은 것을 만드는 것을 목적으로 하여 능률을 증진시킨다. 그리고 분업은 직능의 전문화와 권한의 분권화를 가져온다.

② 권한과 책임의 원칙 : 권한은 명령하는 권리 및 복종시키는 힘이다. 권한에 있어 책임이 따르지 않는 권한은 생각할 수 없다. 따라서 권한이 행사되는 곳에서는 반드시 책임이 생긴다.

③ 규율의 원칙 : 규율은 사업운영에 없어서는 안 될 것이며, 규율이 없다면 어떠한 기업도 번영할 수 없다.

④ 명령일원화의 원칙 : 담당자는 오직 한 사람의 책임자인 직속상관으로부터만 명령을 받아야 한다는 원칙이다.

⑤ 지휘일원화의 원칙 : 동일의 목적을 지향하는 모든 활동의 전체에 대해서는 오직 한 사람의 책임자와 오직 하나의 계획만이 존재한다고 하는 원칙이다. 따라서 이는 활동의 일원화, 여러 가지 힘의 조정, 노력의 집중에 필요한 조건이 된다.

⑥ 전체이익 우선의 원칙 : 기업경영에 있어서 한 사람의 담당자 혹은 한 집단의 이익이 기업경영 전체의 이익에 우선해서는 안 된다고 하는 원칙이다.

⑦ 종업원 보상의 원칙 : 종업원의 보수는 공정해야 하며, 기업과 종업원 양쪽 모두에게 만족을 주는 것이어야 한다.

⑧ 집권화의 원칙 : 모든 조직체에 있어서 감각이 두뇌 혹은 지휘부서에 집중되어 있고, 이곳으로부터 조직체의 모든 부분을 움직이는 명령이 내려진다. 따라서 권한의 집중은 자연의 질서가 이루어지는 원칙이 된다.

⑨ 조직계층화의 원칙 : 모든 계층은 명확해야 하며, 계층적인 명령통로는 확립되어 있어야 한다는 원칙이다. 이 원칙은 상위의 권한자로부터 하위의 담당자에 이르기까지의 책임자에 대한 계열을 뜻한다.

⑩ 질서의 원칙 : 기업경영에 있어 물적 질서는 물질의 손실과 시간의 손실을 회피하는 것이 되

어야 하며, 사회적 질서는 기업의 요구와 기업의 사회적 제자원에 대해서 정확한 지식, 그리고 기업의 요구와 자원과의 사이에 불변의 균형을 필요로 한다. 이른바 적재적소의 원칙이다.

⑪ 공정의 원칙 : 이는 종업원이 열성적 · 헌신적으로 그 직무를 수행하게 하기 위해서는 종업원관리에 있어 공정해야 한다는 것이다. 이 같은 공정은 호의와 정의의 결합에 의해 이루어진다.

⑫ 고용안정의 원칙 : 어떤 직무의 새 담당자가 그 일에 대해 정통하기 위해서는 일정한 시간과 훈련이 필요한데, 그렇지 않고 배치 전환한다면 그 불안정성이 가져오는 좋지 않은 결과는 대단히 부정적인 것이 된다.

⑬ 창의력개발의 원칙 : 창의력은 직무담당자의 열의와 활동을 증대시킨다. 따라서 우수한 관리자는 부하에게 창의성을 일깨워주는데, 계획을 수립하는 자유나 이를 실행하는 자유도 창의력이다.

⑭ 협동단결의 원칙 : 기업의 구성원간에 있어서의 조화, 즉 단결은 기업에 있어 커다란 힘이 된다.

2. 관리원칙의 보편타당성

테일러나 페이욜이 제시한 관리의 제원칙들이 과연 논리가 정연한 체계적인 것인가에 대해서는 의문의 여지가 많다. 이를테면 위에서 본 페이욜의 14가지의 관리원칙은 자신이 경영자로서 오랜 경험으로부터 얻은 구체적인 관리의 일반원칙을 제시한 것이므로, 학문적인 체계성이나 논리적인 통일성이 미흡할 수밖에 없다. 그래서 페이욜은 이들 관리원칙이 결코 절대적 · 고정적인 것이 아니라 실제적인 적용에 있어서는 탄력성을 인정하고, 많은 경우에 있어서는 관리자의 경험적 요소에 의존한다고 주장하였다.

오늘날 경영학 자체가 이론과 실제의 양면적 성격을 지닌 학문이라는 측면에서 볼 때, 급변하고 불확실한 현실의 경제환경속에서 경영관리활동을 수행하는데 적용할 수 있는 엄밀한 의미에서의 체계성이나 통일성을 갖춘 관리원칙을 요구한다는 것 자체가 무리인 것이다. 따라서 관리원칙은 넓은 의미에서의 보편타당성만이 있을 뿐, 관리활동에 관한 엄격하고도 절대적인 지침으로서의 원칙은 결코 아니다. 그러므로 관리원칙은 다만 관리능률의 증대를 위해서는 매우 유용하되, 그렇다고 항상 보편타당성이 있게 되는 성질의 것이 아닌 것은 물론이다.

경영자들은 자신들의 문제해결에 확립된 지침인 관리원칙을 도입하여 사용함으로써 종래의 시행착오에서 탈피하여, 보다 더 효율적인 관리업무를 수행하게 될 것이다. 그러나 일정한 경험에서 얻어진 사실이 다른 경우에도 항상 타당하게 적용될 수 있는 것은 아니다. 많은 경영자들이 깊게 의존하고 있는 어떤 경험이라 할지라도, 그것은 어떤 과거에 존재했던 문제와 해결안의 혼합물에 불과한 것이며, 결코 동일하게 반복될 수 있는 것은 아니다. 그러므로 창조적 파괴의 과정을 통한 보다 더 효율적인 경영관리기법의 개발과 실행인 혁신이 진행됨에 따라 경영능률은 더욱 증대될 것이다.

관리원칙이란 어디까지나 관리활동의 능률적인 달성을 위한 하나의 지침일 따름이며, 관리활동이 행해지는 그 때마다의 관리정황에 따라 적당히 적용될 기준일 따름이다. 그러기에 최근에 있어서는 경영학적 관점에서 관리의 제원칙이 제각기 타당하게 되는 조건의 연구가 상당히 활발해지고 있다. 그 때마다의 정황을 분석해서 원칙과의 관계를 검증하는 작업의 중요성은 관리원칙의 올바른 인식이라는 관점에서 앞으로도 더욱 커질 것이다.

제3절 경영관리의 기능과 순환

1. 경영관리의 기능

경영관리론으로서 매니지먼트의 본질적인 특징이 관리기능 또는 관리과정에 있다고 하더라도, 그러한 관리기능을 구성하는 요소에 대해서는 갖가지 이견이 많아 아직도 그 어떤 통일된 견해가 없다. 다만 전반관리의 대상으로서의 관리기능을 구성하는 요소를 처음 구체적으로 열거한 사람은 페이욜이 그 효시라 할 수 있다. 그래서 페이욜을 전통적 관리론의 선구자라고 일컫는 것이 일반적이다.

페이욜은 1916년 그의 저서 「산업 및 일반관리론」에서 관리활동을 구성하는 여러 가지 부분적 활동을 관리기능이라 하였다. 즉 관리기능은 계획하고, 조직하고, 지휘하고, 조정하고, 통제하는 일련의 부분기능으로 구성되며, 그 어느 것이 결핍되어도 관리기능의 수행은 불가능해진다고 하였다. 이처럼 경영관리의 기능은 경영활동을 효과적으로 수행키 위한 경영관리의 총과정을 체계화한 것으로서 그 내용은 다음과 같다.

① 계획(planning) : 이는 경영활동의 기본 목표, 기본 방침, 기본 계획을 수립 설정함으로써 각종 업무 담당자들에게 업무집행의 지침을 부여하는 것으로서 관리과정(management)의 출발점이 되는 가장 기본적인 과정이다. 즉 장래의 경제변화에 대한 예측과 기업의 구체적 목표를 설정하고 그 목표를 달성하기 위한 방침 · 절차 · 사업계획 · 예산 등을 정하는 기능으로서, 앞을 내다보는 지식과 기량이 필요하다. 계획이라는 기능을 빼놓고는 경영관리의 다른 기능을 고려하기 어렵다.

② 조직(organizing) : 이는 직무를 분할하고 각종 직무와 관련된 책임과 권한을 명확하게 하고 제직무간에 상관관계를 합리적으로 규정함에 따라 인간과 업무를 결합시키는 과정이다. 즉 집행해야 할 작업을 확정하고 분류하여 책임과 권한의 범위를 정해 경영목적을 달성하는데 여러 사람들이 가장 효과적으로 협력하고 활동할 수 있도록 관련성을 지어주는 기능이다. 계획은 이러한 조직결성을 통해서 실행에 옮겨지게 되는 것이다.

③ 지휘(direction) : 이는 조직을 전반적으로 총괄하는 것으로 경영관리자가 하급자에게 명령하고, 지도하며, 감독하는 기능이다. 즉 경영에 종사하는 다수인의 심중에 자발적 · 의욕적으로 협동하려 하는 동기를 유발하며 사기를 앙양하려는 과정(motivation)이다.

④ 조정(co-ordination) : 이는 경영체내의 제활동을 한 가지 방향으로 통일하는 과정이다. 즉 어떤 문제를 둘러싸고 이해나 견해가 대립되는 경우, 일정 목적을 향해 이들 대립을 통합하며 혹은 시간적으로 일정한 순서에 따라 수행케 하는 과정이다.

⑤ 통제(controlling) : 다수인의 제활동이 표준에 합치되어 있는지 여부를 검토하고, 표준과 어긋나는 점이 발견되었을 때에는 이를 시정하고, 실시된 제활동의 결과를 반영시켜 나아가는 과정이다. 즉 통제의 목적은 경영상의 약점과 오류를 발견하고 이를 시정하여 그 반복을 방지하기 위한 것이다. 따라서 통제는 모든 사람과 사물 및 활동에 대해 이루어진다.

2. 경영관리의 순환

경영관리란 일정한 목적을 달성하기 위한 활동을 가장 합리적으로 수행하는 기술적 노력을 가리킨다. 경제가 생산→유통→소비→생산이라는 순환구조를 갖는 것과 마찬가지로 경영관리에도 어떤 순환구조가 존재한다. 그런데 이러한 경영관리의 기능은 단순히 직선적으로 나열되어 한 기능이 끝나면 다음 기능이 수행되는 것이 아니라, 여러 기능이 서로 연결되어 밀접한 관계를 갖고 순환되어 통일적인 과정으로 수행하게 된다. 이와 같은 과정을 반복하는 상태를 관리의 순환(management cycle)이라고 한다.

테리(G. R. Terry)는 이러한 관리의 순환과정을 다섯 가지 요소로 나누고, [그림 10-1]과 같은 모형을 제시하였다. 즉 경영관리의 5요소로 인간(man), 원자재(material), 기계(machine), 돈(money), 시장(market) 등을 들고, 이들 요소를 계획화(planning), 조직화(organizing), 동기화(motivation), 통제화(controlling) 하며, 이들 기능간의 조정(co-ordination) 역할을 하는 과정을 경영관리라 하였다. 그런데 이들 기능은 경영관리의 핵심으로서 관리활동 그 자체를 나타내는 것이어서, 관리기능을 구성하는 요소적 기능이 아니라 요소적 기능이 종합화되어 발동되는 양태인 것이다.

[그림 10-1] 테리의 관리요소와 관리순환

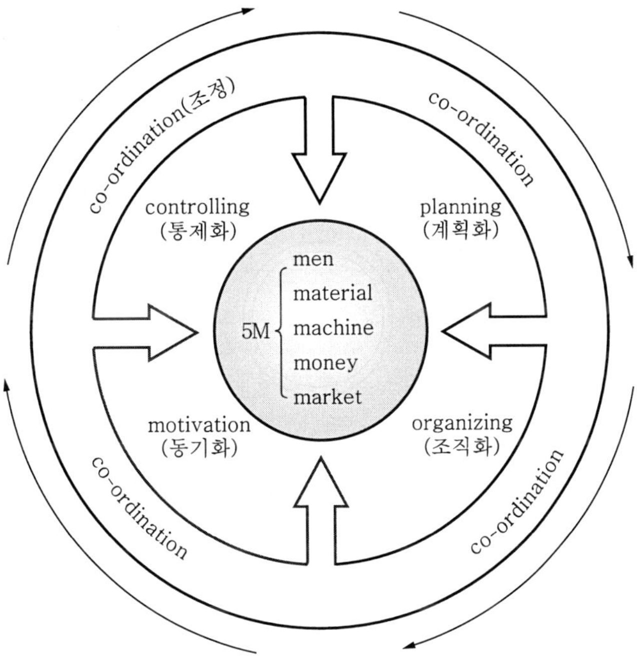

자료 : G. R. Terry, *Principles of Management*, Homewood, 1956.

경영관리의 순환과정을 구성하는 요소에 대해서는 학자들마다 다양한 의견들이 제시되고 있으나, 이들이 제시한 경영관리의 기능들을 종합해 보면, 계획(planning), 조직(organizing), 통제(controlling)로 묶을 수가 있으며, 또는 계획(plan), 실행(do), 평가(see)로 요약할 수 있다. 이것을 경영관리의 순환구조(management cycle)라 한다.

여기서 PDS란 주어진 목표에 따라 계획(plan)을 수립하고, 계획을 실행(do)에 옮기며, 실행된 결과를 계획과 비교하여 평가(see)한 후, 다시 수정된 계획을 세움으로써 순환과정이 이루어지는 것을 말한다. 또 POC란 수립된 계획(planning)을 효과적으로 달성하기 위해 제자원을 조직(organizing)하고, 실행과정이나 그 결과를 효과적으로 통제(controlling)하는 순환적 과정을 통해 관리가 이루어지는 것을 말한다.

그러므로 오늘날 경영관리론에서 PDS(plan, do, see) 또는 POC(planning, organizing, controlling)를 기본적으로 매니지먼트 사이클(management cycle)로 본다. 따라서 본질적인 경영관리의 기능이란 [그림 10-2]와 같이 계획, 조직, 통제의 요소로 집약되며, 경영관리론은 경영계획론, 경영조직론, 경영통제론으로 구성된다.

[그림 10-2] 경영관리의 순환구조(management cycle)

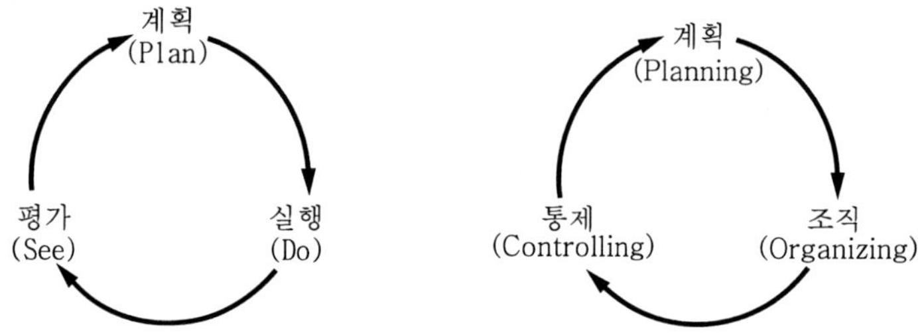

연 습 문 제

1. 다음 용어를 설명하라.
   - · PDS
   - · POC
   - · planning
   - · organizing
   - · direction
   - · co-ordination
   - · controlling
   - · management cycle
2. 경영관리의 정의 및 본질에 대해 설명하라.
3. 테일러가 제시한 관리원칙에 대해 설명하라.
4. 페이욜이 제시한 관리원칙을 설명하라.
5. 테리의 관리요소와 관리순환을 설명하라.
6. 경영관리의 순환구조를 설명하라.

제11장

경영계획론

제1절 계획화의 본질

1. 계획화의 의의

계획화(planning)는 경영관리의 출발점으로 기업이 나아갈 방향을 제시하는 것이다. 이 계획의 제시에 의해 협동체계로서의 기업은 통일적 활동이 보장된다. 따라서 계획을 세우지 못한 조직체는 통일적 활동을 할 수가 없고 조직체로서의 충분한 기능을 다하지 못한다. 일반적으로 경영계획이란 기업경영의 미래에 대한 예측에 의해 일정한 목표를 설정하고 그 목표를 효과적·능률적으로 달성하기 위해 둘 이상의 대체적인 수단(alternatives) 중에서 최적안을 선택, 결정하는 경영자의 활동을 말한다. 따라서 경영계획은 활동을 착수하기 전에 행해지며, 이는 미래를 지향한 창조적인 사고를 구체화하는 것이라 말할 수 있다.

쿤츠와 오도넬(H. Koontz & C. O'Donnell, 1978)에 의하면 계획이란 사전에 무엇을, 어떻게, 언제, 누가 할 것인가 하는 것을 결정하는 것이라 하였다. 계획이란 현시점과 희망하는 장래 위치와의 갭(gap)을 접속하게 하는 것이며, 다른 방법으로는 이루어질 수 없는 활동을 일어나도록 하는 것이다. 그러나 정확하게 미래를 예측한다는 것은 거의 불가능하며, 최선의 계획도 관리할 수 없는 요소의 방해를 받기도 하지만 계획이 없다면 모든 일은 우연에 맡겨지고 만다.

2. 계획화의 이점과 기능

계획화는 경영에 여러 가지 이점을 제공해 준다. [그림 11-1]과 같이 ① 있을 수 있는 기회를 확인해 주고, ② 있을 수 있는 문제(즉 위협)를 예상하고 피할 수 있게 해 주며, ③ 전략과 전술 등의 행동과정을 개발시켜 줌으로써 최종적으로 조직목적에 공헌한다는 것이다(D. Hellriegel & J. W. Slocum Jr., 1982).

[그림 11-1] 계획화의 이점

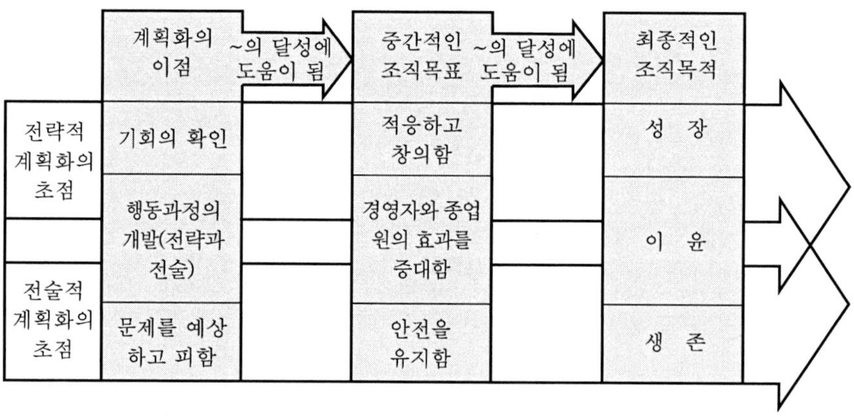

자료 : D. Hellriegel & J. W. Slocum, Jr., *Management*, Addison-Wesley, 1982, p. 262.

한편 데슬러(G. Dessler, 1985)는 다음과 같은 몇 가지 측면에서 계획화의 기능을 설명하고 있다.

첫째, 계획화는 조직이 나아갈 방향(direction)과 목적에 대한 감각(a sense of purpose)을 제공한다. 따라서 계획화는 경영활동의 전제조건이 된다.

둘째, 조직은 여러 개의 하부조직으로 구성되는데, 계획화는 조직전체에 걸친 의사결정의 통일된 기반(unifying framework)을 제공한다. 즉 계획화는 기업의 통일된 방향을 유지하게 한다.

셋째, 계획화는 장기적인 의사결정의 위험을 완전히 제거할 수는 없어도 잠재적인 기회와 위협을 분명히 하고, 최소한으로 위험을 극소화하는데 도움을 준다. 즉 계획화는 미래의 기회와 위협을 탐색하는데 도움을 준다.

넷째, 통제는 계획에 따르는 행동을 확인하는 것으로 ① 표준을 설정하고, ② 이에 따라 업적을 측정하며, ③ 양자간의 차이를 확인하고 수정하는 세 단계의 주기를 포함한다. 계획화는 이 주기의 첫 단계로 통제의 표준을 제공한다.

제2절 계획화의 전제조건과 그 과정

1. 계획화의 전제조건과 원칙

경영계획은 계획화의 과정을 통해 확정되는데 이를 위한 전제조건은 다음과 같다. 즉 ① 목표에 기여할 수 있어야 하며, ② 관리과정중 계획이 최우선적이어야 하고, 또한 ③ 계획은 모든 경영계층에 관련될 수 있도록 일반적 성격을 지녀야 하며, ④ 계획은 조직의 제자원의 효율성이 달성되도록 수립되어져야 한다. 이를 위한 원칙으로 쿤츠(H. Koontz & H. Weihrich, 1988) 등은 목표공헌의 원칙, 우선의 원칙, 파급성의 원칙, 능률성의 원칙을 제시하였다.

1) 목표공헌의 원칙

모든 경영계획과 파생되는 하위계획은 기업목표의 달성을 보다 합리적이고 체계적으로 달성하기 위한 것이므로 목표달성에 공헌하도록 조직목표를 반영해야 한다. 즉 경영목표가 설정되면 계획은 그 목표를 달성하기 위한 활동에 초점을 맞추어 개인과 부문들의 행동을 목적에 집중시키는 것이다. 따라서 관리자는 계획을 수립할 때 목표달성을 위해 일관되고 통합된 활동을 유도할 수 있도록 목표를 반영한 계획을 수립해야 한다. 이와 관련된 원칙을 목표공헌의 원칙(principle of contribution of objective)이라 한다.

2) 계획화 우선의 원칙

경영목표를 달성하기 위한 관리활동은 계획화, 조직화, 지휘화 및 통제화의 과정으로 이루어진다. 계획은 이들 제과정의 제1단계이며 기본적인 필수전제가 된다. 즉 계획수립은 다른 과정에 우선하는 출발점이 되는 것이다. 특히 계획수립과 통제는 불가분의 관계에 있다. 통제는 계획과 실행의 차이를 밝혀주어 행동이 계획된 경로를 따라 이루어지도록 하는 것을 말한다. 결국 계획되지 않은 행동은 통제될 수 없는 것이다. 이를 계획화 우선의 원칙(principle of primary of planning)이라 한다.

3) 계획화 파급성의 원칙

계획수립은 모든 경영자들이 수행하는 직능이다. 최고관리자로부터 하급관리자에 이르기까지 모든 관리계층은 계획직능을 가지고 있는데, 이를 계획수립의 일반성이라 한다. 최고경영자들은 전략적 결정과 관련된 전략적·장기적 계획기능을, 중간관리자들은 최고경영자들의 결정에 따른 부문계획을, 그리고 하위경영자들은 그 실행계획을 다루는 것이다. 즉 계획화는 경영계층의 모든 구성원들이 수행해야 할 기능으로, 이를 계획화 파급성의 원칙(principle of persuasiveness of planning)이라 한다.

4) 계획화 능률성의 원칙

계획은 주어진 자원으로 최대의 효율성과 효과성을 발휘하도록 수립되어져야 한다. 계획의 효율성은 계획에 따른 실행비용과 예상치 못한 추가비용을 공제한 후의 이익으로 측정된다. 따라서 목표달성의 기여에 비해 너무 많은 비용을 발생시키는 계획은 의미가 없다. 효율성의 개념은 투입량과 산출량의 비율로써 측정되는데, 산출요소에는 단순히 생산량 및 작업시간 뿐만이 아니라 조직구성원의 만족감(satisfaction) 등과 같은 요소도 고려해야 한다. 이를 계획화 능률성의 원칙(principle of efficiency of planning)이라 한다.

2. 계획화의 과정

계획화의 과정은 일반적으로 [그림 11-2]와 같이 7단계로 구분할 수 있다. 즉 ① 기회의 인식, ② 목표의 설정, ③ 예비계획의 수립, ④ 대체안의 탐색, ⑤ 대체안의 평가, ⑥ 최적대체안의 선택, ⑦ 파생계획의 수립 등이다.

1) 기회의 인식(being aware of opportunity)

계획의 출발점은 문제나 기회를 올바르게 인식한다는 것이다. 다만 기회의 인식은 계획의 첫 단계라기보다도 계획의 전제조건이라고 간주해야 옳을 것이다. 장차 가능한 기회에 대한 예비적인 조망, 이들 기회에 대한 명확하고 완전한 이해, 자기회사의 현재 장점과 약점에 비추어 본 현재 위치의 파악, 그리고 해결하고자 하는 문제점과 그 이유의 이해 및 얻고자 기대하는 것에 관한 지식 등이 이 단계에 포함된다. 현실성 있는 목표를 설정할 수 있는지 여부는 바로 이와 같은 인식에 달려 있다. 계획화는 기업에게 주어진 기회여건의 현실적인 진단을 요하는 것이다.

2) 목표의 설정(establishing objectives)

계획화에 있어 두 번째 단계는 장기 및 단기로 회사전체에 대한 전체목표를 수립하고 다음에 각 소속단위별 목표를 세우는 것이다. 목표는 기대되는 결과를 구체적으로 명시하고, 달성해야 하는 최종지점과 가장 강조해야 할 곳은 어디이며, 전략, 방침, 절차, 규칙, 예산, 프로그램 등의 네트워크에 의해 무엇이 달성되어야 할 것인가를 나타낸다. 기업목표는 모든 주요 부서들의 목표를 규정하는데, 이 목표를 반영하는 주요 계획의 방향을 제시해 준다. 주요 부문 목표는 다시 하위부서의 목표를 통제하며 조직의 라인을 따라 내려가면서 이와 같은 하향적인 통제가 이루어진다.

3) 예비계획의 수립(premising)

계획의 제3단계는 예비계획으로 계획설정을 위한 기초가 되는 예측자료, 기본방침, 기존의 계획안 등을 지칭한다. 이 가운데서 특히 예측은 전제수립에 있어서 가장 중요한 요인이 된다. 즉 시장의 종류, 판매규모, 가격, 제품의 종류, 기술개발의 종류, 원가, 임금률, 세율과 조세정책, 신규 공장, 배당정책, 정치적·사회적 환경, 재정, 장기적인 변화의 추세 등을 합리적으로 예측해야 한다.

4) 대체안의 탐색(determining alternative courses)

계획의 제4단계는 여러 가지 대안적 과정을 전세와 목표에 비추어 비교하고 검토하는 난계이다. 즉 계획을 위한 여러 가지 행동의 대안을 모색하게 되는데, 특히 즉각적으로 명확하게 나타나지 않는 대안들을 찾아내고 조사하는 일이 중요하다. 합리적인 대안이 존재하지 않는 계획은 거의 없으며, 명확하게 드러나지 않은 대안이 최선의 방안이 되는 경우도 많다.

5) 대체안의 평가(evaluating alternative courses)

대안적 과정이 모색·검토된 다음의 단계가 평가과정이다. 즉 계획의 제5단계로서 이 단계에서는 여러 가지 대안적 과정의 장·단점에 관한 검토가 끝난 다음에 각각의 대안적 과정을 평가하게 된다. 다시 말해서 계획의 전제와 목표에 비추어 여러 가지 요인들을 비교하여 대안들을 평가하게 되는 것이다.

6) 최적대체안의 선택(selecting a courses)

계획의 제6단계는 행동과정을 선택하는 단계로서 계획이 채용되는 시점, 즉 의사결정이 이루어지는 시점을 말한다. 이 시점이 바로 계획이 구체적으로 수립되는 단계라 할 수 있다. 흔히 계획의 목표달성을 위한 과정으로는 하나의 대체적 과정이 선택되나, 때에 따라서는 여러 가지 대안들의 분석 · 평가 결과로 둘 또는 그 이상의 대체적 과정이 선택될 수도 있다.

7) 파생계획의 수립(formulating derivative plans)

의사결정이 이루어지는 시점인 대체적 행동과정이 선택되는 시점에서 계획의 단계가 종료되는 경우란 드물다. 즉 계획의 최종단계는 이른바 파생계획의 수립단계라 할 수 있다. 어떠한 계획이라도 이를 보완하기 위한 지원내지 예비계획의 수반없이는 그 실행이 가능해질 수 없기 때문이다. 따라서 충분한 보완적 성격의 각종 파생계획이 수립될 때 비로소 계획의 제단계가 완료되었다고 간주할 수 있다.

[그림 11-2] 계획화의 과정

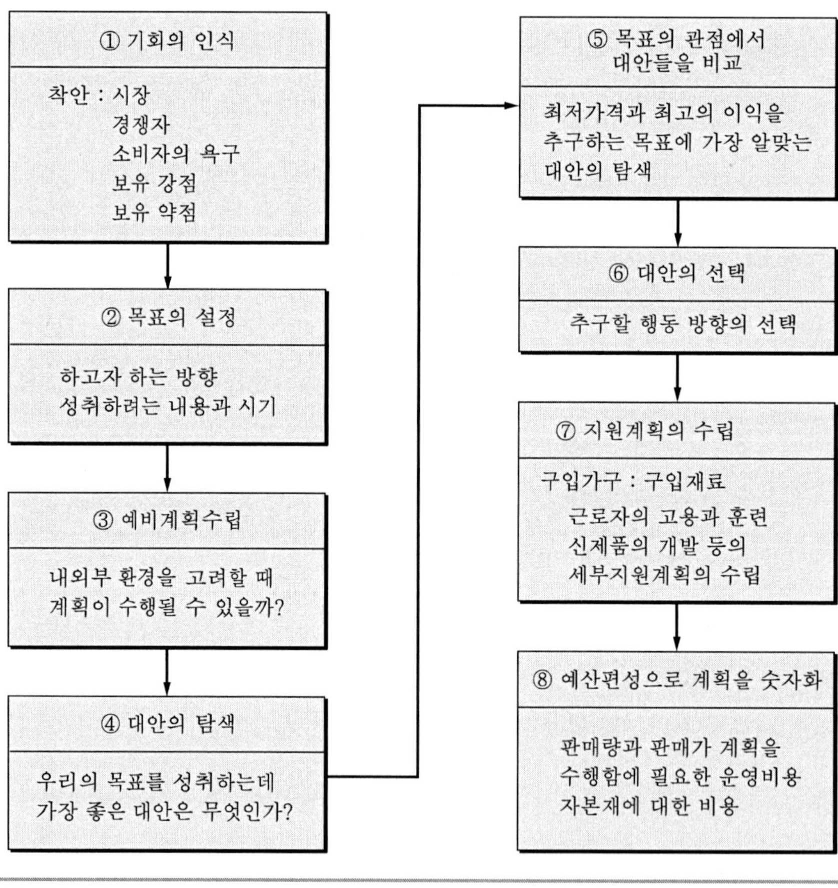

제3절 계획화의 유형과 계층

1. 시간의 길이에 의한 구분

계획화의 유형(types)을 구분하는 방법중 하나는 시간의 장단에 의한 기준이다. 이에 따라 장기계획, 중기계획, 단기계획으로 구분한다. 단기계획일수록 보다 구체적이고 장기계획일수록 덜 구체적이다.

기간에 관해서는 어떤 특정한 규정이나 근거가 있는 것은 아니고, 특히 업종별로 일정하지 않으나 흔히 단기는 1년 미만, 장기는 5년 이상, 그리고 중기는 장기와 단기의 중간인 1~5년 사이를 대상기간으로 본다. 그런데 이들 기간의 계획은 상호 독립적인 것이라기보다는 서로 의존적이어서 장기계획하에 중기계획이 수립되고, 중기계획하에 단기계획이 수립된다. 그리고 장기계획일수록 조직상위자에게 속하는 비중이 크고 단기계획일수록 조직하위자에게 속하는 비중이 크다.

2. 의사결정의 대상에 의한 구분

무엇을 의사결정하며 어떤 계획을 수립하느냐의 관점에서 계획을 구분하면 [표 11-1]의 좌측란과 같이 구분된다.

첫째, 기업의 목표를 결정하는 것이다. 기본목표는 기업의 최종적인 가치관이며 또한 기업의 경영이념이라 할 수 있다. 이는 참여자의 욕구변화에 따라 변화하는 것이다.

둘째, 대외전략을 수립하는 것으로 이는 목표달성의 수단이며 어떤 제품을 어떤 시장에 제공하느냐의 계획을 말한다. 다각화, 신제품개발, 다국적기업경영 등에 관한 의사결정이 이에 해당된다. 대외적 전략을 수립하기 위해서는 환경의 예측과 자사의 강점과 약점을 분석하여 새로운 기회를 탐색해야 한다.

셋째, 체질의 형성에 관한 결정으로 ① 조직구조를 형성하여 인원채용 및 배치, 임금제도를 만드는 것이며, ② 설비투자를 하여 물적 구조를 구성하는 두 가지 의미가 있다. 즉 넓은 의미의 하위구조(subsystem) 체제를 만들고 이를 유지하는 것이다. 사회적 구조와 기술적 구조를 형성하기 때문에 구조계획과도 일치한다고 보는 것이다.

[표 11-1] 계획수립의 대상과 예시

변화의 내용 / 대상별	a. 혁신계획	b. 개선계획	c. 유지계획
1. 기본목표	경영이념의 혁신	경영이념의 변화	사훈의 제정
2. 대외적 전략	신제품 개발 신시장 개척	제품 개선 광고 선전	
3. 체질형성 계획	조직의 혁신 신설비투자	조직의 개선 인원채용 교육 설비개선	임금제도 설비의 보전 생산 및 판매규칙 표준
4. 생산 · 판매의 반복활동계획	위의 2a, 3a에 포함됨	동작연구	자재구매계획 생산계획 판매계획 이익계획

(주) 조직계획 · · · · · · 1a, 2a, 3a를 주영역으로 함
구조계획 · · · · · · 3a, 3b, 3c를 주영역으로 함
업무계획 · · · · · · 4b, 4c를 주영역으로 함(단기계획의 대상이 됨)

넷째, 생산 · 판매의 반복활동에 관한 의사결정으로 원료와 같은 자원을 조달하고 이를 제품으로 전환시켜 판매하는 활동이다. 다시 말하면 투입(input)을 전환(transformation)시켜 산출(output)하는 기술적 하위체제(subsystem)인 것이다. 이에는 방침, 절차, 규칙, 프로그램, 예산편성의 내용까지도 포함된다.

3. 변화의 정도에 의한 구분

하위시스템(subsystem)을 어떻게 변화시키느냐의 관점에서 [표 11-1]의 열과 같이 혁신계획, 개선계획, 유지계획으로 구별한다.

① 혁신계획(innovative planning)은 환경의 변화에 대응하기 위해 경영이념의 변화, 신제품 개발, 신시장 개척, 신기술에 의한 설비의 근대화 등 기업의 전략을 변화시키는 계획을 말하며, 장기계획을 주요 내용으로 한다.

② 개선계획(improvement planning)은 제품설계의 개선, 시장침투의 노력, 설비개선, 능률향상계획 등을 말하며, 주로 단기계획의 영역에 속한다.

③ 유지계획(maintainable planning)은 설비를 보수하거나 종업원의 근로의욕을 유지하기 위한

시스템을 형성하며 종래의 제품생산 및 판매를 능률적으로 수행하는 계획을 말한다. 또한 이러한 계획은 규칙을 정하고 예산을 설정하는 것이다.

4. 조직의 계층과 적용의 범위에 의한 구분

계획을 적용하는 폭(breadth)이나 범위(scope) 또는 조직의 계층별로 계획화를 구분하기도 한다. 두 가지로 구분하는 경우에는 전략적(strategic)인 것과 전술적(tactical)인 것으로 또는 전략적인 것과 운영적(operational)인 것으로 구분한다. 그러나 일반적으로 ① 전략적인 것, ② 전술적인 것, ③ 운영적인 것의 세 가지로 구분한다.

일반적으로 전략적 계획은 주로 전체적 조직과 관계되는 것으로 최고경영자에 의해서 수립되고, 전술적 계획은 주요 사업부와 기능에 관계되는 것으로 중간관리자에 의해서 수립되며, 운영적 계획은 각 부서와 개인의 업무와 관련된 것으로 일선관리자에 의해 수립된다. 그러나 이처럼 계획화를 구분하는 것은 논의를 전개하기 위한 방편에 불과한 것이지 결코 분명하게 구분될 수 있는 성질의 것은 아니다. 플른켓(W. R. Plunkett & R. F. Atner, 1989) 등은 이에 관해 이들은 실제로 불가분의 관계에 있으며 일련의 목적과 수단의 관계로 형성된 모두가 전략(whole is the strategy)이라고 설명하였다. 세 가지 유형의 계획화의 특성을 [표 11-2]와 같이 설명할 수 있다.

[표 11-2] 계획화의 주요 내용

전략적 계획화	전술적 계획화	운영적 계획화
① 조직전체의 활동계획을 포괄함 ② 위험하고 불확실한 환경하에서의 계획화임 ③ 경영층이 주관함 ④ 장기계획과 관련됨 ⑤ 상기적인 기업의 목적과 관련됨(목적) ⑥ 창조적 아이디어가 요구됨 ⑦ 의사결정의 표준화가 곤란함	① 전략적 계획에 준하여 하위조직에서의 계획화의 기준을 제공함 ② 덜 위험하고 낮은 확실성의 환경하에서의 계획화임 ③ 중간관리층이 주관함 ④ 중기계획과 관련됨 ⑤ 장기적인 목적의 수행과 관련됨(수단/목적)	① 하위 조직단위의 활동을 계획화함 ② 확실성의 환경하에서의 계획화임 ③ 일선감독계층내지 일반종업원이 주관함 ④ 단기계획과 관련됨 ⑤ 중기적인 목적의 수행과 관련됨(수단) ⑥ 분석적 기술이 요구됨 ⑦ 의사결정의 표준화가 가능함

첫째, 운영적 계획보다는 전술적 계획이 더 중요하고 전술적 계획보다는 전략적 계획이 더 중요하다. 전투에 해당하는 것이 전술이고 전쟁에 해당하는 것이 전략이므로 전술에서는 실패하더라도 전쟁에서 이기는 것이 더 중요하다.

둘째, 전략적 계획은 조직의 최고경영층에서 그리고 운영적 계획은 조직의 하위경영층에서 더 많이 감당한다.

셋째, 전략적 계획은 규모가 큰 조직에서 행하고 운영적 계획은 규모가 작은 조직에서 행한다.

넷째, 전략적 계획은 불확실성의 환경일 가능성이 높고 운영적 계획은 확실성의 환경일 가능성이 높다.

다섯째, 구체적인 계획일수록 확실성의 환경하에서 하고 지침적인 계획일수록 불확실성의 환경하에서 한다.

여섯째, 계획화는 조직의 수명주기(organizational life cycle)와 관련되어 조직의 형성기에는 지침적인 계획이, 성장기에는 단기적이고 보다 구체적인 계획이, 성숙기에는 장기적이고 보다 구체적인 계획이, 그리고 쇠퇴기에는 단기적이고 지침적인 계획이 필요하다.

[그림 11-3] 관리계층 및 목표에 의한 계획

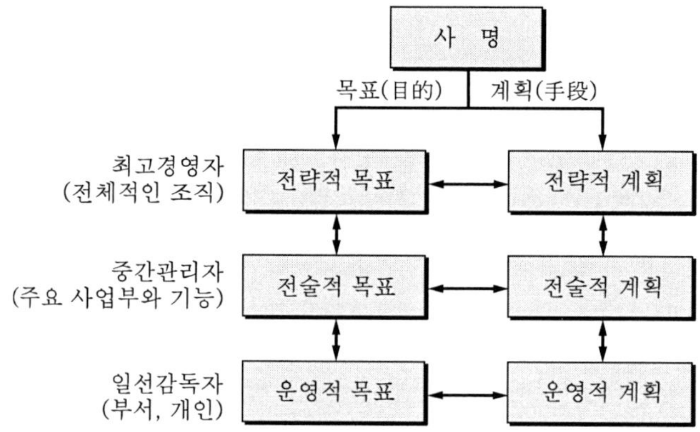

자료 : R. L. Daft, *Management*, Dryden, 1991, p. 123.

일곱째, 이들 세 가지의 계획화는 [그림 11-3]과 같이 조직의 목표와 관련하여 전략적 목표를 달성하기 위해 전략적 계획이 동원되며, 전술적 목표의 달성을 위한 수단으로 전술적 계획이, 그리고 운영적 목표의 달성을 위한 수단으로 운영적 계획이 동원되는 등 목적과 수단은 깊은 상호관계를 이루고 있다.

제4절 전략적 계획화

1. 전략적 계획화의 의의와 중요성

톰슨(A. A. Thompson & A. J. Strickland, 1987) 등은 전략적 계획(strategic plan)이란 조직의 전략적인 사명과 기본적인 목적 그리고 전략에 관해 포괄적으로 기술한 것이라고 정의하였다. 즉 이는 현재 진행하려고 시도하는 조직의 방향과 과정의 행로도(road map)라는 것이다. 바네트(J. H. Barnett & W. D. Wilsted, 1988) 등은 전략적 계획화란 전략적 경영(strategic management)의 한 부분이 되는 과정으로 외적 환경을 분석하여 기회와 위협을 탐색하고 내적인 강점과 약점을 탐색하여 강점을 살리고 약점을 수정하는 과정으로서 목표설정을 포함한다고 하였다. 한편 로빈스(S. P. Robbins, 1988)는 전략적 계획화란 보다 광범위한 개념인 전략적 경영의 첫 번째 단계로 조직의 사명을 명확히 하고, 기회를 확인하기 위해 환경을 분석하며, 조직이 경쟁적인 이점을 지닐 수 있는 유리한 표적시장(niche market)을 명확히 하여 기회에 연결토록 하는 과정이라고 정의하였다.

이러한 여러 학자들의 정의들을 통해서 보면 전략적 계획화란 조직의 목표를 달성하기 위해 자원과 기능을 환경의 기회와 위협에 적합시키는 일로 최고경영층에 의해 수행되는 일종의 장기계획이다. 전략적 계획화는 전략적 경영의 첫 번째 과정이기 때문에 전략적 경영의 과정중에서도 가장 중요한 과정이 된다. 글루크(W. F. Glueck, 1984)는 전략적 계획을 탐구해야 하는 이유로 다음과 같은 세 가지를 중점적으로 제시하고 있다.

첫째, 대부분의 기업환경은 급변하고 있기 때문에 전략적 계획은 미래의 문제와 기회를 예측할 수 있는 방법이 된다.

둘째, 전략적 계획은 모든 종업원들에게 기업이 지향하는 미래의 분명한 목표와 방향을 제시한다.

셋째, 전략적 계획을 수행하는 기업은 그렇지 않은 기업보다 목표달성에 더욱 효과적이고 종업원들의 만족도는 더욱 높게 된다.

이처럼 전략적 경영계획은 기업의 이익을 극대화하여 성장·발전을 약속하는 수단임과 동시에 손실을 극소화해서 조직의 유지·존속을 보증하는 수단이기도 하다. 따라서 이와 같은 관점을 중심으로 전략적 경영계획의 목적과 효과를 구체적으로 열거하면 다음과 같다.

① 기업환경과 조건의 변화를 예측하고 이용 가능한 자원을 결정함으로써 경쟁상의 우위를 확보한다.

② 제품수요의 동향, 고객욕구의 변화 및 대체상품의 출현가능성 등의 관점에서 기업환경과 조건을 분석·평가함으로써 이익증가의 가능성과 이익감소의 위험을 파악한다.

③ 장래에 이용 가능한 기업의 자원을 한정함으로써 이익을 얻을 가능성을 정확히 예측한다.

④ 장래의 기업간 경쟁에서 발휘할 수 있는 기업의 독자적인 경쟁력을 결정함으로써 이익획득의 가능성을 보증한다.

⑤ 장래에 집중해야 할 사업활동의 범위를 결정함으로써 기업의 사회경제적 사명을 명확히 한다.

⑥ 기업이 달성해야 할 장기의 경영목표, 즉 전사적 업적표준을 구체적·계수적으로 설정함으로써 전반적 경영관리의 방향을 분명히 한다.

⑦ 장기의 전반적 경영목표를 확실히 함으로써 기업경영을 효과적으로 유도하는 경영정책을 확정한다.

한편 듀브린(A. J. DuBrin, 1990)은 전략적 계획화로부터 얻을 수 있는 이점을 구체적으로 ① 기업경영 방향에 대한 조화된 감각의 보유, ② 전체조직에 대한 경영적 관점의 확립, ③ 보다 진취적 의사결정의 가능성 증가, ④ 경영효율성의 증진, ⑤ 효율적 통제의 기준 확립, ⑥ 경영성과의 증진, ⑦ 기업이미지의 개선 등으로 제시하였다.

2. 전략적 계획화의 과정

1) 전략적 경영의 과정

전략적 경영의 과정을 세분화하면 여러 가지 내용으로 구분할 수 있으나, 크게 ① 전략의 계획(plan)과 ② 전략의 수행(implementation)이라는 두 단계로 설명할 수 있다. [그림 11-4]와 같이 먼저 전략의 계획은 조직의 사명→정책→장·단기 목표→대체전략안의 탐구→대체전략안의 선택으로 세분되고, 전략의 수행은 다시 조직구조개발→조직활동관리→효과측정으로 세분화된다(L. L. Byars, 1984). 그러나 많은 학자들은 이들 두 개의 과정에 평가와 통제(evaluation and control) 과정을 추가하여 논의하고 있다.

[그림 11-4] 전략적 경영의 과정

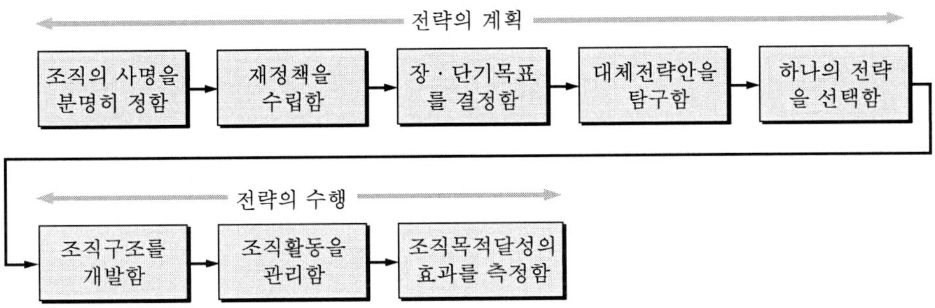

자료 : L. L. Byars, *Strategic Management : Planning and Implemention*, Harper & Row, 1984, p. 10.

2) 전략적 계획화의 과정

전략의 수립이라는 개념이기도 한 전략적 계획화는 전략적 경영에서와 마찬가지로 다양한 구성요소와 단계로 논의되고 있다. 그리핀(R. W. Griffin, 1990)은 전략적 계획화의 과정 또는 일련의 구성요인을 [그림 11-5]와 같이 8단계로 구분하여 설명하였다.

제1단계는 조직의 사명과 목표의 개발단계로 주요 과업은 조직의 정체성 확립, 조직의 목적 설정, 조직의 목표 설정 등이다. 제2단계는 환경의 위협과 기회를 분석하는 단계로 주요 과업은 산업 및 시장의 경쟁 분석, 정치적 세력과 이해관계자 분석, 사회의 가치관과 문화의 분석 등 조직을 둘러싼 모든 환경 분석을 포함한다. 제3단계는 조직의 강점과 약점을 분석하는 단계로 현재 조직의 경쟁상의 지위, 대인관계기능, 기술력, 재무력, 조직과 경영기능 등이 주요 과업이다. 제4단계는 전략대체안의 개발단계로 조직의 사명과 목표를 기본으로 하고 환경(위협과 기회) 분석과 조직(강점과 약점) 분석을 통해 전략적 대체안을 평가한다. 제5단계는 전략적 계획의 수립단계로 전략의 선택, 요구되는 대인관계기능, 요구되는 기술력, 요구되는 재무력, 요구되는 조직과 경영기능 등을 설정한다. 제6단계는 전술적 계획의 수립단계이다. 제7단계는 전략 및 전술적 계획에 대한 결과의 평가단계이다. 제8단계는 계획화 과정의 반복단계로 제시하고 있다. 그러나 실제로 전략적 계획화의 단계는 제5단계까지라고 할 수 있다.

이와 같은 여러 가지 요소와 단계의 구분에도 불구하고 ① 사명 또는 기본적인 목적, ② 전략적인 목표, ③ 전략의 결정 등이 공통적인 것이고 가장 중요한 것이다. 효과적인 전략적 계획을 수립하기 위해 각 단계에서 고려해야 할 중요한 사항은 다음과 같다.

(1) 상황의 적절성(situational appropriateness) : 어떤 상황의 요구에 일치하는 전략적 계획은 다른 상황의 요구에 부적절 할 수 있기 때문에 전체적인 기업의 관점에서 적절한 전략적 계획의

개발이 필요하다.

[그림 11-5] 전략적 계획화의 과정

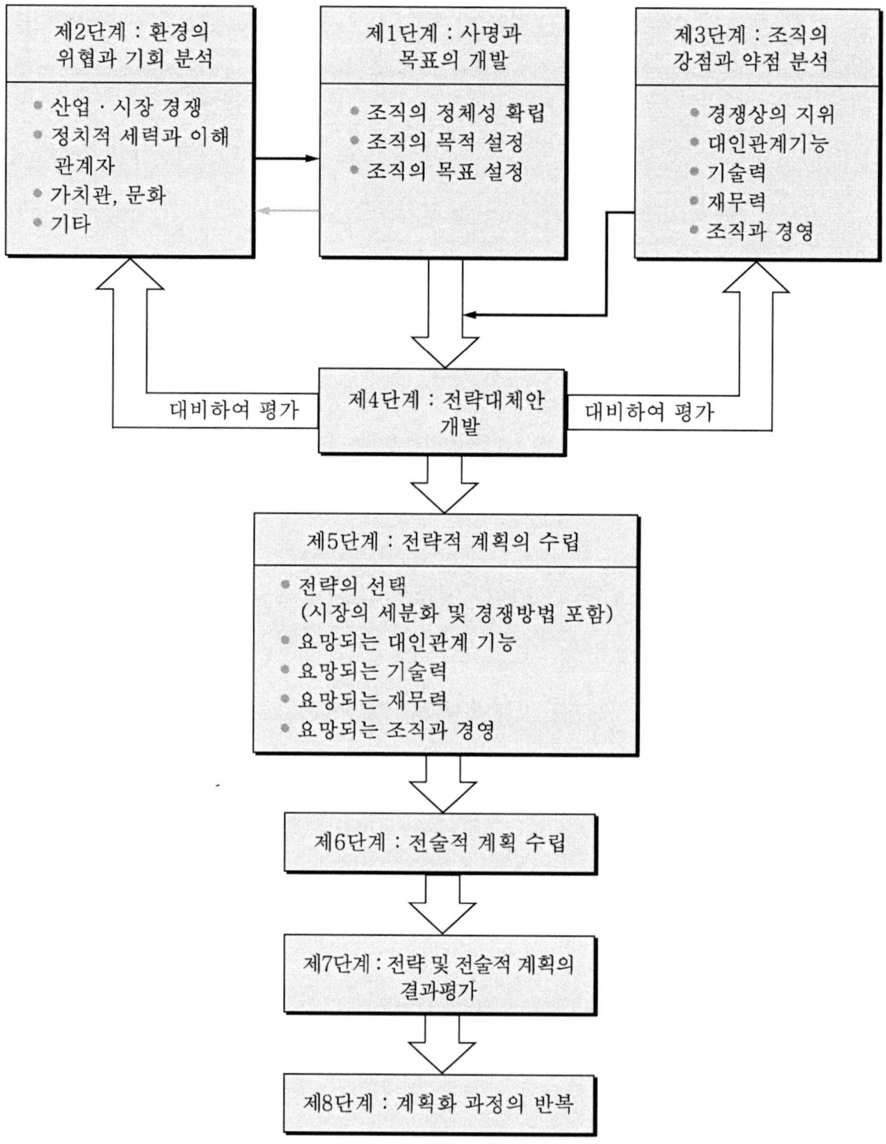

자료 : R. W. Griffin, *Management*, 1990, Houghton-Mifflin, p. 273.

(2) 계획의 창의성(creativity) : 기업의 전략적 목표는 시장점유율의 증대, 시장점유율의 유지, 위험의 회피, 수익성의 증대 등 다양하다. 극심한 시장경쟁에서 이러한 목표를 달성하기 위해서는 창의성을 전략적 계획화 과정에 연결시켜야 한다.

(3) 환경 적응성(adaptability) : 전략적 계획의 성과는 어느 정도 미래의 사건(events)에 의존함으로 전략적 계획은 변화하는 환경에 능동적으로 대처할 수 있도록 환경적응성을 가져야 한다.

(4) 권한의 적당성(proper authority) : 전략적 계획화 과정은 이것이 성공적으로 설계되고 수행되기 위해서 전략계획자에게 적당한 통제권한을 부여해야 한다.

(5) 조직의 협조성(coordination) : 모든 계층의 경영관리자는 전략계획의 수행과정중 세분화된 일부에 대해 책임을 지고 있는데 전략적 계획의 성공을 위해 책임있는 모든 조직구성원들의 협조가 필요하다.

(6) 내용의 명확성(explicitness) : 전략계획은 조직의 기본적인 목적, 전략 및 여타의 계획이 명확하고 구체적으로 기술되어야 한다.

3. 기본적 목적과 사명의 설정

기본적 목적 또는 사명이란 조직의 계속적인 존재이유(reason for existence)를 의미하는 매우 추상적인 개념으로서 계획화의 선결조건이기도 하다. 이에 대해 로빈스(S. P. Robbins, 1988)는 "현재 우리가 어떤 사업을 하고 있는가?" 하는 물음에 대한 대답과 관련되어 조직의 기본적인 목적을 분명히 하는 것이라고 정의하였다. 또 헤리겔(D. Hellriegel & J. W. Slocum, 1989) 등은 제품, 시장, 서비스 및 고객의 욕구 등 기업이 현재 추구하거나 가까운 장래에 추구하려는 영역에 관한 사업을 기술하는 것을 기본적 목적으로 정의하였다. 한편 먼디(R. W. Mondy, 1990)는 전략적 계획화 과정의 첫 번째 단계는 사명을 정하는 일인데, 이는 "누구를 위해 무엇을 시도하고 있는가?" 하는 질문과 관련되어 조직의 기본적인 목적의 결과를 말한다고 정의하였다.

기본적 목적과 사명에 관한 기술(statement)은 ① 우리 기업은 무슨 사업을 하고 있는가(what is our business), 그리고 ② 우리 기업은 무슨 사업을 해야 하는가(what should it be)라는 질문을 던져야 하는데, 첫 번째 질문은 생산자가 아닌 고객에 의해서 결정되어야 한다고 드럭커(P. F. Drucker)는 주장하였다.

이와 관련하여 대부분의 기업은 기본목적이나 사명이 고객에 대한 서비스에 관한 것이어야 한다고 하면서도 그 서비스의 대상을 주주는 물론 사회일반에 이르기까지 그 적용영역을 포괄하고 있다. 오늘날 많은 학자들은 [표 11-3]과 같이 기본적 목적과 사명의 범위를 넓혀 시장 뿐만 아니라 제품에까지 관련되어 있다고 본다. 뿐만 아니라 혹자들은 기업이 생산하는 제품 또는 서비스와 잠정고객 외에도 기업의 중요한 가치관까지 포함시키고 있다(R. M. Hodgetts & D. F. Kuratko, 1991).

[표 11-3] 기업의 유형별 기본적 사명

기업의 유형	기 본 적 사 명
보험회사	개인의 긍정적 계획을 제공하고 보호함
항공회사	고객과 비행기를 빨리, 능률적이고 경제적으로 운송함
석유회사	점증하는 인구의 에너지에 대한 욕망을 충족함
자동차회사	경제적이고 능률적인 자동차를 제공함

자료 : R. M. Hodgetts & D. F. Kuratko, *Management*, Wiley, 1986, p. 164.

4. 전략적 목적의 설정

최고경영자는 기본적 목적 또는 사명을 설정하고 나면 기업경영의 초점을 어디에 두어야 할 것인가 하는 전략적 목적을 설정해야 한다. 이 목적은 특정 사업부나 부서보다는 조직전체와 관련된 것으로 보통 하나 이상인데, 이는 전술적 또는 운영적 목표의 내용과 다르다. 즉 단기적인 운영적 목표가 이윤 및 생산성을 포함하는 능률지향성(efficiency oriented)에 초점을 두는데 비해 전략적인 목적에는 투자수익률(return on investment), 시장점유율(market share) 및 성장(growth) 등을 포함하는 효과지향성(effectiveness oriented)에 초점을 둔다. 드럭커(P. F. Drucker, 1976)는 이윤을 단기적인 발상이라고 보고 전략적 목적은 다음과 같은 8개의 영역에 초점을 두어야 한다고 주장하였다.

① 시장의 지위(market standing) : 경쟁자들과 비교하여 시장점유율, 유리한 표적시장(niche market) 등에서 기업이 어떤 지위에 있기를 원하는가를 나타내는 것이다.

② 혁신(innovation) : 새로운 작업방법, 신제품의 개발, 신시장 개척, 신원료 확보, 신조직 운영 등에 대한 최고경영자의 의지를 나타내는 것이다.

③ 생산성(productivity) : 노동생산성, 자본생산성 등 생산능률의 목표수준을 나타내는 것이다.

④ 물질적 및 재무적 제자원(physical and financial resources) : 자본의 조달과 운용, 설비의 설치 및 유지와 관련된 지표를 나타내는 것이다.

⑤ 이윤(profit) : 재무적 업적의 지표를 구체적 수치로 나타내는 것이다.

⑥ 경영자의 업적과 개발(managerial performance and development) : 경영자의 생산성과 능력개발의 구체적인 비율과 수준을 나타내는 것이다.

⑦ 종업원의 업적과 태도(worker performance and attitude) : 종업원의 생산성과 조직에 대한 긍정적 태도에 대해 기대하는 정도를 나타내는 것이다.

⑧ 공공의 책임(public responsibility) : 고객과 사회에 대한 기업책임의 정도를 나타내는 것이다.

이상 여덟 가지 목적 가운데서 어떤 영역은 볼 수 있고 측정 가능한 지표이나 어떤 영역은 그렇지 못하고 개인의 주관적 판단의 지표로 나타낼 수 있는 것이다. 그러나 주관적 판단 지표라고 해서 "최선을 다하겠다"거나 "최대한의 이윤을 올리겠다"는 등의 표현은 목표일 수 없다. 즉 목표는 어떤 특성을 구체적으로 표현해야 한다. 이와 관련하여 듀브린(A. J. DuBrin, 1990)은 전략적 목적의 조건을 다음과 같이 열 가지로 제시하였다.

① 구체성(specific) : 무엇을 해야 하는가에 관한 분명한 방향과 관련된 행동의 목표를 나타내야 한다.

② 측정가능성(measurable) : 측정 가능한, 가능하면 계량적으로 결과를 설정해야 한다.

③ 달성가능성(achievable) : 현실적으로 실현 가능한 목적이어야 한다.

④ 기록성(written) : 문서를 기록해야 한다. 목적이 문서로 기록되면 더욱 명확하고 보존성이 있다.

⑤ 이해가능성(comprehensive) : 목적은 조직의 모든 영역의 구성원들이 이해할 수 있는 표현으로 나타내야 한다.

⑥ 조정성(coordinate) : 개인의 목적, 집단의 목적, 조직의 목적이 일치하도록 목적이 조정되어야 한다.

⑦ 서열성(prioritize) : 제자원의 배분과 갈등해소를 위해 여러 목적을 중요성의 정도에 따라 우선순위를 설정해야 한다.

⑧ 기간성(time bound) : 각 목적과 하위목표의 달성에 요구되는 최종시점을 설정해야 한다.

⑨ 융통성(flexible) : 설정된 목적은 변화하는 환경에 따라 필요하면 수정할 수 있도록 해야 한다.

⑩ 수용성(acceptable) : 설정된 목적은 조직구성원들로부터 받아들일 수 있는 것이어야 한다.

5. 외적인 환경과 내적인 능력의 분석

1) 외적인 환경의 분석

환경 분석(environmental analysis)이란 목적 달성에 이르는 조직능력에 영향을 미칠 수도 있는 현재 및 미래의 기회와 위협을 명확히 하기 위해 조직의 환경을 추적하는 과정, 또는 전략적 계획화 과정 속에서 전략적인 기회와 위협을 발견하기 위해 기업의 외적 환경에 관한 정보를 체계적으로 수집하여 평가하는 일이다. 여기서 기회란 기업이 전략적 목적을 달성할 수 있도록 돕는 잠재력(potential)을 지닌 외적 환경의 특성 또는 조건이고, 위협이란 기업이 전략적 목적을 달성하지 못하게 할 수 있는 외적인 환경의 특성을 말한다. 즉 기회는 기업목적의 달성에 유리한 상황이고 위협은 기업목적의 달성에 불리한 상황이라 할 수 있다.

포터(M. E. Porter, 1980)는 산업내에서 기업이 직면하는 전략적인 기회와 위협을 [표 11-4]와 같이 각각 몇 개의 범주로 나누어 설명하였다. 그리고 쉐인(E. H. Schein, 1985)은 전략적 경영자가 환경변화를 예측하고 미래의 기회와 위협을 탐색하기 위한 단계를 다음과 같이 다섯 단계로 제시하였다.

첫째, 기업에 결정적으로 중요한 주된 내·외환경변수(key variables in the environment)를 선정한다.

둘째, 중요한 환경정보를 다루는 원천(sources)을 선정한다.

셋째, 접근방법, 즉 예측기법을 평가한다.

넷째, 예측결과를 전략적 경영과정에 통합한다.

다섯째, 예측관리(forecast management)의 중요한 국면을 청취한다.

[표 11-4] 기업이 직면하는 전략적 기회와 위협

[환경의 기회] ① 새로운 전략적 집단의 창조 ② 보다 유리한 기반을 갖춘 전략적 집단으로의 전환 ③ 현존하는 집단의 구조적 지위 또는 집단내에서의 기업의 지위 강화 ④ 새로운 집단으로의 이동과 집단의 구조적 지위의 강화
[환경의 위협] ① 타기업이 전략적 집단으로 진입하게 되는 위험 ② 기업이 속한 전략적 집단의 이동장벽을 약화시키거나, 고객 또는 공급자와의 교섭력을 약화시키거나, 대체품과 관련해 자기를 노출하는 등의 위험 ③ 이동장벽의 강화를 통해 기업의 지위를 향상시키기 위해 설계된 투자의 위험 ④ 전혀 새로운 집단으로 진입하기 위해 이동장벽을 극복하려는 시도의 위험

자료: M. E. Porter, *Competitive Strategy*, Free Press, 1980.

윌른과 헝거(T. L. Wheelen & D. Hunger, 1989)는 [그림 11-6]을 통해 전략적 요소로서의 기회와 위협을 찾아내는데 있어서 환경분석의 사회적, 문화적, 기술적, 정치적·법률적 요소 이외에도 이해관계자 집단의 분석, 산업 분석, 자원 분석, 시장 분석, 경쟁업체 분석, 공급업체 분석, 정부 분석 등 많은 측면의 분석을 포함하였다.

[그림 11-6] 외적 환경의 탐색(scanning)

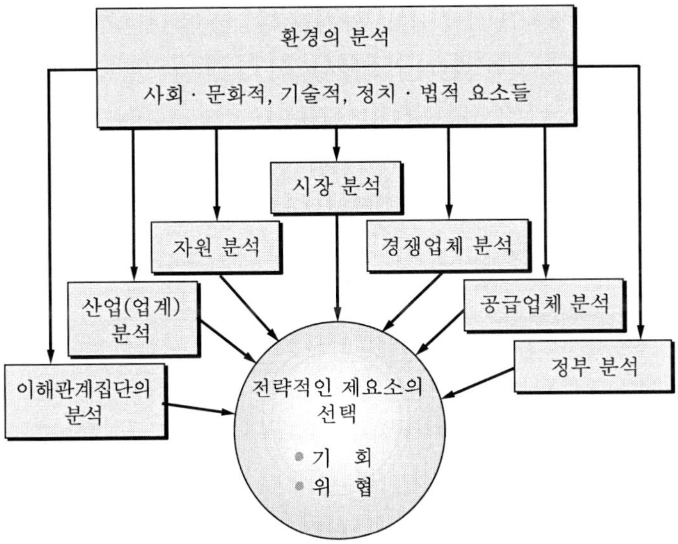

자료 : T. L. Wheelen & J. D. Hunger, *Strategic Management and Business Policy*, Addison-Wesley, 1989, p. 80.

2) 내적인 능력의 분석

조직의 내적 능력 분석은 내부분석(internal analysis)이라는 말로도 사용되며 자체평가적인(self-appraisal) 성격을 지닌다. 이러한 기업의 내적 요소의 분석은 기업과 경쟁자 비교 그리고 전반적인 업적에서 본 상대적인 지위를 평가하기 위해 기업의 강점(strengths)과 약점(weaknesses)이라는 형식으로 평가한다. 여기서 강점이란 기업이 목적을 달성하기 위해 사용할 수 있는 자원 또는 능력을 말하는 것으로 조직목적의 달성을 촉진할 수 있는 내적인 조건 또는 요소를 의미하고, 약점이란 기업이 목적을 달성하지 못하게 하는 기업내에서의 한계(limitations) 또는 결점(faults)이나 부족(defects)을 말하는 것으로 조직목적의 달성을 방해할지 모르는 내적인 조건 또는 요소를 의미한다.

전략적 계획화를 위해서는 환경을 분석 · 평가하여 기회와 위협을 찾아낸 후에 기업내부의 능력을 분석 · 평가하여 강점과 약점을 찾아내야 하는데, 포터(M. E. Porter, 1980)는 이때의 강점과 약점에 관해 다른 논자들과는 달리 경쟁력에 초점을 두고 [표 11-5]와 같이 구조와 수행의 차이를 중심으로 설명하였다.

[표 11-5] 조직내부 능력의 강점과 약점

[조직의 강점]
① 전략적 집단을 보호하는 이동장벽(mobility barrier)을 강화하는 요소들
② 구매자와 공급자에 대한 집단의 교섭력(bargaining power)을 강화시키는 요소들
③ 집단을 다른 경쟁기업으로부터 격리시키는 요소들
④ 전략적 집단내의 타기업에 비해 보다 큰 규모
⑤ 전략적 집단에 진입(entry)하는 비용이 다른 기업들보다 저렴하게 하는 요소들
⑥ 전략과 관련된 수행능력이 경쟁업자에 비해 상대적으로 우월함
⑦ 이동장벽을 극복하고 보다 바람직한 전략적 집단으로 이동을 가능케 하는 자원과 기능(skills)들
[조직의 약점]
① 전략적 집단을 보호하는 이동장벽을 약화시키는 요소들
② 구매자와 공급자에 대한 집단의 교섭력을 더욱 나쁘게 하는 요소들
③ 집단을 다른 경쟁기업에 노출시키는 요소들
④ 전략적 집단내의 타기업에 비해 보다 작은 규모
⑤ 전략적 집단에 진입하여 비용이 다른 기업들보다 많이 소요되도록 하는 요소들
⑥ 전략과 관련된 수행능력이 경쟁기업에 비해 상대적으로 열등함
⑦ 이동장벽을 극복하고 보다 바람직한 전략적 집단으로 이동하기에는 부족한 자원과 기능

자료 : M. E. Porter, *Competitive Strategy*, Free Press, 1990.

3) 외적인 기회와 내적인 강점의 연결

이상에서 전략적 계획의 핵심을 이루는 전략적 요소들, 즉 환경내에서의 기회와 위협 그리고 기업내에서의 강점과 약점을 살펴보았다. 이러한 내·외의 전략적 요소들에 대한 탐색과정은 매우 중요한 의미를 지니나 그 자체로 중요한 것이 아니라 이들을 연결(match)하여 전략적 계획을 수립하는 것이 더욱 중요하다. 이는 전략적 계획의 기본목적이 불확실성 세계의 변화하는 조건하에서 기업과 현재 및 미래의 환경간의 적합(fit)을 극대화하여 효과적인 기업경영을 하는데 있기 때문이다.

기업목표의 설정을 위해서는 [그림 11-7]과 같이 외적 환경과 내적 환경을 분석·평가·예측함으로써 기회와 위협 그리고 강점과 약점을 찾아 연결하는 활동, 즉 연결활동(matching)이 앞서야 한다. 질라기(A. D. Szilagyi, 1987)는 외적 환경에서 가능성(might do)을 찾고, 내적 환경에서 능력(can)을 찾아 이를 연결하여 목표(should do)를 설정하고 지속적인 상호연결을 이루어 가는 과정을 기업의 경영관리활동(목표·계획·지휘·업적·통제)으로 설명하였다.

[그림 11-7] 외적 환경과 내적 환경의 연결활동

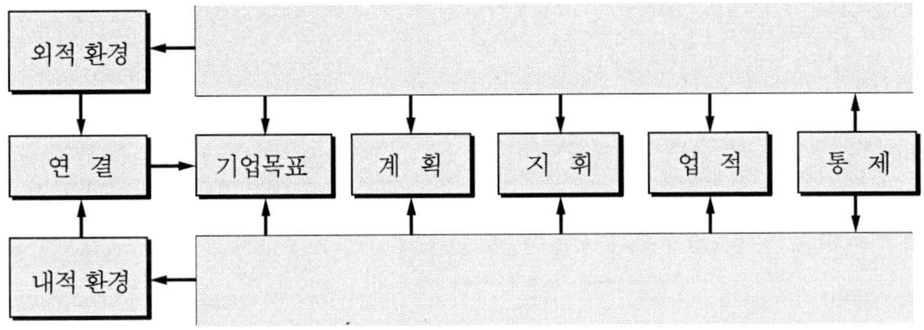

주 : 외적 환경 : might do, 연결 : should do, 내적 환경 : can / want to / ought to → do

자료 : A.D Szilagyi, & M. J. Wallace, Organizational Behavior and Performance, Scott, Foresman & Co. 1987. p. 133

바람직한 경영전략의 계획을 수립하기 위해서는 위협을 극소화하고 약점을 제거하는 동시에 기회와 강점을 연결해야 한다. 즉 전략적 계획화 과정에서 해야 할 일은 기회를 받아들이고 위협을 피하기 위해 기업의 강점을 최대한 살리고 약점을 극소화하는 전략을 개발하는 것이다.

제5절 전술적 · 운영적 계획화로서의 MBO

1. 전술적 계획의 의의와 중요성

1) 전술적 계획의 의의와 중요성

계획화의 기간을 중심으로 하여 [그림 11-8]과 같이 장기계획은 전략적 계획이고, 단기계획은 운영적 계획이며, 중기계획은 장기계획인 전략적 계획과 단기계획인 운영적 계획간의 중간적(intermediate)인 계획이다. 이 중간적 계획을 전술적 계획이라고도 한다. 주로 장기계획은 전략적 목적을 중기계획은 전술적 목적을 그리고 단기계획은 운영적 목적을 달성하기 위한 계획으로, 계획화는 전략적인 것에서부터 시작하여 운영적인 것으로 끝난다.

쿤츠(H. Koontz, 1976)에 의하면 전술적 계획화란 전략적 계획을 수행하기 위한 행동계획이며 전략적 계획은 효과적인 전술적 계획에 의해 지원되어야 한다고 하였고, 헤리겔(D. Hellrigel, 1974)은 전술적 계획화란 무엇을, 누가, 어떻게 하는가에 관한 구체적이고 단기적인 의사결정을 하는 과정이라고 정의하였다.

[그림 11-8] 계획화의 과정

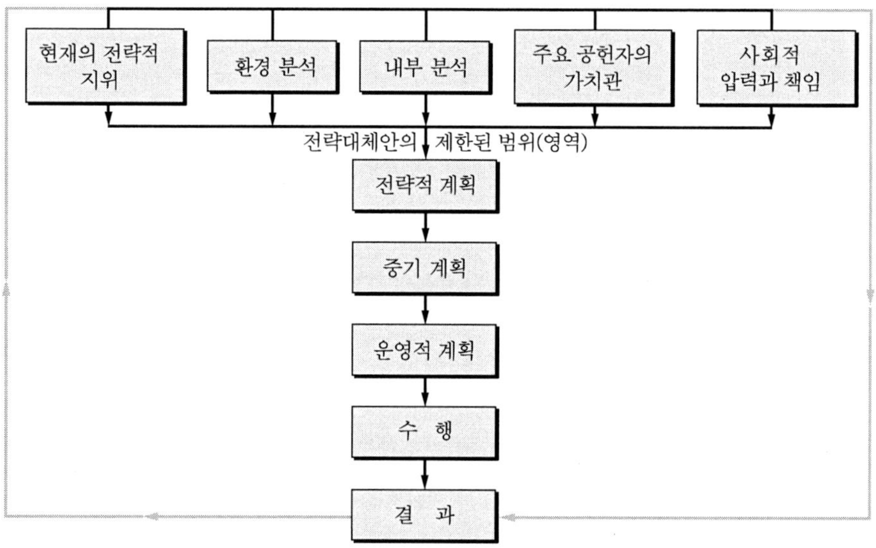

주 : H. G. Hicks & C. R. Gullett, *Management*, McGraw-Hill, 1987, p. 278.

한편 플른켓(W. R. Plunkett, 1989)은 전술적 계획이란 단기적 목표와 조직으로 하여금 이들 목표를 달성토록 하는 행동과정에 관한 의사결정으로서 전략적 목적의 달성을 돕는다고 하였다. 대프트(R. L. Daft, 1991)는 전술적 계획이란 중요한 전략적 계획의 수행을 돕고 전략의 특정한 부문을 달성토록 설계된 계획이라고 정의하였다. 이들 정의를 중심으로 전술적 계획화의 특성을 전략적 계획화와 비교해 보면 다음과 같다.

① 전략적 계획은 조직의 가장 상위층에 있는 최고경영자들에 의해 수립되는데 비해 전술적 계획은 중간관리층에서 주로 수립되고 수행된다.

② 전략적 계획이 장기적인 계획을 다루는데 비해 전술적 계획은 보다 단기적인 계획을 다룬다.

③ 전략적 계획의 결과는 몇 년 사이에는 충분히 알 수 없으나 전술적 계획의 결과는 빠른 기간내에 분명히 그리고 구체적으로 나타난다.

④ 전략적 계획이 전사적인 계획인데 비해 전술적 계획은 사업수준(사업부 및 부서별)의 계획이다.

⑤ 잘 설계된 계획화 시스템하에서는 두 계획이 강하게 연결되어 전략적인 목적이 전술적인

목적으로 이어지고 이를 통해 구현된다.

⑥ 전략적 계획이 목적이라면 이를 위한 수단(means)이 전술적 계획이다.

⑦ 전략적 계획화의 하위목표인 전술적 계획화는 동시에 운영적 계획화의 상위목표이기도 하다.

이러한 전략적 계획화와 전술적 계획화의 차이를 요약하면 [표 11-6]과 같다.

[표 11-6] 전략적 계획화와 전술적 계획화의 차이

차 원	전략적 계획화	전술적 계획화
① 의사결정의 유형	혁신적이고 적응적임	일상적이고 적응적임
② 의사결정의 조건	위험(주관적 확률)과 불확실성의 조건	위험(객관적 확률)과 확실성의 조건
③ 계획의 주관자	중간관리자에서부터 최고경영자	일선감독자에서부터 중간관리자
④ 의도하는 목적	장기적인 생존과 성장 확인	전략적 계획 수행의 수단

자료 : D. Hellriegel & J. W. Slocum, *Management*, 1982, Addison-Wesley, p. 261.

2. 목표에 의한 관리

1) 목표에 의한 관리의 의의

목표에 의한 관리(management by objectives : MBO)는 통상 목표관리라고 하는 관리시스템으로 이는 달성과 결과를 강조한다는 의미에서 결과지향적(result-oriented)인 경영철학이다. 이 개념은 드러커(P. F. Drucker, 1954)가 조직효과의 증진을 위한 접근방법으로 개발한 이래 목표관리에 관한 첫 논자로 알려져 있으며, 그 후 맥그리거(D. McGregor), 오디오네(G. S. Odiorne) 및 라이어(A. P. Raia) 등에 의해 발전한 개념이다.

그러나 드러커가 자기관리(self-control)와 자기지향(self-direction)을 강조하는 철학을 전개한 이후 목표관리는 오늘날 널리 기업에서 적용되고 있음에도 불구하고 아직도 목표관리가 무엇을 의미하는지가 분명치 않고, 때로는 곡해되는 경우도 많다. 어떤 사람은 평가의 도구(tool)내지 시스템으로, 어떤 사람은 동기부여의 기법으로, 또 다른 사람은 계획화와 통제의 장치(device) 또는 기법으로 보고 있으리만큼 목표관리는 적용상에서 다르며 매우 좁은 범위내에서 논의되고 있다.

최근 몇몇 학자들의 목표관리에 대한 정의는 다음과 같다. 쿤츠(H. Koontz & H. Weihrich, 1988) 등은 많은 중요한 관리행동을 시스템적인 방법으로 통합하고 조직목적과 개인목적을 효과적·능률적으로 달성하도록 의도적으로 지향된 포괄적인 관리시스템(management system)을 목표관리라고 정의하였다. 듀브린(A. J. DuBrin, 1989)은 부하들에게 달성할 책임이 주어진 목표에 대해 상급자와 하급자가 상호 의견일치를 발전시켜 나가는 관리과정을 목표관리로 정의하였다.

플른켓(W. P. Plunkett, 1990)은 부하들로 하여금 상급자와 제휴하여 우선순위와 시간계획에 관해 목표를 협의할 것을 요구하는 평가방법(approach to appraisals)이라고 정의하였다. 한편 먼디(E. W. Mondy, 1990)는 상급자와 하급감독자에 의해 의견의 일치를 본 목표의 설정을 강조하는 하나의 경영철학이라고 하였으며, 대프트(R. L. Daft, 1991)는 관리자와 종업원 그리고 각 부서, 프로젝트 및 종업원의 목표를 분명히 하는 방법이라고 정의하였다. 이처럼 다양하게 정의되는 목표관리의 개념을 통해 다음과 같은 몇 가지 특성을 지적할 수 있다.

첫째, 목표관리는 목표설정의 과정을 체계화한 것이다. 즉 이 과정은 목표설정(goal-setting)으로부터 시작하여 계획과 통제를 통합하기 위한 기법이고, 경영자가 전략적 계획과 전술적 계획을 통합할 수 있도록 돕는 도구이다.

둘째, 목표관리는 인간에 대한 긍정적인 철학과 참가적 경영(participative management)의 정신을 반영한다. 즉 ① 목표설정에 있어 조직수준에서 상호간의 문제를 해결한다. ② 상호간에 신뢰를 구축하고 의사소통을 개방화한다. ③ 서로가 승자가 되는 관계(win-win relationship)를 형성한다. ④ 직무에 관계된 업적에 기반하여 보상을 실시한다. ⑤ 정치적인 게임과 공포 또는 압력을 극소화한다. ⑥ 적극적이고 주체적이며 도전적인 기업문화를 개발한다.

[그림 11-9] 전통적인 목표설정

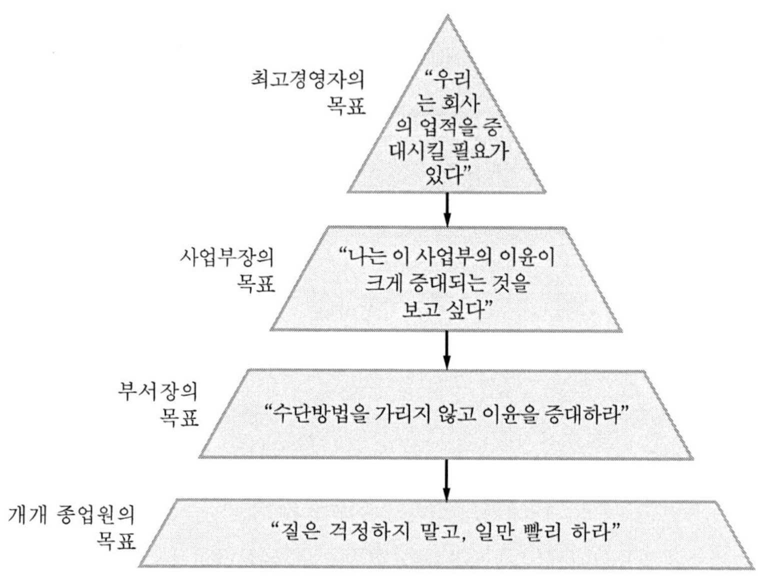

자료 : S. P. Robbins, *Organizational Behavior,* Prentice-Hall, 1989, p. 141.

셋째, 목표관리의 목표설정은 종래의 목표설정과는 크게 다르다. 종래에는 목표의 역할이 최고경영자에게 부과된 통제수단이었고, 업적은 종업원에게 주어진 목표가 달성된 정도를 알기 위한 평가였다. 또한 종래의 목표설정에서 주된 과제는 [그림 11-9]와 같이 최고경영자가 목표를 설정한 후 각 조직수준에 하위목표(sub goals)로 지시된 일방적(one-way)인 과정이었다.

그러나 목표관리에서의 목표설정은 이러한 하향식(top-down)으로 뿐만 아니라 하급자의 참여에 의한 상향식(bottom-up)의 방법에 의해 상호적으로 이루어진다. 즉 목표관리 시스템에서는 목표설정이 [그림 11-10]과 같이 최고경영층에서 시작하여 다음 계층으로 점차 하향하기는 하나 하위 조직단위의 관리자는 자신의 목표설정에 함께 참여하여 구체적인 목표를 설정한다. 따라서 최고경영자의 목표는 기업목표를 나타낸다.

[그림 11-10] 목표관리에서의 목표의 계층

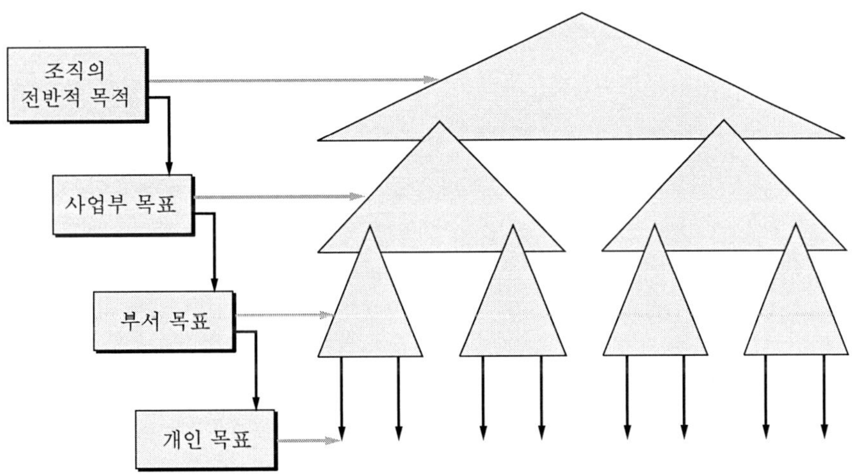

자료 : S. P. Robbins, *Organizational Behavior*, Prentice-Hall, 1989, p. 142.

넷째, 목표관리는 자주적으로 목표를 설정하고 평가하며, 피드백하는 과정인 자기통제시스템이다. 실제의 완전한 자기통제는 어려우나 자기통제는 목표관리가 지닌 특징이다.

2) 목표관리의 구성요소

(1) 목표설정(goal setting)의 구체화

첫 번째의 구성요소는 목표의 설정인데, 여기서 목표는 측정가능하고 비교적 단기적인 목표를 말한다. 그러나 목표관리가 조직의 일반적 목표와 무관할 수 없기 때문에 이는 조직의 장기적·일반적 목표와 관련되어 설정해야 한다. 그리고 명확한 목표설정을 위해서는 조직계층별로 목표가 수립되어야 하고 모든 목표가 숫자로 표시되든가 예산과 연결시켜 양적인 목표로 나타내야 한다. 이와 같은 과정을 통해 구체적이고 검증 가능한 목표의 설정은 조직구성원 각자의 책임영역을 분명하게 하여, 역할갈등과 역할모호성을 최소화시켜 주고 보다 효과적인 관리를 가능하게 한다.

(2) 참여(participation)

전통적인 계획수립방법과는 달리 목표관리의 관리자는 개방된 마음으로 부하들이 각자가 충분히 자신의 목표를 설정하고 이를 자기책임하에 실행하고 통제할 수 있는 능력과 자주성이 있다고 믿는다. 따라서 부하를 목표설정에 참여시켜 부하가 수행할 목표를 상급자와 협의를 거쳐 설정하게 함으로써 그 목표는 보다 현실성이 있게 되고 목표설정에 참여한 사람은 그 목표를 보다 쉽게 수용하게 되며 직무만족도와 생산성이 향상될 수 있다.

(3) 피드백(feedback)

피드백은 쌍방적으로 이루어지도록 제도적인 장치가 마련되어 있어야 한다. 첫째로, 목표설정 시 하위자의 의견이 상위자에게 반영되도록 해야 한다. 하위자의 의견이 반영되도록 하는 장치가 마련되어 있지 않으면 전통적인 목표설정 방법과 차이가 없게 된다. 둘째로, 상위자와 하위자가 함께 각각의 목표추구 과정과 달성정도를 정기적으로 검토 · 측정 · 평가해야 한다.

3) 목표관리의 과정

목표관리의 과정에 대해서는 학자에 따라 다르나, 말리(P. Mali, 1972)는 ① 목표의 발견, ② 목표의 설정, ③ 목표의 확인, ④ 목표의 실행, ⑤ 평가의 5단계로 나누었다. 한편 쿤츠(H. Koontz, 1984)는 ① 예비목표의 수립, ② 조직구성 단위별 역할의 확정, ③ 하위목표의 수립, ④ 자원의 배분, ⑤ 실행 및 평가, ⑥ 재순환 과정의 6단계로 나누었다. 쿤츠의 견해에 따라 [그림 11-11]과 같이 6단계로 살펴보면 다음과 같다.

(1) 예비목표의 수립

최고경영자는 주어진 계획 전체를 바탕으로 하여 일정기간내에 조직이 추구해야 할 가장 중요한 목표를 설정하는 것이다. 여기서 일정기간이란 일반적으로 예산기간과 일치한다.

(2) 조직구성단위별 역할의 확정

목표관리에 참여하는 각 부문 및 개인의 역할을 명백히 하고 각 부문과 개인별로 활동영역, 성취기준, 기대되는 결과와 이의 달성 및 관련 책임의 소재를 분명히 해야 한다.

(3) 하위목표의 수립

상위자는 하위자들과 협의하여 하위의 목표와 달성기한, 그리고 하위목표 달성에 필요한 자원에 대한 결정을 한다. 상위자는 하위목표들이 상위조직의 목표달성을 지지할 수 있는가, 다른 부서의 목표와 적절히 조화를 이루고 있는가, 조직과 해당 부서의 정기적 목표 및 이해를 해치지 않는가 하는 것들을 고려하여 최종 결정을 한다. 설정된 하위목표는 하위자의 업적을 측정·평가하는 기준이 될 뿐만 아니라 개인별·조직단위별 활동을 조직전체의 계획에 통합시키는 기준이 된다. 또한 이는 개인별·조직단위별 활동의 조정에도 기여한다.

(4) 목표와 자원의 배분

목표를 실행하기 위해서는 인적·물적 자원이 소요된다. 그러나 이들 자원은 한정되어 있기 때문에 조직은 이들 자원을 최적으로 배분하고 활용해야 한다.

(5) 실행 및 평가

이 단계에서는 목표추구의 과정과 그 달성도를 측정하고 평가하여 피드백한다. 실행은 목표를 달성하기 위한 실제적 행동과정을 말하며, 평가는 목표가 계획대로 달성되었는가의 여부를 측정·평가하고 차이가 발생하였으면 이를 시정하고 통제하는 것을 말한다. 그리고 환경요인의 변화라든가 예상하지 못한 전제조건의 발생으로 인해 최초의 목표가 실현 불가능하다고 판단될 때는 목표자체를 변경할 수도 있다. 평가과정은 그 실시시기에 따라 중간평가와 최종평가로 나눌 수 있다.

(6) 재순환 과정

목표관리의 중요한 특징중의 하나가 재순환 과정(recycling)이다. 목표설정 과정은 상위자와 하위자 사이의 협동적·쌍방적 공동작업과정이다. 즉 재순환을 필요로 하는 상호작용 과정으로서 목표설정과 평가과정의 두 측면에서 재순환된다.

4) 목표관리의 효과와 한계

우리 나라에서도 많은 기업들 특히 대기업에서는 거의 모두가 목표관리 기법을 여러 가지 목적으로 활용하고 있고, 「포춘(Fortune)」지에 나타난 500대 기업의 약 40%가 어떤 형태의 것이든 이 목표관리를 활용하고 있음이 밝혀졌다. 기업들이 목표관리를 도입하는 것은 다음과 같은 장점이 있기 때문이다. 첫째, 효과적인 계획수립을 통해 관리활동의 수준을 향상시킨다. 둘째, 구성원들의 참여의욕을 고취시킨다. 셋째, 조직의 역할과 구조를 명확히 한다. 넷째, 구성원으로부터 성과에 대한 약속을 유도한다. 다섯째, 효과적인 통제수단을 제공한다.

[그림 11-11] 목표관리의 과정

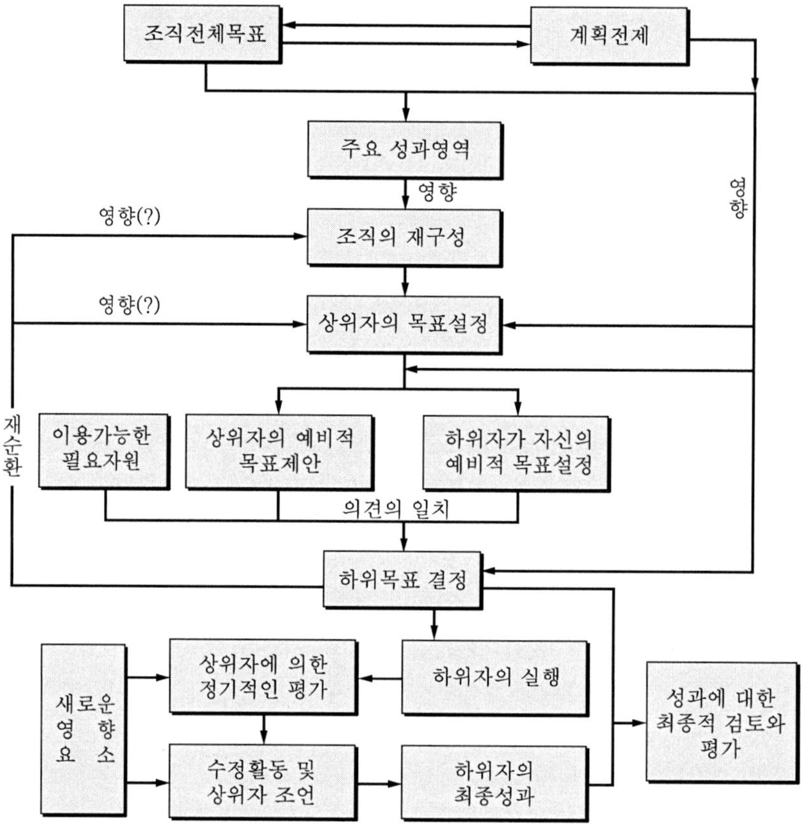

목표관리는 이상과 같은 장점에도 불구하고 한계점을 갖고 있는데, 목표관리의 한계점을 요약하면 다음과 같다. 첫째, 목표관리제도에 대한 전반적인 이해가 쉽지 않다. 둘째, 목표설정과 중간목표들간의 이해갈등을 조정하기 어렵다. 셋째, 신축성이 결여되기 쉽다. 넷째, 단기목표를 강조하는 경향이 있다. 다섯째, 모든 구성원의 참여가 현실적으로 쉽지 않다. 여섯째, 계량화할 수 없는 성과가 무시되는 수가 있다. 일곱째, 부문간에 과당경쟁이 일어날 수 있다.

이처럼 목표관리를 평가함에 있어서 조직의 생산성과 종업원의 만족에 긍정적인 결과를 인정하는 많은 학자들도 부정적인 측면을 함께 제시하고 있는데, 이 때문에 잘 활용하여 긍정적인 측면을 살리고 부정적인 측면을 극복하거나 줄일 수 있는 지침이 필요하게 된다.

연 습 문 제

1. 다음 용어를 설명하라.

· 경영계획	· 목표공헌의 원칙	· 계획화 우선의 원칙
· 계획화 파급성의 원칙	· 계획화 능률성의 원칙	· 전략적 계획
· 장기계획	· 중기계획	· 단기계획
· 혁신계획	· 개선계획	· 유지계획
· 전술적 계획	· 운영적 계획	· MBO

2. 계획화의 이점과 기능을 설명하라.

3. 계획화의 전제조건과 원칙을 설명하라.

4. 계획화의 과정을 설명하라.

5. 조직의 계층과 적용범위에 따라 계획을 구분하여 설명하라.

6. 전략적 경영계획화의 과정을 설명하라.

7. 효과적인 전략적 계획을 수립하기 위해 각 단계에서 고려해야 할 사항을 설명하라.

8. 전략적 계획화와 전술적 계획화의 차이를 설명하라.

9. 목표관리의 과정을 설명하라.

10. 목표관리의 효과와 한계점을 설명하라.

제12장

경영조직론

제1절 조직화의 개념과 원칙

1. 조직화의 의의

조직(organization)이란 공통의 목적을 달성하기 위해 두 사람 이상의 인간이 특수화(specialization)하는 동시에 상호조정된 합리적 인간행동을 시스템화하는 것을 말한다. 여기서 특수화라 함은 전문화라고도 하며 조직구성원내지 각 단위조직이 가능한 한 단일의 전문화된 업무활동을 담당하는 것을 뜻한다. 그런데 재화나 서비스의 생산에 종사하는 경제적 조직을 경영조직 또는 기업조직(business organization)이라 하는데, 이와 같은 경영조직을 형성 · 유지하기 위한 과정을 조직화(organizing)라 한다. 즉 조직화란 경영의 인적 요소와 물적 요소를 형성하는 기능으로 여러 직무를 명확히 하고 이를 유기적으로 편성 · 결합하여 직무가 능률적으로 달성되도록 사람을 적재적소에 배치하는 관리활동이다. [그림 12-1]과 같이 조직화는 조직의 목표, 자원, 그리고 환경에 적합하도록 조직구조를 형성하는 과정이고, 조직구조는 조직의 구성요소와 직위배열의 상호관계로 정의할 수 있다.

이와 같은 의미를 지닌 조직은 육체에 그리고 경영활동은 정신에 비유하여 양자를 불가분의 관계로 설명하기도 하고, 또 조직은 경영의 목적을 위한 수단의 관계로 설명하기도 한다. 경영과 조직은 하나로 구성된 생존체로서 상호의존적인 관계에 있기 때문에 경영없는 조직활동은 존재할 수 없고, 조직없는 경영활동은 무의미하다.

[그림 12-1] 조직화와 조직구조

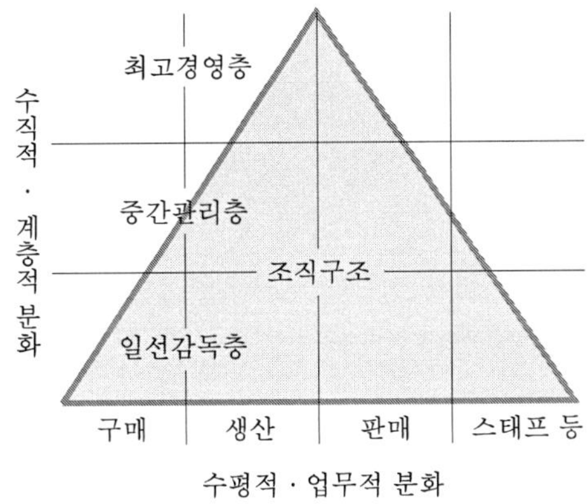

쿤츠와 베리치(H. Koontz & H. Weihrich, 1988)는 조직활동이 계획화에 의해 비롯되고 또한 지배된다는 관점에서 경영활동의 첫 번째 과정인 계획화에 이어지는 활동으로 [그림 12-2]와 같이 설명하였다. 이러한 조직화는 경영활동의 중요한 기능중 하나로써 다른 기능들과 깊이 관련되며 관리계층에서 보면 상급직위의 경영자에게 더욱 중요시되는 기능이다.

[그림 12-2] 조직화의 과정

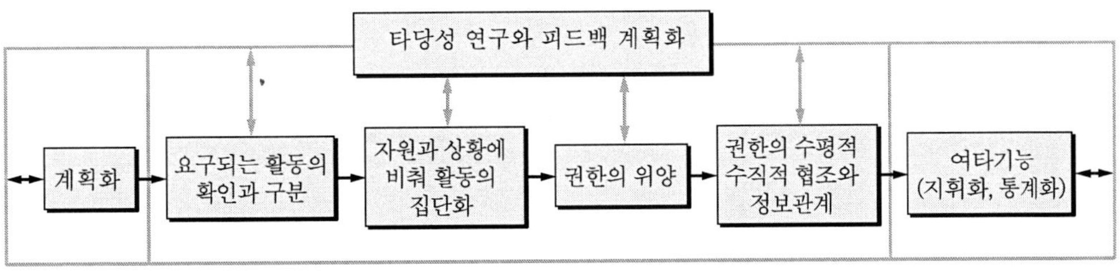

자료 : H. Koontz & H. Weihrich, *Management*, McGraw-Hill, 1984, p. 175.

2. 조직의 필요성

인류는 이 땅에 살기 시작하면서 어떤 특정 목적을 달성하기 위해 집단을 구성해 왔다. 원시사회에서의 목적은 자연으로부터 자기를 보호하는 일, 먹을 것을 찾는 일 그리고 비바람을 피하기 위해 오두막을 짓는 일 등 극히 원시적이고 인간생활의 기본적인 것들이었으며 조직의 규모도 매우 작았다. 그러나 문명의 발달과 함께 그 목적은 보다 차원 높은 것으로 변화하였고 조직의 규모도 거대화되어 왔다.

생산경제의 주체인 기업의 경우 초기에는 혈연과 지연을 기초로 한 가족단위에 의한 생산활동이 행해지고 생산물의 교환은 극히 한정된 범위에서만 이루어짐으로써 조직의 규모도 매우 소규모였다. 따라서 개인이 생산에 관여하기 위해 조직에 참여한다는 의식은 매우 희박했고 오히려 개인은 자연적으로 조직(생산단위)속에 들어가 공동체적인 연대하에서 생산에 참여하고 생활을 영위했다. 그러나 근대에 들어오면서 개인과 조직과의 관계는 계약에 기반하여 성립됨으로서 개인과 생산단위(조직 내지 기업)와의 관계는 보다 선택적인 것이 되었고 개인은 자기의 의사에 따라 참가할 조직을 선택할 수 있게 되었다.

인간은 태어나면서부터 죽음에 이르기까지 조직을 선택하며 구성원으로 참여하게 되는데, 조직의 구성원으로 참여하게 되는 이유는 다음과 같다(A. L. Stinchcombe, 1965).

① 인간은 혼자서는 성취할 수 없는 것을 조직을 통해서 더 쉽게 얻을 수 있다.

② 인간은 앞으로도 조직이 이러한 욕구를 더욱 효과적으로 충족시켜 줄 것이라고 믿는다.

③ 결과적으로 인간은 조직을 통해 더 많은 것을 더 쉽게 얻을 수 있다.

④ 인간은 조직활동을 통해 부와 권력을 장악할 수 있다.

⑤ 조직속의 인간은 조직없이 홀로 이루려는 사람들보다 유리한 고지를 점령할 수 있으며 최소한 그들에 의해 파멸 당하지 않을 것으로 믿는다.

오늘날의 행동과학자들은 욕구를 중심으로 조직의 참여동기를 설명하고 있다. 뉴망과 워랜(W. M. Newman & E. K. Warren, 1977)은 인간이 지니고 있는 욕구를 직무를 통해 직접적으로 또는 직무를 떠나 간접적으로 만족시키기 위해 조직활동에 참여한다고 [표 12-1]과 같이 설명하였다. 즉 직접적으로 만족할 수 있는 생리적 욕구는 작업조건에 의해, 안정의 욕구는 심리적 안정 · 사교 · 소속회사에서의 지위 등에 의해, 그리고 자아실현의 고차원적 욕구는 자기주장 · 권력 · 성취감 · 성장가능성 등에 의해 충족될 수 있다고 하였다.

[표 12-1] 욕구별 직접적 · 간접적 만족

욕 구	직접적 직무상 } 만 족	간접적 직무를 떠난 } 만 족
생리적 욕구	작업조건	생필품을 구매할 금전
안정의 욕구	심리적 안정, 사교, 소속사회에서의 지위	경제적 안정 사회적 지위를 얻을 금전, 잘 알려진 조직에서의 직위
자아실현의 욕구	자기주장, 권력, 성취감	취미에 몰두할 수 있는 향상된 권력, 권력을 행사할 금전

자료 : W. H. Newman & E. K. Warren, *The Process of Management*, Prentice-Hall, 1977, p. 143.

결론적으로 인간은 다양한 욕구의 충족을 위해 조직을 만들고 조직에 참여한다. 물론 조직인으로서의 인간은 조직에 시간과 노력 등으로 공헌하게 된다. 즉 인간과 조직의 관계는 [그림 12-3]과 같이 개인은 조직에 공헌하고 그 대가로 자신의 욕구충족을 얻는다.

[그림 12-3] 개인과 조직의 관계

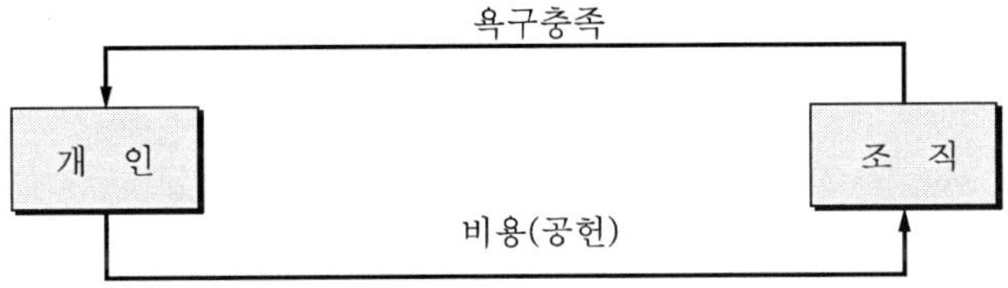

자료 : H. G. Hicks & C. R. Gullett, *Management*, McGraw-Hill, 1987, p. 35.

3. 조직화의 기초개념

조직화의 기초개념들로써 권한, 권력, 책임, 보고의무, 조직, 조직구조, 조직화, 조직구조의 결정요인 등에 관해 그 개념적 정의를 살펴보면 다음과 같다.

1) 권한(authority)

권한은 모든 조직구조에 존재하는 것으로서 조직을 결합시켜 주는 역할을 한다. 권한이란 어떤 일을 하는데 필요한 권리(the right to do something)라고 정의되는 것으로 조직관리의 관점에서 보면 권한이란 관리자가 조직목표를 달성하기 위해 하위자에게 어떤 일을 수행하도록 요구할 수 있는 권리인 것이다. 데이비스와 프레드릭(K. Davis & W. C. Frederick, 1984)은 권한이란 기본적으로 결정을 내리고 명령을 내릴 수 있는 권리로 구성되어 있다고 하였다. 그러므로 기업조직에 있어 관리자의 권한은 다음과 같은 일을 할 수 있는 권리라고 할 수 있다. 즉 ① 일정한 범위 내에서 의사결정을 할 수 있는 권리, ② 하위자에 대해 과업을 할당할 수 있는 권리, ③ 하위자에게 만족스러운 업무수행을 요구할 수 있는 권리 등이다. 이러한 권한의 근거에 대해서는 권한위임설, 권한수용설, 권한직능설 등이 있다.

첫째, 권한위임설은 권한이 상위로부터 위임된다는 설이다. 기업의 경우 이사회가 정관에 따라 주주총회로부터 권한을 위임받아 사장에게 위임하고, 사장은 공장장이나 부장에게 연쇄적으로 직위에 따라 위로부터 하부단위로 내려간다는 것이다.

둘째, 권한수용설은 하급자가 권한을 수용하지 않을 경우 상급자는 효과적인 권한을 소유할 수 없다는 것이다. 따라서 권한이 위임되는 것만으로는 부족하며 부하가 이를 수용할 때만 권한이 발생된다는 것이다.

셋째, 권한직능설은 직능이 존재하면 반드시 권한도 존재한다는 것이다. 즉 조직내에서 각 개인은 분담된 과업인 직능을 가지고 있고, 이 직능에 따라 공적으로 수행해야 할 힘을 지니게 되는데, 이것이 바로 권한이라는 것이다.

2) 권력(power)

권력은 종종 권한과 혼동하는 경우가 있는데, 이 두 개념은 서로 불가분의 관계에 있지만 권한과 권력은 구분된다. 즉 권한이 어떤 일을 수행할 수 있는 권리라면 권력은 그 일을 실행할 수 있는 능력(ability)이다. 허시와 블랜차드(P. Hersey & K, Blanchard, 1982)에 의하면 권력이란 다른 사람의 행동에 영향을 미치는 힘이라고 말하고 있다. 즉 관리자의 역할을 수행하는데 있어 하위자들로 하여금 관리자의 지시대로 행동할 수 있게 하는 능력인 것이다.

3) 책임(responsibility)

책임은 어떤 일을 수행해야 하는 임무이다. 즉 책임은 조직내에서 조직의 과업, 기능 및 할당받은 일을 수행해야 하는 의무(duty)이다. 힉스(H. G. Hicks, 1987)는 책임이란 수행해야 할 과업에 대해 가지게 되는 의무감으로서 그 과업을 수행하겠다고 동의할 때 이미 그 의무감이 개인의 내부에서 이루어진다고 하였다. 또한 책임은 권한의 행사에 따른 반대급부의 부담이기도 하다.

4) 보고의무(accountability)

맥펄런드(D. E. McFarland, 1986)는 보고의무란 권한을 가진 사람이 자기 위에 자기의 업무수행결과를 판단하는 상위관리자가 있다는 것을 인정하는 것이라 하였다. 그리고 데이비스와 프레드릭은 조직구성원 각자는 책임감을 가지고 어느 정도로 성실하게 업무를 수행했으며, 위양된 권한을 활용하여 어느 정도로 성실하게 업무를 수행했는가, 또한 위양된 권한을 활용하여 어느 정도 과업을 잘 수행했는가를 상위자에게 보고할 의무가 있다고 하였다. 즉 자신에 대한 개인적인 책임감(personal responsibility to oneself) 이외에도 모든 조직구성원은 상위자에 대해 업무수행결과에 대한 보고의무를 져야 한다. 작업자는 업무수행에 대해 자신의 감독자에게 보고의무를 져야 하며, 감독자는 부서의 장에게, 부서의 장은 조직의 최고관리자에게 보고의무를 진다. 그리고 궁극적으로는 소유경영자들이나 전문경영자들이 사회에 대해 회사의 업무수행결과에 대한 보고의무를 지게 된다.

5) 조직(organization)

조직이란 사람들이 의도하는 목적을 달성하기 위해 설계된 명확한 계획시스템 및 구조를 지닌 목표지향적인 인간의 결합으로 쿤츠와 베리치(H. Koontz & H. Weihrich, 1988)는 조직을 다음과 같은 다양한 개념으로 설명하였다. ① 어떤 수행하는 업무에서의 일련의 관계를 지닌 시스템 또는 패턴, ② 기업 그 자체, ③ 두 사람 이상의 협동, ④ 집단내 모든 참가자들의 모든 행동, ⑤ 공식적으로 조직된 기업에서의 역할의 의도적인 구조 등이다.

그러나 이들 개념들은 다음과 같은 몇 가지 공통점을 지닌다. 첫째, 조직에 관한 연구의 대상은 목적을 지닌 사회적 조직이고, 특히 크고 복잡한 조직이다. 둘째, 조직에 관한 연구의 대상은 외부환경과의 관련속에서 영향을 받으면서 활동하는 개방시스템이다. 셋째, 조직은 다양한 구성요소로 이루어진다.

조직의 구성요소에 관한 관점은 학자에 따라 조금씩 다른데, 힉스(H. G Hicks & C. R. Gullett, 1987) 등은 조직의 공통적인 다섯 가지 구성요소를 지적하였다. ① 사람 : 조직은 사람을 포함한다. ② 상호작용 : 그들은 어떤 방법으로든 서로에 몰입하여 상호작용한다. ③ 구조 : 이들 상호작용은 어떤 종류의 구조에 의해 정리되고 기술될 수 있다. ④ 개인의 목적 : 조직내 모든 사람들은 자신의 행동의 이유가 되는 목적을 지니고 조직에의 참여가 이 목적을 달성하는데 도움이 되기를 기대한다. ⑤ 조직의 목적 : 이들 상호작용은 자신의 목적과 다를 수도 있으나 관련되는 공동목적을 달성하는데 도움이 될 수 있다.

6) 조직구조(structure)

경영에 있어서의 조직구조(organization structure)에 대한 정의는 학자에 따라 여러 가지로 정의된다. 아놀드와 펠드만(H. J. Arnold & D. C. Feldman, 1988)은 조직구조는 조직내의 작업과 활동의 공식적인 배열로, 이반세비치와 메터슨(J. M. Ivancevich & M. T. Matteson, 1987)은 조직목적의 달성을 위해 개인과 집단의 행동에 영향을 미치는 직무와 부서의 안정된 틀(framework)로, 홋지와 안소니(B. J. Hodge & W. P. Anthony, 1988)는 목표달성을 위해 조직을 안내하는 경영자의 도구로서 조직의 구성요소들을 논리적으로 배열한 작업의 계층, 권한 및 책임으로 정의하였다.

한편 스토너와 프리만(J. A. F. Stoner & R. E. Freeman, 1989)은 조직구조는 조직의 구성부분들과 직위의 배열과 상호작용 관계로, 대프트(R. L. Daft, 1991)는 ① 개인과 부서에 부여된 일련의 공식적 과업, ② 권한의 계통, 의사결정의 책임, 계층의 수 및 관리자의 통제범위 등을 포함하는 공식적인 보고관계, ③ 종업원의 효과적인 협조를 명확히 하기 위한 시스템의 설계라고 정의

하였다. 이들 정의를 통해서 다음과 같은 몇 가지 특징적인 사실을 발견할 수 있게 된다.

첫째로, 조직화 과정과 깊이 관련된 조직구조는 또한 설계과정을 걸쳐 나타나는 결과이며 정태적인 것으로 통태적인 조직화의 기반이 된다.

둘째로, 구조는 조직 그 자체가 아닐 뿐만 아니라 흔히 피라미드 형태로 나타나는 조직도표(organizational chart)도 아니며 그 이상의 것이라는 사실이다. 구조는 조직의 한 부분이다.

셋째로, 구조는 그 자체가 목적이 아니라 조직의 목적을 달성하기 위한 수단이다.

7) 조직화(organizing)

앤드슨(C. R. Anderson, 1984)은 조직화는 조직목적을 달성하기 위해 조직의 여러 자원, 부서 또는 직무를 배열(arranging)하는 과정으로, 메스콘(M. H. Mescon, 1988) 등은 조직화는 목표를 향해 구성원들이 효과적으로 함께 일할 수 있도록 조직을 위한 구조를 만드는 과정으로, 로빈스(S. P. Robbins, 1988)는 조직화는 경영기능의 하나로서 수행해야 할 과업, 수행할 사람, 과업의 집단화 방법, 보고체계 및 의사결정을 해야 하는 조직상의 위치 등의 선택에 관련된다고 정의하였다.

한편 쿤츠와 베리치(H. Koontz & H. Weihrich, 1989)는 조직화는 조직구조에서 ① 필요로 하는 활동을 명확히 하고 구분함이며, ② 목표를 달성함에 필요한 활동의 집단화이고, ③ 감독에 필요한 권한을 지닌 관리자에게 각 집단을 분담함이며, ④ 수직적 및 수평적으로 협조를 규정하는 것으로 정의하였다. 또한 피어스와 로빈슨(J. A. Pearce & R. B. Robinson, 1989)은 조직이 목적을 효과적으로 그리고 능률적으로 달성하도록 조직이 지니고 있는 제자원을 통합하고 협조시키는 방향으로 종업원, 과업 및 활동의 기본적인 관계를 분명히 규명하는 과정으로 조직화를 정의하였다.

이처럼 다양하게 정의되는 조직화는 경영활동을 수행하는 기능적인 과정으로 이해하고 설명해야 한다. 조직화는 모든 계층의 경영자들이 수행해야만 하는 하나의 중요한 기능이며 특히 상위계층의 경영자에게 더욱 중시되는 기능이다.

8) 조직구조의 결정요인

조직설계에 영향을 미치는 외재적인 환경적응적 요소는 학자에 따라 다양하게 제시되고 있다. 로저스(R. E. Rogers & R. H. McIntire, 1983) 등은 ① 규모, ② 기술, ③ 조직의 특수한 부분(particular segment), ④ 시장의 본성, ⑤ 경쟁, ⑥ 경영철학, ⑦ 시간(time) 등의 변수들을 들고 있는가 하면, 히긴스(J. M. Higgins)는 ① 규모(성장), ② 기술, ③ 환경, ④ 최고경영자의 철학, ⑤ 지역적 배려(geographic considerations), ⑥ 비공식 조직, ⑦ 전략 등을 제시하였다. 한편 오스본

(R. N. Osbon)은 ① 조직의 규모, ② 기술, ③ 경영철학(administrative philosophy) 등을 들고 있으며, 헤리겔 등은 ① 성장단계, ② 기술, ③ 환경의 불확실성 등 세 가지를 제시하였다. 이처럼 여러 학자들이 제시하는 외적인 요소를 종합해 보면 조직구조의 결정요인으로는 ① 환경(environment), ② 기술(technology), ③ 규모(size), ④ 전략(strategy) 등이 거의 공통적이다.

4. 조직화의 원칙

조직의 목표를 달성하기 위해 조직화를 촉진하고 이의 효율성을 위한 일정한 룰이 조직화의 원칙이다. 페이욜(Fayol)의 전통을 이어가는 관리과정학파들은 이를 경영조직의 일반원칙이라 하였다. 이러한 원칙은 기업의 규모, 생산물의 비용, 생산방식, 인적구성 등에 따라 차이가 있지만 경영관리론에서 보편적으로 적용되는 원칙은 다음과 같다.

(1) 명령통일의 원칙(principle of unity of command)

명령통일의 원칙은 명령일원화의 원칙이라고도 하는데, 어떠한 행위에 대해서 한 사람의 하위자는 두 사람 이상의 상사로부터 명령을 받아서는 안 된다는 원칙이다. 만일 두 사람의 상사가 한 사람 또는 한 부문에 대한 명령권을 행사한다면 그 명령은 혼동을 가져와 규율은 위태롭게 되고 질서는 문란해지며 나아가서는 조직의 안정을 잃게 된다.

(2) 기능화의 원칙(principle of functionalization)

관리론적 조직론에서 경영조직의 전제적인 원칙이 바로 기능화(직능화)의 원칙이다. 즉 조직의 형성에 있어서는 우선 그 전단계인 경영목적 달성을 위해 해야 할 일을 중심으로 기능(또는 직능)을 분리해야 한다. 다시 말해서 이 원칙은 경영조직이 무엇보다도 먼저 기능의 체계를 기초로 해서 형성되어야 한다는 의미에서의 원칙이다. 결국 기능화의 원칙은 사람 중심이 아니라 일 중심의 사고방식에서 나오게 되며, 각각의 직무에 따라 적합한 담당자가 배치되어 그 기능을 발휘하면 조직은 효율적일 수 있다는 원칙이다. 기능화의 원칙은 전문화의 원칙과 함께 분업의 원칙에 속한다.

(3) 전문화의 원칙(principle of specialization)

대규모기업에 있어서는 각종의 업무활동이 각기 다양함으로 되도록 각 활동영역을 분담해서 관리하는 것이 보다 능률적이며 합리적일 경우가 많다. 즉 조직의 각 구성원은 될 수 있는대로 한 단위의 전문화된 활동분야만을 담당하게 하는 것이 보다 바람직하다고 해서 이를 전문화의 원칙이라 한다. 이때 전문화의 원칙은 일반적으로 경영활동을 세분화하여 부문을 편성해 나가는 것을 의미한다고 해서 협의로 부문화의 원칙(principle of departmentalization)이라고도 한다.

(4) 책임·권한의 원칙(principle of responsibility and authority)

일명 직무·권한의 원칙(principle of job and authority)이라고도 하며 넓은 의미에서는 책임(responsibility)과 권한(authority) 이외에도 직무(job)를 합해서 이들 3자의 관계는 서로 삼위일체의 관계에 있어야 한다는 원칙이다. 여기에는 다음과 같은 하부원칙들이 포함된다.

① 권한·책임 균등의 원칙

우선 직무란 개개인에 의해 수행되는 일의 총체를 뜻하며 이 직무에는 필연적으로 직무수행의 의무(obligation), 즉 책임이 수반됨과 동시에 권한이 부여된다. 이처럼 직무가 존재하며 그 직무를 누군가가 수행하고자 할 때 권한과 책임이 필연적으로 부여된다. 이때 권한과 책임이 부여된 담당자는 당연히 그 활동결과에 대한 보고의무(accountability)를 져야 한다는 의미에서 권한과 책임과 보고의무 역시 [그림 12-4]와 같이 삼위일체가 되어 있다고 할 수 있다. 이를 직무삼면등가의 원칙이라 한다.

[그림 12-4] 직무삼면등가의 원칙

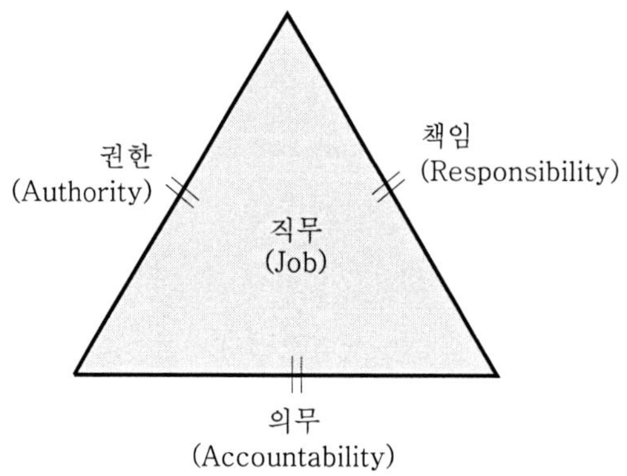

② 권한·책임 명확화의 원칙

각 직위의 권한과 책임은 문서화하여 명확히 규정하고 관계자에게 공표해야 한다.

③ 권한·책임 위양의 원칙

조직 상위자에게 권한이 집중되고 하위자에게는 권한이 없는 경우, 하위자는 상황변화에 따는 업무를 처리하지 못하고 일일이 상위자의 통제를 받아야 하기 때문에 능률이 저하된다. 그러므로 상위자는 가능한 한 하위자에 권한을 위양해야 한다. 권한위양이 적당히 이루어지면 상위자는 일상적이고 반복적인 업무로부터 자유로워져 중요하고 비일상적인 일을 할 수 있게 된다. 또한 하위자는 창의성과 잠재능력을 발휘할 수 있어 의욕이 높아지고 일의 능률도 향상된다.

④ 위양예외의 원칙

권한과 책임을 가능한 한 하위자에게 위양해야 하나 전략적 의미를 지니는 상위자 고유의 예외적이고 중요한 사항은 위양해서는 안 된다는 원칙이다.

(5) 관리범위한계의 원칙(principle of span of control)

통제의 범위(span of control), 감독의 범위(span of supervision), 관리상 책임의 범위(span of managerial responsibility) 등으로 통칭되는 원칙으로서, 한 사람의 상위자가 지휘나 감독할 수 있는 하위자의 수에는 한계가 있음을 나타내는 원칙이다. 이는 인간의 능력에는 애당초 지휘 · 감독상의 한계가 있기 때문이다. 경영조직이 기업규모의 확대에 따라 점차로 복잡해지고 있다는 것도 기본적으로는 각 담당자가 보유하는 인간능력에 한계가 있다는 데에 기인한 것이다. 한 사람의 관리자가 관리할 수 있는 부하의 수는 보통 육체노동의 경우 8명~15명, 정신노동의 경우 5명~8명 정도이다. 이를 다시 관리계층으로 구분하면 최고경영층은 5명~6명, 중간관리층은 10명~15명, 하위관리층은 15~30명이 적당하다.

(6) 조직계층단축화의 원칙(principle of scholarship, principle of hierarchy)

조직계층단축화의 원칙은 조직계층이 많아지면 그만큼 상하간의 의사소통이 어려워지고, 명령이나 정보도 신속히 전달될 수 없게 됨으로 조직의 효율을 높일 수 있도록 조직계층은 가능한 한 적게 해야 한다는 원칙이다.

(7) 업무조정의 원칙(principle of coordination)

각 부서별로 분할된 업무중에 타부서와 관련된 업무가 있기도 하고, 어느 부서에서 할 것인지 분명치 않은 일이 발생하는 수도 있다. 업무조정의 원칙은 이러한 경우에 전문화된 종적 계열로서, 각부(各部), 각과(各課), 각계(各係)는 다시 횡적으로 상호연계하여 의견을 조정해 나아가야만 한다는 원칙이다.

(8) 탄력성의 원칙(principle of dynamics)

탄력성의 원칙은 변화하는 환경조건에 적응할 수 있도록 필요에 따라서는 과감하게 조직을 개편하지 않으면 안 된다는 원칙이다. 가령 조직내부에서의 인간관계가 원만히 유지되고 조직의 내적 균형이 이루어지고 있다 하더라도 경영환경에 적응할 수 없는 보수적인 조직이라면 과감하게 개편할 필요가 있다는 것이다.

(9) 사기앙양의 원칙(principle of morale and leadership)

사기앙양의 원칙은 상위자가 리더십(leadership)을 발휘하여 부하들의 사기(morale)를 높일 수 있도록 관리해야 한다는 원칙이다. 사기가 높아질수록 집단구성원들 사이의 협동정신이 높아지고, 목적달성에 대한 관심과 열성도 고조되기 때문이다. 이러한 사기앙양에 영향을 미치는 요인으로서 금전적인 인센티브(incentive) 뿐만 아니라 인간적 내지는 인격적 측면에 입각한 비금전적 요인도 있다.

제 2 절 조직화의 과정

1. 경영기능의 수직적 분화

1) 수직적 분화의 원리

제품의 제조와 판매에 빼놓을 수 없는 것은 ① 원재료를 구입하는 일(구매), ② 원재료를 가공하는 일(제조), ③ 제품을 판매하는 일(판매) 등이 있다. 이와 같은 과정은 어느 것이나 작업이 중심이 되며, 이를 작업기능이라고 한다. 이러한 작업기능을 여러 사람들이 분담해서 수행할 경우에 작업과는 다른 일, 즉 작업을 조정하는 일이 필요하게 되는데, 이것이 관리기능이다. 경영기능의 수직적 분화는 이와 같이 먼저 작업기능과 관리기능으로 양분되고, 다음으로 관리기능이 다시 세분화되는 방향으로 나아가게 된다. 수직적으로 분화된 경영기능을 도시하면 [그림 12-5]와 같다(W. Ouchi & J. Dowling, 1974).

[그림 12-5] 경영기능의 수직적 분화

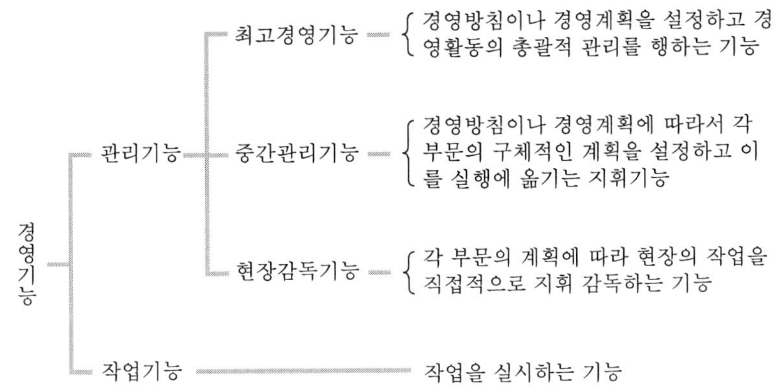

자료 : W. Ouchi & J. Dowling, "Defining Span of Control," Asce, September, 1974.

2) 수직적 분화에 의한 계층적 조직

경영기능이 수직적으로 분화하게 되면 그와 동시에 각 경영기능을 분담할 계층이 있게 된다. 경영조직은 이러한 각 계층마다 계층조직을 쌓아 올리는 형으로 만들어지게 되는데, 일반적으로 [그림 12-6]과 같이 최고경영층, 중간관리층, 하위관리층, 작업층으로 계층화된다(H. Stieslitz, 1969).

① 최고경영층(top management zone) : 최고경영기능을 분담하는 최고경영자(top manager)의 조직을 말하는 것으로 사장, 부사장, 전문이사, 상무이사 등이 이 계층에 포함된다.

② 중간관리층(middle management zone) : 중간관리기능을 분담하는 중간경영자(middle manager)의 조직을 말하는 것으로 여기에는 부장, 과장 등이 포함된다.

③ 하위관리층(lower management zone) : 현장관리기능을 분담하는 현장관리자(lower manager)의 조직을 말하는 것으로 계장, 반장, 직장 등이 포함된다.

③ 작업층(worker zone) : 이는 작업기능을 분담하는 종업원의 조직이다.

그런데 모든 기업이 이와 같은 계층조직을 취한다고 볼 수는 없다. 최고경영층의 일원이 중간관리층의 상위자가 되는 수도 있고, 중간관리층의 하위자가 현장관리기능을 수행하는 수도 있다. 특히 중소기업에 있어서는 이와 같은 경향이 뚜렷하게 나타난다.

[그림 12-6] 경영조직의 계층

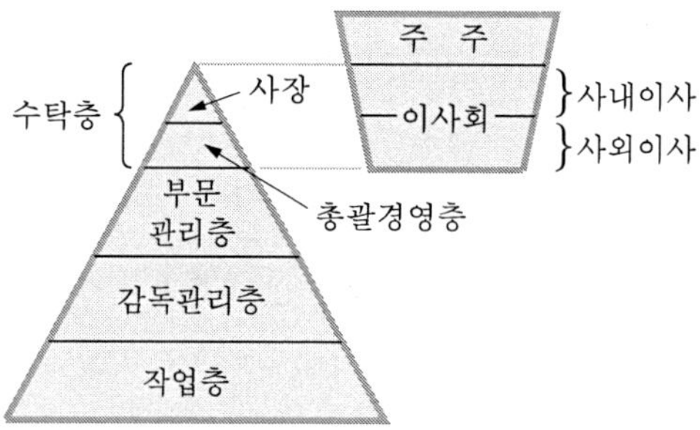

관리의 계층			
최고경영층	수탁층	수탁관리층	이사회
		총괄관리층	사 장
	중 간 관리층	부문관리층	부 장
감독관리층			과 장
	하 위 관리층	일선관리층	계 장
			직 장

2. 경영기능의 수평적 분화

1) 수평적 분화의 과정

경영기능의 수평적 분화는 경영활동을 분업화하는 것으로 업무활동을 수행할 부문을 설정하는 부문화(departmentation)를 말한다. 제조업의 경우를 예로 들면 과정적 분화, 요소적 분화, 부문적 분화, 단위적 분화로 나누어 설명할 수 있다(D. C. Cherrington, 1989).

(1) 과정적 분화(1차적 분화)

제조업의 경영활동은 구매, 제조, 판매라는 활동을 반복하게 된다. 이 순환적 과정을 제조업의 라인이라 한다. 경영기능은 이에 준하여 구매・제조・판매로 분화되고 라인적 기능의 분화에 따라 구매부・제조부・판매부라는 기능부문을 형성하게 된다. 이와 같이 경영활동의 과정적 분화에 따라 발생한 경영기능을 라인기능(line function)이라 하고, 그 기능부문을 라인부문이라 하며, 이를 일차적 분화라고도 한다.

(2) 요소적 분화(2차적 분화)

제조업의 경영활동은 사람, 기술, 자금 등의 요소에 의해 영위된다. 경영기능은 이와 같은 요소에 의거해서 분화되는데 인사, 총무, 기술, 경리 등 요소적 기능의 분화가 이것이다. 이에 따라 인사부, 총무부, 경리부, 기술부 등 직능부문이 형성된다. 요소적 분화에 의해서 형성되는 경영기능을 전문스탭기능(special or technical staff function)이라 하고, 그 직능부문은 전문스탭부문이라 하는데, 이를 이차적 분화라고도 한다.

(3) 부문적 분화(3차적 분화)

과정적 분화와 요소적 분화에 의해서 형성된 각 기능부문에서 공통적으로 수행되는 경영기능이 있는데, 이것이 곧 관리기능이다. 관리기능을 구성하는 요소는 일체가 되어 분할할 수 없으나 각 기능을 측면으로부터 강화 보완할 수는 있다. 여기에 계획, 조직, 지휘, 조정, 통제 등에 대한 관리기능의 수평적 분화가 필요하게 되고 이에 따라 조사부, 기획부, 관리부, 통제부 등 직능부문이 형성된다. 부문적 분화에 의해서 형성되는 스탭을 전반스탭(general staff)이라 하고 그 부문을 전반스탭부문이라 하며, 이를 삼차적 분화라고도 한다.

(4) 단위적 분화(고차적 분화)

과정적 분화, 요소적 분화, 부문적 분화의 분화방법은 단일 사업체에 있어서 경영기능의 분화이다. 단위적 분화는 이것과는 차원을 달리하는 분화방법으로서 이는 하나의 사업체를 여러 개의 독립된 사업부(divisional organization)로 분할하는 방법을 말한다. 이러한 단위적 분화에 의해서 형성되는 조직구조를 사업부제 조직이라 하며, 이를 고차적 분화라 한다. 이 상에서 설명한 경영기능의 수평적 분화는 [그림 12-7]과 같다.

[그림 12-7] 경영기능의 수평적 분화

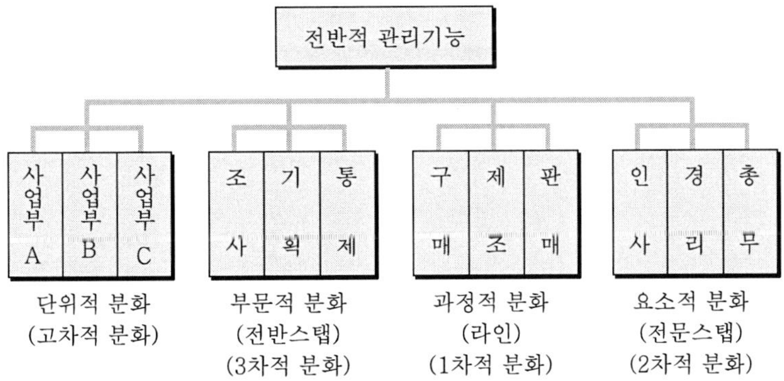

2) 라인과 스탭

경영기능은 그 경영규모가 커짐에 따라 1차, 2차, 3차로 수평적으로 분화한다. 즉 경영기능은 관리기능과 작업기능으로 대별되는데, 일차적으로 작업기능은 ① 구매, ② 제조, ③ 판매의 세 가지 기능으로 분화되며, 이는 경영활동의 기본이 되고 있다. 경영규모가 더 커지면 관리기능이 다시 수평적 분화를 일으키는데, 이를 2차 분화라 하며, 구체적으로 ① 인사, ② 경리, ③ 총무 등과 같은 기능으로 분화한다. 경영규모가 더욱 확대되면 관리기능은 또 다시 ① 기획, ② 조정, ③ 통제와 같은 기능으로 분화된다. 이때 1차적 분화의 대상이 되는 기능을 line 부문, 2차적 분화와 3차적 분화의 대상이 되는 기능을 staff 부문이라 하고, 2차 분화를 전문스탭(special staff), 3차 분화를 전반스탭(general staff)이라 한다.

(1) Line 기능의 특징

라인부문은 경영활동을 직접적으로 집행하는 부문이다. 예를 들면 유통업에 있어서는 판매부문과 구매부문, 제조업에 있어서는 생산부문과 영업부문 및 재무부문, 은행에서는 자금조달부문과 자금운영부문인 예금 및 대출부문을 일반적으로 라인부문이라고 한다. 라인부문의 기능내지 역할의 특징을 요약하면 다음과 같다.

① 명령 · 지휘기능

라인권한관계는 상사와 부하와의 사이에 명령 내지 지휘관계에 있는 기능관계이다. 즉 상사는 부하에 대해서 명령을 하고, 부하는 그 명령에 따라 업무를 수행하며, 그 결과를 보고하는 것이다.

② 수직적 · 직선적 권한

라인권한(line authority)은 상위직위와 하위직위를 명령에 의해서 결부시키는 수직적내지 직선적 성격을 가진 관계에 있다.

③ 집행적 권한

명령은 경영관리상 plan(계획)의 측면이나 do(실행) 및 see(평가)의 어느 측면에서도 집행적 권한에 관한 것이다. 스탭권한이 비실행적 성격을 가지는데 비하여 실행적 성격을 가지는데 그 특징이 있다.

④ 포괄적 권한

라인권한은 수직적 내지 종단적 명령관계로서 권한의 흐름이므로, 일반적으로 기능적 스탭에 비해 포괄적인 권한인 경우가 많다.

⑤ 유기적 관리시스템

라인부문은 각 부문간에 충분한 비공식적 의사소통이 행해지고 있으며, 각 구성원의 자주적 참가가 행해지는 경우에 관리시스템은 환경의 변화에 대해 탄력성이 있고 각자의 창의성을 발휘할 수 있으며 의사결정의 자유를 가지는 유기적 관리시스템의 성격을 가지고 있다.

(2) staff 기능의 특징

스탭(staff)이라는 용어는 원래 '장대'를 의미하며 '의지하는 것'을 뜻한다. 조직에서 line부문(경영자)에 필요한 지식이나 능력을 도우면서 이를 확대해 가는 부문을 스탭부문(staff department)이라 한다. 다시 말하면 조직에 생산・영업 등의 라인기능을 담당하는 라인부문을 보좌・충고・권고・제안한다는 등 여러 용어로 부르기도 하지만 기본적인 것은 조언(advice) 내지 조력(service)하는 소위 보좌기관이다. 이와 같은 스탭의 기능내지 역할의 특징을 보면 다음과 같다.

① 전문적 원조와 서비스 제공

현대 경영의 경영자는 그 경영을 유효하게 관리하기 위해 조직・예산・통제・OR・인간관계・생산기술 등의 새로운 기법을 적용해야 하고, 또 조직・인사・재무・마케팅 등의 새로운 관리기술에 정통해야 한다. 그러나 경영자 일개인의 힘으로는 모두 감당할 수 없다. 따라서 각계층의 경영자들은 효과적인 경영을 하기 위해 스탭의 전문적인 원조를 받을 필요가 있다.

② 내부견제와 균형 유지

적절한 경영을 하기 위해서는 내부견제와 균형이 필요하다. 평가에 객관성을 부여하기 위해 라인 경영자는 운영결과에 직접적인 책임을 지지 않는 스탭부문으로부터 통제에 대한 원조를 받을 필요가 있다.

③ 책임일원화의 유지

현대 경영에 있어서 경영통제 및 분권화의 전제는 "경영자 개인이 책임을 진다"는 사고방식이 절대적으로 필요하다. 라인과 스탭과의 관계는 이와 같은 경영자 개인의 책임소재를 명확하게 하는 것을 가능케 하는 것이다.

(3) Line과 Staff의 관계

오늘날 경영조직에 있어서 라인부문과 스탭부문을 구분하는 이유는 첫째, 경영규모가 확대되고 경영관리층이 늘어났으며, 둘째, 경영전략, 경영다각화는 물론 예산통제, 원가관리, 기술혁신, 품질개선 기타 새로운 관리기법을 도입해서 경쟁에 앞서고, 셋째, 기업의 유지내지 성장을 꾀하기 위해서는 전문적인 스탭이 필수적으로 요망되기 때문이다.

그런데 라인권한과 스탭권한과의 관계를 명확히 하고 양자의 긴밀한 협력관계를 유지해 가는 것이 조직정착의 기본적 전제이다. 그러나 경영의 과학적 기법이 진전되고 환경의 변화가 격심하여 매사에 불확실성이 증가함에 따라 기능분화가 확대되고 따라서 스탭부문의 중요성이나 수에 있어서 점차 증대되는 경향이 있으며, 라인과 스탭의 명백한 구분은 점차 희미해지고 있는 것이 사실이다. 조직관리에 있어서는 특히 스탭의 효과적 관리가 요망되는데, 라인은 스탭에 대한 깊은 이해가 있어야 하며, 스탭에 대한 충분한 정보를 제공해 주어야 한다는 전제가 필요하다. 다만 지나치게 스탭의 수가 증가하면 소위 스탭왕국(staff empire) 현상이 일어나므로 이를 경계해야 한다.

제3절 조직구조의 유형

1. 조직 유형의 분류

조직은 관점에 따라 여러 가지 범주(category)로 구분될 수 있다. 블라우(P. M. Blau, 1962)는 조직에 참여함으로써 주로 혜택을 얻는 자(primary beneficiary)가 누구인가를 고찰하고 이를 기초로 하여 조직유형(organization type)을 다음과 같은 네 가지로 구분하였다.

① 상호이익조직(mutual-benefit associations) : 참여하는 구성원(membership)들에게 유익한 조직(예 : 노동조합, 전문가협회 등)

② 기업조직(business concerns) : 소유자에게 유익한 조직

③ 서비스조직(service organizations) : 고객집단에게 유익한 조직(예 : 병원, 대학, 종교조직 등)

④ 공공복지조직(common wealth organizations) : 일반대중에게 유익한 조직(예 : 군대, 사법기관, 우체국 등)

파슨스(T. Parsons, 1960)는 지향하는 바의 광범위한 사회적 욕구(broad social needs)에 기초하여 조직을 다음과 같은 네 가지 유형으로 구분하였다.

① 경제적인 생산을 지향하는 조직 : 제품과 서비스의 생산과 분배에 참여하는 기업이 대표적인 것으로, 이의 주된 기능은 경제적인 것이기는 하나 환경시스템에서 그 자체를 유지하기 위해 달성해야 할 여타의 목적도 있을 수 있다.

② 정치적 목적을 지향하는 조직 : 대부분의 정부조직이 이에 포함되는데, 이들은 가치있는 목적의 달성과 권력의 창출 및 배분에 역점을 둔다.

③ 어떤 사회적 기대를 충족시키기 위해 갈등 조정에 관련된 통합적 조직 : 사법부조직과 같은 조직, 그리고 보건에 대한 사회적 요구를 충족시킬 수 있는 병원 등이 이에 해당된다.

④ 패턴을 유지하기 위한 조직 : 교회와 학교 등이 여기에 포함된다.

에치오니(A.Etzioni, 1975)는 사용하는 권력(power)의 종류를 중심으로 다음과 같은 세 가지로 조직을 유형화하였다.

① 강제적인 조직(coercive organizations) : 이 조직은 하위 참가자들에 대해 주된 통제수단으로 강제력을 동원하며, 이 때문에 이들은 대체로 조직목적 달성에서 소외된다(사법기구, 감금하는 정신병원 등).

② 공리적인 조직(utilitarian organizations) : 이 조직은 보상을 통제의 기반으로 하고 있는데, 이 때문에 하위 참가자들은 그들의 어떤 기대가 충족될 것으로 믿어 조직에 공헌한다(기업, 노동조합 등).

③ 규범적인 조직(normative organizations) : 이 조직은 높은 동기부여 의식을 갖고 참가하는 구성원들에 대한 주된 영향력으로서 도덕적인 통제를 한다(교회, 대학, 병원 등).

포틀러(M. D. Fottler, 1967)는 목적에 따라 조직을 ① 기업과 같은 영리를 목적으로 하는(for profit) 조직, ② 비영리(non-profit)조직, ③ 수도, 전기회사 등 준공공(quasi-public)조직, ④ 공공(public)조직으로 구분하였다. 그리고 힉스(H. G. Hicks & C. R. Gullett, 1987) 등은 [그림 12-8]과 같이 조직의 구조화 정도에 따라 ① 공식조직, ② 비공식조직으로 구분하였고, 구성원의 감정적 관여도를 기준으로 하여 [그림 12-9]와 같이 ① 주된(primary) 조직, ② 부차적(secondary) 조직으로 구분하였는가 하면, 조직의 중요한 목적에 따라 ① 서비스 조직, ② 경제적 조직, ③ 종교조직, ④ 보호(protective)조직, ⑤ 정부조직, ⑥ 사회적 조직 등으로 구분하였다.

[그림 12-8] 공식조직과 비공식조직의 특성

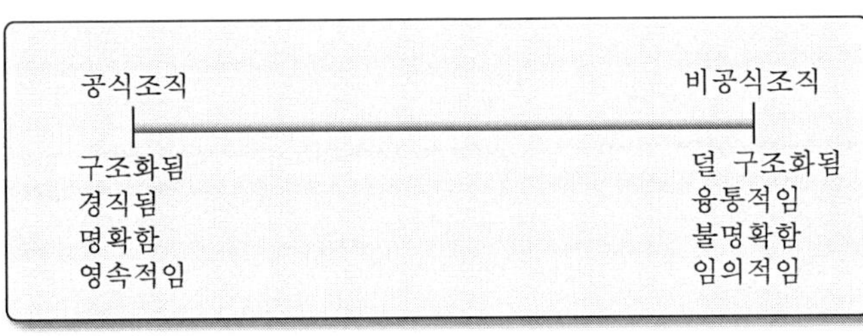

※ 공식 및 비공식이라는 어휘는 조직유형의 연속선의 두 극단을 지칭하는 것으로 실제적으로 순수한 공식조직과 비공식조직을 찾기는 거의 불가능함

자료 : H. G. Hicks & C. R Gullett, *Management*, McGraw-Hill, 1987.

[그림 12-9] 주된 조직과 부차적 조직

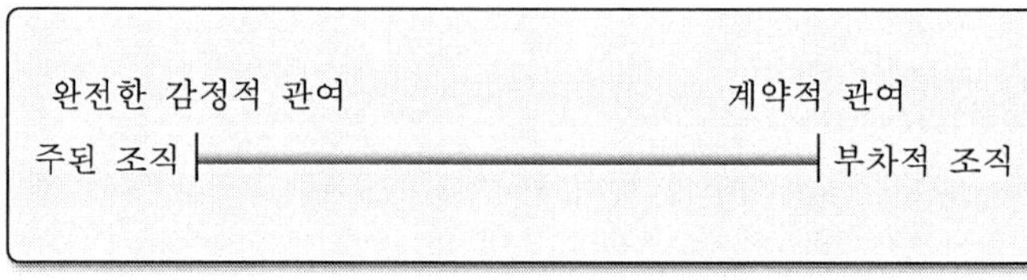

※ 연속선상의 어느 한쪽 편에 있는 조직은 실제로 찾기 어렵고 대부분의 경우 연속선상의 어느 위치에 있음
자료 : H. G. Hicks & C. R Gullett, *Management*, McGraw-Hill., 1987.

이상의 논의를 통해 알 수 있는 바와 같이 조직은 학자에 따라 그리고 관점에 따라 여러 가지로 구분될 수 있다. 그러나 경영학에서 주로 다루는 조직은 경제적 이윤을 1차적인 목적으로 하는 경영조직, 즉 기업을 경영하기 위한 조직이며, 이것도 주로 공식조직이다. 물론 그 어떤 조직에서나 상당한 유사성이 있으므로, 여기서 논의하는 경영조직론의 내용이나 원리는 다른 조직에서도 적용가능성이 있다.

2. 정태적 조직과 동태적 조직

조직구조의 유형을 구분하는 가장 일반적인 기준은 조직의 환경적응성, 가변성 등에 따른 분류이다. 이에 따르면 전통적인 조직의 형태는 고정적이고 경직화되어 있는 정태적 조직이며, 현대적인 조직의 형태는 환경적응적이고 가변적인 동태적 조직이다.

1) 정태적 조직

정태적 조직은 한번 조직이 구성되면 변화하지 않고 고정적인 전통적 조직으로, 조직구조의 전형적인 형태이다.

(1) 직계조직

직계(line)조직은 명령일원화의 원칙에 의해 최고경영자의 의사결정이나 명령이 상부에서 하부로 직선적으로 전달되는 조직형태이다. 부하들은 오로지 한 사람의 직속 상사로부터만 명령을 받아야 한다는 것이다. [그림 12-10]과 같이 b는 g에게, c는 f에게 명령할 수가 없다. 군대조직에서 볼 수 있는 조직이므로 이를 군대식조직(military organization)이라고도 한다.

[그림 12-10] 직계조직

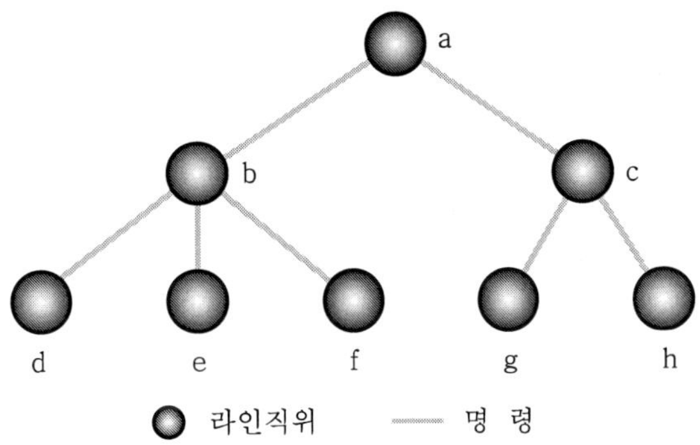

이 조직의 장점은 다음과 같다. ① 명령계통이 단순하고 관리비용이 적게 든다. ② 조직원의 권한 · 책임 · 의무의 귀속이 명확하다. ③ 명령이 단일, 명백함으로 상의하달이 수직적으로 직결되어 통솔력이 강하다. ④ 결정이 신속하고 임기응변의 조치가 가능하다. ⑤ 직속상위자의 개인적 지도를 받을 수 있기 때문에 조직구성원의 훈련이 용이하다. ⑥ 조직이 안정되고 규율을 지키기 쉽다는 것 등이다.

그러나 다음과 같은 단점을 지니고 있다. ① 직공장(주무자)의 직무가 너무나 광범위하여 그 실행이 어려운 경우가 많다. ② 하의상달이 곤란하다. ③ 각 부문의 독립성이 너무 강하기 때문에 각 부문의 유기적인 조정이 곤란하다. ④ 직공장 양성이 어려워 시간과 비용이 많이 든다. ⑤ 상위자의 관료적이고 독선적인 폐해가 많다는 것 등이다.

(2) 기능식 조직(functional organization)

테일러(F.W. Taylor, 1911)가 직계조직의 단점을 줄이고 과학적 관리법을 실천하기 위해 제창한 것이다. 이 조직은 [그림 12-11]과 같이 관리자의 일을 부문마다 전문화하고 여러 명의 기능식 직장(functional foreman)으로 하여금 관리시키는 것으로, 각 전문가는 그가 담당하는 전문영역에 대해서 모든 부하에게 명령을 할 권한을 가진다(기능적 전문화의 원칙). 테일러는 기획기능과 집행기능으로 나누고, 전기능의 유기적인 연락에 의해 능률증진을 꾀하였다.

[그림 12-11] 기능식 조직

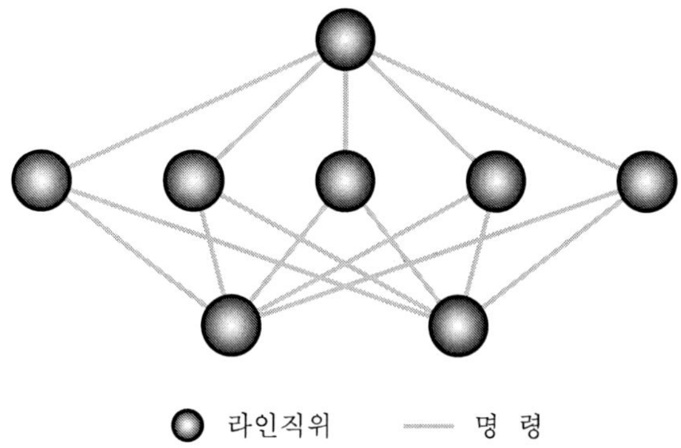

이 조직의 장점은 다음과 같다. ① 직공장 양성의 기간이 단축되고 비용이 적게 든다. ② 분업이 보다 계획적이므로 각 직장에게 정확한 과업을 할당시킬 수 있다. ③ 일의 성과에 따라 정확한 보수를 가감할 수 있다. ④ 감독의 전문화로 능률적이다. ⑤ 각자의 높은 기능적 능률이 유지된다. ⑥ 육체적 노동과 정신적 노동이 분리된다는 것 등이다.

그러나 다음과 같은 단점을 지니고 있다. ① 명령이 통일되지 않아 전체의 질서가 문란해지는 경우가 있다. ② 각 관리자가 담당하는 전문적 기능에 대한 합리적 분할이 실제상 용이하지 않다. ③ 책임의 소재가 불명확하고 조직의 무질서는 사기를 떨어뜨린다. ④ 각자가 차지하는 직능이 지나치게 전문화되어 그 수가 많아지면 간접적으로 관리자가 증가된다. ⑤ 조직이 상대적으로 안전성을 잃게 된다. ⑥ 상위자들의 마찰이 일어나기 쉽다는 것 등이다.

(3) 직계·참모 조직(line and staff organization)

에머슨(H. Emerson, 1913)에 의해서 제창된 조직으로 그 특징은 직계조직의 지휘명령의 통일성을 살리는 동시에 그의 단점을 보충하기 위해서 참모제도를 병설시킨 조직이다. [그림 12-12]와 같이 명령통일의 원칙과 기능적 전문화의 원칙을 조화시킨 것으로 모든 명령과 감독은 라인의 장을 통해서 행해지며, 스탭인 전문가는 직접명령이나 결정을 할 권한이 없고 단지 라인의 장에 대한 조언자(advisor)로서의 역할을 하게 된다.

[그림 12-12] 직계 · 참조조직

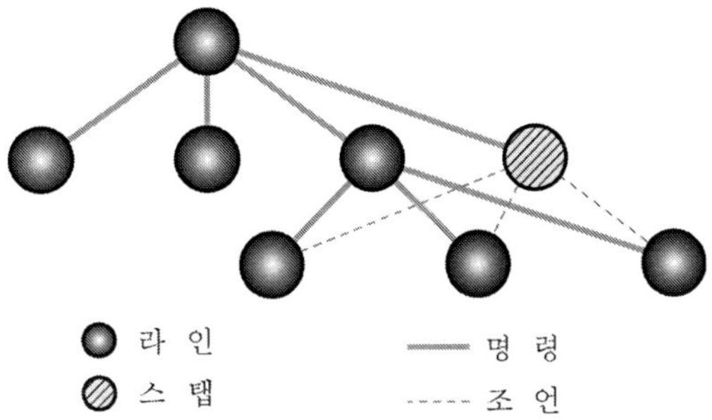

이 조직의 장점은 다음과 같다. ① 라인(line) 부문은 일상업무에 전념하고, 이외의 사항은 스탭(staff)의 조언을 얻을 수 있으므로 일상 업무의 능률을 올릴 수 있다. ② 소수의 강력한 상위자의 능력에 의존하는 위험이 경감되고 조직이 안정된다. ③ 조직을 관리 통제하고 방침을 일관성 있게 추진하기가 매우 용이하다는 것 등이다.

그러나 다음과 같은 단점을 지니고 있다. ① 명령체계와 조언, 권고적 참여가 혼동되기 쉽다. ② 라인부문이 스탭부문에 자료를 신속 · 충분하게 제공하지 않으면 스탭부문의 기능은 잘 발휘되지 못한다. ③ 라인부문의 종업원과 스탭부문의 종업원간에 불화를 가져올 우려가 있다. ④ 스탭은 탁상론자가 되기 쉽다. ⑤ 라인의 창의성 발휘를 저해하기 쉽다는 것 등이다.

2) 동태적 조직

동태적 조직은 환경변화에 능동적으로 적응할 수 있도록 가변적이고 유동적인 조직으로 전통적인 조직을 보완하고 조직의 경직화를 예방하기 위한 조직이다.

(1) 위원회조직

다양한 이해집단을 대상으로 그리고 급변하는 환경속에서 경영활동을 수행하는 오늘날의 기업은 의사결정에 있어 광범위한 정보가 필요하고, 이의 수행에 참가자의 이해와 협조를 필요로 한다. 이러한 경우 위원회조직(committee organization)이 유용하다. 위원회조직은 경영정책이나 특정한 문제해결에 관련되는 여러 사람들을 경영관리 각 계층으로부터 선출하여 구성한 위원회가 조직내에 설치되어 있는 것을 말한다. 위원회조직은 그 성격상 라인위원회(line committee)와 스탭위원회(staff committee) 두 가지로 나눌 수 있는데, 라인위원회는 경영활동에 권한과 책임을 진다. 위원회조직의 목적은 각 부문간의 갈등과 마찰을 피하기 위해 관련되는 사람으로 하여금 민주적인 의사결정을 하고 집행을 하려는 것이다.

위원회조직의 장점은 다음과 같다. ① 특정문제에 전문적 지식·기술 및 경험을 가진 여러 사람들이 모여서 정책을 세우므로 보다 합리적인 경영활동을 수행할 수 있다. ② 보다 민주적으로 의사결정이 이루어지므로 채택안의 실시에 보다 협조적이고 적극적이다. ③ 특정 문제에 관해 전문가와 관련된 사람들이 직무할당과 집행상의 중복을 피하고 조정할 수 있다는 것 등이다.

그러나 다음과 같은 단점을 지니고 있다. ① 위원회에서 타협한 결과 절충안을 채택하는 경우 가장 좋지 못한 채택안이 될 수도 있다. ② 정책을 결정하는데 있어서 많은 시간이 소요된다. ③ 회의참여에 시간을 소비함으로 자기의 고유직무를 소홀히 하는 경우가 있다. ④ 위원회의 결정은 다수인에 의한 것이므로 공동책임을 지게 되고 책임을 회피하게 되며 개인의 창의성을 막기 쉽다는 것 등이다.

(2) 프로젝트조직

프로젝트조직(project organization)은 해결해야 할 특정한 문제가 발생했을 때, 이를 해결하고자 일시적으로 구성되는 형태의 조직이다. 프로젝트는 특정의 사업계획을 뜻하며 이와 같은 특정 사업계획을 동태적으로 실천하기 위해서 일시적으로 형성되었다가 그 사업이 완결되면 해체되는 임시적 특성을 가진다. 오늘날과 같이 기술혁신주기가 단축되고 급변하는 환경속에서 경영활동을 효과적으로 수행하기 위해서는 조직구조도 동태적 변화가 요구되는데, 이에 알맞은 형태이다. 조직의 과업(task)에 따라 형성되는 기동적인 특성 때문에 태스크 포스(task forces)라고 부르기도 한다.

[그림 12-13] 프로젝트조직의 구성

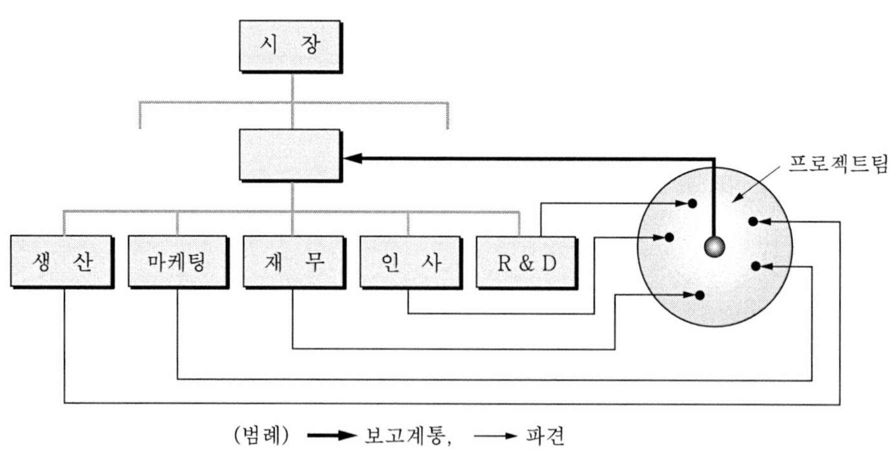

프로젝트조직은 [그림 12-13]과 같이 여러 기능부문(functional department)에서 선발된 전문가들로 구성된다. 예를 들면 신제품의 개발 및 판매 프로젝트조직의 구성원들은 연구개발부문·제조부문·품질관리부문·판매부문으로부터 선발될 것이고, 프로젝트가 완성되면 원래의 소속부문으로 들어가든지 혹은 또 다른 새로운 프로젝트조직에 배치된다. 프로젝트조직의 특징은 다음과 같다.

첫째, 경영활동을 특정 프로젝트별로 분화하고 이를 중심으로 다양한 직능을 종합한 조직이다.

둘째, 프로젝트조직은 특정 프로젝트를 수행할 필요가 발생하였을 때 일시적·잠정적으로 편성하는 조직이다.

셋째, 프로젝트관리자는 라인의 책임자로서 프로젝트조직에 대한 관리, 즉 계획·집행 및 통제의 권한과 책임을 갖는다.

프로젝트조직의 장점은 다음과 같다. ① 인력구성을 탄력적으로 운영할 수 있다. ② 명확하고 눈에 보이는 성과를 측정할 수 있으므로 사기가 높아진다. ③ 조직의 기동성과 신축성 및 환경적 응력이 크다는 것 등이다.

그러나 다음과 같은 단점을 지니고 있다. ① 일시적인 혼합조직이므로 성패의 여부는 프로젝트관리자 개인의 능력에 크게 의존한다. ② 프로젝트구성원의 소속부문과 프로젝트조직 사이의 관계를 조정하기가 어렵다. ③ 프로젝트구성원은 우월감을 갖기 쉽다. 따라서 조직의 단결을 해치고 사기를 떨어뜨릴 수 있다는 것 등이다.

프로젝트조직을 효율적으로 관리하기 위해서는 첫째, 유능한 프로젝트 관리자의 선발과 리더십, 둘째, 임무수행에 필요한 권한과 책임의 위양, 셋째, 기한부 혼성조직인 프로젝트조직은 다른 부문관리자들과의 의사소통체계가 확립되어 있어야 한다는 점 등이 필요하다.

(3) 행렬조직

행렬조직(matrix organization)은 기능에 의한 조직편성, 즉 직능식조직(functional organization)과 목적(objective)에 의한 조직편성으로 프로젝트조직을 결합하여 두 조직형태의 장점을 살리려는 조직구조의 형태이다. 행렬조직은 최초로 우주항공산업에서 개발되어졌는데, 미우주항공국(NASA)에서 시행되는 각각의 프로젝트들은 정부와 직접 접촉을 하고 프로젝트의 진전과 성과에 대해 책임을 질 관리자를 필요로 하게 되었다. 이러한 필요를 충족시키기 위해 기술적 또는 기능적인 부문의 관리자들과 권한을 공유하는 프로젝트관리자가 등장하였으며, 이러한 잠정적인 편성이 공식적인 행렬조직으로 발전하게 되었다.

행렬조직은 고도로 복잡한 임무를 수행하는 우주산업·연구개발산업·대규모기업 등 많은 조직에서 널리 사용되고 있다. 어떤 조직에서는 연구개발부문과 같은 한 부서에서만 사용되기도 한다.

행렬조직은 프로젝트조직과는 달리 영구적인 조직이다. 이러한 행렬조직은 [그림 12-14]와 같다.

[그림 12-14] 행렬조직의 형태

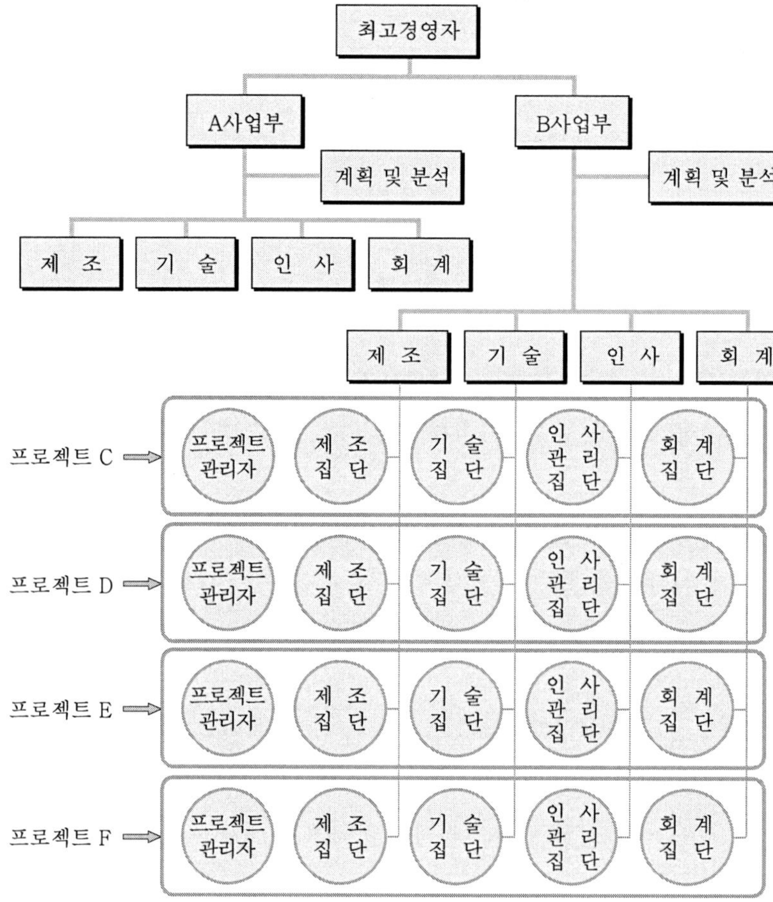

행렬조직의 장점은 다음과 같다. ① 프로젝트관리자를 중심으로 주어진 프로젝트를 해결하게 됨으로 목표가 명확하고 관심을 집중시킬 수 있다. ② 인력운영을 탄력적으로 할 수 있고 어떤 프로젝트에서 얻은 지식과 경험을 이용할 수 있다. ③ 환경변화와 소비자의 욕구에 대해 민감하게 대처할 수 있다. ④ 프로젝트조직과 직능식조직 사이에 상호통제가 이루어지므로 관리에 있어 일관성을 유지하고 각 프로젝트에 대해 자원을 균형있게 분배할 수 있다. ⑤ 프로젝트수행에 참여하는 전문가들이 상호작용함으로 보다 창의적이라는 것 등이다.

그러나 다음과 같은 단점을 지니고 있다. ① 명령일원화원칙이 이루어지지 않으므로 역할갈등, 역할의 모호성 및 권한다툼이 있게 된다. ② 따라서 충성심이 결여된다. ③ 조직구조가 다원화됨으로 관리인력과 관리비용이 증가한다. ④ 프로젝트수행보다는 상호견제 · 갈등관리 등에 시간과 자원이 소모된다는 것 등이다

(4) 사업부제조직

사업부제조직(divisional organization)은 연방적 분권제의 다른 명칭으로 경영활동을 단위적으로 제품별 · 지역별 또는 고객별 사업부로 분화하고, 독립성을 인정하여 권한과 책임을 위양함으로써 자주적인 이익중심점(profit center)으로서 운영하고자 하는 조직이다. 이와 같은 조직을 도입하게 된 주요 이유는 ① 기술혁신에 의해 제품의 다양화가 이루어지게 되었고, ② 시장강조(market emphasis)가 필연시되고 있으며, ③ 채산성를 중시해야 하고, ④ 경영자의 육성과, ⑤ 구성원에게 동기부여를 해야 하는 점 등에서 찾을 수 있다.

이 사업부제조직의 특징은 첫째, 기업내 기업으로서의 기업적 책임을 진다. 둘째, 의사결정권한이 위양되고 분권화가 이루어진다. 셋째, 이익중심점이 된다는 것이다. 사업부제의 조직의 유형은 [그림 12-15]와 같고 사업부의 단위는 제품별, 지역별, 고객별로 구분된다.

① 제품별 사업부제(product divisional organization)

이는 생산 혹은 판매상 동질성을 갖고 있는 제품을 분리하여, 독자적인 제품사업부를 마련하는 조직이다(예 : A제품사업부, B제품사업부, C제품사업부).

② 지역별 사업부세(regional divisional organization)

지리적인 구획을 명확히 하고, 사업부관리자에게 그 지역내에서의 경영활동의 권한을 위양하고 책임을 지게 하는 조직이다(예 : X지역사업부, Y지역사업부, Z지역사업부).

③ 고객별 사업부제(customer divisional organization)

기업의 고객을 명확히 구분하고, 그 고객에 대한 영업활동을 사업부관리자가 책임을 지는 조직이다(예 : 국내사업부, 해외사업부).

사업부제조직의 장점은 다음과 같다. ① 작은 단위의 사업부에서는 상위자와 하위자 그리고 구성원 상호간의 관계가 밀접하고 능률이 향상된다. ② 생산과 판매활동이 상호조정됨으로 경영활동이 효과적이다. ③ 각 사업부가 이익중심점이 됨으로 성과지향적으로 운영하게 되고 유능한 경영자가 양성될 기회가 많다는 것 등이다.

그러나 다음과 같은 단점을 지니고 있다. ① 각 사업부가 공통적인 직능을 모두 수행함으로 비용이 중복된다. ② 지역별 · 고객별로 사업부 사이에 충돌이 일어날 수 있다. ③ 사업부의 이익이 기업전체의 이익과 항상 일치하는 것은 아니며, 사업부의 활동을 기업의 기본목표와 일치하도록 조정하기가 어렵다. ④ 사업부 업적의 평가시 통제불능의 외부환경의 영향을 배제하고 객관적으

로 평가하기가 어렵다는 것 등이다.

[그림 12-15] 사업부제조직의 유형

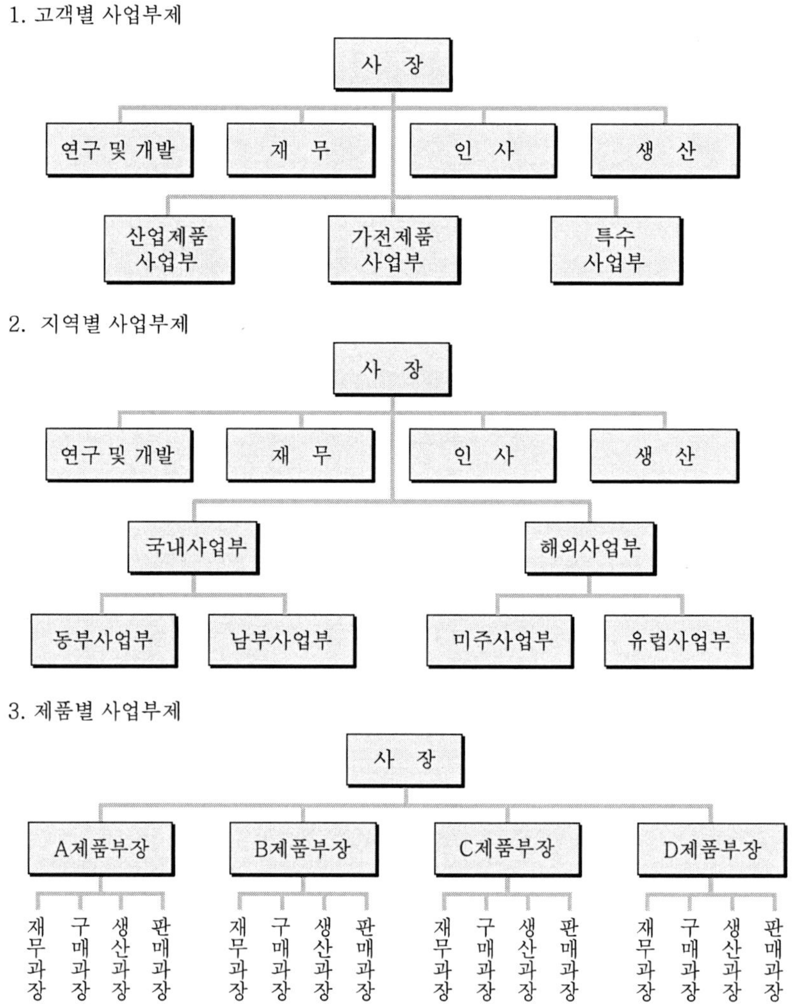

3. 집권적 조직과 분권적 조직

1) 집권적 관리조직

집권적 관리조직(centralized management organization)이란 흔히 관료적 조직이라고도 한다.

이는 경영관리상의 권한, 즉 결정권 및 지휘・명령권이 상위의 조직계층(top management)에 집중되어 있는 관리조직형태를 뜻한다. 이러한 집권적 관리는 오늘날 소규모기업경영에서는 널리 적용되나 대규모조직에서는 절대적인 집권이란 찾아보기 어렵게 되었다. 즉 오늘날 조직의 확대는 관리계층의 수를 늘려서 부문화가 이루어짐에 따라 경영조직 전체로서는 어떠한 방법에 의해서든 권한, 책임관계가 필연적으로 하부조직으로 위양되어야만 한다. 이러한 집권적 조직의 장점은 다음과 같다.

① 관리활동의 통일화 : 집권화 관리조직에는 경영정책, 계획, 관리내용이 통일화되는 이점이 따른다. 한편 회계절차나 통계보고서식 등도 통일화됨으로 부문간의 능률을 비교하며, 원가절감요인을 파악하기가 용이하다.

② 경영능률의 효율화 : 최고경영자가 경영관리에 대해 풍부한 경험과 탁월한 능력을 가지고 있는 경우에는 이를 각 하층부문에 활용함으로써 경영능률의 효율화를 기할 수 있게 된다. 일인경영자(one management)가 성공한 사례는 이와 같은 집권관리의 장점에 기인한다.

③ 본사 스탭의 최대한의 활용 : 집권관리에서는 모든 결정권이 최고경영자에게 있으므로 본부의 유능한 스탭을 집중적으로 활용할 수 있다.

④ 임기응변성 : 최고경영자의 결정권에 의거 긴급사태에 민첩하게 대처해 나갈 수 있다.

한편 집권적 조직의 단점은 다음과 같다.

① 관리계층의 연장 : 집권적 조직하에서는 관리계층의 단계가 증가되는데, 이로 인해 권한의 계열이 연장되어 명령・지시의 전달이 신속・정확성을 잃게 되는가 하면 서로 엇갈리는 수도 있다.

② 의사결정의 지연 : 관리계층의 단계가 많아서 경영정보의 전달속도가 느리므로 최고경영층의 의사결정까지에는 많은 시간이 걸리게 된다.

③ 관료적 형식주의 : 이 조직에서는 권한의 위양이 잘 이루어지지 않아 복종의 미덕을 강요받으며, 의사소통이 곤란한데서 오는 관료적 형식주의의 폐단이 따른다.

④ 부문관리자의 창의성 저해 : 이 조직에서는 최고경영자의 독재적 지배의 경향이 농후하여 각 부분 관리자의 자주적인 창의성의 발휘가 저해된다. 그리고 이러한 현상은 전체 종업원의 사기(morale)를 저하시키는 요인이 되기도 한다.

2) 분권적 관리조직

분권적 관리조직(decentralized management organization)이란 의사결정의 권한이 하위에 있는 여러 조직계층에 대폭적으로 위양되고, 각 부문 관리책임자가 계획 및 조직・통제기능에 대해서 일정한 자주성을 갖는 관리조직이다. 이는 전제적・획일적 관리수단을 가급적 배격하고, 각 부문별 하위경영자들로 하여금 일종의 독립채산제의 기초 위에 서게 함으로써 저들로 하여금 경영자로서의 직능을 십분 발휘케 하여 대규모화한 현대 기업조직의 경제성을 회복하고, 나가서는 조직의 경직성을 벗어나려는 것이다.

이는 현대적 대규모체제하에서 최고경영자의 과중한 부담을 막고 경영 또는 제품의 다각화를 촉진하여 생산·판매부 등의 라인활동을 강화하며 경영민주화를 촉진시키기 위한 조치인 것이다. 이러한 분권적 관리조직의 장점은 다음과 같다.

① 독립채산제의 채용 : 분권적 조직은 각 부문별 독립채산제를 전제로 이루어진다. 이와 같이 함으로써 각 부문의 성과와 각 부문 구성원의 업적도 정확하게 평가할 수 있고, 보수의 합리적인 설정이 가능하다.

② 결정권한의 분산 : 분권조직의 핵심적 특질은 계획이나 결정에 관한 권한의 분산에 있다. 이와 같이 권한의 분산은 각 부문별 경영자로 하여금 관리활동에 있어서 ⓐ 자주성 및 자율성을 가지게 하며, ⓑ 관료적·이기적 경영자가 아닌 혁신적 경영자가 되게 하고, ⓒ 부문의 성과의 증대를 위한 창의와 책임을 가지게 하며, ⓓ 생산성향상에 대해 보다 큰 의욕을 가지게 하고, ⓔ 기업의 최대목적인 수익성의 증가에 기여하게 할 수 있다.

③ 의사결정의 합리화 : 분권적 조직에 있어서는 관리조직계층이 단축됨으로써 독자적 관리목표 아래 합리적이며 신속·정확한 의사결정이 가능케 된다.

④ 업무의 분업화 : 분권적 조직에 있어서는 특히 제품의 제조 및 판매에 있어서 전문화와 분업화를 통해 경영능률을 높일 수 있다.

⑤ 유능한 경영자의 양성 : 분권적 조직을 통해 관료주의적 경직성에서 벗어나, 창의적이고, 자주적이며, 현대적 기업정신에 투철한 경영자를 양성할 수 있다.

그러나 이 조직의 단점은 다음과 같다.

① 공통비용의 낭비성 : 분권적 조직에서는 부문별로 연구개발, 회계, 구매, 판매 등의 업무를 독자적으로 추진·수행하게 됨으로 기업 전체적으로는 부문의 중복성으로 인한 경비의 이중적 지출이 발생한다.

② 각 사업부문의 경합 : 각 사업부가 독립채산제를 취하기 때문에 때로는 동일 고객을 두고 경합관계에 서게 되는 일이 있다.

드러커(P. F. Drucker, 1976)는 이상과 같은 분권적 조직을 합리적으로 운영하는데 필요한 기본적인 원칙으로서 다음의 5가지를 들고 있다.

① 강력한 리더십 : 분권적 조직을 효과적으로 운영하기 위해서는 본사의 최고경영자가 강력한 리더십을 발휘하여 각 사업부를 관리해야 한다.

② 업적평가제의 확립 : 위의 목적을 달성키 위해서는 종래의 직접적 감독자에 의한 관리법으로부터 업적평가에 의한 관리법으로 평가방법을 변경해야만 한다.

③ 자주적 경영단위의 세분화 : 분권적 조직하에서는 자주적 경영단위가 사업의 이익책임단위(profit center), 원가책임단위(cost center) 등으로 세분하여 확립되어야 한다.

④ 업무과제의 충분한 할당 : 각각의 자주적 경영단위에게도 의욕적인 활동이 가능하도록 넓은 영역과 충분한 과제가 주어져야만 한다.

⑤ 기피선언권의 인정 : 각각의 자주적 경영단위는 같은 사내의 다른 부문으로부터의 구입 등을 기피하고 타사와 거래할 수 있는 권리가 주어져야 한다.

제4절 동기부여 이론과 리더십 이론

1. 동기부여 이론

경영관리기능중의 하나인 지휘(direction)란 구성원들로 하여금 조직의 목표달성 행동을 효율적으로 수행하도록 하는 과정이다. 지휘화에 관련된 변수는 목표달성을 위한 행동을 직접 수행하는 종업원과 종업원으로 하여금 그 일을 효율적으로 수행하도록 지도·협력하는 관리자, 그리고 관리활동이 원활히 이루어지도록 하는 매개체로 구성된다. 따라서 지휘화는 종업원을 이해하기 위한 동기부여 이론(motivation), 종업원의 목표달성 행동지도를 위한 관리자의 리더십 이론(leadership), 관리자와 종업원을 연결해 주는 의사소통 이론(communication)을 포함한다.

1) 동기부여의 의의

동기부여(motivation)란 말은 심리학에서 인간의 행동을 설명하고 예측하기 위한 이론전개를 위해 개발된 용어로 인간의 욕구(needs)를 행동(action)으로 옮기게 하는 매개적 요인이다.

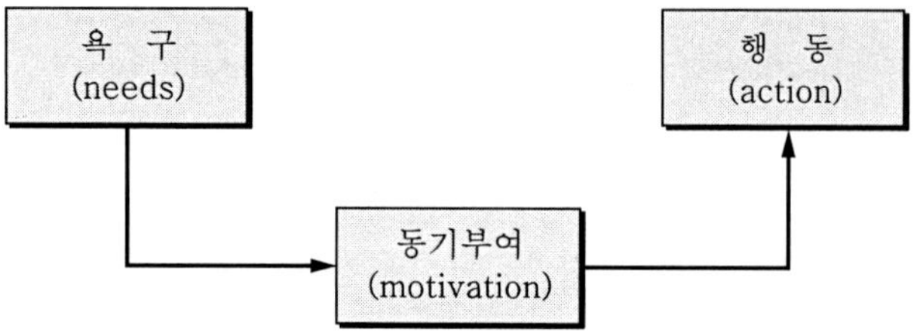

즉 인간의 욕구를 자극 또는 충족시키는 유인을 제공(motivation)할 때 비로소 욕구는 행동으로 옮기게 되는 것이다. 조직에서는 개인의 다양한 욕구를 자극 또는 충족을 통해 조직이 의도하는 목표에 적합한 직무행동을 유발하게 하는 것이 바로 동기부여이다. 지휘의 핵심은 조직구성원들의 능력을 어떻게 조직 목표달성 행동으로 유발하게 하느냐의 문제이기 때문에 동기부여는 지휘의 중요변수가 된다.

성 과 = f (개인의 능력 × 동기부여)
(performance) (ability) (motivation)

동기부여란 타인의 행동을 유발하고, 행동의 방향을 제시하며, 다양한 행동을 통합시키는 내적인 요인이다. 앳킨슨(I. W. Atkinson, 1964)은 동기부여란 ① 행동의 방향을 설정하는 것이며, ② 행동을 계속하도록 하는 것이며, ③ 행동이 발생하여 계속해 가는 시점에 있어서 작용하는 것이라 정의하였다. 그리고 스티어스와 포터(R. M. Steers & L. W. Porter, 1979)는 동기부여에 관한 정의들을 종합하여 동기부여는 ① 인간행동을 활성화(energizing)하는 측면, ② 인간행동의 향방(direction)을 결정하는 측면, ③ 인간행동을 유지 또는 지지(maintaining or sustaining)시키는 측면을 가진다고 설명하였다.

2) 동기부여의 과정

동기부여가 이루어지는 과정을 욕구(needs)와 목표(goals)라는 변수를 중심으로 살펴보면 [그림 12-16]과 같은 순환과정으로 파악할 수 있다. 욕구란 어떤 시점에서 개인이 경험하는 결핍으로서 행동의 활성화장치 또는 촉진제의 역할을 한다. 그리고 개인이 추구하는 목표나 성과는 동기부여가 목표에 대한 지향이라는 의미에서 개인을 이끄는 동인이라고 볼 수 있다.

[그림 12-16]에서 볼 수 있는 바와 같이 개인은 욕구가 결핍되면 그 욕구를 충족시킬 수 있는 방안을 모색하게 되고, 그 결과 하나의 행동이 선택되어 목표지향적 행동을 한다. 그 다음 일정한 시간이 지나 성과를 평가하고, 이를 바탕으로 보상과 벌이 주어진다. 이는 다시 개인들에 의한 욕

구결핍으로 재평가하게 되어 순환과정을 반복하게 된다.

[그림 12-16] 동기부여의 순환과정

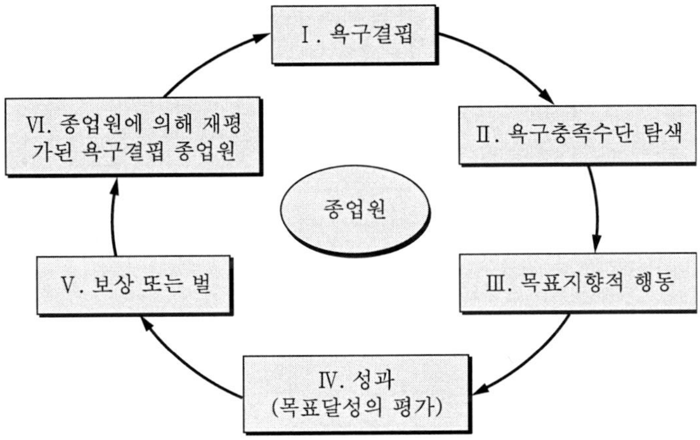

자료 : J. L. Gibson, J. M. Ivancevich and J. H. Donelly, Jr., *Organizations : Behavior, Structure, Processes*, Business Publications, 1982, p. 80.

그러나 조직에서 동기부여의 과정은 앞의 변수과정 이외에도 개인의 노력과 능력·직무설계·통제의 범위·리더십 스타일·집단친근성·조직구조 등과 같은 조직변수(organizational variable)와 직무·임금·승진·동료·상사 등에 대한 만족변수(satisfaction variable)를 고려해야 한다. 이러한 변수들을 사용한 통합모델의 동기부여 순환과정은 [그림 12-17]과 같다.

3) 동기부여에 관한 접근이론

동기부여 이론은 내용이론과 과정이론으로 분류할 수 있다. 동기부여의 내용이론들은 행동에 영향을 미치는 특정한 욕구 및 보상을 파악하는데 중점을 두고, 어떤 유인이 가장 매력적이며 어떠한 요인들이 동기부여를 시키는데 크게 영향을 미치는가를 다룬다. 동기부여의 내용이론에는 욕구이론(Mslow의 욕구단계론, Alderfer의 ERG이론, Herzberg의 2요인이론, McClellend의 성취욕구이론), 인간본성이론(McGregor의 X·Y이론, Argyris의 성숙·미성숙이론), 관리체제이론(Likert의 시스템이론, Ouchi의 Z이론) 등이 있다.

동기부여의 과정이론들은 동기부여가 어떠한 과정을 통해 발생하는가를 다루는 이론으로 유인, 강화, 기대 등과 같은 기본적인 용어를 정의하고, 이러한 변수들의 상호작용을 규명한다. 동기부여 과정이론은 기대이론(Vroom의 선호기대이론, Porter & Lawler의 업적만족이론, Adams의 공정성이론), 상호작용이론(Homans의 인간집단론) 등이 있다.

[그림 12-17] 동기부여 과정의 통합모델

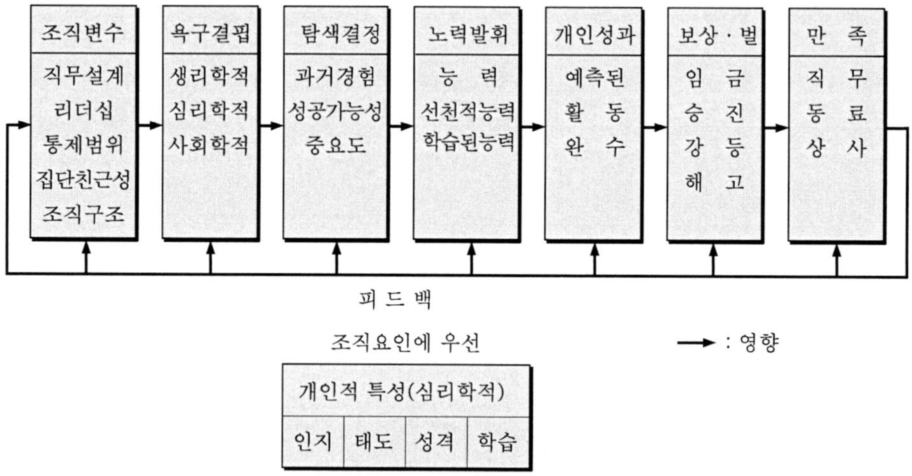

자료:J. L. Gibson, J. M. Ivancevich and J. H. Donelly. Jr., *Organizations:Behavior, Structure, Processes*, Business Publications, 1982, p. 81.

동기부여의 내용이론과 과정이론은 두 가지 공통점을 가지고 있다. 첫째, 모든 동기부여 이론은 분류방법에 상관없이 동기부여를 설명하려는 의도를 가지고 다음과 같은 것들을 설명하고자 한다. ① 사람들이 특정 과업에 관해 노력을 기울이는 이유, ② 사람들이 일정량의 노력을 경주하고자 하는 이유, ③ 사람들이 일정한 시기에 걸쳐서 연속적으로 노력을 기울이고자 하는 이유 등이다. 둘째, 내용이론 및 과정이론은 그 자체로서 동기부여를 설명하기에 불충분하기 때문에 동기부여에 관한 일반적인 이론을 형성하기 위해서는 이 두 가지 이론을 통합하여 서로 보완할 필요가 있다는 점이다.

2. 리더십 이론

1) 리더십 이론의 기초

(1) 리더십의 의의

리더십(leadership)이란 주어진 상황속에서 조직의 목표를 달성하기 위해 어떤 구성원이 지도자(leader)로서 다른 구성원에게 미치는 영향력의 총체를 말한다. 이러한 리더십의 특성에 대해 캠벨(J. P. Campbel, 1970)은 ① 리더십이란 사람들의 행동을 변화시키는 과정이다. ② 리더십은 개인간 · 집단간에 일어나는 상호작용의 기능이다. ③ 리더십은 지위나 직계와 반드시 상관이 있는 것은 아니다. ④ 모든 조직의 각 구성원은 모두 리더십을 가지고 있으며, 상황에 따라 리더십을 발휘한다. ⑤ 리더십은 사람의 외부적 활동의 정도와 관계없다. ⑥ 사람들의 요구는 경우에 따라 다르기 때문에 모든 집단에 공통된 리더는 없다. ⑦ 리더의 행동은 집단내 힘의 균형을 깨뜨리며, 이 불균형은 집단을 어떤 방향으로 움직이게 한다. ⑧ 리더가 집단의 규범을 정하지는 않으며, 도리어 집단이 그들 규범에 맞는 리더를 받아들인다. ⑨ 리더의 판정은 생산성, 집단의 결합성, 개인과 집단의 유능성 정도에 따른다고 설명하였다.

리더십은 경영활동(management)과 매우 밀접한 개념이기 때문에 리더와 경영자는 동의어로 쓰이기도 한다. 그러나 대부분의 연구자들은 양자간의 깊은 상관성을 인정을 하지만 [표 12-2]와 같이 별개의 개념으로 인식하고 있다.

리더십은 계획화, 조직화 및 통제화 등 경영활동의 한 부분이고 협의의 개념이며, 경영자는 리더보다 조직에 밀접히 연결되어 있다. 따라서 리더는 경영자일 수도 있고 아닐 수도 있다. 또한 경영자는 조직내 직위에 관련해 일을 수행하는 과정과 결과에 관심을 두는데 비해, 리더는 공식적인 직위가 전혀 없이 개인적인 특성과 유형에 의존하여 타인들에게 영향을 미치면서 인간의 상호작용에 초점을 둔다. 그러나 궁극적으로 가장 유효한 경영자는 훌륭한 리더가 되어야 한다.

[표 12-2] 리더와 경영자의 차이

구 분	리 더	경 영 자
필요한 특성	상상력, 의사소통능력, 창의성, 위험을 감당할 준비, 권력을 행할 의지	지구력, 강인한 의지, 지성, 분석적 능력, 인내력, 호의
목표에 대한 태도	개인적이고 적극적임, 아이디어를 생성함, 바람직하거나 가능하거나 필요한 것이 무엇인가에 관한 사람들의 사고방식을 변혁시키려고 함	조직의 필요에서 나오는 비개인적인 목표, 아이디어에 반응함
일의 개념	흥분을 일으킴, 오랫동안 지속되어 온 문제에 대한 신선한 접근방법, 문제를 개방함, 아이디어를 사람들이 흥분하도록 계획함	전략을 형성함, 의사결정을 함, 갈등을 관리함, 행동대안을 한정함
타인과의 관계	직관적이고 열정적임, 사건과 의사결정이 사람들에게 무엇을 의미하는가에 관심을 둠	타인들과 함께 일하기 좋아하여 간정의 개입을 자제함, 역할지향적임, 일의 수행방법에 관심을 둠
자신에 대한 감정	분리를 느낌, 조직내에서 활동하나 소속하지 않음, 내향적임	관계있는 사람이고 소속감을 느낌

자료 : A. Zalezuik, "Leaders and Manager : Does it Make Difference?," *Mckrnsey Quartely*, spring, 1978.

(2) 리더십의 과정

리더십을 시간의 흐름에 따라 발전하는 상호작용의 과정이라고 보는 홀랜더(E. P. Hollander, 1978)는 [그림 12-18]과 같이 효과적인 리더십은 리더와 부하간의 사회적 교환과정에 의존함을 설명하였다. 즉 그는 종래의 연구가 리더의 행동이 부하에게 어떻게 영향을 미치는가에 대해서는 거의 관심을 두지 않았다고 전제하고 리더와 부하의 관계는 상호작용에 있으며, 이와 같은 관계가 적극적이면 영향력이 쌍방으로 흐른다고 하였다.

[그림 12-18] 리더십의 위치

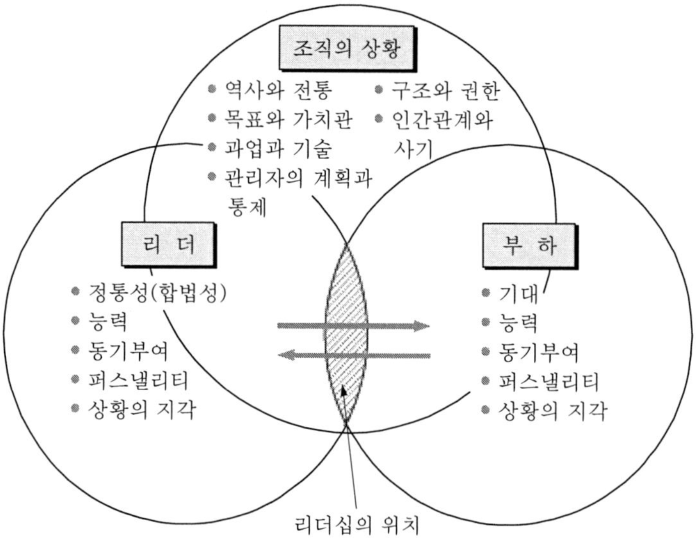

자료 : E. P. Hollander, *Leadership Dynamics*, The Free Press, 1978, p. 112.

[그림 12-19] 리더십 과정의 통합모형

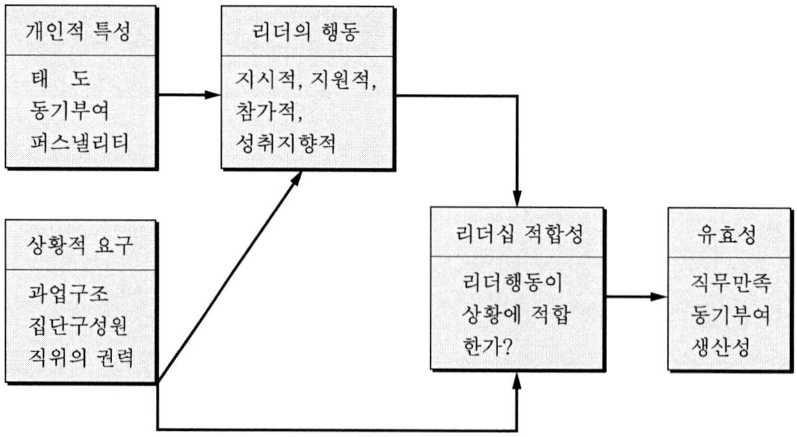

자료 : K. H. Chung & L. C. Megginson, *Management*, Allyn & Bacon, 1987, p. 252.

한편 리더십을 수많은 개인적, 대인간 그리고 상황변수에 의해 영향을 받는 복잡한 사회현상이라고 보는 정과 메긴슨(K. H. Chung & L. C. Megginson, 1987)은 [그림 12-19]와 같이 리더십효과에 영향을 미치고 있는 많은 요인들을 제시하였다.

즉 그들은 리더십 과정의 통합모형에서 리더의 개인적 특성과 환경내의 여러 가지 요소들이 특정한 리더의 행동선택에 영향을 미치고, 이는 다시 집단구성원의 행동에 영향을 미치며, 다시 조직유효성에 영향을 미치는 과정으로 보여주었다.

(3) 리더십 이론의 접근방법

일반적으로 리더십 이론의 접근방법은 시대적 발전과정을 중심으로 하여 [표 12-3]과 같이 ① 특성론적 접근방법, ② 행동론적 접근방법, ③ 상황론적 접근방법으로 구분할 수 있다.

[표 12-3] 리더십 이론의 접근방법

	연 구 모 형	특 징
특성론적 접근방법 (1930년-1950년대)	개인적특성 → 리더와 비리더의 구분	리더와 비리더를 구별할 수 있는 특성이나 특징이 분명히 존재한다.
행동론적 접근방법 (1950년-1960년대)	리더십유형 → 조직유효성	리더십의 가장 중요한 측면은 리더의 특성이 아니라 리더가 여러 상황에서 실제로 하는 행동이다. 성공적 리더와 비성공적 리더는 그들의 리더십 유형에 의해 구별된다.
상황론적 접근방법 (1970년 이후)	리더십유형 → 조직유효성 ↓ 상황요인:과업, 개인적특성, 집단특성	리더의 유효성은 그 유형 뿐만 아니라 리더십 환경을 이루는 상황에 의해서도 결정된다. 상황에는 리더나 하위자들의 특성, 과업의 성격, 집단의 구조, 강화의 유형 등이 포함된다.

자료 : H. D. Koontz & C. O'Donnell, *Management : A System and Contingency Analysis of Managerial Functions*, McGraw-Hill, 1976, p. 578.

그러나 이러한 시대적 발전과정에 의한 발전론적 전개에도 불구하고 리더십 연구의 수준에 따라 적합한 접근방법을 선택하여 사용하고 있다. 즉 분석수준을 개인으로 할 때의 연구에서는 성공적인 리더의 특성(특성론적 접근방법)에, 집단으로 할 때에는 공식적 및 비공식적 리더의 행동(행동론적 접근방법)에, 그리고 조직적으로 할 때에는 리더와 부하 그리고 상황간의 상호작용에 의해 결정되는 조직효과(상황론적 접근방법)에 초점을 둔다.

2) 리더십의 특성이론

(1) 특성이론의 개념

리더십 이론의 특성이론(trait theory)에서는 효율적인 리더와 비효율적인 리더를 명확하게 구별할 수 있는 몇 가지 특성과 자질이 있다고 가정한다. 지도자도 처음부터 태어나는 것이지 양성되는 것이 아니라는 위인관과도 같다. 이 이론은 제1차 세계대전 초에 미국심리학협회가 실시한 연구결과에서부터 대두되기 시작하였는데, 이 심리학위원회는 육군선발시험(Army Alpha Test of Intelligence)이라는 기법을 개발하여 미육군의 선발심사업무를 지원하였다. 전쟁이 끝난 후 산업부문에 이 기법을 적용・발전시켜 인사평가측면을 활성화시키는데 활용하였다.

이러한 특성이론은 1930년대부터 1950년대까지 리더십 연구의 주류를 이루었다. 이 접근법의 특성은 선천적이든 후천적이든 리더의 공통적인 특성을 규명하는 것이었다. 이 이론에 따르면 리더가 고유한 개인적인 특성만 가지고 있으면 그가 처해있는 상황이나 환경에 관계없이 항상 리더가 될 수 있다는 것이다. 따라서 모든 사람이 리더의 자질을 구비하고 있지 못하기 때문에 그러한 특성을 가진 자만이 리더가 될 수 있다는 것이다.

버나드(C. I. Barnard, 1928)는 리더의 자질로서 먼저 안정적 상황하에서 냉정함과 침착성이 필요하다고 강조하고, 오늘날과 같이 불안정하고 격변하는 불확실성 상황하에서 필요한 리더십 특성을 크게 두 가지로 나누어 설명하였다. 첫째, 기술적인 면으로 체력, 기술, 지각, 지식, 기억력, 상상력 등이 뛰어나야 하고, 둘째, 정신적인 면에서 결단력, 지구력, 인내력, 용기 등이 뛰어나야 리더의 특성을 갖추었다고 보았다.

(2) 기셀리의 특성이론

기셀리(E.E. Ghiselli, 1971)를 중심으로 많은 학자들은 여러 환경에서 효율적인 리더와 비효율적인 리더를 구별하는 특성을 규명하기 위한 기업연구에서 [표 12-4]와 같은 리더십의 특성을 분류하였다.

① 감독능력은 타인에게 작업을 지시하고 그들의 활동을 통해 작업집단의 목표를 달성할 수 있는 능력이다. 높은 수준의 감독능력은 명랑하고, 정열적이며, 사려깊고, 재능있고, 선견지명이 있음을 그 특성으로 한다. ② 지능은 개개인의 인지능력중 어느 하나를 통해서 전체적인 면을 파악하는 능력을 의미한다. ③ 창조력은 개인의 독립성과 창조의 재능을 의미한다. ④ 자부심은 당면한 문제점을 효율적으로 해결하는데 따른 자기 스스로의 지각 정도를 말한다. ⑤ 결단력은 준비성과 신속성, 의사결정자로서의 자신감 정도로 측정한다. ⑥ 남성미/여성미란 한 가지 성에 관련된 여러 가지 특성과 이성간의 성격을 보완하는 측면을 나타내는 것으로 일반적으로 용감성과

힘이 강함은 남성미를 나타내고, 온화함과 이해력 있음은 여성미를 나타낸다. ⑦ 성숙도는 인간이 연륜을 더함으로써 쌓는 경험의 축적 정도를 나타낸다. ⑧ 작업층 친숙도는 작업수행상 서로 문제를 분담하고 또한 같이 해결하려는 협조의 정도를 나타낸다. ⑨ 직업성취욕구는 회사에서 높은 지위에 임명되고 싶어하는 욕구이다. ⑩ 자아실현욕구는 자기능력을 충분히 발휘할 기회를 필요로 하고 또한 추구하는 정도를 나타낸다. ⑪ 지배권력욕구란 개인이 타인의 의사나 행동을 통제하려는 욕구이다. ⑫ 재정적 보상욕구는 성과에 대한 금전적 보상을 요구하는 정도를 말한다. ⑬ 직무안정의 욕구는 현재의 직무와 조건이 유지 향상되는 것을 기대하는 욕구를 말한다.

[표 12-4] 기셀리의 리더특성

특 성	내 용
능 력	① 감독능력(supervisory ability) ② 지능(intelligence) ③ 창조력(initiative)
인적특성	④ 자부심(self-assurance) ⑤ 결단력(decisiveness) ⑥ 남성미, 여성미(masculinity/feminity) ⑦ 성숙도(maturity) ⑧ 작업층 친숙도(working-class affinity)
동기부여	⑨ 직업성취욕구(need for occupational achievement) ⑩ 자아실현욕구(need for self-actualization) ⑪ 지배권력욕구(need for power over others) ⑫ 재정적 보상욕구(need for high financial reward) ⑬ 직무안정의 욕구(need for job security)

기셀리의 연구결과는 [그림 12-20]과 같이 관리적 기술에 사용하는 리더의 13가지 특성에 대한 상대적 중요성의 정도를 제시하고 있는데, 감독능력의 중요도를 100으로 할 때의 점수이다.

[그림 12-20] 관리적 기술에 사용되는 리더특성의 상대적 중요도

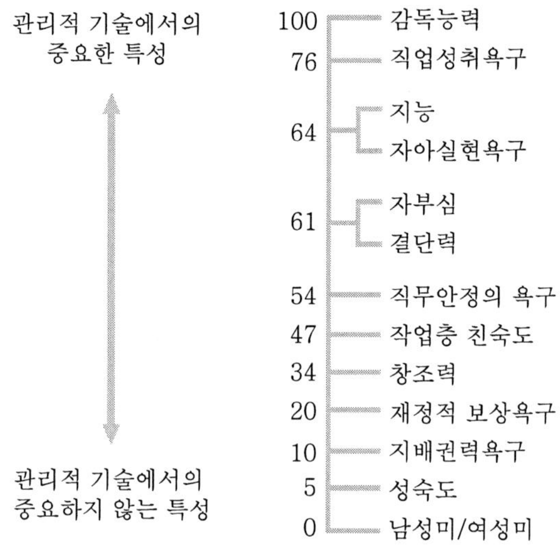

자료 : K. H. Chung / L. C. Megginson, *Management*, Allyn & Bacon, 1987, p. 252.

리더의 특성으로 중요한 것은 먼저, 구성원들의 활동을 지시, 조직, 통합하여 작업집단의 목표를 달성할 수 있도록 하는 감독능력을 들 수 있으며, 이는 리더의 효율성을 예측하는데 가장 중요한 척도가 된다. 기셀리에 따르면 감독능력은 다른 사람들의 특성으로부터 명백히 구분지을 수 있는 리더의 특성이라고 말하였다.

다음으로, 중요한 5가지 특성의 집단군이 있는데, 즉 직업성취욕구, 지능, 자아실현욕구, 자부심, 그리고 결단력 등이다. 기셀리에 따르면 이 특성의 집단군은 중요도가 거의 비슷하며 관리적 기술면에서 중요한 역할을 한다고 하였다. 그 밖의 직무안정의 욕구, 작업계층 친숙도, 창조력, 재정적 보상욕구, 권력요구 등은 관리적 기술에서 약간 중요하고, 성숙도나 남성미와 여성미 등은 관리적 기술에서 크게 중요한 역할을 하지 않는다는 것이다. 결국 기셀리는 리더에 필요한 특성중 감독능력, 직업성취욕구, 지능, 자아실현욕구, 자부심, 결단력 등 여섯 가지 특성을 중시하였다.

3) 리더십의 행동이론

리더십 특성이론들이 성과와 관련되는 지능 혹은 자신감과 같은 리더의 자질을 어떻게 측정할 수 있는가에 관심을 두는 것이라면, 리더십의 행동이론은 개인의 성과 혹은 집단의 성과에 영향을 미치는 리더의 행동이 어떤 것인가를 연구하는데 관심을 두고 있다. 이들 두 이론은 여러 가지 면에서 차이가 있는데 그 구체적인 내용은 [표 12-5]와 같다.

[표 12-5] 리더십 특성이론과 행동이론의 차이

리더십 특성이론	리더십 행동이론
① 리더의 특성이 성과에 영향을 미치며 관찰 가능한 행동은 아니다. ② 효율적 리더십은 선천적인 것으로 훌륭한 리더들에서 찾을 수 있다. ③ 리더의 특성을 찾는 사례연구방법이다.	① 리더의 행동은 성과에 영향을 미치며 관찰 가능하다. ② 효율적 리더십은 후천적인 것으로 만들어지거나 개발될 수 있다. ③ 리더의 행동을 측정하고 개발하는 분석적 연구방법이다.

이들 두 이론은 방법과 가정에서 차이가 있다. 특성이론이 리더를 효율적으로 만드는 것은 리더의 특성이라고 가정하는 반면에, 행동이론은 리더의 행동이 성과에 영향을 미치며 관찰 가능한 행동이라고 가정하고 있다. 즉 특성이론에서 볼 때 효율적 리더는 후천적인 것보다는 선천적인 것으로 가정하고 있으며, 행동이론에서는 효율적 리더는 후천적으로 만들어지거나 개발될 수 있다고 가정하고 있다. 따라서 그 접근방법에 있어서도 특성이론이 훌륭한 리더의 공통점을 찾아내는 사례연구방법인 반면, 행동이론은 효율적 리더십의 행동을 설정하고 이에 따른 리더의 바람직한 행동을 측정하고 탐색하는 분석적 연구방법을 채택하고 있다.

리피트와 화이트(R. Lippitt & R. K. White, 1958)는 리더십에 관한 실험적 연구를 통해서 의사결정과정에서 나타나는 리더의 행동을 중심으로 권위형(authoritarian), 민주형(democratic), 그리고 자유방임형(laissez-faire, free reign) 리더십으로 분류하였는데, 민주형 리더십하에서 조직구성원의 사기와 생산성이 가장 높은 것으로 나타났다.

스토그딜과 쿤스(R. M. Stogdill & A. E. Coons, 1957)의 오하이오 주립대 연구팀은 리더행동기술설문지(Leader Behavior Description Questionnaire : LBDQ)를 이용하여 여러 형태의 집단과 상황에 있어서의 리더십을 분석하였는데, 구조선도도 높고, 배려도 높은 사람이 가장 효과적인 리더십 유형임을 보여 주었다. 여기서 배려란 리더와 집단구성원 사이의 관계에 있어 우정, 상호신뢰, 존경, 온정 등을 표시하는 리더의 행위를 말한다. 또한 구조선도에서 구조란 리더가 각 구성원의 역할을 정하거나 직무수행절차를 정하거나, 지시, 보고 등의 집단내의 의사소통 경로를 설정하는 것으로 직무나 인간을 조직화하는 것을 말한다.

블레이크와 뮤튼((R. R. Blake & J. S. Mouton, 1964)의 관리격자(managerial grid) 이론은 효과적인 리더의 행동유형을 개발하기 위해 제시한 이론으로서, 관리격자상에 나타난 리더십의 기본유형은 무책임 · 방임형, 생산지향형, 인간중심지향형, 중용형, 팀웍형의 다섯 가지이다. 이러한 관리격자 이론은 조직에서 관리자의 실제 리더십 개발훈련에 많이 적용되고 있다. 우선 격자 개념에 의해 관리자의 리더십 유형을 측정하고, 팀웍형을 목표로 하여 체계적이고 단계적인 리더행동개발 프로그램을 수행함으로서 효율적 리더십을 개발해 나가는 것이다.

4) 리더십의 상황이론

리더십의 특성이론이나 행동이론 등의 리더십 유형에 관한 연구들은 모두 어떤 유일한 이상적인 리더십 형태를 발견하려는 것이었다. 그러나 어떤 상황에서는 특정한 유형의 리더십이 유효한 것으로 나타나지만, 그 반대의 연구결과들도 많이 나타나기 때문에 이들 연구들이 리더십의 유효성이란 측면을 적절하게 설명하지 못하였다. 따라서 모든 상황에서 언제나 효과적으로 적용될 수 있는 유일의 리더십 유형이란 없다는 것을 인식하고 리더십의 유효성을 상황과 연결시키려는 상황이론이 등장하게 되었다.

질라기와 왈라스(A. D. Szilagyi & M. J. Wallace, 1987)는 효율적인 리더십은 리더, 부하, 상황, 그리고 이들간의 상호관계에 따라 좌우된다고 보고 리더십 상황이론에서 고려되고 있는 중요한 요소들을 [그림 12-21]과 같이 설명하였다.

① 관리자의 특성 : 관리자의 행동에 작용하는 관리자의 성격, 욕구, 동기, 과거의 경험과 강화작용 등이다.

② 부하의 특성 : 부하의 행동유형에 영향을 주는 성격, 욕구, 동기, 과거의 경험, 강화작용 등이다.

③ 집단의 요소 : 과업의 내용과 명백성, 목표, 집단의 규범, 집단의 발전단계, 응집성 등 리더의 행동과 효과에 영향을 주는 과업의 성격과 집단요소 등이다.

④ 조직의 요소 : 권한, 규율과 절차, 구조, 기술, 목적, 방침, 절차, 시간적 압박, 불확실성 등이다.

이들 상황적 요소들의 상호작용과 영향력에 의해 부하의 행동이 결정되고 이에 따라 조직의 결과인 생산성, 만족감, 성장, 발전 등이 결정된다는 것이다. 상황이론은 주로 이들 상황적 요소를 중심으로 리더십 상황을 유형화하고, 이들 요소의 변화에 따른 리더십의 유효성을 분석한다.

피들러(F. E. Fiedler, 1967)는 리더십의 유효성은 리더와 집단구성원의 상호작용 유형과 상황의 호의성에 따라 결정된다고 보고, 특성이론과 상황이론을 결합하여 특성과 상황을 대응시켜 상황과 리더를 설명하였다. 그는 조직의 성과가 최대가 되는 리더십 유형은 일정하게 정해진 것이 아니라 조직과업상황의 유리성에 따라 좌우된다고 하였다. 그의 연구결과 상황이 리더에게 매우 유리하거나 매우 불리한 상황, 즉 리더와 구성원의 관계, 과업 구조, 직위권한이 매우 높거나 낮은 경우에는 보다 과업지향적이고 진취적 구조의 리더십이 적합하고, 반면에 이들 요소가 혼합되고 과업이 명확하게 구분되지 않는 중간 범위에서는 보다 배려적이고 관계지향적 리더십이 유효하다고 하였다.

[그림 12-21] 리더십 과정에 작용하는 상황적 요소

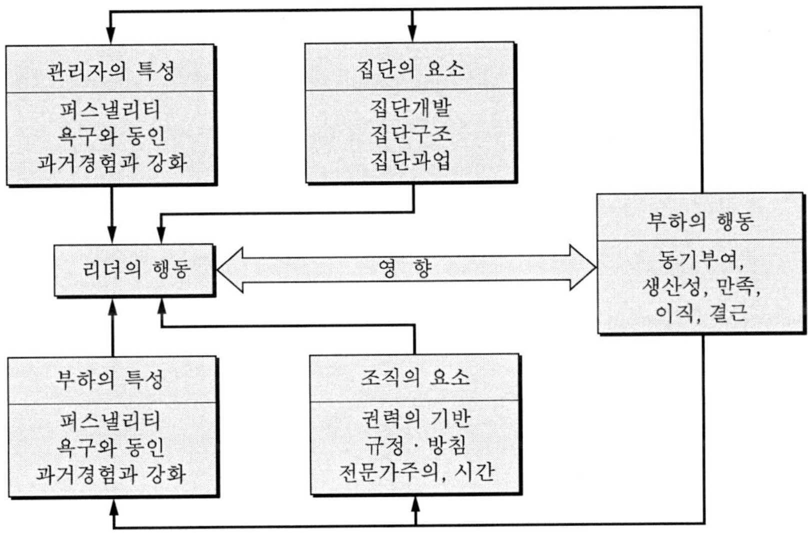

자료 : A. D. Szilagyi & M. J. Wallace, *Organizational Behavior and Performance*, Foreman & Co., 1987, p. 327.

하우스(R. J. House, 1971)는 리더행동의 상황적 본질을 설명하는 리더십 이론으로서 경로-목표이론(path-goal model)을 제시했는데, 이 이론은 동기부여 이론의 기대이론에서 비롯된 것으로 리더의 기능은 목표달성에 대한 부하의 개인적 보상을 증가시키고, 보상에 쉽게 도달할 수 있는 경로를 설정해 주는 것으로 보았다. 즉 리더십의 상황적 요소에 따라 이에 요구되는 효율적인 리더행동이 다르다는 것을 강조하였다. 결국 효과적인 리더십은 리더와 상황요인의 상호작용의 함수이다.

허시와 블랜차드(P. Hersey & K. H. Blanchard, 1982)는 상황적 리더십 이론으로 오하이오 대학의 구조선도와 배려의 개념을 이용하여 리더십의 3차원 효과성 모델 또는 수명주기 이론을 제시하였다. 이 모형의 초점은 리더와 부하의 인간관계이며, 부하의 인간적 성숙도가 리더의 행동에 영향을 준다는 것이다. 결론적으로 이들은 부하의 직무에 관한 성숙도가 높아짐에 따라 리더는 직무상의 지시나 명령, 즉 과업지향적 행위를 점차 줄이고 사회 · 심리적인 지시인 인간관계지향적 행위를 강화해야 한다는 것이다. 그리고 부하의 성숙도가 상당한 수준에 오르면 리더는 과업지향적 행위와 인간관계적 행위를 서서히 억제하고 직무수행이 성숙하고 높은 의욕을 가진 부하에게 과업을 맡겨야 한다고 하였다.

제5절 의사소통 이론

1. 의사소통 이론의 기초

1) 의사소통의 의의

의사소통(communication)이란 둘 또는 그 이상의 사람들 사이에 사실·생각·의견 또는 감정의 교환을 통해 공통적 이해를 도모하고 수용자측의 의식이나 태도 또는 행동에 변화를 일으키게 하는 일련의 행동과정이다. 광의로는 사람과 사람, 사람과 기계, 기계와 기계 사이에 이루어지는 정보의 이전 과정을, 협의로는 사람과 사람 사이의 정보·의사 또는 감정이 교환되는 것을 의미한다. 인간이 사회적 집단을 형성하고 있을 때 그 집단은 어떠한 것이든 그 내부에 의사소통이 행해지며 이에 의해 집단이 유지되는 것이다. 따라서 의사소통이라 함은 조직의 구성원이 서로 의견을 교환하고 경영내에 일어나는 각종의 정보를 구성원에게 주지시키는 과정을 말하며, 인체의 신경조직에 해당함으로 의사소통의 혼란은 조직을 파멸시키는 원인이 된다. 근대적 관리론의 시조인 버나드(C. I. Barnard, 1938)가 경영조직의 세 가지의 요소로서 ① 공동의 목적, ② 공헌, ③ 의사소통을 들어 의사소통이 조직의 불가결한 요소로 제시한 이후 경영학에서 중요한 위치를 차지하게 되었다.

2) 의사소통의 원칙

버나드(C. I. Barnard, 1938)는 의사소통이 다음과 같은 요건을 갖추어야 한다고 주장하였다. ① 종업원이 그 경로를 명확히 알고 있어야 하고, ② 그 경로는 가능한 한 직접적이고 짧아야 한다. ③ 경로는 항상 이용될 수 있어야 하며, ④ 공식적 의사소통 경로상에는 권한이 주어져 있어야 하고, ⑤ 의사소통중심점(communication center)에 있는 사람은 충분한 의사소통능력을 가져야 한다. 또한 ⑥ 경로는 중단되지 않아야 하며, ⑦ 모든 의사소통은 확인될 수 있어야 한다. 그리고 의사소통의 기능을 유지시키기 위한 원칙은 다음과 같다고 하였다(S. M. Cutlip & A. H. Center, 1958).

① 명료성의 원칙(principle of clearity): 수신자가 이해할 수 있는 공통적인 언어로써 명료하게 의사소통을 행해야 한다. 그렇게 하기 위해서는 부하나 동료 및 상사의 언어패턴을 잘 알고 있어

야 한다.

② 일관성의 원칙(principle of consistency): 전달되는 내용은 시종일관된 것이어야 한다. 즉 의사소통은 전후의 모순이 없어야 한다.

③ 적기적시성의 원칙(principle of timing and timeliness): 의사소통은 이를 통해서 경영상의 모든 기능이 수행되는 것이므로 업무활동의 신속한 처리를 위해서는 적기에 전달되어야 한다.

④ 배분성의 원칙(principle of distribution): 의사소통은 조직구조상의 혈액순환과 같으므로 조직전체의 필요한 모든 경로에 적절히 배분되어야 한다.

⑤ 타당성의 원칙(principle of adequacy): 일정한 파이프라인으로 조직된 인체의 혈관에 지나치게 많은 혈액이 통과할 때 고혈압이란 병이 발생하는 것과 같이 조직의 의사소통 내용도 피전달자가 수용가능한 정도의 것이어야 한다.

⑥ 적응성과 통일성의 원칙(principle of adaptability and uniformity): 의사소통의 내용은 독자적인 개별성을 지니면서 현실적으로 적응성이 있고, 통일된 정책의 표현이 되어야 한다.

⑦ 관심과 수용의 원칙(principle of interest and acceptance): 의사소통은 전달하는데에 의의가 있는 것이 아니라 수용하는 데에 큰 뜻이 있으며, 청취자의 수용은 그의 참된 관심에서 비롯된다.

3) 의사소통의 기능

의사소통의 필요성은 다음과 같다. 첫째, 기업의 방침을 종업원에게 철저하게 주지시키기 위해서 필요하다. 둘째, 종업원의 희망을 들어주거나 불만을 덜어주기 위해서 필요하다. 셋째, 조직내의 인간관계를 원활히 하기 위해서 필요하다. 넷째, 종업원의 사기를 높여 창의력을 높이기 위해서 필요하다. 다섯째, 직장내의 협동심을 일으키게 하고 책임감을 높이기 위해서 필요하다. 여섯째, 경영자와 종업원의 관계를 원활히 하여 기업목적에 대한 이해력을 높이기 위해서 필요하다. 이러한 필요성으로 볼 때 의사소통의 기능은 다음과 같다(W. G. Scott & T. R. Mitchell, 1976).

① 정보전달이 기능(information function)

기업에서 정보의 교환은 필수불가결한 것이다. 그 이유는 책임의 분산과 직무의 전문화는 조정을 필요로 하며, 조정은 의사소통과 정보의 교환없이 이루어질 수 없기 때문이다. 그러므로 정보의 교환없이 기업은 존속해 나갈 수 없다. 이와 같이 의사소통의 정보전달 기능은 기업의 존속에 가장 중요한 것이라고 할 수 있다.

② 평가적 기능(evaluative function)

경영자는 정보를 평가하지 않고는 받아들일 수가 없다. 어떤 행위에 대해서 의미와 가치를 부여하는 것은 바로 그 행위에 대해서 평가하는 것을 말한다.

③ 교육적 기능(instructive function)

기업내 의사소통의 교육적 기능이란 명령을 하고 절차와 방법을 지시하고 각종 정보를 전달하는 과정에서 업무를 가르치고 훈련시키는 기능을 말한다.

④ 영향력과 설득의 기능(influence and persuasive function)

사회생활이나 기업내 생활에서 항상 다른 사람의 생각·태도·행동에 영향을 주고, 더 나아가 자기가 의도하는 방향으로 설득하고자 하는 것은 의사소통에 의해 달성될 수 있다.

4) 의사소통의 과정

의사소통이 성립하기 위해서는 어떠한 의미나 의도를 전달하는 전달자(송신자 : sender)와 그것을 받아들이는 수용자(수신자 : receiver)와 그들 사이의 유통을 매개하는 심볼(기호 : symbol)의 존재를 기본적 요소로 한다. 이러한 의사소통의 구성요소와 관련하여 의사소통의 과정은 전달자가 송신자에게 특정한 통로를 통해서 메시지를 전달하는 것이라고 할 수 있다. 이를 그림으로 표시하면 [그림 12-22]와 같다.

[그림 12-22] 의사소통의 과정

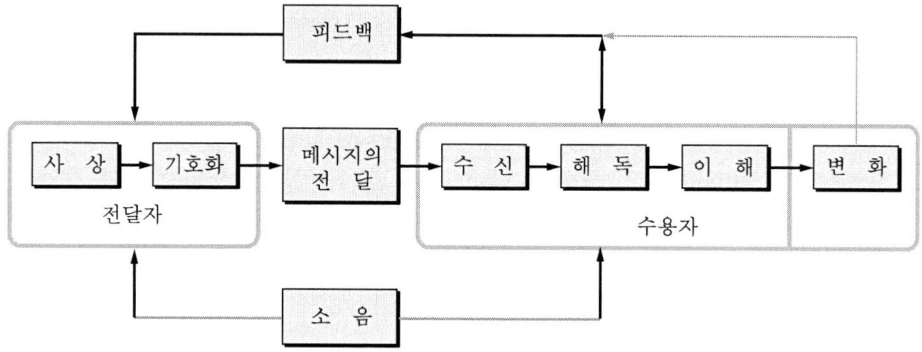

① 전달자

의사소통은 어떤 사상 또는 아이디어를 가지고 있는 전달자에 의해서 비롯되며, 그가 발생시키는 메시지는 수용자가 이해할 수 있도록 해독된다. 사람들은 보통 메시지를 일반어로 기호화하는 것으로 생각하지만, 사실상 기호화의 방법에는 다른 여러 가지가 있다.

② 메시지의 전달

정보는 전달자와 수용자간에 대면적 대화·서신 또는 메모·컴퓨터·전화·텔레그래프 또는 텔레비전을 통해 전달될 수도 있다. 사용되는 매체수단은 두 가지 및 그 이상일 수도 있다. 그러나 어떤 특정한 경우에 보다 유효한 매체가 있기 마련이므로 매체수단을 적절히 선택한다는 것은 의소통에서 매우 중요하다.

③ 수용자

수용자는 메시지를 수용할 수 있도록 사전에 준비자세를 갖추고 있어야 한다. 메시지의 수용준비를 갖춘 다음의 단계는 메시지를 자기사상으로 전환시키는 해독의 단계이다. 정확한 의사소통이 이루어질 수 있는 것은 전달자와 수용자가 다같이 기회에 대해서 동일한 또는 적어도 유사한 의미를 부여할 경우에만 가능하다.

④ 의사소통 결과로서의 변화

[그림 12-22]에서 변화란 사실상 기본적인 의사소통의 과정속에 포함되어 있는 것은 아니지만 넓은 의미의 조직에서 의사소통의 목적은 변화를 가져오는데 있다.

⑤ 의사소통과 피드백(feedback)

피드백은 의사소통의 효과성을 평가하는데 필수적인 요소가 된다. 사람은 피드백에 의하지 않고는 메시지가 효과적으로 기호화·전달·해독·이해되었는가의 여부를 결코 확신할 수 없다. 사실 피드백은 개인 또는 조직이 의사소통의 결과 어떤 변화를 가져왔는가의 여부를 가르쳐 주기도 한다.

2. 의사소통의 장애

수많은 사람들과 상이한 부문에 있는 개인과 집단, 그리고 조직내의 각 계층수준간의 차이에서 오는 통합 및 조정에 따른 복잡한 문제들로 인해서 의사소통은 많은 문제점에 직면하게 된다. 그런데 조직내의 의사소통은 여러 계층수준의 구성원들에게 메시지를 전달해야 하기 때문에 메시지가 왜곡되고 지연될 기회를 줄이는데 관심을 가져야 한다. 조직의사소통이 직면하는 중요한 장애요인으로는 다음과 같은 것들이 있다.

1) 왜곡

메시지가 사람에서 사람으로 전달될 때 메시지가 여과되고 윤색되어 왜곡되는 경우가 종종 있다. 7명 또는 8명이 한 줄로 서서 한 사람씩 단순한 메시지를 전달하는 집단게임에서 이러한 왜곡을 체험할 수 있다. 사람 사이에서 전달되는 메시지는 왜곡되기 쉽고 그리고 많은 사람을 포함하면 할수록 왜곡현상은 더 많이 발생한다.

2) 풍문(헛소문)

월턴(E. Welton, 1961)의 연구에서 만약 조직내에 중요한 변화를 시도하려고 할 때 대부분의 종업원들은 먼저 풍문으로 소식을 듣게 되며, 감독자와 사내의 통신망으로 각각 두 번째와 세 번째로 듣게 된다는 것을 발견하였다. 이것은 풍문이 조직속에서 놀라운 속도로 퍼지게 된다는 것을 보여주는 것이다.

데이비스(K. Davis, 1975)는 풍문이 발생하는 데에는 적어도 정보의 부족, 불안정, 그리고 심리적 갈등 등의 세 가지 이유가 있다고 하였다. 정보의 부족은 종업원이 그들의 환경속에서 무엇이 일어나는가를 알지 못할 때 그들은 상황에 대해서 추측을 하게 된다. 예를 들어 기계가 아무런 계획없이 해체되는 것을 본 종업원들은 그 기계가 다른 공장으로 옮겨지거나 또는 작업자들이 일시 해고될 것이라고 추측하게 된다는 것이다. 불안정은 소문의 또 다른 원인이다. 데이비스는 불안정한 종업원들이 사건을 부정적으로 받아들이고 그들의 걱정을 다른 사람에게 말한다고 하였다. 심리적(감정적) 갈등은 또한 풍문을 촉진시킨다. 예를 들면 조합과 경영자 사이에는 종종 심리적 갈등이 있는데, 각 측면을 그들에게 가장 유리한 상황으로 해석하거나 왜곡하려 노력한다는 것이다.

데이비스는 풍문의 제거방법으로 풍문이 더 이상 퍼지거나 왜곡되지 않게 진실을 발표하는 것이 제일 좋은 방법이라 하였다. 그런데 풍문은 어느 정도 왜곡되면 종종 합리적인 정확성으로 변한다. 대부분의 풍문은 대개 진실의 핵심주위에서 발생되며, 그래서 풍문이 신빙성을 갖게 되는 것이다.

3) 정보의 과중

가끔 공휴일을 전후한 러시아워에 장거리전화를 걸 때 통화중이라는 신호만 접하는 경우를 종종 경험할 것이다. 이러한 경우는 타지역을 향해 가는 전화선이 과중되어서 거의 더 이상의 메시지를 취급할 수 없을 때 발생한다. 이러한 문제는 조직내에서도 많이 일어난다. 경영자가 너무 많은 메시지를 취급할 때는 의사결정이나 문제점을 해결할 수 없다.

4) 좁은 식견

상이한 부문의 사람이 서로 그들 자신의 좁은 그리고 특별한 식견을 갖고 있기 때문에 종종 의사소통에 문제가 발생한다. 디어본과 사이몬(D. E. Dearborn & H. A. Simon, 1958)은 이 문제에 대한 연구에서 23명의 관리자에게 사례를 읽고, 회사가 직면하고 있는 가장 중요한 문제가 무엇인가에 대해 개인적으로 간단한 진술문을 쓰도록 하였다. 그런데 이 연구에서 관리자의 위치가 조직이 직면하고 있는 가장 중요한 문제를 인식하는 방법에 영향을 미친다는 사실을 발견하였다.

예를 들어 판매간부 6명중 5명은 가장 중요한 문제를 판매라고 생각하였다.

이러한 점은 조직내의 각 사람들은 수행해야 할 전문화된 직무를 갖고 있으며, 야기되는 문제에 대해 좁은 식견을 조장시키는 경향이 있다는 것을 나타낸 것이다. 그리고 이러한 좁은 식견은 의사소통을 각 개인이 다른 사람의 견해를 아는 것과 이해하는 것을 더욱 어렵게 하기 때문에 의사소통의 장애요인으로 작용할 수 있다는 것이다.

5) 지위차이

조직내의 각 사람들이 서로 다른 지위를 갖고 있다는 사실은 또한 의사소통을 저해한다. 예를 들어 조직도를 보면 사장은 부사장보다 더 높은 지위에 있고, 부사장은 판매관리자보다 더 많은 책무와 권한을 갖는 지위에 있다. 그리고 판매관리자는 판매원보다 더 많은 책무를 갖고 있다. 이러한 조직화된 상하계급의식이 강한 지위의 차이는 의사소통을 저해하는 경향이 있다. 예를 들면 하위자들은 엄격한 성격소유자의 사장에게 나쁜 소식을 전하기 싫어하며, 따라서 문제에 대해 솔직하게 말하는 것을 주저하게 된다.

연 습 문 제

1. 다음 용어를 설명하라.

· 과정적 분화	· 기능식조직	· 단위적 분화
· 라인	· 부문적 분화	· 사업부제조직
· 상황이론	· 스탭	· 요소적 분화
· 위원회조직	· 조직구조 결정요인	· 직계조직
· 직계참모조직	· 특성이론	· 프로젝트조직
· 행동이론	· 행렬조직	

2. 조직의 필요성을 설명하라.

3. 조직화의 원칙을 설명하라.

4. 라인과 스탭의 기능을 설명하고 이를 구분하는 근거를 설명하라.

5. 경영기능의 수직적 분화를 설명하라.

6. 경영기능의 수평적 분화를 설명하라.

7. 집권적 조직과 분권적 조직을 설명하라.

8. 동기부여의 과정을 설명하라.

9. 리더십 이론의 접근방법을 설명하라.

10. 의사소통의 기능을 유지시키기 위한 원칙을 설명하라.

11. 의사소통의 기능을 설명하라.

12. 의사소통의 장애요인을 설명하라.

제13장

경영통제론

제1절 통제의 의의와 중요성

1. 통제의 의의

통제화(controlling)란 경영의 집행결과인 성과를 미리 설정된 경영계획과 일치하도록 조정 혹은 감독하는 기능을 말한다. 즉 통제화는 조직의 목표가 계획대로 달성되었는가의 여부를 명확히 하기 위해 조직구성원의 직무수행 과정과 결과를 각각 일정기준에 따라 측정하고 평가하여, 만일 그 결과나 원인에 잘못이 있으면 이를 조정하는 관리의 과정을 말한다. 따라서 통제는 감독적 기능과 평가적 기능을 가진다.

이와 같이 통제는 계획과 밀접하게 관련되어 있다. 실질적으로 계획과 통제는 분리될 수 없다. 왜냐하면 [그림 13-1]과 같이 통제는 계획화가 전제되어야 하고, 계획의 수립과 이행은 경영자가 통제기능을 수행해야만 비로소 달성 가능한 것이기 때문이다.

일반적으로 계획은 경영관리과정의 첫 부분이라 할 수 있는데, 이 과정은 인적 자원과 물적 자원을 조직화함으로써 수행된다. 따라서 이 과정은 계획과 직접적으로 연계된 통제기능에 대한 필요성과 함께 최초에 설정된 계획의 완전한 달성을 이룰 수 있도록 감독과 조정의 과정을 거쳐 궁극적으로 조직목표를 달성하게 된다.

[그림 13-1] 계획과 통제의 관계

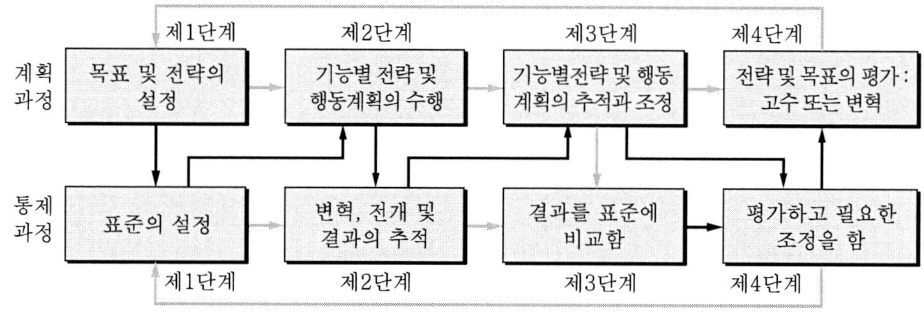

자료 : J. A. Pearce & R. B. Robinson, *Management*, McGraw-Hill, 1989, p. 581.

2. 통제의 대상영역

통제의 대상영역인 통제의 초점이 무엇인가 관해서는 여러 가지가 논의되고 있다. 그리핀(R. W. Griffin, 1990)은 조직의 통제대상은 거의 모든 조직활동이라고 하면서 ① 인적자원, ② 물적자원, ③ 정보자원, ④ 재무자원 등을 제시하였으며, 로빈스(S. P. Robbins, 1988)는 ① 종업원, ② 재무, ③ 생산, ④ 정보, ⑤ 전체적인 조직의 업적 등을 제시하였다. 피어스(J. A. Pearce & R. B. Robinson, 1989) 등은 [그림 13-2]에서 보는 바와 같이 경영통제를 조직의 상위계층에서 대외지향적(external)으로 하는 전략적 통제(strategic control)와 내부지향적(internal)으로 하는 관리적 통제(operating control)의 두 가지로 구분하였고, 관리적 통제에 ① 인적자원, ② 재무자원, ③ 물적자원, ④ 정보자원을 포함시켰다.

전략적 통제(strategic control)는 최고경영자가 기업이 계속적으로 성장하도록 하기 위해 기업의 목표에 영향을 미치는 외적인 요인 즉 경영자, 고객, 정부, 기술 그리고 사회에 대한 정보를 수집하고 조정하는 것이다.

인적자원(human resources)의 통제는 조직구성원의 적정한 선발, 훈련, 평가 그리고 보상 등을 통해 인적자원의 효과적인 활용을 가능케 하는 것이다.

재무자원(financial resources)의 통제는 기업에서 이용가능한 자본의 통제를 통해 재무자원의 효과적인 활용을 가능케 하는 것이다. 이 재무자원의 통제는 다른 모든 자원과 관련되기 때문에 다른 자원의 영역과 내적으로 결합된 형태로 나타난다.

물적자원(physical resources)의 통제는 구매통제(적정품질, 가격, 인도시기), 재고통제(적정재고수준의 유지), 설비통제(정확한 종류의 기계설비), 품질통제(생산품의 적정품질의 유지) 등을 통해 물적자원의 효과적인 활용을 가능케 하는 것이다.

[그림 13-2] 경영통제의 영역

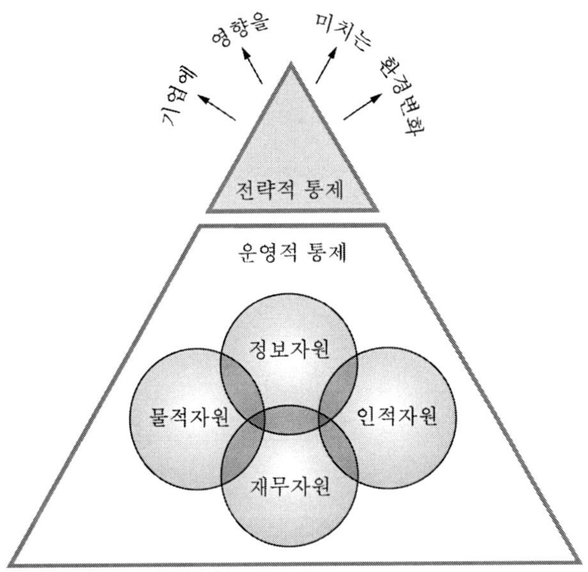

자료 : J. A. Pearce & R. B. Robinson, *Management*, McGraw-Hill, 1989, p. 582.

정보자원(information resources)의 통제는 모든 조직활동을 지원하기 위해 적시에 그리고 정확한 정보의 이용가능성을 보장하는 것이다. 이 정보자원의 통제는 효과적인 통제를 위해서 다른 자원의 영역과 밀접하게 결합되어 있다.

3. 통제의 필요성

경영관리기능으로서 통제화의 중요성과 필요성에 대해 그리핀(R. W. Griffin, 1990)은 ① 복잡하고 급변하는 환경에 조직이 적응하고, ② 작은 오류를 사전에 조치하여 큰 위험에 봉착하지 않도록 하며, ③ 현대적인 조직의 복잡성을 조화하기 위해 통제행위가 필요하다고 하였다. 또한 앤더슨(C. R. Anderson, 1984)은 ① 통제는 외부인들에게 조직이 잘 운영되어 가고 있음을 확인시켜 주고, ② 경영관리자들에게 조직이 그들이 선택한 방향으로 움직여 나가고 있음을 확인시켜 주며, ③ 관리자로부터 부하들에게 지침을 제공해 주고, ④ 상급경영자로부터 하급경영자에게 지침을 제공해 주기 때문에 필요하다고 하였다. 이러한 경영통제(managerial control)의 필요성을 요약하면 다음과 같다(N. K. Oballe, Ⅱ, 1984).

1) 경영환경의 변화

급변하는 현대 사회에 있어서 어떤 경영여건하에서도 경영환경의 변화는 기업이 대처해야 할 불가피한 과제이다. 통제기능을 통해서 기업에 영향을 미치는 환경변화를 미리 탐지함으로써 경영자는 환경변화에 의해 발생하는 위협이나 기회에 보다 능동적으로 적응하고, 또 창의적으로 도전할 수 있다. 따라서 보다 동태적으로 환경변화에 대응하기 위해 통제활동이 필요하다.

2) 기업규모의 증가

오늘날 기업의 규모가 점차로 거대화되고 다양해짐에 따라 기업의 구조도 더욱 복잡화되었다. 이러한 복잡한 구조내에서 발생하는 다양한 행동을 조정하고 통합하기 위해서는 적절한 통제가 필요하다. 오늘날 기업규모의 증가에 따라 기업조직은 분권화의 필요성에 직면하게 되는데, 이러한 분권화에 의해서 통제기능을 보다 단순화 및 효율화시킬 수 있다.

3) 실수에 대한 예방보전

만약 종업원들이 결코 실수나 과오를 범하지 않는다면 경영자는 단순히 업적표준을 설정한 후 중요하고 갑작스러운 환경변화에 따른 긴급한 사항에만 주목하면 된다. 그러나 실수는 항상 존재하기 마련이다. 그러므로 통제기능을 통해 경영자는 실수나 과오가 아주 더 악화되기 이전에 이를 탐지하여 수정해야 한다.

4) 권한위양의 증가

효과적인 통제시스템을 통해 경영자는 어떤 업무에 대한 권한을 위양할 수 있다. 통제시스템이 없다면 경영자는 위양된 업무의 진척 정도를 점검할 수 없다. 그리고 업무에 대해 권한이 위양되었다고 하더라도 최종적인 책임을 지는 것은 경영자이다. 그러므로 기업규모의 증가에 의해서 권한위양(delegation)이 증가함에 따라 효과적인 통제시스템을 통해 종업원들을 감독하는 것이 보다 중요하다.

제2절 통제의 유형과 과정

1. 통제의 유형

통제의 유형은 ① 자동조절 메커니즘에 의한 인공지능적(cybernetic) 통제와 ② 외부의 힘에 의한 조작적 통제로 구분할 수 있다. 일반적으로 경영통제라 함은 조작적 통제를 말하는 것으로 이는 다시 통제시점에 따라 예방통제, 사전통제, 동시통제, 사후통제 등으로 구분한다. [그림 13-3]과 같이 뉴망(W. H. Newman, 1975)에 의하면 행동이 일어나기 이전의 투입물(inputs)에 초점을 둔 유형이 사전통제(feedforward control)이고, 행동중의 과정(process)에 초점을 둔 유형이 동시적 통제(concurrent control)이며, 행동이 일어난 이후의 산출물(outputs)에 초점을 둔 유형이 사후통제(feedback control)이다.

[그림 13-3] 통제의 유형

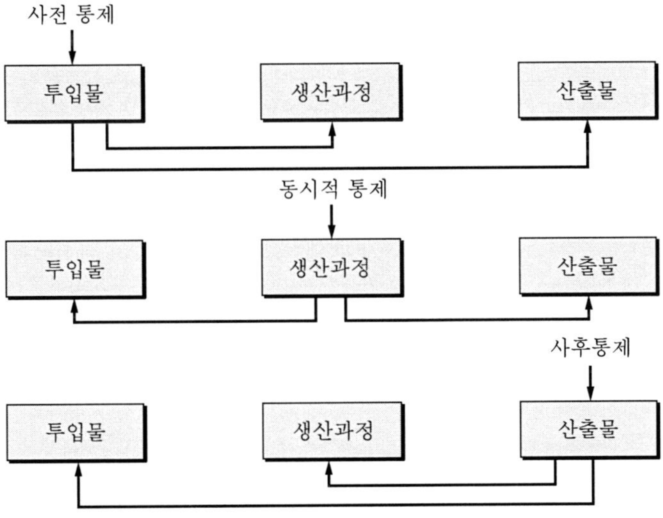

자료 : J. A. Pearce & R. B. Robinson, *Management*, McGraw-Hill, 1989, p. 585.

1) 사전통제

방향조정(steering) 통제 또는 예방(prevention) 통제라고도 하는 사전통제는 조직내에 투입물로 들어오는 인적, 물적 및 재무적 자원 등의 자원에 초점을 둔 것으로 조직이 과업을 수행할 때 일어나는 문제를 사전에 예방하기 위해 양질의 투입을 확보하기 위한 통제이다.

이러한 관점에서 보면 이 사전통제는 사전적(anticipatory)이고 미래지향적(future-oriented)이기 때문에 가장 바람직한 통제유형이라 할 수 있다. 그러나 스토너와 프리만(J. A. F. Stoner & R. E. Freeman, 1989)은 사전통제는 환경의 변화와 바라는 목표에로의 진전에 관해 적시적이고 정확한 정보를 얻을 수 있을 때에만 효과적인 통제라고 하였다. 통제기법으로는 PERT(program evaluation and review technique)와 같은 네트워크 계획기법이 이용된다.

2) 동시적 통제

동시적 통제는 행동이 일어나는 과정에서 동시적으로 이루어지는 통제시스템을 말한다. 이 통제는 업무수행과정중의 어떤 측면 또는 조건이 다음 과정으로 이어질 때 상급자의 승락을 받아야 한다는 의미에서 'yes/no' 또는 'go/stop'식의 통제라고도 한다. 또 프로그램을 계획하면서 수정적인 행동(corrective)을 취할 수단·방법을 제공한다는 의미에서 관찰적 통제(screening control)라고도 불린다.

행동이 일어나는 현재 시점에서 이루어지는 통제이기 때문에 즉시적 통제(real-time control)라고도 불리는 이 유형은 컴퓨터를 통해서 대내·외의 정보를 크게 활용하는 오늘날에 있어 다른 유형의 통제보다 더욱 중요하며 널리 쓰이고 있다.

이 유형의 통제는 구성원의 작업행동이 바라는 결과에 이르게 될 것인가를 확인하기 위한 목적을 가지고, 진행중의 행동이 이미 설정된 표준에 일치하고 있는가를 추적한다. 따라서 업적목표와 구성원의 과업과 행동을 안내하는 규칙과 규정을 활용한다.

3) 사후통제

사후통제는 산출물통제(output control)로 행동이 완료된 다음 최종적인 산출물(제품 또는 서비스)에 초점을 둔 통제유형이다. 사후통제는 적시성이 없는 통제의 유형이지만, 사전통제와 동시적 통제에 필요한 신속한 정보와 정확한 정보를 충분히 얻을 수 없기 때문에 가장 일반적인 통제유형이 되고 있다.

사후통제의 장점은 첫째, 경영자에게 계획화의 노력이 얼마나 효과적이었는가에 관한 의미있는 정보를 제공해 주며 또한 미래의 계획화에 관한 정보를 제공해 준다. 그리고 둘째, 구성원의 동기부여를 촉진할 수 있다. 즉 사람들은 자신이 이룬 업적에 관해 알고 싶어하는데, 사후통제는 이에 관한 정보를 제공해 준다.

2. 통제의 과정

통제과정을 피어스(J. A. Pearce & R. B. Robinson, 1989) 등은 ① 표준의 설정, ② 변화, 진행 또는 결과의 추적, ③ 업적과 표준간의 비교, ④ 필요한 수정행동과 조정 등과 같이 네 단계로 제시하였다. 또한 대프트(R. L. Daft, 1991)도 ① 업적표준의 설정, ② 실제적인 업적의 측정, ③ 실제적인 업적과 표준과의 비교, ④ 적절한 행동 등의 네 단계로 제시하였다. 또 많은 학자들은 ① 표준설정의 단계, ② 업적의 평가 및 업적과 표준의 비교, ③ 격차 또는 행동의 수정단계 등 세 단계로 설명하기도 하였다.

그런데 3단계설이나 4단계설 모두가 표현은 다소 달라도 내용을 같이 하고 있다. 그러므로 이를 종합해 볼 때 통제과정의 기본적인 단계를 [그림 13-4]와 같이 나타낼 수 있다.

[그림 13-4] 통제의 기본적 과정

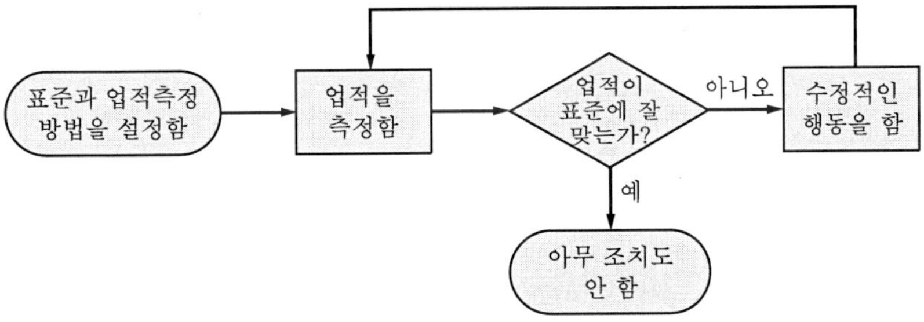

자료 : J. A. F. Stoner & R. E. Freeman, *Management*, Prentice-Hall, 1989, p. 557.

1) 표준의 설정

표준이란 업적으로 인도하기 위해 사용되는 질(quality) 또는 량(quantity)의 수준으로 조직의 전략적 목표와 조직내·외의 환경적인 영향을 받아 설정된다. 계획화와 깊이 관련되어 있는 업적의 표준(standards)에는 여러 가지가 포함된다. 먼디(R.W. Mondy, 1988)는 가장 흔히 사용되는 표준의 유형을 보다 구체적으로 다음과 같이 다섯 가지로 제시하였다.

① 시간표준(time standards) : 어떤 특정한 제품 또는 서비스를 창출함에 소요되어야 하는 시간의 길이(length)를 규정한다.

② 생산성표준(productivity standards) : 일정기간 동안에 제품 또는 서비스를 창출하는 량(quantity)을 규정한다.

③ 원가표준(cost standards) : 제품 또는 서비스의 생산에 관련된 원가(cost)를 규정한다.

④ 품질표준(quality standards) : 제품 또는 서비스의 완성수준(level of perfection)을 규정한다.

⑤ 행동표준(behavioral standards) : 조직내 종업원에게 바라는 행동유형을 규정한다.

2) 업적의 측정

업적표준이 설정되고 난 다음의 통제단계는 설정된 표준과 비교하여 투입과 업적을 측정하고 평가하는 단계이다. 이 단계에서는 측정방법(how)과 측정지표(what)가 주요 과제가 되는데, 로빈스(S. P. Robbins, 1988)는 측정방법으로 ① 관찰, ② 통계보고서, ③ 구두보고, ④ 문서보고 등의 정보를, 그리고 측정지표로 ① 타인의 행동에 대한 지시, ② 종업원의 만족도, ③ 결근 또는 이직률, ④ 예산의 사용, ⑤ 단위 생산량 또는 ⑥ 불량률 등 분야에 따라 여러 가지를 포함시키고 있다.

그런데 많은 조직이 일간, 주간, 월간 또는 연간의 업적을 측정하기 위한 계량적(quantitative)인 측정치를 개발하여 활용하고 있으나 이러한 객관적인 측정치에 의존할 수 없는 경우도 있다. 보통 기계적이고 물리적인 것들은 단순한 계량적 방법으로 측정할 수 있으나 행동적이고 심리적인 것들은 계량화가 복잡하고 어렵다.

3) 표준과 업적의 비교

통제과정의 세 번째 단계는 첫 번째 단계에서 설정된 표준(what should be)과 두 번째 단계에서 측정된 업적(what is)을 비교하는 단계로 행동수정과 표준의 조정 이전의 단계이다. 이 단계에서는 수정적인 행동이 취해지기에 앞서 어느 정도의 편차(deviation)가 허용되는가를 의미하는 통제한계(control tolerance)를 설정하고, 측정된 업적이 이 범위내에 있는지 또는 이 범위를 벗어났는지를 판단한다. 그런데 업적에 관한 표준이 간단하고 객관적이면 양자를 비교하는 일이 쉬우나 객관적이 아니고 주관적 해석의 여지가 있다면 양자를 비교하는 일이 상대적으로 어렵다.

4) 행동의 수정과 표준의 조정

이 단계는 통제과정의 마지막 단계로 경영자의 행동을 수반한다. 이와 관련하여 스토너(J. A. F. Stoner & R. E. Freeman, 1989) 등은 업적이 표준에 잘 맞으면 아무런 통제조치도 필요하지 않으나 잘 맞지 않으면 올바른 행동을 하도록 조치해야 한다고 한다. [그림 13-4]와 같이 업적을 표준에 비교하여 적절하면 더 이상 아무런 통제를 하지 않거나 보다 강화(reinforce)하면 되고, 부적절하여 차이가 크면 행동을 수정(correct)해야만 한다.

로빈스(S. P. Robbins, 1989)는 통제과정을 기본적으로 측정, 비교, 경영자의 조치(managerial actions)들간의 연속적인 흐름으로 보고, 업적과 표준과의 비교단계의 결과(불일치와 표준의 수락 여부)에 따라 관리자는 ① 더 이상 아무런 통제도 하지 않거나, ② 업적을 수정하거나, 또는 ③ 표준을 수정하는 행동을 하게 된다고 하였다.

경영관리자의 수정행동 즉 조정에는 여러 가지가 있으나, 먼디(R. W. Mondy, 1990)는 ① 징후(symptoms)를 수정하는 즉시적인 조정, 그리고 ② 징후 또는 문제의 원인을 근본적으로 수정하는 기본적 또는 영구적인 조정으로 구분하였다. 한편 스토너(J. A. F. Stoner, 1989)는 관리자의 수정행동에 조직활동의 하나 또는 그 이상에서의 변화를 초래하거나 최초에 설정된 표준의 변경을 포함시켰으며, 대프트(R. L. Daft, 1991)도 이와 유사하게 경영자가 종업원으로 하여금 더 열심히 일하도록 격려하거나 생산과정을 재설계하거나 종업원을 해고하는 등의 필요한 조치를 통한 변혁을 시도할 수 있으며, 때로는 업적표준을 바꿀 수도 있다고 하였다.

여러 학자들의 주장을 종합하면 통제과정의 마지막 단계에서 경영자가 취하게 되는 행동은 다음 세 가지 중 어느 하나가 된다. 첫째, 산출물(업적)이 표준과 일치하면 현재의 상태를 유지한다. 둘째, 산출물이 표준과 차이가 나면 결과와 방법을 조정한다. 셋째, 산출물이 표준과 크게 차이나면 표준 또는 계획을 바꾼다.

제3절 효과적인 통제

1. 통제에 대한 저항과 극복

1) 통제에 대한 저항요인

통제가 아무리 유용하고 효과적일지라도 조직구성원들은 여러 가지 이유로 통제에 저항하게 되는데, 구성원들이 통제에 저항하는 요인은 크게 ① 과잉통제, ② 통제초점의 부적합성, ③ 부적절한 보상, ④ 책임의 발생 등이다.

첫째, 과잉통제는 조직이 흔히 범하는 과오중의 하나로 종업원들에 대한 지나친 간섭이나 통제는 저항을 일으킨다. 예를 들면 경영자가 종업원들의 출퇴근시간, 휴식시간에서부터 심지어 옷차

림과 헤어스타일에 이르기까지 사소한 것까지를 모두 통제하려 한다면, 종업원들의 강력한 저항에 부딪치게 될 뿐만 아니라 본질적인 업무의 성과에까지 나쁜 영향을 미칠 것이다.

둘째, 통제초점의 부적합성 문제로서 통제시스템이 너무 엄격하고 지나치게 계수적인 사항에만 치우치는 등 그 초점이 부적절한 경우에도 종업원들은 저항을 한다. 예를 들면 성과의 질은 무시하고 양에만 치우친다든가, 장기적 이익은 무시하고 지나치게 단기적 이익에만 치중하면 종업원의 행동은 부정적이 될 것이다.

셋째, 부적절한 보상문제도 종업원의 저항을 초래한다. 예를 들면 똑같은 예산을 배정받아 한 부서는 절약하여 잔액을 남긴 반면 다른 부서는 낭비를 하여 결손을 가져왔는데도 불구하고 차기의 예산 배정시 오히려 결손을 가져온 부서에 예산을 더 많이 배정해 준다면 예산을 절감한 부서의 구성원들은 이에 대한 저항으로 차기의 예산을 낭비할 것이다.

넷째, 통제시스템이 보다 효과적일수록 개인이나 부서의 책임소재가 명확해지기 때문에 비능률적인 개인이나 부서는 그러한 통제시스템의 도입자체를 반대할 것이다.

2) 통제에 대한 저항의 극복

통제에 대한 종업원들의 저항을 극복하는 방법은 ① 효과적인 통제시스템 도입, ② 종업원의 참여, ③ 목표관리(MBO), ④ 견제와 균형 등 네 가지를 들 수 있다.

첫째, 처음부터 효과적인 통제시스템을 도입하여 통제에 대한 저항을 극복하는 방법이다. 만약 통제시스템이 그 조직의 계획시스템과 적절히 통합되어 있고, 신축성과 객관성이 있으며, 시기적절하고 정확성을 지니고 있다면 통제의 저항요인은 제거될 수 있을 것이다.

둘째, 통제시스템의 계획과 집행과정에 종업원들을 직접 참여시키면 저항을 최소화할 수 있다. 왜냐하면 인간은 사회적 존재로 참여의 욕구가 존재하기 때문에 자신이 참여하여 결정한 의사결정을 존중한다.

셋째, 목표관리(MBO) 기법을 도입함으로써 통제에 대한 종업원들의 저항을 극복할 수 있다. 목표관리란 목표나 기준의 설정 및 성과의 평가과정에 종업원들을 참여시키는 관리기법으로 종업원들은 자신이 정한 목표나 기준을 얼마나 달성했느냐를 스스로 통제하기 때문에 관리자에 대한 저항이 감소된다.

넷째, 견제와 균형의 체제를 유지하면 통제의 모호성에서 오는 저항을 극복할 수 있다. 만약 생산부장이 원가기준을 지키지 못한 이유를 원자재가격의 상승으로 돌리고 책임을 회피하는 경우 재고관리시스템이 적절히 유지되고 있다면 그의 주장에 대한 옳고 그름의 명확한 근거를 제시하여 통제의 회피를 방지할 수 있을 것이다. 이와 같은 다각적인 기준 및 정보시스템은 곧 견제와 균형을 위한 통제수단을 제공해 주며, 이는 종업원들의 통제에 대한 저항의 원인을 제거해 준다.

한편 통제에 대한 저항요인과 치료법에 대해 먼디(R. W. Mondy, 1990)는 [그림 13-5]와 같이 저항요인을 ① 상호 모순된 표준, ② 변수에 대한 통제 없음, ③ 예측 불가능한 표준, ④ 달성 불가능한 표준, ⑤ 부적절한 통제 등 다섯 가지로 제시하였다. 그리고 이에 대한 치료법으로 각각 ① 정확한 사실의 발견, ② 발견된 사실의 적시전달, ③ 현실적인 표준, ④ 이해가능한 기대치, ⑤ 타당한 통제 등 다섯 가지를 제시하였다.

[그림 13-5] 통제에 대한 저항의 요인과 치료법

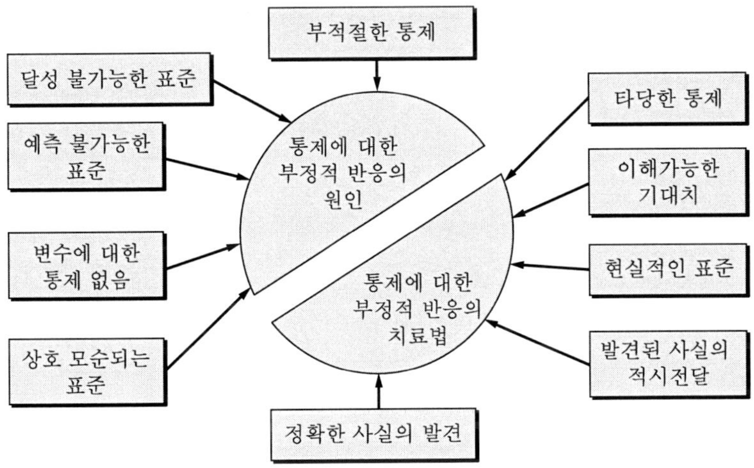

자료 : R. W. Mondy, *Management and Organizational Behavior*, Allyn & Bacon, 1990, p. 317.

2. 효과적 통제시스템의 구축

1) 효과적 통제시스템의 특성과 선택

계획과 목표의 달성을 보장해 줄 수 있는 적절하고 효과적인 통제시스템의 특성을 힉스와 굴렛(H. G. Hicks & C. R. Gullett, 1987)은 다음과 같이 네 가지로 제시하였다.

첫째, 구성원들은 통제가 시도하려고 하는 목적이 무엇이며 그 결과를 어떻게 의미있게 활용할 것인지를 이해해야 한다.

둘째, 경영자가 필요할 때는 언제든지 수정활동을 할 수 있도록 업적에 책임이 있는 조직상의 의사결정 센터(decision-making center), 즉 직위에 연결되어야 한다.

셋째, 통제는 목표와 성과의 차이를 찾아내어 가능한 빨리 결과가 보고되도록 해야 한다.

넷째, 변화하는 환경에 적응하고 조직활동의 효과를 증대시키기 위해 통제과정에 융통성이 부여되어야 한다.

한편 행동과학적인 측면에서 뉴망(W. H. Newman, 1975)은 경영자가 의도하지 않았던 부정적인 행동을 제거하고 통제기능의 효과를 증대시키기 위해 다음과 같은 다섯 가지 원칙을 권고하였는데, ① 부하 종업원에게 의미 있고 수락할 만한 표준을 설정할 것, ② 경영자와 부하간의 충분한 의사소통이 가능케 할 것, ③ 관리자는 너무 자주 그리고 근접적으로 부하의 일을 통제하지 말 것, ④ 구성원이 달성 가능한 표준을 설정할 것 ⑤ 업적 표준을 달성할 때는 그에 알맞는 보상을 할 것 등이다.

한편 메스콘(M. H. Mascon, 1988)은 이와 같은 행동과학적인 조치가 필요하기는 하나 이들 인간의 행동만이 통제의 효과를 결정하는 요소가 아니라고 하면서 다음과 같은 여섯 가지의 중요한 특성을 제시하였다.

① 계획은 통제의 기초이므로 효과적인 통제시스템은 전략적이어야 한다. 즉 통제는 조직이 설정한 목표의 우선순위를 반영하고 지원해야 한다.

② 통제과정의 최종적인 목적은 목표를 달성하려는데 있는 것이지 표준을 설정하고 문제를 발견하는데 있는 것이 아니므로 측정은 이러한 목적의 수단으로 받아들여야 한다. 따라서 통제의 초점은 결과에 있다.

③ 통제는 통제되는 활동에 적합(appropriate)해야 한다. 즉 효과적인 통제는 조직의 목표를 달성하는데 있어서 참으로 중요한 것을 측정하고 평가해야 한다.

④ 통제가 효과적이기 위해서는 적시적(timeliness)이어야 한다. 즉 통제를 너무 자주하기보다는 기본계획의 기간, 변화속도 및 측정에 따른 비용 등의 요소에 의해 알맞게 기한이 설정되어야 한다.

⑤ 통제는 계획과 마찬가지로 변화에 적응할 수 있도록 융통성(flexibility)이 있어야 한다.

⑥ 통제가 효과적이기 위해서는 단순성(simplicity)이 있어야 한다. 통제시스템이 지나치게 복잡하면 비용이 많이 들고 이와 관련된 사람들의 이해와 효과적 지원을 받을 수 없다.

그러나 이들이 제시하는 효과적인 통제시스템의 특성은 통제시스템의 설계를 위해 좋은 지침을 제공해 주기는 하나 비교적 일반적이고 공통적인 것들이기 때문에 모든 조직에 다같이 그리고 똑같은 비중으로 중요한 것은 아니다. 따라서 통제시스템의 설계에 있어서는 조직의 특성과 환경적 요인을 고려해 설계되어야 한다.

이에 대해 커먼(C. Cammann, 1987)은 의사결정나무(decision-making tree)의 흐름에 따라 통제전략의 선택을 [그림 13-6]과 같이 설명하였다. 그는 경영자의 유형에서 시작하는 네 가지 환경적응론적 요인(contingency factor)을 중심으로 내적인 동기부여 전략과 외적인 통제전략을 수립하도록 하였다. 첫째, 경영자의 관리유형이 어떠한가?(참가적 또는 지시적), 둘째, 조직은 어떤 문화, 조직구조, 보상구조를 가지고 있는가?(참가적 또는 지시적), 셋째, 부하는 의사결정과 업적에 참가하기를 원하며 책임지려고 하는가?(예 또는 아니오), 넷째, 주된 업적을 정확히 측정할 수 있으며 신뢰 가능한가?(예 또는 아니오) 등에 따라 통제전략이 선택되어 진다.

또 로빈스(S. P. Robbins, 1988)는 이와는 다르게 [그림 13-7]과 같이 ① 조직의 규모가 대규모인가 소규모인가? ② 조직내에서의 직위와 수준이 높은가 낮은가? ③ 분권화의 정도가 높은가 낮은가? ④ 조직문화가 개방적이고 지원적인가 아니면 위협적인가? ⑤ 활동의 중요성이 높은가 낮은가? 등의 요인에 따라 각각 적합한 통제시스템을 제안하고 있다.

[그림 13-6] 통제전략의 선택

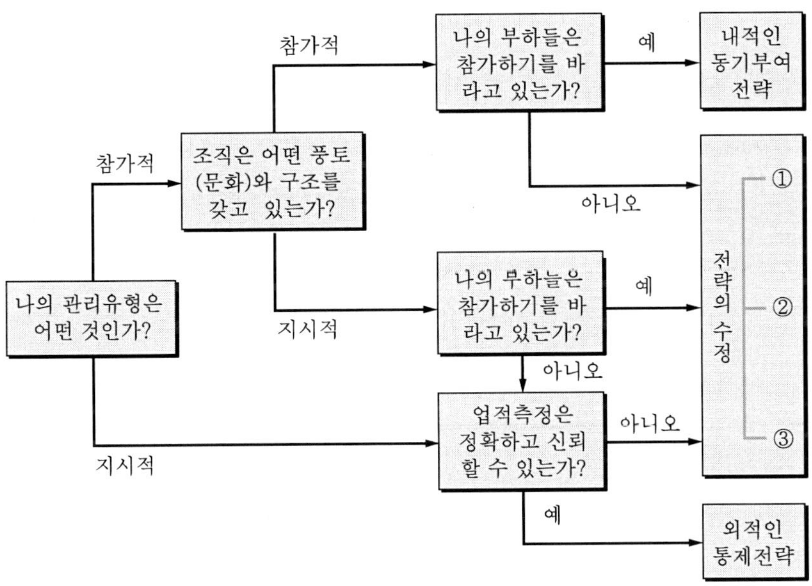

자료 : C. Cammann & D. A. Nadler, "Fit Control Systems to Your Managerial Style," Harvard Business Review, January 1987.

범례 : ① 내적인 동기부여전략을 사용할 수 있으나 경영자는 부하로 하여금 참가하고 기능을 개발하도록 동기부여할 필요가 있음

② 대조적인 강요범위내에서만 또는 경영자가 충분한 힘을 갖고 있을 때만 내적 동기부여 전략이 사용될 수 있음

③ 외적 통제전략에 적용되는 요소들간의 불일치와 업적측정을 정확히 할 수 있는 능력의 부족 때문에 문제가 일어남

2) 통제의 원칙

효율적인 통제활동은 일정한 원칙에 따라 전개해 나가야 하는데, 쿤츠와 베리치(H. Koontz & H. Weihrich, 1987)는 ① 통제의 목적과 성격에 관련된 원칙, ② 통제의 구조에 관련된 원칙, ③ 통제의 과정에 관련된 원칙 등으로 구분하여 설명하였다.

[그림 13-7] 환경적응력 변수와 통제시스템

조직의 규모	소규모	→ 비공개적, 개인적, 현장감독
	대규모	→ 공식적, 비개인적, 치밀한 규정
직위와 수준	고	→ 많은 기준
	저	→ 적은 기준, 측정하기 쉬운 기준
분권화의 정도	고	→ 통제의 수와 심도의 증대
	저	→ 통제의 수를 줄임
조직문화	개방적 · 지원적	→ 비공식적, 자기관리
	위협적	→ 공식적, 외적으로 강요된 통제
활동의 중요성	고	→ 치밀하고 광범위한 통제
	저	→ 느슨하고 비공식적인 통제

자료 : S. P. Robbins, *Organizational Behavior*, Prentice-Hall, 1989, p. 488.

(1) 통제의 목적과 성격에 관련된 원칙

① 목표달성 보장성의 원칙(principle of assurance of objective)

통제활동은 효과적인 수정행동을 할 수 있기에 충분할 정도로 계획과 성과간의 실제적 또는 잠재적 격차를 조속히 밝혀냄으로써 통제의 목적이 달성되도록 보장해야 한다.

② 통제효율성의 원칙(principle of control efficiency)

통제기법은 비용이 적게 들고 시간이 단축되어 통제활동을 능률적으로 수행할 수 있는 방법이어야 한다.

③ 통제책임의 원칙(principle of control responsibility)

권한의 위양과 과업의 배분에 따라 경영자는 특정 업무에 대해 계획과 집행의 권한을 가짐으로 이에 대한 통제의 책임도 마땅히 져야 한다.

(2) 통제구조에 관한 원칙

① 계획반영의 원칙(principle of reflection of plan)

통제의 궁극적인 목적은 계획대로 성과가 달성되도록 하는 것이므로 통제활동은 반드시 계획을 반영해야 한다.

② 조직적합성의 원칙(principle of organizational suitability)

계획은 경영자와 그 부하에 의한 활동의 집행에 의해 결과를 이룰 수 있기 때문에 계획과 성과의 균형을 유지하기 위한 통제수단도 조직구성원이 가지는 권한의 영역, 즉 조직구조와 적합해야 한다.

③ 통제의 개별성의 원칙(principle of identity of control)

효과적인 통제를 위해서는 비록 동일방향의 통제라 하더라도 경영자의 개별적인 직위, 책임, 의무, 능력 및 욕구 등을 충분히 반영하는 통제기법을 선택해야 한다.

(3) 통제과정에 관한 원칙

① 표준의 원칙(principle of standard)

효율적인 통제가 이루어지기 위해 계획에 대한 성과를 정확히 평가하기 위한 객관적이고 적절한 표준이 있어야 한다.

② 중요점 통제의 원칙(principle of critical point control)

계획에 대한 실적을 평가함에 있어서 모든 공정 완료후의 최종적 평가보다는 작업과정상의 중요한 지점에 대한 전략적 통제점을 통제한다.

③ 예외의 원칙(principle of exception)

예외적인 사항 즉 유난히 성과가 좋거나 나쁜 점과 같은 편차에 대해서 특히 주의를 기울여야 한다.

④ 탄력적 통제의 원칙(principle of flexible control)

통제의 실효를 거두기 위해 통제기법 및 과정이 신축적이어야 한다.

⑤ 행동의 원칙(principle of action)

통제에는 수정활동이 따라야 하는데 성과나 예상결과가 계획과 차이가 있을 때에는 계획의 수정, 조직의 재편성, 직무의 재배치 또는 지휘방법의 개선 등의 행동이 이루어져야 한다.

제 4 절 통제의 기법

1. 통제기법의 구분

통제의 기법은 여러 가지가 있지만 이를 경영기능과 관리계층에 따라 구분하여 보면 다음과 같다.

1) 경영기능에 의한 구분

그리핀(R. W. Griffin, 1990)은 경영기능에 따라 통제기법을 ① 예산(재무), ② 생산, ③ 인사, ④ 마케팅으로 구분하였고, 앤더슨(R. Anderson, 1984)은 ① 예산, ② 생산, ③ 정보로 구분하였으며, 로빈스(S. P. Robbins, 1989)는 ① 재무, ② 생산, ③ 종업원, ④ 업적 등으로 구분하는 등 경영관리 기능에 따라 각각의 통제기법을 분류하였다.

2) 관리계층에 의한 구분

대프트(R. L. Daft, 1986)는 [그림 13-8]에서 보는 바와 같이 최고경영층에서 활용하는 통제시스템(A)과 중간관리층에서 활용하는 통제시스템(B)으로 구분하고 이에 경영정보를 추가하여 설명하였다. 최고경영층에서 주로 적용하는 통제시스템은 재무제표, 재무분석, 재무감사 등이 있고, 중간관리층에서 주로 적용하는 통제시스템은 운영예산, 재무예산, 목표관리업적분석 등이 있다. 바틀과 마틴(K. M. Bartol & D. C. Martin, 1991)은 [그림 13-9]와 같이 사후통제를 주로 하는 최고경영층에서는 재무통제를, 동시적 통제를 하는 중간관리층은 예산통제와 제품 및 서비스의 품질통제(품질관리)를, 그리고 사전통제를 하는 일선감독층에서는 재고통제를 주로 한다고 설명하였다.

이들의 설명을 종합해 보면 조직목표를 달성하기 위한 효과적인 통제를 위해서 최고경영자에게는 전략적이고 전반적인 업적통제를 위한 재무적인 통제기법이 그리고 중간관리자에게는 예산을 중심으로 한 운영적인 통제기법이 중시된다. 또한 재무 및 회계만이 아닌 인적자원, 물자 및 정보 등 여타의 경영자원도 통제의 대상이 됨으로 이들을 대상으로 한 통제영역에도 각종 기법이 동원되고 있다는 것이다.

[그림 13-8] 경영계층별 통제시스템의 적용

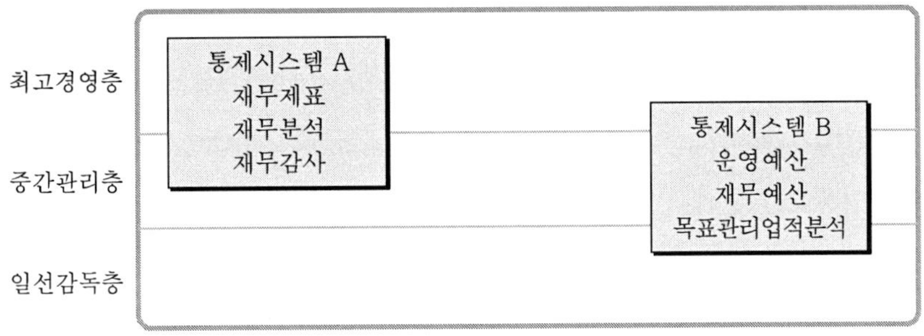

자료 : R. L. Daft, *Management*, Dryden Press, 1991, p. 523.

[그림 13-9] 경영계층과 통제시점에 의한 통제시스템

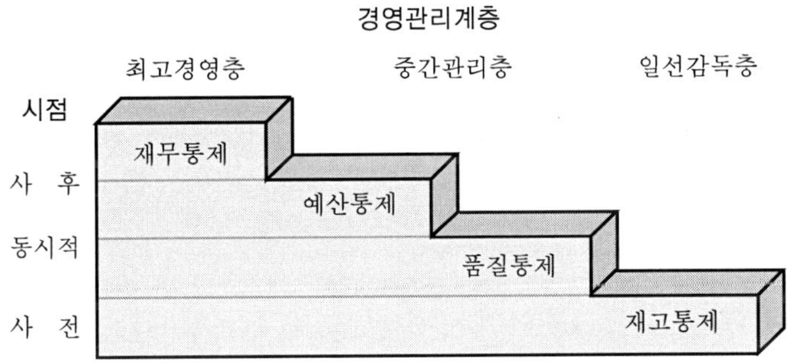

자료 : K. M. Bartol & D. C. Martin, *Management*, Harper & Row, 1991, p. 629.

2. 재무통제기법

경영관리자가 사용하는 재무적 통제기법은 주로 최고경영층에서 사용하는 기법으로 ① 재무제표, ② 비율분석(재무분석), ③ 재무감사 등이 있다.

1) 재무제표

조직내에서 그리고 조직외부로부터의 재화 또는 서비스의 흐름을 금전(money)으로 표시하는 재무제표(financial statement)는 조직의 재무통제를 위한 기본적인 정보를 제공한다. 즉 재무제표는 피드백에 의해 과거의 업적을 분석하고 현재의 문제영역을 분명히 하며 미래의 행동과정을 결

정함에 그 중요성이 있다. 재무제표는 다음과 같은 세 가지 주된 상태를 통제하기 위한 수단을 제공한다.

① 유동성(liquidity) : 유동성이란 단기부채를 갚을 능력을 말한다. 즉 기업이 현재의 재무적 요구와 부채를 해결하기 위해 자산(assets)을 현금화할 수 있는 능력을 의미한다.

② 일반적인 재무상태(general financial condition) : 재무상태란 부채(debt)와 자기자본(equity) 간의 장기적인 균형상태를 말한다.

③ 수익성(profitability) : 수익성이란 일정기간 이후에 기업이 이윤을 얻을 수 있는 능력을 말한다.

이와 같은 중요한 의의를 지니는 재무제표는 대차대조표(balance sheet)와 손익계산서(income statement) 등이 대표적이다.

(1) 대차대조표(balance sheet)

대차대조표란 일정시점에서 기업의 재무상태(financial position)를 설명하기 위해 작성되는 재무제표이다. 재무상태라고 하면 자산·부채·자본의 상태를 말한다. 대차대조표가 일정시점에서 자산·부채·자본의 상태를 표시한 것이라 하더라도 이는 어떤 특정시점에 있어서의 자산·부채의 현재가치를 측정하여 표시한 것이 아니라 취득원가주의를 채택하고 있다.

이러한 대차대조표는 ① 기업의 경제적 자원(economic resources)상태, ② 기업의 지급능력(solvency), ③ 기업의 자본구조(capital structure), ④ 기업의 계획에 도움이 되는 정보를 제공한다.

(2) 손익계산서(income sheet)

손익계산서는 일정기간에 있어서 기업의 경영성과(results of operations)를 나타내는 재무제표이다. 여기서 경영성과란 의미는 경영성적을 뜻하는 것으로, ① 일정기간 수익(revenue)의 산정, ② 일정기간 비용(cost)의 산정, ③ 지출(expense) 및 ④ 순손익(net income or loss)의 결정이라는 네 가지가 포괄된 것이다.

이러한 손익계산서는 경영자, 주주, 투자분석가 또는 노조 등 정보이용자에게 ① 기업의 당기 경영활동에 대한 성과, ② 기업의 수익력의 판단과 미래의 순이익흐름(net income flows) 예측, ③ 기업의 경영계획, 배당정책을 수립하는 자료, ④ 경영분석의 자료, ⑤ 경영자의 경영능력과 업적을 평가할 수 있는 정보를 제공한다.

2) 비율분석

(1) 비율분석의 의의와 분류

비율분석(ratio analysis) 또는 재무비율분석(financial ratio analysis)이란 재무제표상의 항목들 간의 제비율을 계산하여 이것과 비교기준이 되는 표준비율을 상호비교하여 기업의 재무상태와 경영실적을 파악하는 것을 말한다. 이는 시장에서의 기업업적의 질을 평가하고 다양한 기능분야(생산, 마케팅, 인사, 연구개발)에서의 강점과 약점을 발견하여 기업에 최적의 재무구조를 결정하기 위해 가장 흔히 사용되는 통제기법이다.

(2) 유동성 비율(liquidity ratio)

기업의 단기부채를 해결할 능력을 측정하려는 비율로 두 가지로 구분한다.

① 유동비율(current ratio) : 이는 대차대조표상에 있는 유동자산을 유동부채로 나눈 것이다. 유동자산은 1년 이내에 그 형태가 변화되어 현금화할 수 있는 자산이며, 유동부채는 지급기한이 1년 이내에 도래하는 부채를 말한다. 유동비율은 200%가 기준이다.

② 당좌비율(quick ratio, acid test ratio) : 이는 유동자산중에서 재고자산을 뺀 부분을 유동부채로 나눈 것이다. 기업의 단기부채 지급능력은 재고자산의 처분없이 그 채무를 이행할 수 있느냐가 중요하다. 이런 의미에서 당좌비율은 유동비율보다 더 엄격하게 유동성을 측정하는 비율이다. 당좌비율은 100%가 기준으로 1:1비율 또는 산성시험 비율이라 한다.

(3) 레버리지비율(leverage ratio)

부채관리비율(debt management ratio)이라고도 불리는 레버리지 비율은 기업의 소유주인 보통주의 주주가 공급한 자금과 채권자로부터 조달된 자금을 비교하여 측정하는 것이다. 기업의 대외금융(outside financing)을 효과적으로 사용하였는가를 측정하기 위한 이 비율은 기업자본중에서 채권자에 의해 제공된 자금에 비해 기업소유주로부터 제공된 자금의 기여도를 측정하는 비율로서 자본구성과 깊은 관계가 있다.

① 부채비율(debt to equity ratio) : 이는 총자본을 구성하고 있는 자기자본과 타인자본의 비율로서 타인자본은 유동부채, 장기차입금, 사채 등을 포함하며, 자기자본에는 자본금, 자본잉여금, 이익잉여금 등이 포함된다. 100%가 기준이다.

② 이자보상비율(interest coverage ratio) : 이는 타인자본의 사용으로 발생하는 이자 부담이 기업에 어느 정도의 압박을 가져오는가를 보기 위한 것으로 기업의 영업이익이 매년 지불해야 할 이자의 몇 배에 해당하는가를 나타내는 비율이다.

(4) 수익성 비율(profitability ratio)

기업의 수익성은 기업의 제정책과 의사결정의 종합적 결과로서 나타나는 것이다. 앞에서 설명한 비율들은 기업이 어떻게 운영되고 있는가를 부분적으로 고려하고 있는데 비해 수익성 비율은 이 모든 기업의 활동이 복합적으로 어떤 결과를 나타내는가를 측정하는 것이다.

① 총자본이익률(return on investment) : 이 비율은 순이익과 총자본과의 관계를 나타낸 것으로, 기업의 수익성을 총괄하는 비율이다. 총자본이익률은 투자수익률이라고도 하며 간단히 ROI라고 한다.

② 매출액이익률(profit margin on sales) : 이 비율은 순이익을 매출액으로 나눈 것으로서 1원에 해당하는 매출액의 순이익이 얼마인가를 나타내는 것이다. 보통 매출 마진(margin on sales)이라는 용어를 많이 쓴다.

③ 자기자본이익률(net profit to net worth) : 이 비율은 순이익을 자기자본으로 나누어 자기자본에 대한 영업실적을 평가하는 비율이다.

(5) 활동성 비율(activity ratio)

자산관리비율(asset management ratio)이라고도 불리는 이 활동성 비율은 기업이 소유하고 있는 재고자산, 유동자산, 고정자산 등 조직내 자원이 어느 정도 효과적으로 이용되고 있는가를 측정하는 비율로서 매출액에 대한 주요자산의 회전율로 표시하는 것이 보통이다.

① 재고자산회전율(inventory turnover) : 활동성비율중 가장 대표적인 재고자산회전율은 매출액을 재고자산으로 나눈 비율로서 재고자산이 일정기간 동안에 몇 번이나 회전하였는가를 측정하는 것이다. 재고자산회전율이 낮다는 것은 매출액에 비하여 재고를 과다 소유하고 있다는 것이며, 높다는 것은 적은 재고자산으로 생산 및 판매활동을 능률적으로 수행하고 있다는 뜻이다.

② 매출채권회전율(receivables turnover) : 이는 매출액을 매출채권으로 나눈 것이다. 같은 매출액에 비하여 매출채권이 적을수록 기업의 운영을 잘하고 있다고 볼 수 있으므로 매출채권회전율이 클수록 좋다.

③ 고정자산회전율(fixed assets turnover) : 이 비율은 매출액을 고정자산으로 나눈 수치로서 고정자산이 어느 정도 능률적으로 이용되고 있는가를 측정하는 비율이다. 이 비율이 높을수록 고정자산의 이용도가 양호한 것을 나타내지만 업종과 기업규모에 따라 커다란 차이가 있다.

④ 총자산회전율(total assets turnover) : 이 비율은 총자본회전율이라고도 하며 매출액을 총자산으로 나눈 것이다. 이 비율은 기업의 총자본(또는 총자산)이 1년에 몇 번이나 회전하였는가를 나타내는 비율이므로 기업이 사용한 총자산의 효과적 이용도를 종합적으로 표시한 것이다. 총자

산회전율이 높으면 유동자산, 고정자산 등이 효과적으로 이용되고 있다는 것을 뜻하며, 이 회전율이 낮으면 과대투자나 비효과적 투자를 하고 있다는 것을 의미한다.

3) 재무감사

(1) 재무감사의 의의와 구분

재무정보는 기반하고 있는 자료와 해석이 올바른 것일 때 의미있는 것이 되는데, 때로는 숫자가 거짓말을 할 수도 있고, 또한 거짓말쟁이가 숫자를 나타낼 수도 있다는데 문제점이 있다. 따라서 정보와 통제시스템이 사용하는 자료가 정확하다는 사실을 알려 주는 어떤 종류의 통제가 필요한데, 이것이 바로 재무감사이다.

재무제표의 검증을 위한 재무감사에는 다음과 같은 영역이 포함된다.

① 현금(cash) : 은행에서 은행대차대조표를 확인하고 현금관리절차를 검토한다.

② 매출채권(receivables) : 고객으로부터 외상금액과 갚을 기일을 확인하고 대차대조표를 확인한다.

③ 재고조사(inventory) : 재고품을 헤아리고 재무제표와 비교해 본다.

④ 고정자산(fixed assets) : 직접 눈으로 확인하고 화폐가치를 평가하며 보험이 적절한지를 결정한다.

⑤ 대부금(loans) : 대부계약체결을 검토하고 채무를 요약해 본다.

⑥ 수익과 지출(revenues and expenses) : 시기와 타당성과 양을 평가한다.

이러한 의의를 지니는 재무감사는 ① 외부감사(external audit)와 ② 내부감사(internal audit)로 구분된다.

(2) 외부감사

외부의 전문적인 공인회계사에 의해 이루어지는 외부감사는 전통적으로 조직의 재무적인 회계와 재무제표의 독립적인 평가를 포함하는 확인과정이다. 공인회계사의 목적은 조직의 재무보고서를 준비하는데 있는 것이 아니라 조직이 자체의 재무제표를 준비하는 자산과 부채를 평가함에 있어서 일반적으로 수락하는 원칙 즉 표준적인 회계원칙(accounting principles)을 따랐으며 이를 옳게 적용하였는가를 객관적으로 확인(verify)하는데 있다. 그러나 외부감사는 조직이 일정한 운영기간이 지나고 난 다음에 그리고 재무제표가 완성되고 난 다음에 하게 되고, 또한 한정된 재무제표와 거래행위에 한해서 하기 때문에 진행중에 있는 업무를 통제하지 못하게 된다는 한계점이 있다.

(3) 내부감사

조직의 내부구성원에 의해 이루어짐으로써 자체감사(self-audit)라고도 불리는 내부감사는 조직의 자산이 적절히 보호되고 있고, 재무기록이 재무제표 작성을 위해 충분히 신빙성 있고 정확히 유지되고 있는가를 확인하는데 목적을 두고 있으므로, 재무제표와 운영의 능률성을 함께 검토하여 통제시스템의 개선을 위한 경영자의 의사결정을 지원한다. 다시 말해서 외부감사가 사후통제(post-action control)적인 성격을 지니는데 비해, 내부감사는 모든 직위의 사람들이 해야 하는 바를 정확하고 능률적 및 효과적으로 진행하고 있는가를 검토하는 활동이므로 운영통제(operational control)라고도 한다.

3. 운영통제기법

운영통제(operational control)는 중간관리자를 중심으로 하는 통제기법으로 ① 예산, ② 손익분기점분석, ③ 네트워크 등이 있다.

1) 예산

(1) 예산의 특성

대부분의 조직에서 예산기법은 경영활동의 모든 과정, 특히 계획화와 통제화 과정에서 오래 전부터 사용되어 온 통제기법이다. 앤쏘니(R. Anthony & R. E. Herzlinger, 1975) 등은 예산의 특성을 다음과 같이 설명하였다.

① 대부분의 예산은 금전으로 기술된다.

② 예산은 통상 1년을 기간으로 한다.

③ 예산은 높은 계층의 경영자에 의해 편성되어 하향하거나, 낮은 계층의 감독자에 의해 편성되어 최고경영자의 승인을 받게 됨으로써 모든 계층의 동의를 받는다.

④ 한번 편성된 예산은 극단적인 경우를 제외하고는 바뀌지 않는다.

⑤ 업적의 결과를 평가하기 위한 자료는 스탭(통상 회계부서)에 의해 수집되고, 해당 관리자에게 피드백한다.

⑥ 예산은 다른 통제기법과 마찬가지로 경영관리자로 하여금 지출목표 및 계획에 관해 사전에 고려하도록 한다.

(2) 예산의 유형

예산은 다양한 프로젝트 또는 프로그램과 기능을 수행하려고 하는 조직내의 모든 사업부 또는 부서를 위해 편성된다. 그런데 예산이 효과적으로 사용되기 위해서 조직의 각 부서는 기능별로 책임중심점(responsibility center)을 명확히 규정해야 한다.

예산의 기반이 되고 예산통제시스템의 기본적인 분석단위가 되는 책임중심점은 조직의 목표달성을 위해 어떤 활동에 대해 책임을 지는 한 사람의 경영자의 감독하에 있는 하위부서 또는 기능별 단위조직이라고 정의되는데, 이는 [그림 13-10]과 같이 수익중심점, 경비중심점, 이익중심점, 투자중심점으로 구분된다.

[그림 13-10] 기능통제를 위한 예산시스템

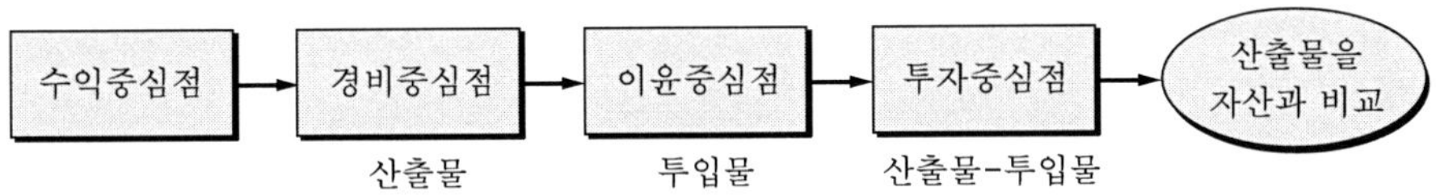

자료 : J. A. F. Stoner & R. E. Freeman, *Management*, Prentice-Hall, 1989, p. 591.

책임중심점은 조직구조의 유형에 크게 의존하고 있다. 즉 표준원가중심점, 경비중심점 및 수익중심점은 기능별 조직설계 및 매트릭스 조직설계에 있어서 기능별 단위인 생산, 회계, 재무 및 인적자원을 위한 단위조직의 기능과 일치한다. 이와는 대조적으로 대규모의 사업부는 통상 경비와 이윤에 관련된 수익의 양자에 통제력을 미침으로 이윤중심점을 활용할 수 있게 되며, 거대기업은 투자중심점을 활용하게 된다. 이러한 관점에서 보면 중심점(center)을 단위조직(unit)이라고 말할 수 있다.

예산의 유형은 책임중심점을 기준으로 하는 경우 고정예산(fixed budgets)과 변동예산(variable budgets)으로 구분하고 고정예산으로는 ① 수익예산, ② 비율예산, ③ 이윤예산, ④ 현금예산, ⑤ 자본지출예산 등이 있고, 변동예산으로는 ① 수익중심점예산, ② 경비중심점예산, ③ 이윤중심점예산, ④ 자본지출예산 등이 있다. 바톨과 마틴(K. M. Bartol & D. C. Martin, 1991)은 이들 예산을 다시 [그림 13-11]과 같이 ① 운영예산, ② 재무예산의 두 가지로 구분하였다.

[그림 13-11] 예산의 유형

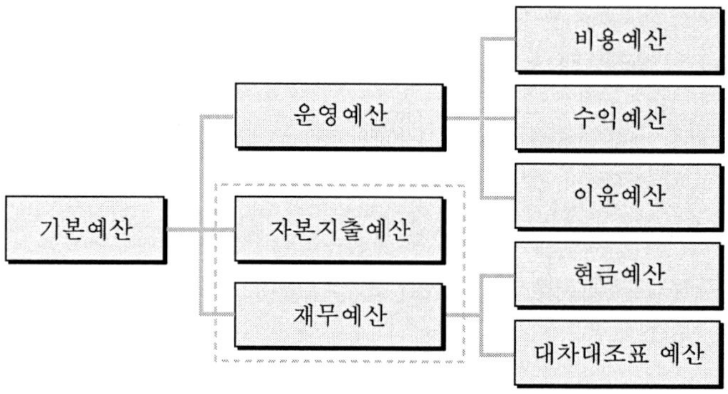

자료 : K. M. Bartol & D. C. Martin, *Management*, Harper & Row, 1991, p. 642

(3) 운영예산

운영예산(operation budgets)이란 조직 또는 단위조직의 계획된 수익과 비용의 계산서(statement)로 예산기간내에서의 각 책임중심점을 위한 재무계획을 나타내고 ① 수익, ② 비용, ③ 이윤예산 등이 포함된다.

① 수익예산(revenue budgets) : 판매예산(sales budgets)이라고도 하는 수익예산은 기업의 판매효과를 측정하기 위한 예산으로 판매나 매출과 같은 책임중심점이다. 이 예산은 각 제품의 예상되는 단위당 판매가격에 예상되는 판매수량을 곱하여 나타낸다.

② 비용예산(expense budgets) : 각 책임중심점과 전체조직에서 일정한 회계기간에 발생이 예상되는 비용, 즉 원가중심점에서 적용되는 비용을 말하는 것으로 산출물의 변화와는 상관없이 고정된 고정비와 부서별 활동의 산출물의 양에 직접적으로 비례하여 변화하는 변동비가 포함된다.

③ 이윤예산(profit budgets) : 이 예산은 예상되는 수익과 비용간의 차이에서 나오는 이윤에 초점을 둔 예산이기 때문에 이는 수익과 비용의 양자를 포함하지만 강조점은 이윤에 있다. 단위조직의 수익과 책임을 지는 관리자에 의해 사용되는 운영예산은 이윤중심점과 투자중심점에 적용된다.

(4) 재무예산

재무예산(financial budgets)은 조직이 필요로 하는 현금을 어떻게 조달하며 조달된 현금을 어떻게 사용하려고 하는가를 개괄하는 예산이다. 미래의 예산이라는 특성을 지닌 이 예산은 ① 현금예산, ② 대차대조표예산, ③ 자본지출예산 등이 있다.

① 현금예산(cash budgets) : 특정기간 동안 조직에 유입된 현금과 유출로부터 발생하는 미래의 현금흐름(cash flow)을 계획하는 것으로 이는 현금의 활용가능한 양과 기간을 보여준다.

② 대차대조표예산(balance sheet budgets) : 예산기간의 기말에 자산, 부채 및 자본 등으로 나타나는 대차대조표를 계획하는 예산이기 때문에 때로는 사전계획적 대차대조표(preform balance sheet)라고도 한다. 이는 과거의 업적을 다루는 대차대조표와는 달리 미래의 계획을 다룬다.

③ 자본지출예산(capital expenditure budgets) : 생산능력을 유지하고 확장하기 위해 건물, 기계 또는 설비 등과 같은 중요한 자산에 투자하려는 미래의 계획과 관련된 중요한 다년간의 예산이다.

(5) 예산편성의 과정

예산의 편성방법은 [그림 13-12]와 같이 ① 하향식(top-down), ② 상향식(bottom-up) 등의 두 가지로 구분되고 있다(R. L. Daft, 1991).

관료적인 통제방법과 일치하는 하향식은 중간관리자나 하위관리자들과의 의사소통 없이 최고경영자에 의해 전반적인 예산의 개요가 제시되고 그대로 계획되는 과정이다. 이 방법은 전반적인 경제적 계획을 제공하고 기업의 재무목표와 예측을 전달하며, 자원의 활용 가능성과 예산의 범위를 알려준다.

이에 비해 최근에 와서 많은 조직에서 채택되고 있는 상향식은 중간관리자나 하위관리자들이 자신들의 예산요구를 구체화하여 제시하면 최고경영층에서 검토를 거쳐 승인하는 과정이다. 이 방법은 구체적인 자원의 요구사항을 명확히 하고 부서간의 자원 불일치를 해결하며, 구성원의 직무몰입도를 높여준다.

[그림 13-12] 하향식 및 상향식 예산편성

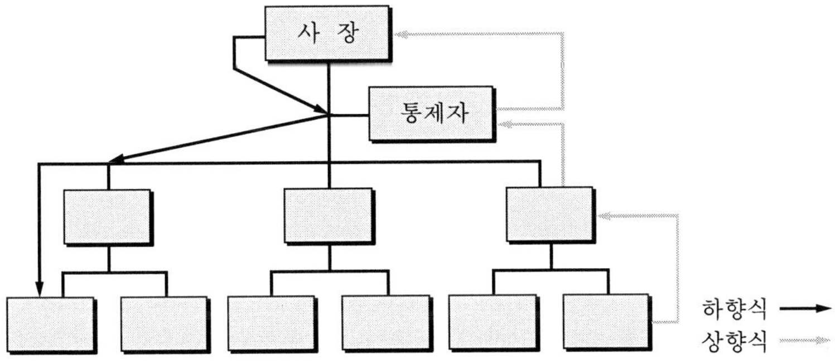

자료 : R. L. Daft, *Management*, Dryden Press, 1991, p. 553

최고경영자 중심의 하향식과 하급관리자 중심의 상향식의 양자가 다함께 장·단점을 지니고 있는데, 대프트(R. L. Daft, 1986)가 제시한 양자의 장·단점은 [표 13-9]와 같다. 이 때문에 최근에 와서 양자의 방법을 함께 혼용하는 방법(joint)이 거론되고 있다. 그러나 이러한 혼합적인 방법이 언제나 바람직한 것이라고 속단하기보다는 양자의 장·단점을 중심으로 하여 가장 바람직한 최선의 방법을 모색하는 것이 필요하다. 처칠(N. C. Churchill, 1984)은 [표 13-10]과 같은 상황에 적합한 예산편성 과정을 제시하였다.

[표 13-9] 하향식과 상향식 예산편성의 장·단점

구 분	장 점	단 점
하향식	▪최고경영자가 전반적인 경제적 계획에 관한 정보를 갖는다. ▪그들은 재무목표와 예측에 관해 알고 있다. ▪그들은 새해의 가용자원의 양에 관한 신뢰할 만한 정보를 갖고 있다.	▪하위관리자들은 목표의 달성에 몰입하지 않는다.
상향식	▪하위관리자들은 최고경영자가 알지 못하는 자원의 요망에 관해 알고 있다. ▪그들은 자신의 특정한 영역에서의 능률과 기회에 관한 정보를 갖고 있다. ▪그들은 예산계획이 자신의 책임이라고 생각하도록 동기부여된다.	▪미래의 지출에 관한 관리자의 판단은 현실적인 것과 일치하지 않을 수 있다.

자료 : R. L. Daft, *Management*, Dryden press, 1991, p. 532.

[표 13-10] 하향식 및 상향식 예산편성의 바람직한 상황

하향식이 최선의 것일 수 있는 상황	상향식이 최선의 것일 수 있는 상황
▪경제적 및 산업적 계획 ▪회사계획화의 한정요소 ▪회사의 목표 ▪전반적인 자원활용	▪운영적 계획 ▪경쟁, 제품 및 시장에 관한 정보 ▪대체적인 행동과정 ▪특정한 자원획득

(6) 예산편성의 새로운 접근법

위에서 설명된 전통적인 예산편성 접근법은 많이 사용되고 있음에도 불구하고, 이들 기법들은 신규예산을 수립할 때 기존의 예산항목을 재평가하기보다는 전년도 예산에 추가적인 비용을 조정하고 증액하여 신년도 예산을 수립하는 경향이 많다는 단점이 있다. 따라서 이와 같은 전통적인 예산기법의 단점을 없애고 효과적인 예산편성을 위한 새로운 기법으로 영기준 예산접근법(zero-base budgeting)과 PPBS(planning-programming budgeting system) 접근법이 사용되고 있다.

① 영기준 예산접근법

영기준 예산편성(zero-base budgeting)은 예산을 편성할 때 책임중심점이 영기준(zero-base)에서 시작하는 접근법으로서 전년도 예산을 증액하여 편성하는 것이 아니라 목표달성을 위한 모든 활동들의 공헌을 중심으로 한다. 따라서 경영자들은 매 회계년도의 예산편성시 0에서 시작하며 각각의 예산항목은 처음부터 새로이 검토하게 된다. 이러한 영기준에 의한 예산편성은 세 가지 기본단계가 있다.

첫째, 각 부서의 활동들이 의사결정패키지(decision making package)로 분할된다. 여기에는 각 프로그램이나 활동의 비용과 편익을 비교하는데 필요한 정보가 포함된다.

둘째, 각 의사결정 패키지는 조직의 효과성에 미치는 영향에 따라 서열이 매겨진다.

셋째, 프로그램이나 활동의 서열에 의거하여 자원을 배분한다.

이와 같은 영기준 예산방법은 조직의 전체적 관점에서 프로그램이나 활동의 중요성을 고려해 자원을 효과적 내지 효율적으로 이용한다는 점에서 미국의 레이건 정부에서 이용하였고 많은 조직에서 이용되고 있다.

② PPBS 접근법

기획・계획예산제도(planning-programming budgeting system : PPBS)는 미국의 캐네디 정부에서 채택한 예산편성기법으로서 각 정부활동은 주어진 지출항목의 목적을 달성할 수 있도록 평가되어진다는 점에서 개별적인 프로그램을 평가하는 기법이다. 이 기법은 국방성내에서 비용이 많이 드는 프로그램의 종목을 찾아내어 이를 제거하고, 똑같은 프로그램을 보다 더 정확하게 전체예산에 통합시키고자 하는 의도로 만들어 졌다. 일반적으로 PPBS 접근법은 다음과 같은 네 가지 단계가 있다.

첫째, 프로그램 혹은 그 활동에 대한 기본목적을 서술하고 분석한다.

둘째, 서술된 목적에 비추어 프로그램의 성과를 분석한다.

셋째, 1년 이상 몇 년에 걸친 프로그램의 총비용을 측정한다.

넷째, 전체적인 목적을 가장 잘 달성시킬 수 있는 대안을 비교 선택한다.

이처럼 PPBS 접근법은 각 프로그램이 전체시스템에 미치는 영향에 근거하여 각 프로그램을 분석함으로써 조직이 자원을 보다 효율적으로 활용할 수 있게 해 준다. 그러나 실제로는 정부기관들의 PPBS의 실시에서 오는 효익이 거의 없었고, 사전에 상의도 없이 실시를 강요함으로써 실시 절차상의 부적절성 등의 결함으로 인해 연방정부에서 효과적으로 충분히 활용되지 못하였다.

2) 손익분기점 분석

(1) 손익분기점 분석의 의의

운영통제의 기본적인 기법으로 매우 널리 활용되는 손익분기점 분석은 어떤 특정제품을 생산하는데 관련된 모든 비용을 충당할 수 있는 수익, 즉 손실도 없고 이익도 없는 손익분기점(break-even point : BEP)을 결정함을 목적으로 한다. CVP(cost volume profit) 분석 또는 CVP 관계분석(cost volume profit relationship)이라고도 하는 이 기법은 다음과 같은 의사결정을 위해 사용된다.

① 어느 수준의 생산량(판매량)에서 수익 또는 손실이 발생하는가?

② 계획된 목표를 실현하기 위해서는 얼마만큼 생산(판매)해야 하는가?

③ 손실을 피할 수 있는 즉 수익을 올릴 수 있는 최소의 매출액은 어느 정도인가?

④ 손실도 없고 수익도 없는 계획(projection)을 위해 제품계열(product line)을 줄여야 하는가? 아니면 추가해야 하는가?

⑤ 손익분기점 분석에 기반하여 가격을 높여야 하는가 아니면 낮추어야 하는가?

⑥ 손익분기점의 위치를 증대하기 위해 시설을 현대화시켜야 하는가?

⑦ 갑작스런 원가증대의 요인이 생기면 손익분기점에서는 어떤 현상이 일어날 것인가?

특히 제조업체에서 일반화되고 있는 이 기법은 조직이 이윤을 얻기 위해 얼마만큼의 제품을 팔아야만 하는지를 분석하는 수단이고 이윤이 발생하는 지점을 평가하는 수단을 제공하는 유용한 통제방법이다. 손익분기점은 ① 공식(formula)에 의한 방법과 ② 도표(chart)에 의한 방법으로 산출할 수 있다.

(2) 공식에 의한 손익분기점의 산출

손익분기점에서의 수익은 비용과 일치한다. 보통 수익은 매출액으로 측정하고 비용은 고정비와 변동비의 합으로 구한다. 따라서 [매출액 = 고정비 + 변동비]와 같은 관계식이 성립한다. 손익분기점 분석에서는 단위당 판매가격과 변동비는 일정하고 매출액에 대한 변동비의 비율(변동비율) 또한 일정하다고 가정하고 있으므로 위의 공식은 [매출액 = 고정비 + (변동비율 × 매출액)]과 같이 표시할 수 있다. 이때의 고정비는 [매출액(1 - 변동비율)]이고, 매출액은 [고정비 / (1 - 변동비율)]이다

손익분기점 분석을 다각화하기 위하여 공헌이익(contribution margin) 및 공헌이익률을 공식으로 표시하면 [공헌이익 = 매출액 - 변동비] 또는 [공헌이익 = 고정비 + 이익]이 되고, [공헌이익률 = 공헌이익 / 매출액] 또는 [공헌이익률 = 1 - 변동비율]이 된다. 이상의 여러 관계에서 다음과

같은 여러 공식을 구할 수 있다.

① 손익분기점을 계산하는 공식 : 손익분기점상의 매출액을 S라 하고 손익분기점상의 판매량을 Q라 하면, 각각 다음과 같이 계산된다.

$$S=\frac{\text{고정비}}{1-\text{변동비율}}=\frac{\text{고정비}}{\text{공헌이익률}}$$

$$Q=\frac{\text{고정비}}{\text{판매가격}-\text{단위당 변동비}}=\frac{\text{고정비}}{\text{단위당 공헌이익}}$$

② 일정액의 이익(목표이익)을 올리기 위해 필요한 매출액(TR)과 판매량(TQ)을 구하는 공식은 다음과 같다.

$$TR=\frac{\text{고정비}+\text{목표이익}}{1-\text{변동비율}}=\frac{\text{고정비}+\text{목표이익}}{\text{공헌이익률}}$$

$$TQ=\frac{\text{고정비}+\text{목표이익}}{\text{판매가격}-\text{단위당 변동비}}=\frac{\text{고정비}+\text{목표이익}}{\text{단위당 공헌이익}}$$

(3) 도표에 의한 손익분기점의 도출

먼저 [그림 13-13]과 같이 횡축에 판매량 또는 매출액을 나타내는 눈금을 표시하고 다음 종축의 FC에서 횡축에 평행선을 그으면 이 평행선과 횡축의 거리는 각 판매량 또는 매출액에 대한 고정비를 나타낸다. 고정비는 조업도(이 곳에서는 판매량, 또는 매출액)의 증가에 관계없이 일정하게 FC로 표시된다. 다음에 횡축의 판매량에서의 변동비를 고정비 위에 취하여 이 점에서 판매단위 0까지의 고정비에 연결시키면 이것이 총비용곡선이 된다.

[그림 13-13] 손익분기점 분석 도표

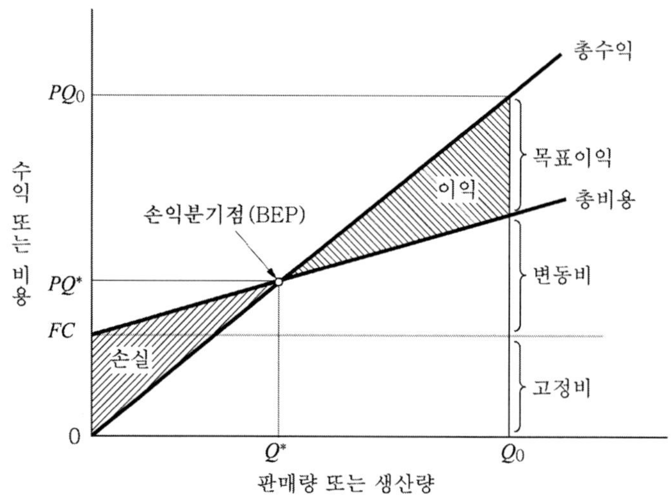

다음에 원점으로부터 단위당 판매액(가격) 비율에 따라 직선을 그어 총수익곡선을 구할 수 있다. 이렇게 되면 단위당 변동비용의 증가율이 판매가격의 증가율보다 작아 총수익곡선(매출액선)과 총비용선이 만나는 점이 있게 되며, 이를 손익분기점이라 한다.

손익분기점 오른쪽 삼각형에서의 상하 두 직선 사이의 폭을 각 판매량 또는 매출액에 대한 이익으로 표시하고 왼쪽 삼각형에서의 폭은 손실을 표시한다. 따라서 일정한 이익을 올리기 위해서는 얼마만큼의 판매를 해야 할 것인가도 알 수 있게 된다. 이익도표는 앞서 본 공식에 의한 방법보다는 도표로서 기업의 손익관계를 명확히 표시해 주기 때문에 이해하기 쉬울 뿐만 아니라 손익분기점에 관한 대략적인 정보를 얻기 위해서 사용할 수 있는 간편한 방법이라는 이점도 있다.

3) 네트워크 분석

(1) 네트워크 분석의 개요

네트워크 분석(network analysis) 기법은 앞에서의 다른 여러 기법과 마찬가지로 계획기능과 통제기능의 밀접한 관계 때문에 계획기법으로 다루어지기도 하고, 통제기법으로 다루어지기도 하나 이는 계획기법임과 동시에 통제기법이다. 대표적으로 쓰고 있는 네트워크분석은 프로젝트 관리(project management)기법 또는 일정계획(scheduling)이라는 이름으로 다루어지는 ① 간트차트와 ② PERT/CPM 등이 있다.

[그림 13-14] 간트차트와 PERT

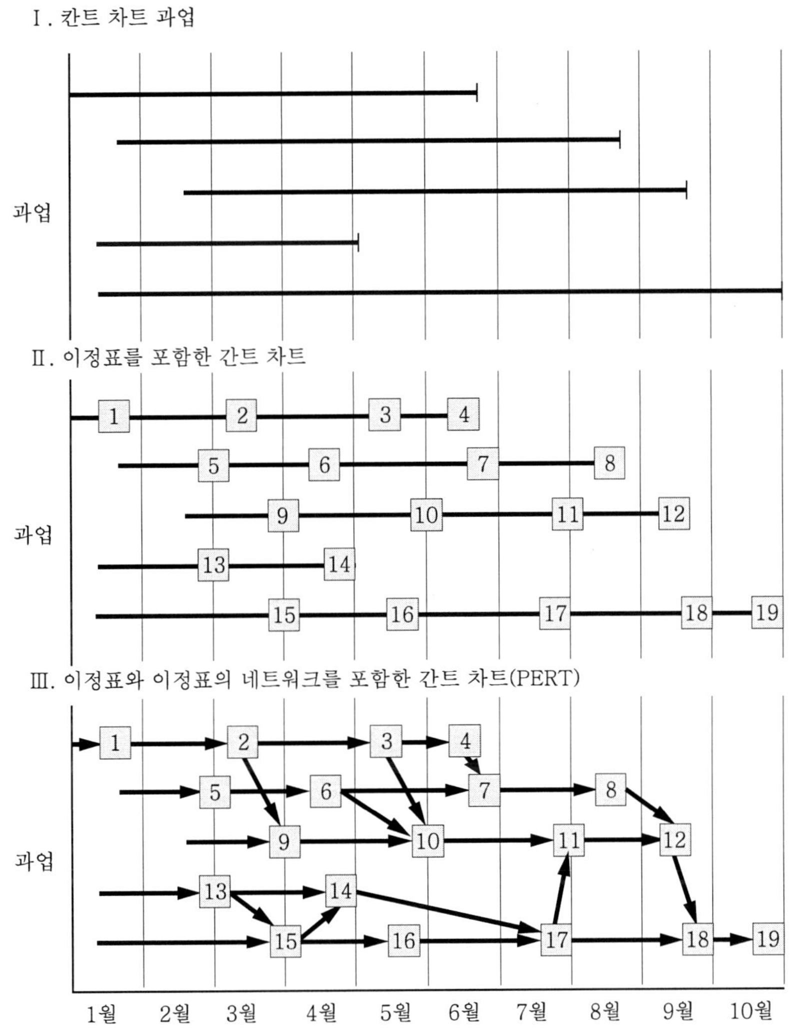

자료 : H. Koontz, C. O'Donnell & H. Weihrich, *Management*, McGraw-Hill, 1984, p. 522.

(2) 간트차트

과학적 관리학파의 일원이었던 간트(H. L. Gantt)에 의해서 창안된 간트차트(Gantt Chart)는 [그림 13-14]의 Ⅰ과 같이 막대기 도표(bar chart)를 통해서 하는 계획과 통제기법(도구)이다. 하나의 프로젝트를 완성하기 위해 수행될 업무를 몇 개의 주요 활동(과업)으로 구분하고 각 활동이 필요로 하는 시간과 완료시점을 구체적으로 표시하여 현재의 진행상태를 알게 해주는 일정계획 관리기법이다.

프로젝트 기간에 따라 주간, 월간, 분기간 또는 연간으로 표시하여 통제하는 이 기법은 각 활동의 시작과 끝나는 시점을 알리는 정보를 제공함으로 경영자로 하여금 계획된 일정계획에 따라 프로젝트를 효과적으로 관리할 수 있게 해주는 비교적 쉬운 기법으로 많이 보급되고 있으며 컴퓨터 패키지를 통해 보다 복잡한 프로젝트를 위한 기법으로 발전하고 있다.

그러나 이 기법의 단점은 이들 여러 행동이 어떻게 서로 관련되어 있는지를 보여 주지 못한다는데 있다. 따라서 상대적으로 규모가 작은 프로젝트의 경우에 있어서는 관계가 비교적 분명하기 때문에 효과적인 기법이 되지만 복잡하고 규모가 큰 프로젝트 즉 대형빌딩 또는 공장의 설계에 있어서와 같이 계획하는 행동(프로젝트)의 수가 많고 상호의존적인 프로젝트에서는 효과적인 기법이 되지 못한다는 한계가 있다.

(3) PERT / CPM

간트차트의 문제점을 극복하기 위해 이를 기반으로 발전된 기법이 [그림 13-14]의 Ⅲ과 같은 네트워크 분석기법인데, ① PERT와 ② CPM의 두 가지로 구분된다.

프로그램을 평가하고 검토하기 위한 PERT(program evaluation and review technique)와 주공정을 중점적으로 관리하기 위한 방법(critical path method)인 CPM은 공히 중요한 네트워크이지만 이들은 같은 시대(1957~1958)에 그러나 각기 서로 달리 발전되어 왔다. PERT는 폴라리스 미사일에 참여하는 3,000개 이상의 관련업체의 협조를 위해 미국 해군에서 개발되었고, CPM은 크고 복잡한 프로젝트의 통제를 촉진하기 위해 듀퐁(DuPont)사에 의해 개발되었다.

두 기법은 거의 같은 목적으로 개발되었기 때문에 기본적으로 어느 정도 유사한 점이 있으나 차이가 있다. PERT는 다양한 활동이 완성되기 위해서는 얼마만큼의 시간을 요하는가에 관한 불확실성을 처리하기 위한 방법을 구체화하는데 반해, CPM은 다소의 자원이 다양한 행동에 배분된다면 프로젝트가 완성되는 시점이 어떻게 바뀌는가를 고려할 방법을 갖고 있다는 점에서 다르다. 따라서 PERT는 과업의 기간과 완료되는 시점이 개략적으로만 예상되는 비반복적인 과정의 처리에 더욱 유용하고, CPM은 과업의 기간이 고정되어 있고 완료시점을 알고 있는 반복적인 과정에 더욱 유용하다.

연 습 문 제

1. 다음 용어를 설명하라.
   - 통제화
   - 사전통제
   - 사후통제
   - 동시적 통제
   - 통제원칙
   - 재무감사
   - 예산
   - BEP 분석
   - 네트워크 분석

2. 경영통제의 필요성을 설명하라.

3. 통제의 기본적인 과정을 설명하라.

4. 구성원들이 통제에 저항하는 요인을 설명하라.

5. 통제에 대한 종업원들의 저항을 극복하는 방법을 설명하라.

6. 효과적인 통제시스템의 특성을 설명하라.

7. 재무통제기법의 종류에 대해 설명하라.

8. 운영통제기법의 종류에 대해 설명하라.

제6부

경영학 각론

제14장

생산관리

제1절 생산관리의 개요

1. 생산관리의 의의

생산(production)이란 기업이 이용가능한 생산자원인 원자재, 기계설비 및 인간을 유효하게 활용하여 재화나 서비스를 산출하는 과정을 말한다. 구체적으로는 첫째, 어떤 물질적인 유형의 재화를 창출하는 행위, 둘째, 운송을 통해 위치를 옮기는 행위, 셋째, 재화를 교환하는 행위, 넷째, 재화를 창고에 저장하는 행위, 다섯째, 무형의 재화, 즉 서비스를 창출하는 행위 등을 생산의 범주로 본다. 이와 같이 생산활동은 복잡 다양하고 그 범위가 넓기 때문에 생산활동이 목표로 하고 있는 생산량과 품질을 달성하기 위해 여러 가지 문제들을 해결해야 한다.

생산관리(production management)란 고객이 요구하는 좋은 제품을 필요로 하는 때에, 필요한 양을, 적절한 가격으로 생산·공급하기 위해 재화나 용역을 창출하는 생산시스템을 설계하고 계획하며, 운영 및 통제하는 활동이다. 즉 어떤 투입요소(input)를 바라는 산출(output)로 변환시키는 생산시스템의 변환과정을 관리하는 활동을 말한다. 이처럼 생산관리는 생산 및 생산시스템을 연구대상으로 하며, 제도적인 공업경영분야 뿐만 아니라 모든 생산활동의 운영분야들을 포함한 영역으로 확대하여 해석하고 있다. 일반적으로 생산관리의 생성 및 발전은 그 나라의 산업화과정의 합리화로 평가되어지며, 이는 기술적 합리화와 경제적 합리화의 종합적인 면을 지니고 있다.

일반적으로 생산이라고 하면 무엇인가를 만들어 내는 것으로 정의되어 왔으나, 오늘날에는 생산의 개념이 제조부문 뿐만 아니라 서비스산업을 포함하여 전 산업부문으로 확대하여 정의되고 있다. 이러한 경우 생산은 생산요소의 변환과정을 거쳐 재화를 산출하는 행위로 해석되어 경제학적 관점에서는 경제적 재화의 가치창조활동으로 규정하기도 한다. 생산관리는 이러한 생산활동을 계획하고 조직하며 통제하는 관리기능에 관한 학문이라 할 수 있다.

2. 생산관리의 일반원칙

생산관리의 구체적 운용방식을 고찰하기 전에 먼저 그 생산활동을 관리하기 위한 일반적인 합리화 원칙을 이해하고 있어야 한다. 생산관리의 합리화 원칙으로서는 표준화(standardization), 단순화(simplification), 전문화(specialization)로 첫머리 글자를 따서 3S 원칙이라고도 한다. 이는 영미생산성협의회가 미국의 성공적인 기업을 대상으로 성공요인을 추출하여 발견한 원칙이다.

1) 표준화

표준화란 생산활동에 필요한 표준을 설정하고 이를 고정시킴으로써 생산관리의 기능인 계획과 통제에 대한 통일적인 질서를 확립하는 것으로, 구체적으로는 제품의 품질, 형상, 대소 등에 관해 대표적 기준을 설정하고 이에 기초를 두어 표준화된 제품만을 집중적으로 생산함으로써 생산활동의 생산성, 경제성, 이익성을 높이려는 것이다. 이처럼 표준화는 필요한 표준을 설정하여 고정시킴으로써 생산과 유통에 필요한 비용을 절감시키고 대량생산을 가능하게 하고자 하는 것이다. 제품에 대한 표준화에는 완성품에 대한 표준화와 부분품에 대한 표준화가 있는데, 완성품에 대한 표준화를 정형화라고도 하며, 부분품에 대한 표준화를 규격화라고도 한다.

2) 단순화

단순화란 경영목적을 달성하기 위한 제조방법 또는 절차 등과 관련해 불필요하거나 그다지 중요하지 않은 재료나 요소 또는 과정을 배제하여 가능한 한 가장 간단하고 능률적인 제조방법, 절차 등을 마련하기 위한 간소화 또는 간략화하는 조직적 활동을 말한다. 이처럼 단순화는 제품의 구성품목을 가급적 줄이려는 원칙으로 제품 구성품의 형태, 크기, 등급의 종류를 가급적 줄임으로써 재료, 부분품, 시설, 제품 등의 지나친 다양성에서 비롯되는 낭비를 없애고자 하는 것이 주된 목적이다.

3) 전문화

전문화란 작업을 분업의 원리에 따라 일정한 범위의 작업으로 분류하고 이 분류된 작업을 각 담당자에게 분담시켜 그 작업만을 전문적으로 맡아서 하도록 하는 것을 말한다. 즉 한정된 활동 분야에만 노력을 집중토록 하는데 이를 특화내지 특수화라고도 한다. 이처럼 전문화는 작업을 비롯하여 공구, 기계, 공장에 이르기까지 특화된 부문에 집중적인 노력을 기울임으로써 생산성을 향상시키려는 원칙을 말한다. 작업을 전문부문별로 특화시키고, 공장별로 제품생산을 전문화하도록 하고, 공구와 기계도 전문화시켜 사용하도록 하는 것이 그 예이다.

이상과 같은 표준화, 단순화, 전문화의 원칙들은 상호의존적인 관련성을 가지고 있다. 즉 표준화 없이 단순화와 전문화를 기하기는 어려우며, 또 단순화 없이 전문화와 표준화를 기하기는 어렵다. 그리고 표준화와 단순화를 전제로 하지 않는 전문화는 무의미하다. 따라서 이들 원칙은 동시적으로 표준화되고 단순화되고 전문화되어야 하는 것이다. 그리고 이러한 3S 원칙은 제품이나 서비스의 생산에는 물론 경영활동 전반에 걸쳐 적용될 수 있다.

현대 산업사회에서 많은 기업들은 계속적으로 관리적·기술적 혁신을 도입함으로써 생산활동을 개선하고 확대해 나감에 따라 오늘날에는 생산이 고도로 기계화, 자동화되어 가고 있으며, 대량생산 체제를 갖추고 대규모로 운영할 수 있게 되었다. 그리고 끊임없는 연구개발(research and development)을 통해 신제품 개발, 기존제품의 개선 및 개량, 신소재 개발, 생산공정의 새로운 개발과 개선 등 국내외 경쟁에서 살아남고 성장하기 위한 혁신에 몸부림치고 있다.

제2절 생산의 형태와 생산시스템

1. 생산의 형태

구체적으로 어떤 제품을 생산하기 위해서는 생산방식, 즉 생산형태(types of production)를 결정해야 한다. 생산형태는 생산활동의 특징이 어떤 것인가에 따라 생산의 유형을 구분하는 것으로서 생산방식이라고도 한다.

첫째, 기술적 특성에 따라 조립생산과 장치생산으로 분류된다. 조립생산은 부분품을 서로 결합하고 조직하여 최종제품을 생산하는 방식으로 자동차공업, 전자제품생산 등에서 흔히 볼 수 있다.

장치생산은 일관된 공정을 거쳐 최종제품을 생산하는 장치공업 또는 일관생산방식으로서 정유, 화학, 제지업 등에서 흔히 볼 수 있다.

둘째, 시장특성에 따라 주문생산과 시장생산으로 분류된다. 주문생산은 고객이 요구하는 제품의 품질, 성능 및 디자인에 맞추어 생산하는 방식이다. 시장생산(예측생산)은 고객수요를 예측하고, 이를 충족시킬 수 있는 제품을 생산하는 방식이다.

셋째, 공정관리 특성에 따라 개별생산, 조별생산, 대량생산으로 분류된다. 개별생산은 일정한 제품을 주문에 따라 소량을 생산하거나 또는 불규칙하게 개별적으로 생산하는 방식이다. 조별생산은 자동차, 전화기, TV 등과 같은 표준화된 제품을 일정한 단위생산량인 로트(lot) 단위별로 생산하는 방식이다. 대량생산은 고도로 표준화된 특정의 제품을 대량으로 장기간에 걸쳐 계속하여 생산하는 방식인데, 대체로 자동화시스템을 채택하고 있다.

넷째, 기타의 생산형태로서, 작업수단의 형태에 의한 분류(수작업생산과 기계생산), 작업장소에 의한 분류(가내생산과 공장생산), 생산주체와 방식에 의한 분류(자가생산과 외부생산), 생산품종의 수와 생산량에 의한 분류(다품종소량생산과 소품종다량생산) 등이 있다.

2. 생산시스템

1) 생산시스템의 개요

시스템(system)이란 어떤 환경에서 주어진 목적을 달성하려는 상호관련성을 가진 식별가능한 여러 요소의 모임이라 정의할 수 있으며, 집합성, 관련성, 목적추구성, 환경적응성의 네 가지 속성을 가지고 있다. 시스템 개념은 매우 복잡한 상황에서 질서와 체계를 이루게 한다. 생산의 문제를 시스템적 사고에 입각해서 전개한다면, 주어진 문제를 시스템 전체의 입장에서 인식하고 구성요소내지는 하위시스템간의 상관관계나 작용들을 밝힐 수 있다. 뿐만 아니라 기업의 환경변화에 대한 생산시스템의 적응성을 살리고, 생산목표의 달성을 위해 생산활동을 전개하는 데에도 효과적인 해결책을 제시할 수 있다. 또한 기업시스템의 입장에서는 생산 · 마케팅 · 인사 · 재무 등 각 직능부문별로 관리문제를 검토하여 부문별 최적화를 도모하고 기업의 전체적 관점에서 각 부문간의 조정을 취하여 종합적 최적화를 이룩하는 바탕이 된다.

생산시스템의 구조는 여러 가지 방법으로 표현할 수 있으나 [그림 14-1]과 같이 나타낼 수 있다. 생산시스템의 내부에는 투입 → 산출의 과정과 피드백 통제(feedback control)를 반복한다. 그리고 생산시스템의 외부에는 환경을 구성하는 개체들이 있으며, 그 통제가능범위는 개체에 따라 크게 다르다. 예를 들어 노동 · 재료 · 자본은 상당부분을 통제할 수 있으나 정부 · 경쟁자 · 대중 · 생태환경은 거의 통제할 수 없고, 고객이나 기술에 대해서는 중간정도이다. 이러한 통제가능범위에 따라 시스템의 경계가 형성된다. 생산시스템의 내부와 외부환경 사이에는 여러 가지의 관리시스템들이 있어서 환경의 충격을 완화하고 생산활동이 원활히 수행되도록 조력하며 특정의 조건하에서 시스템의 능률과 유효성을 추구해 나간다.

[그림 14-1] 생산시스템의 구조

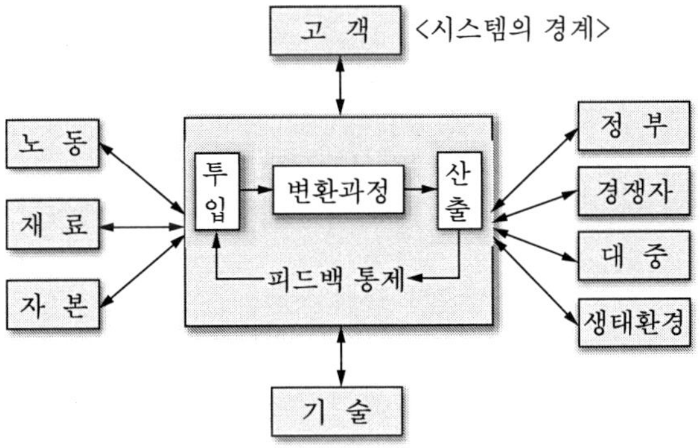

2) 생산시스템의 유형

생산시스템의 유형은 획일적으로 분류되기보다는 대상시스템의 상황에 맞게 배치되어 있는 설비들의 외형적 모양에 의하거나, 대상시장 또는 고객의 요구에 따른 생산방식 등에 의해 상대적으로 분류하는 것이 바람직하다. 일반적인 유형을 살펴보면 생산의 형태가 주문에 의한 것인지 또는 수요예측에 의한 재고를 통한 것인지에 따라 주문생산시스템과 예측생산시스템으로 구분할 수 있으며, 제품의 종류와 생산량의 다소에 의해 다품종소량생산시스템과 소품종다량생산시스템으로 구분할 수 있고, 가동되는 생산방식에 따라 연속생산시스템과 반복생산시스템 및 단속생산시스템으로 구분할 수 있다.

최근에는 유연성 및 적시생산, 공정성능 등의 중요성이 부각됨에 따라 생산시스템을 재조직할 필요성이 커지고 있다. 따라서 여기에서는 이에 따른 진보적 생산시스템들을 살펴보고자 한다.

(1) CAD/CAM

공장의 생산활동에 필요한 설계부문과 제조부문을 별도로 분리하지 않고 컴퓨터를 이용하여 통합을 시도하는 노력을 말한다. 이중 설계부문은 CAD(computer aided design)가, 제조기능의 계획과 통제부문은 CAM(computer aided manufacturing)이 담당하게 된다.

(2) CIM(컴퓨터통합생산시스템)

미래의 공장으로 지칭되는 CIM(computer integrated manufacturing)은 제품의 설계로부터 제품이 소비자에게 전달되기까지의 전과정을 기획, 관리, 통제하는 통합된 컴퓨터시스템을 말한다. 따라서 CIM은 CAD/CAM 시스템 뿐만 아니라 구매, 판매, 경영관리와 같은 정보시스템화까지도 통합관리할 수 있는 단일시스템을 구축하는 개념으로 이해할 수 있다. CIM은 제조활동을 중심으로 하여 기업의 모든 기능을 관리하고 통제하는 기술을 혼합시킨 것이라고 할 수 있는데, 이러한 CIM을 도입·운영함으로써 얻어지는 효과는 일반적으로 자동화시스템을 운영함으로써 얻어지는 이점과 유사하다. 그러나 공장자동화로서의 CIM은 과거의 자동화시스템보다 유연성을 얻을 수 있다는 것이 큰 장점이다.

(3) CMS(셀 제조시스템)

유연성 및 적시생산, 공정성능 등의 중요성이 부각됨에 따라 생산시스템을 재조직할 필요성이 커지면서 나타난 진보적 생산시스템중의 하나가 GT셀 또는 GT 작업셀 등으로 지칭되는 셀 제조시스템(cellular manufacturing system : CMS)이다. GT(group technology)는 다품종소량생산에서 부품설계·작업준비·가공 등을 계통적으로 행해 유사한 가공물들을 집단으로 가공함으로써 생산효율을 높이는 기법으로 집단가공법 또는 유사부품 가공법이라고도 한다. 셀 제조시스템의 효과는 작업준비시간 단축, 로트크기 감소, 재공품재고 감소, 제조리드타임 단축, 작업공간 절감, 유연성 개선, 고품질, 신속한 스루풋(throughput), 도구사용 감소 등으로 요약할 수 있다.

(4) MRP(자재소요계획)

MRP(material requirement planning)는 자재관리를 위한 시스템으로서 생산에 필요한 각종 원자재의 소요량과 시기를 예측함으로써, 적시에 필요한 만큼의 자재를 확보하고자 하는 자재관리와 구매지원에 중점을 두는 시스템이다.

(5) NC machines(수치제어기계)

NC machines는 프로그램형 자동화의 한 형태로서 가공과정이 숫자, 문자 및 다른 부호들로 구성되는 프로그램에 의해 제어된다. 컴퓨터시스템의 소형화·저비용화 및 고성능화 경향이 NC 기계에 반영된 것으로 전통적 NC 기계에 비해 신뢰성, 탄력성 및 생산성의 측면에서 장점이 있다.

(6) FMS(유연생산시스템)

FMS(flexible manufacturing system)란 특정 작업계획에 따라 다양한 부품들을 생산하기 위해 컴퓨터에 의해 제어되고 조절되며, 자재취급시스템에 의해 연결되는 작업장들의 조합이라 할 수 있다. 광의로는 다품종소량의 제품을 짧은 납기로, 수요변동에 재고를 갖지 않고 대처하면서 생산효율의 향상과 원가절감을 실현시킬 수 있는 생산시스템이라고 할 수 있다.

(7) JIT(적시생산시스템)

JIT(just in time)는 기업의 구매 · 생산 · 판매에 이르는 경영활동과정에서 기업의 낭비를 구조적인 측면에서 배제하는 생산경영기법이다. 즉 가능한 가장 최근의 시점에서 가능한 최소량을 생산함으로써 재고발생의 요인을 찾아 이를 제거하는 것이다. 이는 1970년대 초반 일본의 도요타자동차회사에서 활용한 생산기법인데, 1980년을 전후해서 일본의 많은 기업에서 활용하였다. 적시생산시스템의 효과는 고설계적합성, 유연성, 저재고를 통한 작업효율성, 납기의 100% 달성, 재공품재고 변동의 최소화, 생산리드타임의 단축, 각 단계간 수요변동의 증폭전달 방지, 분권화를 통한 관리의 증대, 수요변화의 신속한 대응, 불량 감소, 작업공간 사용의 개선 등으로 정리할 수 있다.

3) 생산계획

생산계획(production planning)은 수요예측과 고객주문에 따라 효율적인 방법으로 요구되는 제품을 생산하기 위해 필요한 인적 및 물적 자원을 결정하고 효율적으로 배분하는 것이다. 즉 수요가 예측된 후에 제품이 설계되고, 공정이 설치되고, 설비가 배치되면 이러한 결합된 정보의 집단은 생산계획에 전달된다. 그리고 생산계획은 미래 일정기간에 대한 생산수준을 설정하며 아울러 재고수준, 고용수준, 고객서비스수준에 대한 의사결정을 포함한다. 생산계획을 세분하면 생산수량계획, 품종계획, 생산절차계획, 일정계획으로 나눌 수 있다. 생산수량계획은 생산을 총괄하는 것으로서 총괄생산계획이라고도 한다.

총괄생산계획(aggregate production planning)은 보통 1개월에서 1년까지의 중 · 단기 계획으로서 변동하는 수요를 경제적으로 만족시키기 위해 필요한 생산자원, 즉 고용수준 · 생산율 · 원자재 및 반제품의 재고수준 등과 같은 관리가능한 변수들을 통제함으로써 생산의 양과 시기를 조절하는 기법이다. 생산시스템은 제품생산에 있어 작업자수 · 품종수 · 생산율 · 자재 등 여러 가지 생산요소들이 복합적으로 관계되기 때문에 생산율 및 재고수준의 조정은 이들 생산요인들에 대한 최적의 조합 및 총괄을 함에 있어서 비용중심으로 조정을 하게 된다. 이와 같이 총괄생산계획은 고객서비스 · 재고수준 · 고용수준 등과 같은 문제에 대한 기업의 전략을 반영하기 때문에 생산관리

담당자의 중요한 일상적 관리업무가 되고 있다.

제3절 공정관리 및 외주관리

1. 공정관리의 의의

공정관리(process control)란 공장에서 원재료로부터 최종제품에 이르기까지 원재료나 부분품의 가공 및 조립의 흐름을 순서있고 능률적인 방법으로 계획하고(planning), 순서를 정하고(routing), 일정을 세워(scheduling), 작업을 할당하고(dispatching), 독촉하는(expediting) 절차를 말한다. 즉 일정한 품질과 수량의 제품을 적기에 생산할 수 있도록 인적 노력과 기계설비 등의 생산자원을 합리적으로 활용할 것을 목적으로 공장의 생산활동을 총괄적으로 통제하는 것이 공정관리라고 할 수 있다.

이처럼 공정관리는 기업의 생산활동에 필요한 인적 및 물적 요소를 유기적으로 결합하고 관리함으로써 생산성을 향상시키는 동시에 일정한 품질과 수량의 제품을 특정기일까지 생산하기 위한 생산공정의 관리를 말한다. 공정관리자는 노동력 · 기계 · 설비 · 공구 및 자재 등을 적시에 합리적으로 계획하고 통제함으로써 계속적이고 효율적인 생산활동을 할 수 있다.

2. 공정관리의 기능과 절차

이와 같이 공정관리는 생산활동의 종합적인 관리과정을 의미한다. 공정관리의 기능으로서는 다음과 같은 것들을 들 수 있다.

첫째, 계획된 품질의 재화를 요구되는 양만큼 한정된 시간내에 생산되도록 한다.

둘째, 생산활동의 결과를 통합하고, 이를 제조관리과정에 피드백시켜 분석하는 동시에 그 결과에 따라 조정을 행하게 한다.

셋째, 설비와 인적자원으로 하여금 최대의 능률을 올리도록 유도한다.

넷째, 고객에 대한 서비스와 원가절감이라는 목표를 달성하게 한다.

효율적인 공정관리는 공정분석의 자료를 제공하며, 신속한 관리행위 및 공정상 결함 · 지연을 즉각적으로 발견하도록 한다. 이러한 기능의 발휘를 위해서는 미리 세워진 계획과 실제의 작업과정을 밀접하게 연결시켜 주는 일련의 관리절차를 수행해야 한다. 공정관리 절차의 구체적 내용으로서는 공정계획, 진행계획, 일정계획, 작업분배, 진행통제 등을 들 수 있다.

1) 공정계획

공정계획(process planning)은 생산계획에 의해 작성된 생산지령서(production order)나 제조의뢰서와 이것에 첨부된 명세서 도면 등에 의거해서 구체적으로 어떤 제품을, 어떤 진행순서로, 언제까지 제조할 것인가를 결정하는 과정이다. 따라서 어떤 제품을, 어떤 순서로, 언제까지 만들 것인가를 결정하는 공정계획은 생산계획과는 엄격히 구별된다.

2) 진행계획

진행(route)이란 작업수행의 순서와 방법을 뜻하며, 진행계획은 작업개시 이전에 능률적이며 경제적인 작업절차를 결정하기 위한 것이다. 즉 진행계획(routing)은 얼마만큼의 작업을, 어디에서, 누가, 어떤 경로와 순서로 행할 것인가를 결정한다. 공정계획을 진행계획에 포함하는 경우도 있으며, 다음의 네 가지 문제를 고려해야 한다.

첫째, 각 제품을 생산하는데 가장 경제적이고 효과적인 생산과정과 방법을 선택해야 한다.

둘째, 이에 필요한 기계와 시설의 이용가능성과 그들의 성능을 검사해야 한다.

셋째, 각 작업의 표준시간을 결정하기 위해 기계조정시간, 기계가동시간, 검사시간 및 여유시간 등을 측정해야 한다.

넷째, 작업의 순서를 결정하기 위한 진행표를 작성하고 이 표에 따라 작업을 착수해야 한다.

3) 일정계획

일정계획(scheduling)은 생산계획내지는 제조명령을 구체화하는 과정이다. 부품이나 재료의 원만한 조달을 보장하고, 각 작업의 시간적 순서를 결정한다. 즉 부분품가공내지는 제품조립에 필요한 자재가 적기에 조달되고 이들 생산이 지정된 시간까지 완성될 수 있도록, 기계내지 작업을 시간적으로 배정하고, 일시를 결정하여 생산일정을 계획하는 것이 일정계획이다. 일정계획은 주요일정계획(master scheduling), 작업일정계획(operation scheduling), 상세일정계획(detail scheduling)의 3단계로 구분할 수 있다.

4) 작업분배

작업분배는 착수통제 또는 작업배정이라고도 하며, 진행계획이나 일정계획에 표시된 시간이나 공정순서에 따라 공장의 생산활동이 수행되도록 명령하고 지시하는 통제기능을 말한다. 작업분배는 작업순서에 따르되 현장의 실정을 감안해서 가장 유리한 작업순서를 정해 작업을 명령하거나 지시하는 것으로, 계획된 생산활동을 실제로 추진하는 관리적 기능이다.

5) 진행통제

진행통제 또는 진척통제는 작업이 계획대로 진행되도록 조정하는 것이다. 즉 생산활동이 첫 공정으로부터 완성 공정까지 잘 진행되고 있나 하는 것을 검토하고, 만약에 그 계획과 실적상에 지체나 차이가 생길 경우에는 그 원인을 파악하는 동시에 그 대책을 강구하는 것을 진척통제 또는 진행통제라 한다. 진행통제는 각 공정별로 예정과 실적을 비교하는 한편, 전공정에 진척상황도 검토하여 통제함으로써 납기에 늦지 않도록 통제되어야 한다. 이를 위해 진도조사, 진도판정, 진도정정, 지연조사 등을 구체적으로 실시해야 한다.

3. 외주관리

1) 외주의 결정

외주(outsourcing)란 보통 제1차 계약자인 모기업 또는 발주기업이 제조에 필요한 부품・용역을 외부의 하청공장에서 조달하는 것이며, 외주관리라 함은 외주라는 행위를 계획・조직 및 통제하는 관리활동이다. 외주의 목적은 기업의 위험분산, 비용의 절감, 생산능력의 균형문제, 기술능력의 향상이라는 관점에서 생각할 수 있으며, 이들 요인에 의해 외주방침의 결정과 구체적인 외주정책이 수립되지만, 외주여부의 결정문제는 전사적인 입장에서 경영방침이나 경영정책과 밀접한 관련하에서 결정된다.

2) 외주선택의 기본요소

일반적으로 기업의 외주행위는 부품가공의 일부 또는 전부, 혹은 완성부품의 조립시에 외주가 이루어지며, 외주의 필요성에 대한 이유로서 다음과 같은 경우를 생각할 수 있다.

첫째, 모기업공장의 생산활동상 공정부하 또는 공정의 불합리로 인한 생산능력상 여유가 없는 경우

둘째, 외주전문공장을 이용하는 것이 유리한 경우

셋째, 특수기술이나 설비를 이용하는 경우

넷째, 관련협력공장의 지도・육성을 위해 시간이 필요한 경우

제4절 재고관리

1. 재고관리의 의의

재고자산(inventory)이란 대차대조표의 유동자산에 포함되는 원재료, 재공품, 완제품 등을 가리킨다. 재고자산은 원재료나 완제품 등의 수요나 공급이 불규칙하여 발생하게 되는 생산과 판매상의 여러 문제를 해결하고 그 활동을 원활하게 수행할 수 있도록 함으로써 결국 기업의 수익성을 향상시키는 역할을 한다. 즉 어떤 특별한 사유가 발생하여 원재료 공급이 일시적으로 중단되었을 때 미리 원재료의 재고가 확보되어 있으면 생산활동이 계속 이어질 수 있으며, 또한 판매주문이 갑자기 증가하였을 때 미리 완제품의 재고가 충분히 확보되어 있다면 판매주문에 모두 응할 수 있기 때문에 매출액을 증대시킬 수 있다.

그러나 재고자산은 필요 이상으로 과다하게 보유하면 재고투자로 묶여있는 자본의 자본비용을 비롯하여 보관비, 보험료 등 관련된 비용이 많이 발생한다. 따라서 재고자산은 항상 적정수준을 유지해야 한다. 즉 재고자산을 적정수준 이하로 너무 적게 보유하면 자칫 원재료 부족으로 생산활동이 중단되거나 완제품이 부족하여 판매기회를 상실함으로써 기회비용이 발생할 수 있으며, 반대로 재고자산을 너무 많이 보유하면 재고자산 투자비용과 보관비용 등 재고유지비용이 증가하게 된다. 그러므로 재고자산관리의 초점은 재고부족으로 인한 기회비용과 재고과다로 인한 재고관리비용 등을 고려하여 어떻게 하면 적정재고 수준을 유지하느냐 하는 것이다.

재고자산은 생산 및 판매활동에 지장을 초래하지 않는 한 되도록 보유량을 줄이는 것이 전체적으로 재고관리비용을 줄이고 유동성을 제고시키는데 도움이 된다. 특히 불황으로 판매가 부진하여 재고가 누적될 경우에는 어떻게 효율적으로 재고를 줄이느냐 하는 것이 기업의 최대 관심사이다. 생산 및 판매활동에 지장을 초래하지 않으면서 재고량을 줄이기 위해서는 원재료 조달기간과 제품생산 공정의 단축, 소량주문 및 소량공급 체계의 확립, 주문생산 확대, 정확한 수요 및 판매 예측 등의 활동이 필요하다.

2. 재고관리비용

적정 재고수준을 결정하는 데에는 판매량의 기대치, 원재료의 안정적인 확보가능성, 생산공정 기간 등 많은 요인을 고려해야 하나 가장 중요한 요인으로는 재고관리비용을 들지 않을 수 없다. 재고관리비용은 재고유지비용, 재고주문비용, 재고부족으로 인한 기회비용으로 나누어 살펴볼 수 있다.

재고유지비용(carrying cost)은 재고자산을 보관하고 유지하는데 드는 비용으로서 재고자산에 투자되어 묶여있는 자본의 자본비용, 재고자산의 변질·부패·도난 등으로 인한 손실을 방지하기 위한 보관비용, 보험료, 감가상각비, 재산세 등으로 구성된다. 재고주문비용(ordering cost)은 주로 원재료의 주문과 관련해 발생하는 비용으로 재고를 주문하여 회사창고에 도착할 때까지 발생하는 제반비용으로서 주문을 위한 통신비, 선적 및 하역비 등과 같은 운송비, 보험료 등으로 구성된다. 재고부족으로 인한 기회비용(opportunity cost of out-of-stock)은 재고부족으로 인한 판매기회의 상실과 이로 인한 고객들의 신뢰하락, 생산공정의 차질 등으로 인해 발생하는 손실을 의미한다.

이상의 재고관리비용과 재고보유수준과의 관계를 살펴보면 일반적으로 재고유지비용은 재고보유수준이 증가할수록 증가하고 재고주문비용과 재고부족으로 인한 기회비용은 재고보유수준이 증가할수록 감소한다. 따라서 적정재고수준은 이들 비용의 총합계가 가장 낮게 나타나는 재고보유량을 의미한다.

3. 경제적 주문량(EOQ)

1) 경제적 주문량의 결정

재고자산을 관리함에 있어서 우리가 결정해야 할 가장 중요한 문제는 재고를 주문할 때 1회에 얼마만큼씩 주문해야 할 것인가 하는 문제이다. 왜냐하면 1회 주문량의 크기에 따라서 재고보유수준과 재고관리비용이 달라지기 때문이다. 여기에서 재고관리비용중 재고유지비용과 재고주문비용의 합계를 최소화시키는 재고의 1회 주문량을 경제적 주문량(economic order quantity : EOQ)이라 한다. 우선 EOQ 모형을 도출하기 위해서는 다음과 같은 가정이 필요하다.

첫째, 미래 일정기간동안 연간 재고소요량을 알 수 있다.

둘째, 매일 매일의 재고사용량이 항상 일정하다.

셋째, 재고조달기간(lead time)도 항상 일정하다.

넷째, 재고의 1회 주문비용은 주문량에 관계없이 항상 일정액이 소요된다(고정비).

이상과 같은 가정하에서 연간 재고유지비용(T_1)은 평균재고량에 연간 단위당 재고유지비용을 곱하여 계산된다.

$$재고유지비용(T_1) = \frac{Q}{2} \cdot c$$

Q : 재고 1회 주문량
C : 연간 단위당 재고유지비용

그리고 평균재고량은 1회 주문량 Q가 매회 일정하며 재고사용량도 다음번 재고를 다시 주문할 때까지 매일 일정하게 사용된다고 가정하였으므로 [그림 14-2]에서 보는 바와 같이 1회 주문량 Q의 절반수준인 Q/2로 나타난다. 따라서 평균재고량은 1회 주문량 Q에 비례하여 변동한다.

[그림 14-2] 재고사용량과 평균재고량

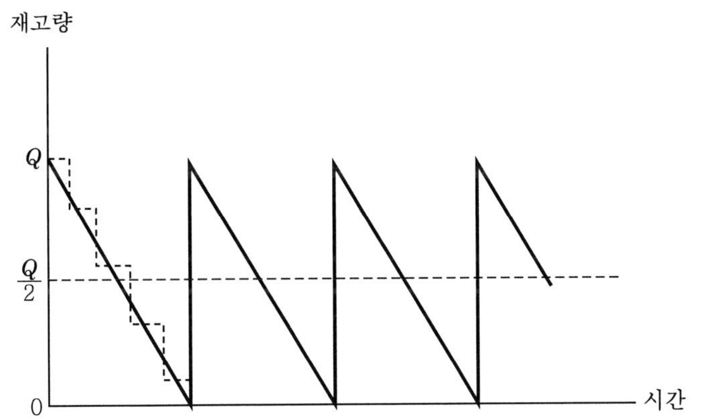

또한 연간 재고주문비용(T_2)은 연간 재고주문 횟수에 재고의 1회 주문비용(o)을 곱하여 계산되며 재고주문 횟수는 연간 총재고소요량(S)을 1회 주문량(Q)으로 나누어 계산된다.

$$재고주문비용(T_2) = \frac{S}{Q} \cdot o$$

S : 연간 총재고소요량
o : 재고의 1회 주문비용

이상에서 설명한 재고유지비용(T_1)과 재고주문비용(T_2)은 재고의 1회 주문량(Q)에 따라 [그림 14-3]과 같은 추세로 나타난다. 여기에서 재고유지비용은 1회 주문량이 증가함에 따라 비례적으로 증가하나, 재고주문비용은 재고의 1회 주문비용이 주문량에 관계없이 일정한 고정비이므로 1회 주문량이 증가함에 따라 처음에는 크게 감소하나 그 감소율은 점점 줄어든다. 따라서 연간 재고주문비용(T_2)은 재고의 1회 주문량이 증가함에 따라 주문횟수가 줄어들므로 감소하게 된다.

[그림 14-3] 경제적 주문량의 결정

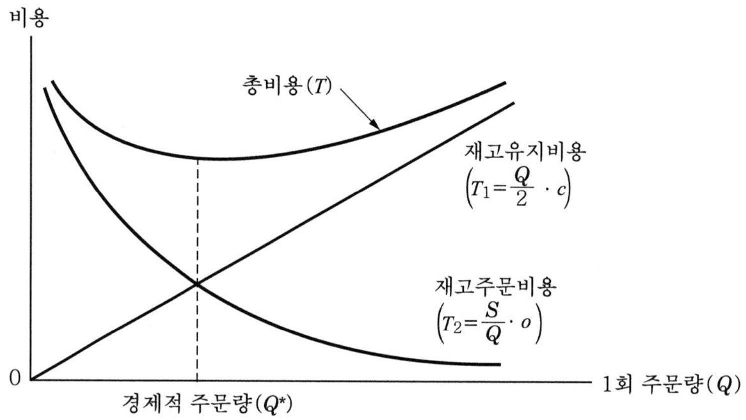

[그림 14-3]에서 재고유지비용(T_1)과 재고주문비용(T_2)이 동일하게 되는 점에서 총비용(T)이 최소가 되게 되는데, 이점의 1회 주문량이 바로 경제적 주문량이 된다. 경제적 1회 주문량(Q*)을 식으로 도출하면 다음과 같다.

$$T = T_1 + T_2 = \frac{Q}{2}c + \frac{S}{Q}o$$

즉 경제적 주문량은 총비용이 최소가 되도록 하는 1회 주문량 Q를 의미함으로, 위식을 Q에 관해 미분하여 그 도함수가 0이 될 때의 Q를 구하면 되는데, 그 결과를 정리하면 다음과 같다.

$$Q^* = \sqrt{\frac{2so}{c}}$$

또한 경제적 주문량을 주문할 경우 최소가 되는 총비용(T*)은 다음과 같이 계산된다.

$$T^* = \sqrt{2soc}$$

예를 들어 봉담기업이 원재료를 1년에 10,000개씩 사용하는데 1회 주문비용으로 5만원씩이 소요된다. 원재료의 단위당 유지비용으로 연간 4,000원씩 필요하다면 경제적 주문량은 얼마인가? 또한 이 경우 총비용은 얼마인가?

$$Q^* = \sqrt{\frac{2 \cdot s \cdot o}{c}} = \sqrt{\frac{2 \times 10,000 \times 50,000}{4,000}} = 500(\text{개})$$

$$T^* = \sqrt{2 \cdot soc} = \sqrt{2 \times 10,000 \times 50,000 \times 4,000} = 2,000,000(\text{원})$$

따라서 봉담기업은 원재료를 1회에 500개씩 연간 20회(= 10,000 ÷ 500)로 나누어 주문하는 것이 최적이며, 이때 소요되는 총비용(재고유지비용 + 재고주문비용)은 2백만원이다.

2) 재주문점의 결정

원재료 등의 재고는 주문이 이루어진 후 재고가 회사에 도착하기까지 상당기일이 소요되는 경우가 대부분이다. 이와 같이 재고를 주문하여 회사에 도착할 때까지 소요되는 기간을 조달기간(lead time)이라 하는데, 제조활동을 비롯한 영업활동을 중단함이 없이 계속할 수 있기 위해서는 최소한 창고에 조달기간동안 사용할 재고가 남아있는 시점에서 재주문이 이루어져야 한다. 이와 같이 영업활동을 계속 유지하기 위해 주문이 이루어져야 하는 최소한의 재고수준을 재주문점(reorder point)이라 하는데, 재주문점은 다음과 같이 결정된다.

재주문점 = 조달기간(일) × 1일 재고사용량

3) 안전재고수준의 결정

재고조달기간과 재고사용량이 항상 일정하다면 정확하게 재주문점에서 재고를 주문함으로써 영업활동을 계속 유지할 수 있다. 그러나 실제에 있어서는 원재료 공급처의 사정, 운송상황, 자체 생산 및 제품공급 계획의 변경 등에 따라 재고조달기간과 재고사용량은 일정하지 않다. 따라서 재고를 주문하여 인수하는 시점에서 재고수준이 0이 되도록 계획을 세우는 것은 매우 위험하며 재고부족으로 인한 기회비용을 발생시키는 경우가 많을 수 있다. 따라서 기업에서는 재고조달기간과 재고사용량의 예측치가 달라짐으로써 발생할 수 있는 재고부족사태에 대비하여 미리 일정량의 재고를 비축해 두어야 할 필요가 있다. 이와 같이 재고부족사태에 대비하여 재고정책상 항상 유지하고자 하는 여유분의 재고수준을 안전재고(safety stock)라 한다.

그러면 안전재고를 어느 정도로 보유하는 것이 적절한가? 안전재고를 너무 많이 보유하면 재고유지비용이 많이 들고 반대로 너무 적게 보유하면 재고부족으로 인한 기회비용이 발생한다. 따라서 적정안전재고는 재고유지비용과 재고부족으로 인한 기회비용을 합한 총비용이 최소화되는 수준의 재고량이라 할 수 있다.

4. 자재소요계획(MRP)

1) 자재소요계획의 의의와 목적

자재소요계획(material requirements planning : MRP)은 1960년대 IBM의 J. A. Orlicky에 의해서 개발된 것으로 제품의 생산수량 및 일정을 토대로 그 제품생산에 필요한 원자재・부분품・공정품・조립품 등의 소요량 및 소요시기를 역산해서 일종의 자재조달계획을 수립하여 일정관리를 겸해 효율적인 재고관리를 모색하는 시스템내지 방법이다. 따라서 이 시스템의 적용은 그 대상물품이 종속수요관계에 있을 경우 적절하다.

이러한 자재소요계획은 최종제품의 독립적 수요를 수요예측에 의해 추정하고, 이 수요에 따라 각 구성부품들의 종속적 수요를 필요한 때 필요한 양만큼 갖게 함으로써 기존 재고관리기법에서의 평균재고개념 때문에 야기되는 과잉재고와 부족재고현상을 감소시켜 재고비용을 극소화시키는데 그 목적이 있다. 즉 필요한 물자인 적재를, 필요한 때인 적기에, 필요한 양인 적량으로, 필요한 곳인 적소에서 조달하는 것이다. 이러한 자재소요계획을 실제 적용하기 위해서는 다음과 같은 전제가 필요하다.

첫째, MRP의 논리적 계산과 많은 양의 자료를 다루기 위해서는 컴퓨터시스템이 확보되어 있어야 한다.

둘째, 생산형태는 여러 가지의 부품들에 의해 조립되는 것이어야 한다.

셋째, 정확한 최신의 자재명세서가 각 부품마다 있어야 한다.

넷째, 어떤 세부계획이 다시 세워지더라도 생산일정계획은 정확하고 확실해야 한다.

2) 자재소요계획의 기본구조

자재소요계획은 생산종합계획, 자재명세서, 재고기록서 등으로 구성된다. 이러한 주요 기본요소로부터 최종제품의 소요량 및 시기, 제품의 구조와 재고현황 등에 대한 정보를 얻어 각 부품의 주문계획 및 주문량을 파악하는 것이다.

(1) 생산종합계획(master production schedule)

생산종합계획은 일정한 기간동안에 생산해야 할 최종제품의 수량을 기간별로 나타낸 생산계획을 말한다. 생산종합계획에는 기업의 생산능력 및 경영방침이 반영되며, 자재소요계획 수행시 인력, 공장설비, 자금수급계획 등 회사의 장기적인 자원소요계획의 자료로 이용될 수 있으며 구성부품소요량 파악의 기초가 된다.

(2) 자재명세서(bill of materials)

생산계획이 확정되면 부품 및 원자재의 수요가 결정되어야 한다. 자재명세서는 제품을 구성하는 자재와 자재의 결합방법 등 각 품목에 관한 정보와 소요량을 제시하는 표로서 최종제품별로 계층적으로 작성되며, 제품구조도를 이용함으로써 제품에 대한 특성을 쉽게 나타낼 수 있다. 즉 최종제품의 단계별 구조 및 구성제품의 소요량을 표시한다.

(3) 재고기록서(inventory record file)

재고기록서는 자재소요계획에서 각 품목의 재고상태에 관한 정보를 저장하기 위해 사용된다. 따라서 품목별로 총소요량, 수령예정량, 이용가능한 재고량 등에 관한 정보를 포함한다. 또한 공급자, 조달기간 및 로트의 크기 외에도 부수적인 기록도 포함하고 있다. 즉 주요 품목자료부문(품목의 종별, 품목의 특성, 계획요소, 안전재고 등), 재고상황부문(총소요량, 순소요량, 계획입고, 보유재고, 계획발주 등), 보충자료부문(세부발주사항, 현재 진행기록사항, 계산요소 등)으로 구성되어 있다.

3) 자재소요계획의 장점

자재소요계획은 소요량에 따라 최초주문을 계획하는데, 자재소요의 양적·시간적 변화에 맞추어 기주문을 재계획함으로써 정확한 자재수요를 계산해 나가는 접근방법이라고 할 수 있다. 그러므로 조립생산이나 부품생산 시간이 짧고 신뢰가 가능할 때, 확고한 기준일정이 수립되어 있을 경우와 생산·제작규모의 변화가 없을 때 더욱 유효하다. 이러한 자재소요계획을 재고관리 및 일정관리에 적용했을 때 기대되는 장점은 다음과 같다

첫째, 각각의 자재에 대해 별도로 수요예측을 행할 필요가 없다.

둘째, 자재에 대한 재고투자가 최소한으로 감소된다.

셋째, 자재부족현상이 최소한으로 줄어든다.

넷째, 생산소요시간이 단축되고 작업이 원활히 진행된다.

다섯째, 상황변화에 대해서 생산일정 및 자재계획을 민감하게 변경할 수 있다.

여섯째, 소요량의 시기, 주문의 시기 등이 특히 강조된다.

일곱째, 사전납기통제가 용이하다.

제 5 절 품질관리

1. 품질관리의 의의 및 특성

품질(quality)이란 제품이 사용목적을 달성하기 위해 갖추어야 할 모든 성질・형상・상태 및 조건이라 할 수 있다. 제품의 품질을 구성하는 요소인 길이・무게・온도・강도・압력 등을 품질특성(quality character)이라 하며, 이것을 수치로 표시한 중량(g)・길이(cm)・강도(kg/㎠)를 품질특성치(quality character value)라 부른다. 고객이 요구하는 품질조건을 갖춘 제품이 되기 위해서는 개별제품의 각종 품질특성치가 우수해야 할 뿐만 아니라 제품의 집단에 있어서는 품질특성치의 산포(dispersion)가 작아야 한다.

품질관리(quality control)란 소비자의 요구에 적합한 품질의 제품과 서비스를 경제적으로 생산할 수 있도록 조직내의 여러 부문이 품질을 유지・개선하는 관리적 활동의 체계를 말한다. 그런데 현대적 품질관리가 품질비용, 품질보증보다는 종업원에 대한 동기부여와 제품신뢰성을 보다 강조하고 있다는 점을 감안한다면 품질관리활동은 통계적 품질관리(statistical quality control : SQC)나 종합적 품질관리(total quality control : TQC)중 어느 하나만을 택일할 것이 아니라 양자를 잘 조정하여 이루어져야 한다. 즉 현대의 바람직한 품질관리는 기업경영의 유효성이라는 관점에서 전사적・종합적 품질경영(total systematic statistical quality management : TSSQM)이라고 할 수 있다.

이처럼 품질관리는 소비자의 요구에 적합한 품질의 제품을 경제적으로 생산할 수 있도록 조직내의 여러 부서가 품질을 유지・개선하도록 하는 시스템을 말하는데, 이는 품질표준의 설정, 품질관리활동의 실시, 그 결과의 검토 및 수정조치라고 하는 일련의 계속적인 순환활동을 하는 것이라고 할 수 있다.

2. 품질관리의 목표와 효과

품질관리의 목표는 소비자의 요구품질을 가장 경제적으로 생산하여 제공하는 것이다. 이는 제품설계의 개선, 제품제도의 일관성, 제조비용의 절감 및 종업원의 모랄향상 등에 의해서 달성될 수 있다.

품질관리는 불량품생산을 예방하기 위해 원자재나 완제품에 대한 품질의 통제가 이루어지는 관리기능이므로, 품질관리의 조직기구는 제품생산과정에서 일어날 수 있는 어떤 결점을 예방·조사 그리고 수정하는데 필요한 모든 방법과 수단을 이용하여 그 기능을 수행해야 한다. 이는 품질관리의 목표를 달성하기 위해 노동·재료·기계로부터 품질에 영향을 주는 어떤 변수가 통제되어야 한다는 것을 뜻한다. 이러한 품질관리를 실시하게 되면 다음과 같은 기대효과를 거둘 수 있다.

첫째, 품질을 균일하게 하고 제품의 성능을 향상시킬 수 있다.

둘째, 불량품이 감소되고 수율(yield percentage)은 향상된다.

셋째, 불량으로 발생하는 손실에 따른 제비용을 감소시킨다.

넷째, 원자재 공급자, 소비자와의 거래가 공정하게 이루어진다.

이러한 효과로 기업은 품질향상, 원가절감 및 작업자 의욕이 향상되어 기업의 이익확보와 체질개선이 이루어질 뿐만 아니라 이해관계자들의 갈등없이 기업활동이 수행될 수 있다.

3. 품질관리기법

1) 통계적 품질관리

통계적 품질관리(statistical quality control : SQC)란 고객에게 만족을 줄 수 있는 제품을 가장 경제적으로 생산할 수 있도록 생산의 모든 단계에 통계학적 원리와 기법을 원용한 품질관리방식을 말한다. 통계적 품질관리에서 이용되는 대표적인 기법으로는 발취검사법과 관리도법이 있다.

(1) 발취검사법

발취검사법(sampling inspection)은 원재료, 재공품, 완성품에 대해 임의로 표본을 추출한 후 검사기능을 통해 공정상태를 판단하는 정보를 수집하는 것이다. 이와 같은 발취검사를 활용하면 생산자는 검사비용을 크게 절약할 수 있고 소비자는 불량상품으로부터 보호를 받을 수 있다.

이러한 발취검사는 검사대상 모집단에서 허용오차와 신뢰수준을 전제로 일정 개수를 표본으로 추출하여 검사하는 것이다. 검사대상모집단에서 임의로 표본을 추출하여 그 표본에 포함된 불량품의 수를 검사하고 그 불량품의 수가 허용된 표준수보다 적으면 그 모집단을 합격품으로 판정한다. 또 불량품의 수가 허용된 표준수보다 많으면 이를 불합격품으로 판정하여 거부하든가 혹은 전수검사를 하여 불량품을 제거하도록 하는 기법이다. 이러한 발취검사법은 공정개시 전의 원재료와 공정완료 후의 제품의 불량수준을 추정하는데 사용하는 품질관리기법이다.

(2) 관리도법

관리도법(control chart)은 관리도를 이용하여 공정상태를 조사한 후 공정의 변동이 일정한 범위내에 있는가의 여부를 확인하고, 만일 이 범위를 벗어난 경우에는 그 원인을 규명하고 이를 제거하여 공정을 다시 안정시키는 대책을 강구하게 하는 통계적 기록관리도표이다.

이러한 관리도는 품질의 추이를 그림으로 나타낸 것으로서, 품질의 산포원인이 우연적인가 아니면 이상적인가, 다시 말하면 공정이 안정된 상태에 있는지 아니면 안정되지 않은 상태에 있는지를 구별하는 역할을 한다. 관리도에서는 관리한계(control limit)를 나타내는 한쌍의 관리한계선(control limit line)을 긋고, 품질의 측정결과를 [그림 14-4]와 같이 점으로 표시했을 때, 이들 점들이 관리한계선 안에 들어가면 안정상태라고 하고, 만일 그 점들이 한계선 밖으로 나가면 어떤 원인에 의한 이상발생으로 판단하는 것이다. 이와 같이 관리도는 공정중의 제품품질수준이 허용한계내에서 유지되고 있는지를 확인하는데 유용하다.

[그림 14-4] 품질관리도

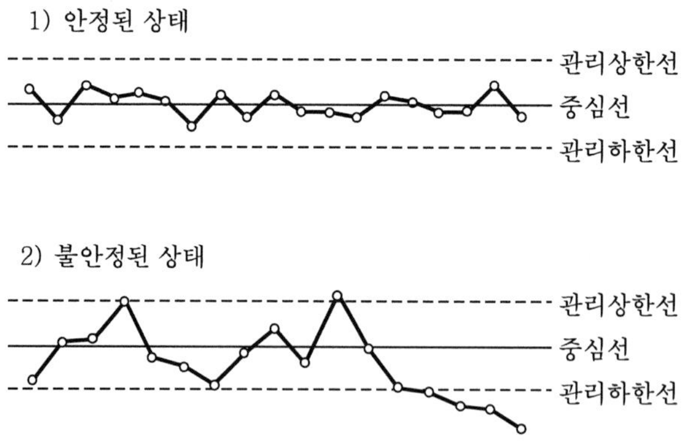

2) 종합적 품질관리

통계적 품질관리의 기법만으로는 그 성과를 충분히 얻을 수 없으며 품질에 영향을 미치는 사내 각 부문의 활동을 종합관리할 필요가 있는데, 이것이 종합적 품질관리(total quality control: TQC)이다. 종합적 품질관리는 고객에게 만족을 줄 수 있는 품질의 제품을 가장 경제적으로 생산할 수 있도록 사내 각 부문의 활동을 품질개발, 품질유지 및 품질개선을 위해 조정・종합시키기 위한 시스템을 말한다. 따라서 종합적 품질관리는 시장품질, 설계품질, 제조품질, 그리고 구매품질뿐만 아니라 마케팅활동 분야는 물론 행정관리 부문에 이르기까지 전사적으로 각 분야를 종합적으로 관리・통제해야만 품질을 향상시킬 수 있다고 이해하고 있다. 그리하여 오늘날의 품질관리는 경영품질관리(management quality control : MQC)로까지 발전되었다.

이처럼 종합적인 품질관리활동의 특징은 우리가 추구하는 이상적인 품질특성을 유지하기 위해서는 품질만을 위한 품질관리로써는 그 효과를 거둘 수 없으며, 품질 이외의 요소를 관리함으로써 비로소 그 효과를 거둘 수 있다고 생각하는 것이다. 종합적 품질관리는 결국 품질과 경영관리의 양측면을 결합한 것이라고 할 수 있다. 즉 품질관리활동을 단지 생산관리내지 생산공정문제에 국한해서 생각하는 것이 아니라 전사적 활동의 차원에서 설계부문이나 영업부문 활동까지 포괄해서 이해하는 것이다.

3) 품질관리서클(QC circle)

품질관리서클(quality control circle)은 품질관리분임조라고도 불리우며, 기업의 현장에서 품질관리활동을 실천하는 최소단위의 조직이다. 품질관리서클은 현지의 작업반장을 리더로 하고, 이들 서클요원의 작업자들이 그룹을 만들어 일선현장에 있어서의 품질관리를 직접적으로 실천하는 최소단위가 되도록 조직하는 것이 특색이다. 품질관리기법 자체는 미국에서 연구개발되었지만, 품질관리서클 활동을 적극적으로 전개하고 있는 곳은 일본이다. 이들 품질관리서클 구성원은 전사적 품질관리 활동의 일환으로 구성원의 자기개발내지 상호개발을 도모하고 품질관리서클 기법을 활용해서 품질의 관리・개선에 구성원 모두가 자주적으로 참여하는 품질관리서클 활동을 전개한다.

4) 무결점운동(ZD 프로그램)

ZD란 Zero Defects의 약자로서 1962년 미국의 Martin 항공기회사에서 전사적으로 결점을 제거함으로써 미사일의 신뢰성을 높이기 위해 처음으로 전개되었던 운동이며, 무결점(no error)운동이라고도 한다. 이것은 신뢰도 향상과 원가절감을 목적으로 전개시킨 품질향상에 대한 종업원의 동기부여 프로그램이다. 즉 제품의 품질・신뢰성・서비스의 향상・납기엄수, 원가절감 등을 꾀하기 위해 종업원 각자가 작업상에서 일어나는 결점을 영(zero)으로 하는 것을 목표로 노력하는 운동이다.

이 프로그램의 본질은 인간은 완전을 바라는 기본적인 욕구가 있다는 것을 전제로 종업원으로 하여금 완전성을 향해 노력하게 하는 것이다. 또한 결점은 오류에서 발생함으로 이들 오류의 원인을 조직적이고 자주적으로 제거토록 하는 것, 즉 ECR(error cause removal)이 ZD 프로그램의 요체라 할 수 있다.

연 습 문 제

1. 다음 용어를 설명하라.

· 발취검사	· 생산관리	· 안전재고
· 재주문점	· 총괄생산계획	· 품질관리도
· CIM	· CMS	· JIT
· MRP	· QC 서클	· SQC
· TQC	· ZD 프로그램	

2. 생산관리의 의의를 설명하라.

3. 생산관리의 일반원칙에 대해 설명하라.

4. 생산시스템의 구조에 대해 설명하라.

5. 공정관리의 의의와 절차를 설명하라.

6. 경제적 주문량(EOQ)을 설명하라.

7. 자재소요계획(MRP)을 설명하라.

8. 품질관리의 목표와 효과를 설명하라.

제15장

마케팅관리

제1절 마케팅관리의 개요

1. 마케팅의 의의 및 특징

1) 마케팅의 의의

마케팅(marketing)이란 인간의 욕구충족을 위한 기업과 소비자간에 이루어지는 교환활동을 의미하는데, 이는 경제발전단계에 따라 다양한 개념의 변천과정을 거쳐 왔다. 종래에는 마케팅이란 생산자와 소비자를 연결시켜 주는 유통 및 판촉과 관련된 기업활동의 수행이라는 영리기업의 마케팅에 국한된 미국마케팅협회(AMA, 1965)의 정의가 널리 수용되었다. 그러나 1969년 코틀러와 레비(P. Kotler & S. J. Levy)는 마케팅의 핵심을 교환에 두고 영리기업 뿐만 아니라 학교, 교회, 병원, 정치 등과 관련된 비영리조직에까지 마케팅개념을 확대·적용하였다. 이와 같은 마케팅개념의 확대에 따라 1985년 미국마케팅협회(American Marketing Association)에서는 마케팅이란 개인 및 조직의 목표를 만족시키는 교환을 실현시키기 위해 재화, 서비스 및 아이디어의 개념구성 및 개발, 가격설정, 촉진 및 유통을 계획, 실시, 통제하는 과정이라고 마케팅의 개념을 정의하였다. 이 정의는 소비자의 욕구를 충족시켜 주는 교환을 창출하기 위한 마케팅활동이 이루어져야 함을 강조하고 있으며, 또한 교환의 대상도 제품과 서비스 뿐만 아니라 무형적 아이디어도 포함하고 있다. 이러한 정의를 살펴보면 마케팅의 특성은 다음과 같다.

첫째, 마케팅의 목적은 개인 및 조직의 목표를 만족시키는데 있다.

둘째, 마케팅활동의 영역은 목표달성을 위해 교환을 창조 · 실현시키는 모든 활동에 적용된다.

셋째, 마케팅은 제품, 서비스 및 아이디어를 대상으로 한다.

넷째, 마케팅활동은 제품, 가격, 유통 및 촉진활동을 내용으로 한다.

다섯째, 마케팅은 계획 · 실시 · 통제라는 경영관리의 성격을 지닌다.

2) 현대적 마케팅의 특징

현대적 마케팅개념은 소비자지향적으로 기업의 목적을 달성하기 위해 전사적인 통합조직을 필요로 하며, 또한 경제사회가 점점 복잡하여 감에 따라서 마케팅활동도 사회적 · 법적 · 윤리적 문제를 보다 광범위하게 고려해야 한다는 개념을 내포하고 있다. 이러한 현대적 마케팅의 특징은 다음과 같다.

(1) 소비자지향(consumer orientation)

판매(sales)에는 판매자가 제품을 현금으로 교환하려는 기본적 사고를 가졌다고 한다면, 마케팅(marketing)에는 적절한 품질, 가격, 광고 등으로 소비자의 욕구를 충족시키고 만족을 느낄 수 있도록 하여 소비자가 제품을 구매하도록 하려는 사고가 내재되어 있다. 소비자지향성은 기업의 마케팅활동이 소비자관점에서 인식되고 그들의 이익이 증진되는 방향으로 전개되어야만 한다는 지향성을 의미한다. 그러므로 소비자의 생활가치를 전제로 할 때 소비자는 생활자로서 인식되어야 하며, 마케팅을 포함한 기업의 계획 및 활동도 생활자로서의 고객지향성을 가져야 한다. 이를 위해서는 소비자욕구에 대한 본질적인 이해와 표적소비자의 선택, 제품이나 메시지의 차별화, 소비자조사활동의 강화 등이 요구된다.

결국 이는 소비자만족(consumer satisfaction)을 지향하는 것으로서, 기업이 제공하는 재화와 서비스에 대해 소비자가 높이 평가하고 심리적 만족을 느낀다면, 소비자는 재화를 계속 애용하게 되고 높은 가격을 지불하려고 할 것이다. 그 결과 소비자가 최대의 만족을 느끼는 동시에 기업은 최대의 이익을 장기적으로 얻게 되고, 사회적으로는 희소자원이 소비자가 필요로 하는 재화의 생산에 사용됨으로 사회적 효용이 증대되도록 자원을 최적배분하는 효과를 가져오게 된다.

(2) 전사적 또는 통합적 마케팅(total, integrated marketing)

소비자가 만족할 수 있는 품질 · 가격 · 광고 등을 제공하려면 단순히 판매부서의 노력만으로 불가능하며 기업전체의 노력이 필요하다는 관점에서 기업의 모든 활동은 마케팅을 중심으로 통합 · 조정되어야 한다는 것이 전사적 마케팅의 개념이다. 즉 이는 기업의 모든 활동이 소비자지향성을 전제로 기업이윤이 증대되는 동시에 사회적 책임을 질 수 있도록 모든 기능을 통합·조정하여 전사적 마케팅의 입장에서 수행되어야 함을 의미한다.

(3) 사회적 책임의 수행

기업의 마케팅활동은 사회전반에 걸쳐 광범위한 영향을 미치므로 이와 관련된 사회적 책임을 져야 한다. 마케팅활동이 수행해야 할 사회적 책임에는 경제적 책임, 문화적 책임, 자원부족·환경오염 등의 생태적 책임, 사회봉사적 책임 및 법률적·윤리적 책임 등이 있다. 특별히 마케팅활동은 소비자의 만족도 충족시켜야 하나, 장기적으로는 소비자의 복리를 증진시켜야 한다. 이처럼 현대적 마케팅개념에서는 소비자들의 장기적인 사회적·생태적 문제를 각별히 고려해야 함을 강조하고 있다.

(4) 적정이윤의 확보

현대의 마케팅활동은 이상의 특징내지 목표를 수행하면서 반드시 그 필요충분하고도 적정한 기업이윤의 확보가 절대적으로 필요하다는 것이다. 기업이 존속·성장하기 위해서는 적정한 이윤확보가 요구됨으로, 기업목적을 달성하기 위한 수단으로서의 마케팅활동은 당연히 기업목적인 이윤지향성을 가져야만 한다. 이는 곧 소비자 생활가치의 창출을 통한 소비자만족에 의해 이윤을 획득하는 것을 말한다.

2. 마케팅관리의 의의와 과제

1) 마케팅관리의 의의

마케팅관리(marketing management)란 기업이 동태적인 환경에 적응해 나가면서 기업의 목표를 달성할 수 있도록 통제가능한 제마케팅활동을 분석하고 계획하고 실시하고 통제하는 경영활동을 말한다. 이는 구체적으로 표적시장의 욕구와 필요를 제공하도록 계획하고, 시장에 대해 정보를 제공하며, 동기를 유발하고, 서비스하기 위해 효율적인 가격을 책정하며, 커뮤니케이션을 수행하고, 유통기능을 담당하는 일 등을 포함한다.

이처럼 마케팅관리란 기업이 환경변화에 적응해 나가면서 기업의 목표를 달성할 수 있도록 통제가능한 모든 마케팅활동을 분석하고 계획·실시·통제하는 것인데, 이때 이러한 마케팅활동은 ① 제품, ② 가격, ③ 유통, ④ 촉진 등의 활동으로 구성된다.

2) 마케팅관리의 과제

마케팅관리는 기업이 그 목표를 달성하는데 기여할 수 있는 방법으로 수요의 수준, 시기 및 성격을 규제하는 과업을 수행해야 한다. 이러한 의미에서 마케팅관리는 수요의 관리(demand management)라고 할 수 있다. [표 15-1]은 수요상황과 그에 따른 마케팅관리의 과업에 대한 내용을 나타내고 있다.

[표 15-1] 마케팅관리의 과업

구 분	수요 상황 (demand state)	마케팅 과업 (marketing task)	호 칭 (formal name)
수요가 적은 경우	부정적 수요 (negative demand)	수요를 전환시킨다 (reverse demand)	전환적 마케팅 (conversional marketing)
	無수요 (no demand)	수요를 창조한다 (create demand)	자극적 마케팅 (stimulational marketing)
	잠재적 수요 latent demand)	수요를 개발한다 (develop demand)	개발적 마케팅 (developmental marketing)
	감퇴적 수요 (faltering demand)	수요를 부활시킨다 (revitalize demand)	재마케팅 (remarketing)
수요의 타이밍이 맞지 않는 경우	불규칙적 수요 (irregular demand)	수요와 공급의 시기를 일치시킨다 (synchronize demand)	동시화마케팅 (synchro marketing)
수요가 비슷한 경우	완전수요 (full demand)	수요를 유지한다 (maintain demand)	유지적 마케팅 (maintenance marketing)
수요가 많은 경우	초과수요 (overfull demand)	수요를 감소시킨다 (reduce demand)	디마케팅 (demarketing)
	불건전한 수요 (unwholesome demand)	수요를 소멸시킨다 (destory demand)	대항적 마케팅 (counter marketing)

3. 마케팅관리의 과정

마케팅의 관리과정(marketing management process)은 특정제품 및 시장을 전제로 하여 전개되는 마케팅관리활동을 의미하는데, 이는 전략계획의 테두리 안에서 수행된다. 마케팅계획은 마케팅활동이 지향할 구체적인 목표를 설정하고 마케팅활동의 수행에 필요한 자원배분 및 마케팅활동의 성과에 대한 조정 및 평가에 대한 계획을 포함한다. 이러한 마케팅관리의 과정은 마케팅계획 수립과정을 조직화하여, 시장기회를 분석하고, 목표시장을 선정하고, 마케팅 믹스를 개발한 다음, 마케팅활동을 관리하는 단계로 구성되어 있다. 이를 도시하면 [그림 15-1]과 같이 나타낼 수 있다.

[그림 15-1] 마케팅관리의 과정

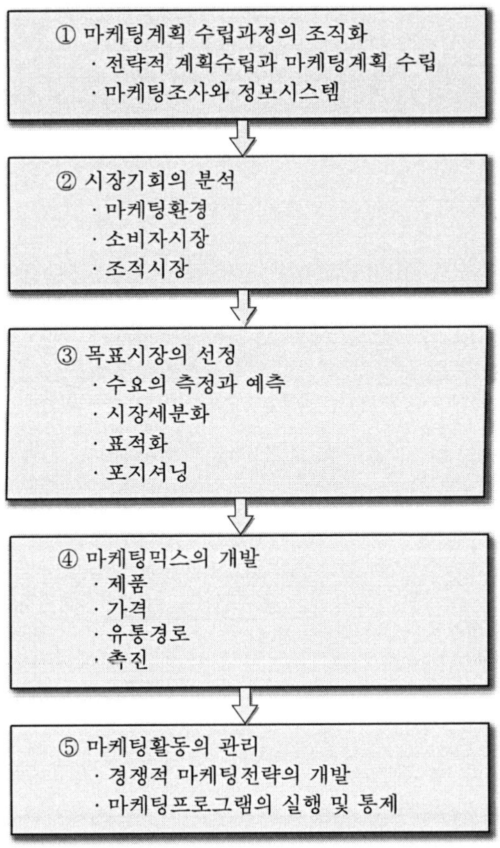

1) 마케팅계획 수립과정의 조직화

모든 기업은 자기기업이 어디로 가기를 원하는지, 그곳에 어떻게 도달할 것인지를 결정해야 한다. 이러한 요구를 충족시키기 위해서 전략적 계획과 마케팅계획을 수립한다. 전략적 계획수립을 통해서 회사는 각각의 사업단위로 무엇을 할 것인가를 결정한다. 이러한 전반적인 계획하에서 회사는 각각의 사업, 제품, 상표에 대한 마케팅계획을 수립해야 한다. 또한 마케팅계획을 수립하는데 관리자는 적시에 적절하고 정확한 정보의 공급을 필요로 한다. 이러한 정보는 마케팅조사와 마케팅정보시스템에 의해서 제공된다.

(1) 마케팅조사의 의의와 과정

마케팅활동을 효율적으로 수행하기 위해서는 정확한 정보에 근거한 계획의 수립과 실행이 요구된다. 이런 정확한 정보는 체계적인 마케팅조사를 통해 얻어진다. 마케팅조사는 마케팅관리자와 소비자를 연결시켜 주며, 마케팅활동의 각 분야를 연결시켜 주는 커뮤니케이션 수단으로서 중요한 역할을 한다. 마케팅조사의 목적은 마케팅관리자의 의사결정에 실행가능한 정보를 제공하는데 있다. 즉 상황분석, 목표시장선정, 마케팅믹스전략수립, 마케팅활동의 평가 및 통제와 관련된 의사결정에 유요한 정보를 제공해 준다.

이처럼 마케팅조사(marketing research)란 마케팅의사결정을 위한 실행가능한 정보제공을 목적으로 자료를 체계적으로 수집, 분석, 해석하는 객관적이고 공식적인 과정을 의미한다. 즉 마케팅조사란 마케팅활동의 바탕이 되는 마케팅의사결정을 할 때 필요로 하는 정보를 과학적인 방법을 기초로 하여 수집·기록·분석·평가내지 해석·보고함으로써 의사결정이 객관적·합리적으로 이루어지게 하는 활동을 말한다. 이의 주요 조사내용에는 시장특성의 결정, 시장가능량의 측정, 시장점유율 분석, 판매분석, 경쟁제품의 연구, 신제품의 수용정도, 가격설정조사, 소비자조사 등이 있다.

마케팅조사의 과정은 마케팅조사를 효율적으로 수행하기 위한 것으로 문제의 제기, 정보수집을 위한 조사계획의 작성, 자료의 수집 및 분석, 조사결과의 해석 및 보고라는 단계를 거쳐 이루어진다.

① 문제의 제기

마케팅조사의 전체적인 방향을 설정하는 단계로서 마케팅 문제 및 문제가 야기된 배경에 대한 분석이 요구된다. 조사문제를 설정하고 나면 문제해결을 위한 문헌고찰, 변수파악, 변수들간의 관계에 대한 가설설정이 순차적으로 이루어진다.

② 정보수집을 위한 조사계획 작성

문제를 정확히 정의한 다음에는 그 문제를 해결하기 위해 필요한 정보가 무엇인가 그 정보를 효율적으로 수집할 수 있는 방안을 세워야 한다. 이 단계에서는 문제에 대한 종합적인 검토, 조사골격, 자료수집절차 및 분석기법, 예산편성과 조사일정계획, 조사설계의 평가 등이 행해지는데, 조사의 경제성 및 효율성에 주안점을 두어야 한다.

③ 자료의 수집 및 분석

조사계획이 완료되면 다음 단계는 실제로 조사를 하는 것이다. 즉 자료를 수집하여 처리하고 분석하는 것이다. 자료의 수집단계는 마케팅조사의 전과정에서 가장 비용이 많이 들고 오류가 발생하기 쉬운 단계이므로 최선을 다해 오류를 극소화하도록 해야 한다. 그리고 자료를 다 수집하면 조사목적에 관련있는 정보를 뽑아내기 위해 모은 자료를 처리하여 분석해야 한다.

④ 조사결과의 해석 및 보고

수집된 자료의 분석이 끝나면 조사자는 분석결과를 해석하고 보고서를 작성하여 의사결정에 도움이 되도록 경영자에게 보고해야 한다.

이상과 같은 마케팅조사활동이 다방면에서 이루어질 때 이러한 조사결과들을 통합하여 신속·정확하게 처리하여 정보를 제공하기 위한 마케팅정보시스템이 필요하다.

(2) 마케팅정보시스템

마케팅정보시스템(marketing information system)이란 마케팅계획을 수립하고 시행하며 통제하는 방법을 개선할 목적으로 정확하면서도 적시에 적절한 정보를 수집·분류·분석·평가하고, 그러한 정보를 보급하기 위해 인력·시설 및 절차 등을 지속적으로 통합·유지하려는 것을 말한다. 즉 조직내외의 정보원으로부터 마케팅의사결정에 유용한 정보를 효율적으로 수집·보관하고, 보관된 정보를 신속하게 검색하고 분석하여 최종이용자에게 전달하기 위한 시스템이다.

이러한 마케팅정보시스템을 구성하고 있는 하위시스템으로는 내부보고시스템(internal reports system), 마케팅정보수집시스템(marketing intelligence system), 마케팅조사시스템(marketing research system), 분석적 마케팅시스템(analytical marketing system) 등이 있다.

2) 시장기회의 분석

모든 기업은 새로운 시장기회를 포착할 수 있어야 한다. 어떠한 기업도 현재의 제품과 시장에 영구히 의존하고만 있을 수는 없으므로, 새로운 시장기회를 확인하고 평가해야만 한다.

(1) 시장기회의 확인

새로운 시장기회의 창출은 우연히 또는 비공식적으로 확인될 수도 있으나 보다 합리적인 방법은 제품 및 시장확장그리드(product and markct cxpansion grid)를 통해 체계적이고 공식적인 방법을 사용하여 확인하는 것이다. 이는 [그림 15-2]와 같이 시장을 기존시장과 신시장으로, 그리고 제품을 기존제품과 신제품으로 분류하여 시장기회를 확인하는 것이다.

[그림 15-2] 제품 및 시장확장그리드

	기 존 제 품	신 제 품
기존시장	1. 시장침투	3. 제품개발
신 시 장	2. 시장개발	4. 다양화

① 시장침투

시장침투(market penetration)는 제품에 어떠한 변경도 가하지 않은 채로 현재의 목표 구매자 집단에게 보다 더 많이 판매하려는 것이다. 즉 적극적인 판매정책과 경로정책으로 기존시장에서 기존제품의 판매를 증대시키는 전략이다. 이를 위한 전략으로서는 가격을 인하시키거나 광고를 증가시킨다거나 그 제품을 취급하는 소매상의 수를 늘려 편의성을 제고하는 것 등을 들 수 있다. 이 방법은 현재의 제품에 대한 고객을 상실하지 않으면서 다른 상표를 구매하는 고객들을 끌어들이고자 하는 것이다.

② 시장개발

시장개발(market development)은 기존제품을 신시장에 도입하여 판매증대를 꾀하려는 것이다. 이를 위해 경영자는 인구통계학적 관점에서 새로운 고객을 창출하거나, 새로운 기관시장에 진출하거나, 또는 새로운 지리적 시장을 검토하고, 이들 시장이 개발될 수 있는가를 분석해야 한다.

③ 제품개발

제품개발(product development)은 기존시장에서 현재의 고객에게 신제품을 제공하는 것이다. 즉 기존시장에 신제품 또는 개선된 제품을 출시하여 판매증대를 이루려는 것으로, 예를 들어 용량·디자인·포장·상표 등을 새롭게 다양화하여 현재의 고객들이 구입할 수 있도록 함으로써 시장기회를 확대하려는 것이다.

④ 다양화

다양화(diversification)는 신시장에 신제품을 제공하여 판매를 증대시키려는 것이다. 이는 현재의 시장에서는 더 이상의 성장기회가 없거나 오히려 새로운 시장에서 유리한 기회가 있다고 판단될 때, 현재의 제품과 시장의 밖에서 시장기회를 찾는 전략이다.

(2) 시장기회의 평가

새로운 시장기회를 확인하는 것과 기업에 적절한 마케팅기회를 결정하는 것은 별도의 문제이다. 즉 모든 환경적 기회가 특정기업의 마케팅기회가 되는 것은 아니라는 것이다. 따라서 시장기회를 확인하기 위해 기업은 우선 기업목표에 부합되는 관련성 있는 마케팅기회에다 관심을 가져야 되며, 또한 그러한 기회를 활용하는데 있어 경쟁자에 비해 차별적 우위를 얻을 수 있는지를 판단해야 한다.

기업의 마케팅기회는 특정한 기업이 마케팅활동에 있어서 경쟁적 장점을 누릴 수 있는 매력적인 시장분야를 의미한다. 따라서 결국 특정기업의 마케팅기회란 기업목적 달성에 기여하며, 차별적 우위성을 보여 주는 마케팅활동의 관련분야라고 할 수 있다.

3) 목표시장의 선정

마케팅기회를 평가한 결과 특정한 시장분야가 매력적이고 유망하다고 판단되면 다음 단계로는 그 시장의 규모와 성격을 고려해야 하는데, 이를 위해서는 수요의 측정과 예측, 시장세분화, 시장목표선정, 시장위치선정이라는 네 가지 단계로 이루어진다.

(1) 수요의 측정과 예측

마케팅기회를 평가한 결과 특정한 시장분야가 매력적이고 유망하다고 판단되면 그 시장의 현재와 미래의 규모를 신중하게 측정하고 예측해야 한다. 현재의 시장규모를 측정하기 위해서는 그 시장에서 판매되고 있는 모든 제품과 현재의 매출액을 알아야 하며, 또한 미래의 시장규모를 예측하기 위해서는 그 시장의 과거성장률, 그 시장에 영향을 미치는 요소들의 변화 등을 고려해야 한다.

(2) 시장세분화

수요의 측정과 예측이 이루어지면 어떻게 그 시장에 진출할 것인가를 결정해야 한다. 그런데 시장은 여러 가지 형태의 소비자, 제품 및 욕구로 구성되어 있다. 따라서 시장의 모든 소비자를 대상으로 마케팅활동을 수행할 수가 없는 것이다. 그러므로 시장을 각 소비자들이 갖고 있는 욕구나 구매습관, 기타의 특성으로 나누어 마케팅활동을 수행할 때 소비자의 욕구충족과 기업목표를 훨씬 쉽게 달성할 수 있다. 이와 같이 전체시장을 유사한 특성을 가지는 소규모의 집단으로 분류하는 과정을 시장세분화(market segmentation)라고 한다.

(3) 시장목표선정

시장목표선정(market targeting)은 기업의 목표를 달성하기 위해 마케팅활동을 집중시킬 고객의 집단을 선정하는 것이다. 즉 시장세분화에 의해 기업이 시장에 진출할 수 있는 여러 가지 방법 중에서 자사의 목적이나, 능력의 관점에서 볼 때 가장 적합하다고 판단되는 시장부문을 선정하는 것을 말한다.

(4) 시장위치선정

기업이 일단 어떤 시장부문에 진출하기로 결정하였다면, 다음 단계는 그 시장부문에 어떻게 진출할 것인가를 결정해야 한다. 시장위치선정(market positioning)이란 자사제품을 경쟁기업의 제품과 비교하여 표적시장에 어떠한 제품으로 출하할 것인가를 결정하는 것이다. 즉 자사가 진출하고자 하는 제품을 시장에서 그리고 표적고객의 마음속에 명백하고, 특색있고, 또 바람직한 장소에 배치하는 것을 말한다. 따라서 기업은 표적시장에서 어떤 경쟁자가 어떠한 제품을 제공하고 있으며, 또한 고객이 진정 원하는 제품이 무엇인가를 알아내어, 경쟁자에게 대항하여 고객에게 어떠한 제품을 제공할 것인지에 대한 아이디어를 개발해야 한다.

특별히 제품포지셔닝(positioning)이란 자사제품이 경쟁제품과는 다른 차별적 경쟁우위요인을 보유하여 목표시장내 소비자들의 욕구를 보다 효율적으로 잘 충족시켜 줄 수 있다는 것을 소비자에게 인식시켜 주는 과정을 의미한다. 즉 경쟁기업들과 효과적으로 경쟁하기 위해 마케팅믹스를 사용하여 소비자의 의식에 제품의 바람직한 위치를 심어주는 과정을 의미한다.

이러한 시장위치선정은 제품에 대한 소비자가 원하는 속성을 파악하며, 경쟁제품에 대해 소비자가 갖고 있는 각 속성의 인지도를 파악하고, 자사제품의 위치를 알아내는 순서로 이루어진다. 이를 위해 제품위치지도, 소비자선호지도, 결합지도 등의 개념을 활용할 수 있다.

4) 마케팅믹스의 개발

일단 기업이 그의 제품을 어디에 위치시킬 것인지를 결정하였다면, 다음 단계는 마케팅믹스의 세부계획을 수립해야 한다. 마케팅믹스(marketing mix)란 표적시장에서 기업의 목적을 달성하기 위해 기업이 통제가능한 마케팅변수를 통제불가능한 마케팅변수와 조화적으로 결합시키는 것을 말한다. 맥카시(E. J. McCarthy, 1971)는 그의 저서 「Basic Marketing」에서 마케팅믹스라는 개념을 도입하였는데, 그는 가장 중요한 마케팅환경으로서 고객을 들었으며 마케팅믹스의 구성요소, 즉 통제가능한 변수로서 제품(product), 가격(price), 경로(place), 촉진(promotion)을 4P라 하였다.

제품은 기업이 목표시장에 제공하는 재화와 용역의 조합을 의미하며, 가격은 소비자들이 그 제품을 획득하기 위해 지불해야 할 화폐액을 의미한다. 그리고 경로는 목표고객들이 그 제품을 이용할 수 있도록 하기 위한 여러 가지 활동을 의미한다. 또한 촉진은 기업이 그 제품의 장점을 알리고 또 목표고객들이 그 제품을 구입하도록 설득하기 위해 수행되는 여러 가지 활동을 의미한다. 그런데 이들 마케팅믹스에 대한 의사결정은 시장위치선정에 대한 의사결정에 의해 크게 영향을 받음을 주의해야 한다. 이러한 마케팅믹스의 개념을 도시하면 [그림 15-3]과 같다.

[그림 15-3] 마케팅믹스의 구성요소

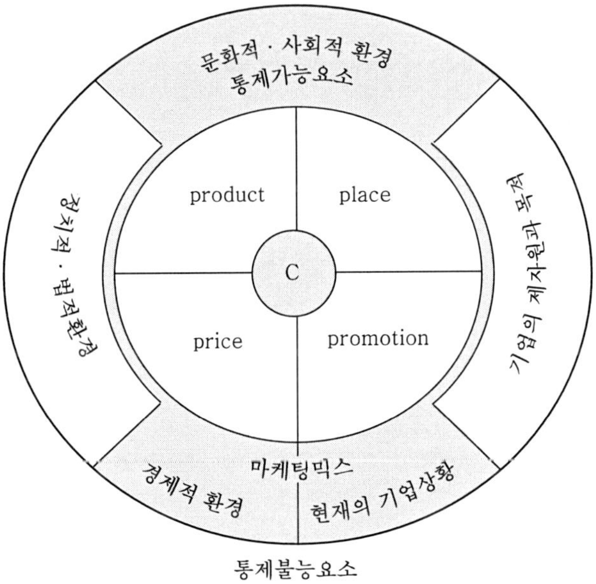

5) 마케팅활동의 관리

마케팅관리의 과정을 효율적으로 수행하기 위해서는 이들 작업을 종합적으로 관리하는 시스템의 운용이 필요하다. 이러한 마케팅관리시스템(marketing management system)에는 구체적으로 마케팅정보시스템(marketing information system), 마케팅계획시스템(marketing planning system), 마케팅조직시스템(marketing organization system), 마케팅통제시스템(marketing control system)이 포함된다. 그런데 마케팅계획수립은 마케팅조직에 의해 수행되며, 그 결과는 검토되고 통제된다는 의미에서 이들 시스템들은 서로 관련되어 있다.

이처럼 기업은 목표고객들을 만족시키기 위해 통제가능한 4P로 구성된 마케팅믹스를 개발하는데, 이들 마케팅믹스를 성공적으로 개발하기 위해 마케팅관리시스템을 활용하게 된다. 상호관련되어 있는 이들 시스템들을 통해 기업은 마케팅환경을 조사하고 이에 적응하게 된다. 즉 기업은 마케팅중간매개상, 공급업자, 경쟁자 및 대중으로 구성되어 있는 미시적 환경에 적응하고자 하며, 인구통계적 · 경제적 요소, 정치적 · 법적 요소, 기술적 · 생태적 요소, 사회적 · 문화적 요소로 구성되어 있는 거시적 환경에 적응하고자 한다. 기업은 그의 제품을 목표시장에 진출시키고 위치를 선정함에 있어서 이들 모든 요소들을 고려하게 되는 것이다.

4. 소비자행동 분석

1) 소비자행동의 이해

소비자행동(consumer behavior)이란 소비자가 자신의 욕구를 충족시킬 것으로 기대하는 제품이나 서비스를 탐색 · 구매 · 사용 · 평가 · 처분하는 과정이다. 즉 재화 또는 용역을 구매할 것인가? 구매한다면 무엇을, 언제, 어디서, 어떻게, 누구에게, 어느 정도 구매할 것인가를 결정하는 과정인 것이다. 이는 소비자가 소비와 관련된 항목들에 돈, 시간, 노력 등 자원을 어떻게 사용할 것인지의 결정을 다루는 것으로 소비자의 행동특성이나 변화를 예측할 수 있을 뿐만 아니라, 마케팅의 제변수와 시장행동과의 인과관계를 설명 · 예측하기 위해 분석되기도 한다.

소비자의 행동은 인지, 태도와 행동으로 이루어져 있고 그들은 가족, 친구, 집단, 사회계층, 문화 등 제각기 다른 환경속에서 살고 있으며, 이런 환경요소는 소비자행동에 많은 영향을 미치는데 이 환경요소를 분석함으로써 소비자행동을 보다 정확하게 이해할 수 있다. 그러나 소비자행동을 이해한다고 소비자가 제품을 구매하도록 할 수 없으며, 이때 요구되는 것이 마케팅전략으로 소비자를 구매행동으로 유인하기 위한 기업의 수단이 필요하다. 마케팅전략이란 기업이 제품, 가격, 판매촉진, 유통의 네 가지 마케팅믹스를 이용하여 소비자의 구매행동의 가능성 및 빈도를 증대시키는 것을 말한다.

2) 소비자행동에 영향을 미치는 요인

소비자행동을 분석하기 위해서는 소비에 영향을 미치는 심리적, 사회 · 문화적 요인에 대한 충분한 연구가 필요하며, 이를 통해 구매의사결정의 배경에 있는 생활구조, 생활의식 등의 다차원적 변수를 분석 · 설명할 수 있어야 한다. 특별히 소비자들의 행동을 설명 · 예측하며 또 어떠한 방향으로 통제하기 위해, 소비자행동에 영향을 미치는 제요인을 모형화함으로써 소비자행동과 제요인과의 사이에 어떤 관계가 있는가를 분석 · 연구하는 모형을 소비자행동모형이라고 한다.

소비자들은 그들의 구매행동에 있어 문화적 · 사회적 · 개인적 그리고 심리적 요인에 의해 크게 영향을 받는다. 문화적 요인(cultural characteristics)은 개인의 요구와 행위를 결정하는 가장 기본적인 요인으로서 문화, 하위문화, 사회계급 등으로 구성되며, 소비자의 구매행동에 광범위하게 영향을 미친다. 사회적 요인(social characteristics)은 소비자의 사회생활과 관련해 구매행동에 영향을 미치는 요인으로 준거집단, 가족, 역할 및 지위 등이 있다. 개인적 요인(personal characteristics)은 소비자의 구매의사결정에 소비자의 연령 및 수명주기, 직업, 경제상태, 생활스타일, 개성 등이 미치는 영향이다. 심리적 요인(psychological characteristics)은 소비자의 구매선택에 동기유발, 지각, 학습, 신념과 태도 등의 심리적 과정에 의해 영향을 받게 되는 것이다.

3) 소비자의 구매의사결정 과정

마케팅관리자는 소비자행동에 영향을 미치는 요인들 뿐만 아니라 실제로 소비자가 어떻게 구매결정을 내리는가의 과정도 이해해야 하는데, 이 과정은 문제의 인식, 정보의 탐색, 대체안의 평가, 구매결정 및 구매후 행동으로 이루어져 있다.

(1) 문제의 인식

실제의 상태와 바람직한 상태와의 차이가 일정수준을 넘어서면 소비자는 내적긴장을 느끼게 되고 구매의사결정 과정을 밟게 된다. 이때 차이는 내적자극과 외적자극에 의해 각성되어 진다.

(2) 정보의 탐색

욕구가 인식되었을 때 그것을 충족시켜 줄 수 있는 대상물이 바로 옆에 있다면 바로 구매가 일어날 수 있고, 그러한 욕구의 즉각적인 충족이 불가능할 때에는 정보탐색 단계에 들어서게 된다.

(3) 대체안의 평가

새로운 정보와 경험은 기억속에 투입되어 평가기준과 신념에 형향을 미치게 된다.

(4) 구매결정

평가단계에서 소비자는 선택집합 속에 있는 상표를 평가하고 구매의도를 형성한다.

(5) 구매후 행동

상품을 구매한 후 소비자들은 만족과 불만족을 경험한다. 따라서 마케팅관리자의 임무는 제품판매로 끝나는 것이 아니라 구매후 기간에도 계속된다.

제2절 제품전략

1. 제품관리의 개요

제품(product)이란 소비자가 욕구의 충족대상으로 받아들이는 유·무형의 모든 것을 말하는 것으로 이에는 유형재, 서비스, 사람, 장소, 조직체 및 아이디어 등이 있다. 제품은 편의품·선매품·전문품 등의 소비재와 원자재·부분품·설비품·소모품 등의 산업재, 그리고 사용회수에 따라 내구재와 비내구재 등으로 분류된다.

제품관리란 기업의 마케팅목표를 가장 효율적으로 실현하기 위해 특정제품이나 서비스를 적절한 시기와 장소에 적절한 가격과 수량으로 생산하여 판매하는데 포함된 계획과 통제활동을 의미한다. 이와 같은 제품관리는 제품계획과 제품정책이 포함된다.

제품계획은 소비자의 욕구에 적합한 제품을 제공하기 위한 계획으로서, 제품계획의 구체적인 내용으로는 신제품의 개발, 기존제품의 개량, 기존제품의 신용도개척 등을 포함한다. 이러한 제품계획시 고려해야 할 제요소로는 제품수명주기와 제품의 품질, 디자인, 스타일, 크기, 색채, 상표 등이 소비자의 욕구에 적합하도록 해야 한다.

제품정책은 제품다양화와 제품단순화 등과 같은 제품의 전략적 측면을 그 주된 대상으로 하는 제품계획의 한 분야이다. 제품정책에는 제품믹스의 폭·깊이 및 일관성을 결정해야 한다. 여기서 폭은 제품계열의 수, 깊이는 품목의 수, 일관성은 각 제품계열의 생산·유통경로·용도 등에서 어느 정도 상호관련성이 있는가를 뜻하는 것으로 기업은 이 세 가지 차원을 어느 정도로 적절히 배합할 것인가를 결정해야 한다.

제품전략은 소비자를 만족시키기 위한 제품의 유형적 측면 및 서비스 그리고 상징적 요소의 개발이 주된 목적이며 단순히 제품이나 서비스의 기능적 또는 형태적 특성을 뛰어넘는 것이다. 즉 제품의 포장, 디자인, 상표, 사후보증 및 서비스, 제품수명주기 및 신제품 개발 등 제품에 관한 모든 의사결정을 의미한다. 이중에서 사후보증 및 서비스는 전체적 제품개념의 중요한 측면이다. 충분한 사후 서비스 프로그램이 지원되지 않는 제품은 나쁜 구전효과 때문에 시장에서 빠르게 사라지고 만다. 사후보증도 또한 중요하다. 사후보증이란 제품이 만족스럽지 못한 경우 고쳐주거나 환불 또는 제품을 교환해 주겠다는 약속이다.

2. 신제품개발

1) 신제품개발의 의의

기업의 지속적인 성장과 유지를 위해서는 지속적인 이윤창출과 이를 통한 재투자를 필요로 하며, 이는 제품판매를 통해서 형성된다. 그러므로 기업은 이를 위해서 적극적인 기술개발투자를 통해 우수한 신제품을 개발하여 다양한 욕구를 대체시켜 나가야 한다.

신제품이란 광의로는 기업이 연구개발활동을 통해 기획 · 개발한 원초제품은 물론 개량제품, 수정제품 및 신상표품을 모두 뜻하는데, 협의로는 원초제품만을 뜻한다. 고객창조를 중시하는 기업활동과 시장점유율의 유지 · 확대를 위해 제품수명주기상 쇠퇴기에 있는 제품을 신제품으로 대체해야 한다. 오늘날과 같은 격심한 기업경쟁하에서는 소비자의 욕구에 부응하는 신제품개발의 중요성이 더욱 커지고 있으나 신제품개발에는 엄청난 비용과 많은 시간이 소요되며, 그 위험도가 높기 때문에 세심한 주의가 요구된다.

그러나 새로운 제품 또는 서비스의 개발은 조직의 생명줄이다. 제품은 영원히 경제적으로 효과적인 상태로 남아있지 못하며 기업의 생존을 보장하기 위해서는 새로운 제품들이 개발되어야 한다. 대부분의 경영자들은 신제품이 매출액 및 이익증가의 상당부분에 기여한다는 사실을 잘 알고 있다.

2) 신제품개발의 절차

신제품개발에 대한 시스템적 접근방법이 마케팅에서 요구되고 있다. 신제품개발 과정은 신제품 아이디어의 창출, 아이디어의 평가, 사업성분석, 제품개발, 시험마케팅, 상품화, 사후검토의 단계를 거친다.

(1) 신제품 아이디어의 창출

기업내외의 아이디어 원천으로부터 신제품 아이디어를 창출해 내는 단계로서 기업의 사업유형에 맞는 아이디어를 도출해 내기 위해서는 체계적인 탐색이 이루어져야 한다.

(2) 아이디어의 평가

창출된 신제품 아이디어의 잠재가능성을 평가하는 것으로서 이 단계에서 좋지 않은 아이디어를 빨리 파악하여 탈락시킴으로써 신제품개발 코스트를 줄이고, 투자할만한 제품아이디어만을 추출해 내는 것이 가장 중요한 과제가 된다.

(3) 사업성분석

이것은 평가를 통과한 아이디어에 대해 제품특성의 확인, 수요의 예측, 수익성의 예측, 제품화 가능성의 연구 등과 같은 사업성을 분석하고, 구체적인 사업으로서 제안하는 단계이다.

(4) 제품개발

이것은 사업으로서 제안된 신제품 아이디어를 실제로 생산·판매하기 위해 제품으로 구체화하는 단계이다. 즉 이 단계에서는 신제품에 대한 설계명세서를 작성·심의하고, 심의를 거쳐 확정된 설계명세서에 따라 시험용모형이나 소량의 제품을 제조한 후 실험실검사와 기술적 평가를 내리게 된다.

(5) 시험마케팅

개발된 신제품과 이에 따른 마케팅프로그램을 실제의 시장과 유사한 특징을 갖는 한정된 지역 내에서 간이시장시험을 하는 단계이다. 이를 통해 제품의 판매가능성과 마케팅프로그램을 사전에 검토할 수 있게 된다.

(6) 상품화

이것은 본격적인 대량생산과 마케팅프로그램을 계획하고, 신제품을 출시시키는 단계이다. 제품의 속성, 포장, 신규시설투자 등에 관한 최종결정을 하고 출시시기, 출시지역, 마케팅전략 등을 확정한다.

(7) 사후검토

신제품이 출시된 후 그 시장성과가 계획대로 달성되고 있는가의 여부를 확인하고 만일 계획과 실적간에 차이가 있다면 그 차이의 원인을 밝히는 단계이다. 차이의 원인은 차후의 신제품개발계획에 반영되어야 한다.

3. 제품수명주기

한 제품의 매출액이나 이익은 시간의 경과에 따라 변하는 것이 보통인데 제품의 수명주기개념은 그 제품 매출액의 시간적 변화에 따라 독특한 단계로 구분하고 각 단계에 내재하는 특유의 기회와 문제에 부응하는 마케팅프로그램을 수립하려는데 의의가 있다. 제품수명주기(product life cycle)란 제품이 시장에 출하되어 판매되면서 어떤 시점에서 차츰 쇠퇴하여 폐기되는데, 이때까지의 과정내지 기간을 의미하며 도입기, 성장기, 성숙기, 쇠퇴기로 나눈다.

1) 도입기

도입기(introductory stage)는 제품이 처음으로 시장에 진입하는 단계로서 제품에 대한 인지도나 수용도가 매우 낮고 경쟁자의 수가 적으며, 제품계열이 한정되어 있다. 이 단계에서는 소비자들의 구매저항, 판매망의 미정비, 생산시설 확충지연 등의 문제점이 있기 때문에 매출액증가율이 매우 낮다. 따라서 판매촉진활동을 강화하여 신제품의 특성을 잠재적 구매자에게 설득시켜야 한다. 이 단계에서 특히 중요한 것은 품질관리이며 시장에서의 고품질이라는 평가가 뒤따라야만 다음 단계인 성장기로 들어설 수 있다.

2) 성장기

성장기(growth stage)에는 도입기에 수행한 판매촉진, 판매경로의 개척 및 소비자들 사이의 구전적 영향의 효과 때문에 판매가 급속히 증가하게 된다. 경쟁품이 약간씩 출하되며, 제조원가는 경험곡선과 대량생산에 의해 하락하게 됨으로 이익이 증가하기 시작한다. 이 단계에서는 대개 경쟁사가 유사품을 개발출시하게 됨으로 상표충성도(brand loyalty)를 높이기 위한 제품차별화전략을 사용하고 제품의 질·형태·디자인 등을 개선하려는 활동을 하게 된다. 또한 새로운 유통방확보를 위한 푸쉬전략(push strategy)과 대량광고를 통한 풀전략(pull strategy)을 함께 시도하는 시기이기도 하다. 경우에 따라서는 경쟁사와의 경쟁력강화를 위해 가격인하를 단행하는 경우도 있다.

3) 성숙기

성숙기(maturity stage)는 판매가 신장되기는 하나 증가율은 점차 낮아진다. 왜냐하면 제품을 알지 못하거나 혹은 구매를 하지 않고 있는 잠재고객의 수가 줄어들기 때문이다. 생산코스트는 최저한도까지 낮아지고 이익률은 정상을 지나 감소된다. 이 시기에 마케팅관리자들은 제도적으로 시장수정, 제품수정, 마케팅믹스 수정의 전략을 고려해야 한다. 특히 신제품개발을 위한 R&D 투자를 대폭 강화해야 한다.

4) 쇠퇴기

쇠퇴기(decline stage)에는 제품이 시장에서 신제품이나 대체품에 밀리게 됨에 따라 판매가 급격히 감소되며, 조업도도 급격히 낮아지고 이익률이 최저가 되거나 혹은 적자가 발생하게 된다.

이 시기의 마케팅전략은 취약제품을 폐기하고 가격인하정책을 쓴다. 그리고 선택적 유통경로나 수익성이 적은 유통경로를 폐쇄하고 상표충실성이 강한 고객의 유지에 필요한 수준으로 광고를 줄이며 판매촉진을 최저수준으로 감소하는 것 등의 전략을 고려할 수 있다.

그런데 이러한 제품수명주기란 절대적인 어떤 기간이 있는 것은 아니며, 상대적으로 기술변화의 속도나 시장의 수용속도 및 경쟁업체의 시장진입에 대한 용이성 등에 따라 달라지는 것이다. 또한 상품에 따라서는 새로운 용도가 개발되거나 혹은 새로운 특성이 발견됨으로써 다시 새로운 수명주기를 갖게 되는 경우도 있다. 이러한 제품수명주기 개념은 최고경영층이 전략적이고 개략적인 의사결정을 하는데 매우 유효한 개념이며, 기업의 장기적인 성장·발전을 위한 전략적 판단기준을 제공해 줄 수 있다.

[그림 15-4] 제품의 수명주기

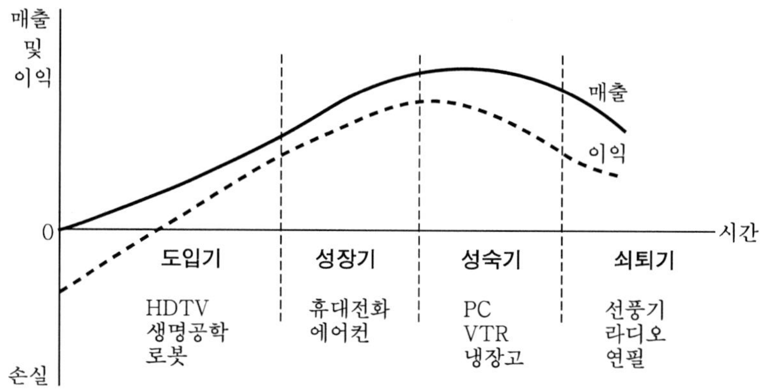

제3절 가격전략

1. 가격결정의 기본구조

1) 가격의 의의 및 성격

가격(price)이란 기업이 제조·판매하는 제품이나 서비스를 구매하는 대가로서 구매자가 기업에게 지급하는 화폐금액을 말한다. 이와 같은 가격은 한편으로는 기업의 제조원가를 보상하고 이윤이 생기도록 해주는 방향에서, 또 다른 한편으로는 구매자의 지급능력 및 구매의욕에 대응하는 방향에서 결정되어야 한다고 하는 이중구조적인 성격을 띠고 있다.

가격은 제품에 대한 시장수요를 결정하는 요소로서 경쟁상의 지위와 시장점유율에 큰 영향을 미치고 기업의 수익과 순이익 창출에 가장 기본이 되는 원천이 된다. 그러므로 가격은 기업에게는 이익을, 고객에게는 구매결정을, 정부에게는 경제정책의 지침을 제공하여 주는 중요한 역할을 담당한다.

2) 가격결정의 절차와 방법

가격결정의 주요 목표는 ① 목표자본이익률의 달성, ② 가격 및 이폭의 안정, ③ 목표시장점유율의 달성, ④ 경쟁에 대한 대응 및 경쟁예방, ⑤ 시장침투, ⑥ 제품계열의 판매촉진 중에서 어느 하나 혹은 그 이상이 될 것이다. 이러한 가격결정의 목표가 설정되고 나면 다음과 같은 절차를 거쳐 기준가격을 결정하게 된다. ① 제품에 대한 수요측정, ② 경쟁기업의 반응 예측, ③목표시장점유율의 결정, ④ 시장목표달성을 위한 가격전략의 선정, ⑤ 제품·경로 및 판매촉진에 관한 회사정책의 고려, ⑥ 구체적인 가격의 결정이다.

가격결정의 방법에는 일반적으로 원가·수요·경쟁의 세 가지중에서 하나 혹은 그 이상을 기준으로 이루어지는 것이 보통이다. 원가기준가격결정은 원가가산법과 목표가격결정법이 있으며, 수요기준가격결정은 구매자의 인식에 따른 가격결정과 수요의 차이에 따른 가격결정이 있다. 그리고 경쟁기준가격결정은 경쟁자 모방에 의한 가격결정과 입찰에 의한 가격결정이 있다.

3) 가격결정에 대한 영향요인

특정제품의 가격결정시 영향을 미치는 요인은 크게 외부요인과 내부요인으로 구분할 수 있다. 내부요인으로는 기업의 가격목표, 믹스전략 및 원가구조 등이 있으며, 외부요인으로는 제품시장 및 수요특성, 경쟁품의 품질 및 가격, 기타 법적 요인 등을 들 수 있다.

2. 가격정책

가격정책(price policy)이란 가격결정의 목표에 따라 마케팅관리자가 설정한 가격결정을 위한 지침을 의미한다. 마케팅관리자는 경쟁, 투하자본에 대한 수익, 평균비용과 한계비용, 제품에 대한 수요, 품질, 가격인상이나 할인에 대한 반응 및 앞으로의 시장상황 등과 같은 가격결정과 관련된 제상황을 예측하고 고려하여 가격을 어떻게 설정할 것인가를 구체적으로 결정해야 한다. 많은 기업들이 실제로는 단기가 아닌 장기이익의 극대화를 가격정책의 목표로 삼고 있다. 기업이 가격을 정할 때 그것이 미치는 장기적인 영향까지 고려하게 되면 문제가 아주 복잡해진다. 그렇지만 경영자는 장기적인 안목을 갖고 가격결정을 다이내믹하게 내릴 필요가 있다.

1) 신제품을 위한 가격전략

제품을 처음으로 시장에 내놓을 때 회사가 취할 수 있는 가격전략에는 크게 상층흡수가격정책(skimming strategy)과 시장침투가격정책(penetration strategy)의 두 가지가 있다. 상층흡수가격정책은 초기 고가격정책으로서, 신제품을 시장에 도입하는 초기에 있어서는 가격에 대해 크게 민감한 반응을 보이지 않는 고소득층을 먼저 흡수하고 그 뒤에 가격을 인하시킴으로써 저소득층에게도 판매하고자 시도하는 정책이다. 따라서 이 전략은 가능하면 많은 단기이익을 실현하려는데 그 주목적이 있다. 상층흡수가격정책은 ① 가격이 비싸더라도 신상품을 구매하고자 하는 수요자가 많을 경우, ② 소량생산을 해도 생산단가가 크게 오르지 않을 경우, ③ 당분간 경쟁사가 시장에 들어올 가능성이 적을 경우, ④ 가격이 비싸면 물건도 좋을 것이라는 생각을 하고 있을 경우 등에 적절한 가격정책이다.

반면 시장침투가격정책은 급속하게 시장에 침투하기 위해 저가격으로 시장을 확보하고자 하는 정책으로 대중적인 상품이나 수요의 가격탄력성이 큰 상품에 유효하다. 이 전략은 단기이익을 조금 희생하더라도 장기적으로 이익을 더 많이 올리려는데 주안점을 둔다. 따라서 단기적으로는 손해를 볼 각오도 해야 하기 때문에 상당한 장기적 안목과 위험부담능력이 요구된다. 시장침투가격정책은 ① 소비자들이 가격에 민감하고, 저가로 상품을 공급하면 시장성장이 촉진될 경우, ② 생산경험이 많이 누적될수록(경험곡선효과) 생산원가가 빨리 떨어질 경우, ③ 저가로 신제품을 공급함으로써 경쟁사의 시장진입을 방지하거나 늦출 수 있을 때 등에 적절한 가격정책이다.

2) 경쟁사의 진입이 예상될 때의 가격전략

어느 신제품도 장기간 시장을 독점할 수는 없다. 또 마케팅에 성공을 거두면 조만간 경쟁사가 시장에 들어오기 마련이다. 이 경우 경쟁사는 저가전략으로 선두기업을 공격해 오는 수가 많다. 따라서 선두기업은 경쟁사의 시장진입을 전후하여 중요한 전략적 가격결정을 내려야 한다. 이때 선두기업이 택할 수 있는 가격결정에는 경쟁사가 진입하기 전에 미리 가격을 낮추거나 경쟁사가 진입한 후에 반동적으로 가격을 낮추는 방법 그리고 지속적으로 높은 독점가격을 유지하는 3가지 대안이 있다.

경쟁사의 진입이 예상될 때 선두기업의 최적가격전략은 독점기간 동안에는 스키밍전략을 쓰다가 경쟁사가 들어오기 전에 미리 가격을 떨어뜨리는 스키밍-침투전략으로 바꾼다. 이 스키밍-침투전략은 독점기간 동안에 비교적 많은 단기이익을 거두고 독점이 깨지기 전에 가격을 낮추어서 시장에서의 위치를 튼튼히 함으로써 장기적으로 이윤을 확보하는 말하자면 단기이익과 장기이익의 실현을 적절히 조화시키는 전략이다.

3) 모방제품을 위한 가격전략

기업들이 새로 시장에 출시하는 대부분의 제품들을 모방제품 또는 유사제품이라고 부른다. 이런 제품일수록 절대가격보다 경쟁제품들의 가격에 대비한 상대가격의 관리가 더 중요하다.

유사제품이 처음 시장에 들어갈 때는 침투전략을 쓰고 나중에 상황을 봐서 상대가격을 천천히 올리는 것이 좋다. 왜냐하면 유사제품이 처음 시장에 들어올 때는 거의 알려져 있지 않은데다 이미 기반을 잡은 경쟁제품들과 싸워야 하기 때문에 침투전략을 쓸 수밖에 없다. 더구나 이 제품이 효용 면에서 경쟁제품들과 비교하여 눈에 띄게 나은 점이 없을 때는 특히 더 그렇다. 그러다가 차츰 시장점유율이 늘어나고 소비자들의 호감을 사게 될 경우 가격을 높이는 전략을 쓸 수 있다.

4) 기타 가격정책의 종류

가격수준정책으로는 판매가격을 시가로 하는 시가대응가격, 시가보다 낮은 가격으로 하는 저가격수준, 시가보다 높은 가격으로 하는 고가격수준이 있다. 가격신축성정책으로는 모든 고객에게 동일한 단일가격정책과 고객에 따라 다르게 판매하는 신축가격정책이 있다. 또한 각 품목별로 하나씩 검토하여 가격을 결정하는 단일품목가격정책과 많은 제품계열을 포함하는 계열가격정책이 있다. 그리고 지역별 가격정책으로 누가 운임을 부담하는가에 따라 인도가격정책과 배달가격정책이 있다. 또 현금할인, 수량할인, 거래할인, 계절할인 및 촉진적 할인 등의 할인정책이 있다. 이외에도 가격선 설정, 심리적 가격, 소매가격표시정책, 재판매가격유지정책 등이 있다.

제4절 유통전략

1. 유통경로의 의의

유통경로(distribution channel)는 제품과 서비스가 생산자로부터 소비자 및 최종사용자에게 옮겨

가는 과정에 참여하는 모든 개인 및 기업을 말한다. 이 정의에서 유통과정에 참여하는 개인 및 기업들이란 생산자・도매상・소매상 뿐만 아니라 소비자와 산업용품의 사용자(industrial customer)도 포함한다. 그리고 제품 뿐만 아니라 서비스도 유통경로를 갖고 있음에 유의해야 한다. 과거에는 주로 물적제품(physical product)에 관련해서만 유통경로를 언급해 왔으나, 요즈음에는 서비스에 대한 유통경로에도 많은 관심을 기울이고 있다. 예를 들어 금융기관의 지점이나 출장소 이외에도 각 시중은행의 무인자동현금인출기는 금융서비스의 새로운 유통경로라 할 수 있다.

1) 중간상의 존재이유

유통과정에 있어 왜 생산자는 직접 소비자들에게 판매하지 않고 중간상(유통업자)을 통해 판매하는가? 그것은 한마디로 중간상들이 있음으로 해서 마케팅시스템이 더 효율적으로 운영되기 때문이다. 즉 중간상들은 그들 나름대로의 전문지식과 경험을 바탕으로 상품이 생산자로부터 소비자의 손에 들어가기까지 누군가 해야 하는 일의 양을 큰 폭으로 줄이는 역할을 한다.

이러한 중간상의 역할은, 첫째로 유통과정상 접촉횟수를 줄이는 역할을 하며, 둘째로 중간상은 거래비용을 줄여주는 대신 유통마진을 취한다. 그리고 셋째는 중간상들은 생산자와 소비자들 사이의 교환과정을 촉진하는 기능을 담당한다.

[그림 15-5] 유통업자에 의한 접촉효율의 증대

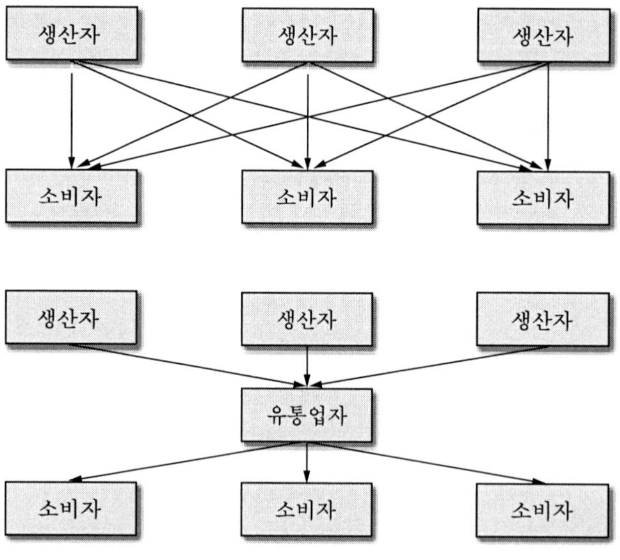

2) 유통경로의 기능

유통경로에 있는 구성원들은 상품을 생산자들로부터 소비자들에게 옮기기 위해 여러 가지 기능을 수행한다. 생산자와 중간상(도소매상) 그리고 소비자 사이에는 물적소유기능, 소유권기능, 촉진기능, 협상기능, 금융기능, 위험부담기능, 주문기능, 지불기능의 여덟 가지 기능을 수행한다. 유통경로설계의 열쇠는 여덟 가지의 유통기능을 누가 담당하는 것이 가장 효율적인가를 파악하여 그에 따라 최적의 경로를 짜는 것이다.

물적소유란 제품을 실제로 운반하고 보관하는 기능을 말하며, 소유권의 흐름은 제품의 소유권이 한 기관에서 다른 기관으로 넘어가는 것을 일컫는다. 유통경로의 구성원들은 또 상품에 관한 정보를 설득력 있게 전달하는 촉진기능도 수행한다. 그들은 또한 가격을 비롯한 거래의 여러 조건을 놓고 협상을 하며 거래를 촉진시키기 위해 금융기능도 수행한다. 유통경로에서 발생하게 되는 가지각색의 위험도 구성원들 중의 누군가가 부담해야 하며, 거래가 이루어지려면 상품을 주문하고 그 대금이 지불되어야 한다. 이 기능들 중에 어떤 것들은 앞으로만 흐르며(물적 소요, 소유권, 촉진기능), 어떤 것들은 뒤로만 흐르고(주문, 지불기능), 또 어떤 것들은 앞뒤로 모두 흐른다(협상, 금융, 위험부담기능).

3) 유통경로의 유형

유통경로에는 여러 가지 유형이 있다. 이 유형들을 가장 기본적인 형태로 나누면 소비자용품의 경우 [그림 15-6]과 같다. 산업용품의 경우는 생산자가 직접 고객에게 판매하는 형태가 가장 흔하다. 이 경우 통상 생산업체의 판매원이 직접 고객기업을 방문하여 상담을 벌인다. 또 제품이 기술적으로 복잡하고 고객이 기술지원을 받아야 하는 때나, 수는 적고 규모는 큰 고객기업들이 지리적으로 집중되어 있을 때, 이 방법이 많이 쓰인다. 이 밖에도 도매상과 비슷한 기능을 수행하는 산업용품 유통업자나 대리상을 통하는 방법이 있다.

[그림 15-6] 소비자용품의 주요 유통경로 유형

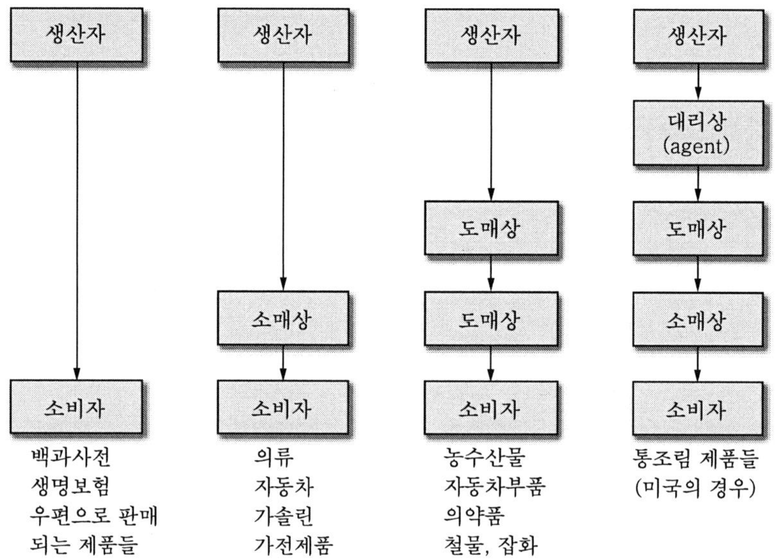

4) 복수경로

기업에 따라서는 같은 상품을 둘 이상의 경로를 통해 유통시키는 경우가 있다. 이를테면 치약, 칫솔, 비누 같은 생활용품은 대부분 슈퍼마켓 같은 소매상을 거쳐 소비자들에게 공급되지만, 동시에 군부대나 호텔 같은 조직구매자에게는 기업이 직접 납품을 한다.

2. 유통경로의 설계

기업이 어떤 마케팅 경로를 택하느냐는 기업의 다른 모든 마케팅결정에 큰 영향을 끼친다. 그러므로 기업은 신중을 기해서 적절하고 효율적인 유통경로를 선택해야 한다. 그러기 위해서는 먼저 고객이 원하는 서비스의 종류와 수준을 분석하고, 경로관리의 목표를 세운 다음, 기업이 택할 수 있는 경로에는 어떤 것들이 있는가를 파악하고 이들을 하나하나 평가해야 한다.

또한 선택된 경로는 실행되고 평가되어져야 하는데, 먼저 보다 나은 중간상들을 선별할 수 있는 기준특성들을 결정하여 경로구성원을 선발해야 하고, 중간상들이 최선을 다할 수 있도록 계속적으로 동기를 부여해야 하며, 생산자는 판매할당액 성과, 평균재고수준, 제품배달시간, 파손품과 손실품 처리, 촉진과 훈련프로그램의 협력, 중간상의 서비스와 같은 표준과업에 대해 정기적으로 중간상의 업적을 평가해야 한다.

1) 고객서비스 분석

고객이 마케팅경로의 구성원들로부터 기대하는 서비스의 종류는 아주 다양하지만 대체로 아래와 같이 네 가지로 나눌 수 있다. 소비자들에게 더 많은 서비스를 제공한다는 것은 곧 경로의 구성원들이 부담하는 비용과 소비자가격이 올라간다는 것을 의미한다.

첫째, 제품의 다양성 : 제품의 구색이 다양할수록 서비스수준이 높다고 인식한다.

둘째, 점포의 숫자와 분포 : 특정제품을 취급하는 점포수가 많고 지역적으로 골고루 분포되어 있을수록 구입에 따른 제비용(시간, 교통비 등)이 줄어든다.

셋째, 구매단위 : 구매할 수 있는 최소단위를 작게 할수록 마케팅경로가 고객에게 제공하는 서비스의 수준은 올라가는 것이다.

넷째, 대기시간 : 고객들은 상품을 주문하고 기다리는 시간이 가능하면 짧기를 원한다.

2) 경로관리의 특성

경로관리의 목표는 기업이 어떤 세분시장에 어느 정도의 서비스를 어떤 경로를 통해 제공한다는 내용을 담고 있어야 한다. 기업이 경로관리의 목표를 정할 때는 아래와 같은 상품, 중간상, 경쟁사, 회사의 징책, 환경 등의 구체직인 특싱을 고려해야 한다.

(1) 기업의 특성

기업의 크기와 재력은 기업이 유통에 관련된 기능들 중의 무엇을 직접 담당하고 무엇을 중간상에 맡겨야 하는가를 결정해 준다. 또 기업의 마케팅전략도 유통경로의 선택에 영향을 준다. 만약 기업이 고객들에게 제시간에 물건을 배달해 주는 것을 아주 중시하는 정책을 갖고 있다면, 운송수단의 선택이나 중간상에게 맡기는 기능 등이 이 정책의 영향을 많이 받을 것이다.

(2) 상품의 특성

상품의 특성(크기, 가격, 신선도, 전문제품 등)에 따라 유통경로를 달리할 수 있다. 예를 들어 부패하기 쉬운 제품이라면 소비자에게 직접 전달되는 유통경로를 택해야 할 것이고, 부피가 큰 상품이라면 운송거리를 가능하면 짧게 하는 방안을 모색해야 할 것이다.

(3) 경쟁사의 특성

경쟁사가 어떤 유통경로를 갖고 있는가도 기업의 경로설계에 영향을 준다. 어떤 상품은 경쟁사들의 제품을 파는 점포들이 밀집되어 있는 곳에서 팔아야 한다. 예를 들면 전자제품 판매점은 용산전자상가내에 밀집되어 있고, 의류는 동대문상가나 남대문상가에, 그리고 귀금속, 가구, 한복 등을 취급하는 점포도 일정한 지역에 밀집되어 있다. 왜냐하면 그 지역으로 많은 소비자들이 몰리기 때문이다.

(4) 중간상의 특성

경로를 설계할 때는 여러 가지 유형의 중간상들이 갖고 있는 장·단점도 세밀하게 검토해야 한다. 예를 들면 제조기업이 대리점을 통해 물건을 팔면 고객 하나하나 접촉하는데 들어가는 비용은 적을지 몰라도 기업이 자사의 판매원을 쓰는 경우보다 고객 한사람 한사람에게 들어가는 정성은 적을 수밖에 없다.

(5) 환경의 특성

환경의 특성도 경로설계에 큰 영향을 미친다. 제조기업은 경기가 안 좋을 때에는 상품을 가장 경제적인 방법으로 유통시키고 싶어한다. 이것은 가능하면 경로의 길이를 짧게 하고 최종소비자 가격을 올리는 불필요한 서비스를 없애는 것을 의미한다. 이런 경제적인 특성 외에도 기술의 발달, 윤리적인 요소, 법률 및 정부의 규제 등도 경로의 설계에 영향을 끼친다.

3) 경로파악과 평가

기업은 상품, 중간상, 경쟁사, 자사, 환경 등의 특성을 모두 고려해 선택 가능한 유통방법을 파악한 후 경제성, 통제, 적응성 여부의 세 가지 기준에 의해 유통경로를 평가해야 한다.

(1) 경제성

어떤 유통방법을 쓰느냐에 따라 판매량과 유통에 들어가는 비용이 다르다. 기업은 먼저 가능한 유통방법에 따라 판매가 어느 정도 될 것인가를 예측해야 한다. 비용의 경우는 대체로 판매원이 직접 판매하면 고정비는 많이 들지만 매출액에 비례해서 늘어나는 변동비는 상대적으로 적게 든다. 반면에 대리상 등의 중간상을 많이 쓰면 이들을 유지하는 고정비는 적게 들지만 이들은 기업의 판매원보다 많은 수수료를 받기 때문에 변동비는 상대적으로 증가하게 된다. 이처럼 각각의 경로대안은 판매와 비용면에서 서로 다른 수준을 나타낼 것이므로 각 경로대안의 이익을 고려해야 할 것이다.

(2) 통제

제조기업이 유통경로에 있는 구성원들을 얼마만큼 통제할 수 있느냐의 문제이다. 중간상을 통해 제품을 판매하는 경우에는 중간상을 기업이 마음대로 다루기가 어렵다. 왜냐하면 중간상은 그 자체가 독립된 사업체이며, 특정제조업체의 상품을 열심히 팔기보다는 자사에게 이익을 많이 가져다주는 상품을 파는데 더 관심이 많기 때문이다. 이처럼 통제나 갈등 같은 비경제적 요인도 함께 고려되지 않으면 안 된다.

(3) 적응성 여부

각 유통경로는 지속적인 계약관계로 환경변화에의 적응성을 잃을 수도 있으므로 적응면도 고려해야 한다. 유통경로는 일단 확립되면 짧은 시간내에 바꾸기가 어렵다. 대리상과 대리점 계약을 할 때 계약기간을 5년 정도 주어야 할 경우 이 기간 동안에 우편판매 등의 다른 방법이 더 효과가 있게 되는 상황이 생길지도 모른다. 그러나 그렇다고 해서 제조기업이 대리점계약을 파기할 수는 없는 것이다. 따라서 기업이 경로를 설계할 때는 유통여건이 변화할 때 어느 정도 신축성 있게 적응할 수 있느냐 하는 것도 고려해야 한다.

4) 중간상의 숫자

기업이 마케팅경로설정 절차에 따라 어떠한 경로를 선택하였다면, 그 다음에는 유통의 각 단계에 종사할 중간상의 숫자를 어느 정도로 할 것인가를 정해야 한다. 여기서 기업이 선택할 수 있는 방안에는 크게 세 가지가 있다.

(1) 전속유통

제조기업이 각 판매지역마다 자사의 상품을 팔 수 있는 권리를 특정 점포에게 주어 상품을 유통시키는 것을 전속유통이라고 하며, 흔히 대리점이나 지역총판 등의 명칭을 쓴다. 이 정책을 쓰면 대체로 상품의 이미지가 올라가고 중간상의 마진도 높아진다.

(2) 집약적 유통

집약적 유통이란 제조기업이 최대한으로 많은 점포로 하여금 자사의 상품을 팔게 하는 정책을 말한다. 주로 음료수나 과자류 등의 편의품을 만드는 기업들이 자사의 상품을 가능하면 많은 사람들에게 노출시키고 소비자들의 편의를 도모하기 위해 이 정책을 쓴다.

(3) 선별적 유통

집약적 유통과 전속유통의 중간에 해당하는 것이 선별적 유통이다. 즉 제조기업이 한 지역에서 이미지, 입지, 경영능력 등의 여러 기준에서 일정수준을 넘는 중간상들을 골라 이들만 자사의 상품을 취급할 수 있게 하는 정책이다. 이 정책을 쓰면 기업은 집약적 유통에서와 같이 많은 점포에 대해 신경을 쓸 필요가 없으며, 중간상들과 긴밀한 관계를 맺고 그들이 자사상품을 성의있게 팔

아줄 것을 기대할 수 있다. 가전제품, 스키나 골프용품 등의 선매품을 만들어 파는 기업들이 이 정책을 많이 쓴다.

3. 물적유통관리

1) 물적유통관리의 의의와 내용

기업의 유통활동은 구체적인 재화의 거래활동인 상적유통활동과 이를 뒷받침해 주는 물적유통활동으로 구분된다. 물적유통(physical distribution)이란 유·무형의 재화의 공급자로부터 수요자에 이르기까지의 상품의 실체적인 흐름으로서 구체적으로는 포장·하역·수송·보관 및 통신과 같은 제활동을 가리킨다.

물적유통관리(physical distribution management : PDM)란 적당한 제품을 적당한 수량으로 적시에 적당한 장소에서 최종소비자에게 유통·판매하기까지에 관련된 모든 물적유동활동, 즉 포장·하역·수송·보관 및 통신과 같은 제활동을 종합적인 입장에서 관리하는 것으로서, 유통병참관리(marketing logistics management)라고도 한다. 기업이 물적유통활동을 일관성 있게 잘 수행하기 위해서는 이들의 활동을 전담할 부서를 설치할 필요가 있다.

이러한 물적유통활동의 내용에는 판매예측, 생산계획, 원자재반입, 검수, 공장입지, 고객에 대한 주문처리, 재고관리, 보호를 위한 제품포장, 공장내보관, 운송, 공장외반출, 현장의 창고관리, 고객에게 배달 및 서비스 활동 등이 포함된다. 여기에서 모든 물적유통활동은 재고관리를 중심으로 연결되고 있는데, 재고부문이 고객의 주문과 기업의 제조활동을 연결하는 고리의 역할을 하고 있기 때문이다. 주문에 따라 재고부문에서 흘러나온 재고는 차례로 포장, 공장내보관, 적송 및 반출활동을 거쳐 현장창고에 보관되었다가 마지막으로 고객에게 배달 및 서비스하는 활동이 있게 된다.

2) 물적유통관리의 목표

많은 기업들은 물적유통관리의 목표를 적당한 제품을 적당한 시간에 최소의 비용으로 적당한 장소에 이동시키는 것으로 설정하고 있다. 그러나 어떤 물적유통시스템이라도 고객에 대한 서비스의 최대화와 유통비용의 최소화를 동시에 실현할 수는 없다. 왜냐하면 고객에 대한 서비스를 최대화하기 위해서는 다량의 재고, 긴급운송, 많은 수의 창고 등을 필요로 하는데, 이와 같은 요소들은 모두 유통비용을 증가시킨다. 한편 유통비용을 최소화하기 위해서는 느리고 값싼 운송, 소량의 재고, 적은 수의 창고 등을 필요로 하는데, 이와 같은 요소들은 모두 고객에 대한 서비스수준을 낮추게 하기 때문이다.

따라서 물적유통관리의 목표는 효율적 시스템의 개념에 입각하여 설정되어야만 한다. 시스템의 효율성은 시스템에 대한 투입과 산출의 비율로 측정 되는데, 시스템의 산출은 고객에 대한 서비스의 수준이고, 투입은 서비스의 원가이다. 즉 물적유통관리의 목표는 기업이 달성하고 싶어하는 어떤 특정한 수준의 서비스를 최소의 비용으로 고객들에게 제공하는 것이어야 한다.

그러므로 기업이 물적유통관리시스템을 설계할 때에는 먼저 고객이 무엇을 원하는가와 경쟁사가 어떤 서비스를 제공하고 있는가를 파악한 다음, 고객이 원하는 서비스와 경쟁사의 서비스 수준을 참고하여 자기가 달성하고자 하는 서비스 수준을 설정해야 한다. 그리고 이러한 서비스 수준을 최소비용으로 달성할 수 있는 물적유통관리시스템을 설계해야 하는 것이다. 이렇게 함으로써 기업은 목표로 하는 서비스 수준을 달성하면서 운송비, 주문처리비, 재고유지비, 그리고 서비스의 부실로 인한 기회비용까지를 포함하는 총유통비용을 극소화하는 물류시스템을 선정할 수가 있는 것이다.

제5절 촉진전략

1. 촉진전략의 의의 및 목적

1) 촉진전략의 의의

촉진활동(promotional activity)이란 예상고객이 될 수 있는 사람들에게 적절한 정보를 제공하고, 그들을 설득하고, 혹은 영향력을 행사함으로써 그들의 수요욕구를 환기시키고자 하는 모든 활동을 말한다. 즉 기업의 제품 및 서비스를 소비자들이 구매하도록 유도할 목적으로 해당제품 및 서비스의 효능을 현재 및 잠재고객을 대상으로 정보를 제공하거나 설득하는 마케팅노력의 일체를 말한다.

이와 같은 촉진전략은 곧 구매자에게 설득적인 커뮤니케이션을 함으로써 정보제공 및 영향력의 행사라고 할 수 있다. 오늘날 촉진관리가 중요성을 더해가고 있는 이유는 시장이 소비자행동의 비합리성·정보의 불안정성 등 불완전경쟁하에 놓여 있고, 또한 기술혁신에 의한 대량생산·생산과잉·경쟁의 심화 등에 놓여 있기 때문이다.

2) 촉진전략의 목적

촉진전략의 목적은 조직에 따라 다르다. 어떤 기업은 자신의 시장을 확장하기 위해 촉진전략을 사용하는가 하면 어떤 기업은 현재의 시장지위를 유지하기 위해서 사용하는 경우도 있다. 이처럼 하나의 조직은 다양한 촉진목표를 가질 수 있으며, 촉진전략의 목표는 매출증대, 제품의 포지셔닝, 판매의 안정화, 정보제공 등이다.

(1) 매출액 증대

매출을 늘리는 것은 촉진전략의 가장 일반적인 목표이다. 여기에는 일반적인 제품자체에 대한 욕구를 개발하는데 목적을 둔 즉 1차적 수요창출에 집중하는 전략도 있으나, 특정제품이나 제품라인에 대한 욕구를 창출하는 것을 목적으로 하는 즉 선택적 수요에 집중하는 전략도 있다. 또한 특정고객을 표적으로 하는 경우도 있다.

(2) 제품의 포지셔닝

촉진전략은 시장에서의 제품의 위치 정립에도 사용된다. 포지셔닝은 전체 시장의 소비자보다 특정시장의 소비자에게 집중하는 전략이다. 이렇게 되기 위해서 마케팅관리자는 제품의 주된 사용계층이 될 시장을 찾아내야 하며, 그 다음 촉진전략을 이용하여 제품을 타브랜드와 차별화시켜 목표시장의 고객에게 매력적으로 만들어야 한다.

(3) 매출안정화

매출안정이 촉진전략의 또 다른 목표이다. 판매대회는 연중 비수기에 종종 열린다. 여기에서 특정목표를 달성한 판매원에게 상품이 제공된다. 또한 비수기에는 판매를 위해 판촉물, 예를 들어 수첩, 볼펜 등과 같은 선물을 배포하기도 한다. 광고는 종종 매출액을 안정시키기 위해서 사용된다.

(4) 정보제공

촉진의 초기단계 즉 제품의 공급이 부족한 시기에는 대부분의 광고는 대중에게 그 제품의 구입 가능성을 알리기 위한 것이다. 오늘날 광고의 가장 많은 부분을 차지하는 것이 정보제공광고이다. 제품의 가격, 구매처 그리고 다른 세세한 내용에 대한 정보를 제공하는 것은 마케팅 및 촉진전략에 중요한 요소이다.

2. 촉진활동의 유형과 종합적 관리

1) 촉진활동의 유형

(1) 광고

광고(advertising)는 명시된 광고주에 의해 아이디어, 상품 및 서비스를 어떤 형태로든 대가를 지불하면서 비인적 방법으로 제시하고 촉진하는 것을 뜻한다. 광고는 비인적 대중매체를 활용하는 촉진수단이라는 점에서 여타 수단, 특히 인적판매와 구분된다.

이와 같은 광고는 현대 마케팅활동에 있어 차별화, 시장확대 및 포지셔닝의 수단으로써 매우 중요한 요인이다. 이러한 광고는 기본적으로 두 가지 형태, 즉 제품광고와 기업광고가 있다. 제품광고와 기업광고는 그 목적에 따라 정보제공광고, 설득광고 및 회상광고로 세분할 수 있다.

정보제공광고는 제품의 초기 수요를 진작시키기 위한 것으로 제품수명주기의 도입기 단계에서 사용된다. 설득광고는 제품 또는 기업의 경제적 지위를 개선하기 위한 것이므로 제품수명주기상 성장기 및 성숙기단계에서 사용된다. 그리고 회상광고는 제품수명주기의 성숙기 후반기와 쇠퇴기에 주로 사용되는 광고로서 소비자가 계속적으로 제품의 이름을 기억하게 하거나 또는 기관의 중요성을 사람들에게 다시 한번 회상하게끔 하는 광고이다.

또한 광고매체의 종류로서 대표적인 광고매체는 신문, TV, 라디오, 잡지, 우편, 옥외광고 등을 이용한다.

(2) 인적판매

인적판매(personal selling)는 판매원을 매개로 하는 촉진수단으로 예상구매자들과 직접접촉, 대화를 통해서 상품이나 서비스를 제시하는 활동을 뜻한다. 오늘날 판매역할이 확대되고 기능이 변화되고 있는데, 가장 중요한 변화는 판매인력의 전문화이다. 판매원은 고객의 조력자일 뿐만 아니라 그들이 구매하는 제품을 보다 효율적으로 사용하게끔 도와주고 있다.

(3) 판매촉진

판매촉진(selling promotion)은 광고, 인적판매, 홍보를 제외한 촉진수단으로 소비자의 구매를 유도하고 중간상의 능률을 증진시키려는 목적으로 비상례적으로 수행되는 비인적활동이다. 예를 들어 샘플의 제공, 점포진열, 경품제공, 쿠폰제공, 시음회, 시식회, 전시회개최 등과 같은 활동을 의미한다.

(4) 홍보

홍보란 광고주가 대금을 지불하지 않으면서도 라디오, TV 또는 신문 등과 같은 대중매체를 통해 제품이나 서비스 또는 기업체에 관해 상업적으로 의미있는 정보를 제공하고, 그러한 정보를 뉴스 또는 기사로서 보도하도록 함으로써 수요를 자극하는 활동을 의미한다. 이 방법은 기업이 돈을 주고 게재하는 광고 등에 비해 신뢰도가 높아 촉진효과가 매우 큰데 비해 기업에서 통제하기가 어렵다는 문제점이 있다.

2) 촉진활동의 종합적 관리

광고, 인적판매, 판매촉진 및 홍보의 네 가지 촉진활동은 별개의 독립적 활동으로서 각각 다른 상황에서 다른 방법으로 수행된다. 따라서 기업의 촉진목적을 효율적으로 달성하기 위해서는 이들 제활동을 조정·통합할 필요가 있다. 마케팅관리자는 먼저 통합적인 촉진프로그램을 수용하는데 필요한 예산을 과학적으로 편성해야 하며, 통합적 촉진예산이 결정되면 마케팅관리자는 촉진자금, 시장의 성격, 제품의 특성 및 제품의 수명주기 등을 고려하여 통합적 촉진예산을 광고, 인적판매, 판매촉진, 홍보활동에 적절히 배분해야 한다.

그런데 촉진믹스의 선택은 기업이 채택하는 촉진전략과 밀접한 관련을 맺고 있다. 마케팅관리자는 이러한 목표를 달성하기 위해서 푸쉬(push) 전략과 풀(pull) 전략을 대안으로 갖고 있다. 푸시 전략은 판매중심적 접근방법으로서 마케팅 중간상인들에게 대부분 할인, 판촉물 및 협력광고 공세 등의 유인책이 주어진다. 그리고 풀 전략은 제품에 대한 소비자의 수요를 광고와 판촉물 수단을 통해 창출해 내려고 하는 것이다. 대부분의 마케팅상황에는 비록 강조점은 다르더라도 이 두 가지 전략이 모두 필요하며, 소비재는 종종 풀 전략에 많이 의존하는 반면 대부분의 산업재는 푸쉬 전략을 통해 팔려진다.

연 습 문 제

1. 다음 용어를 설명하라.
   - 다양화
   - 마케팅
   - 마케팅정보시스템
   - 물적유통
   - 소비자지향
   - 소비자행동
   - 시장개발
   - 시장세분화
   - 시장침투
   - 유통경로
   - 제품개발

2. 현대적 마케팅의 특징을 설명하라.

3. 마케팅관리의 의의를 설명하라.

4. 마케팅관리의 과정을 설명하라.

5. 마케팅믹스의 구성요소를 설명하라.

6. 마케팅조사의 과정을 설명하라.

7. 소비자의 구매의사결정 과정을 설명하라.

8. 신제품개발의 절차를 설명하라.

9. 제품수명주기를 설명하라.

10. 촉진활동의 유형을 설명하라.

제16장

인사관리

제1절 인사관리의 개요

1. 인사관리의 의의 및 중요성

인사관리(personnel management)란 기업의 목적을 달성하기 위해 필요한 인적자원을 확보하고, 이들의 현재적 또는 잠재적 능력을 최대한 개발함과 동시에 이를 가장 효율적으로 경영활동에 이용하기 위한 계획적이고 조직적인 제절차이다. 즉 조직이 필요로 하는 인력을 조달하고 이를 유지・개발・활용하는 활동을 계획하고 조직하고 통제하는 관리활동의 체계라고 정의할 수 있다. 여기서 말하는 인적자원의 관리영역은 인적자원의 직무관리, 모집과 선발, 이동과 승진, 교육훈련과 개발, 임금관리, 복지후생, 인간관계, 노사관계 등을 주대상으로 한다.

기업은 기업의 목적을 효과적으로 달성하기 위해 인적자원, 물적자원, 그리고 자금을 합리적으로 배분하고 관리할 수 있어야 한다. 그런데 자금과 물적자원이 아무리 훌륭하게 구비되어 있어도 인간의 창의력이 가해져야만 비로소 훌륭한 제품이 생산될 수 있게 된다. 결국 기업의 모든 활동은 인간의 활동을 통해서 그 목적을 달성할 수 있기 때문에, 인적자원의 관리는 경영관리의 제기능 중에서도 가장 기본적인 관리기능이며, 기업의 경영성과를 좌우하는 중심적인 활동이다. 특별히 생산관리와 재무관리 등은 경제적, 물리적 자원의 합리적 사용과 배분이 목표가 되지만, 인사관리는 인적자원의 합리적 사용과 배분을 넘어 이들 구성원에 대한 존중과 이들 사이의 협력체제까지도 추구해야 한다. 그러므로 기업의 인사관리는 기업자체의 목표달성 뿐만 아니라 이에 참가하는 사람들의 개인목표의 실현도 동시에 이루어질 수 있도록 관리해야 한다.

오늘날 인사관리의 목적은 인적자원의 자산화, 즉 현재 뿐만 아니라 미래에도 적극적인 경영성과를 도출시킬 수 있는 인적자원을 개발하는데 있다고 할 수 있다. 자산적인 인적자원이 되기 위해서는 직무에 대한 전문능력과 일하고자 하는 성취동기를 동시에 갖추어야 하며, 인적자원을 자산화시키는 과정에 있어서는 조직의 목적 뿐만 아니라 구성원의 목적도 동시에 달성될 수 있도록 해야 한다.

2. 인사관리의 내용과 기능

인사관리담당자는 종업원과의 관계에 있어서 노동력의 효율적 이용을 추구해야 하며, 인간관계에 있어서 노동의욕의 만족과 향상을 추구해야 하고, 노사관계에 있어서는 노사이해의 조정을 도모해야 한다. 이러한 인사관리의 목적을 수행하기 위한 내용으로는 다음과 같은 사항들이 포함되어야 한다. 즉 ① 인사노무조직, ② 고용·배치, ③ 교육훈련, ④ 작업조건, ⑤ 임금·급여, ⑥ 복리후생, ⑦ 의사소통, ⑧ 리더십, ⑨ 단체교섭, ⑩ 경영참가 등이며, 인사관리 전반에 걸쳐 ⑩ 인사계획, ⑪ 인사감사 등의 제문제가 추가된다.

또한 인사관리의 기능을 요약하면 ① 효율적인 고용, ② 종업원 훈련, ③ 승진·전직·휴직 및 징계방침, ④ 임금 및 봉급관리, ⑤ 복리후생, ⑥ 건강 및 안전관리, ⑦ 노사관계, ⑧ 인간관계 등이다. 이러한 인사관리의 본질적인 내용과 기능을 일괄표시하면 [표 16-1]과 같다.

[표 16-1] 인사관리의 본질적 내용

<table>
<tr><th>인적 제관계</th><th>관계측면</th><th>임무·성격</th><th>목 적</th><th>원 리</th><th colspan="2">관리내용</th></tr>
<tr><td>1) 종업관계</td><td>노동력
(종업원)</td><td>직장의 직능상의 협동관계</td><td>노동력의
효율적 이용</td><td>능률화의
원리</td><td>① 인사노무조직
② 고용·배지
③ 교육훈련
④ 작업조건
⑤ 임금·급여</td><td rowspan="3">⑪
인
사
계
획
·
⑫
인
사
감
사</td></tr>
<tr><td>2) 인간관계</td><td>조직내 및 사회속의 인간</td><td>사회적 감정·의욕을 가진 인간의 상호관계</td><td>노동의욕의
만족·향상</td><td>인간화의
원리</td><td>⑥ 복리후생
⑦ 의사소통
⑧ 리더십</td></tr>
<tr><td>3) 노사관계</td><td>임금·급여노동자(노조원)</td><td>노동조건의 결정을 둘러싼 경제적 대립관계</td><td>노사이해의
조정</td><td>민주화의
원리</td><td>⑨ 단체교섭
⑩ 경영참가</td></tr>
</table>

자료 : 中山三郎·本多壯一, 『例解人事勞務の管理と診斷』 (同友館, 1982), p. 4.

제2절 직무분석과 직무평가

직무계획이란 담당직무, 즉 직무를 분석하여 조직에 필요한 사람의 질을 확정하고, 직무간의 관계구조를 설정함으로써 조직의 목표달성에 부합되도록 개인의 업무를 구조화하는 활동을 말한다. 직무계획은 직무분석, 직무평가, 직무분류, 직무설계를 포함하는 관리활동영역이다.

1. 직무분석

1) 직무분석의 의의와 목적

합리적인 인사관리는 직무(job)와 사람의 능력에 대한 과학적인 연구를 통해 이를 어떻게 유기적으로 상호조화시키느냐 하는데서 출발한다. 즉 인간이 경영조직 속에서 어떤 일을 하며, 그가 담당하고 있는 직무가 적성에 적합한 것인지, 그리고 그가 직무수행자로서 적합한 자질을 가지고 있는가를 합리적으로 파악해야 한다.

직무분석(job analysis)이란 특정 직무의 내용과 특성을 분석하여 그 직무의 성격과 그 직무를 수행하는데 필요한 자격요건인 종업원의 숙련 · 지식 · 능력 · 책임 · 작업환경 등을 명확히 결정하는 과정이라고 할 수 있다. 이와 같은 직무분석을 중심으로 한 직무연구나 이에 따라서 실시되는 인사고과는 인사관리에 있어서 기본적인 자료가 된다.

직무분석은 다음과 같은 인사관리 분야에서 합리적이고 과학적인 인사관리를 수행하기 위한 목적으로 이용된다. ① 직무평가의 기초가 되는 직무기술서와 직무명세서를 작성, ② 합리적인 조직계획, ③ 모집, 선발, 배치, 승진, 이동, ④ 교육훈련계획, ⑤ 임금관리, ⑥ 작업조건 및 작업환경의 개선, ⑦ 작업방법 및 작업공정의 개선, ⑧ 인사고과의 기준설정 등이다.

2) 직무기술서

직무기술서와 직무명세서는 직무분석의 산물이며, 직무분석은 직무기술서와 직무명세서의 기초가 된다. 직무기술서는 과업중심적인 직무분석에 의해 얻어지며 직무명세서는 사람중심적인 직무분석에 의해 이루어진다.

직무기술서(job description)란 직무분석 결과에 의해 직무수행과 관련된 과업 및 직무행동을 일정한 양식에 기술한 문서를 말하며, 주로 직무의 내용과 직무의 요건에 비중을 둔다.

직무기술서의 내용은 다음과 같다. ① 직무의 명칭, ② 직무활동 내용, 수행절차, 원재료, 기계, 타작업자와 상호관계, 감독의 성격과 범위 등, ③ 온도 및 습도, 조명도, 소음 등의 물리적 환경과 작업장 위치, 위험도 등의 제작업조건 등, ④ 고용조건, 작업시간, 임금구조 및 형태, 조직상 직무의 위치, 이동 및 승진기회 등, ⑤ 작업집단의 인원수, 작업수행에 필요한 대인간 상호작용의 양 등에 관한 사회적 환경 등이다.

3) 직무명세서

직무명세서(job specification)는 직무분석 결과에 따라 직무수행에 필요한 구성원의 행동, 기능, 능력, 지식 등을 일정한 양식에 기록한 문서를 말한다. 직무명세서는 직무의 인적요건에 초점을 두고 직무수행에 필요한 인적특성을 결정하는데 목표를 둔다.

직무명세서의 내용은 다음과 같다. ① 직무의 명칭, ② 교육내용 : 최소 교육년수, 교육의 형태, 직무와 관련된 특정분야의 교육내용 등, ③ 육체적 특성과 건강 : 일반적 신체적 특성, 정서적 안정성 등, ④ 지적 능력 : 지수화, ⑤ 특수한 능력 : 타인과 협동작업, 능력, 손을 사용한 기능 등, ⑥ 과거의 작업경험 : 최소 1년 이상의 타분야의 경험, ⑦ 성숙가능성 : 2년내 증가되는 책임을 담당할 수 있는 기능 등이다.

4) 직무분석 방법

직무분석 방법에는 면접법, 관찰법, 중요사건법, 워크샘플링법, 설문지법 등이 있다. 이들 방법에는 장·단점이 있으므로 기업의 규모, 업종, 분석의 목적에 따라 조사방법이 다를 수 있다. 그러나 직무분석의 주된 내용은 공통성을 갖고 있는데, 이를 보면 누가, 무엇을, 언제, 어디서, 왜, 그리고 어떻게 하느냐 하는 내용이 포함되어 있다.

2. 직무평가

직무평가(job evaluation)란 직무분석의 결과 작성된 직무기술서와 직무명세서에 의해 조직내 각 직무의 중요성, 난이도, 위험도 등을 기준으로 타직무와의 상대적인 가치를 결정하는 체계적 방법이다. 따라서 직무평가의 결과는 동일노동, 동일임금을 기본원리로 하는 직무급제도의 기초가 된다.

직무평가의 목적은 크게 보면 전반적인 인사관리의 합리화와 노사간 타당성을 인정할 수 있는 임금격차를 합리적으로 결정함으로써 종업원의 근로의욕을 높이고 노사협력체계를 확립하고자 하는데 있다. 또한 우수인력을 확보할 수 있는 임금체계의 확립과 단체교섭을 위한 기초자료 제공, 그리고 직무의 상대적 가치와 유용성 결정자료 제공 등의 부수적 목적도 간과할 수 없다.

직무평가의 방법은 정성적인 평가방법과 정량적인 평가방법이 있는데, 전자에는 서열법과 분류법 등이 있고, 후자에는 점수법과 요소비교법 등이 있다. 직무평가를 실시할 경우에는 기법상의 한계, 인간관계상의 유의점, 평가계획 및 조직상의 유의점, 직무의 성격, 직무평가의 결과와 노동시장의 불일치, 평가빈도의 절차, 동태적 직무평가의 태도 등에 유의해야 한다.

3. 직무설계

1) 직무설계의 의의와 목적

전통적인 직무연구는 직무를 중심으로 사람을 어떻게 적응시키도록 하느냐 하는 직무분석, 직무평가를 그 중심 연구대상으로 삼았다. 그러나 현대적인 직무연구는 사람을 중심으로 직무를 어떻게 설계하느냐 하는 직무설계를 그 연구대상으로 삼고 있다.

직무설계(job design)란 조직의 목표와 그 직무를 맡고 있는 개인의 욕구가 만족되도록 직무내용과 작업방법을 설계하는 체계적인 과정이다. 그러므로 직무분석에 의해 각 직무의 내용을 분석한 다음, 그것에 영향을 미치는 인간적·조직적·기계적 요소를 규명하여 전체공정의 작업자에게 직무만족을 주고 또 생산성을 올릴 수 있는 작업방법을 결정하는 절차라고 할 수 있다.

이러한 직무설계의 목적은 모든 계층의 구성원으로 하여금 직무 그 자체에서 만족과 의미를 부여받도록 하는 종업원의 동기부여와, 생산성의 향상에 있다. 이외에도 재화와 서비스의 양과 질의 개선, 원가절감, 이직과 훈련비용의 감소, 신기술에의 신속한 적응 등을 들 수 있다.

2) 직무설계의 방법

(1) 전통적 접근방법

직무설계에 대한 기원은 아담 스미스가 국부론에서 제시한 분업에 의한 전문화의 원리에서 그 기원을 찾아 볼 수 있다. 그러나 체계적으로 연구가 시작된 것은 테일러의 과학적 관리법이다. 이후 인간관계론과 사회-기술적 접근방법을 통해 발전해 왔다.

① 테일러의 과학적 관리법

테일러의 과학적 관리법은 전문화, 표준화, 그리고 반복 등을 통한 작업의 능률을 강조하였다.

작업의 능률은 제한된 과업과 작업조건의 표준화 그리고 작업자의 대체성에 달려있다는 전제하에서 작업에 대한 과학적인 분석을 통해 가장 이상적인 작업내용과 작업수행 방법을 설계하는 하향적 접근방법이다. 과학적 관리법을 통한 전통적 직무설계의 방법은 생산시스템의 기계화와 자동화 그리고 능률 중심적인 경영관리에 매우 유효한 연구방법을 제공하였다.

② 직무순환

직무순환(job rotation)은 경영자가 종업원들을 여러 직무로 이동하게 함으로써 다른 기능을 개발할 기회도 주고, 전체 생산과정에 대한 시야를 넓힐 수 있기 때문에 지루함과 틀에 박힌 일 등을 감소시킬 수 있다는 것이다. 그러나 직무순환으로 단조로움과 지루함은 일시적으로 완화될지도 모르지만, 틀에 박힌 일은 직무순환 후에도 계속 남아있을 수 있다는 비판을 받고 있다.

(2) 현대적 접근방법

직무설계에 대한 현대적 접근방법은 조직개발적인 관점에 입각한 직무설계방법이다. 즉 오늘날의 조직은 조직개발을 목표로 하여 직무설계를 해야 한다는 것이다.

① 직무확대

직무확대(job enlargement)는 직무에 대한 단조로움, 권태감 등을 줄이고 직무만족을 높이며 결근이나 이직을 감소시키기 위한 하나의 해결책으로서 작업자가 맡는 과업의 수와 다양성을 증가시키는 것이다. 즉 직무의 수평적 확대를 의미한다. 이는 작업자의 자기실현욕구를 충족시켜 하나의 인격체로서 만족감을 갖게 하여 작업의욕을 향상시키고자 하는 것이다. 그러나 과업의 수와 다양성을 어떻게 적정하게 결정하느냐는 문제가 있다.

② 직무충실화이론

직무충실화(job enrichment)는 허츠버그의 욕구충족요인 이원론에 입각하여 나온 직무설계방법으로 조직구성원들이 동기부여되어 적극적으로 일하게 함으로써 직무만족과 성과를 높이기 위해서는 단순히 직무의 수를 늘리는 것만이 아니라 직무의 내용을 더욱 다양하게 하고, 자신의 직무를 계획・실시・통제하는데 대한 자율성과 책임을 더 많이 부여하며, 개인적인 성장과 일 자체에서 의미있는 경험을 할 수 있는 기회를 제공해 주도록 직무를 설계하는 것이다. 직무확대가 수평적으로 직무의 부담을 늘리는 것임에 비하여 직무충실화는 수직적인 직무의 부담, 즉 직무의 깊이를 깊게 하는 것이다. 이렇게 함으로써 일이 더욱 도전적이 되고, 직무수행자의 책임이 증가하게 되어 동기부여도 증대된다.

직무충실화는 특히 근로생활의 질과 관련하여 품질향상과 사기앙양, 그리고 이직률 및 사고율의 감소 등 많은 성과를 거두고 있다. 그러나 직무내용의 개선은 과업 자체의 성격에 따라서 직무충실화의 적용성이 큰 제한을 받게 되며, 조직구성원의 특성에 따라서 영향을 받게 된다. 따라서 조직구성원들의 개인차와 성장배경 등을 고려하여 선별적으로 적용해야 한다는 것을 시사해 주고 있다.

③ 직무특성이론

직무특성이론은 허츠버그의 직무충실화에 기본을 두고는 있으나 현재의 직무를 진단하고 이에 따라 변화를 시도한다는 사고를 새로 도입하고 있다. 이 이론은 어떤 직무가 사람들에게 일할 마음을 갖게 하며, 또 어떤 사람들이 그 일에 적합한가, 그리고 어떻게 하면 직무를 보다 모티베이션을 많이 제공하는 것으로 만들 수 있는가, 그리고 이에 따른 작업자의 작업행위나 직무만족, 조직성과의 향상 등과 같은 향상된 결과를 어떻게 측정할 것인가에 관한 것을 염두에 두고 직무를 설계하려는 것이다. 이는 어떤 직무특성이 중요한 심리상태를 유발하게 한다는 것이다. 즉 기능다양성・과업정체성・과업중요성 등이 작업의 경험적 의미를 부여하고, 자율성은 작업결과에 대한 경험적 책임감을 낳게 하며, 피드백은 결과에 대한 인식을 갖게 해준다. 그리고 이러한 심리적 상태가 클수록 종업원의 모티베이션은 상승하고 일을 더 잘하게 된다는 것이다.

이러한 직무특성이론은 종래의 추상적이고 개념적인 직무충실화이론에서 벗어나 종업원의 개인차를 고려하여 직무특성과 성과변수 사이의 관계를 제시하고 각 직무특성차원을 명확히 하여 실행개념까지 도입함으로써 실질적인 직무설계를 제시한 점이 높이 평가된다.

제3절 인사고과

1. 인사고과의 의의와 목적

인사고과(performance appraisal, employee rating)는 종업원의 능력과 업적을 평가하여 그가 보유하고 있는 현재적 내지 잠재적 유용성을 조직적으로 파악하는 방법이다. 직무평가가 직무의 상대적 가치를 결정하는 제도인데 비하여, 인사고과는 종업원의 상대적 가치를 결정하는 제도이다. 특히 성과지향적인 기업에 있어서는 목표달성과정에서 각 개인이 발휘하거나 발휘할 것으로 예상되는 기여도를 합리적이고 객관적인 방법에 의해 평가함으로써, 개인에 대한 보상의 기초자료를 마련하고, 개인적 성장에 대한 방향을 제시해야 한다.

인사고과의 거시적인 목적은 직무연구의 제결과를 바탕으로 하여 특정 직무를 수행하고 있는 종업원의 가치를 객관적으로 평가해 합리적인 인사관리의 기초를 부여함과 동시에 종업원의 노동 능률을 향상시키고 동기유발을 형성하는데 있다. 그리고 인사고과의 구체적인 목적은 ① 성과측정 및 상벌의 시행, ② 인사배치, 이동 및 승진, ③ 교육훈련 및 지도, ④ 인사시책의 타당성 검토, ⑤ 조직의 여건 및 구조의 개선, ⑥ 근로태도 및 사기증진 등이다.

2. 인사고과의 방법

인사고과의 방법은 크게 고과자와 고과방법을 기준으로 분류한다. 고과자에 의한 분류에는 자기고과, 상사에 의한 고과, 동료에 의한 고과, 하위자에 의한 고과, 전문가에 의한 고과, 복수고과법이 있으며, 고과방법을 기준으로 할 때 서열법, 강제할당법, 평정척도법, 기록법 등이 있다.

1) 고과자에 의한 분류

① 자기고과 : 자기 스스로를 평가하는 방법으로 업무수행을 개선하도록 자극하기 위해 주로 훈련·개발을 목적으로 고과할 때 보완적으로 많이 사용한다. 자기신고제와 목표관리에 의한 고과가 그 예이다.

② 상사에 의한 고과 : 상위자가 하위자를 평정하는 방법으로 실시가 용이하고 체계적이다. 주관적이고 감정 개입의 단점에도 불구하고 일반적으로 많이 활용되는 방법이다.

③ 동료에 의한 고과 : 동료끼리 상호평가하는 방법이다.

④ 하위자에 의한 고과 : 하위자가 상사를 평가하는 방법이다.

⑤ 전문가에 의한 고과 : 외부의 전문인이나 타부서의 관리자에 의해 실시되는 방법이다. 개인별 특성의 파악에 유효하다.

⑥ 복수고과 : 고가의 객관성을 높이기 위해 사용하는 방법으로서 상기한 고과방법중 2가지 이상의 방법을 가지고 고과하여 편견을 감소시키려는 것이다. 상사에 의한 고과방법을 보충하는데 많이 사용된다.

2) 고과방법에 의한 분류

① 서열법(ranking method) : 능력과 업적에 따라 서열을 정하여 우열순위를 정하는 방법이다. 이 방법은 간단하고 실시하기가 용이하다는 장점을 가지고 있다.

② 강제할당법(forced distribution) : 미리 정해 놓은 비율에 맞추어 피고과자를 강제로 할당하는 방법이다. 예를 들면 A(10%), B(20%), C(40%), D(20%), E(10%)로 강제 할당시키는 방법

이다.

③ 평정척도법(rating scales graphical method) : 종업원의 자질을 직무의 달성 정도에 따라 사전에 마련된 척도를 근거로 하여 평정자로 하여금 체크할 수 있도록 하는 방법이다. 이 방법은 각 평가요소를 분석적으로 평가함으로써 전체를 판단하려고 한다는 점과 평가결과의 수량화 및 통계적 조정이 가능하다고 하는 장점을 가지고 있다.

④ 대조표고과법(check-list method) : 이미 설정된 평가일람표에 따라 해당항목별로 체크하는 방법이다. 이 방법은 평가결과가 신빙성과 타당성을 가지고 있으며, 평가가 용이하고, 부서간의 상호비교가 가능하다는 장점을 가지고 있다.

⑤ 기록법(filling out method) : 종업원의 근무성적기준을 객관적으로 정해놓고 이를 기록하는 방법이다. 산출기록법, 정기시험법, 근태기록법, 가감점법 등이 있다.

3. 직무분석, 직무평가, 인사고과의 상호관계

직무분석이란 특정직무의 성질에 관한 조사・연구를 통해 특정직무의 성질과 요건, 즉 직무를 수행함에 있어서 종업원에게 요구되는 숙련, 지식, 능력, 책임 등을 결정하는 절차를 말한다.

직무평가란 직무분석의 결과 작성된 직무기술서와 직무명세서에 의해 기업내의 각종 직무의 숙련, 노력, 책임, 작업조건 등을 비교・평가함으로써 기업전계층에 있는 각종 직무간의 상대적인 서열(가치)를 결정하는 절차를 말한다.

인사고과란 조직내의 여러 직무에 종사하고 있는 각 종업원이 보유하고 있는 현재적・잠재적 유용성을 체계적으로 평가하는 제도를 말한다.

이러한 직무분석・직무평가・인사고과의 관계는 삼위일체를 이루고 있다. 왜냐하면 직무분석은 직무의 성질과 요건을 결정하고, 직무평가는 이를 기초로 하여 직무의 상대적 가치를 결정하고, 인사고과는 이와 같이 분석・평가된 직무를 수행하는 각 종업원의 직무수행능력을 평가하는 것이기 때문이다. 따라서 직무분석과 직무평가는 모두 인사고과의 선행절차라고 할 수 있다.

제4절 고용관리

1. 고용관리의 의의와 체계

기업의 경영활동은 필요한 인적자원의 확보에서부터 출발한다. 그러므로 기업이 그 목적을 달성하기 위해서는 필요로 하는 요건을 갖춘 인적자원을 필요로 하는 양만큼 필요로 하는 시기에 알맞게 조달하는 것이 무엇보다도 중요하다.

고용관리(employment management)란 조직계획과 인력계획에 따라서 필요한 인력을 모집하고 선발한 후 배치·이동·승진·퇴직까지의 인력의 흐름에 관한 관리를 말한다. 인력의 흐름이란 조직을 경계로 직무와 개인의 결합과 재결합의 연속적인 과정을 의미한다. 모집과 선발은 직무와 사람의 결합인 배치를 전제로 하고, 이동과 승진 및 퇴직은 결국 재배치를 의미한다. 따라서 고용관리는 하나의 직능단위 활동으로서, 고용관리의 기능은 기업이 필요로 하는 적정한 요건을 갖춘 노동력을 적시에 적량을 조달하여 배치하는 것이다.

조직이 필요로 하는 사람을 제대로 적시에 낮은 비용으로 조달하는 것은 조직의 효율성 측면에서 매우 중요하다. 그러나 필요한 자격요건을 갖춘 사람을 제대로 선발하는 것은 결코 쉬운 일이 아니다. 그리고 고용관리를 잘못함으로써 발생하는 비용은 생산성저하로 인한 손실은 기본이고 채용비용, 훈련비용, 해고와 퇴직관련 비용 뿐만 아니라 적합한 인력을 적시에 채용하지 못함으로 발생하는 기회비용까지도 간과할 수 없다.

그러므로 합리적인 고용관리를 위해서는 직무분석에 의해 필요한 인적자격요건과 그 수요량을 정확히 파악해야 하고, 기업이 필요로 하는 노동력을 확보할 수 있는 적절한 고용방법을 사용해야 한다. 이러한 고용관리활동은 고용계획에 따라 수행되어야 하는데, 고용계획의 수립절차는 ① 판매량의 추정, ② 전반적 생산계획의 설정, ③ 부문별 생산계획, ④ 소요노동의 환산, ⑤ 보유노동의 추정, ⑥ 조정계획의 결정 등과 같은 단계를 통해 고용계획이 수립되어야 한다.

이처럼 고용관리는 조직계획과 직무계획에 따른 인력계획에 따라서 이루어진다. 또한 고용관리는 모집과 선발로 구성되는 외부고용관리와 이동과 승진, 퇴직으로 구성되는 내부고용관리로 이루어지며, 이러한 고용관리의 체계를 요약하면 [그림 16-1]과 같다.

[그림 16-1] 고용관리의 체계

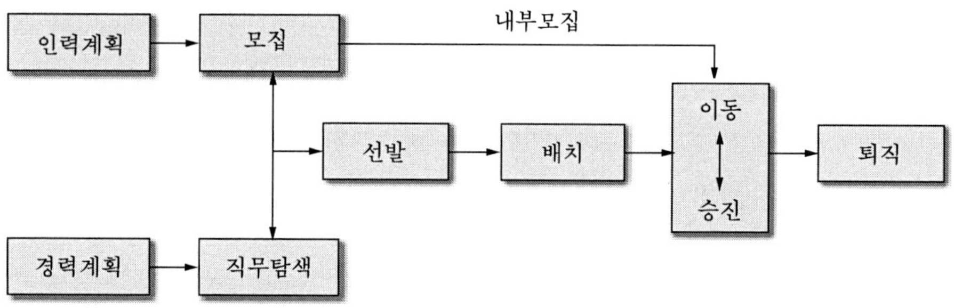

2. 고용관리의 내용

1) 모집관리

모집(recruitment)이란 선발을 전제로 하여 기업이 필요로 하는 유능한 인력이 적극적으로 지원하게끔 정보를 제공하고 동기화하는 활동이라고 할 수 있다. 따라서 모집관리는 소요인력을 조직외부로부터 조달하는 과정의 출발점이 되며, 이를 바탕으로 조직은 유능한 인재를 선발할 수 있다.

(1) 모집의 과정

일반적으로 모집과 선발은 퇴직자의 발생, 기구나 설비, 그리고 시장의 확장에 따른 신규인력의 필요로 인해 생긴다. 이 경우 계층간의 부족인원은 먼저 조직내부로부터 승진 또는 재배치에 의해 충원하고, 여타 부족한 인원의 충원을 위해 모집선발을 하게 된다. 이러한 모집의 과정은 다음과 같다.

① 모집방침의 결정 : 기업이 현재 어떠한 직종에서 어떠한 요건을 갖춘 노동력을 얼마만큼 필요로 하는가를 파악하고 거기에 맞는 노동력을 모집한다. 모집은 직종별로 분류하여 실시한다.

② 고용조건의 결정 : 임금, 수당, 노동시간, 기타의 근로조건을 사전에 결정해야 한다.

③ 모집방법의 결정 : 모집공급원을 검토하여 기업에 가장 적절하고 효과적인 방법을 선택해야 한다. 즉 어디에 구인의뢰를 할 것인가, 연고모집 또는 직접모집중 어떤 방법으로 할 것인가, 그리고 광고는 어떤 매체에 어떻게 할 것인가 등을 결정해야 한다.

④ 모집안내서 작성 : 위의 사항이 결정되면 모집요강을 확정한다.

⑤ 제출서류의 고시 : 응모자의 자격요건을 확인하고 그들의 능력을 평가하는데 필요한 서류를 응모자에게 고시하여 제출케 한다.

(2) 모집원의 선정

모집원이란 응모자의 공급원천을 말하는데, 일반적으로 충원시켜야 할 직위가 생겼을 경우 사내모집과 사외모집을 통해 충원하게 된다. 사내모집은 인사부서의 기능목록(skills inventory), 인력배치표, 인사기록카드, 인사고과표를 이용하거나 사보나 사내게시판을 통한 공개모집제도를 이용하여 해당직위에 적합한 인물을 찾아내는 방법을 일반적으로 사용하고 있다.

또한 기업의 하위직의 충원이나 현재 인력으로 대체할 수 없는 특수인력에 대해서는 기업외부에서 인력을 조달해야 하는데, 이를 사외모집이라 한다. 이 경우 ① 광고에 의하는 방법, ② 교육기관을 통하는 방법, ③ 채용대행기관을 통하는 방법, ④ 종업원을 통하는 방법 등이 있다.

2) 선발 및 배치관리

선발(selection)이란 특정직무를 수행하는데 필요한 자질과 능력을 가진 사람을 선정 · 채용하는 것이다. 외부인력의 경우 그 적격성의 판정이 매우 어려운 반면, 잘못 선발하면 이로 인한 손실이 크다는 점에서 선발에 대한 의사결정은 대단히 중요하다. 따라서 대체로 인력선발권은 최고경영층에서 행하는 고유권한으로 굳어져 있으며, 전문스탭의 도움과 전문적 선발기법을 활용하여 신중을 기하고 있다.

[그림 16-2] W. French의 선발모형

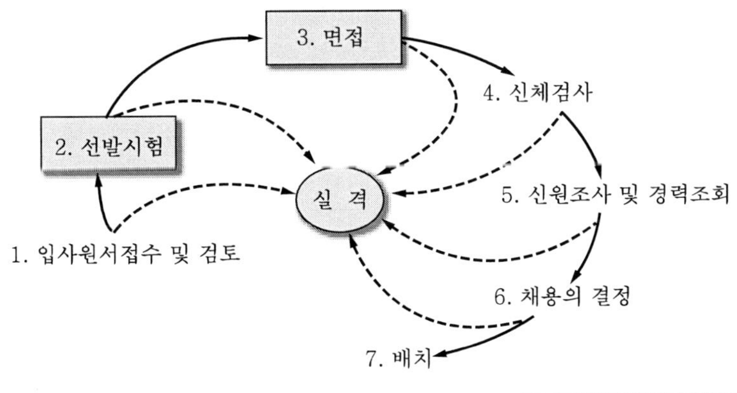

(1) 선발절차

선발절차는 선발관리를 합리적으로 하기 위한 일련의 과정에 순서를 정하는 것이며, 응모자들에게 정확한 정보를 얻어내기 위한 수단이다. 선발절차에 대해서는 여러 학자들의 견해가 있으나 프렌치(W. French)의 선발모형을 많이 참조하고 있다. 그러나 우리나라의 경우 채용제도가 시험위주의 공채제도에서 무시험공채제도로, 그리고 90년대 중반 이후 수시채용제도로 변화됨에 따라 대부분 필기시험을 폐지하는 대신 면접시험을 강화하는 경향이다. 선발은 일반적으로 ① 지원서 접수 및 검토, ② 선발시험의 실시, ③ 면접, ④ 신체검사, ⑤ 신원 및 경력조회, ⑥ 채용의 결정 등과 같은 절차를 거쳐 수행한다.

(2) 선발도구

선발관리를 효과적으로 행하기 위해서는 응모자들에 대한 선발정보를 다각적으로 수집하여 합리적으로 관리하는 것이 필요한데, 이에는 응모자의 학력, 경력, 가족상황 등의 배경정보와 신체적 능력, 정신적 능력, 성향 등의 상황정보에 의해 선발의사결정을 하게 된다. 이와 같은 선발정보를 획득하기 위해 일반적으로 많이 활용하는 선발도구가 시험과 면접이다.

전통적으로 객관성과 비용 그리고 관리적 측면에서 유리한 필기시험을 선발도구로 많이 활용하여 왔다. 또한 면접은 오늘날 가장 보편적으로 사용하고 있는 선발절차로서 극히 주관적인 판단에 의존한다는 맹점에도 불구하고 경영자나 인사담당자들의 선호도가 매우 높다. 면접의 종류에는 지시적 면접(정형적 면접), 비지시적 면접, 스트레스면접, 페널(panel)면접, 그룹면접 등이 있다.

(3) 배치관리

배치(placement)란 선발된 유능한 인재를 각 직무에 배속시키는 것을 말한다. 종업원이 기업에 대해서 귀속의식과 일체감을 갖도록 하기 위해서는 그들이 자신의 담당직무에 대해서 충분한 만족감을 가질 수 있도록 적정배치를 해야 한다. 여기서 적정이란 기업의 직무수행에 필요한 자격요건과 그 직무담당자의 직무수행능력 및 적성이 적합한 상태를 말한다. 이를 위해서는 직무분석 및 직무평가와 병행하여 당사자들의 인물·능력·적성 및 희망조건 등이 충분히 검토·배려되어야 한다.

3 인사이동관리

(1) 인사이동관리의 의의와 목적

인사이동관리(personnel transfer management)란 종업원의 기업내의 질서·위치가 변동되는 것으로 전환·승진·강등 등이 포함된다. 기업내에는 조직구조, 직무내용의 변화, 직무수의 변화가 일어나고, 직무담당자의 능력·태도·행동면에 있어서도 변화가 일어나게 된다. 이러한 변화에 대응하기 위해서 전직·승진·휴직 등을 통해 종업원의 인사이동관리가 필요하다.

인사이동의 문제는 종업원의 사기와 기업의 이익에 지대한 영향을 미친다. 따라서 기업에서는 인사고과를 하고 합리적인 인사정책을 세워서 종업원의 불만이나 불평이 가장 적은 방향으로 인사문제를 다루도록 해야 한다. 이러한 인사이동관리의 목적으로는 다음과 같다.

첫째, 채용되어 직무에 배치된 종업원이 반드시 적절한 성과를 올린다고 하는 보장은 없다. 따라서 종업원이 그가 맡고 있는 직무에 적합하지 않을 때는 적소에 다시 배치시켜야 한다.

둘째, 종업원을 여러 부서에 배치·전환시킴으로써 기업의 모든 상황에 정통하게 하여 기동력 있고 유능한 장래의 인재를 육성한다.

셋째, 종업원에 대한 포상의 수단으로서의 승진과 제재수단으로서의 강등·징계·해고 등을 행한다.

(2) 인사이동관리의 방법

① 전환

전환(transfer)이란 일단 배치된 종업원을 어떤 사정으로 인해 현재의 직무에서 동등한 다른 직무로 수평적으로 이동하는 것을 말한다. 따라서 전환이 되었을 때는 의무나 책임이 증가되지는 않지만 그가 수행할 직무의 성격은 변화된다. 엄격한 선발과정을 거쳐 채용되어 일단 어떤 직무에 배치된 종업원이라고 할지라도 담당직무가 그의 적성에 맞지 않거나 혹은 기간이 경과함에 따라 그의 성격과 능력에 변화가 일어나므로 정기적으로 종업원의 근무성적·성격 등을 재평가하여 전환할 필요가 있다.

② 승진

승진(promotion)이란 종업원이 종전의 직무보다 더 책임이 크고 보다 더 많은 기술과 경험을 필요로 하며, 일반적으로 봉급이 전직보다 큰 상급의 직위로 옮겨지는 것을 말한다. 여기에는 책임의 증대, 위신의 증대, 소요되는 기능의 확대 및 임금의 상승 등이 뒤따르게 된다. 종업원의 승진을 결정하는 요소로서 여러 가지가 있을 수 있으나, 연공서열과 능력을 들 수 있으며, 이들 양자를 적절히 조화하여 공정하고 설득력 있게 처리해야 한다. 일반적으로 많은 기업들이 이를 절충한 자격주의 승진제도를 채택하고 있는데, 이는 승진에 일정한 자격요건, 예를 들어 학력, 연령, 근무연수, 지식, 태도 등을 미리 정하고 이러한 자격을 갖춘 사람을 우선적으로 승진시키는 제도이다.

③ 강등

강등(demotion)이란 승진에 반대되는 것으로서 일반적으로 봉급이 전직보다 적은 하급의 직위로 옮겨지는 것을 말한다. 강등은 인사고과성적이 불량하거나, 직무수행상의 과오를 범하였을 때 이루어지는 것이 보통이다.

④ 이직

이직(separation)이란 기업과의 고용관계가 단절됨을 뜻하는데, 여기에는 사직·휴직·해직·퇴직 등이 있다. 사직(resignation)은 종업원 자신의 일신상 형편이나 뜻에 따라 이직하는 경우이며, 퇴직(retirement)은 정년으로 말미암아 이직하는 경우이다. 휴직(layoff)은 기업측 사정으로 조업을 단축해야 하기 때문에 종업원이 일시적 또는 항구적으로 기업을 그만 두게 하는 경우로서, 종업원의 입장에서 볼 때에는 어디까지나 비자발적인 이직이다. 이와는 별도로 휴직제도가 있는데, 이는 특정한 사유에 의해 종업원이 장기간 출근하지 못하게 되었을 때 기업이 근로계약을 계속 유지하면서 일정기간 그 종업원에 대해 근무의무를 면제해 주는 제도이다. 해직(discharge)은 해고라고도 하는데, 이는 종업원이 그 기업과 관련을 끊고 떠나게 되는 것을 말한다. 해직은 징계의 최후 수단이며, 해직의 이유는 종업원의 무능력·불성실 및 규칙위반 등이다.

3. 교육훈련관리

1) 교육훈련의 의의와 목적

교육훈련관리(education and training management)란 신규종업원들이 직무에 배치된 후 주어진 직무환경에 적응시켜 맡은바 직무를 효과적으로 수행할 수 있도록 하고, 또한 기존종업원들도 새로운 기술과 능력을 증진시켜 변화하는 환경에 능동적으로 대처하도록 하기 위한 일종의 학습행위를 관리하는 것이다. 교육훈련은 경영자의 입장에서 보면 경영목표 달성에 종업원을 조직화하고 전력화하는데 의의가 있으며, 종업원의 입장에서 보면 개인이 가지고 있는 자아성취의 개념을 기업을 통해 실현하도록 적응시키는데 의의가 있다. 구체적으로 교육훈련의 목적을 요약하면 다음과 같다.

첫째, 지식과 기술을 전달함으로써 유능한 인재를 육성하고, 인재육성을 통해 기업의 기술을 축적한다.

둘째, 커뮤니케이션의 원활화를 통해 종업원들이 서로 화합하고 협력하는 조직풍토를 확보한다.

셋째, 종업원들의 자기발전의 욕구를 충족시키고, 또한 능력개발을 통해 그들의 성취동기를 육성한다.

2) 교육훈련의 방법 및 기법

교육훈련은 그 대상자에 따라 신입자훈련, 감독자훈련, 관리자훈련, 최고경영자훈련 등으로 나눌 수도 있고, 그 장소에 따라 직장내교육훈련(on the job training : OJT)과 직장외교육훈련(off the job training : Off JT)으로 나눌 수도 있으며, 그 내용에 따라 기능교육, 노동교육, 교양교육 등으로 나눌 수도 있다. 또한 개인목표내지는 개인의 욕구에 바탕을 둔 교육훈련으로서 자기개발(self development : SD)과 감수성훈련(sensitivity training) 및 관리유형도훈련(grid training) 등의 조직개발(organization development : OD) 훈련도 있다.

이를 위한 교육훈련의 기법으로는 강의, 실연, 실습, 시청각, Business Game, 사례연구(case method), 역할연기법(role playing), 토의법, 감수성훈련(sensitivity training), Grid Seminar, Project Team 등이 있다. 기업은 이들 여러 가지 기법중 자기기업의 특성과 정책에 알맞은 하나의 기법 또는 그 이상의 기법을 복합적으로 활용하면 좋다.

제5절 임금관리

1. 임금관리의 의의 및 원칙

임금(wage)이란 사용자가 노동의 대가로 근로자에게 임금·봉급, 기타 여하한 명칭으로든지 지급하는 일체의 금품을 말한다. 이때 임금의 의미는 기본급에 수당·상여금 등도 포함하는 넓은 의미의 임금이다. 임금관리란 기업이 노동의 대가로서 근로자에게 지급해야 할 임금의 금액과 제도를 합리적으로 계획하고 조직하고 그 성과를 통제하고 개선하여 인사관리의 목적을 달성하려는 관리를 말한다.

임금은 근로자와 사용자 모두에게 중요하다. 근로자의 입장에서 임금은 생계유지를 위한 수입의 원천이고, 사회적 신분을 규정하며, 자기가 제공한 노력의 가치표현이기도 하다. 또한 사용자의 입장에서 임금은 제품과 용역의 원가를 구성하는 비용으로 자기의 몫인 이익의 감소요인이다. 그러므로 임금은 근로와 사용자 사이에 누가 더 많은 몫을 차지할 것인가 하는 갈등의 원인이 된다. 따라서 노사간의 관계를 원만하게 하고 이익을 증대시키기 위해서는 공정하고 합리적인 임금관리를 하지 않으면 안 된다. 노동자와 기업의 요청을 조화하여 공정하고 합리적인 임금관리를 하기 위해서는 다음과 같은 임금관리의 원칙을 확립해야 한다.

첫째, 노동의 질량대응의 원칙 : 임금은 노동의 질과 양에 따라 지급되어야 한다.

둘째, 노력·성과 대응의 원칙 : 임금은 노력(공헌도)과 성과(결과)에 따라 결정되어야 한다.

셋째, 임금지급한도의 원칙 : 기업의 지급능력 한도내에서 결정되어야 한다.

넷째, 생계비수준상회의 원칙 : 근로자의 생활보장이 될 수 있도록 생계비를 상회하는 수준에서 결정되어야 한다.

다섯째, 임금안정의 원칙 : 임금은 안정되어 있어야 한다.

여섯째, 사회적 균형의 원칙 : 대내적인 계층적 균형과 타기업간의 상대적 균형을 유지함으로써 사회적으로 균형을 이루어야 한다.

2. 임금관리의 영역

일반적으로 임금관리의 영역은 임금수준의 관리, 임금제도로서 임금체계의 관리 및 임금형태의 관리로 나누어진다.

1) 임금수준의 관리

임금수준(wage level)이란 기업이 노동자에게 지급하는 임금의 평균수준, 즉 기업체내의 노동자가 받는 평균임금액을 말한다. 임금수준은 노동자 전체에 대한 임금지불액을 그 노동수로 나누어 산출하게 된다. 이와 같은 임금수준은 한번 결정되면 항상 고정되어 있는 것이 아니라 여러 가지 이유로 변동하게 된다. 그런데 임금수준의 상한선은 기업의 지불능력으로 하되 종업원의 생계비수준이 하한선이 되고, 타사수준 등의 사회적 균형의 문제가 양자의 조정요인으로서 그 중간에 위치하는 것이 바람직한 임금수준 결정구조라고 할 수 있다. 이러한 임금수준의 결정요인은 다음과 같다.

첫째, 종업원의 생계비수준 : 임금수준의 하한에서 조정한다.

둘째, 기업의 지불능력 : 임금수준의 상한에서 조정한다.

셋째, 사회의 일반 임금수준 : 임금수준의 중간에서 조정한다.

넷째, 노동생산성 : 임금수준의 상한에서 조정한다.

다섯째, 최저임금제도(근로기준법) : 근로자의 최저생계비수준에서 결정된다.

2) 임금체계의 관리

임금체계(wage structure)는 임금의 구성내용을 의미한다. 임금은 다양한 기능과 형태를 갖고 있는데, 그것들은 개별지급임금의 격차를 형성하는 기준이 된다. 따라서 임금체계는 임금격차의 구조라고도 할 수 있다.

[그림 16-3] 임금체계

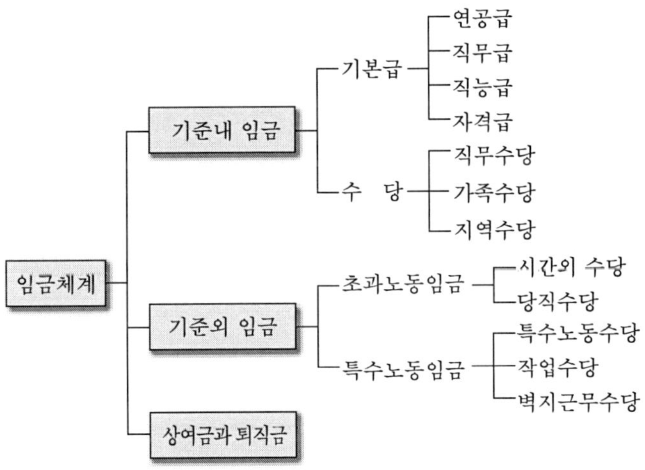

(1) 임금체계의 결정요인

개별임금의 격차를 결정하는 기준은 생계보장의 원칙과 노동능력의 원칙을 기본적 사고로 하며, 고려요인은 [표 16-2]와 같다.

[표 16-2] 임금체계의 결정요인

기본적 사고	고려요인	결정기준
생계보장의 원칙	나이, 근속, 연공	필요기준
노동능력의 원칙	직무의 난이도와 중요성 잠재능력 업무의 성과	담당 직무기준 능력기준(직무와 관련되는 능력) 성과기준(조직에 대한 기여도)

(2) 임금체계의 종류

① 연공급

연공급은 연공서열형 임금체계로서, 종업원이 회사에 근무한 연수에 비례하여 임금을 결정하는 방식이다. 이는 일반적으로 낮은 임금에서 출발하여 연령, 근속연수에 따라 정년에 이르기까지 정기승급제도를 통해 승급이 행해지며, 종신고용을 전제로 하고 있다.

② 직무급

직무급체계는 직무분석과 직무평가를 통해 직무의 중요성과 난이도 등을 기준으로 직무의 상대적 가치를 결정하고 그 결과에 의해 임금의 차이를 결정한다. 직무급은 동일노동에 동일임금을 지급한다는 원칙에 입각한 것이다.

③ 직능급

직능급은 인적요소기준의 연공급과 직무요소기준의 직무급을 절충한 임금체계이다. 직무급이 직무에 대한 임금이고, 연공급이 사람에 대한 임금인데 비하여, 직능급은 직무를 전제로 한 사람에 대한 임금이라고 할 수 있다. 직능급은 먼저 직능을 등급화하여 직계(예를 들어 주임, 계장, 과장, 부장 등)를 정하고 이를 다시 세분하여 호봉의 등급을 정하는데, 호봉에는 근무연수 등의 연공적 요소가 포함된다.

④ 업적급

업적급은 성과나 능률을 측정할 수 있고, 또한 이것을 기준으로 임금체계를 수립하는 성과급·능률급체계이다. 성과급·능률급체계의 기준임률은 연공, 능력, 직무중 어느 하나에 의하거나 또는 이들을 종합하여 정해진다.

3) 임금형태의 관리

임금의 지급형태는 임금의 계산방법과 지불방법에 관한 것으로 임금을 종업원에게 지급하는 방식을 말한다. 가장 기본적인 임금형태는 시간급제(time payment)와 성과급제(output payment)

로 나눌 수 있고, 그 외에 추가급과 특수임금제가 있다.

(1) 시간급제

시간급제(time payment) 또는 고정급제는 수행한 작업의 양과 질에는 관계없이 단순히 근로시간을 기준으로 하여 임금을 산정 지불하는 방식이다. 시간급제는 계산방법에 따라 단순시간급제, 복률시간급제, 계측일급제의 형태가 있으며 대개 일급, 주급, 월급, 연봉 등으로 불리고 있다. 시간급제는 대체로 다음과 같은 경우에 적용될 수 있다.

첫째, 개인별 생산단위가 명확하지 않거나 생산량의 측정이 불가능한 경우

둘째, 작업자가 공정을 통제할 수 없는 경우(공정이 컨베어시스템 등 자동화 기계작업일 경우)

셋째, 작업의 질이 특히 중요한 경우(고가 첨단제품)

넷째, 생산원가중 노무비의 통제가 불필요한 경우

(2) 성과급제

성과급제(output payment)는 노동성과를 측정하여 성과에 따라 임금을 산정하여 지급하는 제도이다. 따라서 근로자에게 합리성과 공평감을 주고 작업능률을 자극할 수 있다. 그리고 직접노무비가 일정함으로 원가계산이 용이하다. 성과급제는 계산방법에 따라 단순성과급제와 복률성과급제로 구분하고, 전자는 다시 단순성과급제, 시간성과급제로 나누며, 후자는 테일러식 차별성과급제와 메리크식 복률성과급제, 일급보장성과급제로 나눌 수 있다. 성과급제는 대체로 다음과 같은 경우에 적용될 수 있다.

첫째, 생산단위의 측정이 가능할 경우

둘째, 작업자의 노력과 생산량과의 관계가 명확한 경우

셋째, 직무가 표준화되어 있고 작업흐름이 규칙적일 경우

넷째, 생산의 질보다 생산량을 추구하고 그 질이 대체로 일정할 경우

(3) 특수임금제

① 집단자극제

집단자극제(group incentive plan)는 근로자 개개인을 중심으로 임금을 책정하여 지급하는 개인임금제도에 대립되는 것으로서 일정한 근로자 집단별로 임금을 산정하여 지급하는 제도이다. 특히 동종제품을 대량생산하는 유동작업의 경우는 근로자 상호간에 긴밀한 연결을 필요로 하며, 전체적인 조화를 이루어 팀웍이 잘 되어야 함으로 작업전체·공장전체의 능률을 올리기 위해 집단임금제가 고안되었다.

② 순응임률제

순응임률제(sliding scale wage plan)는 임금이나 임률에 영향을 미치는 여러 조건들이 변화하면 거기에 순응하여 임금률도 자동적으로 변동·조정되도록 하는 임금제도로서 슬라이딩 스케일제라고도 한다. 예를 들면 임금을 물가변동, 제품가격, 기업성장과 연결하여 증감·변동하려는 것으로 근로자에게 명목임금 뿐만 아니라 실질임금을 지급하려는 임금형태이다. 순응임률제의 종류는 생계비순응임률제, 판매가격순응임률제, 이익순응임률제 등이 있다.

③ 이익분배제

이익분배제(profit sharing plan) 또는 이윤참가제도는 기본임금 이외에 각 영업기마다 결산이윤의 일부를 종업원에게 부가적으로 지급하는 임금제도이다. 개인의 작업능률과 직결된 성과급제와는 달리 기업의 전체이익을 대상으로 사전에 공표된 이익배당 참여적 제도이다.

④ 최저임금제도

최저임금제(minimum wage system)란 국가가 사용자에게 일정액의 최저임금 이상을 지급하지 않으면 안 되도록 법률에 의해 강제하는 제도이다. 최저임금제의 목적은 저임금근로자의 보호에 있고, 기업간의 공정경쟁의 확보 등 경제정책적 관점에서 실시되며, 노동쟁의를 방지하여 산업평화를 유지하고, 불황기에 임금수준의 하락을 방지함으로써 유효수요를 증대시킴에 그 목적이 있다. 따라서 최저임금제는 저임금근로자의 임금개선에 목적을 두고, 부차적으로는 노동문제의 해결을 위하는데 초점을 두고 있다. 우리나라에서는 1953년 근로기준법에서 최저임금제가 제정되었으나, 1988년에 와서야 처음 실시되었다.

제 6 절 노사관계관리

1. 노사관계관리의 개요

1) 노사관계관리의 의의

노사관계(labor relation)란 고용조건의 결정을 둘러싸고 대립하는 노동조합과 사용자 간의 관계를 말한다. 그리고 노사관계관리란 노사의 대립적 관계를 사용자측의 태도나 어떠한 형태의 제도로서 조정·완화시킬 뿐만 아니라 나가서는 이들 상호간에 협력관계를 형성하기 위해 행해지는 일련의 계획적이고 조직적인 시책을 말한다.

오늘날 산업사회의 노사관계는 노동조합, 사용자, 정부가 주체가 되어 형성된다. 일반적으로 경영자와 종업원의 관계는 협동관계이어야 하는데 사용자와 노동조합의 관계를 보면 대립관계에 있다. 산업평화와 산업민주주의는 이들의 상호관계와 담당기능이 적절하게 설정되고 유기적으로 연결될 때 가능해진다.

2) 노사관계의 발전과정

노사관계는 대개 다음과 같은 단계를 거쳐 발전하여 왔다.

(1) 전제적 노사관계

이는 고용주가 임금·작업시간 등의 노동조건을 일방적·전제적으로 결정하고, 노동자는 전혀 조직화되어 있지 않았으며 오직 이에 복종하는 단계이다.

(2) 온정적 노사관계

이는 고용주가 경영의 자본효율을 높이고, 노동조합의 형성을 저지시키기 위해 가부장적·온정주의적 입장에서 복리후생시설을 마련해 주는 것과 같은 노사관계가 형성된 단계이다.

(3) 완화적 노사관계

이는 자본과 경영의 분리에 따라 한편으로는 경영자단체가 형성·발전되고, 다른 한편으로는 노동조합이 형성·발전되는 단계로서, 경영자가 노동조합을 인정하고 종업원의 복리후생과 의사소통을 매체로 하여 노사간의 대립을 완화하는 노사관계의 단계이다.

(4) 민주적 노사관계

이는 자본주의가 고도로 발전함에 따라 산업별 노동조합이 발전하게 되고 또한 전문경영자가 기업의 책임자로 전면적으로 등장하는 단계이다. 이 단계에서는 노동조합과 전문경영자가 대등한 입장에서 임금, 작업내지는 노동조건을 공동으로 결정하는 노사관계의 단계이다.

3) 노사관계관리의 방향

노사관계관리는 역사적으로 몇 가지 특징있는 발전과정을 거쳐 왔으나 오늘날의 노사관계관리는 민주적 노사관계를 대상으로 하는 것이다. 즉 노동자의 조직이 확립되었고 이를 부인내지 파괴하는 것은 시대를 역행하는 것이므로 노사관계관리는 다음과 같은 방향으로 수행되어야 할 것이다. 이는 기업전반의 입장에서 바람직한 노사관계관리의 일반적인 방향에 관한 것으로서, 이의

사상적 기초가 되는 것이 곧 산업민주주의이고, 이를 개별기업에 적용하는 것이 경영민주주의라 할 것이다.

첫째, 노동자의 자주적 조직으로서 노동조합을 인정한다.

둘째, 조직된 노동조합을 적극적으로 경영에 활용한다.

셋째, 그와 같은 자주적 노동조합은 어디까지나 자본주의적 사회질서의 틀안에 머물러야 한다.

2. 노동조합

1) 노종조합의 의의

노동조합(labor union)이란 임금노동자가 노동생활의 제조건의 유지 또는 개선을 목적으로 조직한 항구적인 단체이다. 즉 기업내의 노동자들이 주체가 되어서 임금 · 노동시간 · 작업조건 등과 같은 제문제와 관련해 경영자층과 교섭하여 노동자들의 경제적 지위를 보다 더 강력하게 유지하기 위해 조직된 단체를 말한다. 노동자는 노동조합을 통해서 경영자와 교섭함으로써 보다 더 효과적이고 조속한 교섭을 하고 계약을 체결할 수 있는 것이다.

2) 노동조합의 기능

(1) 경제적 기능

경제적 기능은 사용자에 대해 직접적으로 발휘되는 노동력의 판매자로서의 교섭기능이며, 중심적인 기능이다. 이와 같은 경제적 기능은 단체교섭, 경영참가 및 노동쟁의를 통해 수행된다.

① 단체교섭

단체교섭이란 노동조합이 조합원의 단결력을 배경으로 조합원 전체의 노동력을 될 수 있는대로 좋은 조건으로 판매하기 위해 사용자와 대등한 입장에서 평화적 수단에 의해 임금, 노동시간 및 작업조건 등을 교섭하는 것을 의미한다. 이러한 단체교섭의 결과로 노동협약이 체결된다.

② 경영참가

경영참가란 노동조합이 조합원 전체의 노동력을 될 수 있는대로 좋은 조건으로 판매하기 위해 기업의 전략적 · 관리적 · 업무적 의사결정에 참여하는 것을 말한다.

③ 노동쟁의

노동쟁의(labor disputes)란 임금, 노동시간, 작업조건 등에 관해 노동조합과 사용자간의 주장이 일치하지 않을 경우, 노동조합 혹은 사용자가 자기들의 주장을 관철할 것을 목적으로 하는 행위 및 이에 대항하는 행위를 말한다. 이 경우 노동조합이 사용하는 쟁의수단에는 파업(strike), 피케팅(picketing), 태업(sabotage), 불매동맹(boycott) 등이 있고, 사용자가 사용하는 쟁의수단에는 공장폐쇄(lock-out)가 있다.

(2) 공제적 기능

공제적 기능은 노동조합이 조합원들을 위해 수행하는 사내적 기능이다. 조합원이 질병 · 재해 · 노령 · 사망 · 실업 등으로 노동능력이 일시적 또는 영구적으로 상실되는 경우에 대비하여 조합이 기금을 설치하고, 그것을 가지고 상호부조하는 활동을 전개하는 것을 말한다.

(3) 정치적 기능

정치적 기능은 노동조합이 국가나 사회단체를 대상으로 하여 노동관계법의 제정 및 개정, 노동시간의 단축 추진, 사회보험이나 사회보장의 요구, 세제의 개정 등을 요구하고 주장하는 것을 말한다. 이러한 노동조합의 정치적 발언과 주장은 노동자의 생활향상을 위한 정치적 활동분야이다.

3) 노동조합의 형태 및 가입방법

(1) 노동조합의 형태

노동조합은 조합을 조직할 때 그 조합에 가입하는 공통적 표준이 무엇이냐에 의해 ① 직업별 노동조합, ② 산업별 노동조합, ③ 기업별 노동조합과 ④ 직업 또는 기업의 여하를 불문하고 동일 지역에 있는 중소기업을 중심으로 하여 조직되는 일반노동조합으로 구분된다.

(2) 노동조합의 가입방법

노동조합의 가입방법으로는 클로즈드 숍(closed shop)과 오픈 숍(open shop), 유니온 숍(union shop)의 세 가지가 있다.

① 클로즈드 숍 : 이것은 고용주가 조합원 중에서만 종업원을 채용하는 제도이다. 즉 기업에 속해있는 종업원 전체가 조합에 가입해야 할 의무에 강제성이 부여되어 있는 방법이다.

② 오픈 숍 : 이것은 고용주가 조합원 뿐만 아니라 비조합원으로부터도 자유롭게 종업원을 채용할 수 있는 제도이다. 이 제도는 조합원을 강제로 억압하는 수단이 되기 쉽고, 고용주에 의한 조합의 약화수단이 될 수도 있다.

③ 유니온 숍 : 이것은 클로즈드 숍과 오픈 숍의 중간형태로서, 고용주는 조합원 이외로부터도 종업원을 자유롭게 채용할 수 있으나, 채용후 일정기간내에 반드시 노동조합에 가입해야만 하는 제도이다.

연 습 문 제

1. 다음 용어를 설명하라.

· 경영참가	· 고용관리	· 노동쟁의
· 노사관계	· 단체교섭	· 배치
· 선발	· 순응임률제	· 연공급
· 오픈 숍	· 유니온 숍	· 이익분배제
· 인사고과	· 인사관리	· 인사이동관리
· 임금수준	· 임금체계	· 직능급
· 직무급	· 직무기술서	· 직무명세서
· 직무분석	· 직무설계	· 직무순환
· 직무충실화	· 직무특성이론	· 직무평가
· 직무확대	· 최저임금제도	· 클로즈드 숍
· OJT		

2. 인사고과의 의의와 목적을 설명하라.

3. 직무분석, 직무평가, 인사고과의 상호관계를 설명하라.

4. 고용관리의 의의와 절차를 설명하라.

5. 인사이동관리의 의의와 목적을 설명하라.

6. 교육훈련관리의 의의와 목적을 설명하라.

7. 임금관리의 의의 및 원칙을 설명하라.

8. 노사관계관리의 방향에 대해 설명하라.

9. 노동조합의 기능을 설명하라.

10. 노동조합의 형태 및 가입방법을 설명하라.

제17장

재무관리

제1절 재무관리의 개요

1. 재무관리의 의의와 목표, 기능

1) 재무관리의 의의

재무관리는 기업의 자금과 관련된 제반 경영활동을 효율적으로 수행하기 위한 연구분야로 표현할 수 있으며 이에는 자금조달과 운용, 자금계획 및 통제 등의 기능이 포함된다. 넓은 의미의 재무관리는 재무론 또는 재무학(finance)이라고도 하며 기업재무(corporate finance), 투자론(investment), 금융론(banking)의 분야로 나눌 수 있다.

기업재무는 통상 좁은 의미의 재무관리로 해석되며, 그 기능으로는 기업경영자가 의사결정 주체로서 기업에서 필요로 하는 자본을 어떻게 조달할 것인가 하는 자본조달결정, 조달한 자본을 어디에 어떻게 운용할 것인가 하는 투자결정, 영업활동의 결과로 발생된 이익을 어떻게 배분할 것인가 하는 배당결정, 자기기업을 비롯한 관련기업의 재무적 성과와 건전성이 어느 정도인가를 진단하는 재무분석 등의 문제를 다루게 된다.

투자론은 증권시장에서 투자자들이 각자 한정된 자금으로 어떻게 하면 효용을 극대화하는 투자를 행할 수 있는가를 연구하는 분야로서 증권시장의 조직구조, 유가증권의 가치평가, 투자전략 및 포트포리오분석, 자본시장의 균형이론을 비롯한 자본시장의 효율성과 파생상품 등이 다루어지고 있다.

금융론은 자본시장 중에서도 자본의 공급자와 수요자를 간접적으로 연결해 주는 금융기관의 조직구조를 비롯한 금융제도, 금융의 종류와 역할, 이자율의 결정과 금융정책 등 금융시장전체의 거시적 측면에서 금융자금의 흐름과 기능을 연구하는 분야이다.

2) 재무관리의 목표

재무관리에서의 제반기능을 효율적으로 수행하기 위해서는 재무관리에서 궁극적으로 추구하는 바, 그 목표가 분명해야 한다. 재무관리는 기업경영의 한 관리부문이므로 재무관리에서 추구하는 목표는 곧 기업의 목표와 동일하다고 할 수 있다.

일반적으로 기업의 활동목표로서 이익의 극대화(profit maximization), 기업가치의 극대화(value maximization of the firm), 기업소유주(주주)의 부(富)의 극대화(wealth maximization of the firm owners)가 검토되어 질 수 있다. 그러나 이익의 극대화는 시대변화의 흐름에 따라 더 이상 재무관리의 목표로서 적합하지 않은 것으로 인식되고 있으며, 기업가치의 극대화가 가장 타당성 있게 받아들여지고 있다. 그런데 기업가치를 측정하기 위해서는 해당기업의 기대현금흐름과 위험정도를 측정해야 하며, 이들 요인은 국가의 산업경제정책, 경기동향, 시장의 경쟁상태, 기술수준 등의 기업외적 요인과 투자업종, 자체기술개발, 경영능력, 자본구조 등 기업내적 요인에 의해 달라진다.

재무관리의 목표로서 기업가치의 극대화는 곧 기업소유주의 부의 극대화라는 말로도 불려질 수 있으며, 이는 또한 보통주 주가의 극대화와 동일한 의미로 받아들여진다. 또한 일정시점에서 특정기업의 자기자본의 가치(= 주주지분가치 = 기업소유주의 부의 가치)는 해당시점에서 형성된 「보통주 주가 × 보통주 발행주식수」로 측정할 수 있다.

결론적으로 재무관리의 목표는 기업가치의 극대화라 할 수 있는데, 이는 기업소유주의 부의 극대화, 주주의 부의 극대화, 보통주 주가의 극대화와 동일한 목표로 추진될 수 있다는 것이다. 따라서 모든 재무의사결정이나 이론전개에 있어서 이와 같은 논리가 일관되게 적용된다.

3) 재무관리의 기능

본 장에서 논의되고 있는 좁은 의미의 재무관리는 기업의 경영자 및 재무관리자의 입장에서 수행되는 기업재무의 학문영역을 의미한다. 경영자는 투자결정기능, 자본조달결정기능, 배달결정기능, 재무분석기능 등을 적절히 수행함으로써 재무관리의 목표를 달성할 수 있다.

(1) 투자결정기능

투자결정기능(investment decision)은 기업의 미래 수익성과 성장성에 직접 관계되는 것으로서, 기업이 경영활동을 위해 어떤 자산에 얼마만큼의 금액을 투자할 것인가를 결정하는 것이다. 이와 같은 투자결정은 대차대조표상의 차변항목들과 관련된 의사결정으로서, 현금, 재고자산, 매출채권 등의 유동자산에 대한 결정과 건물, 설비 등의 고정자산에 관한 결정을 포함한다. 이러한 투자결정의 목표는 기업의 제반 상황을 고려하여 가장 높은 수익을 제공하는 최적배합(optimal mix assets)을 찾는 것이다.

(2) 자본조달결정기능

자본조달결정기능(financing decision)이란 기업활동에 필요한 자금을 어떤 원천에서 조달하는가를 결정하는 재무관리기능이다. 이것은 대차대조표의 입장에서 보면 대변의 항목인 부채와 자본에 대한 의사결정을 의미한다. 자본조달기능의 목표는 필요한 자본을 가장 저렴한 비용으로 조달할 수 있도록 기업의 최적자본구조를 구성하는 것이다. 따라서 투자결정과 마찬가지로 자본조달결정에서도 기업자본의 최적배합(optimal mix of financing)이 이루어지도록 해야 한다.

(3) 배당결정기능

배당결정기능은 기업의 경영활동에서 창출된 순이익을 얼마나 주주에게 배당하고 이느 정도를 기업에 유보하여 투자재원으로 사용할 것인가를 결정하는 문제로 넓은 의미에서는 자본조달결정기능의 하나로 간주되기도 한다. 배달결정에서는 배당성향, 배당의 안정성, 배당형태 등을 다루게 된다.

(4) 재무분석기능

재무분석(financial statement analysis)이란 경영분석 또는 재무제표분석이라고도 하며, 기업의 재무적 의사결정에 필요한 정보를 얻기 위해 기업의 회계 및 재무자료, 증권시장의 자료 등을 분석하는 기능이다. 재무분석에 있어서도 대상기업의 회계 및 재무자료를 면밀히 검토함으로써 제반 재무의사결정에 유용한 정보를 제공할 수 있도록 해야 한다.

2. 현금흐름의 시간가치

1) 현금흐름의 의미

현금흐름(cash flow)이란 문자 그대로 현금의 유입과 유출을 의미한다. 기업에서는 상품 및 제품판매 등 제반 영업활동으로 기업에 현금이 들어오는데 이를 현금유입이라 하고, 원재료매입 등 여러 활동으로 기업에서 현금이 빠져나가는데 이를 현금유출이라 한다. 또한 이와 같은 영업활동을 통해 발생하는 현금유입액과 현금유출액의 차이를 순현금흐름이라 하는데, 이와 같은 관계를 그림으로 나타내면 [그림 17-1]과 같다.

[그림 17-1] 기업의 현금흐름

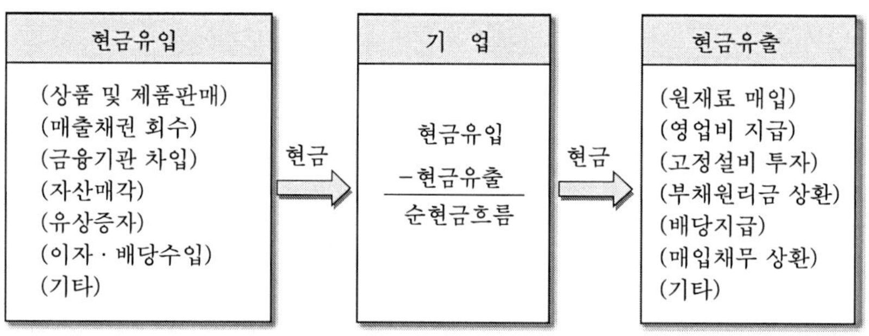

현금흐름은 기업의 모든 재무의사결정에서 그 기준이 된다. 예를 들어 어떤 투자안으로부터 예상되는 미래 현금흐름은 그 투자안의 경제성을 분석하는데 중요한 평가기준이 될 뿐 아니라 기업가치를 결정하는 중요한 요인이다. 또한 기업에서 부채를 상환하거나 배당을 지급하고자 할 때, 또는 원재료를 구입하고자 할 때에도 현금흐름의 뒷받침이 되어 있지 못하면 사실상 불가능하다. 따라서 모든 영업활동은 최종적으로 현금흐름의 형태로 전환되어야만 실질적인 의미를 갖는다.

2) 현금흐름의 시간가치

재무관리자는 모든 재무의사를 결정함에 있어서 현금흐름이 언제 발생하느냐 하는 현금흐름의 발생시점을 반드시 고려해야 한다. 이는 동일금액의 현금흐름이라 하더라도 발생시점에 따라 그 가치가 달라지기 때문이다. 이와 같이 현금흐름이 발생되는 시점에 따라 투자자가 서로 다르게 인식하는 가치를 현금흐름의 시간가치(time value of cash flow)라 한다.

현금흐름의 시간가치는 현금흐름의 발생시점이 빠를수록 높게 나타난다. 즉 위험이 같을 경우 현재시점의 100만원은 내일 발생되는 100만원보다 가치가 크며, 한달 후에 발생되는 100만원은 1년 후에 발생되는 100만원보다 가치가 크다.

(1) 미래가치 계산

미래가치(future value) 계산은 현재시점에서 발생하는 일정금액의 현금흐름이 일정기간 후에는 얼마의 금액으로 증가할 것인가를 계산하는, 즉 원리합계를 계산하는 것으로서 이를 종가(terminal value) 계산이라고도 한다. 미래가치 계산에는 일정한 이자율이 결정되어야 하며 계산방법으로는 단리(simple interest) 계산방법과 복리(compound interest) 계산방법이 있다.

현재의 원금을 P_0, 기간당 이자율을 i, 기간을 n이라 할 때 n기 후의 미래가치 P_n은 다음과 같이 계산된다.

$$P_n = P_0(1+i)^n$$

(2) 현재가치 계산

현재가치(present value)는 미래에 발생할 현금흐름을 현재시점에서 계산한 가치를 의미하는 것으로 줄여서 현가라고도 한다. 미래가치 계산(종가계산)은 현재의 현금흐름을 미래로 연기시킨 값을 계산하는 것인데 비하여, 현재가치 계산(현가계산)은 미래의 현금흐름을 현재시점으로 거슬러 올라온 값을 계산하는 것이다.

$$P_0 = P_n \frac{1}{(1+i)^n} = P_n(1+i)^{-n}$$

(3) 연금의 미래가치 계산

연금(annuity)이란 일정기간동안 매기 일정금액이 일정간격마다 발생하는 현금흐름의 형태이다. 연금의 미래가치(연금종가)는 이와 같이 일정간격마다 발생하는 현금흐름의 미래가치를 미래 일정시점에서 합산한 금액을 말한다.

연금기간을 n, n기 후에 지급되는 연금의 미래가치를 S_n, 기간당 이자율을 i, 매기당 연금지급액을 R이라 하면 이 연금의 현금흐름은 다음과 같다.

$$S_n = R[\frac{(1+i)^n - 1}{i}]$$

(4) 연금의 현재가치 계산

연금의 현재가치(연금현가)는 일정기간동안 일정간격마다 발생하는 미래 현금흐름의 현재가치를 말한다. 연금의 미래가치가 연금이 끝나는 미래시점을 기준으로 계산된 금액인데 비하여, 연금의 현재가치는 미래 매 기간마다 발생하는 연금액을 현재시점에서 환산한 금액이다.

$$S_0 = R[\frac{(1+i)^n - 1}{i(1+i)^n}]$$

3. 위험과 기대수익률

1) 평균-분산기준

불확실한 미래를 대상으로 한 투자결정에서 반드시 고려되어야 할 요인은 기대수익률과 위험이다. 물론 투자대상의 선택과 같은 구체적인 재무의사결정에 있어서는 기대수익률과 위험 이외에도 기존기업의 대외적 이미지, 경영자의 경영이념, 투자자금의 조달능력 등 많은 요인들을 고려해야 하나 이들 요인들은 기업마다 서로 성격을 달리하는 독특한 특성을 지니고 있다. 그러나 기대수익률과 위험은 투자대상을 선택함에 있어서 어느 기업에서나(누구든지) 고려해야 할 공통요인일 뿐만 아니라 객관적 분석이 가능할 경우 그 계량적 수치도 일치될 수 있다. 따라서 재무의사결정에서 기대수익률과 위험은 반드시 고려되어야 하는데, 이들 2요인에 의거 투자대상을 선택하는 기준을 평균-분산기준(mean-variance criterion)이라 한다. 여기에서 평균은 기대수익률을, 분산은 위험정도를 측정하는 통계적 수단이 된다.

투자자들은 일반적으로 높은 기대수익률과 낮은 위험의 투자대상을 선택하고자 한다. 이와 같은 투자심리는 보다 안정된 상태에서 보다 높은 수익을 얻고자 하는 투자자들의 속성상 너무나 당연하다. 그러나 현실적인 경제상황에서 높은 기대수익률과 낮은 위험을 동시에 만족시키는 투자대상을 찾기는 쉽지 않다. 대부분의 경우 기대수익률이 높은 투자안은 동시에 높은 위험을 수반하며, 반대로 낮은 위험의 안전한 투자대상을 선택하기 위해서는 낮은 기대수익률로 만족할 수 밖에 없다. 이와 같은 관계를 기대수익률과 위험간의 상충관계(trade-off relation between expected return and risk)라 한다.

2) 기대수익률과 위험의 측정

기대수익률과 위험을 수치로 측정하기 위해서는 주관적이든 객관적이든 우선 기대수익률의 확률분포를 추정해야 한다. 즉 기대수익률(expected rate of return)은 미래 투자안으로부터 얻을 것으로 예상되는 수익률의 평균을 나타내는 것으로 수익률의 확률분포에서의 기대치이다. 또한 위험(risk)은 기대되는 수익률의 변동가능성(variability)을 의미하는 것으로 수익률의 확률분포에서 분산(variance), 또는 표준편차(standard deviation)로 측정된다. 확률분포에서 수익률의 확률변수를 R_i, 확률을 $P(r)$이라 할 때 기대치$[E(R_i)]$, 분산$[Var(R_i),\ \sigma_2(Ri)]$, 표준편차$[\sigma(R_i)]$는 각각 다음과 같이 계산된다.

$$E(R_i) = \Sigma R_i \cdot P(r)$$

$$Var(R_i) = \Sigma[R_i - E(R_i)]^2 \cdot P(r)$$

$$\sigma(R_i) = \sqrt{\Sigma[R_i - E(R_i)]^2 \cdot P(r)} = \sqrt{Var(R_i)}$$

위 식을 설명하면 수익률의 기대치는 발생 가능한 수익률(R_i)에 각각 발생할 확률$[P(r)]$을 곱하여 모두 더한 값이며, 수익률의 분산은 발생 가능한 수익률(R_i)에서 수익률의 기대치$[E(R_i)]$를 뺀 값을 제곱하여 각각의 확률을 곱한 후 이를 모두 더한 값이다. 또한 수익률의 표준편차는 분산의 제곱근으로 계산된다.

3) 포트폴리오이론

(1) 포트폴리오의 의미와 구성 목적

포트폴리오(portfolio)는 일반적으로 두개 이상의 집합체, 또는 서류철의 의미를 가지고 있다. 따라서 재무관리에서 주로 쓰이는 용어로서 포트폴리오는 두개 이상의 자산의 집합체(combination of two or more assets)라는 의미이며, 넓게는 증권 뿐만 아니라 모든 자산의 묶음을 나타내기도 한다. 그러나 일반적으로 포트폴리오라는 용어는 증권관계기관을 비롯한 자본시장에서 널리 쓰이고 있다. 즉 증권투자자들이 여러 주식에 분산투자 하는 경우라든지 투자신탁회사나 연금기금 등의 기관투자자들이 기금을 주식, 국공채, 회사채에 나누어 운용하는 경우 이들 금융자산의 집합체를 모두 포트폴리오라 한다.

그러면 이와 같은 포트폴리오의 형태로 투자하는 이유는 무엇인가? 이는 위험회피형 투자자의 경우 가능한 한 투자위험을 낮춤으로써 기대효용을 극대화하기 위함이다. 포트폴리오를 구성하여 투자하는 이유는 분산투자를 통해 기대수익률을 그대로 유지하면서 위험을 감소시킬 수 있을 뿐만 아니라, 기존의 투자기회를 결합하여 새로운 투자기회를 창출함으로써 투자효용을 높일 수 있기 때문이다.

(2) 포트폴리오의 기대수익률과 위험

n개의 자산으로 구성된 포트폴리오의 기대수익률[(R_p)]과 위험(σ_p^2)은 다음과 같이 계산된다.

$$E(R_p) = \sum_{i=1}^{n} w_i E(R_i)$$

$$\sigma_p^2 = \sum_{i=1}^{n}\sum_{j=1}^{n} w_i w_j \sigma_{ij}$$

$$= \sum_{i=1}^{n}\sum_{j=1}^{n} w_i w_j \rho_{ij} \sigma_i \sigma_j$$

n개의 자산으로 구성된 포트폴리오의 기대수익률을 계산하는 식은 각 자산의 기대수익률에 각 자산에 대한 투자비율을 곱하여 합계한 가중평균수익률이므로 비교적 쉽게 이해할 수 있다. 그러나 n개의 자산으로 구성된 포트폴리오의 분산을 계산하는 식은 합계기호($\sum$)가 2개나 되는 등 다소 복잡하게 보이는데, 각 자산의 투자비율에 각 자산수익률의 공분산을 곱하여 계산된다. 이때 공분산은 각 자산의 표준편차에 각 자산수익률의 상관계수를 곱하여 계산할 수도 있다.

(3) 포트폴리오의 위험분산 효과

포트폴리오를 구성함으로써 투자위험을 낮출 수 있는 효과를 위험분산효과라 한다. 포트폴리오에 포함되는 자산의 숫자가 많아짐에 따라 개별자산의 분산은 감소하기 때문에 포트폴리오의 분산은 자산들 간에 나타나는 평균공분산 $\overline{\sigma_{ij}}$(시장에 존재하는 자산 전체의 평균공분산)에 접근하면서 전체적으로 감소하게 된다. 이와 같이 포트폴리오에 포함되는 자산의 수가 많아짐에 따라 위험이 감소되는 현상을 포트포리오의 위험분산효과라 한다.

(4) 마코위츠의 최적포트폴리오 선택

1952년 H. Markowitz는 「포트폴리오의 선택」이라는 논문을 발표하였다. 이 논문에서 마코위츠는 기대수익률과 분산에 의해 투자가치를 평가하는 평균·분산 지배원리를 비롯하여 기대수익률과 위험의 계량화, 위험분산효과 및 투자자의 효용을 고려한 최적포트폴리오의 선택 등 오늘날 재무, 투자이론의 근간을 형성하는 중요한 이론들을 제시하였다. 따라서 이 이론들을 기초로 CAPM(자본자산가격결정모형) 이론 등이 개발되었으므로 마코위츠를 현대 포트폴리오이론의 아버지라 부르기도 한다.

제2절 재무분석과 재무계획

1. 재무분석의 의의와 역할

1) 재무분석의 의의

재무관리담당자는 기업가치의 극대화라는 재무관리의 목표를 달성하기 위해 투자, 자본조달 및 배당결정을 비롯한 기업의 제반 재무의사결정을 최적으로 해야 한다. 이를 수행하기 위해서는 먼저 기업의 현상태가 어떠하며 어떠한 문제점이 있는가를 알아야 한다. 이는 마치 인간이 자신의 건강을 최적으로 유지하기 위해 건강진단을 하는 것과 유사하며, 이처럼 기업의 건강상태를 진단하는 도구가 재무분석이라 할 수 있다. 이처럼 재무분석(financial analysis)이란 재무제표를 비롯한 각종 재무자료를 기초로 기업의 재무상태와 경영성과를 분석함으로써 기업의 이해관계자들에게 각자 재무의사결정에 도움이 될 수 있는 유용한 정보를 제공하기 위한 여러 활동을 의미한다.

2) 재무분석의 역할

오늘날 재무분석을 필요로 하는 기업의 이해관계자는 점점 그 종류가 다양해지고 있는데 주요 이해관계자별로 각각 재무분석의 역할을 살펴보면 다음과 같다.

(1) 경영관리자

해당기업의 경영관리자, 특히 재무담당자는 계속적으로 자본조달 및 자본운용 등 기업재무에 관한 의사결정을 해야 하는데, 이 경우 자기기업의 재무현황과 문제점 등을 그때그때 정확하게 파악하고 있어야 적절한 의사결정이 가능하다. 특히 전문경영인에 의한 기업경영이 점점 확산되고 있는 추세에서 경영성과가 곧 경영인의 능력을 나타내는 지표로 인식되기 때문에 경영현황을 파악하고 보다 합리적이고 효율적인 의사결정을 위한 재무분석에 점점 많은 관심이 집중되고 있다.

(2) 채권자

금융기관이나 사채권자 등 기업의 채권자들은 빌려준 채권의 원리금이 제때에 상환될 수 있을 것인가 하는 채무상환능력에 지대한 관심을 갖고 있다. 특히 부동산시장이 침체되면서 부동산 담보가치가 하락 또는 불안정하게 되어 상대적으로 신용대출비중이 늘어나는 추세이며 그 결과로

차입기업의 재무건전성에 관심이 모아지고 있다. 또한 근래 기업에서 회사채발행시 무보증사채발행이 보편화되면서 회사채발행기업의 원리금상환능력을 검토하기 위한 채권 투자자들의 재무분석이 보편화되고 있다.

(3) 투자자

주식이 자본시장에서 보편적 투자대상으로 정착되고 있고 투자자들이 해당기업의 본질적 내재가치(intrinsic value)를 중시함에 따라 주주들은 해당기업의 재무제표를 통한 가치평가에 많은 관심을 갖게 되었다. 특히 연금 · 기금이나 투자신탁회사를 비롯하여 유동성이 풍부해진 기업들의 자산운용 등 기관투자자가 증가하고 있는 상황에서 보다 안전하고 수익성이 높은 투자대상을 찾기 위한 재무분석의 필요성이 증가하고 있다.

(4) 관련기업

기업에서는 영업활동을 수행함에 있어서 특정기업과 원재료공급, 제품납품 등 영업관계가 지속되는 경우가 있는데, 이때 거래의 지속성 및 신용거래의 안전성 등을 판단하기 위해 상대방 기업의 재무현황을 분석할 필요가 있다. 또한 효과적인 경쟁전략을 수립하기 위해 경쟁상대기업의 매출수익성 등 재무정보를 필요로 하는 경우도 있다.

(5) 기타

재무분석에 의한 재무정보는 위에서 언급된 이해관계자집단 이외에도 증권회사, 신용평가회사들의 기업신용평가를 위한 목적, 세무관서, 재경원 등 정부기관의 공평과세 및 공정거래를 위한 목적, 노동조합 등 종업원들의 기업존속과 임금지급능력 분석을 위한 목적 등으로도 활용되고 있다.

2. 재무비율분석

기업은 과거나 현재의 재무비율이나 지표를 산출하고, 이러한 재무비율을 산업평균치 또는 경쟁업체의 비율과 비교하여 특정기업체의 재무상태를 평가하는데 널리 사용한다.

1) 유동성비율

유동성(liquidity)은 자산을 적정한 가격으로 신속하게 현금화할 수 있는 성질내지 정도를 의미하는 것으로, 시장가격에 충격을 주지 않으면서 많은 양을 적정한 가격으로 짧은 시간내에 현금화할 수 있다면 그 자산의 유동성은 높다고 말할 수 있다. 유동성 정도를 측정하기 위한 대표적

비율로는 유동비율과 당좌비율이 있다.

■ 유동비율 = (유동자산 ÷ 유동부채) × 100

■ 당좌비율 = (유동자산 - 재고자산) ÷ 유동부채 × 100

2) 레버리지비율

레버리지비율(leverage ratio)은 기업이 조달한 자본중 타인자본에 의존하고 있는 정도를 나타내는 비율이다. 즉 기업의 소유주인 주주가 공급한 자금과 채권자가 공급한 자금을 비교하는 비율로서 장기채권자의 재무위험을 측정하는데 사용되는 것이 일반적이다. 대표적인 것으로는 대차대조표상의 부채비율과 손익계산서상의 이자보상비율이다.

■ 부채비율 = (총부채 ÷ 자기자본) × 100

■ 이자보상비율 = (이자 및 납세전 이익 ÷ 이자비용) × 100

3) 안정성비율

안정성비율(stability ratio)은 조달된 자본이 기업의 자산에 얼마나 안정적으로 배분되고 있는가를 측정하는 비율이다. 안정성비율은 장기적으로 기업이 경기변동, 시장여건변화 등 경제정세의 변화에 잘 적응할 수 있는가를 검토하기 위한 비율로서 고정비율과 고정장기적합률이 있다.

■ 고정비율 = (고정자산 ÷ 자기자본) × 100

■ 고정장기적합률 = (고정자산 ÷ (자기자본 + 고정부채)) × 100

4) 활동성비율

활동성비율(activity ratios)은 기업이 보유하고 있는 자산이 어느 정도 효율적으로 이용되었는가 하는 자산의 이용도를 측정하는 비율이다. 여기서 효율성이란 자산의 물리적 효율성(physical efficiency)을 말하는 것이다. 활동성비율들은 매출액에 대한 각 중요자산의 회전율로 표시하는 것이 보통이다.

■ 재고재산회전율 = 매출액 ÷ 재고자산

■ 매출채권회전율 = 매출액 ÷ 매출채권

■ 고정자산회전율 = 매출액 ÷ 고정자산

■ 총자산회전율 = 매출액 ÷ 총자산

5) 수익성비율

기업경영의 총괄적인 효율성의 결과를 매출에 대한 수익이나 투자에 대한 수익을 나타내는 제비율로서, 기업의 수익성은 기업의 여러 가지 정책과 의사결정의 종합적인 결과로서 나타나는 것이며, 기업의 모든 활동이 종합적으로 어떤 결과를 나타내는가를 측정하는 비율이다. 특히 이 비율은 경영자의 업적을 평가하는 자료로 사용된다.

- 총자본순이익률 = 순이익 ÷ 총자본(자기자본 + 타인자본) × 100
- 매출액순이익률 = (순이익 ÷ 매출액) × 100
- 자기자본순이익률 = (순이익 ÷ 자기자본) × 100

6) 생산성비율

생산성이란 투입에 대한 산출의 상대적인 비율로서 생산요소를 얼마나 효율적으로 이용하였는가를 나타내는 개념이다. 따라서 생산성비율은 기업활동의 능률내지 업적을 측정・평가하고 그 발생원인과 성과배분의 합리성 등을 분석하기 위한 비율이다. 기업의 생산활동은 생산요소인 노동과 자본의 결합에 의해 이루어지며 그 결과로 부가가치가 창출된다. 따라서 각 생산요소가 부가가치 창출에 어느 정도 기여하였는가를 살펴보기 위해 생산성비율에서는 일반적으로 노동생산성과 자본생산성을 계산한다.

- 노동생산성 = 부가가치 ÷ 종업원수
- 자본생산성 = 부가가치 ÷ 총자본

7) 시장가치비율

시장가치비율(market value ratios)은 시장에서 투자자들에 의해 평가된 기업가치에 관련된 비율이다. 지금까지 설명한 재무비율은 대부분 기업의 재무제표에 나타난 수치에 의해 평가가 이루어졌으나 재무제표에 나타난 장부가치는 수시로 변하는 기업가치의 변동을 제대로 반영하지 못하는 경우가 많다. 반면에 증권시장에서 형성되는 주가는 수시로 변동되는 기업가치를 대체로 잘 반영한다고 할 수 있으며 기업가치에 영향을 미치는 질적 요인을 비롯하여 해당기업의 기대이익, 위험, 자산가치, 성장가능성 등을 종합적으로 고려한 실질가치를 나타내므로 이를 기초로 하여 평가된 비율이 시장가치비율이다.

- 주당이익 = (순이익 ÷ 보통주식수) × 100
- 주가수익비율 = (주가 ÷ 주당이익) × 100
- 배당수익률 = (1주당 배당액 ÷ 주가) × 100

3. 재무계획의 의의와 체계

재무계획(financial planning)이란 기업의 제반 재무활동을 뒷받침하기 위한 자금의 조달과 운용계획으로서 미래 기업의 재무상태와 영업실적에 대한 예측과 계획을 말한다. 재무활동은 경영활동의 한 부분인 동시에 구매·제조·판매활동 등 여타의 모든 경영활동과 밀접하게 관련되어 있으므로 재무계획은 재무활동의 성패 뿐만 아니라 경영활동 전반의 성패에 매우 중요한 영향을 미친다.

재무계획은 재무분석을 기초로 한 미래의 예측이 중심이 되며, 재무계획은 재무유동성 및 안전성, 자본수익성의 합리적 관리를 목표로 한다. 재무계획은 [그림 17-2]에서 보는 바와 같이 자금계획과 이익계획으로 크게 나눌 수 있는데, 현금수지의 균형을 위한 재무유동성 및 건전한 재무구조를 위한 재무안정성은 자금계획으로 구체화되며, 목표이익을 실현하기 위한 자본수익성은 이익계획으로서 구체화된다.

[그림 17-2] 재무계획의 체계

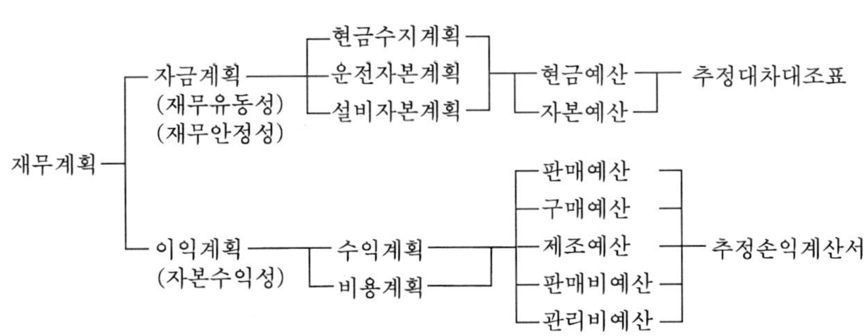

재무계획에서 목표이익을 달성하기 위한 이익계획과 목표이익의 달성을 위한 경영활동의 소요자금액을 결정하는 자금계획은 각각 독립되어 존재하는 것이 아니고 상호밀접히 연결되어 있다. 또한 이러한 재무계획은 예산편성으로 구체화되어 실제 영업활동에서 재무통제 수단으로 이용된다. 즉 자금계획은 앞으로 필요자금의 조달을 위한 계획으로서 현금수지계획, 운전자본계획, 설비자본계획으로 세분할 수 있으며, 이는 현금예산과 자본예산으로 편성되고, 이러한 자금계획의 수립결과는 기업의 추정대차대조표에서 총괄된다.

또한 이익계획은 수익계획과 비용계획으로 나눌 수 있는데, 수익계획은 판매예산으로, 비용계획은 구매예산, 제조예산, 판매비예산, 관리비예산 등으로 나타나며, 이러한 이익계획의 수립결과는 기업의 추정손익계산서에서 총괄된다.

재무계획은 전기의 재무통제결과에 의해 수정・보완된다. 재무통제(financial control)는 재무계획을 기초로 계획과 집행결과의 상호비교, 그 오차의 원인분석 및 개선책강구 등을 통해 재무활동의 효율성을 높이려는 수단으로서 재무통제에 대한 결과는 피드백(feed back)되어 차기의 재무계획수립에 반영된다. 즉 재무통제는 각 관리책임자가 계획에 따라 집행활동을 지휘・통제하게 되는데, 실제에 있어서는 예산상의 수치와 실제 집행후의 수치를 대비하여 그 오차를 밝히고 이에 대한 원인을 분석하여 그에 대한 책임소재를 밝힘과 동시에 그 개선책을 마련함으로써 재무활동의 효율성과 그 성과를 제고시키기 위한 관리수단이다.

4. 재무예측

재무계획을 수립하기 위해서는 우선 재무예측이 선행되어야 한다. 재무예측(financial forecasting)은 기업이 향후 어떻게 성장하며 그 성장에 따라 기업의 자산과 부채가 어떻게 변화할 것인가 하는 재무상태를 예측하여 이를 기초로 미래에 필요한 자금액을 추정하는 것을 말한다.

재무예측에 있어서는 기업의 미래 성장에 관한 예측이 중요하며, 기업의 성장은 매출액의 변화로써 측정할 수 있다. 매출액 예측은 미래 일정기간에 있어서 기업의 매출액 수준을 예측하는 것으로서 재무예측을 하는데 있어 가장 근본적인 출발점이 되며, 기업의 이익계획, 생산계획 수립에도 필수적인 정보를 제공한다.

매출액 예측이 재무계획 뿐만 아니라 모든 영업계획을 수립하는데 있어서 가장 기본이 되는 사항임에도 불구하고 매출액을 정확하게 예측하기는 매우 힘들다. 왜냐하면 기업의 매출액은 산업의 전반적인 경기동향, 소비자들의 소득수준과 소비취향, 수출경쟁력과 환율변동, 상품의 품질과 기술수준, 가격경쟁력, 판매 및 광고전략 등 기업내외의 수많은 요인들에 의해 영향을 받기 때문이다. 그러나 개략적이나마 매출액을 예측하는 방법에는 판매원들의 정보를 기초로 예측하는 방법, 매출액을 결정하는 주요 결정요인을 중심으로 회귀분석 등 통계적 기법을 이용하여 추정하는 방법, 과거 일정기간동안 매출액 성장률을 기초로 시계열분석을 통해 추정하는 방법, 최고경영자의 오랜 경험과 직관에 의해 예측하는 방법 등이 있다. 그러나 이들 예측방법은 어느 것도 완전한 방법이라고는 할 수 없다. 따라서 어느 한가지 방법만으로 예측한다는 것은 오차가 클 가능성이 있으므로 각기 다른 방법으로 예측하고 그 결과를 비교・조정하여 종합적인 판단을 내리는 것이 현명한 방법이라 할 수 있다.

재무예측은 일반적으로 매출액 예측을 기초로 이루어지며, 매출액 증가에 따른 자산의 증가를 예측하여 미래의 소요자금을 추정하는 방법으로서 매출액백분율법과 회귀분석에 의한 방법이 많이 이용되고 있다.

1) 매출액백분율법

매출액백분율법(percent of sales method)은 대차대조표 각 항목들의 매출액에 대한 백분율은 매출액이 변하더라도 항상 일정할 것이라는 가정하에 매출액의 변화에 따른 각 항목의 변화를 추정하여 소요자금을 예측하는 방법이다. 매출액백분율법에 의해 소요자금을 예측하기 위해서는 우선 대차대조표의 각 항목이 매출액과 관련해 어떠한 변화를 나타내는가를 파악해야 하는데, 일반적으로 기업에서는 대차대조표 항목과 매출액이 다음과 같은 관계로 나타난다.

① 매출액과 직접적으로 비례하여 변하는 항목 : 유동자산, 유동부채

② 매출액 변동에 따라 변화하나 불규칙적으로 변하는 항목 : 고정자산

③ 매출액 변동과 직접적인 관계가 없는 항목 : 고정부채와 자기자본

매출액이 증가하면 일반적으로 현금, 매출채권, 재고자산 등 유동자산이 증가하고 부채항목 중에서도 외상매입금이나 미지급금 등 유동부채가 증가하며 그 증가하는 정도는 매출액 증가에 거의 비례한다. 그러나 설비투자와 같은 고정자산은 매출액에 따라 변화하되 생산능력을 초과하여 제품을 생산하는 경우에만 설비투자액이 일시에 큰 폭으로 증가하는 등 불규칙적으로 변화한다. 또한 고정부채와 자기자본의 항목은 매출증대에 따른 기업규모의 증가에 따라 장기적으로는 증가하나 단기적으로는 거의 관계가 없다.

매출액백분율법에 의한 소요자금예측은 매출액과 직접적으로 비례하여 변화하는 항목에 대해서만 적용이 가능하다. 즉 추정매출액에 의거 유동자산과 유동부채를 추정한 후 유동자산 증가분에서 유동부채 증가분을 차감하여 순운전자본 추가소요액을 예측할 수 있다.

2) 회귀분석에 의한 방법

회귀분석(regression analysis)은 사회과학분야에서 널리 사용되는 연구조사 방법으로서 변수간의 상관관계를 분석하고 이를 토대로 관련된 변수가 변동될 때 다른 변수가 어떻게 변동될 것인가를 예측하는 통계적 분석방법이다. 회귀분석에서 예측하고자 하는 변수를 종속변수(dependent variable)라 하고 종속변수의 예측을 위하여 동원된 관련변수를 독립변수(independent variable)라 하는데 독립변수가 하나인 회귀분석을 단순회귀분석(simple regression analysis), 독립변수가 두개 이상인 회귀분석을 다중회귀분석(multiple regression analysis)이라 한다. 재무관리에서도 회귀분석은 재무예측을 비롯하여 자본시장이론 등 여러 분야에서 인용되고 있다.

제3절 자본예산

1. 자본예산의 의의

자본예산(capital budgeting)이란 효과가 1년 이상에 걸쳐 지속적으로 나타날 장기적 투자결정에 관련된 계획의 수립과정을 의미한다. 따라서 자본예산은 시설투자 등 고정자산에 대한 계획과 평가를 의미하게 되지만 연구개발투자나 광고비투자도 장기간의 효과가 기대됨으로 자본예산에 포함된다. 투자의 영향이 1년 이상이라는 것은 관례적인 기준이다. 자본예산의 대상이 아닌 1년 이내의 수명을 가진 자산을 운전자본(working capital)이라고 한다.

기업의 입장에서 보아 투자결정(investment decision)은 대단히 중요하다. 미래의 이익을 추구하기 위해 투자하는 것인데, 투자에는 미래의 이익이 기대 이하에서 발생할 수 있는 위험이 따르게 마련이다. 그래서 투자결정은 결과적으로 기업의 이익성과 리스크정도(degree of risk)를 예측하여 신중히 결정하지 않으면 안 된다. 그렇기 때문에 기업의 성패는 투자결정에 달려 있다고 말할 수 있다. 장기적인 투자의 경우 특히 기업의 성패에 영향을 미친다.

2. 자본예산의 검토단계

자본예산은 기업의 투자와 관련된 일련의 계획 및 집행과정을 의미하기 때문에 여러 단계의 검토과정을 거쳐 이루어진다. 자본예산이 이루어지는 단계는 다음과 같다.

1) 투자대상의 물색

적절한 투자대상을 물색하는 것은 경영자의 중요한 임무이다. 어느 기업이나 현재의 제품이나 업종이 영구적일 수는 없다. 미래의 언젠가는 현재 취급하는 제품이 소비자들로부터 외면당하거나 영위하고 있는 업종이 사양산업으로 전락할 수 있다. 이런 경우를 대비해 기업경영자는 미리 새로운 제품이나 새로운 업종을 탐색해 두어야 한다.

2) 현금흐름의 추정

투자대상에서 물색된 여러 투자대상으로부터 각각 현금흐름을 추정한다. 현금유출을 추정하기 위해서는 우선 투자규모를 결정하고 기술적 타당성 검토와 설계, 견적, 경상적 운영비추정 등의 절차가 필요하다.

3) 투자안의 경제성 분석

투자의 경제성 분석은 투자가치가 있느냐 없느냐의 여부를 판단하는 것으로서 이를 위해서는 각 투자안의 위험정도를 측정하고 그 정도에 따라 적절한 위험보상률을 결정한다.

4) 최적투자안의 결정

경제성분석 결과에 의거해서 최적투자안을 확정한다. 그러나 경제성이 높게 평가되었다고 하더라도 투자소요액을 감당할 수 없거나 투자수명이 부적절하고 경영이념이나 사회 통념에 비추어 적절하지 못한 투자안은 배제될 수 있다.

5) 소요자본의 조달

소요자본을 조달하기 위해서는 기업의 기존자본구조, 금융시장과 자본시장의 상황, 자본조달비용 등을 고려하여 금융차입, 회사채발행, 주식발행, 유보이익조달 등 적절한 자본조달수단을 결정한다.

6) 투자의 실행

조달된 자본으로 최적투자안으로 결정된 사업에 투자를 실행한다. 투자의 실행은 자사에서 직접 관리하는 경우도 있고 건설회사와 전문용역회사 등에 의뢰하는 경우도 있다.

7) 사후평가 및 조정

마지막으로 사후평가와 조정을 하는 단계이다. 연구개발비를 비롯한 거액의 설비투자는 수년간에 걸쳐 이루어지는 경우도 있다. 이와 같은 장기투자의 경우는 투자실행 과정 중에도 수시로 사후평가의 과정이 필요할 수도 있다.

[그림 17-3] 자본예산의 단계

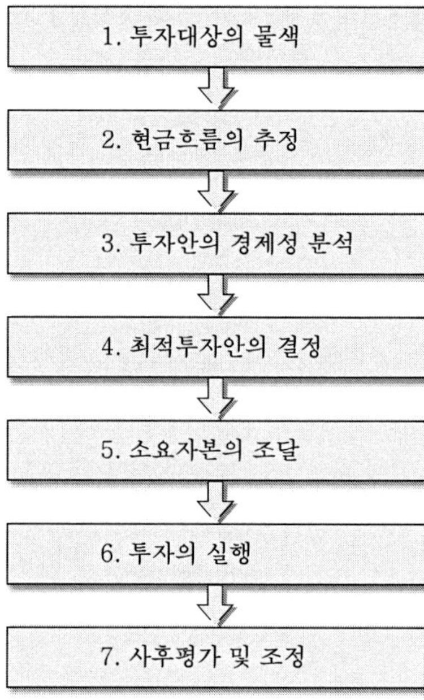

이상의 여러 단계를 거쳐 자본예산이 실행된다. 그러나 이와 같은 여러 단계중 자본예산을 다루는 모든 기업에 공통으로 적용되면서 동시에 재무관리 담당자가 다루어야 할 단계는 둘째와 셋째, 그리고 다섯째 단계, 즉 현금흐름의 추정과 각 투자안의 경제성분석, 그리고 소요자본의 조달이다. 왜냐하면 나머지의 단계는 자본예산을 검토하는 기업의 사정에 따라, 또는 그때 그때의 시장상황에 따라 달라질 수 있기 때문이다. 그런데 위 세단계중에서도 소요자본의 조달은 별도로 독립하여 다루어지기 때문에 재무관리에서 좁은 의미로 해석되는 자본예산은 투자안의 미래 현금흐름을 추정하는 문제와 경제성을 평가하는 문제로 국한된다.

3. 투자가치의 평가방법

앞에서 투자안으로부터 미래 예상되는 현금흐름을 어떻게 추정하는가에 관해 살펴보았다. 미래의 현금흐름을 정확히 추정하기는 매우 어렵다. 기업환경과 미래의 사업전망 등 현금흐름에 영향을 미치는 수많은 요인들이 수시로 변하기 때문이다. 그러나 여기에서는 일단 투자안의 현금흐름이 정확하게 추정되었다는 전제하에 이를 기초로 투자안의 가치를 평가하고자 한다. 이와 같이 미래 현금흐름이 확실하게 추정되었다는 전제하에서 투자안의 가치를 평가하는 것을 확실성하의 투자안의 가치평가라 한다.

확실성하의 투자가치 평가방법으로는 회수기간법, 회계적이익률법, 내부수익률법, 순현가법, 수익성지수법이 있다. 이중 회수기간법과 회계적이익률법은 투자기간중 현금흐름의 시간가치가 고려되고 있지 못하기 때문에 정밀한 평가방법이라고 할 수 없다. 따라서 보다 합리적인 평가방법에 의한 의사결정의 보완적 수단으로만 사용될 뿐이다. 반면 나머지 방법인 내부수익률법, 순현가법, 수익성지수법은 현금흐름의 시간가치가 고려되어 분석이 이루어지므로 보다 합리적인 평가방법이라 할 수 있으며, 이들 방법을 일명 현금흐름할인법(discounted cashflow method : DCF)이라고도 한다.

1) 회수기간법

회수기간법(payback period method)이란 각 투자안들의 회수기간을 계산하여 그 회수기간과 기업자체에서 내정한 기간을 상호비교하여 투자결정을 하는 것을 말한다. 일반적으로 여러 투자안들 가운데 가장 짧은 회수기간을 갖는 투자안이 가장 적합하다.

■ 회수기간 = 회수해야 할 금액 ÷ 당해년도의 현금흐름

2) 회계적이익률법

회계적이익률법(accounting rate of return method)은 평균이익률법이라고도 한다. 이것은 회계적 자료를 이용하여 투자안의 회계적 이익률을 산출하여 이를 기초로 투자안을 평가하는 방법이다. 평균이익률법을 이용할 때에는 투자대상의 평균이익률이 기업에서 내정하여 둔 기준이 되는 평균이익률보다 높으면 투자결정을 하며, 여러 투자안이 고려되는 경우에는 그중 가장 높은 평균이익률을 가진 투자안을 채택한다. 연평균순이익과 연평균투자액의 비율로 투자이익률을 계산하는 공식은 다음과 같다.

■ 투자수익률 = 연평균순이익 ÷ 연평균투자액

= 연평균순이익 ÷ (총투자/2)

위의 식에서 투자의 내용연수가 끝난 후 잔재가치가 없고 투자수명 기간동안 정액법으로 감가상각을 하는 경우에는 연평균투자액은 총투자액의 반이 된다. 내용연수가 끝난 후 잔존가치가 있는 경우, 또는 감가상각을 정액법 이외의 방법에 의해서 할 때에는 이에 알맞게 변형하여 계산할 수 있다.

3) 내부수익률법

내부수익률법(internal rate of return method)은 투자로 인한 미래 기대현금유입의 현가와 기대현금유출의 현가를 동일하게 하는 할인율인 내부수익률(internal rate of return : IRR)을 구하여, 이것과 기업의 최저필수수익률을 비교하여 투자의사결정을 내리는 방법이다. 투자로 인한 내부수익률과 기업에서 바라고 있는 최저필수수익률을 비교하여 내부수익률이 최저필수수익률보다 높은 투자안을 투자가치가 있다고 평가한다. 이때의 최저필수수익률은 거부율(cut off rate) 또는 기대수익률(expected rate return)이라고도 하며, 가장 보편적으로 쓰이는 용어로는 자본비용(cost of capital)이라 한다. IRR의 계산공식은 다음과 같다.

$$\sum_{t=0}^{n} \frac{CO^{t}}{(1+r)^{t}} = \sum_{t=0}^{n} \frac{CI^{t}}{(1+r)^{t}}$$

$CO^{t}: t$ 시점에서의 현금유출(cash outflow)

$CI^{t}: t$ 시점에서의 현금유입(cash inflow)

위의 식을 만족시키는 r의 값을 내부수익률 또는 IRR이라고 한다. 내부수익률의 계산은 현가표(present value table)를 이용하여 시행착오방법(trial and error method)으로 계산한다.

4) 순현가법

순현가 또는 순현재가치(net present value : NPV)는 투자로부터 기대되는 미래 현금유입을 자본비용으로 할인한 현금유입의 현가(present value of cash inflow)에서 현금유출의 현가(present value of cash outflow)를 차감한 금액이다.

$$NPV = \sum_{t=1}^{n} \frac{CI_{t}}{(1+k)^{t}} - \sum_{t=1}^{n} \frac{CO_{t}}{(1+k)^{t}}$$

위 식에서 CI_t와 CO_t는 내부수익률계산을 위한 식에서와 마찬가지로 각각 t기의 현금유입과 t기의 현금유출을 나타낸다. 또한 현가계산을 위한 할인율 k는 투자안의 자본비용으로서 내부수익률법에서 경제성 여부의 판단기준이 되었던 투자안의 최저필수수익률이다.

순현가법에 의한 경제성 여부의 판단은 순현가(NPV)가 0보다 큰가 작은가에 의해 이루어지며 순현가가 0보다 크면(NPV>0) 경제성이 있는 것으로 판단하여 투자안을 채택하고, 순현가가 0보다 작으면(NPV〈0) 경제성이 없는 것으로 판단하여 투자안을 기각한다.

5) 수익성지수법

수익성지수(profitability index : PI)는 투자로부터 발생하는 현금유입을 자본비용으로 할인한 현금유입의 현가를 동일한 자본비용으로 할인한 현금유출의 현가로 나눈 값이다.

$$\mathrm{PI} = \sum_{t=1}^{n} \frac{CI_t}{(1+k)^t} \ / \ \sum_{t=1}^{n} \frac{CO_t}{(1+k)^t}$$

수익성지수법에 의한 경제성 여부의 판단은 수익성지수가 1보다 크냐 작으냐에 의해 결정되며 수익성지수가 1보다 크면(PI〉1) 경제성이 인정되어 투자안을 채택하고 수익성지수가 1보다 작으면(PI〈1) 경제성이 불인정되어 투자안을 기각해야 한다. 또한 여러 투자안을 상호비교하는 경우에는 수익성지수가 클수록 경제성이 높은 투자안으로 고려된다.

제 4 절 자본비용과 자본구조, 배당정책

1. 자본비용

기업을 운영하기 위해서는 자본이 필요하며 이러한 자본은 주식발행, 회사채발행, 금융차입, 유보이익 등 여러 수단으로 조달된다. 그런데 이와 같은 자본조달은 어느 원천으로부터 자본을 조달하더라도 그 자본을 사용하기 위해서는 일정한 대가를 지불해야 한다.

타인자본의 형태로 자본을 조달할 때에는 그 자본사용의 대가로서 이자를 지급해야 하며 자기자본의 형태로 자본을 조달할 때에도 그 자본사용을 위해서는 다른 곳에 자본을 운용하여 얻을 수 있는 수익만큼의 기회비용을 최소한 부담해야 한다. 이와 같이 기업에서 사용하는 모든 형태의 자본은 명시적(explicitly)이던 암시적(implicitly)이던 자본비용을 수반한다.

1) 타인자본비용

타인자본비용(cost of debt)은 타인자본을 조달한 대가로 기업에서 부담하는 비용을 의미하는데, 이는 다시 암시적 비용과 명시적 비용으로 구분된다. 암시적 비용은 타인자본조달로 인해 발생하는 기업재무구조의 악화와 이로 인한 대외신용도의 하락 등 기업이 감내할 불이익을 의미한다. 즉 신규차입의 제한, 주가의 하락, 신규차입이자율 상승, 순이익의 불안정성 등을 들 수 있다. 그리고 명시적 비용은 타인자본조달로 인해 기업이 부담하는 이자비용을 의미한다.

2) 자기자본비용

자기자본비용(cost of equity)은 기업이 자기자본의 형태로 자본을 조달하는 대가로 부담하는 비용으로서 보통주 자본비용과 유보이익의 자본비용으로 구분할 수 있다. 보통주자본비용(cost of common stock)은 기업이 보통주를 발행하여 자본을 조달할 때 부담하는 비용으로 주주들이 기대하는 수익률 또는 요구하는 수익률이라 할 수 있다. 그리고 유보이익은 순이익 중에서 배당지급액을 제외한 나머지 부분으로서 이것이 기업내에 축적되어 중요한 자본조달의 원천이 된다. 그러나 이러한 유보이익은 자칫 아무런 비용없이 사용할 수 있는 자본으로 생각하기 쉬우나 여기에도 상당한 수준의 암시적 자본비용이 수반된다.

3) 우선주자본비용

우선주(preferred stock)는 배당지급이나 회사청산시 잔여재산 분배청구권이 보통주보다 우선적으로 부여되는 주식이다. 우선주 발행을 통해 조달된 자본은 법률적으로는 자기자본에 속하나 경제적으로는 타인자본과 그 성격이 유사하다고 할 수 있다. 왜냐하면 우선주 주주는 통상 주주총회에서 의결권이 부여되지 않으며, 우선주 주주에 대한 배당은 특별한 사유가 없는 한 회사이익수준에 관계없이 미리 정한 예정배당률에 의한 배당만이 지급됨으로 타인자본의 이자와 비슷할 뿐만 아니라, 발행된 우선주는 보통주와 같이 기업에 영구히 존속되지 않고 일정기간 후에 보통주로 전환되거나 현금으로 상환되는 경우가 대부분이기 때문이다. 우선주 자본비용이 타인자본비용과 다른 점은 우선주의 배당은 법인세 면세효과가 없다는 점이다.

4) 가중평균자본비용

자본조달의 원천별 자본비용에 대해 살펴보았는데, 기업의 자본구성이나 투자안의 자본조달은 하나의 원천으로부터만 이루어지는 것이 아니라 통상적으로 자기자본이나 타인자본 등 여러 원천으로부터 이루어지는 경우가 대부분이다. 이와 같이 기업의 자본구성이나 투자안의 자본조달이 여러 원천으로부터 이루어지는 경우에는 기업가치를 평가하기 위한 자본비용이나 투자안을 평가하기 위한 자본비용은 원천별 자본비용을 자본구성비율에 따라 가중평균한 가중평균자본비용이 되어야 한다.

가중평균자본비용(weighted average cost of capital : WACC 또는 k_0)은 원천별 자본비용을 자본구성비율에 따라 가중평균한 자본비용으로 다음 식과 같이 계산된다.

$$k_0 = k_i \times \frac{B}{B+S+P} + k_e \times \frac{S}{B+S+P} + k_p \times \frac{P}{B+S+P}$$

k_0 : 가중평균자본비용

k_i : 타인자본비용

k_e : 자기자본비용

k_p : 우선주자본비용

B : 타인자본가치

S : 자기자본가치

P : 우선주가치

2. 자본구조

기업의 자금조달 결과는 대차대조표의 대변에 집약된다. 대차대조표의 대변항목을 분류하면 자본조달의 원천을 기준으로 하여 자기자본과 타인자본으로 나눌 수 있는데, 자기자본과 타인자본의 구성비를 그 기업의 재무구조 또는 재무구성(financial structure)이라 한다. 그리고 대변항목은 상환기간을 기준으로 단기자본과 장기자본으로 구분할 수 있는데, 장기자본으로 다시 고정부채와 자기자본으로 나누어진다. 장기자본의 구성비를 자본구조 또는 자본구성(capital structure)이라고 한다. 그러나 재무구조와 자본구조는 일반적으로 엄격히 구분하지 않고 같은 의미로 사용한다.

한편 자본구조의 기본과제는 타인자본과 자기자본 사이의 적절한 균형을 유지하여 기업의 가치를 최대로 하는 것에 있다고 하겠다. 따라서 최적자본구성(optimal capital structure)이란 타인자본과 자기자본 사이의 적절한 결합을 통해 기업의 가중평균자본비용을 최소화하여 기업가치를 최대화할 수 있는 자본구성을 말한다.

최적자본구조란 기업의 가치를 극대화시켜 주는 자본구성, 즉 기업 전체의 가중평균자본비용이 최저가 되는 자기자본과 타인자본의 조합을 말한다. 따라서 자본구성에서 검토해야 할 가장 중요한 과제는 기업이 얼마만큼의 부채를 이용함으로써 기업의 평균자본비용을 최소로 하여 기업가치(value of firm)를 최대로 증대시킬 수 있는가 하는 점이다.

자본구성의 이론은 레버리지, 즉 부채이용도를 기업평가와 연관시켜 검토하는 것인데, 아직까지도 최적자본구조가 존재한다는 주장과 존재하지 않는다는 주장이 맞서고 있다. 최적자본구성에 대한 견해는 순이익접근법, 순영업이익접근법, 전통적 접근법 및 MM이론이 있다.

3. 배당정책

1) 배당의 의의

앞에서 살펴본 자본구조는 투자를 위한 자본조달의 형태가 기업가치에 어떠한 영향을 미치느냐에 관한 이론인데 비하여, 배당정책은 투자결과로 얻어지는 이익의 처분이 기업가치에 어떠한 영향을 미치느냐를 살펴보고자 하는 것이다. 배당(dividend)이란 주식회사가 영업활동의 결과 실현한 순이익중에서 주주들에게 투자의 대가로 지급하는 현금 또는 이에 상응하는 보수를 의미한다.

배당정책은 기업이 실현한 순이익을 주주의 투자보수의 성격인 배당과 장래 기업의 재투자를 위한 유보이익으로 나누는 의사결정이다. 배당은 주주의 입장에서 중요한 수입의 원천이 되며 실제 현금유입을 발생시킴으로 그만큼 주주의 부가 증가한다. 또한 유보이익은 기업성장을 위한 중요한 투자재원으로서 그 중요성이 인정된다. 따라서 기업이 실현한 이익을 이들 두 가지 요인, 즉 배당과 유보이익으로 각각 얼마씩 배분해야 기업가치를 극대화시킬 수 있느냐 하는 것이 배당정책의 중요한 기능이자 의사결정 목적이라 할 수 있다.

배당정책은 기업의 자본구조 및 자본조달결정과도 밀접히 관련되어 있다. 즉 주주에게 배당을 많이 지급하면 상대적으로 유보이익이 줄어들어 투자재원이 감소함으로 투자를 실행하기 위해서는 외부로부터의 자본조달을 늘려야 한다. 또한 상대적으로 유보이익이 감소하면 자기자본비율이 낮아지므로 대외신용력이 떨어져서 자금차입이 어렵게 된다. 따라서 미래 성장가능성이 높은 기업은 미래 투자재원을 확보하고 대외차입능력을 높이기 위하여 배당을 줄이고 유보이익을 늘리는 경향이 있다.

또한 배당을 늘리는 것만이 항상 주주의 부를 증가시키는 것은 아니다. 주주의 투자이익은 배당 뿐만 아니라 자본이득의 형태로도 실현된다. 주주의 자본이득(capital gain)은 주식의 매매차익으로서 매도가격에서 매입가격을 차감한 금액이다. 만일 배당지급액을 줄이고 내부유보를 늘리면 기업의 투자재원이 늘어나고 자본구조가 튼튼해질 뿐만 아니라 대외신용도도 제고되기 때문에 기업의 주가가 상승하여 자본이득이 증가한다. 따라서 배당을 줄이더라도 유보이익이 주가상승을 가져옴으로써 자본이득의 형태로 주주의 부는 증가한다. 즉 배당과 유보이익의 선택은 주주의 입장에서 보면 배당이익과 자본이득의 선택문제라 할 수 있는데, 이는 결국 배당지급액 뿐만 아니라 유보이익도 최종적으로 주주의 소유가 되기 때문이다.

2) 배당의 형태

(1) 현금배당(cash dividend)

이는 배당을 현금으로 지급하는 것으로서 대부분의 배당이 현금배당의 형태로 이루어진다. 현금배당은 현금이 실제로 회사에서 유출됨으로 기업에서는 유동성이 악화되는 것을 감수해야 한다. 현금배당은 배당시기에 따라 정기현금배당과 특별현금배당이 있다.

(2) 주식배당(stock dividend)

이는 현금배당 대신에 주식을 추가로 발행하여 주주에게 각자의 지분율에 따라 지급하는 것이다. 주식배당이 실시되면 회사의 대차대조표상 이익잉여금이 자본금으로 계정간의 이체만 이루어질 뿐 배당지급으로 인한 현금의 유출이 발생하지 않는다.

(3) 현물배당(property dividend)

이는 회사에서 생산하는 제품 등 회사재산으로 배당을 실시하는 형태이다. 경기가 부진하여 판매가 잘 안되고 재고가 쌓이는 경우 회사에서는 재고처분의 한 방법으로 주주들에게 회사제품으로 현물배당을 실시하는 경우가 있다.

(4) 자사주매입(stock repurchase)

이는 회사에서 이미 발행한 자기회사 주식중 일부를 회사자금으로 다시 매입하는 것을 말한다. 자사주매입은 주식재매입이라고도 하는데, 이는 엄밀히 말해 배당은 아니지만 순이익으로 자기회사 주식을 매입함으로써 자산가치의 변화없이 발행주식수가 감소함으로 1주당 가치가 증가하여 배당지급과 유사한 효과를 발휘하게 된다.

(5) 주식분할(stock split)

이는 기존 1개의 주식을 2개 이상의 주식으로 분할하는 것으로서 회사 자본금에 변동이 없으므로 분할배수만큼 주당 액면가가 낮아지고 주식수는 증가한다. 현재 우리나라에서는 상법상 주권상에 액면이 표시되어 있는 액면주만 발행할 수 있도록 되어 있고 대부분의 주식이 주당 액면가 5,000원씩으로 발행하고 있으나 전반적으로 주가가 낮은 수준이어서 거의 주식분할이 이루어지지 않고 있다. 그러나 만일 액면가가 없는 무액면주의 경우 주식분할은 주식배당과 동일하다.

3) 배당이론

배당정책이 기업가치에 어떻게 영향을 미치느냐에 관하여는 자본구조이론과 관련하여 지금까지 않은 연구가 진행되었으나 아직까지 통일된 이론적 틀을 제시해 주지는 못하고 있다. 배당정책과 기업가치에 관한 연구의 흐름은 크게 나누어 볼 때 배당정책이 기업가치에 영향을 미치지 않는다는 무관련이론과, 배당정책이 기업가치에 영향을 미친다는 관련이론으로 구분된다. 배당정책과 기업가치의 무관련이론은 완전자본시장의 가정하에서 이론이 전개되고 있으며, 배당정책과 기업가치의 관련이론은 자본시장의 불완전성을 염두에 둔 이론들이다.

제 5 절 자본조달

1. 자본조달원천

기업이 계속적으로 성장하기 위해서는 이에 필요한 자본을 조달해야 하는데, 자금을 어디에서 조달할 것인가 하는 자금조달원천과 얼마를 조달할 것인가 하는 최적자본배합을 결정해야 한다. 이는 대차대조표의 대변과목을 어떻게 구성할 것인가와 관련되는 문제이다. 자본조달의 원천은 단기자본조달과 장기자본조달로 구분된다.

1) 운전자본조달정책

운전자본은 기업에서 일상적인 영업활동을 원활하게 수행하기 위해 필요로 하는 운영자금을 말한다. 이와 같은 운전자본의 적정량을 적절한 시기에 조달하는 것은 유동성을 확보함으로써 지급불능위험을 줄이고 나아가 영업활동을 활성화시키는데 매우 중요하다.

이러한 운전자본(working capital)은 넓게 해석하면 유동자산 전체(현금 및 현금성자산, 단기금융상품, 매출채권, 유가증권, 재고자산 등)를 총칭하며, 좁게 해석하면 유동자산에서 유동부채를 차감한 순운전자본만을 의미한다. 운전자본을 총운전자본, 즉 유동자산 전체의 의미로 해석할 때 이와 같은 유동자산을 확보하기 위한 소요자본을 어떻게 조달하느냐에 따라 보수적 자본조달정책, 공격적 자본조달정책, 절충적 자본조달정책으로 나눌 수 있다.

(1) 보수적 자본조달정책

보수적 자본조달정책은 필요한 자산을 확보하기 위한 소요자본중 거의 대부분을 장기자본으로 조달하고 단기자본으로 조달하는 양을 가능한한 줄이고자 하는 자본조달정책이다. 따라서 이 정책은 혹시 발생할지도 모르는 자본 부족사태를 미연에 방지할 수 있는 장점이 있는 반면, 단기부채보다 상대적으로 금리가 높은 장기부채를 사용하기 때문에 금융비용부담이 크다. 그리고 여유자금을 장기간 보유하는데 따른 이자비용부담이 있다.

(2) 공격적 자본조달정책

공격적 자본조달정책은 보수적 자본조달정책과는 반대로 필요한 자산을 확보하기 위한 소유자본중 많은 부분을 단기자본으로 조달하고자 하는 자본조달정책이다. 즉 고정자산을 확보하기 위한 자본은 장기자본으로, 유동자산을 확보하기 위한 자본은 단기자본으로 조달하는 정책으로서 자산의 사용기간과 자본의 만기를 상호 일치시킨다는 의미로 만기일치법 또는 헷징방법(hedging approach)이라고도 한다. 공격적 자본조달정책의 장단점은 보수적 자본조달정책의 반대이다.

(3) 절충적 자본조달정책

보수적 자본조달정책과 공격적 자본조달정책은 극단적으로 상반된 정책이라 할 수 있는데, 이들 두 극단적인 정책을 적절한 수준에서 상호절충한 방법을 절충적 자본조달정책이라 한다. 이 절충적 자본조달정책은 고정자산과 고정적 유동자산을 위한 자본은 장기자본으로 조달하고, 변동적 유동자산을 위한 자본은 단기자본으로 조달한다. 따라서 이 정책의 수익성과 유동성도 보수적 자본조달정책보다는 이자비용을 덜 부담함으로써 수익성이 개선될 수 있으며, 공격적 자본조달정책보다는 상대적으로 여유자본을 많이 보유함으로써 유동성을 높일 수 있는 자본조달정책이라 할 수 있다.

2) 단기자본조달

단기자본 또는 단기금융(short-term financing)의 문제는 기업운영상 빈번히 일어나는 과제로서, 이는 1년 이내에 상환되는 것을 말한다. 기업에서 유동자산을 확보하기 위한 자본은 주로 단기자본, 즉 유동부채로 조달된다.

단기금융조달에는 매입채무에 의한 금융, 미지급비용 및 선수수익, 매출채권금융과 팩토링금융, 재고자산금융, 은행의 단기차입금, 수출지원금융, 적금관계대출 등의 방법을 활용한다. 이중에서도 단기자본의 주요 원천은 매입채무, 은행의 단기차입, 기업어음 등이다.

(1) 매입채무

매입채무는 상품이나 원료를 외상으로 구입하고 그 대금을 아직 지불하지 않은 채무상태로서 대차대조표상 외상매입금과 지급어음의 상태로 나타난다. 매입채무는 구매자의 입장에서는 채무변제일까지 구입자금을 활용할 수 있으므로 단기자본조달의 원천이 된다. 특히 담보와 신용부족으로 은행대출을 제대로 활용할 수 없는 중소기업의 경우 중요한 자본조달원천이 된다.

(2) 은행차입

기업의 단기자본조달원천중 가장 많이 활용되고 있는 것이 은행차입으로서 대체로 유동자산의 절반 이상을 차지하고 있다. 은행대출은 크게 담보대출과 신용대출로 구분되는데, 기업대출은 대부분 담보대출의 형태를 취한다. 은행대출의 종류는 일반자금대출, 할인어음, 당좌차월, 적금대출 및 적금담보대출, 무역금융 등의 제도를 통해 단기자금을 조달한다.

(3) 기업어음

기업어음은 기업에서 일정기간 후에 지급할 것을 약속한 어음을 발행하여 매출함으로써 단기자금을 조달하는 금융수단이다. 기업에서 발행한 어음은 투자자에게 직접 매출하는 것이 용이하지 않기 때문에 투자금융이나 종합금융회사 등의 중개기관을 통해 간접적으로 매출한다. 오늘날 신용도가 양호한 기업만 발행할 수 있는 신종기업어음(commercial paper : CP) 발행은 매우 활발하게 이루어지고 있다.

3) 장기자본조달

장기자본 또는 장기금융은 1년 이상에 걸쳐 상환되는 성격의 자금조달을 말하며, 기업의 설비투자 등 주로 고정자산을 확보하기 위한 소요자금으로 조달된다. 또한 장기자본은 대체로 자본시장을 통해 조달되며, 조달수단으로는 증권시장을 통한 방법, 내부금융, 은행의 장기차입금 조달방법, 리스금융 등의 방법을 활용한다.

2. 자본시장

금융시장(financial market)은 자금의 수요와 공급이 만나서 자금거래가 이루어지는 시장으로서, 금융시장은 화폐시장(money market)과 자본시장(capital market)으로 구분된다. 단기자금의 수요와 공급을 연결하는 시장을 화폐시장이라 하는데, 은행과 단기금융회사, 종합금융회사, 보험회사 등의 기관들이 시장을 형성하고 있다. 자본시장은 증권시장이라고도 하며, 주식과 채권 등 장기자본의 수요와 공급이 연결되는 시장으로서 그 기능에 따라 발행시장과 유통시장으로 구성되고, 증권거래소, 증권회사, 증권금융회사, 대체결제회사 등의 기관들이 시장을 형성한다.

1) 발행시장

발행시장(issuing market)은 자금을 필요로 하는 기업, 공공단체, 국가기관 등이 발행주체가 되어 사채, 주식, 국공채 등을 투자자에게 매각하여 자금을 조달하는 시장이다. 단순히 신규로 발행(유가증권의 모집)하는 것 뿐만 아니라 이미 발행된 주식을 일반에게 매각(유가증권의 매출)하는 것도 포함된다. 발행시장에서 증권을 발행하는 방법에는 발행업무와 발행위험을 누가 부담하느냐에 따라 직접발행과 간접발행이 있고, 증권의 발행대상에 따라 사모와 공모로 구분한다.

[그림 17-4] 금융시장의 구성

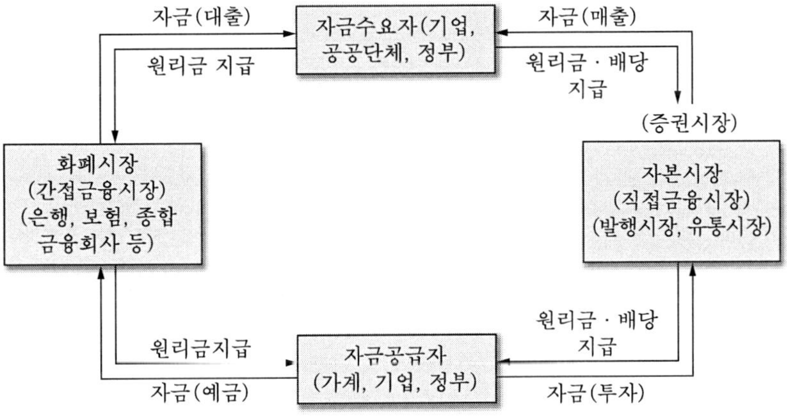

[그림 17-5] 증권발행시장

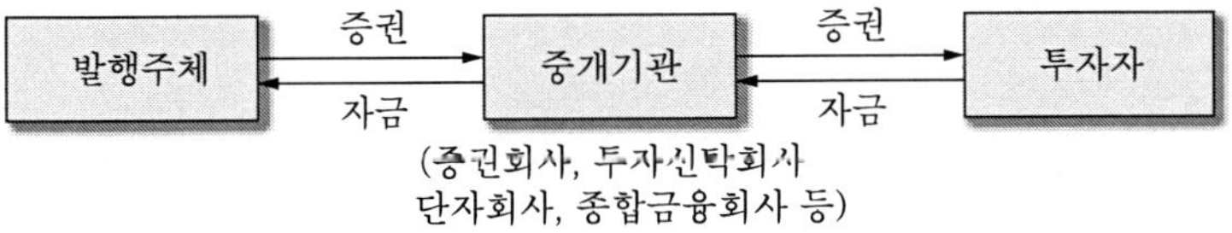

(1) 직접발행

직접발행은 자금수요자인 증권발행주체가 직접 증권발행에 따르는 제반업무를 담당하고 증권발행위험을 부담하는 방법이다. 여기서 증권발행위험이란 증권발행을 통해 조달하고자 하는 금액이 투자자들에 의해 전액 인수되지 못하고 미인수 잔량이 남게 될 위험을 의미한다.

(2) 간접발행

증권발행주체가 직접 투자자를 상대로 증권을 발행하지 않고 발행중개기관에 의뢰하여 증권을 발행하며 증권발행에 따르는 위험도 중개기관이 부담하는 방법이다. 이때 증권회사, 투신사, 종금사 등이 중개기관으로서 증권발행업무를 대행하게 된다.

(3) 사모와 공모

사모(private placement)는 증권을 발행할 때 어떤 특정 기관투자자나 소수의 대주주만을 대상으로 증권을 인수시키는 방법으로 발행주체와 인수자간에 인수가격, 인수조건 등에 대해 사전협상이 이루어진다. 공모(public offering)는 불특정 다수인의 투자자를 대상으로 널리 증권을 매각하는 방법으로 증권거래소에 증권을 상장시키기 위한 사전절차로 이루어지는 것이 보통이다.

2) 유통시장

유통시장(circulating market)은 이미 발행된 증권이 투자자들 상호간에 매매거래가 이루어지는 시장이다. 발행시장이 자본의 증권화를 담당하는 1차적 시장임에 비하여, 유통시장은 증권의 자본화를 담당하는 2차적인 시장이다. 유통시장은 발행시장에서 발행된 주식의 시장성과 유동성을 확보해 주는데, 유통시장으로 인한 유가증권의 시장성과 유동성의 제고는 유가증권의 담보력을 높인다. 이러한 유통시장은 거래소시장과 장외시장으로 구분된다. 거래소시장은 상장증권을 거래하며 한국증권거래소(korean stock exchange : KSE)가 담당한다. 그리고 비상장증권이나 단주거래는 장외시장을 통해 이루어지는데, 대표적 장외시장은 코스닥(KOSDAQ)시장이다. 코스닥시장은 중소기업과 벤처기업들의 주식이 활발히 거래된다.

3) 주식 및 사채발행

기업의 규모가 크지 않을 때에는 기업 소유주의 개인출자, 금융기관 차입 등의 방법으로 운영자금을 어느 정도 충당할 수 있으나 여기에는 한계가 있다. 따라서 기업의 규모가 확대되어 소요자금의 규모가 커지고 장기적인 안정자금이 필요하게 되면 이를 충당하기 위해서는 증권시장에서 주식이나 회사채 발행을 통해 수많은 투자자들로부터 거액의 자금을 조달하는 것이 필요하다.

(1) 보통주발행

보통주는 사채와 더불어 기업의 장기적인 자금조달의 가장 중요한 원천이 된다. 주식은 주식회사가 자기자본을 조달하기 위해 발행하는 것으로서, 주식회사 설립시에 납입자본이 되며, 기업설립 후에도 추가로 발행할 수 있다. 명목상으로는 우선주와 보통주가 주식의 형태로서 자기자본을 형성하고 있으나, 실질적으로는 보통주 소유주인 주주가 기업의 소유자이며, 이들의 납입자본과 축적된 유보이익이 기업의 소유주지분을 구성하고 있다.

(2) 우선주발행

우선주(preferred stock)는 사채의 성격과 보통주의 성격이 복합된 주식형태로 기업이 해산될 때의 잔여재산청구권과 기업에 대한 이익청구권의 우선순위가 사채보다는 낮으나 보통주보다는 높다. 우선주의 잔여재산청구는 그 우선주의 액면가에 한하며, 우선주의 배당은 보통주에 우선하나 우선주를 발행한 기업에 법적이고 고정부담을 주는 것은 아니다. 우선주는 자금조달방법으로는 많이 쓰이지 않는다. 그 이유는 납세후순이익에서 우선주 배당금이 지급됨으로 이 배당금은 사채의 이자와 달리 법인세가 면제되지 않아 세후기준으로 볼 때 자금조달비용이 사채보다 높고, 또한 보통주에 우선해서 배당을 지급해야 하는 불리한 점이 있기 때문이다.

(3) 회사채발행

회사채(bond)란 주식회사가 일반대중으로부터 장기간에 걸쳐 거액의 자금을 조달하기 위해 회사의 확정채무임을 표시하고 발행한 증권이다. 사채는 계약에 따라 일정한 이자를 지급함과 동시에 만기에 원금을 상환할 것을 약속한 유가증권으로 여러 가지 장점이 있다.

사채는 장기의 자금을 일시에 조달할 수 있고, 타인자본이기 때문에 기업주나 주주의 소유권과 경영권에는 전혀 영향을 미치지 않는다. 또 사채는 비용면에서 주식보다 유리(감세효과)하고 조달자금을 비교적 장기간 이용할 수 있다. 사채의 종류에는 할인사채, 상환사채, 장기분할상환사채, 담보사채, 무담보사채, 무보증사채, 전환사채, 신주인수권부사채 등이 있다.

3. 기타의 장기자본조달

1) 금융기관 장기차입금

금융기관을 통해 간접적으로 장기자본을 조달할 수 있다. 우리나라의 경우 산업은행, 기업은행, 한국수출입은행 등의 특수은행은 그 설립목적에 부응하여 시설자금을 공급하고 있고, 일반은행 및 종합금융회사도 장기금융을 취급하고 있으며, 해외차관자금대출도 이 부류에 속한다.

2) 리스금융

리스(lease)는 임차인(lessee)이 필요로 하는 자산을 일정기간동안 임대인(lessor)으로부터 빌려서 사용하고 그 대가로 일정기간마다 리스료를 지급하는 계약을 말한다. 리스를 이용할 경우 임차인은 특정자산을 직접 구입하지 않고도 빌려서 사용함으로써 직접 구입하는 경우와 동일한 효과를 얻을 수 있으며, 임대인은 자산의 소유권을 그대로 가지고 있으면서 리스료를 받음으로써 자산의 감가상각비, 관리비 등 일체의 비용을 회수할 수 있다. 여기에서 임차인은 개인이 될 수도 있으나 주로 기업이 주체가 되며 임대인은 자산의 제조회사가 되는 경우도 있으나 주로 전문리스회사가 그 주체가 된다.

3) 벤처캐피탈

벤처캐피탈(venture capital)은 모험자본이라고도 불리는 것으로 미래 성장가능성이 높은 유망 신생기업에 대해 현재의 높은 위험을 무릅쓰고 투자하는 자본을 의미한다.

일정규모 이상으로 성장한 기업은 이미 안정된 영업기반이 구축되어 있고 대외신용력이 있으므로 금융기관이나 자본시장을 통한 자본조달이 비교적 용이하다. 그러나 설립된 지 얼마 안 되는 신생기업이나 새로이 기업을 설립하고자 하는 기업가들은 대외신용력이 약하기 때문에 자본조달에 큰 어려움을 겪는 경우가 보통이다. 특히 이들 중 신기술을 응용하여 사업화하고자 하는 경우나 첨단산업분야로서 미래 성장전망이 밝은 기업들에 대해 초기에 적절한 자본을 제공하여 줌으로써 기업화 및 기업성장에 결정적인 도움을 줄 수 있을 뿐만 아니라, 기업성장이 성공적으로 이루어졌을 경우 많은 이익을 기대할 수 있다. 또한 이와 같은 소위 벤처기업의 육성은 부가가치 창출 및 고용증대 효과가 클 뿐 아니라, 국가의 산업발전을 위해서도 매우 유익하다.

벤처캐피탈은 기존금융기관에서도 취급하고 있으나 벤처캐피탈회사인 창업투자회사에서 이를 전문으로 취급하고 있다. 창업투자회사에서는 신기술을 보유한 중소기업이나 신기술을 사업화하고자 하는 사업자에 대해 자본참여의 형식으로 자본을 제공하고 사업확장 후 이 벤처기업을 주식장외시장에 상장시켜 투자자금을 회수하고 있다. 따라서 창업투자회사의 투자이익은 주식투자로 인한 배당보다는 기업성장에 따른 자본이득(주가차익)의 형태로 실현되며, 신기술을 기반으로 하는 사업이라 하더라도 사업초기에는 미래에 대한 불확실성이 크기 때문에 항상 높은 위험이 뒤따른다.

4) 전환증권

전환증권은 사채 또는 전환우선주의 소유자들이 그들의 선택에 의해 일정기간내에 일정조건에 따라 그 기업의 보통주로 전환할 수 있는 사채나 우선주를 말하는 것으로서, 보통주로 전환된 후에는 다시 사채나 우선주로 전환할 수 없다. 그리고 전환증권을 보통주로 교환할 때에는 사채나 우선주에 기재된 전환비율 또는 전환가격에 의해 교환하게 된다.

연 습 문 제

1. 다음 용어를 설명하라.

· 가중평균자본비용	· 내부수익률	· 레버리지비율
· 리스	· 매출액백분율법	· 수익성지수법
· 순현가법	· 유동성비율	· 자본예산
· 재무계획	· 재무관리	· 재무예측
· 최적자본구조	· 평균-분산기준	· 포트폴리오
· 현금흐름	· 현재가치	· 회계적이익률법
· 회수기간법		

2. 재무관리의 목표와 기능을 설명하라.

3. 포트폴리오의 의미와 구성 목적을 설명하라.

4. 재무계획의 의의와 체계를 설명하라.

5. 자본예산의 검토단계를 설명하라.

6. 투자가치의 평가방법을 설명하라.

7. 가중평균자본비용의 의의 및 계산방법을 설명하라.

8. 운전자본조달정책을 설명하라.

제18장

국제경영론

제1절 국제경영의 개념

1. 국제경영의 의의

최근 교통의 발달과 통신수단의 발달로 각국 사람들이 자유롭게 왕래할 수 있게 되어 경제와 사회문화는 국제화단계를 넘어 세계화되고 있는 상황이다. 이에 따라 과거에는 하나의 커다란 우주의 생성으로서만 생각되었던 지구가 이제는 쉽게 왕래할 수 있는 지구촌이라는 단일 사회적 성격을 지닌 것으로 인식되고 있다. 이와 같은 추세를 일컬어 세계화라고 한다. 즉 사회경제적 세계화란 세계가 정보통신기술과 교통수단의 발달로 사회의 모든 분야를 상호개방하고 통합하려는 개방경제 추세를 의미한다. 세계화가 가속화되면서 현대의 기업은 거의 모두가 자연스럽게 국제기업화되고 있으며, 적극적으로 해외시장에 진출하여 해외기업들과 경쟁하면서 기업의 경영범위가 국경을 넘어 확장되고 있다. 오늘날 세계화의 상황에서 기업의 국제경영의 중요성이 그 어느 때보다도 크게 부각되고 있다.

로벅과 시몬즈(S. H. Robock & K. Simmonds, 1983)는 국제경영이란 본질적으로 국경을 초월하여 수행되는 모든 기업활동에 관한 문제, 즉 제품 · 서비스 · 자본 · 생산기술 및 경영상의 노하우(know-how) 등을 다루는 것이라고 정의하였다. 또한 로빈슨(R. D. Robinson, 1973)은 국제경영이란 2개국 이상에 걸쳐 전개되는 경영활동이라고 설명하였다.

이처럼 국제경영이란 국제기업의 경영을 뜻하는 것으로서, 기업의 국제화현상의 진전에 의해 급속히 발전된 하나의 복합적인 국제비지니스 시스템이다. 따라서 국제경영이란 ① 2개국 이상의 국가영역에 걸쳐서 전개되는 경영활동이고, ② 본국과 경영환경이 상이한 외국, 또는 국내에서 수행되는 경우일지라도 언어, 풍습, 사고방식이 이질적인 외국인과의 교섭이 전제되는 경영활동이라 할 수 있다.

2. 국제경영의 특성

국제경영은 해외활동과 국가 간 사업의 두 측면에서 살펴볼 수도 있으나, 기업의 경영관리라는 점에서는 국내기업의 경영과 큰 차이가 없다. 그런데 국제경영은 본국과 정치, 경제, 사회, 문화적 환경이 상이한 외국에서 전개되는 경영관리이므로 국내경영과는 다른 특징이 존재한다.

페어웨더(J. Fayerweather, 1982)는 국내경영(전통적 경영)은 생산, 마케팅, 인사, 재무 등의 기능별 국면을 표시하는 측면과 계획, 조직, 지휘, 통제 등의 경영관리 국면을 표시하는 측면으로 형성되는 장방형으로서 2차원적이라면, 국제경영은 국내경영의 두 개의 국면 이외에 국제환경특성 국면이 추가되어 3차원적이라고 설명하였다. 그러므로 국제경영에 있어서의 특징은 경영에 있어서 직능별 실행과 개념의 특이한 성격에 있는 것이라기보다는 국제경영이 전개되는 정치, 경제, 사회, 문화적 환경의 차이에서 오는 외적 변수의 작용에서 찾아볼 수 있다.

로빈슨(R. Robinson, 1973)은 국제경영과 국내경영을 구분시켜 주는 중요한 요인을 다음과 같은 6개의 변수로 설명하였다. 즉 ① 서로 다른 국가주권, ② 이질적인 경제적 조건, ③ 서로 다른 가치관 및 제도하의 인적자원, ④ 지리적 거리, ⑤ 서로 다른 국가별 경제발전단계, ⑥ 시장을 구성하는 인구 및 지역의 다양성이다.

이러한 특성은 주로 환경적 요인에 의해 야기되는 특성이고, 의사결정의 복잡성에서 비롯되는 차이점 등이 실로 다양함으로 이를 한마디로 말할 수는 없다. 그러나 여러 가지 관점에서 국제경영의 특성을 요약하면 다음의 일곱 가지와 같다.

1) 시장의 세계성

국내경영이 자기나라의 시장을 대상으로 하는 것인데 비해 국제경영은 세계시장 전부를 대상으로 한다. 시장지향경영에서 시장이 존재하는 한 어디라도 고객을 찾아서 활동하는 것은 당연한 일이다. 따라서 자기나라의 시장에만 집착하지 않고 세계시장 전체에 걸쳐 활동을 행하게 되는 것이 바로 국제기업이다. 교통·통신 및 운송수단의 발달은 지구촌 전체를 시간적·공간적으로 좁혀 놓고 있어 국제경영환경의 복잡하고 예상하기 어려운 움직임에도 불구하고 기업경영활동의 장을 현저히 확대시켜 놓았다. 이와 동시에 해외시장에서는 기업간의 경쟁을 넘어 국가간의 경쟁도 격심하게 일어나고 있으므로 국내경영활동과는 달리 각 시장에 알맞은 적절한 경영활동이 필요하다.

2) 경영활동의 계획성

국제경영활동을 수행하는데 있어서는 국내경영활동에 비해 불확실성의 상황이 많기 때문에 경영활동의 계획적 수행이 더욱 필요하다. 계획에는 합목적성, 종합, 조정, 경제성, 일반성, 실시기간의 한정이라는 특징을 내재하고 있기 때문에 해외사업을 계획적으로 전개함으로써 최소의 노력, 시간, 경비로써 최대의 효과를 올릴 수 있는 경제원칙에 의거한 경영활동의 수행을 가능하게 해준다.

이와 같은 국제경영활동의 계획성은 다음과 같은 두 가지로 나누어 볼 수가 있다. 하나는 기업경영계획의 일환으로서 국제사업계획이고, 또 다른 하나는 국제사업활동을 실시하기 위한 계획이다. 국제경영활동에는 이와 같은 두 가지 계획을 충분히 조화시켜 실시해야 한다. 국내사업활동에 비해 국제경영활동은 필요한 정보의 부족으로 인해 계획에 소홀한 경우가 많다. 그러나 해외사업을 실시하는 데에는 국내보다 많은 노력과 시간 및 경비의 소요, 해외사업환경에 대한 정보의 부족, 경험의 부족 등으로 예상하지 못한 실패의 가능성이 높다. 따라서 사전에 신중한 조사와 정보에 의한 치밀한 계획을 수립하여 적극적으로 이를 실시해야 한다.

3) 경영활동의 통일성

국제경영활동은 본국에서 떨어진 해외의 각 지역을 대상으로 하여 사업을 전개하는 것이기 때문에 교통·통신 및 운송수단의 발달에 의해 시간적·공간적인 거리를 좁힐 수가 있다고 하더라도 국내활동에 비해 거리상으로 멀리 떨어져 있다. 그런데 국제경영활동에서 성공을 거두기 위해서는 생산, 마케팅, 기술, 경영, 자금 등과 같은 여러 면에서 경쟁우위성을 확보하기 위해 본사가 보유하고 있는 각종 자원, 특히 기술이나 마케팅 및 경영일반에 관한 지식을 최대한으로 이용하는 것이 필요하다.

그리고 탁월한 연구개발력에 고도의 경영능력이 가미됨으로써 경쟁우위성을 확보할 수 있고 또 그것을 유지할 수가 있으므로 해외사업장은 본사의 경쟁우위성을 흡수하여 가장 효율적인 활동을 실시함과 동시에 상호이해를 확보하기 위해 본사와의 통일성을 유지할 필요가 있다. 최근 해외사업장은 독립된 사업부로 운영되는 경향이 강하게 나타나고 있으나, 기업전체로서의 유기적·종합적인 경영활동을 전개하지 않으면 소기의 목적을 달성할 수 없다. 그러므로 해외사업부에 최대한 활동상의 자유를 부여하되, 기업집단 전체의 균형을 파괴하지 않도록 통일적으로 운영해야 한다.

4) 경영활동의 조직성

규모가 방대하고 사업활동상 예측하기 어려운 불확실성하에서 경영활동을 전개하게 되는 국제경영에 있어서 전사적인 조직화가 필요하다. 즉 기업집단 전체를 하나의 단위로 활동하게 할 수 있는 조직성을 발휘함으로써 소기의 목적을 달성할 수 있다. 이러한 국제경영활동의 조직화에 고려해야 할 요건으로서는 ① 본사의 국제경영을 위한 조직의 확립, ② 세계 전반을 대상으로 한 경영활동 태세의 확립, ③ 해외사업장에서의 경영조직 확립과 활동의 조직화가 필요하다.

5) 경영활동의 기동성

본사와 거리가 먼 해외시장에서 자국의 경영환경과 상이한 조건하에서 활동하는 데는 현지의 사정에 관한 지식을 최대한으로 활용해야 한다. 그리로 국내 및 국제경영환경의 급속한 변화에 대처하여 적절한 행동을 취하기 위해서는 경영활동의 기동성을 확보해야 한다. 해외사업장은 물론이고 본사에 있어서도 해외현지의 정보에 입각하여 기업전체로서의 기동성 있는 활동이 필요하며, 이러한 기동성을 확보하기 위해서는 우선 국제경영활동을 전개하기 위한 사고의 탄력성이 절대적으로 필요하다.

변화하기 쉬운 상대국가 및 국제경영환경의 변화에 즉각적으로 대처하기 위해서는 경영활동방식에 대한 사고방식의 유연성을 갖추어야 한다. 그리고 사고방식의 유연성 이외에도 행동의 기동성도 필요하다. 당면하고 있는 환경의 변화에 대응하기 위해서는 문제의 신속한 해결에 힘을 모아야 한다. 이를 위해 본사는 물론 다른 해외사업단위와 협력체계를 구축함으로써 보다 효과적인 행동을 취할 수 있다.

6) 경영활동의 능동성

종래의 해외사업은 극히 수동적으로 국제경영에 대한 이념이나 기본방침 없이 경영활동을 전개해 왔으나, 최근 국제경영활동이 상품수출, 기술제휴, 자본진출 등 다각화됨에 따라 능동성 있는 국제경영활동이 요구되었다. 타기업보다 한발 앞서 해외시장에 진출할 수 있는 능동성을 구비해야만 경쟁이 격심한 국제시장에 이겨나갈 수 있고, 국제경영활동을 성공적으로 이끌어나갈 수 있다. 경영활동의 능동성을 갖출 때 해외시장 확보를 위한 대체적 혹은 보충적 정책을 수립할 수 있고 상대국 및 해외시장에 적합한 방책을 선택할 수 있게 된다. 그러므로 스스로 적극적인 능동성을 갖추어 유망시장을 선택함과 동시에 시장개척을 위한 방책을 능동적으로 강구해야 한다.

7) 기업활동의 계속성

국제경영활동을 전개하기 위해서는 국내와 비교할 수 없는 거대한 자본 및 시설 등을 필요로 하게 됨으로 경영자는 이에 대해 총체적인 관점에서 계속성을 유지하고 사업활동을 수행해야만 계속해서 존속하고 성장할 수 있다. 변화하는 기업환경 속에서 끝까지 생존하고 성장해 가는 것이 기업의 궁극적인 목적이기 때문이다.

3. 국제화 경영의 동기

오늘날 시장의 국제화 추세는 세계적인 현상으로 경영자의 경영이념이나 경영철학도 세계지향적으로 바꾸어 가고 있으며, 이러한 기업활동의 국제화 추세는 갈수록 가속화되어 가고 있다. 기업이 이와 같이 해외시장에 진출하는 등 국제화를 적극 추진하는 동기에 대해서 브룩과 리머스(M. Z. Brooke & L. H. Remmers, 1970)는 기업의 국제화 과정에 대한 광범위한 실증조사를 통해 얻은 결과를 토대로 다음과 같이 세 가지로 설명하였다.

(1) 공격적 경영전략 동기

공격적 경영전략의 동기로는 ① 자본 및 설비, 인적자원, 노하우 등의 적극적인 활용을 통한 기업의 수익성 제고, ② 각종 생산자원 및 새로운 시장의 개척, ③ 국내외 시장기반을 유지하기 위한 안정적인 공급원 확보, ④ 대외적 팽창욕구의 충족 등이 있다.

(2) 방어적 경영전략 동기

방어적 경영전략의 동기로는 ① 관세 및 비관세장벽, 수입규제, 독점금지 또는 무역협정상 각종 규제조치에 대한 효율적 회피, ② 해외시장의 보호유지, ③ 원자재 및 부품 조달의 애로 타개, ④ 외국의 신기술 및 노하우에 대한 조기 확보, ⑤ 경기변동에 따른 위협의 지역적 분산화, ⑥ 정치적으로 안정된 지역에서의 새로운 생산기지 확보 등이 있다.

(3) 기타 동기

기타 국제화 경영의 동기로서 ① 진출대상국가의 금융·세제지원 등 유리한 투자환경의 이용, ② 동종업종 경쟁사의 자극, ③ 기업내부에서의 국제화 욕구축적 등이 있다.

제2절 기업의 국제화 과정

1. 기업의 국제화 수준

기업의 국제화 정도는 학자들의 견해에 따라 각기 다르게 구분될 수 있겠지만 코오스(C. M. Korth)는 [표 18-1]과 같이 네 가지로 분류하였다.

[표 18-1] 기업의 국제화 수준

구 분	제1수준의 국제화	제2수준의 국제화	제3수준의 국제화	제4수준의 국제화
해외시장과의 거래의 성격	간접적 수동적	직접적 적극적	직접적 적극적	직접적 적극적
국제적 활동의 본거지	국 내	국 내	국내 및 해외	해 외
회사의 지향성	국 내 적	국 내 적	국 외 적	다국적(국내활동도 전체의 일부로 봄)
국제적 활동의 유형	제품·서비스의 해외거래	제품·서비스의 해외거래 수출·입	해외거래 및 해외직접투자	해외거래 및 해외직접투자
조직구조	전통적·국내적	국제부	국제사업부	범세계적 구조

자료 : C. M. Korth, International Business, *Environment and Management*, Prentice-Hall, 1985, p. 7.

기업의 국제화 수준은 일반적으로 제 1 수준에서부터 시작하여 제 4 수준으로 차례로 진행해 가지만 경우에 따라서는 어느 한 수준에 정착해 있을 수도 있으며, 또는 자금조달과 해외에서의 손실을 감소시키기 위해 해외시장을 폐쇄할 때와 같이 역순으로 진행할 때도 있다. 그리고 어느 한 수준만이 아니고 각 시장의 특성에 따라 두 수준 이상을 동시에 택하는 경우도 있다.

(1) 제 1 수준의 국제화

제 1 수준의 국제화는 기업이 단지 간접적이거나 수동적인 국제거래만을 수행하는 정도의 수준이다. 이와 같은 수준의 기업은 보통 해외의 고객이나 공급업자와 해당기업이 직접거래하기보다는 중개역할을 하는 제 3 의 기업의 지원하에 이루어지는 것이 보통이다. 이 수준의 국제화에서는 아직 전담부서를 따로 설치 할 만큼 거래의 규모나 중요성이 크지 않기 때문에 국제거래만을 전담하는 부서가 따로 없이 기존의 부서가 국제업무를 겸하는 경우가 많다.

(2) 제 2 수준의 국제화

제2수준의 국제화에서는 기업이 직접 해외판매자와 거래를 한다. 이 수준에서도 중개상을 이용하기도 하지만 기업이 직접 해외고객이나 공급업자들을 탐색하기 때문에 기업은 수출입을 전담하는 부서를 따로 두게 된다. 또한 해외에 자회사를 갖고 있지 않기 때문에 해외고객과의 관계를 개선하고 필요한 해외시장정보를 수집하기 위해 경영자가 직접 해외거래처를 정기적으로 방문하기도 한다.

(3) 제 3 수준의 국제화

기업의 국제거래의 규모가 증대되고 또 그 중요성도 보다 높아졌을 때 기업이 수출입을 직접 수행하는 것 이외에도 해외에서 독자적으로 직접 제품이나 서비스를 생산·공급하는 제3수준의 국제화를 하게 된다. 이 수준에서는 해외에 상주요원을 따로 두고 본사의 조직도 국제부가 아니라 국제사업부로 그 역할과 명칭이 바뀌게 된다.

(4) 제 4 수준의 국제화

제4수준의 국제화는 기업이 국내 지향주의에서 벗어나 다국적 지향주의를 택하는 단계이다. 기업의 활동대상시장을 전 세계시장으로 보며 국내시장은 단지 그 일부에 불과한 것으로 간주한다. 이 수준의 기업을 세계기업 또는 다국적기업이라 한다. 따라서 이러한 기업은 전체이익이나 매출액의 상당한 부분이 해외로부터 유입되며 해외에 투자된 자산도 큰 비중을 차지한다.

이상 기업이 국제화되어 가는 단계를 설명하였는데, 각 단계에 따라 기업의 해외활동 내용도 각각 다르다. 즉 제1수준에서는 단순히 수출입활동을 수행하다가 차츰 고수준으로 진입해 갈수록 라이센싱(licensing) 또는 프랜차이징(franchising), 경영계약(management contract), 조인트벤처(joint venture), 그리고 최종적으로 해외직접투자(foreign direct investment)로 발전해 간다. 그러나 이들 활동단계가 반드시 절대적인 것은 아니고 때로는 수출입단계를 거치지 않고 처음부터 조인트벤처로 출발할 수도 있다. 또 대기업의 경우 각 시장에 별개의 활동단계나 수준을 동시에 적용하는 경우가 많기 때문에 국제화수준 단계는 하나의 해외진출전략으로 볼 수 있다.

2. 국제화 기업의 유형

1) 경영자 국적의식의 지향성에 의한 분류

히낸과 펄뮤터(D. A. Heenan & H. V. Perlmutter, 1979)는 [그림 18-1]과 같이 국제화기업을 경영자의 국적의식 지향성에 따라 본국에로의 지향성이 강한 자국민족중심기업(ethnocentric enterprise), 진출지역에서 조화를 지향하는 다국중심기업(polycentric enterprise), 세계적인 경영 전략을 기초로 하여 범세계성을 지향하는 지구촌중심기업(geocentric enterprise)으로 분류하였다.

[그림 18-1] 경영자의 국적의식에 따른 국제화 단계

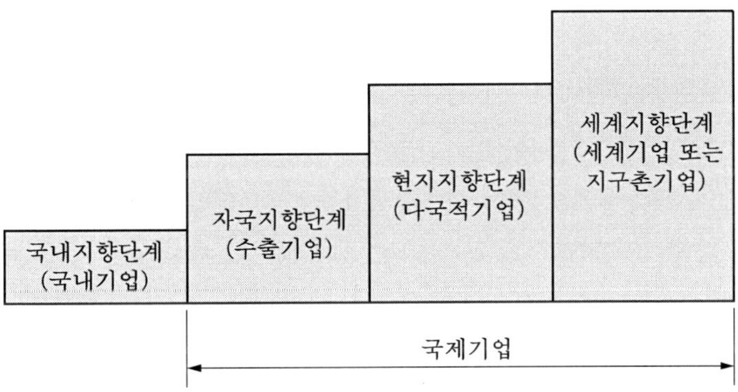

이와 같은 국제화의 발전단계에 대해 펄뮤터는 최고경영자의 국민에 대한 심리적 태도, 현지국과 본국과의 환경의 차이, 모회사와 자회사간의 경영자원관계 등에 따라 기업국제화 유형이 결정된다고 보고 특히 국제경영에 관한 최고경영진의 의식이 국제기업의 유형을 특징짓는 결정요인이라고 하였다. 즉 경영자의 의식이 어느 형태에 속하는가에 따라 국제화의 유형이 결정된다고 하였다.

(1) 자국중심기업(자국민족중심주의)

최고경영자의 의식이 자국민족중심으로 타국민족에 대한 편협한 생각을 가지는 경우의 국제화 유형이다. 경영계획을 포함한 중요한 결정은 모두 본사경영진이 행하고 자회사의 통제는 중앙집권방식에 의한다. 그리고 자회사의 요직은 본사 파견사원이 차지하고 모든 의사결정이 본사에서 이루어지고 현지 자회사는 단지 본사의 지시대로 행하는 역할만 한다.

(2) 현지국중심기업(다국중심주의)

최고경영자의 의식속에 타국민족에 대한 편견이 어느 정도 완화된 상태의 국제화 유형이다. 현지사정에 가장 정통한 현지인 위주로 경영된다. 그러나 재무, 기술개발 및 기타 중요사항의 결정권은 본사에서 보유하고 그 이외의 것은 가능한 한 각국의 자회사에 권한을 위양한다. 이 유형의 국제화는 국제경영에 대한 본사와 현지와의 마찰과 저항이 많아지면 본사가 권한위양에 의한 현지화를 추진하게 되면서 나타나는 현상으로 본사와 해외자회사간의 의사소통이 비교적 적고 자회사의 인재를 본사 최고경영진으로 등용하는 일은 거의 없다.

(3) 세계중심기업(지구촌중심주의)

최고경영자의 의식속에 국가주의적 편견을 배제하고 범세계화에 중점을 두는 상태의 국제화 유형이다. 이 유형의 국제화는 기업이익과 국가이익을 일치시켜 각국의 법제도와 정치의 허용범위내에서 기업의 경영자원과 환경요인의 최적화를 세계적 시각에서 실현하는 것이다. 즉 국가적 · 지역적 목표를 세계적 관점에서 실현하는데 모회사와 자회사는 상호의존관계를 가지고 유기적 기능을 수행한다. 인재는 국적에 관계없이 능력에 따라 등용하며 기업의 소유권은 다국적으로 분산되고 최고경영진도 국적에 관계없이 다수국적인들로 구성된다.

펄뮤터는 오늘날 많은 국제기업은 자국중심주의, 다국중심주의, 지구촌중심주의의 혼합상태이며, 각각의 농도는 기업에 따라 차이가 있으나 계속기업으로 생존하기 위해서는 지구촌중심주의로 방향을 택해야 한다고 주장하였다.

2) 국제경영전략을 위한 통제구조에 의한 분류

한편 로빈슨(R. D. Robinson, 1973)은 펄뮤터의 국제기업의 분류에는 유형전환에 따른 압력요인을 무시했다고 비난하면서 국제경영전략을 통제하기 위한 기업의 조직구성에 중점을 두고 기업국제화의 유형을 A형(국내기업)부터 F형(초국가기업)에 이르기까지 여섯 가지 형태로 설명하였다.

(1) A형(국내기업)

국내기업(domestic firms)은 외국시장에 진출하려는 의도는 없고 오로지 국내시장을 중심으로 업무활동을 행하는 기업유형이다. 그러나 외국시장에 판매활동도 수행하는데 국내 각 사업부문이 각기 외국에 대한 판매를 취급하며 적극적인 판매방식이 아닌 단지 주문판매와 같은 수동적인 판매방식에 의존한다. 외국의 잠재시장의 규모가 적고 기업규모는 비교적 크고 각 사업부가 제품별로 조직되고 자립적 경영활동을 할 수 있다면 이 유형으로도 적합하나, 외국시장의 잠재적 규모가 크고 시장개발에 필요한 경영자원의 동원능력이 부족하고 외국의 전문가를 고용치도 않을 경우 이러한 형태는 B형으로 이행된다.

(2) B형(외국지향기업)

외국지향기업(foreign oriented firms)은 최고경영자가 해외시장의 이점을 인식하면서 수출시장 개척에 적극적으로 지원하고 기업에 해외부를 설치한다. 그러나 기업의 전체계획은 국내업무 본위로 이루어지고 해외업무는 해외업무관계자만이 전담한다. 이와 같은 상황하에서 해외업무가 증가하게 되면 해외부와 국내사업부간에 마찰이 생기고 외국의 주문처리에 효과적으로 응할 수 없다. 따라서 최고경영자는 외국회사와 특허거래나 직접투자에 의한 현지생산을 고려하게 된다.

(3) C형(국제기업)

국제기업(international firms)은 국내사업부와 함께 국제사업부(international division)를 설치하여 해외업무에 적극성을 띠는데 해외업무의 통제는 강력한 중앙집권방식을 취하고, 해외의 주요 요직에는 모두 본국인을 두는 형의 기업이다. ① 해외업무의 비중이 국내업무에 비해 적고, ② 사업활동을 수행하는 국가의 수도 제한되어 있으며, ③ 제품라인도 적고 또 제품의 생산, 판매방식도 국별로 조정하며 환경상의 영향을 반드시 고려하지 않아도 좋은 경우의 국제화에 적합하다. 그러나 해외사업의 비중이 증대되면 국내사업부문에서 기술·인재를 전용하지 않으면 안 된다. 또 사정에 따라서는 국제사업부가 독자적으로 인재를 보충하기도 한다. 따라서 조직내 갈등이 증대될 가능성이 있으며 기업내에 다국적 기업(multinational firms)으로 조직구조를 전환케 하는 압력이 작용하게 된다.

(4) D형(다국적기업)

많은 해외사업소를 가지고 기업내 전반에 국제사업의식이 강해지고 기업간부는 본국인이 차지하나 국제업무의 전문가는 아니다. 그러나 해외사업소나 자회사는 가능한한 현지인을 등용하고 현지자본의 참가를 인정하는 등 본사 위주의 의사결정권을 가능한한 줄이며 현지화에 노력을 한다. 그런데 현지사업이 발전하게 되면 현지국의 정치적 압력이 가중되어 현지기업의 자율성을 더욱 요구하게 되며 본사의 통제가 곤란하게 된다. 따라서 본사측은 현지기업의 지배 등의 조치로 다시 중앙집권화를 확립함으로 현지국 정부와 충돌이 증대하여 다국적기업내 붕괴인자를 내포하여 환경적응에 안정성을 잃게 된다.

(5) E형(범국적기업)

다국적기업의 불안정성을 극복하는 방법은 다국적기업의 지배형태를 다국적화(multinationalization)시키고 경영자도 다수국적의 사람들로 구성하는 방법을 실현하는 것이다. 범국적기업

(transnational firms)은 이러한 유형의 기업이며 많은 국적의 기업이나 개인의 출자로서 구성하고 경영자들도 또한 많은 다국적인들로 구성되어 있다. 그리고 중앙집권적 통제가 행해지는데 법률 관계사항 이외에는 모두 국가적 제약을 벗어나 경영활동을 행하는 기업이다.

(6) F형(초국가기업)

거대한 다국적기업과 범국적기업이 출현하면 이들을 규제하기 위한 국제적 정치기관이 필요하게 된다. 특히 범국적기업은 국가적 제약을 이탈하는 성격을 띨 뿐만 아니라 잠재적 성장력이 크기 때문에 통제의 필요성이 증대된다. 장래 국제적 성격의 조직이 될 국제기업의 유형이 초국가기업(supernational firms)이다. 이러한 초국가기업은 국제정치기관이 제정하는 법적 규제에 반하지 않는 한 지구차원의 관점에서 자유로운 경영활동을 행하며 법적으로도 국가를 초월하여 존재한다.

제3절 국제화 경영전략

1. 해외시장 진출의 유형

기업의 해외시장 진출의 유형은 크게 상품이전방식, 국제계약방식, 해외투자방식이 있다.

1) 수출방식에 의한 해외진출(상품이전)

수출방식에 의한 해외진출은 기업이 제품을 자기나라에서 생산하여 타국에 수출한다는 점에서 여타 방식에 의한 해외진출과 근본적으로 다르다. 수출방식에 의한 해외진출에는 간접수출과 직접수출이 있다.

(1) 간접수출(indirect exporting)

기업이 제품을 국내에 있는 중간수출업자(국내판매조직, 수출관리상사, 협력기구 등)를 통해 해외에 수출하는 경우로서, 제품을 생산한 기업은 수출경로나 수출마케팅 전략에 대한 통제권을 갖지 못한다. 간접수출은 주로 수출경험이 전혀 없거나 수출전문인력을 이용할 수 없는 경우 또는 수출규모가 아주 작은 경우 등에 많이 이용된다.

(2) 직접수출(direct exporting)

제품을 생산한 기업이 다른 중간수출업자를 거치지 않고 직접 해외에 있는 고객에게 제품을 수출하는 경우를 말한다. 따라서 제반 수출마케팅 활동을 직접 계획하고 수행하기 때문에 간접수출보다 기업내에서의 활동이 훨씬 더 발전된 단계로서 시장개입의 범위도 훨씬 더 확대된다. 제품을 생산하여 수출하고 있는 기업들은 필요에 따라 직접수출과 간접수출을 상호보완적으로 활용할 수 있다.

2) 국제계약방식에 의한 해외진출(기술제휴)

국제계약방식에 의한 해외진출은 기업이 자사가 보유하고 있는 기술이나 지식을 일정한 대가를 받고 외국기업에게 이전하기로 하는 장기계약을 체결하여 해외시장에 진출하는 방식이다. 국제계약방식에는 라이센싱, 프랜차이징, 관리계약, 턴키 프로젝트, 컨소시엄, 계약생산, 전략적 제휴 등이 있다.

(1) 라이센싱(licensing)

라이센서(licensor)와 라이센시(licensee)간에 라이센서가 보유하고 있는 특허(patent)나 노하우(know-how), 등록상표(trademark) 또는 기술공정(technical process) 등 상업적 자산을 일정한 로열티(royalty)나 수수료(fee)를 받고 라이센시에게 제공하기로 하는 라이센싱계약을 체결하여 해외시장에 진출하는 국제경영방식이다.

라이센싱은 국내 생산원가가 너무 높거나 수출 현지까지의 운송비가 너무 많이 소요되거나 또는 제품의 현지생산에 있어서도 현지정부의 규제 때문에 현지생산이 불가능한 경우 등에 활용한다. 라이센싱은 라이센서의 입장에서는 적은 위험과 비용으로 해외시장에 쉽게 침투할 수 있다는 장점이 있고 라이센시의 입장에서는 유명제품의 브랜드나 기술을 활용할 수 있다는 장점이 있다.

(2) 프랜차이싱(franchising)

프랜차이저(franchiser)가 소유권이 독립된 프랜차이지(franchisee)로부터 일정한 수수료를 받고 상표 등에 대한 사용권을 허가해 주고 기업의 운영까지를 지원해 주는 국제경영방식으로서 라이센싱의 한 형태라고 할 수 있다. 프랜차이저와 프랜차이지는 양기업이 서로 독립성을 유지하면서 최종소비자에 이르는 재화 및 서비스의 일부를 각기 생산한다는 점에서 수직적 통합과 유사하다. 프랜차이징은 즉석식품·자동차임대업·건설·음료·호텔·모텔·주유소 등과 같은 산업에서 많이 이용되고 있다.

(3) 관리계약(management contract)

관리계약 또는 경영계약이란 합작투자의 한 형태로서 양 파트너중 한 파트너는 운영시설을 소유하고 다른 파트너는 경영을 담당하는 형태의 국제경영방식이다. 이때 경영을 담당하는 파트너는 관리적 노하우(managerial know-how)를 제공하는 대가로 합작업체의 일부 소유권이나 로열티 또는 관리대가를 받게 된다.

(4) 턴키 프로젝트(turn-key project)

일명 플랜트수출(plant export)이라고 하는데, 특정 기업이 외국으로부터 공장이나 기타 산업시스템을 발주 받아 이를 설계 · 건설하고 초기운영까지를 담당한 후 프로젝트를 완공하여 해외발주자에게 제공하는 방식이다. 또한 발주자가 당해 프로젝트를 독자적으로 운영할 수 있도록 경영관리나 근로자 훈련 등과 같은 서비스를 추가로 제공하는 턴키 플러스(turn-key plus) 방식도 있다. 턴키 프로젝트의 제공업체는 완성된 시설을 제공하고 그 대가로 기계설비대금과 공장설계, 공정노하우, 현지인 훈련 등에 대해 일정한 대가(fee)를 받는다.

(5) 계약생산(contract manufacture)

기업이 생산능력을 가진 현지기업을 선정하여 그 기업으로 하여금 자사가 요구하는 제품을 생산하여 공급하도록 하는 계약을 체결하고, 이 계약하에서 생산된 제품에 대한 마케팅은 자기기업이 책임을 지는 경우이다. 계약생산은 통상 자기기업이 직접 그 제품을 생산할 여력이 없거나 현지의 값싼 노동력이나 원자재를 이용하고자 하는 경우 그리고 현지생산과정에서 발생할지도 모르는 소유권문제 등에 따른 충돌을 피하고자 하는 경우에 활용된다. 주문자상표 부착방식에 의한 수출(Original Equipment Manufacturing : OEM)도 일종의 계약생산이라고 할 수 있다.

(6) 전략적 제휴(strategic alliance)

경쟁관계에 있는 기업이 일부 사업 또는 기능별 활동부문에서 경쟁기업과 일시적인 협조관계를 갖는 것을 의미한다. 기업들은 전략적 제휴를 통해 상호대등한 입장에서 서로의 비교우위요소를 결합함으로써 전체적인 경쟁력을 향상시킬 수 있다. 전통적인 기업협력형태인 합작투자가 주로 선 · 후진국 기업간의 수직적 분업의 형태인데 비해, 전략적 제휴는 대부분 선진국 경쟁기업간에 신규회사를 설립하지 않고 형성되는 것이 특징이다.

3) 해외투자방식에 의한 해외진출(자본제휴)

해외투자(foreign investment)란 투자기업이 외국기업의 주식의 일부 또는 전부를 소유하는 것을 말한다. 해외투자는 크게 직접투자(direct investment)와 단순히 배당만을 노리는 간접투자(indirect investment) 즉 증권투자(portfolio investment)로 나누어진다. 직접투자방식에 의한 해외진출은 기업이 제품을 해외현지에서 직접 생산하여 마케팅하기 위해 생산시설을 설립하기 위한 자본을 현지에 투자하는 경우를 말한다.

(1) 단독투자(sole venture)

기업이 의결권주의 95% 이상을 자사가 소유하는 형태로 해외에 진출하는 경우로서 이렇게 설립된 기업을 완전소유자회사(wholly owned subsidiary)라고 한다. 단독투자는 예전에 존재하지 않던 기업을 새롭게 설립하여 진출하는 신설(greenfield) 방식이나 기존에 현지에서 가동되고 있는 기업을 인수하거나 그 기업과 합병하여 진출하는 기업인수·합병(Merger & Acquisition : M&A) 방식을 이용할 수도 있다. 일반적으로 단독투자방식에 의한 해외진출은 제품이나 기술에 대한 강력한 통제가 가능하고 자사의 경영방침을 독자적으로 운영할 수 있으며 기술이나 노하우의 누출을 방지할 수 있다는 이점이 있다.

(2) 합작투자(joint venture)

두개 이상의 기업, 개인 또는 정부기관이 영구적인 기반 아래 특정 기업체의 운영에 공동으로 참여하는 국제경영방식으로서 전체 참여자가 공동으로 소유권을 갖는다는 특징을 가지고 있다. 공동소유의 대상은 주식자본, 채무, 무형고정자산(특허권, 의장권, 상표권, 영업권), 경영 노하우, 기술 노하우, 유형자산(기계, 설비, 토지) 등 아주 다양하다. 합작투자는 단독투자에 비해 자회사에 대한 통제보다는 현지파트너의 기여를 필요로 하는 경우에 주로 이용된다.

이상에서 여러 가지 해외진출방식에 대해 살펴보았지만, 기업의 해외사업 형태는 포괄적일 수도 절대적일 수도 없다. 우선 여기에 포함이 안 되어 있는 또는 여러 사업의 성격을 복합적으로 갖는 사업이 있을 수 있다. 외국기업에 하청을 주어서 수입해 오는 국제하청(international subcontracting)이라든지, 해외건설사업 또는 광산물개발사업의 경우 몇몇 기업이 각기 서로 다른 부문을 담당하는 별개의 기업체를 설립하여 특정사업을 공동으로 완성시키는 컨소시엄 또는 공산국가와의 거래에서 많이 사용되는 기술이나 시설재를 제공한 대가로 생산물 중에서 일정비율을 차지하는 거래방식인 생산분배(production sharing) 등이 있다.

2. 기업국제화 전략의 선택

1) 해외시장 진출전략

기업이 해외시장에 진출하는데 있어서 택하는 가장 보편적인 형태는 수출, 라이센싱계약, 합작투자, 단독투자 등의 네 가지 형태이다. 물론 그 밖에도 경영관리계약, 계약생산 등 여러 가지 해외시장 진출형태도 적지 않다. 기업이 일단 어떤 형태로든 해외시장으로 진출하고 나면 그 기업의 상당한 인적·물적 자원이 이미 투입되어 있기 때문에 나중에 그 형태를 바꾸고자 한다면 추가적으로 많은 시간과 자금이 낭비되는 결과가 초래된다. 따라서 해외시장 진출형태의 결정은 해외시장에 진출하고자 하는 기업에게는 중요한 전략적 의사결정문제중의 하나이다.

해외시장 진출전략은 기본적으로 기업의 해외진출시 어떠한 시장에 어떠한 제품을 가지고 어떠한 진입방식을 통해 진출할 것인가를 결정하는 전략을 말한다. 기업이 해외진출시 제품, 시장, 진입방식의 최적믹스를 구성하는 것은 해외시장에 처음 진출하는 기업이나 기존에 해외시장에 진출한 기업이 새로운 시장에 진출하고자 할 때 가장 기본적으로 결정해야 하는 중요한 문제이다.

제품, 시장, 진입수단의 최적믹스를 위한 방법으로는 해럴과 카이퍼(Harell and Kiefer)가 제시한 국가매력-사업경쟁력 매트릭스 분석방법이 있다. 해럴과 카이퍼는 GE사의 산업매력-기업성장 분석방법에 근거하여 국가매력-사업경쟁력 매트릭스를 제시하고, 이를 근거로 현지국에 기업이 어떻게 제품·시장·진입수단을 선택할 것인가를 결정하는데 유용한 지침을 제공하였다. 그들은 국가매력의 결정요인으로 현지시장규모, 현지시장성장률, 정부규제, 정치적 안정성 등을, 사업경쟁력의 결정요인으로는 시장점유율, 제품의 현지시장 적합성, 마케팅 지원능력 등을 들고 있다. 이러한 국가매력-사업경쟁력 매트릭스를 이용하여 해외시장과 제품, 진입수단을 선택하는 방식의 예는 [그림 18-2]와 같다.

[그림 18-2] 해외시장의 제품-시장 선택

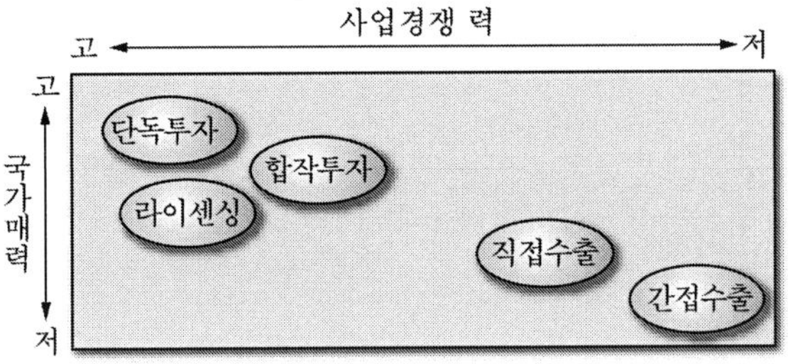

2) 국제경쟁우위의 확보전략

기업의 국제화는 경쟁우위를 확보하기 위한 생존전략의 일환이다. 따라서 국제기업들이 국제경쟁에서 살아남기 위해서 지속적으로 경쟁우위를 확보·유지할 수 있는 전략적 대안에 관한 아이디어를 제시해야 하는데, 대표적인 모델로는 코긋(B. Kogut, 1985)의 국제경쟁전략 모델이 있다. 이 모델에서 경쟁우위란 기업입지특유의 우위로 국가간의 요소비용 차이에 기인하는 것이며, 기업활동(생산, 연구개발 등)을 어느 곳에서 영위하도록 하는 것이 경쟁상 가장 유리한가를 판단하는 기준이 된다. 예를 들면 노동집약적 산업의 경우 노동력이 풍부한 국가에서 생산설비를 갖추는 것이 유리하고, 연구개발은 인력자원이 우수한 국가에서 하도록 하는 것이 경쟁에 유리하다는 것이다.

기업특유의 경쟁우위는 최대의 이익을 실현할 수 있도록 투입요소를 산출요소로 변형시키는 기업간 능력의 차이를 말한다. 이러한 경쟁우위는 주로 기술, 상표, 정보 등의 기업간 차이에 의해 발생하는데 대부분 규모의 경제, 영역의 경제, 학습의 경제를 통해 나타나게 된다. 여기서 규모의 경제란 대량생산을 통한 원가우위효과를, 범위의 경제란 다양한 제품계열을 가질 경우 각 단위활동의 공유를 통한 비용절감효과를, 그리고 학습의 경제란 학습 및 경험을 통한 지식과 기술의 축적효과를 의미한다. 국가특유의 비교우위와 기업특유의 경쟁우위를 기준으로 [그림 18-3]과 같은 국제경쟁우위 확보전략을 제시할 수 있다.

[그림 18-3] 국제경쟁우위 확보전략

기업의 경쟁우위 ＼ 국가의 비교우위	무	유
무	· 국내외 세분시장에서 활동	· 산업간 무역 · 국제적인 수직적 통합
유	· 산업내 무역 · 수평적 통합	· 국제적인 수직적 · 수평적 통합

3) 국제경영관리 전략

기업의 국제화가 진전되면서 기업의 국제경영활동이 다양화되고 지역적으로도 광범위하게 분산된다. 따라서 국제화가 어느 정도 진행된 다국적기업이나 범세계적 기업을 어떻게 관리할 것이냐 하는 문제가 중요한 과제로 부각된다. 대부분의 국제기업들은 지역적으로 광범위하게 분산된 경영활동의 균형문제, 즉 기업전체의 위험분산과 각 사업단위의 활동을 어떻게 상호조정하고 연계시킬 것인가 하는 문제에 직면하게 된다. 이처럼 다양화되고 분산된 국제경영활동을 어떻게 조정 · 통합할 것인가를 결정하기 위한 활동이 국제경영관리 전략이다.

국제경영관리 전략의 대안은 본사와 현지자회사들간의 역할과 책임 및 권한에 따라 본국중심주의 전략, 현지국중심주의 전략, 지역별중심주의 전략, 지구촌중심주의 전략의 네 가지로 나누어진다. 이를 EPRG 모델이라고도 한다.

첫째, 본국중심주의(ethnocentricism) 전략이란 지역적으로 분산된 사업단위들이 독자적인 의사결정권을 행사하지 못하고 본사중심의 의사결정이 이루어지도록 하는 전략이다. 이러한 관리전략은 지역적으로 분산된 사업단위들의 경쟁우위가 본사에 의존하는 경우에 나타나는 형태로서, 기업의 의사결정과 이익은 본사에 집중된다. 이러한 관리전략하에서는 본국중심의 생산활동과 국제적인 판매활동으로 이루어진다.

둘째, 현지국중심주의(polycentricism) 전략이란 지역적으로 분산된 사업단위들이 독립적인 의사결정권을 가지고 경영활동을 전개하도록 하는 전략이다. 이 관리전략은 각 사업단위들의 활동영역이 차별화된 경우에 나타나는 형태로서 각 사업단위별로 차별화된 판매활동과 생산활동이 이루어진다.

셋째, 지역별중심주의(regiocentricism) 전략이란 북미, 유럽, 아시아 등 지역별로 지역본사제를 도입하여 각 지역별 특성에 적합한 경영정책을 수립하는 전략이다. 이 관리전략은 지역내 자회사들간 상호협상이 이루어지도록 하는데 목적이 있으며, 지역본사는 본사의 지침하에 제한된 영역에서 자율적인 의사결정을 할 수 있다. 후기단계의 다국적기업들이 이 전략을 많이 사용하고 있다.

넷째, 지구촌중심주의(geocentricism) 전략이란 각 지역별 사업단위의 활동의 독자성을 인정하면서, 이러한 활동을 기업 전체적인 관점에서 상호조정하는 전략이다. 이 전략은 중요한 기업활동을 특정지역에 집중하여 이에 대한 본사의 영향력을 강화시키면서 다른 기업활동에 대해서는 각 지역별 사업단위가 자율적인 결정권을 가지도록 한다.

오늘날과 같이 세계화가 보편화되어 가고 있는 상황에서 기업이 활동영역을 세계적으로 확장하여 나갈 때 본국에서 기업활동방식을 고수·강요하거나 자국의 이익만을 추구한다면 기업은 해외진출 지역의 이해관계자로부터 거센 저항에 부딪치게 될 뿐만 아니라 극단적으로는 기업활동을 포기하고 철수해야만 할 것이다. 따라서 기업은 경영방식의 세계화와 동시에 현지화(localization)를 추구하는 전략을 통해 해외진출지역의 이해관계자와 바람직한 관계속에서 기업의 생존과 성장·발전을 도모해야 할 것이다.

4) 한국기업의 세계화 전략 지침

어떤 한 기업의 세계화 경영방식을 다른 기업의 경우에도 일률적으로 적용할 수 있는 것은 아니다. 그러나 일반적인 한국기업의 세계화 전략의 방법론 개발의 지침으로서 [그림 18-4]와 같이 다섯 가지의 논리적인 포인트를 중심으로 필요한 자료를 수집하고 분석해서 전략을 수립할 수 있다. 첫째, 우리 기업이 제품, 시장측면에서 이제까지 쌓아 온 경험은 무엇이며 무엇을 할 수 있는가를 파악한다. 둘째, 세계시장을 지역별, 국가별, 소비자별, 또는 기타 방법으로 어떻게 세분화할 수 있는가를 파악한다. 셋째, 세계의 경쟁기업에 비해 잘하는 것은 무엇이며, 우리 기업이 역사적인 강점을 이용해 세계시장에서 차별화할 수 있는 사업은 무엇인가를 파악한다. 넷째, 이러한 질문에 대한 분석적인 답을 통해 구체적이고 차별적인 목표제품-목표시장을 정한다. 다섯째, 일단 선택한 목표제품-목표시장공략에 전사적인 노력을 일정기간 이상 지속적으로 집중한다.

[그림 18-4] 한국기업의 세계화 전략 지침

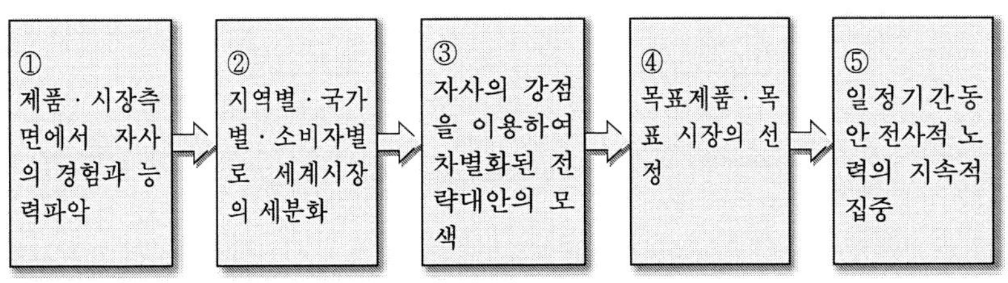

3. 다국적기업

1) 다국적기업의 의의

다국적기업(multinational enterprise)이란 생산・판매의 거점을 본국 뿐만 아니라 여러 나라에 걸쳐 배치하는 거대기업을 말한다. 즉 해외 여러 나라에 생산자회사를 가지고 있으며, 그들 자회사들은 본사에 의해 관리(계획, 조직, 지휘, 통제)되는 기업의 총체라고 할 수 있다. 따라서 다국적기업의 경영전략은 거대한 자본력과 탁월한 기술에 의해 세계적 시야에서 수출활동, 기술제휴, 합작사업, 현지생산, 현지마케팅 등을 포함해서 일체의 사업활동을 국제적 규모에서 추진하는데 있다.

선진국들의 국제기업이 후진국 지역에 광범위하게 투자하게 되고, 개발도상국의 대기업들도 거꾸로 선진국에 진출하여 해외투자를 하게 됨에 따라 국제기업은 다국적기업, 또는 세계기업(world enterprise)의 이름으로 불러지게 되면서 소위 초국적 기업(supernational enterprise)으로서의 개념을 내포하게 되었다. 다국적기업은 국제사회에 존재하는 새로운 국제분업의 한 패턴으로서 세계도처에서 자회사 또는 계열기업으로 구성되어 활동을 벌이지만 한 곳에 있는 본부회사에 의해 통제되고 있는 관련 회사들의 집합이다. 다국적기업의 예로서는 ① 자동차회사 : GM, Ford, Toyota, Benz, Chrysler, 현대자동차 등, ② 석유회사 : Exxon, Mobil, Royal Dutch/Shell, Texaco 등, ③ 전자회사 : General Electric, Sony, 삼성전자, LG전자 등, ④ 정보&통신회사 : MS, IBM, 인텔, AT&T, Motorola, Nokia 등이 있다. 이러한 다국적기업은 1960년대 영국이 산업혁명으로 축적된 자본을 해외로 수출하면서부터 시작되었으나, 실질적인 생성은 제2차 세계대전 이후 미국의 자본이 축적되면서 세계경제의 구조적 변화에 따라 나타났다.

2) 다국적기업의 특성

다국적기업은 국가, 국적 및 국경을 초월하여 세계적인 범위와 규모에서 활동함으로 세계도처에 있는 자회사 또는 계열기업에는 각각 현지국의 국적을 가진 현지법인으로서의 기업을 설립하게 된다. 일반적으로 다국적기업은 시장 확보뿐만 아니라 현지의 자금, 노동력, 생산자원 등을 이용하려는 것이 특징이다. 따라서 최근의 다국적기업은 ① 원료독점에서 기술독점으로, ② 식민지・종속국 중점에서 선진국 중점으로, ③ 이윤송금주의에서 재투자주의로, ④ 재외지사주의에서 현지법인주의로 전개되고 있다. 이러한 다국적기업의 일반적 특징으로서는 다음과 같은 것을 열거할 수 있다.

첫째, 경영활동의 세계지향성

다국적기업은 국가나 국경을 초월해 다수국가에 진출하여 경영활동을 함으로써 세계도처에 현지법인을 설립하게 된다. 기업의 경영활동을 다수의 국가에서 취할 기회를 찾고 있어서 세계지향적인 특성을 갖고 있다.

둘째, 기업소유권의 다국적성

다국적기업은 소유권기반(ownership base)이 비교적 여러 국가에 분산되어 있다. 즉 다국적기업의 주식은 상이한 국적을 갖는 사람들에 의해 분산되어 소유되고 있다.

셋째, 최고경영자의 다국적성

다국적기업의 인적구성은 각국에서 선출된 외국전문가나 본사 소재국의 경영진으로 구성되는 등 다국간 경영문제의 협의 및 조정기구인 다국인 본부를 설치 · 운영하고 있다.

넷째, 조직구조의 분권화

다국적기업의 조직구조는 세계지향적인 시장위주 또는 제품계열위주의 분권조직을 갖춘 독립적 기업조직으로 개편하고 있다.

다섯째, 경영전략의 초국가성

다국적기업은 연구개발(R&D), 생산, 판매 및 서비스 등의 경영전략에 관한 제반 의사결정을 국경내지 국가라는 개념을 초월하여 종합적 · 통일적으로 수립하는 경향이 있다.

여섯째, 이윤의 현지기업에 대한 재투자성

다국적기업의 자산중 상당부분은 국제경영에 투자되고 있으며, 이윤도 본국송금이 아니고 현지기업에의 재투자를 원칙으로 한다.

3) 다국적기업의 효과와 문제점

(1) 다국적기업의 효과

다국적기업의 해외진출이 미치는 경제적 효과는 투자국과 투자대상국의 경우에 각각 상이하게 나타난다.

① 투자국의 입장

첫째, 외국에의 직접투자는 인력 · 자본 · 경영과 기술 등 생산자원의 해외진출을 수반함으로써 기업이윤과 요소소득을 해외에서 획득하게 된다.

둘째, 생산자원이 해외에 유출하게 되면 투자국경제에 있어 이들 생산요소의 한계생산력이 증가하는 반면에 요소지급가격이 됨으로 생산저해요인을 형성하게 된다. 그러나 해외에 수출되는 생산요소는 일반적으로 과잉자원이므로 보다 높은 요소소득을 취득하게 된다.

셋째, 외국투자의 무역에 대한 효과는 우선 수출증가를 들 수 있다. 그러나 수출증가 효과는 투자국의 수출품과 경쟁관계에 있게 될 경우에는 상계효과를 나타내게 된다.

넷째, 외국투자의 국제수지에 대한 효과는 투자수익이 증가하여 국제수지의 흑자요인을 형성한다.

다섯째, 외국직접투자는 세계무역의 패턴과 성격을 변화시키는 한편 자본과 경영 및 기술의 상품무역에 대체된다.

따라서 투자국은 이러한 동태적 움직임에 효율적으로 대처해 나가기 위해 국내산업의 신축성을 고도화시키는 방향으로 정책을 수립하지 않으면 안 된다.

② 투자대상국의 입장

첫째, 자본도입국은 국내저축의 부족과 국제수지의 역조를 극복해 나갈 수 있으며, 특히 직접투자의 경우에는 인플레이션의 위험없이 개발계획을 수행할 수 있게 된다.

둘째, 외국인투자 기업은 각종 새로운 산업을 개발하고 수익성을 과시함으로써 국내기업가에게 투자활동을 자극하는 선도적 기능을 담당한다.

셋째, 외국인투자는 요소소득을 증대시키고 선진기술과 경영을 전파시키는 매개적 역할을 하며, 국내자본형성을 자극하는 역할을 한다.

넷째, 생산시장 및 가격구조에 변혁을 가하여 국내무역을 확대시키고 외부경제를 창출함으로써 저개발국의 경제개발을 촉진하게 된다.

(2) 다국적기업의 문제점

이상과 같이 다국적기업의 해외진출은 투자국이나 투자대상국 모두에게 큰 경제적 효과를 가져다준다. 그러나 외국인의 투자는 투자대상국에 대해 경제발전을 저해시키는 효과를 가져다주며, 다음과 같은 문제점을 야기 시키기도 한다.

첫째, 외국인투자가 원료개발을 위한 채취산업에 집중되면 이 산업에 필요한 기계나 원자재는 유입되는 반면 생산물은 유출되어 국내자본의 투자기회를 박탈함으로써 경제의 예속화를 가져온다.

둘째, 외국인투자가 기간산업보다 사치성 소비재산업이나 비생산적 서비스부문에 집중되면 경제의 균형적 발전이 저해되며 전시효과를 자극하여 소비성향을 높임으로써 국내 자본형성을 저해한다.

셋째, 저개발국에 있어서는 외국인투자의 국내경제에 대한 제2차적 파급효과는 약화되는 반면에 동일산업분야에서 경쟁관계에 있는 국내기업을 위축시키게 되며, 새로운 산업에 대한 투자는 국내기업의 투자기회를 상실케 한다.

넷째, 외국인투자는 국내 생산요소의 수요를 증대시킴으로써 유휴자원을 개발하지만 이것이 완전고용수준을 초과하면 국내 한계생산기업의 조업을 중단시키며 요소가격을 상승시킨다.

다섯째, 외국인투자는 투자기업이 원자재 등의 대외의존도가 높을 경우 또는 수출산업이 아닌 국내시장을 목표로 하는 산업에 투자되었을 경우에는 수입만을 일반적으로 증가시킨다. 또한 배당금의 본국송금은 투자대상국 외환고갈의 주요 원인이 된다.

여섯째, 저개발국에 대한 외국인투자는 경제의 이중구조를 심화시킬 우려가 있다.

제 4 절 세계의 경제환경

1. 세계경제질서의 변화

20세기 후반 세계경제질서 변화의 특색은 다극화, 블록화, 세계화 등으로 요약된다. 2차대전 이후 지난 반세기 동안 세계경제는 미국을 주축으로 하는 단극화 경제체계로 운영되어 왔다. 그러나 이제 세계경제질서는 동・서의 이념적 대결이 종식되고 군사력에 바탕을 둔 힘의 균형이 아니라 경제력에 바탕을 둔 이해의 균형으로, 바꾸어 말하면 정치・군사적 양극체제로부터 경제적 다극체제로 변화되고 있다.

유럽에서는 경제의 거대한 통합체인 EU가 태동하였고, 근래에 와서는 일본이나 중국이 EU나 미국에 대적할 경쟁자로 등장하였다. 이제 세계경제를 주도해 오던 팍스 아메리카나(Pax Americana)의 시대는 끝이 나고, 미국, EU, 일본, 중국 등을 주축으로 하는 세계경제의 다극화시대가 도래한 것이다. 또한 NICS와 같은 신흥공업국들의 성장과 러시아를 중심으로 하는 옛 동구권 국가들의 서방시장경제체제로의 편입 노력은 앞으로 세계경제질서의 재편을 예고하고 있다.

이처럼 세계경제는 지난 한 세기 동안을 이어온 경제질서를 근본적으로 거부하고, 다가오는 세기를 주도할 새로운 형태의 경제질서를 모색하게 될 것이다. 21세기는 분명 미국・EU・일본・중국간에 경쟁적이며 협력적인 관계를 유지하고 경쟁상의 비교우위를 지키기 위해 각국의 입장을 내세우며 무차별적으로 세계경제질서를 조정하려고 할 것이다. 또한 각국은 자국의 국익을 최우선 순위로 내세울 것이다.

GATT 체제가 종식되고 1995년 1월 WTO 체제가 태동하였다. UR 협정의 체결과 WTO 체제의 출범은 다자간 협정체제로서 지역주의와 보호주의를 타파하고 자유무역의 신장을 목표로 하고 있으나, 앞으로 21세기의 세계경제를 많은 학자들이 미국, EU, 일본, 중국에 의한 다극화체제로 전망하고 있다.

2. 세계경제의 블록화

세계경제질서의 또 하나의 특징은 지역주의에 의한 블록화이다. 지역경제의 블록화란 지리적으로 인접하거나 경제적 이해를 같이 하는 국가들끼리 경제적 통합(economic integration)을 이루는 것을 말한다. 경제적 통합은 차별의 제거단계에 따라 자유무역지대(Free Trade Area), 관세동맹(Customs Union), 공동시장(Common Market), 경제동맹(Economic Union) 및 완전한 경제통합의 다섯 가지 형태로 구분되고 있다. 현재까지의 대표적인 경제통합은 다음과 같다.

첫째, 유럽의 경제통합체인 유럽연합(European Union : EU)은 1993년 1월 가맹국간의 경제적 통합을 위한 통화동맹(European Monetary Union)을 체결하고, 이미 유로(Euro)라고 지칭된 단일 통화까지 창출하였다. 현재 가장 진보된 형태의 공동시장이며, 향후 동구권으로 그 범위를 확대할 전망이다.

둘째, 미국은 1992년 8월 북미지역의 경제발전을 목적으로 멕시코를 끌어들여 캐나다와 함께 북미자유무역협정(NAFTA)을 체결하였다. NAFTA의 출범으로 북미 3개국(미국, 캐나다, 멕시코)은 3억 6천만명의 인구와 6조 4000억 달러의 시장규모로 세계최대의 단일경제권이 형성된 셈이며, 미국의 자본과 기술, 캐나다의 풍부한 천연자원 및 멕시코의 저렴한 노동력과 자원 등이 상호보완적 결합을 통해 강력한 경제블록을 형성하게 되었다.

셋째, EU와 NAFTA에 대응하여 아시아·태평양지역에는 1990년부터 아세아 APEC이 설립되었다. APEC에 가입된 국가들의 무역구조상 동기구의 경제협력을 통해 개도국들은 필요한 자본재·중간재의 수출이 증가하게 될 것으로 예상된다.

넷째, 아세안 국가들로 구성된 아시아자유무역지대(AFTA)로서 아시아지역의 무역자유화를 목표로 한다.

그 외에 중남미지역의 LAIA(중남미통합연합), 아프리카의 ECOWAS(서아프리카경제동맹), 중동지역의 ACM(아랍공동시장) 등 지역주의에 입각한 세계경제의 블록화 현상이 강화되어 가고 있다

3. 국제 경제기구

1) WTO

세계무역기구(World Trade Organization : WTO)는 세계 대부분의 국가간의 무역에 관한 규칙, 즉 다자간 무역규범을 결정하고 유지하는 국제기구이다. 1995년 7월 WTO가 출범하기 전까지 세계경제질서는 GATT 체제하에서 유지되었다.

WTO는 GATT가 우루과이라운드협상(UR)을 통해 확장된 것이다. UR 이전에도 7차에 걸친 다자간 무역협상이 있었지만 이들은 주로 관세 및 비관세장벽의 완화에 초점을 두었다. 그러나 WTO는 IBRD(세계은행)과 IMF(국제통화기금)의 자매기구로 창설되어 GATT의 행정기구를 흡수하고 총괄협의회 산하에 상품, 서비스, 지적재산권 보호 등 GATT가 다루지 않았던 분야를 포함시켰으며, 다자간 무역체제의 기능을 획기적으로 강화하였다.

WTO의 출범으로 공산품의 관세, 비관세 등 모든 무역장벽들이 철폐 또는 한층 더 완화됨으로써 점차 어느 국가를 막론하고 대폭적인 시장개방이 이루어지며, 협정의 규율대상 범위도 공산품 교역에 국한되어 왔던 GATT에 비해 WTO 체제하에서는 국제무역질서의 포괄범위를 확대하여 농산물과 섬유, 서비스, 지적재산권, 투자 등 모든 분야의 국제거래에 협정이 적용되었다. 또한 세계의 모든 무역활동에 있어서 국가간섭의 여지가 축소되고, 세계시장에서 기업이 보다 자유롭게 경쟁할 수 있는 이른바 무한경쟁시대를 도래시켰다. 기업들로서는 국내시장에서 한층 치열한 경쟁을 감수해야 하는 대신에 해외시장에서는 보다 많은 기회를 갖는 결과를 가져왔다.

WTO는 2001년 11월 카타르 도하에서 열린 제4차 각료회의에서 중국을 정식회원국으로 가입시키고, 21세기 세계교역질서의 준거 틀(frame)이 될 New Round를 출범시켰다. 이로써 지난 1994년 UR에 이어 아홉 번째로 다자간 무역협상체제가 형성된 셈이다. 뉴라운드로 우리나라는 점차 농산물과 서비스분야에서 추가적으로 시장개방은 물론 공산품의 관세인하가 불가피해졌다. 이에 따라 쌀시장의 전면개방과 수산보조금 폐지 등 농수산업은 큰 타격을 받게 되는 반면, 공산품은 수출이 늘어날 것으로 예상된다.

(1) WTO의 목적

GATT 체제는 예외 규정이 많았고 또 법적 구속력이 제한되어 있어 선진 강대국의 불공정한 무역행위를 효과적으로 규제하기 어려웠다. 즉 무역분쟁 당사국들이 GATT의 중재판정을 묵살하는 경우가 허다했다. 그러나 UR 협상이 타결된 시점에서 이러한 GATT 체제로서는 분쟁조정이나 방지에 한계가 있다는 것을 인식하여 법적 구속력을 지닌 WTO가 탄생하게 되었다.

1948년 발효되어 거의 반세기 가량 지속된 GATT 체제가 신사협정 수준이라면 UR 협상과정에서 출발하여 발족한 WTO는 강력한 힘과 법적 구속력을 가진 국제무역기구로서 다자간 무역분쟁 해결기능을 갖춘 무역분야의 UN군이라 할 수 있다.

(2) WTO의 조직

기존의 GATT의 행정기능을 흡수하여 총괄협의회 산하에 상품교역이사회, 서비스교역이사회, 지적재산권이사회를 두었으며, 모든 WTO 회원국에 자동적으로 UR 협정을 수용하도록 의무화하고 있다.

[그림 18-5] WTO 기구표

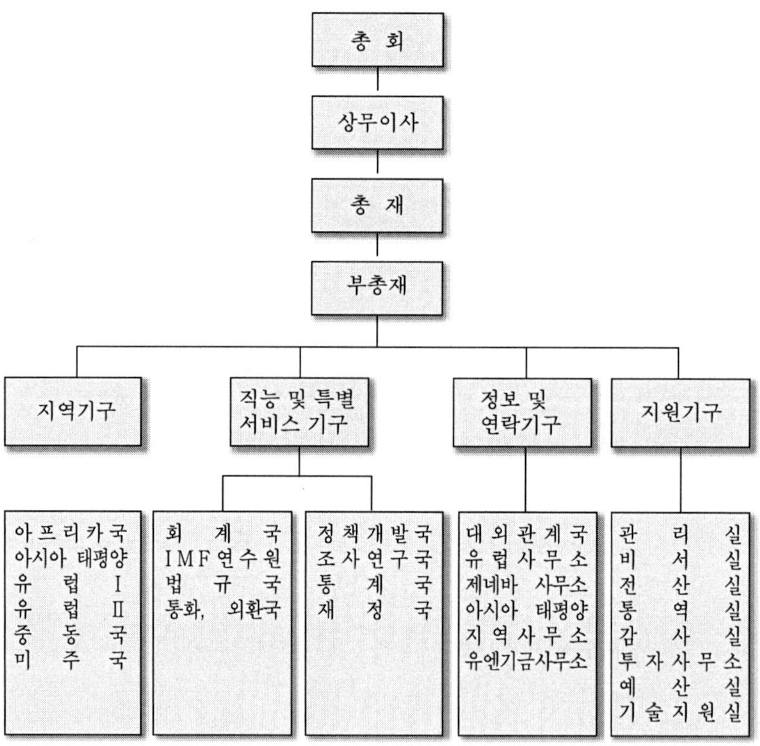

2) IMF

국제통화기금(International Monetary Fund : IMF)은 1944년 7월 뉴햄프셔 브레튼우즈에서 44개국이 참여하여 설립협정문(Agreement of the International Monetary Fund)에 조인함으로써

설립된 국제기구이다. 이후 1945년 12월 27일 35개국이 이 협정문을 비준함으로써 이듬해 5월 워싱턴에 본부를 두고 IMF는 업무를 시작하였다.

2차 세계대전 이후 세계경제는 금본위제의 붕괴와 각국의 보호무역정책에 의해 환율은 불안하고 인플레이션은 높아짐에 따라 국제통화질서는 엄청난 위기에 직면하게 되었고, 이를 극복하기 위해 미국과 영국을 중심으로 한 서방국가들이 중심이 되어 통화에 대한 국제협력 촉진, 국제무역의 확대 도모, 고용수준 증대, 실질소득 및 생산자원 개발에 기여함을 목적으로 창설되었다. 우리나라는 1955년 8월 25일에 가입되었다.

(1) IMF의 기능

일반적으로 IMF가 하는 일은 각국의 환율제도의 운영과 정책에 대한 감시 기능, 특별인출권(Special Drawing Rights : SDR)의 창출, 기술지원, 국제수지 조정을 위한 신용제공 등이다. IMF가 주로 지원하는 신용제공 형태는 단기적인 정규신용제도, 국제수지 적자의 보전을 위한 특별신용제도, 개도국의 구조조정 지원을 위한 융자제도로 구분된다.

1997년 우리나라가 IMF에 요청한 자금은 정규신용제도중 국제수지상 필요한 대출을 받을 수 있는 차입협정과 확대신용이었다. 가맹국이 이런 제도를 이용하기 위해서는 IMF와 스탠바이 협약(소위 IMF 협약)을 체결해야 한다. 이는 단기적으로 국제수지 악화를 겪는 가맹국에 1~2년 동안 지원해 주는 대신 경제개혁 프로그램을 제시하고, 이를 효율적으로 집행하는가를 감독하는 것이다. 이런 지원은 1976년에 영국이 39억 달러 상당의 IMF 지원을 받았으며, 멕시코도 1995년에 178억 달러 상당의 SDR을 인출하였고, 태국과 인도네시아도 이런 지원을 받았다.

(2) IMF의 조직 및 운영

현재 181개국이 가맹되어 있는 IMF의 최고의사결정기구는 1년에 한번 열리는 회원국 대표로 구성되는 총회이다. IMF의 가입은 국제통화문제에 협력할 의사가 있는 모든 국가에 개방되어 있으나, IMF는 신청국의 경제사정을 고려하여 쿼터규모와 납입방법을 결정하고 상무이사회의 승인을 거쳐 총회에서 결정된다. 투표권의 2/3 이상을 보유하는 가맹국이 총회에 참가하여 이들중 과반수 이상의 찬성을 얻어야 가입이 확정된다.

IMF의 운영은 주식회사의 형태를 따르고 있다. 즉 가맹국들은 지분을 가지고 있으며, 출자지분에 따라 의결권을 행사한다. 따라서 IMF의 영향력은 결국 가맹국의 지분율에 따라 발언권이 달라지게 되며, 최대의 지분을 갖고 있는 미국(18.25%)의 영향이 거의 절대적이라 할 수 있다. IMF에서 장기자금을 융자받으려면 채무국은 IMF로부터 경제정책에 대한 감독을 받아야 한다.

(3) 한국의 IMF 관리체제

우리나라는 1997년 11월 21일 IMF에 구제금융을 요청하기로 결론짓고, 12월 23일 우리정부 대표와 IMF 총재가 합의문에 조인함으로써 IMF 관리체제하에 들어가게 되었다. 당시 외화가 고갈되어(외환보유고 약 39억$) 더 이상 국제거래를 할 수 없는 상황에 이르러 IMF에 약 195억$의 구제금융을 긴급 지원요청하게 되었다.

[그림 18-6] IMF 관리체제 후 한국경제의 시나리오

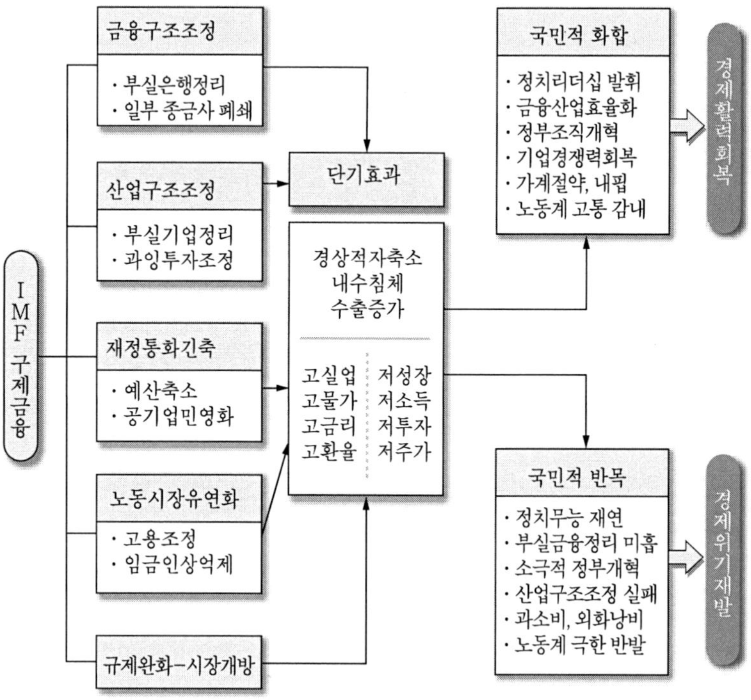

IMF는 우리정부에 경제성장과 재정운용에서의 긴축재정, 부실금융기관 정리, 산업구조 개혁, 금융시장의 개방 등에 대한 처방을 제시하였다. 이와 같은 IMF 처방에 대해 국내외의 경제전문가들은 IMF가 국가별 특성과 입장을 고려하지 않은 처방이라는 지적도 제기하였으나, 구제금융에 대한 원리금을 조속히 갚아야 하는 우리로서는 IMF가 요구하는 방향으로 경제정책을 운용하지 않을 수 없게 되었다. 외화환란과 관련된 사항을 정리해 보면 다음과 같다.

① 외화환란의 원인 : 정경유착과 부실한 기업경영(구조조정 미흡), 그리고 불안한 국내 정치상황으로 인해 시장에서 외국자본이 이탈되면서 촉발되었다.

② IMF가 준 교훈 : 부실기업에 대한 처리는 정치논리가 아닌 시장원리에 의해 엄정히 처리해

야 한다는 뼈아픈 교훈을 얻었다.

③ 구제금융 상환 : 2004년까지 분할상환 예정이었으나 이보다 빠른 2001년 8월 23일 차입금 전액을 상환하였다.

④ 외환보유고 : 국제금융시장에서 위상과 국가신인도가 높아져 외국투자자본 유입과 수출증대로 지금은 세계 4위의 외환보유국(약 2천억$)이 되었다.

⑤ 외국의 IMF지원 사례 : 영국(1976년), 멕시코(1995년), 인도네시아(1997년) 등이 있다.

IMF 구제금융지원 4년 9개월 만에 외환위기를 극복하고 차입금을 모두 상환함으로써 국제사회에서 빠른 신용회복과 경제성장률을 정상궤도에 올려놓았으나 금융위기, 기업부실, 실업문제 등의 해결은 미완결의 과제로 남아 있다. 이를 여러 측면에서 평가해 보면 다음과 같다.

① 구조조정 측면 : 기업, 금융부문 구조조정이 지지부진(부실금융기관 및 부실기업 미처리)하고 부실기업 구조조정을 위해 약 150조원의 공적자금을 투입하였으나 아직도 130조원 이상이 미회수되었다.

② 국민소득과 실업 측면 : 1인당 국민소득(GNI)은 외환위기 전보다 높은 1만 2천$ 이상이 되었으나 여전히 높은 실업률이 유지되고, 특히 청년실업문제가 난제로 남아있다.

③ 국민생활 측면 : 중산층이 사실상 붕괴되고 빈부격차가 확대되었으며, 가계빚은 약 440조원(가계대출과 물품외상구매)으로 사상최대를 기록하였다(2004. 12. 4. 한국은행발표).

3) OECD

OECD는 OEEC의 전신이다. 제2차 세계대전 후 미국은 유럽경제의 부흥을 촉진하고자 마샬플렌(Marshall Plan)에 의해 대대적인 경제원조를 전개하였고, 1948년 마샬플렌의 지원기구로 유럽경제협력기구(OEEC)가 설립되었다. OEEC는 그 후 12년 동안 유럽지역내의 무역자유화, 통화의 교환성회복 등에 많은 공헌을 하였으나 1961년에 이를 해체하고 OEEC 가맹국 18개국에 미국, 캐나다, 일본을 합쳐 경제협력개발기구(Organization for Economic Cooperation and Development : OECD)가 발족하게 되어 단순한 유럽지역의 협력기구로부터 선진국그룹의 대명사로 발전하게 되었다. 우리나라는 1990년 10월 비회원국으로는 처음으로 OECD 조선사업부에 가입했고, 1996년 12월 29번째로 OECD 정회원국이 되었다.

OECD의 목적으로는 첫째, 고도의 경제성장을 지속하며 고용증대 및 생활수준의 향상을 도모한다. 둘째, 개발도상국의 원조와 저개발국의 경제성장에 기여한다. 셋째, 다각적, 무차별적 원칙에 따른 무역확대에 기여한다는 것 등이다. 또한 OECD의 활동으로는 첫째, 경제정책의 조성, 둘째, 무역문제와 산업정책의 검토, 셋째, 환경문제에 대처, 넷째, 개발도상국 원조 등이 있다.

연 습 문 제

1. 다음 용어를 설명하라.

· 간접수출	· 계약생산	· 관리계약
· 국제경영	· 다국적기업	· 단독투자
· 라이센싱	· 전략적 제휴	· 직접수출
· 턴키 프로젝트	· 프랜차이징	· 합작투자
· IMF	· OECD	· WTO

2. 국제경영의 특성을 설명하라.

3. 국제화 경영의 동기를 설명하라.

4. 기업의 국제화 수준을 설명하라.

5. 국제화 기업의 유형을 설명하라.

6. 한국 기업의 세계화 전략 지침을 설명하라.

7. 다국적기업의 일반적 특성을 설명하라.

8. 오늘날 세계경제질서 변화의 특색을 설명하라.

9. 세계경제의 블록화 현상을 설명하라.

10. 국제 경제기구의 종류와 역할을 설명하라.

참고문헌

곽윤식, 『민법총칙』, 경문사, 1982.
김문중, 『경영학원론』, 청목출판사, 1996
김원경 · 추헌, 『국제경영학』, 무역경영사, 1987.
김원수, 『입문경영학원론』, 경문사, 1989.
노덕환 · 추헌, 『기본경영학』, 형설출판사, 1993.
박세홍 외 4인, 『새경영학원론』, 청목출판사, 2004.
박충환, 『비영리기관의 회계』, 법문사, 1996.
백방선, 『경영학원론』, 무역경영사, 1998.
윤평구 · 황인태, 『알기쉬운 재무관리』, 청목출판사, 2005.
이한검, 『경영학개론』, 형설출판사, 1992.
임익순 · 선영일, 『현대경영학연습』, 박영사, 1986.
정수영, 『신경영학원론』, 박영사, 1990.
추 헌, 『현대경영학원론』, 형설출판사, 1992.
한국개발연구원, 『중소기업 창업지원제도와 그 발전방향』, 1987.
한희영, 『경영학총론』, 다산출판사, 1982.
藤芳誠一, 「新版經營學」, 學文社, 1983.
森本三男, 『經營學入門』, 同文館, 1982.
一寸木俊日昭外, 「現代の經營組織」, 有斐閣, 1983.
占部都美, 「經營學のすすめ」, 筑摩書房, 1982.
中山三郎 · 本多壯一, 『例解人事勞務の管理と診斷』, 同友館, 1982.
AAA, "Report of the Committee on Accounting for Non-for-profit Organization," *Supplement*, 1971, Vol. 46.
Adams, J. S. and W. B. Rosenbrum, "The Relationship of Worker Productivity to Cognitive Dissonance about Wage and Equity," *Journal of Applied Psychology*, 1962, Vol. 46.
Alderfer. C. P., *Existence, Relatedness, and Growth Human Needs in Organizational Settings*, 1972, Three Press.
Anderson, C. R., *Management*, 1984, Brown.
Andrews, K. R., *The Concept of Corporate Strategy*, 1980, Irwin.
Ansoff, H. I., *Corporate Strategy*, 1965, McGraw-Hill.
______, *Implanting Strategic Management*, 1984, Prentice-Hall.
Anthony, R. N. and R. E. Herzlinger, *Management Control in Nonprofit Organizations*, 1975, Irwin.
Argyris, C., *Personality and Organization*, 1957, Harper and Row.
______, *Integrating the Individual and the Organization*, 1964, John Wiley and Sons.
Barnard, C. I., *The Function of the Executive*, 1938, Harvard Univ. Press.

Barnett, J. H. and W. D. Wilsted, *Strategic Management*, 1988, PWS-KENT.
Baron, R. A. and J. Greenberg, *Behavior in Organizations*, 1990, Allyn and Bacon.
Bartol, K. M. and D. C. Martin, *Management*, 1991, Harper and Row.
Bauwal, W. J., Business Behavior, *Value and Growth*, 1959, McMillan.
Bedeian, A. G. and R.F. Zammuto, *Organizations*, 1991, Dryden Press.
Bennis, W. G., *Changing Organizations*, 1966, McGraw-Hill.
Berle, A. A. and G. C. Means, *The Modern Corporation and Private Property*, 1933, Brace and World.
Blake, R .R. and J. S. Mouton, *The Managerial Grid*, 1964, Gulf Publ.
Blou, P. M. and W. R. Scott, *Formal Organizations*, 1962, Chandler Publishing Co.
Brooke, M. Z. and L. H. Remmers, *The Strategy of Multinational Enterprise*, 1970, Longman Group Ltd.
Brow, A., *Organization of Industry*, 1947, Prentice-Hall.
Burnhan, J., *The Managerial Revolution*, 1941, John Day Co.
Burns, R. and G. M. Stalker, *The Management of Innovation*, 1961, London, Tavistock Institute.
Byars, L. L., *Strategic Management : Planning and Implementation*, 1984, Harper and Row.
Cammann, C. and D. A. Nadler, "Fit Control System to Your Managerial Styler," *HBR*, 1987, January.
Carlisle, H. M., *Situational Management*, 1973, AMA.
Chandlor, A. D., *Strategy and Structure*, 1962, MIT Press.
Chang, Y. N. and F. Compo-Flores, *Business Policy and Strategy*, 1980, Goodyear.
Cherrington, D. J., *Organizational Behavior*, 1989, Allyn and Bacon.
Chung, K. H. and L. C. *Megginson, Organizational Behavior*, 1981, Allyn and Bacon.
Church, A. H., *The Making of an Executive*, 1923, Appleton-Century-Crafts.
Daft, R. L. and R. M. Steers, *Organizations*, 1986, Foresman and Co.
______, *Management*, 1991, Dryden.
Davis, K. and W. C. Frederick, *Business and Society*, 1984, McGrow-Hill.
Davis, K., "Cut Those Rumors Down to Size", *Supervisory Management*, 1975, June.
Dean, J., *Managerial Economics*, 1951, Prentice-Hall.
Dearborn, D. E. and H. A. Simon, "Selective Perception : A Note on the Departmental Identifications of the Executives", *Sociometry*, 1958, Vol 21.
Dessler, G., *Management Fundamentals*, 1985, Reston.
Drucker, P. F., *Management*, 1973, Harper and Row.
______, *Innovation and Entrepreneurship : Practice and Principles*, 1985, Harper and Row.
______, *The Practice of Management*, 1976, Harper and Row.
DuBrin, A. J., *Management and Organization*, 1989, South-Western Publ.
______, *Essentials of Management*, 1990, South-Western Publ.
Duncan, W. J., *Organizational Behavior*, 1981, Houghton.
Emerson, H., *The Twelve principles of Efficient*, 1913, Engineering Magazine Co.
Etzioni, A., *A Comparative Analysis of Complex Organizations*, 1975, Free Press.

FASB, *Statement of Financial Accounting Concepts No. 4, Objectives of Financial Reporting by Nonbusiness Organizations*, 1980.

Fayerweather, J., *International Business Strategy and Administration*, 1982, Ballinger Publishing Co..

Fayol, H., *Administration Industrielle et Generale*, 1916, Paris.

Fiedler, F. E. and J. E. Garcia, *New Approaches to Effective Leadership*, 1987, Wiley and Sons.

Fiedler, F. E., *A Theory of Leadership Effectiveness*, 1967, McGraw-Hill.

______, "Contingency Model and Leadership Process," in L. Berkowitz ed., *Advances in Experimental Social Psychology*, 1978, Vol. 11.

Ford, H., *Today and Tomorrow*, 1926, Heinemann.

French, W., *The Personnel Management Process*, 1974.

Galbraith, J. K., "Designing Matrix Organizations," *Business Horizons*, 1971, February.

_______, *The New Industial State*, 1967, Houghton Mifflin Co.

Gerloff, E. A., *Organizational Theory and Design*, 1985, McGraw-Hill.

Ghiselli, E. E., *Explorations in Managerial Talent*, 1971, Goodyerar.

Gibson, J. L., J. M. Ivancevich and J. H. Donnelly, *Organizations*, 1988, Business Publications.

Glueck, W. F. and L. R. Jauch, *Strategic Management and Business Policy*, 1984, McGraw- Hill.

Gordon, P. F., *The Practice of Management*, 1954, Harper and Brothers.

Gordon, R. A., *Business Leadership in th Large Corporation*, 1945, The Brooking Institution.

Gremillion, L. L. and P. J. Pyburn, *Computers and Information System in Business : An Introduction*, 1988, McGraw-Hill.

Griffin, R. W., *Management*, 1990, Houghton-Mifflin.

Hammond, J. S. and R. Keeney and H. Raiffa, "Even Swaps : A Rational Method for Making Trade-off," in *HRB*, 1998, March-April.

Heenan, D. A. and H. V. Perlmutler, *Multinational Organization Development*, 1979, Addison-Wesley.

Hellriegel, D. and J. W. Slocum, Jr., *Management : A Contingency Approach*, 1974, Addison-Wesley.

_______, *Management*, 1982, Addison-Wesley.

Hersey, P. and K. Blanchard, *Management of Organizational Behavior*, 1982, Prentice-Hall.

Herzberg, F. *Work and the Nature of the Man*, 1966, Harper and Row.

Hicks, H. G. and C. R. Gullett, *Management*, 1987, McGraw-Hill.

Higgins, J. M., *Organizational Policy and Strategic Management*, 1979, Dryden Press.

Hodge, B. and W. P. Anthony, *Organization Theory*, 1991, Allyn and Bacon.

Hodgetts, R. M. and D. F. Kuratko, *Management*, 1986, Wiley.

Hofer, C. W. and D. Schendel, *Strategy Formulation*, 1978, West Publ.

House, R. J., "A Path-Goal Theory of Leader Effectiveness," *Administrative Science Quartely*, 1971, No. 16.

Huber, G., *Managerial Decision Making*, 1980, Foresman.

Ivancevich, J. M. and T. J. McMahon, "Education as a Moderator of Goal Setting Effectiveness," *Journal of Vocational Behavior*, 1977, November.

Ivancevich, J. M., P. Lorenzi, S. J. Skinner and P. B. Crosby, *Management*, 1994, Irwin.
Jackson, J. H. and C. P. Morgan, *Organization Theory*, 1983, Prentice-Hall.
Katz, D. and R. L. Kahn, *The Social Psychology of Organizations*, 1978, Wiley.
Kimberly, F. R., "Organizational Size and the Structuralist Perspective : A Review, Critique and Proposal", *Administrative Science Quarterly*, 1976, December.
King, W. R. and D. I. Cleland, *Strategic Management and Policy*, 1978, Educational Publ.
Kogut, B., "Designing Global Strategies : Comparative and Competitive Value-Added Chains," *Sloan Management Review*, 1985, Summer.
Koontz, H. and C. O'Donnell, *Essential of Management*, 1978, McGraw-Hill.
______, *Management : A Systems and Contingency Analysis of Managerial Functions*, 1976, McGraw-Hill.
Koontz, H., "The Management Theory Jungle," *Journal of Academy of Management*, 1961, December.
Koontz, H., *Toward a Unified Theory of Management*, 1964, McGraw-Hill.
______, C. O'Donnell and H. Weihrich, *Management*, 1984, McGraw-Hill.
Korth, C. M., *International Business, Environment ad Management*, 1985, Prentice-Hall.
Kotler, P., *Principles of Marketing*, 1983, Prentice-Hall.
Laudon, K. C. and J. P. Laudon, *Management Information Systems*, 1998, McMillan.
Lawrence, P.R. and J.W. Lorsch, *Organization and Environment : Managing Differentiation and Integration*, 1967, Richard D. Irwin.
LeBell, D. and O. J. Krasner, "Selecting Environmental Forecasting Techniques From Business Planning Requirements," *AMR*, 1977, July.
Likert, R., *New Pattern of Management*, 1961, McGraw-Hill.
______, *The Human Organization : It' Management and Value*, 1967, McGraw-Hill.
Linn, S. C. and M. S. Rozeff, "The Corporate Sell-off," *Midlands Corporate, Finance Journal*, 1978, Summer.
Lippitt, R. and R. K. White, "An Experimental Study of Leadership and Group Life," E.E. McCoby et. als., *Reading in Social Psychology*, 1958, Holt Rinehart and Winston.
Mahony, T. A. and T. H. Jerdee and S. J. Carroll, "The Jobs of Management," *Industrial Relations*, 1965, February.
Mali, P., *Managing by Objective*, 1972, John Wiley and Sons.
March, J. G. and H. A. Simon, *Organizations*, 1958, Wiley and Sons.
Marris, R., *The Economic Theory of Managerial Capitalism*, 1964, McMillan.
Maslow, A. H., *Motivation and Personality*, 1964, Harper and Row.
Mayo, E. and F. J. Roethlisberger, *The Human Problems of an Industrial Civilization*, 1933, McMillan.
McClelland, D. C., "Business Drive and National Achievement," *HBR*, 1962, Vol 40, No. 4.
McFarland, D. E., *Management : Foundations and Practices*, 1979, McMillon.
McGregor, D., *The Human Side of Enterprise*, 1960, McGraw-Hill.
Mescon, M. H., M. Albert and F. Khedouri, *Management*, 1988, Harper and Rows.

Miles, R. E. and C.C. Snow, *Organizational Strategy ; Structure and Process*, 1978, MoGraw-Hill.
Miles, R. E., "Organization Strategy, Structure and Process," *AMR*, 1978, Vol. 3.
_____, *Theories of Management*, 1975, McGraw-Hill.
Mintzberg, H., *The Nature of Managerial Work*, 1980, Prentice-Hall.
Mondy, R. W., *Management and Organizational Behavior*, 1990, Allyn and Bacon.
Mooney, J. D. and A. C. Reiley, *Principles of Organization*, 1947, Harper and Brothers.
Newman, W. H., *Constructive Control*, 1975, Prentice-Hall.
Oballe Ⅱ, N. K., "Organizational and Managerial Control Process : A Reconceptualization of the Linkage Between Technology and Performance," 1984, *Human Relations*, Vol. 37.
Organ, D. W. and T. S. Bateman, *Organizational Behavior*, 1991, Richard D. Irwin Inc.
Osborn, R. N., *Organization Theory : Integrated Approach*, 1980, Wiley.
Ouchi, W. and J. Dowling, "Defining Span of Control," *ASQ*, 1974, September.
Parsons, T., *Structure and Process in Modern Societies*, 1960, Free Press.
Pearce, J. A. and R. B. Robinson, *Management*, 1989, McGraw-Hill.
Perrow, C., *Organizational Analysis*, 1970, Wadsworth.
Perrow, C., "A Framework for the Comparative Analysis of Organizations," *American Sociological Review*, 1969, April.
Pine, J. Ⅱ and J. H. Gilmore, "Welcome to the Experience Economy," *HBR*, 1998, July-August.
Plunkett, W. R. and R. F. Ather, *Introduction to Management*, 1989, PWS-KEWT.
Porter, L. W. and E. E. Lauler, *Managerial Attitudes and Performance*, 1968, Irwin-Richard,
Porter, M. E., *Competitive Advantage*, 1985, Free Press.
Reddin, W. J., *Managerial Effectiveness*, 1970, McGraw-Hill.
Reinecke, J. A. and W. F. Schoell, *Introduction to Business*, 1983, Allyn and Bacon.
Richman, B. M. and R. N. Farmar, *Management and Organizations*, 1977, Random House.
Ringbakk, K. A., "New Concepts or Strategic Planning," *Planning Review*, 1974, March.
Roach, J. M., "Simon Says : Decision Making is a Satisfying Experience," *Management Review*, 1979, January, AMACOM.
Robbins, S. P., *Organizational Behavior*, 1989, Prentice-Hall.
Robey, D., *Designing Organizations*, 1991, Irwin.
Robinson, R. D., *International Business*, 1973, Holt Rinehart and Winston.
Robock, S. H. and Simmonds, *International Business and Multinational Enterprises*, 1983, Irwin.
Rochman, B. M. and R. N. Farmer, *Management and Organization*, 1977, Random House.
Roethlisberger, F. J., *Management and Morale*, 1941, Harvard Univ. Press.
Rogers, R. E. and R. H. McIntire, *Organization and Management*, 1983, Wiley.
Savary, J., *La Paraffin Negociant*, 1675, Paris.
Schein, E. H., *Organizational Culture and Leadership*, 1985, Jossy-Bass.
Schoderbek, P. P., *Management System*, 1990, Irwin.
Scott, W. G. and T. R. Mitchell, *Organizational Theory ; A Structual and Behavioral Analysis*, 1976, Irwin.
Scott. W. G., *Organization Theory ; A Behavioral Analysis for Management*, 1967, Richard D.

Irwin.

Shafritz, H. W., *Classics of Organization Theory*, 1978, Moore Publ.

Shaw, M. E., "Communication Networks," in *Advances in Experimental Social Psychology*, 1964, Vol. 1.

Sheldon, O., *The Philosophy of Management*, 1923, Sir Isaac Potman & Sons, London.

Simon, H. A., *Administrative Behavior*, 1947, McMillan.

______, Model of Man : *Social and Rational*, 1957, Wiley.

______, *The New Science of Management Decisions*, 1960, Harper and Row.

______, "*Approaching the Theory of Management*," 1964, in Koontz, H.D., 1964.

______, *Administration Behavior*, 1976, 3rd ed., Free Press.

Steers, R. M, and L. W. Porter, *Motivation and Work Behavior*, 1979, McGraw-Hill.

Steiner, G. A. and J. B. Miner, *Strategic Management Planning*, 1977, Oxford.

Stieglitz, H., *The Executive and His Job*, 1969, National Industrial Conference Board.

Stinchcombe, A. L., "Social Structure and Organizations," in J. G. Maarch ed., *Handbook of Organizations*, 1965, Rand McNally.

Stogdill, R. M and A. E. Coons, Leader Behavior: *It's Description and Measurement*, 1957, Columbus, Ohio State University.

Stoner, J. A. F. and R. E. Freeman, *Management*, 1989, Prentice-Hall.

Szilagyi, A. D. and M. J. Wallace, *Organizational Behavior and Performance*, 1987, Scott, Foreman and Co.

Szilagyi, A. D., *Management and Performance*, 1981, Goodyear.

Tannenbaum, R. and W. H. Schmidt, "How to Choose a Leadership Pattern," *HBR*, 1958, March.

Taylor, F. W., *Shop Management*, 1903, Harper and Row.

______, *The Principle of Scientific Management*, 1911, Harper and Row.

Thompson, A. A. and A. T. Strickland, *Strategy and Policy*, 1981, Prentice-Hall.

Thompson, J. D., *Organizations in Action*, 1967, McGraw-Hill.

Toffler, A., *The Third Wave*, 1980, Morrow.

Urwick, L., "Have We Lost Our Way in the Jungle of Management Theory?," *Personnel*, 1965, May-June.

Vroom, V. H., *Work and Motivation*, 1964, Wiley.

Walton, E., "How Efficient is the Grapevines," *Personnel*, 1961, March.

Weber. M., *The Theory of Social and Economic Organization*, Trans by A.M. Henderson and T. Parsons, 1947, Free Press.

Westerman, W. L., *The Society of the Ancient Nations*, 1971, Appleton.

Wheelen, T. C. and D. Hunger, *Strategic Management and Business Policy*, 1989, Addison-Wesley.

Woodward, J., *Industrial Organization : Theory and Practice*, 1965, Oxford Univ. Press.

Wren, D. A., *The Economic Theory of Management Thought*, 1987, The Ronald Press.

Zalezuik, A., "Leaders and Manager : Does it Make Difference?," *McKensey Quarterly*, 1978, Spring.

찾아보기

[ㅅ]

[ㅇ]

[ㅊ]

[ㅋ]

[ㅌ]

[ㅍ]

[ㅎ]

[기타]

[저자 소개]

• 황인태(黃仁泰)

〈주요 경력〉

숭전대학교 경영학과 졸업
한남대학교 대학원 경영학과 졸업(경영학 석사)
한남대학교 대학원 경영학과 졸업(경영학 박사)
대한경영학회, 한국재무관리학회, 한국전산회계학회 상임이사 및 감사
한남대학교 부설 전자계산교육원 교수 역임
협성대학교 학생복지처장, 총장비서실장, 입학홍보처장, 경영학부장 역임
현 협성대학교 글로벌경영대학 학장
협성대학교 글로벌경영대학 금융세무학과 교수

〈주요 논문 및 저서〉

· 기업합병 및 인수가 기업가치에 미치는 영향에 관한 실증적 연구
· IR이 기업가치에 미치는 영향에 관한 실증적 연구
· 영업양도의 공시효과에 관한 연구
· 조직규모 및 경쟁정도와 회계정보시스템 산출정보가 기업성과에 미치는 영향
· 주택저당채권(MBS)의 가치평가에 관한 연구 외 다수
·『경영학원론』(청목출판사, 1999)
·『엑셀기초와 업무활용을 위한 엑셀 2000』(청목출판사, 2001)
·『금융자산관리사(FP) 자산설계운용 전문인력시험 종합문제집』(청목출판사, 2001)
·『NEO plus 전산세무회계』(도서출판 대경, 공저, 2003)
·『새경영학원론』(청목출판사, 공저, 2004)
·『더존 전산회계』(도서출판 대경, 공저, 2005)
·『제2판 알기쉬운 재무관리』(청목출판사, 공저, 2005)
·『증권시장의 이해』(청목출판사, 공저, 2005)
·『금융자산관리』(청목출판사, 2006)

경영학개론

2019년 2월 20일 중판인쇄
2019년 2월 25일 중판발행

저 자 황 인 태
발행인 유 성 열
발행처 형지사
서울특별시 영등포구 신길로 40길 20
전화 (02) 833-6090(代)
FAX (02) 849-0817
등록 제318-2005-000030호

파본은 바꾸어 드립니다. 값 33,000원

http : //www.chongmok.co.kr

ISBN 978-89-92938-13-6